F. Tempski

Sitzungsberichte der Philosophisch-Historischen Klasse

Kaiserliche Akademie der Wissenschaften

F. Tempski

Sitzungsberichte der Philosophisch-Historischen Klasse
Kaiserliche Akademie der Wissenschaften

ISBN/EAN: 9783741168284

Hergestellt in Europa, USA, Kanada, Australien, Japan

Cover: Foto ©Andreas Hilbeck / pixelio.de

Manufactured and distributed by brebook publishing software
(www.brebook.com)

F. Tempski

Sitzungsberichte der Philosophisch-Historischen Klasse

SITZUNGSBERICHTE

DER

PHILOSOPHISCH-HISTORISCHEN CLASSE

DER KAISERLICHEN

AKADEMIE DER WISSENSCHAFTEN.

HUNDERTZWANZIGSTER BAND.

WIEN, 1890.

IN COMMISSION BEI F. TEMPSKY

BUCHHÄNDLER DER KAIS. AKADEMIE DER WISSENSCHAFTEN

Druck von Adolf Holzhausen,
k. und k. Hof- und Universitäts-Buchdrucker in Wien

INHALT.

XIX. SITZUNG VOM 9. OCTOBER 1889.

Der Präsident begrüsst die Mitglieder der Classe bei der Wiederaufnahme der Sitzungen nach den akademischen Ferien.

Sodann gedenkt Se. Excellenz des Verlustes, den die Akademie inzwischen erlitten hat durch das am 5. d. M. zu Görz erfolgte Ableben des inländischen corr. Mitgliedes Sr. Excellenz des wirkl. Geheimrathes Dr. Karl Freiherrn Czörnig von Czernhausen und durch den Tod des corr. Mitgliedes im Auslande, des Senators Michele Amari in Rom, welcher am 16. Juli zu Florenz verschieden ist.

Die Mitglieder erheben sich zum Zeichen des Beileides.

Se. kais. und königl. Hoheit der durchlauchtigste Herr Erzherzog Ludwig Salvator und Se. Durchlaucht der regierende Fürst Johann von Liechtenstein danken für die Wahl zu Ehrenmitgliedern der Akademie.

Ferner sprechen ihren Dank aus Herr Prof. Dr. David H. Müller für seine Wahl zum correspondirenden Mitgliede im Inlande und Herr Geheimrath Dr. August Nauck in St. Petersburg für seine Wahl zum ausländischen correspondirenden Mitgliede.

Mit Rücksicht auf die Zuwendung von Schriften der Classe sind Dankschreiben eingelaufen:

von der k. italienischen Botschaft am Wiener Hofe, sowie von dem Municipium aus der Communal-Bibliothek in Verona;

von der Direction der k. k. Universitätsbibliothek in Wien, und

von der Direction des nunmehr aufgehobenen Gymnasiums zu Freiberg.

Mit Begleitschreiben eingelangt sind folgende Druckschriften, welche zur Vorlage gebracht werden:

des vierten Bandes zweite Lieferung des niederländisch-chinesischen Wörterbuches von Dr. Schlegel, übermittelt durch das k. und k. Ministerium des Aeussern;

der fünfte Band des Würtembergischen Urkundenbuches, übersendet von der k. Archivdirection zu Stuttgart;

die ‚Standesregister in Oesterreich'. Vorläufige Ergebnisse der von der k. k. statistischen Central-Commission ausgeführten Erhebung, mitgetheilt von dem Präsidenten der genannten Commission;

‚Les grands problèmes sociaux à l'Académie royale des sciences morales et politiques d'Espagne', eingesendet von dem Berichterstatter, Herrn Léon Lallemand, Mitglied der k. belgischen Akademie;

‚Die periodische Wiederkehr der Hegemoniefrage zwischen der germanischen und slavischen Race in der Geschichte', mitgetheilt von dem Verfasser Herrn Rittmeister Kematmüller in Temesvar.

Von Herrn Dr. Johann Kirste in Wien werden die Pflichtexemplare seines auf Kosten der kais. Akademie gedruckten Werkes: ‚The Gṛihyasûtra of Hiraṇyakeśin' vorgelegt.

Das k. k. Unterrichts-Ministerium übermittelt das von der k. und. k. Botschaft in Madrid zugesandte Programm eines aus Anlass der im Jahre 1892 beabsichtigten Feier der vor 400 Jahren erfolgten Entdeckung Amerikas ausgeschriebenen internationalen literarischen Concurses.

Herr Prof. Dr. Wilhelm Klein aus Prag erstattet Bericht über seine erste Reise zur Sammlung von Material für ein Werk über griechische Vasen mit Lieblingsinschriften.

Das w. M. Se. Excellenz Herr Geheimrath Dr. Franz Ritter von Miklosich legt eine für die Sitzungsberichte bestimmte Abhandlung: ‚Über die Einwirkung des Türkischen auf die Grammatik der südosteuropäischen Sprachen' vor.

Das c. M. Herr Hofrath Dr. von Inama-Sternegg, Präsident der k. k. statistischen Central-Commission, theilt zur Veröffentlichung in dem ‚Anzeiger' einige zur Einbegleitung der von der gedachten Commission ausgeführten Erhebung der Standesregister in Oesterreich dienende Bemerkungen mit.

An Druckschriften wurden vorgelegt:

Académie, Royale des Sciences, des Lettres et des Beaux-Arts de Belgique: Bulletin. 59e année, 3e série, tome 17, Nos. 6, 7, 8. Bruxelles, 1889; 8°.

Accademia della Crusca: Vocabolario degli Accademici. Vol. VI, Fasc. III ed ultimo. Firenze, 1889; 4°.

Akademija, Srpska Kraljewska: Glas XVI. Belgrad, 1889; 8°.

Archaeological Survey of India: Epigraphia Indica. Part III. Calcutta, 1889; 4°.

Bibliothèque de l'École des Chartres: Revue d'Érudition. L. 3e livraison. Paris, 1889; 8°.

Central-Commission, k. k. statistische: Oesterreichische Statistik. XIX. Band, 4. Heft. XVIII. Statistische Uebersicht der Verhältnisse der österreichischen Strafanstalten und der Gerichtsgefängnisse im Jahre 1885. — XXI. Band, 4. Heft: Statistik des Sanitätswesens für das Jahr 1886. — XXII. Band, 1. Heft: Der österreichische Staatshaushalt in den Jahren 1885 und 1886. — XXIII. Band, 4. Heft: Waaren-Durchfuhr durch das allgemeine österreichisch-ungarische Zollgebiet im Jahre 1888. Wien, 1889; gr. 4°.

Gesellschaft, Deutsche morgenländische: Zeitschrift. XLIII. Band, 2. Heft. Leipzig, 1889; 8°.

— k. k. geographische in Wien: Mittheilungen. XXXII. Band, Nr. 6 und 7. Wien, 1889; 8°.

— königlich sächsische der Wissenschaften: Abhandlungen der philologisch-historischen Classe. XI. Band, Nr. II, III und IV. Leipzig, 1889; 4°.

— Serbische Gelehrten: Glasnik. 69. Band. Belgrad, 1889; 8°.

Johns Hopkins' University: The American Journal of Philology. Vol. IX, Nrs. 1, 2 and 3. Baltimore, 1888; 8°.

Institut, kaiserlich deutsches archäologisches, römische Abtheilung: Mittheilungen. IV. Band, 2. Heft. Rom, 1889; 8°.

Institute, the Anthropological of Great Britain and Ireland: The Journal. Vol. XIX, Nr. 1. London, 1889; 8°.

Instituut, Koninklijk voor de Taal-, Land- en Volkenkunde van Nederlandsch-Indië: Bijdragen tot de Land- and Volkenkunde van Nederlandsch-Indië. 5de Volgreeks, 4. Deel, 3 Aflevering. 's Gravenhage, 1889; 8°

Kiew, Universität: Universitäts-Nachrichten. Tom. XXIX, Nr. 5, 6, 7 und 8. Kiew, 1889; 8°.

Mittheilungen aus Justus Perthes' geographischer Anstalt von Dr. A. Petermann. 35. Band. 1889. VIII und IX und Ergänzungsheft Nr. 94. Gotha; 4°.

Sanskrit Manuscripts in the library of the India office: Catalogue. Part II. — Sanskrit literature. London, 1889; 4°.

Società Italiana di Antropologia, Etnologia e Psicologia comparata: Archivio. XIX. Volume, Fascicolo 1°. Firenze, 1889; 8°.

Society, the Asiatic of Bengal: Bibliotheca Indica. N. S. No. 699—710, 712—714. Calcutta, 1889; 8°.

— the English historical: The English historical Review. Nr. 15. London, 1889; 8°.

— the Royal geographical: Proceedings and Monthly Record of Geography. Vol. XI, Nrs. 7, 8 and 9. London, 1889; 8°.

— the Royal Scottish geographical: The Scottish geographical Magazine. Vol. V, Nrs. 8—10. Edinburgh, 1889; 8°.

Verein für Geschichte und Alterthum Schlesiens: Zeitschrift. XXIII. Band. Breslau, 1889; 8°. — Codex diplomaticus Silesiae. XIV. Band. Breslau, 1889; 4°. — Stammtafeln der schlesischen Fürsten bis zum Jahre 1740. Breslau, 1889; 4°.

— für Localgeschichte zu Giessen: 1.—5. Jahresbericht. Giessen, 1879—1888. — Mittheilungen des Oberhessischen Geschichtsvereines. Band I. Giessen, 1889; 8°.

— für hamburgische Geschichte: Zeitschrift. N. F. V. Band, 3. (Schluss-) Heft. Hamburg, 1889; 8°. — Das fünfzigjährige Stiftungsfest des Vereines für hamburgische Geschichte. Hamburg, 1889, 8°.

— historischer für Niedersachsen: Atlas vorgeschichtlicher Befestigungen in Niedersachsen. Heft I und II. Hannover, 1887—1888; Fol.

— von Alterthumsfreunden im Rheinlande: Jahrbücher. Heft LXXXVII. Bonn, 1889; 4°.

Wissenschaftlicher Club in Wien: Monatsblätter. X. Jahrgang, Nr. 10, 11 und 12. Wien, 1889; 8°.

XX. SITZUNG VOM 16. OCTOBER 1889.

Herr Dr. Heinrich Schliemann in Athen ersucht die kais. Akademie, ihm einen Gelehrten oder mit archäologischen Forschungen vertrauten Techniker zu bestimmen, welcher den im November d. J., spätestens aber im März 1890 beabsichtigten Ausgrabungen in Hissarlik als unparteiischer Zeuge beiwohnen soll.

Das w. M. Herr Hofrath Ritter von Hartel legt im Namen der Kirchenväter-Commission zur Aufnahme in die Sitzungsberichte eine weitere Abhandlung: ‚Ueber die dualistischen Zusätze und die Kaiseranreden bei Lactantius. Nebst Untersuchungen über das Leben des Lactantius und die Entstehungsverhältnisse seiner Prosaschriften. III. Ueber das Leben des Lactantius', von Herrn Dr. Samuel Brandt, Professor in Heidelberg, vor.

Das w. M. Freiherr v. Kremer legt eine für die Sitzungsberichte bestimmte Abhandlung vor, betitelt: ‚Studien zur vergleichenden Culturgeschichte, vorzüglich nach arabischen Quellen. I und II'.

An Druckschriften wurden vorgelegt:

Academia, Real de la Historia: Boletin. Tomo XIV. Cuaderno VI. Madrid, 1889; 8°. — Tomo XV, Cuaderno I—III. Madrid, 1889; 8°.

Académie des Sciences et Lettres de Montpellier: Mémoires. Tome VIII, 3e fascicule. Année 1888. Montpellier, 1888; 8°.

— des Inscriptions et Belles-Lettres: Comptes-rendus des séances de l'année 1889. 4e série, tome XVII. Bulletin de Mars—Juin. Paris, 1889; 8°.

— Royale de Belgique: Compte-rendu des séances de la Commission Royale d'Histoire. 4e série, tome XIV. 2e—4e Bulletins. Bruxelles, 1887; 8°. — Tome XV. 1er—4e Bulletins. Bruxelles, 1888; 8°. — Tome XVI. 1er Bulletin. Bruxelles, 1889; 8°. — Biographie nationale. Tome IX, 3e fascicule. Bruxelles, 1886—1887; 8°. — Tome X, 1er et 2e fascicules. Bruxelles, 1886—1887 et 1888—1889; 8°. — Mémoires couronnés et autres Mémoires. Vol. XL, XLI et XLII. Bruxelles, 1887—1889; 8°. — Mémoires couronnés et Mémoires des Savants Étrangers. Tome XLIX. Bruxelles, 1888; 4°. — Mémoires des Sciences, des Lettres et des Beaux-Arts de Belgique. Tome XLVII. Bruxelles, 1889; 4°.

Accademia, R. dei Lincei: Atti. Anno CCLXXXIII. 1886. Serie IV. Vol. II, parte 1a e 2a. Roma, 1886; 4°. — Anno CCLXXXIV. 1887. Serie IV. Vol. III, parte 1a e 2a. Roma, 1887; 4°. — Anno CCLXXXIV. 1888. Serie IV. Memorie. Vol. V. Roma, 1888; 4°. — Anno CCLXXXV. 1888. Serie IV. Vol. IV, parte 2a. Roma, 1888; 4°.

Akademie der Wissenschaften in Krakau: Anzeiger. 1889. Nr. 6 und 7. Krakau, 1889; 8°.

— Rocznik. Rok 1888. W Krakowie, 1889; 8°.

— Scriptores rerum Polonicarum. Tom. XIV. Krakow, 1889; 8°. — Pamiętnik piętnastoletniej działalności Akademii Umiejętności w Krakowie. 1873—1888. Krakow, 1889; 8°. — Rozprawy i Sprawozdania z posiedzeń wydziału filologicznego. Tom XIII. W Krakowie, 1889; 8°. — Szymona Szymonowicza Castus Joseph przełożenia Stanisława Gosławskiego 1597. Wydał Roman Zawiliński. W Krakowie, 1889; 8°. — Marcina Bielskiego Satyry. I. Sen Majowy. II. Rozmowa baranów. III. Sejm niewieści. Wydał Dr. Władysław Wisłocki. W Krakowie, 1889; 8°. — Marcina Kwiatkowskiego Książeczki rozkoszne o Poczciwem Wychowaniu dziatek 1564 y wszystkiej Liflanckiej ziemi opisanie. 1567. Wydał Dr. Zygmunt Celichowski. W Krakowie, 1889; 8°. — Volumina legum. Tom. IX. Krakow, 1889; 4°.

Gesellschaft der Wissenschaften, königlich böhmische: Jahresbericht für das Jahr 1888, erstattet am 15. Jänner 1889. Prag, 1889; 8°.

— Sitzungsberichte für 1887 und 1888. Prag; 8°. — Abhandlungen vom Jahre 1887/88. 7. F., II. Band. Prag, 1888; 4°. — Manuale Q. V. Venceslai Korandae; sepsal a vydal Josef Truhlář. V Praze, 1888; 8°.

— Gelehrte Esthnische zu Dorpat: Verhandlungen. Band XIV. Dorpat, 1889, 8°. — Sitzungsberichte. 1888. Dorpat, 1889; 8°.

Johns Hopkins University: Studies in historical and political Science. 7th series. I. Arnold Toynbee. Baltimore, 1889; 8°.

Kronstadt, Ausschuss der Stadt: Quellen zur Geschichte der Stadt Kronstadt in Siebenbürgen. IV. Band. Kronstadt. 1889; 8°.

Maatschappij der Nederlandsche Letterkunde: Handelingen en Mededeelingen over het Jaar 1889. Leiden, 1889; 8°. — Levensberichten der afgestorvene Medeleden. Leiden, 1889; 8°.

Ministre d'instruction publique: Recueil des Chartes de l'Abbaye de Cluny. Tome IV. 1027—1090. Paris, 1888; 4°.

Mittheilungen aus Justus Perthes' geographischer Anstalt von Dr. A. Petermann. 35. Band. 1889. X. Gotha; 4°.

Musées publics et Roumantzow à Moscou: Compte-rendu pour les années 1886—1888. Moscou, 1889; 8°. — et Description systématique des Collections du Musée Éthnographique Daschkow. Moskwa, 1889; 8°.

Ramos-Coelho, José: Historia do Infante D. Duarte irmão de el Rei D. João IV. Tomo I. Lisboa, 1889; 8°.

Revue, Ungarische. VII. Heft, IX. Jahrgang. Budapest, 1889; 8°.

Società storica Lombarda, Giornale: Archivio storico Lombardo. Serie 2°, fascicoli 22 e 23. Milano, 1889; 8°.

Society, the Birmingham philosophical: Proceedings. Vol. VI, part I. Birmingham, 1887—1888; 8°.

Verein für Geschichte der Deutschen in Böhmen: Mittheilungen. XXVII. Jahrgang. Nr. I—IV. Prag, 1889; 8°.

— für siebenbürgische Landeskunde: Archiv. N. F. XXII. Band, 2. Heft. Hermannstadt, 1889; 8°.

Zeitschrift, Internationale für allgemeine Sprachwissenschaft von F. Techmer. IV. Band, 2. Heft. Heilbronn, 1889; 4°. — V. Band, 1. Heft. Heilbronn, 1889; 4°.

XXI. SITZUNG VOM 23. OCTOBER 1889.

Se. Excellenz der Präsident legt als Obmann der historischen Commission die unter deren Aegide erschienenen selbstständigen Publicationen:

Venetianische Depeschen vom Kaiserhofe (Dispacci di Germania), Erster Band, und

Mittheilungen aus dem Vaticanischen Archive, Erster Band: Actenstücke zur Geschichte des deutschen Reiches unter den Königen Rudolf I. und Albrecht I., gesammelt von Fanta, Kaltenbrunner, von Ottenthal, und mitgetheilt von Kaltenbrunner, vor.

Herr Devendranath Dhar in Calcutta übersendet einen Abdruck seiner Wall-map of India in Hindi.

Von der Savigny-Commission wird zur Veröffentlichung in den Sitzungsberichten der elfte der ‚Berichte über die Untersuchung von Handschriften des sogenannten Schwabenspiegels' von dem c. M. Herrn Reichsarchiv-Director Dr. Ludwig Ritter von Rockinger in München vorgelegt.

An Druckschriften wurden vorgelegt:

Académie d'Archéologie de Belgique: Annales. XLIV. 4e série, tome IV. Anvers, 1888; 8°.

— Bulletin. XVII—XX. Anvers, 1888—1889; 8°.

Academy, Royal Irish: Todd Lecture Series. Vol. II. Dublin, 1887; 8°. — Vol. I, part 1. Dublin, 1889; 8°.

Akademie der Wissenschaften, k. bayr. zu München: Sitzungsberichte der philosophisch-philologischen und historischen Classe. 1888. Band II, Heft 3. München, 1889; 8°. — 1889: Heft 1 und 2. München, 1889; 8°. — Bericht der historischen Commission über die 30. Plenarversammlung. München, 1889; 4°.

— der Wissenschaften, k. preussische zu Berlin: Abhandlungen aus dem Jahre 1888. Berlin, 1889; 4°.

— Sitzungsberichte. 1889. Nr. 1—38. Berlin, 1889; 8°. — Politische Correspondenz Friedrichs des Grossen. XVII. Band, Berlin, 1889; 4°.

Akademija Jugoslavenska znanosti i umjetnosti: Rad. Knjiga XCIV, XXIV. U Zagrebu, 1889; 8°. — Knjiga XCVI, XXV. U Zagrebu, 1889; 8°.

Bibliothèque de l'École des Chartes: Revue d'Érudition. L. 4ᵉ et 5ᵉ livraisons. Paris, 1889; 8°.

Bureau of Education. Circular of Information, Nr. 4, 5, 6 and 7, 1889. Washington, 1889; 8°.

Central-Commission, k. k. zur Erforschung und Erhaltung der Kunst- und historischen Denkmale. I. Abtheilung, redigirt von D. Much. Wien, 1889; Fol.

Genootschap, het Bataviaasch van Kunsten en Wetenschappen: Notulen van de Algemeene en Bestuurs-Vergaderingen. Deel XXVI, 1888, Aflevering 2 en 3. Batavia, 1888; 8°. — Deel XXVII, 1889, Aflevering 1. Batavia, 1889; 8.

— Tijdschrift voor Indische Taal-, Land- en Volkenkunde. Deel XXXII, Aflevering 4 en 5. Batavia, 1889; 8°. — Deel XXXIII, Aflevering 1. Batavia, 1889; 8°. — Algemeen Reglement en Reglement van Orde opgericht op den 21. April 1778 onder de Zinspreuk: ‚Tot nut van't Allgemeen.' Batavia, 1889; 8°. — Nederlandsch-Indisch Plakaatboek, 1602—1811. 5. Deel. 1743—1750. Batavia, 1888; 8.

Gesellschaft der Wissenschaften, Oberlausitzische: Neues Lausitzisches Magazin. LXV, Band, 1. Heft. Görlitz, 1889; 8°.

Institut, kaiserlich deutsches archäologisches: Jahrbuch. Band IV, 1889, 2. Heft. Berlin, 1889; 4°.

John Hopkins' University Studies in historical and political Science. Vol. VI. History of Cooperation in the United States. Baltimore, 1888; 8°.

Mittheilungen aus der livländischen Geschichte. XIV. Band, 3. Heft. Riga. 1889; 8°.

Nationalmuseum, germanisches: Mittheilungen. II. Band, 2. Heft. Jahrgang 1888. Leipzig 1888; 8°

— Anzeiger. II. Band, 2. Heft. Jahrgang 1888. Leipzig, 1888; 8°. — Katalog der im germanischen Museum befindlichen deutschen Kupferstiche des XV. Jahrhunderts. Nürnberg, 1888; 8°.

Review, the English historical. Nr. 16, October 1889. London, 1889; 8°.

Society, the Royal: The Council of the Royal Society, Nov. 30, 1888. London; 4°.

Verein, historischer der fünf Orte Luzern, Uri, Schwyz, Unterwalden und Zug. XLIV. Band. Einsiedeln und Waldshut, 1889; 8°.

— historischer für das Grossherzogthum Hessen: Quartalblätter. 1888. Nr. 1—4. Darmstadt; 8°.

—

XXII. SITZUNG VOM 6. NOVEMBER 1889.

Von Herrn Dr. Emanuel Hannak, Director des Wiener Lehrer-Pädagogiums, wird die von ihm in vierter Auflage vermehrte, verbesserte und umgearbeitete ‚Geschichte der Pädagogik in der vorchristlichen Zeit' von K. Schmidt; ferner von dem Herrn Commendatore Marco Besso seine Schrift ‚Roma nei proverbi e nei modi di dire' der Classe übersendet.

Herr Eduard Hammer übermittelt einen als Manuscript gedruckten Beitrag ‚Zur Lösung der Gold- und Währungsfrage und zur Beseitigung des Agios' mit dem Ersuchen, Kenntniss davon nehmen zu wollen.

Von Herrn Prof. Dr. Wilhelm Klein in Prag wird der Bericht über den zweiten Theil seiner mit Unterstützung der kais. Akademie zur Herstellung eines Werkes über die griechischen Vasen mit Lieblingsinschriften unternommenen Reise erstattet.

Das c. M. Herr Geheime Justizrath und Prof. Dr. J. Friedrich Ritter von Schulte in Bonn stellt unter Vorlegung eines druckfertigen Manuscriptes, enthaltend die Summae über das Gratianische Decret von Paucapalea, Rufinus und Stephanus Tornacensis, das Ansuchen um Gewährung eines Druckkostenbeitrages für die Herausgabe der genannten Werke.

Herr Dr. Johann Pajk, Professor an dem k. k. Franz Josephs-Gymnasium in Wien, überreicht eine Abhandlung unter dem Titel: ‚Francis Bacon's Forschungstheorie. Ein Beitrag zur Geschichte der Philosophie und Erkenntnisslehre' mit dem Ersuchen um ihre Aufnahme in die Sitzungsberichte.

An Druckschriften wurden vorgelegt:

Académie des Sciences, Arts et Belles-Lettres de Dijon. 3ᵉ série, tome X. Année 1887. Dijon, 1888; 8°.

Akademia kraljevska Srpska: Glas. XVII. Belgrad, 1889; 8°.

— der Wissenschaften, k. preussische: Sitzungsberichte 1889. XXIX. Berlin; 8°.

Archeologia e Storia Dalmata: Bullettino. Anno XII, Nos. 7, 8, 10. Spalato, 1889; 8°.

Genootschap, het Bataviaasch van Kunsten en Wetenschappen: Tijdschrift voor Indische Taal-, Land- en Volkenkunde. Deel XXXII, Aflevering 6. Batavia 's Hage, 1889; 8°.

— Notulen van de Algemeene en Bestuurs-Vergaderingen. Deel XXVI, 1888, Aflevering 4. Batavia, 1889; 8°. — Dagh-Register gehouden int Casteel Batavia vant passerende daer ter plaetse als over geheel Nederlandts-India. Anno 1659. Batavia 's Hage, 1889; 8°.

Gesellschaft, geographische in Bremen: Deutsche geographische Blätter. Band XII, Heft 3. Bremen, 1889; 8°.

Instituut, Koninklijk voor de Taal-, Land- en Volkenkunde van Nederlandsch Indië: Bijdragen. 5ᵗᵉ Volgreeks. 4. Deel, 4. Aflev. 's Gravenhage, 1889; 8°.

Istituto, R. di Studi superiori pratici e di perfezionamento in Firenze: Le seconde Nozze del coniuge superstite di Alberto del Vecchio. Firenze, 1885; 8°. — I più antichi Frammenti del Costituto Fiorentino di Giuseppe Rondoni. Firenze, 1882; 8°.

Landesamt, k. statistisches: Württembergische Jahrbücher für Statistik und Landeskunde. Jahrgang 1887. I. Band, 1. und 2. Heft. Stuttgart, 1889; 4°. — Württembergische Vierteljahrshefte für Landesgeschichte. Jahrgang XII. 1889. Heft 1. Stuttgart, 1889; 4°.

Mittheilungen aus Justus Perthes' geographischer Anstalt von Dr. A. Petermann. Ergänzungsheft Nr. 95. Gotha, 1889; 4°.

Musée Guimet, Annales: Revue de l'Histoire des Religions. 9ᵉ année, tome XVIII, Nos. 1—3. Paris, 1888; 8°.

Nationalmuseum, germanisches: Anzeiger. September und October 1889. II. Band, Nr. 17. Nürnberg; 8°.

Nordiske Oldskrift-Selskab, kongelige: Aarbøger for Nordisk Oldkyndighed og Historie. 1889. II. Raekke, 4. Bind, 3. Hefte. Kjøbenhavn; 8°.

Société des Antiquaires de Picardie: Bulletin. Année 1888, No. 3. Amiens, 1888; 8°.

— de Géographie: Bulletin. 7ᵉ série, tome X, 1ᵉʳ trimestre 1889. Paris, 1889; 8°.

— nationale des Antiquaires de France: Bulletin et Mémoires. 5ᵉ série, tome VIII. Mémoires 1887. Paris, 1888; 8°. — Bulletin. 1887. Paris; 8°.

Society, the Royal Asiatic: Journal of the China Branche. Vol. XXIII, Nr. 3. Shanghai, 1888; 8°.

— R. Scottish geographical: The Scottish geographical Magazine. Vol. V, Nr. 11. Edinburgh, 1889; 8°.

Verein für Lübeckische Geschichte und Alterthumskunde: Urkundenbuch der Stadt Lübeck. VIII. Theil, 11. und 12. Lieferung. Lübeck, 1889; 4°.

XXIII. SITZUNG VOM 13. NOVEMBER 1889.

Von Sr. Excellenz dem Präsidenten wird der erste Band der von ihm in Gemeinschaft mit Herrn Jules Flammermont in Lille herausgegebenen ‚Correspondance secrète du comte de Mercy-Argenteau avec l'empereur Joseph II et le prince de Kaunitz' der Classe überreicht.

Ferner hat das k. und k. Kriegs-Archiv den vierten Band seiner ‚Mittheilungen', Neue Folge, eingesendet.

Der Vorstand und Ausschuss des Journalisten- und Schriftsteller-Vereins ‚Concordia' theilt mit, dass derselbe an Stelle des verstorbenen Hofrathes von Weilen den Herrn Professor Josef Bayer für das laufende Triennium zum Preisrichter der Grillparzer-Stiftung gewählt hat.

Von der Kirchenväter-Commission wird der XX. Band des Corpus scriptorum ecclesiasticorum latinorum, enthaltend: ‚Quinti Septimi Florentis Tertulliani opera ex recensione A. Reifferscheid et G. Wissowa pars I' vorgelegt.

Der Archivar und Bibliothekar des Stiftes Admont, Herr P. Jakob Wichner, übersendet eine Abhandlung unter dem Titel: ‚Das Kloster Admont und seine Beziehungen zur Wissenschaft und zum Unterrichte' mit dem Ersuchen um ihre Aufnahme in die akademischen Schriften.

An Druckschriften wurden vorgelegt:

Académie Impériale des Sciences de St.-Pétersbourg: Zapisky. Tome LIX, II. — tome LX. St.-Pétersbourg, 1889; 8°.

Accademia, Regia di Scienze, Lettere ed Arti in Modena: Memorie. Ser. 2, volume VI. Modena, 1888; 4°.

Akademie, k. ungarische: Archaeologiai Értesitö. IX. Kötet, 4. szám. Budapest, 1889; 4°.

Central-Commission zur Erforschung und Erhaltung der Kunst- und historischen Denkmale: Mittheilungen. XV. Band, 3. Heft. Wien, 1889; 4°.

Gesellschaft, allgemeine geschichtforschende der Schweiz: Jahrbuch für Schweizerische Geschichte. XIV. Band. Zürich, 1889; 8°.
— k. k. geographische in Wien: Mittheilungen. Band XXXII, Nr. 8 und 9. Wien, 1889; 8°.
— Schlesische für vaterländische Cultur: LXVI. Jahresbericht im Jahre 1888. Breslau, 1889; 8°.
Harz-Verein für Geschichte und Alterthumskunde: Zeitschrift. 22. Jahrgang. 1889. Erste Hälfte. Wernigerode, 1889; 8°.
Institut, kaiserlich deutsches archäologisches: Jahrbuch. Band VI, 3. Heft. Berlin, 1889; 4°.
Kiel, Universität: Akademische Schriften pro 1888/89. 95 Stücke 4° und 8°.
Kiew, Universität: Universitäts-Berichte. Tom. XXIX, Nr. 9 und 10. Kiew, 1889; 8°.
Landesamt, k. statistisches: Württembergische Jahrbücher für Statistik und Landeskunde. Jahrgang 1888. II. Band, 1.—4. Heft. Stuttgart, 1887, 1889; 4°. — Jahrgang 1889. II. Hälfte. Stuttgart, 1889; 4°.
Revue, Ungarische: 1889. IX. Jahrgang, VIII—IX. Heft. Budapest, 1889; 8°.
Società, Reale di Napoli: Atti della R. Accademia di Scienze morali e politiche. Vol. XXIII. Napoli, 1889; 8°. — Rendiconto delle tornate e dei lavori. Anno XXVII. Gennaio a Dicembre 1888. Napoli, 1888; 8°.
— Istriana di Archeologia e Storia patria: Atti e Memorie. Vol. V, fascicolo 1° e 2°. Anno sesto 1889. Parenzo; 8°.
Society, the American geographical: Bulletin. Vol. XXI, Nr. 3. New-York, 1889; 8°.
— the American philosophical: Proceedings. Vol. XXV, Nr. 128. Philadelphia, 1888; 8°.
— the Royal geographical: Proceedings and Monthly Record of Geography. Vol. XI, Nrs 10 and 11. London, 1889; 8°.
Wissenschaftlicher Club in Wien: Monatsblätter. XI. Jahrgang, Nr. 1. Wien, 1889; 8°.

XXIV. SITZUNG VOM 20. NOVEMBER 1889.

Die k. k. geographische Gesellschaft in Wien ladet die Mitglieder der kais. Akademie zu der am 27. d. M. zu Ehren der Afrikaforscher Graf Teleki und Linienschiffs-Lieutenant Ritter von Höhnel stattfindenden ausserordentlichen Versammlung ein.

Von dem galizischen k. k. Landesschulrath wird mit Zuschrift ein Exemplar des Berichtes über den Stand der galizischen Mittelschulen in den Jahren 1884—1888 übermittelt.

Herr Dr. Heinrich Singer, Professor des Kirchenrechtes an der Universität Czernowitz, übersendet eine die Summa des Rufinus betreffende Mittheilung mit dem Ersuchen um ihre Veröffentlichung in dem ‚Anzeiger‘.

An Druckschriften wurden vorgelegt:

Archeologia e Storia Dalmata: Bullettino. Anno XII, Nr. 9. Spalato, 1889; 8°.

Central-Commission, k. k. zur Erforschung und Erhaltung der Kunst- und historischen Denkmale: Mittheilungen. XV. Band, 2. Heft. Wien, 1889; 4°.

Gesellschaft, Deutsche für Natur- und Völkerkunde Ostasiens in Tokio; (V. Band, S. 43—82) 42. Heft. Yokohama, 1889; 4°.

— Deutsche morgenländische: Abhandlungen für die Kunde des Morgenlandes. IX. Band, Nr. 2. Leipzig, 1889; 8°.

Giessen, Universität: Akademische Schriften pro 1888/89; 35 Stücke, 4° und 8°.

Instituto Archeologico sezione Romana: Repertorio universale delle opere, dall' anno 1874—1885. Roma, 1889; 8°.

John Hopkins' University Circulars. Vol. VIII, Nr. 74.

Mittheilungen aus Justus Perthes' geographischer Anstalt von Dr. A. Petermann. 35. Band, 1889. XI. Gotha; 4°.

Münster-Blätter: Festgruss zum 25. Juni 1889. VI. Heft. Stuttgart; Folio.

Musejum zemaljskog u Bosni i Hercegovini: Glasnik. Godina 1889. Knjiga III. Sarajevo, 1889; 8°.

Societas scientiarum Fennica: Acta. Tomus XVI. Helsingforsiae, 1888; 4°.

— Öfversigt af Förhandlingar. XXX. 1887—1888. Helsingfors, 1888; 8°.

Società Italiana di Antropologia, Etnologia e Psicologia comparata: Archivio. XIX. Volume, fascicolo 2°. Firenze, 1889; 8°.

Society, the Royal Asiatic China Branch: Journal. Vol. XXIII, Nr. 2. Shanghai, 1888; 8°.

Verein, historischer für Steiermark: Mittheilungen. XXXVII. Heft. Graz, 1889; 8°.

— kroatisch-archäologischer: Viestnik. Godina XI, Br. 4. U Zagrebu, 1889; 8°.

XXV. SITZUNG VOM 4. DECEMBER 1889.

Das w. M. Herr Professor Dr. Schipper überreicht der Classe seine soeben erschienene Schrift: ‚Zur Kritik der Shakspere-Bacon-Frage' (Wien, Alfred Hölder, 1889).

Ferner wurden mit Zuschriften eingesendet folgende Druckwerke:

‚Codex iuris Bohemici' Tomi 2 pars 3, herausgegeben von dem c. M. Herrn Ministerialrath Dr. H. Ritter von Jireček;

‚Mémoire sur l'abolition de l'esclavage et de la traite des noirs sur le territoire Portugais', übermittelt von der k. portugiesischen Gesandtschaft in Wien; endlich

‚Mittelhochdeutsche Dichtung in ihrer Beziehung zur biblisch-rabbinischen Literatur, Heft II', herausgegeben von Herrn Dr. Gelbhaus in Prag.

Das w. M. Herr Hofrath Ritter von Hartel legt eine für die Sitzungsberichte bestimmte Abhandlung unter dem Titel: ‚Patristische Studien I. Zu Tertullian *de spectaculis, de idololatria*' vor.

An Druckschriften wurden vorgelegt:

Academia, Romana: Nunta la Români. Studiŭ istorico-etnograficŭ de Elena Sevastos. Bucurescĭ, 1889; 8°. — Psaltirea Scheiană (1482) MSS. 449 D. A. R. publicată de Prof. J. Bianu. Tomul I. In facsimile şi transcriere cu variantele din coresi (1577). Bucurescĭ, 1889; 8°.

Akademie der Wissenschaften, k. bayr. zu München: Sitzungsberichte der philosophisch-philologischen und historischen Classe. 1889. Band II, Heft 1. München, 1889; 8°.

Archeologia e Storia Dalmata: Bullettino. Anno XII, Nr. 11. Spalato, 1889; 8°.

Bodemann Eduard: Der Briefwechsel des Gottfried Wilhelm Leibnitz. Hannover, 1889; 8°.

Gesellschaft, Deutsche morgenländische: Abhandlungen für die Kunde des Morgenlandes. IX. Band, Nr. 3. Leipzig, 1889; 8°. — Zeitschrift. XLIII. Band, 3. Heft. Leipzig, 1889; 8°.

Halle, Universität: Akademische Schriften pro 1888/89; 61 Stücke 4° und 8°.

Heidelberg, Universität: Akademische Schriften pro 1888/89; 22 Stücke 4° und 8°.

Lugari Giov. Batt.: Sull'origine e fondazione di Roma. Roma, 1889; 4°.

Simonsen D.: Sculptures et inscriptions de Palmyre à la Glyptothèque de Ny Carlsberg. Copenhague, 1889; 8°.

Stahn Konrad D.: Die Ursachen der Räumung Belgiens im Jahre 1794. Bunzlau, 1889; 8°.

Verein für Erdkunde in Dresden: Jubiläumsschrift. Literatur der Landes- und Volkskunde des Königreichs Sachsen. Dresden, 1889; 8°.

Wissenschaftlicher Club in Wien: Monatsblätter. XI. Jahrgang, Nr. 2 und Ausserordentliche Beilage Nr. 1. Wien, 1889; 8°.

XXVI. SITZUNG VOM 11. DECEMBER 1889.

Im Namen des Conseil général der Facultäten von Paris wird der 1. Band des ‚Chartularium universitatis Parisiensis' herausgegeben von H. Denifle und E. Chatelain,

von Herrn Professor Dr. Alwin Schultz in Prag der 2. Band der zweiten Auflage seines Werkes: ‚Das höfische Leben zur Zeit der Minnesinger' übersendet.

Die Savigny-Commission legt den XII. der ‚Berichte über die Untersuchung von Handschriften des sogenannten Schwabenspiegels' von dem c. M. Herrn Dr. Ludwig Ritter von Rockinger, Director des Allgemeinen Reichsarchives in München, zur Aufnahme in die Sitzungsberichte vor.

Das w. M. Herr Alfred Freiherr von Kremer überreicht zur Aufnahme in die Sitzungsberichte die Fortsetzung seiner ‚Studien zur vergleichenden Culturgeschichte, vorzüglich nach arabischen Quellen III und IV'.

Von Herrn Professor Dr. H. von Zwiedineck-Südenhorst in Graz wird eine Abhandlung unter dem Titel: ‚Die

Augsburger Allianz von 1686' mit dem Ersuchen um ihre Veröffentlichung in dem Archiv übersendet.

An Druckschriften wurden vorgelegt:

Academia, Real de la Historia: Boletin. Tomo XV, Cuaderno IV et V. Madrid, 1889; 8°.

— Romana: Analele. Seria II, Tomulu X. 1887—1888. Memoriile secţiunei istorice et Partea administrativă şi desbaterile. Bucuresci, 1889; 4°.

Académie, Royale des Sciences, des Lettres et des Beaux-Arts de Belgique: Bulletin. 59e année, 3e série, tome 18, Nos. 9 et 10. Bruxelles, 1889; 8°.

Freiburg i. B., Universität: Akademische Schriften pro 1888/89; 121 Stücke 4° und 8°.

Friedländer, M. H. Dr.: Populär-wissenschaftliche Vorträge. Brünn, 1889; 8°.

Gesellschaft, k. k. geographische in Wien: Mittheilungen. Band XXXII, Nr. 10. Wien, 1889; 8°.

Rosa Agustin de la Presb.: Estudio de la Filosofia y Riqueza de la lengua Mexicana. Guadalajara, 1889; 8°.

Société de Géographie: Compte-rendu. Nos. 13 et 14. Paris, 1889; 8°.

— Finno-Ougrienne, Journal: Suomalais-Ugrilaisen seuran Aikakauskirja. VII. Helsingissä, 1889; 8°.

Society, the Asiatic of Bengal: Journal. Vol. LVIII, part I, Nr. 1. 1889. Calcutta, 1889; 8°. — Proceedings. 1889. Nrs. I—VI. Calcutta, 1889; 8°. — The modern vernacular Literature of Hindustan; by George A. Grierson, B. A., B. C. S. Calcutta, 1889; 8°.

Verein für Erdkunde zu Halle a. S.: Mittheilungen. 1889. Halle a. S., 1889; 8°.

— historischer der Pfalz: Mittheilungen. XIV. Speier, 1889; 8°.

XXVII. SITZUNG VOM 18. DECEMBER 1889.

Von Herrn Dr. Johann von Komorzynski, Hof- und Gerichtsadvocat in Wien, wird mit Begleitschreiben seine Schrift: ‚Der Werth in der isolirten Wirthschaft' übersendet.

Von Sr. Excellenz dem w. M. Herrn F. Ritter von Miklosich wird der 6. Band der von ihm und Herrn Professor

Josef Müller in Turin mit Unterstützung der kais. Akademie herausgegebenen ‚Acta et diplomata Graeca medii aevi sacra et profana' vorgelegt.

Ferner werden die Pflichtexemplare des mit Unterstützung der kais. Akademie erschienenen Werkes von Herrn Josef Neuwirth: ‚Die Wochenrechnungen und der Betrieb des Prager Dombaues in den Jahren 1372—1378' übergeben.

—

Die k. k. Central-Commission für Kunst- und historische Denkmale theilt das von dem Conservator Herrn Dr. von Ottenthal zusammengestellte, im 1. Bande ihrer ‚Archivalischen Mittheilungen' erscheinende Verzeichniss ungedruckter oder ungenügend publicirter Tirolischer Weisthümer, ferner die im Jahre 1889 von Herrn von Ottenthal und dem Correspondenten Dr. Redlich bei verschiedenen Gemeinden constatirten derartigen Urkunden mit.

Das w. M. Herr Professor Th. Gomperz überreicht eine für die Sitzungsberichte bestimmte Arbeit unter dem Titel: ‚Die Apologie der Heilkunst, eine griechische Sophistenrede des fünften vorchristlichen Jahrhunderts.'

Von Herrn Dr. Alois Rzach, Professor an der deutschen Universität in Prag, wird eine Abhandlung unter dem Titel: ‚Kritische Studien zu den Sibyllinischen Orakeln' mit dem Ersuchen um ihre Veröffentlichung in den akademischen Schriften eingesendet.

Die Abhandlung wird einer Commission zur Begutachtung überwiesen.

Der Trauer über den am 18. December früh zu München erfolgten Tod des ausländischen Ehrenmitgliedes Geheimenrathes und Universitätsprofessors Dr. Friedrich Wilhelm Benjamin von Giesebrecht wurde in der Gesammtsitzung vom 20. Ausdruck gegeben.

An Druckschriften wurden vorgelegt:

Académie, Impériale des Sciences de St.-Pétersbourg: Bulletin. N. S. I (XXXIII). No. 2. St.-Pétersbourg, 1889; 4°.

Akademie der Wissenschaften in Krakau: Anzeiger. 1889. October und November. Krakau; 8°.

Genootschap, het Zeeuwsch der Wetenschappen te Middelburg: Verzamelingen 1885.

Gesellschaft, historische und antiquarische zu Basel: Beiträge zur vaterländischen Geschichte. N. F. Band III, Heft 2. Basel, 1889; 8°.

— Serbische gelehrte: Glasnik. 70. Band. Belgrad, 1889; 8°.

— der Wissenschaften in Christiania: Forhandlingar 1889. Nr. 1—13. Christiania, 1888; 8°. — Oversigt over Videnskabs-Selskabets Møder i 1888. Christiania; 8°.

Greifswald, Universität: Akademische Schriften pro 1888; 66 Stücke 4° und 8°.

Institut, kaiserlich deutsches archäologisches: Mittheilungen. Band IV, Heft 3. Rom, 1889; 8°.

John Hopkins' University Circulars. Vol. IX, Nr. 76. Baltimore, 1889; 4°.

Mittheilungen aus Justus Perthes' geographischer Anstalt von Dr. A. Petermann. 35. Band, 1889. XII. Gotha; 4°.

Programme: XV. Jahresbericht der Gewerbeschule zu Bistritz. 1889. — Jahresbericht des k. k. Staats-Obergymnasiums in Böhm.-Leipa. 1889. — 27. Jahresbericht des Ausschusses des Vorarlberger Museums-Vereines in Bregenz. 1888. — 39. Programm des k. k. Gymnasiums zu Brixen. 1889. — 13. Verwaltungsbericht der Akademischen Lesehalle an der k. k. Franz Josefs-Universität zu Czernowitz. 1889. — Programm des evangelischen Gymnasiums A. B. und der damit verbundenen Realschule, sowie der evangelischen Elementarschule A. B. zu Hermannstadt. 1888/89. — Jahresbericht der k. k. Oberrealschule zu Königgrätz. 1888/89. — Izvješće c. k. gospodarskom i šumarskom učilištu u Križevcih. 1887/88. — Jahresbericht des k. k. Staatsgymnasiums in Marburg. 1889. — Jahresbericht des k. k. Gymnasiums in Mähr.-Weisskirchen. 1888/89. — Jahresbericht der Mährisch-schlesischen Forstlehranstalt zu Eulenberg in Mähren. 1887/88. — 20. Jahresbericht des Steiermärkischen Landes-Untergymnasiums zu Pettau. 1888/89. 13. Jahresbericht der k. k. deutschen Staatsgewerbeschule zu Pilsen. 1889. — Programm des k. k. Staats-Obergymnasiums zu Saaz. 1889. — 40. Ausweis des fürsterzbischöflichen Gymnasiums Collegium Borromäum zu Salzburg. 1888/89. — Programm des evangelischen Gymnasiums A. B. in Schässburg und der damit verbundenen Lehranstalten. 1888/89. — 19. Jahresbericht der deutschen Staats-Oberrealschule in Triest. 1888/89. — 6. Jahresbericht des k. k. Staatsgymnasiums in Unter-Meidling bei Wien. 1888/89. — Jahresbericht des k. k. Akademischen Gymnasiums in Wien. 1888/89. — 15. Jahresbericht über das k. k. Franz Josefs-Gymnasium in Wien. 1888/89. — 38. Jahresbericht über die k. k. Staats-Oberrealschule und die gewerbliche Fortbildungsschule im

III. Bezirke in Wien. 1888—1889. — Jahresbericht des k. k. Obergymnasiums zu den Schotten. 1889. — 24. Jahresbericht der niederösterreichischen Landes-Oberrealschule und der Fachschule für Maschinenwesen in Wr.-Neustadt. 1889. — 8. Programm der königlich [illegible] Schule in Bakeu. 1888/89.

Société de Géographie: Bulletin. 7e série, tome X, 2e trimestre 1889. Paris. 1889; 8°.

Society, the Royal Scottish geographical: The Scottish geographical Magazine. Vol. V, Nr. 12 and Contents. Edinburgh, 1889; 8°.

Verein, historischer für Niederbayern: Verhandlungen. XXVI. Band, 1. und 2. Heft. Landshut, 1889; 8°.

Wiener Freiwillige Rettungs-Gesellschaft: VII. Jahresbericht. Wien, 1889; 8°.

I.

Über die Einwirkung des Türkischen auf die Grammatik der südosteuropäischen Sprachen.

Von

Dr. Franz Miklosich,
wirkl. Mitgliede der kaiserl. Akademie der Wissenschaften.

In einigen Abhandlungen sind mit der mir erreichbaren Vollständigkeit die Wörter verzeichnet worden, welche aus dem Türkischen in die Sprachen der den Türken in Europa benachbarten Völker aufgenommen worden sind. Nach allen Richtungen wird der Einfluss des Türkischen erst dann erforscht sein, wenn die türkischen Elemente in den Sprachen der an die Türken in Asien grenzenden Völker, der Armenier, Perser, Araber usw. nachgewiesen sein werden.

Die Einwirkung der Türken auf ihre Nachbarn beschränkt sich nicht auf Wörter, sie umfasst auch die Grammatik und sociale und staatliche Einrichtungen.

Was die Grammatik anlangt, so sind hier einige Erscheinungen der Stamm- und Wortbildungslehre und der Syntax zu behandeln.

I. Stammbildungslehre.

Die Aufnahme von Suffixen hat man sich nicht etwa so vorzustellen, als ob die von den Wörtern losgelösten türkischen Suffixe wären aufgenommen worden, sondern so, dass Wörter Eingang gefunden haben, deren Suffixe dann auch an einheimische Themen angetreten sind. Nach serb. *ajluk*, türk. *ajlęk* Monatgeld, von *aj*; nach serb. *antiluk*, türk. *altęlęk* Sechser, von *altę*; nach serb. *Arnautluk*, türk. *Arnautluk* Albanien, von *Arnaut*, sind serb. *bestiluk* Thorheit, *pasjaluk* hündische Bosheit, *poganluk* Unflath von *bestija*, *pasji*, *pogan* usw. gebildet worden.

Die Suffixe zerfallen in Nominal- und Verbalsuffixe.

A. Nominalsuffixe.

1. Suffix *ča*.

Das Suffix *ča* bildet im Persischen Deminutiva: *bāg*, *bāgča* Garten, Gärtchen. Darmesteter 1. 288. Das pers. *ča*, das auch im Hindustani vorkommt, wird türk. *dža*, *dže*, ehedem *ča*, *če*.

Das türkische Suffix ist in das Bulgarische und Serbische eingedrungen; es ist da gleichfalls ein Deminutivsuffix.

bulg. *argatče* Taglöhner. *berberče* Barbier. *bęlfče* Floh, Milad. 22. *bęlgarče* Bulgar. *bratovče* Vetter. *ciganče* Zigeuner. *gęlębče* Täubchen. *glogče* Weissdorn. *gradče* Städtchen. *kęsče* Stückchen. *kitče* Sträusschen: *kita*, Milad. 383. *kopilče* Held. *kośče* Kürbchen. *kožufče* Pelzlein. *kracajče*, gen. *kracajčeta*. *lętinče* Lateiner. Vinga. *pędarče*: *pędar*. *sokolče*. *stęklanče* Glas. *tasče* Schälchen. *vlahče* Walache. *volče* Öchslein. *zlatarče* Goldschmied, Milad. 278. vergl. *Avramčo*. PN.

serb. *begče* kleiner Beg. *biserče* Perle, gen. *biserčeta*. *bugarče*. *bulče*. *govedče*. *grnče*. *gunče*. *konjče*. *kumče*. *latinče*. *mješče* (*vina*). *paripče*. *pramče* kleiner Prahm. *tajče* Füllen. *travničanče*. *vlašče*. *zobunče*, Rčč. 29. *sejišrad* beruht auf *sejišče*.

In den angeführten Fällen ist türk. *če* Suffix. Dagegen ist das Suffix *ęt* eingetreten in bulg. *bardače*: *bardak* Art Gefäss. *bękliče* Fläschen: *bęklica*. *čjubuče* Pfeife: *čjubuk*. *dobiče* Vieh: *dobytъkъ*. *junče* kleiner Ochs: *junьcь*. *knižo* Büchelchen. *mnuče* Enkelchen: *vъnukъ*. *dete povojniče*. *ptiče* Vögelchen: *ptica*. *vrabče*, *rępče*: *vrabьcь*. *siruče* armer Mensch: *sirakъ*.

klruss. *tułuča*, junger Bär, Wolf: *tułuk*. *turča*, *turčenja* Türkenkind: *turok*.

In *momče*, *nemče*, *zmejče* ist das Suffix *ęt* an *momъkъ*, *němьcь*, *zmijica* angetreten. Ebenso im čech. *andělče*, *andělčátko*: *anděĺek*. poln. *owczę*, *owczątko*. Vergl. Gramm. 2. 190.

Weniger wahrscheinlich ist die Ansicht, nach welcher analog dem *momče* die oben angeführten Formen gebildet worden wären, welche sich Vergl. Gramm. 2. 191 vorgetragen findet.

Für den fremden Ursprung des Suffixes scheint der Umstand zu sprechen, dass *će* auch an Feminina antritt: bulg. *knižće*, Büchelchen. *košulče* Hemdchen. *lamče* kleine Schlange. serb. *maramče*. Jastr. Dagegen kann für *cę* angeführt werden bulg. *sokolčence*. serb. *mačukčence*. Jastr. 187. Die aus Jastr. angeführten Wörter scheinen eigentlich bulgarisch zu sein.

Man beachte magy. *szemcse*, Äuglein. *virágcsa* Blümchen.

2. Suffix **dži, dżę, či, čę.**

Das Suffix *dži* usw. bildet Deverbativa und Denominativa: *jazę-dżę* Schreiber: *jaz-mak* schreiben. *kajęk-dżę*, d. i. *kajęk-čę*, Schiffer: *kajęk* Schiff. *fertig-dži* Conducteur auf Eisenbahnen: fertig, Ruf der meist deutschen Eisenbahnbediensteten.

Das Suffix *dži* wird angewandt im Bulgarischen, Serbischen und im Rumunischen. Es tritt wie im Türkischen an Verba und Nomina an. Das Suffix wird im Bulgarischen und Serbischen durch *a* (daher *dži-j-a*) erweitert, wodurch die Wörter im Serbischen declinirbar werden.

bulg. *borbadžija* Kämpfer. Milad. 11: *borba*. *furnadžija*. Bog. *gajdardžija*. Ljub. *ispoldžija*. *ključardžija* 298. *kontrakdžija* Unternehmer. Bog. *kosadžija* Mäher. *lišiudžija* Betrüger. *lovdžija, lovčija* Jäger, Kač. 532. *paetondžija* Lenker eines Phaetons. *svirdžija*. Ljub. *svireldžija* Musikant. *vampirdžija* der den Vampir tödtet.

serb. *bojadžija*, Streiter. *boltadžija* Krämer: *bolta*. *bundžija* Aufwiegler: *buniti*. *četedžija* Anführer: türk. *četé*, serb. *četa*. *deladžija*, *koji deli: děliti*. *dunavdžija* Anwohner der Donau: *dunav*. Jastr. 431. *govordžija* redseliger Mensch: *govor*. *hvaldžija* Prahler: *hvaliti*. *ispiudžija* Trinker. Hör. 218. *kaladžija* der Fische aufschneidet, um sie zu dörren: *kalati*. *komordžija* Packknecht: *komora*. *krpedžija* Flicker: *krpiti*. *larmadžija* Lärmmacher: *larma*. *likerdžija*. *lovdžija* Jäger: *lov*. *navodadžija* Brautwerber. Jastr. 297. 305: *navoditi*; gleichbedeutend ist das dunkle *maridžija* 297. *olajdžija*. G. Popović: *olaj*. *pijaudžija*, *pijanadžija* Trunkenbold: *pijan*. *pljačkadžija* Plünderer: *pljačkati*. *pločadžija* Schmarotzer: *ploča*. *postuldžija*, *koji krpi postule*. *pratidžija* Begleiter, *pratilac*: *pratiti*. *prkošdžija* der trotzt: *prkos*. *provodadžija*, *provodjadjija* Freiwerber: *provoditi*; vergl. *navodadžija*. Daher *provodadžisati*. *preteudžija* der der

Verlobten den Ring ansteckt: *prsten*. Jastr. 299. 305. *siledžija*, *silendžija* gewaltthätiger Mensch: *siliti*. *suvajdžija* Müller (von der Rossmühle): *suvaja*, *suvača* Rossmühle. *šalidžija* Spassvogel: *šala*, *šaliti se*. *šeširdžija*. *udordžija* Angreifer: **udor*, *udorac*. *varkadžija*, *varadžija*, *varalica* Betrüger: *al' je Marko varkadžija stara*. Petr. 3. 362: **varka*. *veslädžija*, *vesladžija* Ruderer. *voskovardžija* der die Wachstrebern einkauft: **voskovar*, *voskovarina*.

rum. *misardžiul* (slavisch *męsarь*), *męčilariul* Fleischer. Blaž. *podkapidžiŭ* Kappenmacher.

alb. *boredži* γαμβρός. Meyer 70. *gastardžii* vetrajo. R. *katsadžii* bottajo. R. *kjilardži* Kellermeister. H. *konopdžii* neben *conopčar* cordajo. R. *lokatandži* Gastwirth. *peškadži*, *piškadži* Fischer. H.

Vergl. Kazem-Beg 37. Die Fremdwörter: *dži*, und Vergl. Gramm. 2. 337. Meyer 70.

Wenn man meint, in *ubijčija* homicida sei das türkische Suffix *či* eingetreten, so ist dies ein Irrthum; vielmehr liegt jenem Worte *ubiicь (ubijьcь)* zu Grunde. Aus *ьcь-ijь* ist dann ein scheinbar einheitliches Suffix entstanden, daher *banьčija* balneator von *banjiti* usw. *samьčija* oeconomus für *sanьčija* beruht auf einem türk. *sanče* von *san*. Vergl. Gramm. 2. 62.

3. Suffix čęk, čik, džęk, džik.

Das türkische Suffix *čęk*, *čik* bildet Deminutiva: *atdžęk* Pferdchen: *at* Pferd. *eldžik* Händchen: *el* Hand.

bulg. *Rusčuk* Ortsname: *Rusе*. Jir. 192.

wruss. *kucharčuk* Schmutzfink.

klruss. *barčuk* Sohn eines Barin. *bodnarčuk*: fem. *bodnarčucka*. *cyhančuk* Zigeunersohn. *jarčuk* junges Schaf: *baran jaryj*. *klyščuk* Dobel (Fisch). *kopyľčuk* Bustard. *kovaľčuk* Schmiedknecht, Sohn eines Schmiedes. *lakejčuk*. *lysyččuk* junger Fuchs. *marenčuk* Flussbarbe. *medvedčuk* junger Bär. *miščuk* kleiner Sack. *ušinčuk* Aster. *samarčuk* Nebenfluss der Samara: vergl. *Murica* Mürz und *Mura*. *saranačuk* Heuschreckenkrebs. *Todorčuk*, Enkel des *Todor*, Theodor. *Tomaščuk* ist serb. *Tomašić*, *Tomašević*. Polnische und armenische Personennamen: *Sarajčuk*, *Łovčuk*. Vergl. russ. *kabatčika* Schenkwirth.

Eine andere Bedeutung hat *čęk, čik* in folgenden Fällen:

bulg. *kapčuk, kapček* Dachtraufe. Bog. *zelenčuk* Gemüse, nicht Küche. Vergl. *tatarčuga* Collect. russ. *lěnčuga* Faulenzer. *ovčjuga* Schäfer beruht auf *ovca*, *bělčuga* Weissfisch wohl auf *bělъ*. *žemčugъ, ženčugъ* Perlen ist mit magy. *gyöngy* zu vergleichen: das Eine und das Andere habe ich mit türk. *indži* zusammengestellt.

klruss. *bazarčuk* zum Bazar gehörig.

rum. *jeftišug* Billigkeit. *meštešug* Handwerk. Vergl. Gramm. 2. 283.

Gleiche Bedeutung wie *čuk* hat das Suffix *juk:*

klruss. *bołotuk*, *syńuk* Blaumeise, *serńuk* Rehbock. *popaduk* für *popovyč*. *Romańuk* für *Romanovyč*.

4. Suffix li, lę.

Das türkische Suffix *lę, li* bildet Nomina von sehr verschiedener Bedeutung: *atlę* beritten, Reiter: *at* Pferd. *benli* Flecken habend: *ben* Muttermal.

Das Suffix *li, lę* findet sich im Bulgarischen und Serbischen. Es wird häufig durch *a* erweitert, wodurch das Wort im Serbischen declinirbar wird.

bulg. *čatmali ceši*. Milad. 451. *džamli pendžera*. 99. *ženihli* Unterhändler. Bog. *reku čemerlija*. Milad. 168. *pandzurli* neben *pandzur košulja*. Milad. 98. 314. *zorlen* beruht auf türk. *zorlu*. *a* tritt auch an türkische Worte an: *puška bojlija* dünne (schlanke) Flinte. Volkal. *pernici kumašliji*. Milad. 379. *diredzi mramorliji* marmorne Mauern. 174. *safralija* gallicht.

serb. *biserli* mit Perlen verziert. *bojali* färbig. *dugmali* mit Knöpfen, *dugme*, *dugmeta*, versehen. *džamajli* von Glas: *pendžer*. Jastr. *gojajli* gepflegt: *odgojen*. *ibrišimli* seiden. *kadifli*, *kadifeli* sammten. *kostrešli* aus Ziegenwolle gemacht. *kumašli* Atlas-. *novajli cipela*. *pancirli košulja*. Juk. 217. Hör. 542. *srčali* gläsern. *strukali pâs*. *šurak* und *šuraklija* Linkler. *Travniklija*. *zlatali* golden: *marama*.

li wird durch *a* erweitert: *bosanlija* aus Bosnien: türk. *bosnalę*. *granajlija*, *granalija*, *puška*, *po kojoj su grane izrezene*. mit gestickten *grane*, *duga granajlija*. Marjan. 107. *dugajlija*, *dugonja* grosser, langer Mann. *gojajlija* gepflegt: *odgojen*. *Jedrenlija* aus Adrianopel: *Jedrene*. *kariklija*, *karikaša* Art runde

Mütze: *karika*. *kolalija* ringförmig, *toke kolalija*: *kolo*. *odrlija* homo pannosus. *novajlija* Neuling. *sedeflija* mit Perlmutter verzierte Flinte. *runajlija orca*. *točajlija* der Schenk. *zlatajlija* mit Gold geschmückt. Vergl. Gramm. 2. 106. Fremdwörter: *li*. 106. Kazem-Beg 42.

a tritt auch an andere vocalisch auslautende türkische Nomina an: *čakija*: *čakę* Taschenmesser. *čivija*: *čivi* Nagel. *jazija*: *jazę* Schrift. *kapija*: *kapę*, *kapu* Thor, Thür usw.

5. Suffix lik, lęk.

Das türkische Suffix *lik*, *luk* (*lęk*) bildet Nomina abstracta: *zirèklik* Feinheit: *zirek*. *aklęk* Weisse: *ak*. Das Suffix lautet bulg. *lęk*, *lak*, *lek*, *luk*, *lik*, wohl alles aus *lęk*; serb. kennt nur die Form *luk*, rum. *lik*, alb. hat meist *lęk*.

Es findet sich im Bulgarischen, Serbischen, Rumunischen und Albanischen.

bulg. *agalęk*. *brêstalak* Birkenwald. *drvolak* Hain. *gęstalak*, *-lęk* dichter Wald. *hrastalak*, *-lęk* Buschholz. *kurvalak* Hurerei. Dan. 38. *magjinluk* Zauber. *močorlik*, *močurlak* Morast. *okręilek* chic. Bog. *rajaluk*. *risjanlak* Christenheit. Jastr. *robluk* Sclaverei. *sirmašlak*. Kač. 483. *šumalęk* Dickicht. *vrbalak* Weidengehölz. *vojevodlak*. *vonikluk*.

serb. *bastiluk* Thorheit. *bezobrazluk*. *bikarluk* Metzgerei: *t. beccaro*. *djavoluk* Teufelei. *gadluk*, *gadna stvar*. *gazdaluk*, *gazdarluk*. *hrišćanluk* Christenheit. *latinluk* Lateinerquartier in Sarajevo. Juk. 613. *lopovluk*. *nitkovluk*. *obešenjakluk*. *pasjaluk* hündische Bosheit. *poganluk*. *pustailuk*. *Rimluk*: *takve vure u Rimluku nema* in der katholischen Christenheit. *šipčaluk*, *šipčište*. *stremenluk*. Hör. 2. 297. *domazluk* ist türk. *tamęzlęk*.

rum. *berbanlik* Schwelgerei. *murdarlik* Schmutz.

alb. *ęgręsilęk* Wildniss. H. *konomlęk* Wirthschaft. H. *pabeslęk* Unglaube. H. Untreue. *nipilek* it. nipotismo. R.

ngriech. κατεργαλίκι. Vergl. Gramm. 2. 107. Kazem-Beg 40. 41.

Gleiche Bedeutung mit dem türk. *lik*, *lęk* hat das magy. *ság*.

bulg. *hęmešag*. *sęhędšag* Freiheit. Vinga.

rum. *furtišag* Diebstahl.

6. Suffix si.

Das Vorhandensein eines Suffixes *si* wird in Abrede gestellt, indem man *veresi* Übergabe, Credit durch ‚sein Geben', von *vérmek* geben, erklärt. Z. 936. 3; die Mongolen hätten ihr Suffix *si* einem Missverständnisse zu danken. Kazem-Beg 18.

bulg. *čudosija*. *gizdosija* Kokette. *ludosija*. *neftasija* Mangel an Zeit. Dunkel ist *kratosija* tausend Piaster.

serb. *silesija božija* Bos. Vila 2. 131. Ungeheuer: *sila*. *vrlesija*, *frlesija* ist dunkel. Das alb. *si* ist G. Meyer 72 geneigt auf griech. σια zurückzuführen: *paręsi* Aristokratie: *parę* Erster. Vergl. ngriech. χωσι für χῶσις.

7. Suffix tar.

Das Suffix *tar*, *dar* ist persisch: *raftar* رفتار, Gang; *murdar* مردار, Leichnam. J. Darmesteter, Études iraniennes. I. 282. Persisch scheint von *dar* ausgegangen werden zu sollen. *tar* entspricht dem aind. *tr*, *tar*, *tār*. Aus dem Persischen drang das Suffix in das Türkische: türk. *čaktar* Schafglocke: *čań* Glocke, wohl aus *čakdar*. *čohadar* Kammerdiener. *ilimdar* der Weise. *kaptar* Deckel von Bienenkörben: *kapamak* schliessen.

Aus dem Türkischen in das Bulgarische: *basmatarka* Zauberin. *glavatar*, *glavatarin* Oberhaupt, *glavatarka*. *slugatar* Diener. *ziljatarka* neidisches Weib. *pramatarče* ist das Deminutiv von *pramatar* Kaufmann aus πράγμα, πραγματευτής. Dunkel ist *hastętar* böser Dämon: *dę te izede*, *dę te zami hastętar*.

serb. *čuvadar* Hüter. *domadar*, *domodar* Hausvater. *sveznadar* Alleswisser. Darmesteter I. 182.

klruss. *domatar* neben *domontar* Hausherr. *pluhatar* Pflüger. *prosatar*, *što prosyt na praznyk*. *argatar* Arbeitgeber beruht auf *argat*, daher *argat-ar*.

alb. *kortetar* cortigiano von corte. *meśetar* Priester von *meśę*. *pišketar* Fischer von *pišk*. Vergl. G. Meyer, Albanesische Studien I. 59, der dafür hält, aus *ar* habe sich eine Form *tar* herausgebildet.

Mit *tar* ursprünglich identisch ist lat. *tor*, das sich im Rumänischen und Albanischen findet und, wohl meist aus der ersteren Sprache, in das Slavische aufgenommen wurde. rum.

amędžitor Verführer von *amędži*. *arhondar* Kellermeister. alb. *tradtur*, lat. *traditor*. *punętuar* Arbeiter. Daneben *deretar* ostiarius. *ulltar* Reisender Rèč. 56: bulg. *ulatar* Eilbote.

bulg. *pęzętor*, *pazitor* Beschützer. *pęzętorę* Beschützerin. ungr.-bulg. *pizmator*. *prusatur* Hochzeitbitter. Vinga: serb. *prosci*. *vrnžitor* Zauberer.

rum. *pazitoriă*.

klruss. *domator* Hausvater. *chodator*. Juž.-Sk. 1. 33. 6. *pluhatoŕ* Pflüger: daneben *pluhataŕ*. *sapator* Hakenpflug: *sapaty*. Überraschend ist *nastigator* Antreiber. wruss. *domatur*. pol. *domator* Stubenhocker. *prowodator*.

Man merke noch Folgendes: Der griechische Ausgang *os* erhält sich im Türkischen. Das zig. *os* stammt vielleicht doch unmittelbar aus dem Griechischen. Vergl. Über die Mundarten und die Wanderungen der Zigeuner Europas X. 4. Türk. *abanos* Ebenholz. *agostos* August Zenker 69. 2. *aforos* Kirchenbann. *astakos* Meerkrebs Z. 73. 1. *barkos* Z. 158. 3. *burgus* πύργος Z. 190. 1. *bajlos*. *balos* Ball Z. 171. 3. *čaganos* Krabbe Z. 342. 1. *čakalos* Hind. 184. Z. 359. 2. *ispinos* σπίνος Finke Z. 36. 3. *istakos* ἀστακός Z. 36. 3. *istavros* Z. 37. 1. *julios* Z. 976. 2. *junios*. *konsollos* Rèč. 54. *kavanos* Art grosse Krüge Z. 711. 2. *kokonos* Stutzer. *kondžolos*, *kara kondžolos* Art Gespenst. *konsolos* Z. 723. 1. *konsol* Hind. 319. *koranos*. *langoros*. λάγγουρος Art Wein Z. 790. 1. *lodos* Südostwind: griech. νότος. *magdanos* μακεδονήσιον. *marankoz* it. *marangone* Z. 800. 1. *martolos*. *okeanos* Z. 126. 2. *palatinos* Z. 170. 1. *piskopos*, *piskup*.

B. Verbalsuffixe.

Im Bulgarischen, Serbischen und Albanischen werden zahlreiche Verba dadurch gebildet, dass an den in den meisten Fällen türkischen Stamm das Suffix des türkischen Aorists *dę* und an die so entstandene Form das *s* des griechischen Aorists antritt.

bulg. *kondisam* kehre ein besteht aus *kon* in *konmak*, dem *dę* des Aorists *kon-dę-m* und dem an *kon-dę* antretenden *s* des griechischen Aorists. Auf *kondisam* beruht das imperfective *kondisuvam*. *temeladisam* befestige: *téméllémék*, nun türkisch ungebräuchlich.

serb. *bojadisati* färben: *bojamak*. Neben *begendisati* findet sich *begenisati*, das nicht auf das erstere zurückzuführen ist: es ist vielmehr das Aorist-*s* an *bejen* unmittelbar angetreten. *zabundisan*, *zlovoljno zamišljen*. *Rijeć konacuska*.

rum. *ćirakladisi* aufziehen, befördern: *čęraglamak*, das bei Z. fehlt. mrum. *cęhtisi* staunen: *šašmak*. *čelaltisi* ἀγωνίζεσθαι sich beschäftigen. Boj. 211; die türkische Quelle vermag ich nicht nachzuweisen.

alb. *ogradis* belästigen: *ugramak*. Vergl. Fremdwörter: *aresa* und ausführlich Albanische Forschungen III. so wie Vergl. Gramm. II. 476.

II. Wortbildungslehre.

Die türkische Pluralendung *lar* findet sich mit der slavischen verbunden nur in türkischen Wörtern: bulg. *agalari*. serb. *agalari* Hör. 342. 363. 470. alb. *agalarę* usw. Meyer 68.

III. Syntax.

Das Substantiv übernimmt in der Zusammensetzung, richtig Zusammenrückung, die Function eines Adjectivs: *taš-ėv* steinernes Haus. *altęn-zindžir* goldene Kette. Vergl. Gramm. 2. 350.

bulg. *burundžu*, *burundžu košulja* Hemd aus Gaze. *čatma vežda* zusammengewachsene Augenbrauen habend. Milad. 482. σιμσίρις. *šimšir porti* Thor aus Buchsbaumholz. 172. *kemer kese* Gürtelbeutel. 199. *kunuš pelena* Windel aus einem gewissen Stoffe. 309. *levon odenje* Stutzerkleidung. 61. *mramor ploča*. 228, daneben *mramorna ploča*. 93. *pandzur košulja*. 314, neben *pandzurli košulja*. 98. *samur kalpak*. *sęrmus kolan*. 374, daneben *si izvade samura kalpaka*. 159.

serb. *arpa kaša* Gerstenbrei. *burundžuk košulja* Hemd aus Gaze. Juk. 166. *demir čardak* eiserne Altane. 154. *demir pendžer* eisernes Fenster. 133. 486. *duvan ćesa*. *ibrišim kanica*, *ćkanica* seidene Schärpe. 70. Petr. 214. 623. *mermer avlija*. Juk. 93. 454. *mramor kamen*. Petr. 275. *samur kapa*. *sindžir kalka*. Juk. 406.

Die Congruenz im Numerus und Casus tritt bei den türkischen Adjectiven nicht ein. Dass sie beim Genus fehlt, ist selbstverständlich.

serb. *koliko se harum učinila*. Petr. 411. *halal tebi naša krvca bila!* Juk. 398. *pa se vojska sadin učinila*. 392.

serb. *al čohe* rothes Tuch. Petr. 623. *iz arzi odaje, u arzi odaju*. Juk. 498. 503. *bojali čibuk, bojali čibuka, bojali kuli*. 131. 344. 462. *djuzel djeisiju*. Petr. 135. Juk. 284. *djuzli djeisiju*. Petr. 486. *u halvat odaju*. Juk. 231. *bez itlak burjuntije*. 491. *kadifli čakšire*. 166. *kumašli jorganom, kumašli jorgana*. Petr. 260. 498. *mavi plamen*. Juk. 104: *maven* wird declinirt. *mor čoha*. 390. *mor čakšire*. Petr. 486. *mukamed pojasa*. 223. *pancirli košulju*. Juk. 217. *s rakili sefunom*. 257. *kad se sačin učinili bili*. Petr. 35. *sajali čakšire*. 214. *samurli ćurkom*. 504. *sedefli tamburu*, 21, daneben *sedlo sedefliju*. 300. *srčali durbina*. 131. 169. 532. *srčali pendžere*. Petr. 219. *srmajli jaglukom*. 473. *šajakli čakšire*. Juk. 431. *šemli Andji*. 407. *šimširli bešiku*. Petr. 643. *tokali ječerme*. Juk. 214.

Den Nomina für Maass und Gewicht folgt türkisch das Nomen für das Gemessene und Gewogene als Apposition: *bir četé tazé su*. bulg. *edin krčag presna voda*. *on kapan bogdaj* zehn Metzen Weizen. *bir fildžan čaj* eine Schale Thee. *bir lülé tütün* eine Pfeife Tabak. Dasselbe findet sich bulgarisch.

bulg. *lula tutun*. Čol. 149. *sto oči ulej*. *devet kuli azno* neun Thürme Schätze. Milad. 122. *tri tovari azno*. Vardar. *tri sejsani azno* drei Saumlasten Schätze. 232. *tri tovari azno*. 55. *edno parče kniga*. 157. *jedna měra vino*. *trista meri vino*. *trojica turci*. *trista čevgar bivoli*. *trista lakti platno*. *čifte rogozini*. *tri lakti platno*. *kutel pšenica*.

Eben so ngriech. μία λίτρα μαλλί ein Pfund Wolle. Müller 51. μία τζαντίλα τυρί. Hahn 2. 211. πέντε χιλιάδες γρόσια. Pap. 119. μὲ τρεῖς χιλιάδες τσίρακας. Legr. 120. ταχίμι ζάρφια *une douzaine de soucoupes*.

Wenn ein aus dem Türkischen entlehntes Wort in der Apposition die erste Stelle einnimmt, so steht es unverändert in der Stammform.

serb. *pehlivan djogata*. Juk. 516. *pehlivan djogatu*. 169. *šeher Sarajevu*. Petr. 630. Es ist jedoch zweifelhaft, ob diese

Erscheinung auf Rechnung des türkischen Einflusses zu setzen ist. Vergl. Syntax 342.

Im türk. *ati tęmar étmek* ein Pferd pflegen, wörtlich equum curam facere, wird *tęmar étmek* als ein transitives Verbum angesehen und daher mit dem Accusativ verbunden, eine Construction, die jedoch nicht nothwendig ist, indem der Accusativ durch den Dativ ersetzt werden kann. Jene dem Türkischen eigenthümliche Fügung findet sich serb.: *karca ćeš mi timar učiniti* du wirst meinen Schecken pflegen. Petr. 3. 126. *šarina mu timar učinio*. 3. 195. *i mene su selam učinile*. bulg. *težka me globa globiha*. Milad. 443. Derselben Construction begegnen wir im Zigeunerischen: *dinde e raklés angali* er umarmte den Knaben, wo *angali dav* dem *tęmar étmek* entspricht. Über die Mundarten und die Wanderungen der Zigeuner Europas XII. 29.

serb. *tamir, popravka*: *valja m' kulu tamir učiniti* ich muss meinen Thurm ausbessern. Hör. 293. *nek idaru čini beg svatove*. 16. *i dušmane kahar učiniti*. 38. *hoće tebe rezil učiniti*. 479. *sehir čine Janković Stojana*. Volksl. *kad ga care seir učinio*. Hör. 83. *sejir čini svoje četovce*. 2. 248. *Mujo kulu sejir učinio*. Daneben *sejiriti*: *sejiriti konje i junake*. *osejiriti doru*. *neka narod osejiri turke*. *pa sam njega surgun učinio*. 460. *pa ga Maru sural učinila*. 2. 258. *te je sunak tabir učinio*. 394. *vezir Bosnu tahkik učinio*. 97. *oni se takum učinili*. 417. *konje tebdil učiniše*. 219. *kada Vuče tesliu dušu učinio*. Volksl. Daneben *caru učini temena*. Hör. 468. Mit den angegebenen Fügungen stimmt altit. *por mente una cosa, io lo posi mente* überein.

Litteratur.

Blaž. Th. Blažewicz, Theoretisch-praktische Grammatik der dacoromanischen Sprache. Lemberg und Czernowitz 1844.

Bog. I. A. Bogorovъ, Frensko-bъlgarski i bъlgarsko-frenski rěčnikъ. Viena 1869.

Boj. M. G. Bojadschi, Romanische oder macedonowlachische Sprachlehre. Wien 1813.

Bos.-Vila. Bosanska Vila. List za zabavu, pouku i književnost. Sarajevo. Von 1886 an.

Čol. V. Čolakovъ, Bъlgarskyj narodenъ sbornikъ. Bolgradъ 1872.

Dan. Δανιὴλ ὁ ἐκ Μοσχοπόλεως, Εἰσαγωγικὴ διδασκαλία. s. l. 1802.

Darmesteter, J., Études iraniennes. Paris 1883.

Hahn, G. v., Albanesische Studien. Wien 1853. Griechische und albanesische Märchen. Leipzig 1864.

Hind. A. Hindoglu, Dictionnaire abrégé français-turc. Vienne 1831.

Hör. K. Hörmann, Narodne pjesme Muhamedovaca u Bosni i Hercegovini. Sarajevo. I. 1888.

Jastr. I. S. Jastrebovъ, Obyčai i pěsni tureckichъ Serbovъ. S. Peterburgъ 1886.

Jir. K. Jireček, Cesty po Bulharsku. V Praze 1888.

Juk. I. F. Jukić, Narodne piesme bosanske i hercegovačke. U Osieku 1858.

Juž.-Skaz. Narodnyja južnorusskija skazki. Kievъ 1869.

Kač. V. Kačanovskij, Pamjatniki bolgarskago narodnago tvorčestva. Sanktpeterburgъ 1882.

Ljub. P. Cv. Ljubenov, Baba Ega. Tъrnovo 1887.

Marjan. Marjanović, Hrvatske narodne pjesme. U Zagrebu 1864.

Milad. Bratъja Miladinovci, Bъlgarski narodni pěsni. Vъ Zagrebъ 1861.

Petr. B. Petranović, Srpske narodne pjesme. U Biogradu 1867. 1870.

Popović, G. Turske i druge istočanske reči u našem jeziku. U Biogradu 1884. Aus dem Glasnik.

R. Fr. Rossi, Vocabolario della lingua epirotica-italiana. Roma 1875.

Rěč. Rěčnikъ otъ četiri jezika. Biogradъ 1873.

II.

Gian Vincenzo Gravina als Aesthetiker.

Ein Beitrag zur Geschichte der Kunstphilosophie

von

Dr. Emil Reich.

I.

Wäre der Mann, dessen Name an der Spitze dieser Zeilen steht, ein Franzose oder ein Engländer gewesen, dann wäre ihm vielleicht der gebührende Platz unter den Vorläufern der modernen Aesthetik längst eingeräumt worden und die deutsche Wissenschaft hätte nicht verfehlt, sich eingehend in zahlreichen ausführlichen und gelehrten Schriften mit ihm zu beschäftigen. Vincenzo Gravina war ein Italiener, und es ist seiner bisher blos in einem einzigen Werke gedacht worden, und zwar — wie zu zeigen sein wird — in unzulänglicher Weise. Je weniger der italienischen Wissenschaft bisher Aufmerksamkeit geschenkt worden ist, um desto mehr scheint es Zeit, das Versäumniss gutzumachen. Eine rühmenswerthe Ausnahme bildet der Wiener Forscher Karl Werner, dessen treffliches Werk über ‚die italienischen Philosophen des 19. Jahrhunderts'[1] klar beweist, welch' reiche geistige Schätze noch bei unseren südlichen Nachbarn zu heben sind und der wiederholt in der Wiener Akademie der Wissenschaften über italienisches Geistesleben berichtet hat. Mit der vorliegenden Abhandlung wollen wir versuchen, in bescheidener Entfernung seinen Spuren folgend, einen kleinen Beitrag zu der Sühnung dieser Schuld zu leisten, bezüglich eines Schriftstellers, dem ein ehrenvoller Platz in der Geschichte der Philosophie der Kunst gebührt.

---

[1] Fünf Bände. Wien, Faesy, 1880—1886.

‚Wer den Dichter will versteh'n — Muss in Dichters Lande geh'n' — aber auch wer den Kunstphilosophen recht begreifen will, muss erwägen, wann, wo und unter welchen Zeitströmungen dessen geistige Entwicklung sich vollzog. Am 18. Februar 1664 wurde zu Rogiano in Calabrien der Knabe Gianvincenzo Gravina geboren.[1] Seine Eltern waren in dem nahe der Stadt Cosenza gelegenen Orte angesehen und von Einfluss. Dieselben vertrauten seine Erziehung ihrem Verwandten Gregorio Caloprese an, zu welchem der junge Gravina nach Scalea gesandt wurde. Caloprese war 1650 zu Scalea geboren, hatte die Universität zu Neapel besucht, sich aber nach Vollendung seiner Studien wieder in seinen Geburtsort zurückgezogen, wo er bis zu seinem Tode (1714) verblieb. Er galt nach dem Zeugniss der Besten seiner Zeit für einen sehr gelehrten, tiefsinnigen Philosophen der Cartesischen Schule. Der Begründer der Geschichtsphilosophie, Giambattista Vico, nennt ihn rühmend und Pietro Metastasio bezeichnet ihn in einem Briefe, welcher von Wien den 1. Juni 1772 datirt und an Giuseppe Aurelio Morano gerichtet ist, als einen der berühmtesten Philosophen seiner Zeit *(‚filosofo dei più illustri dell'età sua')*. — In demselben Briefe erwähnt der genannte Dichter auch, dass Caloprese's schriftstellerischer Nachlass in die Hände seines Schülers, des Fürsten von Scalea, überging, dass er aber nicht wisse, welchen Gebrauch der Cavalier davon gemacht habe. Es ist dies wohl derselbe Francesco Maria Spinelli, Principe della Scalea, welchem Gravina seine 1712 erscheinenden Tragödien widmete. — Caloprese war es, welcher dem Knaben schon jene unbegrenzte Bewunderung für die griechischen und lateinischen Schriftsteller einimpfte, die der Mann sein Leben lang bewahrte. Als der Jüngling im Jahre 1681 die Universität Neapel bezog, war er von seinem Lehrer bereits mit der Philosophie nicht nur des Cartesius, sondern auch des Bernardino Telesio und des Pietro Gassendi vertraut gemacht worden. Caloprese hatte ihm

[1] Das Taufdocument, durch welches der früher unrichtig angegebene Tag sichergestellt wurde, bezeichnet als Eltern die Eheleute Gennaro Gravina und Anna Lombarda und wurde zuerst veröffentlicht im ‚Saggio sulla vita e sulle opere di G. V. Gravina per il prof. Vincenzo Julia' (Cosenza, Tipografia Migliaccio 1879), S. LXXXI

Empfehlungsbriefe an Serafino Biscardi mitgegeben, welcher nunmehr die Leitung des vielversprechenden Landsmannes (Biscardi stammte aus Cosenza) übernahm. Biscardi war ein hervorragender Jurist, wie Fabroni[1] bezeugt, der geradezu meint ‚*in neapolitano foro jureconsultorum princeps numerabatur*', aber er besass überdies das lebhafteste Interesse für die ‚schönen Wissenschaften'. Dies war der rechte Mann, welchen Gravina brauchte, der sich zwar dem Rechtsstudium widmen sollte, aber mehr Neigung für die schönen Künste besass. Ihm verdankte er es, dass er sich zunächst dem weiteren Studium der griechischen und der lateinischen Literatur, sowie der Redekunst zuwenden durfte, wobei es sich glücklich traf, dass eben einer der tüchtigsten italienischen Philologen, Gregorio Messeri, griechische Literatur vortrug. Ebenfalls Biscardi war es zu danken, dass Gravina späterhin seinen anfänglichen Widerwillen gegen das Rechtsstudium überwinden lernte, nachdem ihm sein Meister gezeigt hatte, wie diese Wissenschaft neben dem todten Formelkram und öden Wust, in welchen sie versunken war, auch eine lichte und herrliche Seite besitze und mit dem Blick des Philosophen betrachtet sich werth zeige, dass die edelsten Geister ihr dienten. Mit demselben glühenden Eifer betrieb er nun die Rechtswissenschaft, sowie auch Theologie und canonisches Recht. Er hatte es nie zu bedauern, den Jugendträumen von Dichterruhm, welche ihn damals erfüllten, entsagt zu haben, denn während er als Jurist zu den höchsten Triumphen gelangte und seinen Namen — mindestens in Italien — unsterblich machte, bilden seine im späteren Alter wieder aufgenommenen poetischen Versuche die schwächste Seite seiner Leistungen und trugen ihm nur Spott und Hohn ein. Hier jedoch haben wir es weder mit Gravina dem Juristen, noch mit Gravina dem Poeten, sondern nur mit Gravina dem philosophischen Kunstkritiker zu thun. Für diesen war der Einfluss jener drei Männer (Caloprese, Biscardi, Messeri) von so grosser, Richtung gebender Bedeutung, dass ihrer, wenn auch kurz, Erwähnung geschehen musste. In dieser Zeit lernte Gravina jene Fünfzahl am höchsten stellen,

[1] Vitae italorum doctrina excellentium qui saeculo XVIII floruerunt auctore Angelo Fabronio, Romae 1769.

welcher er immer treu geblieben ist: die Bibel, das Corpus iuris civilis, Plato, Homer und Cicero. Mit Bezug hierauf berichtet einer der ältesten der zahlreichen Biographen Gravina's, Serao,[1] dass über der Thür der Bibliothek desselben nachstehende Verse (jedenfalls eigenes Product) standen:

‚Divina quisquis et studet mortalia
Vel et loquela quisquis omnes vincere
Civile corpus Iuris, et sacros Libros,
Platona, Homerum, Tulliumque perpetuo
Evolvat; illis et frequenter additos
Doctos adibit ceteros per ocium.‘

Der Abbate Gravina hatte eben nichts mit jenen französischen Abbés gemein, an welchen das kirchliche Gewand das einzige Geistliche war.

Im Jahre 1688 wandte sich Gravina nach Rom, wo er ständig blieb. Der praktischen Ausübung seiner juridischen Kenntnisse hatte er entsagt, und so band ihn nichts an Neapel, zog ihn Alles nach Rom, das eben zu jener Zeit wieder der literarische Brennpunkt Italiens war, grossentheils durch das Verdienst der Königin Christine von Schweden, welche die letzten zwanzig Jahre ihres Lebens dort verbrachte und eine Gesellschaft ausgezeichneter Männer an sich fesselte, zu welchen unter Anderen auch der Maler Pierre Poussin zählte. Gravina fand zunächst gastliche Aufnahme im Hause eines vornehmen Turiners, Paolo Coardi, wo er mit vielen geistig bedeutenden und angesehenen Männern in Berührung kam. Seine poetischen Bestrebungen führten ihn bald zu jenem Kreise, welchen der Advocat Vincenzo Leonio aus Spoleto um sich versammelte und aus welchem die Akademie der Arkadier hervorging. Es war damals in Italien wie in Frankreich und Deutschland die Zeit derartiger Vereinigungen, die sich in schäferliches Gewand hüllten und mit erkünstelter Nachahmung angeblicher Formen des Landlebens die Rückkehr zur Natur zu erreichen glaubten. Auch die Mitglieder der Arcadia in Rom nahmen wie die Pegnitzschäfer in Nürnberg Hirtennamen an; der Gravina's war Opico Erimanteo. Am 5. October 1690 hielt die neue

---

[1] De vita et scriptis J. V. Gravinae Commentarium, Romae 1758, S. 8.

Akademie ihre Gründungsversammlung in dem Garten der Padri riformati zu S. Pietro in Montorio ab, auf jener Höhe des alten Janiculus, wo der entzückte Blick nicht nur die ewige Stadt zu seinen Füssen, sondern weiter schweifend auch die Campagna und die schön geschwungenen Höhenzüge der Sabiner- und Volskerberge mit ihren herüberblinkenden weissleuchtenden Ortschaften überschaut, während in blauer Ferne der ernste Monte Soracte das herrliche Bild abschliesst. Wahrlich ein Ort, der gut gewählt gewesen wäre, um zur Rückkehr zur Natur und zum Preise ihrer Schönheit aufzufordern. Doch müssen wir bezweifeln, dass die arkadischen Schäfer ein besonders lebhaftes Gefühl für Naturschönheiten besassen; von Gravina zum Mindesten wissen wir, dass dies bei ihm nicht zutraf. Selbst in Neapel hatte ihn die wundersame Natur fast nie von seinen Büchern wegzulocken vermocht, deren Studium er so eifrig oblag, dass er sich durch diese ungesunde Lebensweise ein chronisches Unterleibsleiden zuzog, welches ihn sein Leben lang quälte und schliesslich seinen vorzeitigen Tod herbeiführte. Auch späterhin arbeitete er jeden Tag durchschnittlich zwölf, mindestens aber zehn Stunden.

Die eigentlichen Gründer der Arcadia waren der schon erwähnte Leonio und der Dichter Gian Mario Crescimbeni (nebenbei auch Canonicus), welcher zum Vorsitzenden gewählt wurde und bis zu seinem 1728 erfolgten Tode dieses Amt des Custoden der Gesellschaft unter dem Namen Alfesibeo Cario bekleidete. Zweck der Akademie war zunächst die Bekämpfung und Zurückdrängung jener poetischen Seuche, welche unter dem Namen des Marinismus bekannt ist. Dieses Ziel hat sie erreicht, aber es gelang ihr nicht, den andern wichtigeren Theil ihrer Aufgabe zu lösen, nämlich eine neue, lebenskräftige, originelle Richtung in der Literatur ins Leben zu rufen; um nur ja die Fehler Marini's, vor Allem den übertriebenen Schwulst zu vermeiden, verfiel sie in die entgegengesetzten, wie jeder Action eben eine Reaction folgt, die ungefähr ebenso weit nach rechts von der richtigen Mitte abzuweichen pflegt, als es die erstere nach links gethan. Weil sie nicht vermochte, den Geistern neue Bahnen zu weisen, büsste sie ihr Ansehen allmälig wieder ein. Als Goethe im Januar 1788 Aufnahme in die Arcadia fand, war dieselbe längst von ihrer tonangebenden

Höhe zur Bedeutungslosigkeit herabgesunken. Mit ganz veränderten wissenschaftlichen Zielen besteht sie noch heute als Academia dei Lincei fort. Anders aber war es damals zur Zeit ihrer Gründung. Die muthigen fünfzehn Männer, welche der ersten Versammlung beiwohnten, fanden bald Freunde und Bundesgenossen. Am 27. Mai 1691 ward als neuer Versammlungsort der sich am Janiculus hinaufziehende Garten des Palazzo Corsini in der Via Lungara ausersehen. In diesem Palaste war am 19. April 1689 Christine von Schweden gestorben und in dankbarer Erinnerung ehrten die Arkadier ihr Andenken, indem sie dieselbe unter dem Namen Basilissa in die Liste der Gesellschaft eintrugen; daher mag der in einigen Literaturgeschichten auftretende Irrthum stammen, welcher in der Königin die eigentliche Schöpferin und ein thätiges Mitglied der Arcadia zu sehen glaubt, während doch diese Vereinigung erst anderthalb Jahre nach ihrem Tode zustande kam. Zum Schutzpatron erkor sich die Gesellschaft das Jesuskind, wie es in S. Maria Araceli als Gesù Bambino verehrt ward und wird. Zweigvereine entstanden in anderen Städten und bald breiteten sich dieselben als dichtverzweigtes Netz über ganz Italien aus, so dass die Arcadia die einflussreichste aller derartigen Gesellschaften wurde.

Gravina war gleich nach seinem Erscheinen in Rom für die Nothwendigkeit einer Umkehr auf literarischem Gebiet eingetreten. Noch bevor er seine erste, literarische Angelegenheiten behandelnde Streitschrift in die Welt sandte, erschien von ihm ein Werkchen, welches ihm viele Feinde schuf. Er hatte dies vorausgesehen und deshalb seine ‚Hydra mistica, sive de corrupta morali doctrina' unter dem Pseudonym Priscus Censorinus und mit falscher Angabe des Druckortes (Köln statt Neapel) der Oeffentlichkeit übergeben (1691). In dieser Schrift behauptete er, dass die Casuistik und Corruption der Kirche mehr geschadet hätten als die Häresie; ferner wendete er sich besonders heftig gegen den aus diesen Streitigkeiten entspringenden Probabilismus, welcher die Unabänderlichkeit der Moral von Grund aus zerstöre. — Für unser Thema wichtiger ist die Schrift, welche er abermals unter einem Pseudonym, Bion Crateus, im Jahre 1692 zu Rom erscheinen liess: ‚Sopra l'Endimione di Erillo Cleoneo', unter welchem

Pseudonym sich Alessandro Guidi barg. Guidi war, wie Gravina's Schüler und unbedingter Lobredner Passeri in seiner kurzen Biographie[1] seines Meisters berichtet, ‚amico inseparabile del Gravina'.[2] Sein dramatisches Gedicht ‚Endymion' entstand auf Anregung der Königin Christine, zu deren Kreis er zählte. Es mag sein, dass Gravina den dichterischen Werth dieses Werkes bei Weitem überschätzte, aber die eigentliche Bedeutung seiner Schrift liegt nicht in dem Lobe, welches er dem eiteln Guidi spendet, der sich dem Pindar ebenbürtig wähnte, sondern in dem Tadel, welchen er gegen die damals herrschenden Literaturgrössen richtete (allerdings ohne ihre Namen zu nennen), sowie in der positiven Forderung der Rückkehr zu den Alten, die er mit Entschiedenheit aufstellte. In dieser Schrift finden sich schon die wesentlichsten Grundzüge seines ästhetisch-kritischen Hauptwerkes, der ‚Ragion poetica', vor. Man kann behaupten, dass Gravina's Grundsätze in allen seinen Schriften dieselben geblieben sind, so dass seine späteren Werke nur eine systematische Durchbildung und Weiterführung dessen enthalten, was er in der Schrift über den ‚Endymion' andeutete. Gravina hat nie zwischen verschiedenen Richtungen geschwankt, klar und unbeirrt ist er stets auf dem Wege vorgeschritten, welchen er zuerst unter Caloprese's Leitung eingeschlagen hatte.

Die damalige Welt aber dachte anders als der junge Autor. Die beiden Schriften, deren pseudonymer Verfasser rasch erkannt war, hatten so recht in ein Wespennest gestochen. Die herrschenden Meinungen waren von ihm angegriffen worden, alte Berühmtheiten fühlten sich seit dem Erscheinen des kecken jungen Neuerers nicht mehr sicher; sein Werk hatte Eindruck gemacht. Bedeutende Schriftsteller haben G. B. Passeri nach dessen Angabe versichert, durch dieses Werk vom schlechten zum guten Geschmack bekehrt worden zu sein.[3] Derselbe Gewährsmann berichtet auch, dass die

[1] Wieder abgedruckt in der Edizione delle opere classiche italiane del secolo XVIII als Einleitung zu den Opere scelte di Gianvincenzo Gravina giureconsulto (Milano, Dalla Società Tipografica de Classici Italiani, 1819), S. V—XIX.

[2] Ebenda, S. VIII.

[3] *‚Soggetti che poi fecero gran progresso in questa facoltà, mi hanno attestato, che dalla via sregolata di comporre si posero nella buona con la sola*

‚vecchi poeti' deshalb den Autor auf alle Weise bekämpften. Ihren Sprecher fanden die zahlreichen Feinde Gravina's, deren Zahl dieser noch durch unliebenswürdige persönliche Eigenschaften, wie Stolz und Eitelkeit, vermehrt haben soll, in Ludovico Sergardi. Dieser war zu Siena am 27. März 1660 geboren, von edler Herkunft, deren er sich auch gegen den bürgerlichen oder richtiger bäuerlichen Gravina rühmte, lebte zu Rom und starb am 7. November 1726 zu Spoleto. Sein eigenes Leben soll durchaus nicht tadelfrei gewesen sein. Unter dem Namen Licone Trachio gehörte er der Akademie der Arkadier an, wo er Verse vortrug, welche Anerkennung fanden, aber von Gravina und seinen Freunden missbilligt wurden. Sergardi machte seinem Hass durch lateinisch abgefasste, von einem gewissen poetischen Talent zeugende, wahrhaft blutige Satiren Luft, welche unter dem Namen Quintus Sectanus erst heimlich in Umlauf gesetzt, später von Paolo Maffei gesammelt und in zwei Bänden elegant ausgestattet herausgegeben wurden, nachdem sie bereits in ganz Italien verbreitet waren und dem Gravina viel Herzleid verursacht, doch auch scharfe Erwiderungen von Emanuele Martino, einem Spanier, und Pier Jacopo Martelli hervorgerufen hatten. Sergardi war übrigens naiv genug, in einer der Satiren den rein persönlichen Ursprung seiner Angriffe zu enthüllen und dann hinzuzufügen:

> *‚Hinc odii causae; nam quis toleraret iniquum*
> *Invisumque caput superis?‘*
>
> (Satira VII, V. 213—214.)[1]

Dennoch hat Gravina sein Leben lang unter diesen Angriffen schwer zu leiden gehabt.

---

lettura di quei trattatelli, che li conduca allo studio e imitazione de' veri originali, ponendo in disparte i cattivi' (l. c. S. VIII/IX).

[1] Q. Sectani Satyrae, numero auctae, mendis purgatae, et singulae, locupletiores ecc. Editio novissima. Accedunt argumenta ac indices ecc. concinnante P. Antoniano, Amstelodami apud Elzevirios 1700. — Ludovici Sergardii antehac Q. Sectani Satyrae Lucae 1783, Typis Franc. Bonsignori. — Ferner ins Italienische übertragen Zurigo (Zürich) 1760.

Näheres über diesen Streit siehe besonders bei Alfonso Bertoldi, Studio su Gian Vincenzo Gravina con prefazione di Giosuè Carducci (Bologna, Nicola Zanichelli, 1885).

Nichtsdestoweniger schritt er auf dem betretenen Pfade rüstig fort und liess nach wenigen Jahren seine Abhandlung ‚Delle antiche favole' erscheinen,[1] welche wir nicht zu behandeln brauchen, da er sie später in seine ‚Ragion poetica' aufnahm. Zugleich erschien auch die erste Sammlung seiner moral-philosophischen und juridischen kleineren Schriften unter dem Namen ‚Opuscula',[2] und am 7. Mai 1696 wurden die von ihm verfassten lateinischen Gesetze der Akademie von den Akadiern, welche damals ihre Zusammenkünfte auf dem Palatin in den Farnesischen Gärten hielten, sanctionirt. Wir können uns in Bezug auf seinen weiteren Lebenslauf mit Skizzirung der allgemeinsten Umrisse begnügen, da uns dieser hier doch nur insoweit interessirt, als es zum Verständniss seiner Schriften erforderlich ist. Im Jahre 1699 wurde Gravina zum Professor des bürgerlichen Rechtes an der römischen Universität ernannt und 1703 vertauschte er diese Lehrkanzel mit der des canonischen Rechtes. Im Jahre 1708 erschien das Werk, mit welchem wir uns in erster Linie zu beschäftigen haben werden: die zwei Bücher ‚Della ragion poetica',[3] gewidmet Frau von Colbert, eine Schrift von grösster Bedeutung, die in Italien lange Zeit unbestrittene Geltung genoss und noch heute hochgeschätzt wird. In demselben Jahre erschienen bei Gleditsch in Leipzig der zweite und dritte Theil des Werkes ‚De ortu et progressu juris civilis', dessen erster Theil unter diesem Titel 1701 zu Neapel und auch zu Leipzig herausgekommen war, unter der

---

[1] Dell' antiche favole (Roma, Ant. de Rossi, 1696, 12°, 141 S.); dem Cardinal Boncompagni, Erzbischof von Bologna, gewidmet; 1706 von Regnauld ins Französische übertragen.

[2] Opuscula, quae sunt, Specimen Juris prisci, De lingua latina, Dialogus, De conversione doctrinarum, De contemptu mortis, De luctu minuendo, Romae 1696.

[3] Di Vincenzo Gravina Giureconsulto Della Ragion Poetica Libri Due, In Roma, Presso Francesco Gonzaga MDCCVIII, Con licenza de' Superiori, 4°, 216 S. — 1734 erschien hievon eine französische Uebersetzung von Requier zu Paris. — Eine zweite italienische Ausgabe erschien 1716 zu Neapel bei Domen. Ant. Parrini (8°, 260 S.); ferner Firenze, Luigi Bastianelli, 1771 (8°, 210 S.); Venezia, Alvisopoli, 1829 (16°, 239 S.); Bologna 1830; endlich in den Opere scelte: Milano 1819 und 1827, Firenze 1826 und 1857 (Edizione Barbèra), Napoli 1756 bis 1758 und 1839 (Edizione Stefano).

Bezeichnung ‚Originum juris civilis Libri tres‘. Inzwischen gerieth Gravina in der Akademie mit dem Präsidenten Crescimbeni in ärgerliche Streitigkeiten. Am 21. Juli 1711 fand die entscheidende Sitzung statt, in welcher nur 31 Arkadier für Gravina, hingegen 74 für Crescimbeni votirten. Die unterlegene Partei trat aus und bildete eine neue Akademie, wollte aber den alten Namen weiterführen, da sie behaupteten, die Gegner hätten durch ihre Beschlüsse die Gesetze der Vereinigung verletzt, und sie, obgleich die Minderheit, seien die wahre Arcadia. Von diesen Streitigkeiten handelt die Schrift ‚Della divisione d'Arcadia‘ vom September 1712, welche ebenso wie die vom 1. Januar 1712 datirte kleine Schrift ‚De disciplina poetarum‘ an den Marchese Scipione Maffei, den späteren Verfasser der ‚Merope‘, gerichtet ist. Die Partei Crescimbeni's brachte die Sache vor die Gerichte. Endlich intervenirte der Papst, und am 1. Januar 1714 tauften die Gravinianer, nachgebend, ihre Akademie in die dei Quirini um. In dieser neuen Vereinigung konnte der Führer mehr als in der alten die grosse Bedeutung, welche er dem Studium der Alten beilegte, zur Geltung bringen. War er doch schon lange vorher mit dem hohlen Treiben der Arkadier nicht einverstanden gewesen und hatte in den lateinischen Versen, mit welchen er die Dichtungen des Francesco Maria Lorenzini, des zweiten Vorsitzenden der Arcadia, einleitete, darüber geklagt, dass oft auch unter Jenen, welche dem Schwulst feind seien,

‚Per cantilenas, perque eorum nenias
Vox vana sensu destituta circuit.‘

Doch erging es der jungen Akademie, wie es häufig bei solchen Secessionen vorzukommen pflegt, wenn die ältere Gesellschaft die mächtigere bleibt und von der Gunst der öffentlichen Meinung getragen ist: nach und nach kehrten die Ausgetretenen wieder in den Mutterschooss der Arcadia zurück, und die Academia dei Quirini endete schon nach wenigen Jahren ihr Dasein. Auch Gravina's Name wurde kurz nach seinem Tode, am 10. März 1718, wieder in das goldene Buch der Arcadia eingetragen.

Gravina hatte inzwischen, durch sein übergrosses Selbstbewusstsein verleitet, einen Schritt gethan, der ihn dem Gelächter preisgab. Er beschloss, dem Verfall der italienischen

Tragödie gründlich abzuhelfen, indem er sich selbst an die Arbeit machte. Nun hatte er zwar in seiner Jugend zwei Trauerspiele, Christus und den heiligen Athanasius behandelnd, begonnen,[1] welche niemals herausgegeben wurden, von denen wir daher auch nicht wissen, ob sie Lob oder Tadel verdienten, jedenfalls zeigte aber schon die Pause von 30 Jahren, welche er seither hatte eintreten lassen, dass Gravina von der Natur nicht zum tragischen Dichter bestimmt war. Er ging aber muthig daran und brachte im Verlauf von drei Monaten[2] nicht weniger als fünf Tragödien zustande, welche er auch sogleich dem Druck übergab.[3] Sie heissen: ‚Il Palamede‘, ‚L'Andromeda‘, ‚L'Appio Claudio‘, ‚Il Papiniano‘, ‚Il Servio Tullio‘ und sind nach dem übereinstimmenden Urtheile der damaligen wie der heutigen Italiener höchst matte Arbeiten.

Gravina gab, um seine praktischen Versuche theoretisch zu rechtfertigen, im Jahre 1715 die Abhandlung ‚Della tragedia Libro uno‘ heraus[4] und so verdanken wir seinem Bestreben seine — wie er glaubte — mit Unrecht abgelehnten Geisteskinder zu retten, eine höchst interessante Arbeit, welche für Deutschland und speciell für Wien auch dadurch von Interesse ist, dass sie vom Verfasser dem ‚serenissimo principe Eugenio di Savoia‘ gewidmet wurde. Es ist dies übrigens durchaus nicht die einzige Beziehung, in welcher Gravina zu Oesterreich und Wien stand, wenn sie auch alle nur indirecte blieben. Seine Schrift ‚De contemptu mortis (ad Franciscum Pignatellum Tarentinum Archiepiscopum)‘ ‚gilt dem Preise der Standhaftigkeit, welche Francesco Caraffa während einer schweren Krankheit bewährte‘;[5] dieser Francesco aber ist der 1692 gestorbene kaiserliche Feldmarschall Caraffa. Dies Werk trug dem mit der Familie Caraffa befreundeten Verfasser nicht nur

[1] Serao l. c. S. 5.

[2] Scipione Maffei, Discorso sul Teatro Italiano; in Opuscoli, Milano, Silvestri, 1844, S. 64.

[3] Di Vincenzo Gravina tragedie cinque, In Napoli, Nella Stamperia di Felice Mosca, MDCCXII, con licenza de' Superiori. — Dies ist die Originalausgabe, nicht die von Bertoldi fälschlich citirte In Napoli 1717, presso Domenico Antonio e Nicola Parrino.

[4] Della Tragedia, Libro uno, Napoli, Naso, 1715.

[5] Karl Werner, Giambattista Vico als Philosoph und gelehrter Forscher (Wien 1881), S. 34.

das Lob des Papstes Clemens XI. ein, sondern vermittelte auch seine Bekanntschaft mit Gian Battista Vico, welcher ihn 1716 kennen lernte und durch seine juridischen Schriften, zu welchen sich 1713 noch das in Neapel erscheinende Buch ‚De Romano Imperio Liber singularis' gesellt hatte, lebhaft angeregt wurde. Die beiden bedeutenden Männer blieben auch in brieflichem Verkehre. Das dritte und wichtigste Band, welches Gravina mit Wien verknüpft, ist sein Verhältniss zu Pietro Metastasio, dem späteren Hofpoeten Kaiser Karls, der Kaiserin Maria Theresia und auch noch Kaiser Josefs. Gravina adoptirte den begabten Knaben, den er von der Strasse in sein Haus nahm, und erzog ihn. Metastasio verdankt ihm Alles, sogar den Namen, denn ursprünglich hiess er Trapassi, welchen Namen erst sein Pflegevater mit dem wohlklingenderen Metastasio vertauschte. Manche haben freilich behauptet, der zwölfjährige Knabe, welcher 1710 in Gravina's Haus kam, sei dessen natürlicher Sohn gewesen, doch ist wohl bei der absoluten Beweislosigkeit dieser Behauptung eher anzunehmen, dass dies Gerücht von solchen Leuten herstammt, die gewohnt sind, ihre eigenen niedrigen Motive den anderen Menschen unterzuschieben. Jedenfalls wäre die Handlungsweise Gravina's selbst dann noch eine edle und rühmenswerthe, da ja der allgemeine Brauch damals womöglich noch mehr als heute gewissenlosen Vätern gestattete, ihre uneheliche Nachkommenschaft in Noth und Elend verkommen zu lassen. Besass Gravina also selbst nur eine sehr bescheidene künstlerische Begabung, so beweist der Scharfblick, den er durch die Adoption des jungen Trapassi zeigte, dass er wohl befähigt war als Kritiker über die Fähigkeiten Anderer ein begründetes Urtheil abzugeben. Selbst ein unserem Aesthetiker so abgeneigter Schriftsteller wie Francesco de Sanctis muss zugeben, dass die Erziehung, welche Metastasio erhielt, wenn sie auch nach seiner Meinung zu einseitig auf das Classische gerichtet und besonders das Verbot, den Tasso zu lesen nicht begründet war, diesem nützte, indem sie ihn an Natürlichkeit und Einfachheit gewöhnte und ihn mit guten Mustern und gründlichem Wissen vertraut machte.[1]

[1] Quella prima educazione classica non gli fu inutile, perchè lo avvezzò alla naturalezza e alla semplicità, e lo nutrì di buoni esempii e di

Uebrigens sandte Gravina den heranwachsenden Knaben späterhin zu jenem Manne, welchem er seine eigene Bildung zu danken hatte, zu Gregorio Caloprese. In einem Brief an Saverio Mattei, datirt Wien, den 1. April 1766, schildert der Greis Metastasio mit Lebhaftigkeit die Jugendeindrücke, welche er zu Scalea empfing, und spricht mit Liebe und Verehrung von dem ‚insigne filosofo Caloprese', der ihn auch in die Philosophie des Descartes einführte. Am 2. Mai 1714 starb dieser schon durch seine Schüler merkwürdige Mann, nachdem er zu seinem Erben seinen Vetter und Schüler Gravina eingesetzt hatte, den die Nachricht vom Ableben des alten Lehrers tief erschütterte. Zwei Jahre verbrachte der Erbe, hauptsächlich wohl zur Festigung seiner erschütterten Gesundheit, in Calabrien, dann kehrte er nach Rom zurück. Mehrfache Berufungen an deutsche Universitäten lehnte er eben wegen seines Gesundheitszustandes und auch weil er sich zu sehr mit Rom verwachsen fühlte ab. Hingegen dachte er den Einladungen des Herzogs Victor Amadeus von Savoyen, der zu jener Zeit schon mit dem Titel eines Königs von Sardinien geschmückt war, Folge zu leisten und nach Turin zu gehen, um dort die ganze Universität nach seinen Ideen neu einzurichten, als ihn sein heftiger auftretendes altes Unterleibsleiden zwang, diesem Plane zu entsagen. Am 6. Januar 1718 erlag er diesem Uebel und starb in den Armen seines Pflegesohnes Metastasio, noch nicht ganz 54 Jahre alt. In seinem am 5. April 1715 abgefassten Testamente setzte er zur Erbin seiner Güter in Calabrien seine noch lebende Mutter Anna ein, sein gesammtes sonstiges Vermögen hinterliess er dem Pietro Trapassi-Metastasio. Der einstige improvisirende Strassendichter und Wunderknabe sah sich so im Alter von 20 Jahren im Besitze bedeutender Mittel, war aber bald wieder ebenso arm wie vorher, da er das ererbte Gut rasch durchbrachte. Dem Andenken seines Pflegevaters widmete er pietätvolle Erinnerung und es ist vielleicht mehr als Zufall, wenn die einzige spätere Ausgabe der Tragödien Gravina's zusammen mit seinem Tractat über die Tragödie gerade bei jenem Buch-

---

solida dottrina. De Sanctis, Storia della letteratura italiana II, 253 (Napoli, Morano, 1873, II. Aufl.).

händler erschien, welcher auch der Verleger der ‚Opere drammatiche‘ Metastasio's war;[1] allerdings seinen Vorsatz, ein ungedruckt hinterlassenes Werk ‚De romano imperio germanorum‘ zu veröffentlichen, welchen Metastasio kurz nach dem Tode des Meisters in einem Briefe vom 3. April 1718 an d'Anguirre äusserte, führte er aus welchen Gründen immer nicht aus. Dieses Buch erschien nie, während die übrigen Schriften Gravina's wiederholt neu aufgelegt wurden; so wäre besonders die Neuauflage seiner juridischen Schriften zu Leipzig[2] im Jahre 1737 hervorzuheben; 1756—1758 erschienen seine gesammelten Werke zu Neapel, ferner wie schon angeführt, seine ästhetisch-kritischen Schriften 1819 zu Mailand, 1826 zu Florenz, 1827 zu Mailand, 1830 zu Neapel, 1857 zu Florenz.[3]

Ehe wir uns nach diesem aus den zahlreichen italienischen Quellen geschöpften kurzen Abriss des Lebens Gravina's zur Darstellung und Kritik seiner ästhetischen Theorien wenden, denen als Abschluss eine Würdigung seiner Bedeutung mit Heranziehung der Stimmen seiner italienischen Kritiker folgen soll, müssen wir uns nothgedrungen mit der Richtigstellung der Angaben jenes Schriftstellers beschäftigen, welcher bisher allein Einiges über Gravina mittheilte. Es thut uns leid, uns

---

[1] Di Vincenzo Gravina giureconsulto tragedie cinque, premesso il suo libro della tragedia (Venezia, Giuseppe Bettinelli, 1740, 8°, XLIII und 263 S.).

[2] Jani Vincentii Gravinae, J. cti, opera seu originum iuris civilis libri tres, quibus accedunt de romano imperio liber singularis eiusque orationes et opuscula latina recensuit et adnotationibus auxit Gottfridus Mascovius, reg. magn. britan. consil. aul. et in academia Goettingensi iuris professor. Lipsiae apud Joh. Frid. Gleditsch B. filium anno MDCCXXXVII (702 S.).

[3] Wir citiren im Folgenden mit Ausnahme der Ragione poetica, welche uns in der Originalausgabe von 1708 vorliegt, stets nach der sogenannten Edizione Barbèra, deren voller Titel ist: Prose di Gianvincenzo Gravina pubblicate per cura di Paolo Emiliani-Giudici (Della ragion poetica — Della tragedia — Discorso sopra l'Endimione — Della divisione d'Arcadia — Della istituzione dei poeti — Regolamenti degli studi — Della ragion civile) Firenze, Barbèra, Bianchi e Comp., 1857 (LXIII und 398 S.). — Daselbst (S. XLIX) auch ein Verzeichniss aller Schriften Gravina's; ein anderes Verzeichniss bei Julia S. XCII–XCV. Die drei Eklogen, welche in dieser Ausgabe fehlen, finden sich in der von Mailand 1819.

gegen einen Gelehrten wenden zu müssen, dessen Verdienste wir voll würdigen, und den ein früher Tod leider schon im Alter von 30 Jahren der Wissenschaft geraubt hat. Doch müssen im Interesse der wissenschaftlichen Wahrheit jene Irrthümer berichtigt werden. Heinrich von Stein's Werk ‚Die Entstehung der neueren Aesthetik'[1] versucht auf knapp drei Seiten zum ersten Male, Gravina's Lehren zu behandeln. Leider war ihm von allen Schriften dieses Autors einzig dessen ‚Ragion poetica' bekannt, und auch diese lag ihm nur in der Ausgabe von Neapel 1716 vor, welche er nun irrthümlich für die erste hielt. Dadurch wurden seine Fehlgriffe veranlasst. Er meint: „Gravina vermittelt den Zusammenhang zwischen Shaftesbury und Winkelmann. Die ‚Ragion poetica' erscheint 1716 zu Neapel. 1713 war Shaftesbury in Neapel gestorben, nachdem er in dieser Stadt die letzten Jahre seines Lebens der Beschäftigung mit den schönen Künsten und dem Verkehr mit den intellectuellen Capacitäten des Landes gewidmet hatte. Dass Gravina seine Schriften kannte, tritt hervor, wenn er die Poesie eine Zauberin, aber eine heilbringende Zauberin, und einen Wahnsinn, welcher die Narrheiten vertreibe, nennt. Dies erinnert an Shaftesbury's countre-necromancy, an die Stelle des Selbstgespräches, wo der Dämon des Trübsinns von dem Genius der Künste besiegt wird. — Andererseits zog Winkelmann die ‚Ragion poetica' allen anderen ästhetischen Schriften vor".[2] Allerdings meint er selbst einige Zeilen darauf, dass ‚die Aehnlichkeit der beiderseitigen Aesthetik durch den wahrscheinlichen Verkehr Gravina's mit Shaftesbury nicht zureichend und vollständig erklärt' sei. Dieser ‚wahrscheinliche Verkehr' gründet sich einzig auf die kühne Hypothese, dass Gravina, weil sein Buch in Neapel erschienen sei, auch dortselbst gelebt haben müsse, ebenso wie die vermeintliche Abhängigkeit der ästhetischen Ansichten Gravina's von denen Shaftesbury's auf den Gebrauch des Wortes ‚Zauberin' basirt zu sein scheint. Es hätte wohl ebenso nahe gelegen, Gravina in Einzelheiten von Scaliger, Ménardière, Le Bossu beeinflusst zu nennen, als gerade von Shaftesbury, obwohl gar keine Anzeichen dafür

[1] Stuttgart. Cotta, 1886.

[2] S. 319—320.

vorhanden sind, dass er einen der Genannten (mit Ausnahme des Scaliger) gelesen habe; immerhin war er wenigstens des Französischen mächtig, während er sicherlich kein Englisch konnte.[1] Von 1711—1713 lebte Shaftesbury in Neapel; während dieser Jahre war Gravina ständig in Rom. H. von Stein freilich meint mit grosser Bestimmtheit:[2] ‚Gravina schreibt über Homer an den Gestaden, welche als Schauplatz der Irrfahrten des Odysseus Goethen zum ersten Male einen völlig lebensvollen Begriff von der Odyssee gaben,' was bedeuten soll: am Golf von Neapel, doch gründet sich diese Behauptung, wie die ganze Beurtheilung Gravina's bei Stein, auf nichts als auf die irrige Meinung, dass die ihm vorliegende Ausgabe der ‚Ragion poetica' die erste sei, während sie die zweite war, wovon Stein sich übrigens in jeder italienischen öffentlichen Bibliothek hätte überzeugen können. In Wahrheit sind die ästhetischen Schriften Gravina's sämmtlich in Rom entstanden. Die Hypothese persönlicher Bekanntschaft fällt also gleichfalls weg. Vor Allem aber ist die ‚Ragion poetica' eben schon 1708 erschienen, während Shaftesbury's ‚Letters concerning enthusiasm' im gleichen Jahre, ‚The moralist' 1709 und die Schrift, auf welche Stein das Hauptgewicht legt, ‚Characteristics of men, manners, opinions, times' erst 1711 gedruckt wurden; wenn also schon Einer von ihnen vom Andern beeinflusst sein soll, so könnte höchstens Shaftesbury durch Gravina Anregungen empfangen haben, jedoch nicht umgekehrt. Nun vollends datirt aber, wie wir sahen, der ‚Discorso sopra l'Endimione' von 1692, also aus einer Zeit, zu welcher Shaftesbury erst 22 Jahre zählte, und in dieser Abhandlung finden sich schon die Grundlagen der ‚Ragion poetica'; wir stehen mit dieser Ansicht nicht vereinzelt da, sondern theilen sie mit den italienischen Gelehrten, welche sich eingehender mit Gravina beschäftigt haben. So sagt Emiliani-Giudici:[3] ‚*La prima scrittura critica ch'egli rese di pubblica ragione fu il Discorso sopra l'Endimione. In esso sono abbozzate*

[1] Dass Gravina den Hobbes kannte, den er in den Origines iuris civilis öfters (s. B. Buch II, Capitel X) erwähnt, beweist hingegen nichts, da die meisten Werke des Hobbes bekanntlich lateinisch geschrieben sind.

[2] Stein, S. 313.

[3] In dem biographischen Aufsatz, welcher seiner Ausgabe (der Edizione Barbèra) der Prose Gravina's vorausgeschickt ist, S. L.

quelle dottrine, che poscia apparvero meglio disposte, esplicate e lumeggiate nelle altre due sopradette opere' (nämlich ‚Ragione poetica' und ‚Della tragedia'), und Bertoldi bekräftigt dies, indem er meint:[1] *‚Il Gravina vi pose in germe, quelle teorie, che poi doveva esplicare, con più larghezza e con maggior felicità nella Ragion poetica.'* Auch Julia bemerkt über die in Frage stehende Schrift: *‚Ivi abbozzo nuovi e solenni principii svolti poi magistralmente nella Ragione Poetica.'*[2] Shaftesbury hat übrigens wohl weder den ‚Discorso sopra l'Endimione' noch die ‚Ragion poetica' jemals in der Hand gehabt; eher wäre es denkbar, dass ihm die 1706 erschienene französische Uebersetzung Regnauld's der Arbeit ‚Delle antiche favole' bekannt gewesen sei. Wir unsererseits nehmen keine Einwirkung Gravina's auf Shaftesbury an, wenn auch eine solche denkbar erscheint, doch führten wir diese Thatsachen an, um für solche Forscher, die eine besonders auffällige Aehnlichkeit zwischen den Schriften des italienischen Professors und des englischen Lords bemerken sollten, ganz klarzustellen, dass in diesem Falle Gravina der Gebende, Shaftesbury der Empfangende gewesen sei, dass also höchstens Shaftesbury als Vermittler des Zusammenhanges zwischen Gravina und Winkelmann gedacht werden könnte. Wir hätten den Irrthum Stein's, der nebenbei bemerkt um so merkwürdiger ist, als Gravina stets mit einem Stolze von Rom und allem Römischen spricht, der bei einem Neapolitaner ganz unbegreiflich sein würde, überhaupt nicht so ernst genommen, wenn uns nicht ein gleich ärgerliches Versehen Max Schasler's vorgeschwebt hätte, der in seiner Geschichte der Aesthetik gegen Robert Zimmermann den Vorwurf erhebt, Hogarth an unrichtiger Stelle, weil vor Burke, zu behandeln,[3] während doch Hogarth durch Burke's 1757 (nach H. von Stein 1756) erschienenes Werk ‚A philosophical inquiry into the origin of our ideas of the sublime and beautiful' beeinflusst sei. Nun ist aber Hogarth's Werk ‚Analysis of beauty' schon 1753 erschienen und von Lessing's Vetter Mylius bereits 1754 ins

---

[1] Bertoldi, Studio su G. V. Gravina, S. 16.

[2] Julia, Saggio sulla vita e sulle opere del Gravina, S. XXIII.

[3] Schasler, Kritische Geschichte der Aesthetik (Berlin, Nicolai, 1872), S. 1196.

Deutsche übertragen worden. Schasler's kühne Annahme beruht aber auf seiner irrigen Meinung, als sei die ‚Analyses of beauty‘ erst 1763 erschienen,[1] welche unrichtige Angabe durch irgend einen Zufall sich in Zimmermann's Buch vorfindet, und, wie es scheint, von dort (sogar mit dem offenbaren Druckfehler Analyses statt Analysis) in Schasler's Werk überging. Was aber bei Zimmermann ein leicht entschuldbares Versehen, wahrscheinlich nur ein Druckfehler ist, wird bei Schasler zur Grundlage einer vollständig haltlosen Annahme, wonach Hogarth von Burke beeinflusst gewesen wäre. Diese Irrthümer Schasler's und Stein's zeigen, wie nahe die Gefahr liegt, einen Schriftsteller von einem seiner Vorgänger abhängig zu glauben, blos weil dieser einige Jahre früher schrieb, und wie vorsichtig man mit solchen oft völlig grundlosen Annahmen sein muss. Nicht immer freilich ist es so klar wie in den Fällen Hogarth—Burke und Gravina—Shaftesbury, dass keine Einwirkung stattfinden konnte, weil der vermeintliche Vorgänger in Wirklichkeit ein Nachgänger war, und wie oft mag es vorkommen, dass man einen Schriftsteller durch Bücher beeinflusst glaubt, die er nie gelesen, ja, von deren Existenz er gar keine Ahnung gehabt hat. Dies mag erklären, weshalb wir im Folgenden uns hüten werden, nicht wegen irgend welcher übereinstimmenden Ansichten bei Gravina und einem früheren Aesthetiker Jenen durch Diesen geleitet zu glauben, im Gegentheil, wir setzen solchen rein subjectiven Ansichten ruhig unsere subjective Ansicht entgegen, dass der Professor des bürgerlichen und canonischen Rechtes, der Verfasser so zahlreicher und umfangreicher juridischer Werke, wenn er schon seine Mussestunden durch poetische Ergüsse und durch kritische Betrachtungen über die Poesie ausfüllte, kaum Zeit zum Lesen ästhetischer Versuche Anderer übrig behalten habe; wir sind auf Grund seiner Schriften eher berechtigt anzunehmen, dass er fast gar keine, als dass er eine besonders eingehende Kenntniss der Schriften seiner Vorgänger besessen habe.

[1] Schasler, S. 308.

II.

Es war eine Zeit des Niederganges auf allen Gebieten der Kunst, in welche Gravina's Mannesjahre fallen. Die Zeit der grossen Meister der Renaissance war vorüber, die moderne Zeit noch nicht angebrochen. Auch die bedeutenderen Vertreter der Kunst des 17. Jahrhunderts in Dichtkunst und Malerei waren ins Grab gesunken, ohne würdige Nachkommen und Erben auf künstlerischem Gebiete zu hinterlassen. Es war in Italien eine jener Kunstzeiten, in welchen man sich — ich möchte fast sagen — schläfrig und begeisterungslos in den verlebten Formen der Kunstsprache der vorangegangenen Generation weiterbewegt und die Kunstübung nur so gewohnheitsmässig weitergeht, bis dann ein erfrischender Windhauch sich erhebt, der, bald zum Sturmwind anwachsend, die alten Formeln hinwegweht und neue kühne Geister zur Geltung bringt, welche es verstehen, den Lebensinhalt und die Weltanschauung einer inzwischen herangereiften neuen Zeit in neuer und eigenthümlicher Weise zum Ausdruck zu bringen. Diesen Männern der That aber gehen Männer des Gedankens voraus, welche die alten Kunstanschauungen kritisch überwinden, und erst dann, wenn ein solcher Zustand theoretisch als unhaltbar nachgewiesen ist, können die praktischen Versuche, Neues, Besseres an seine Stelle zu setzen, von Erfolg begleitet auftreten. Darin besteht eine der Hauptaufgaben philosophischer Kunstbetrachtung, die naturgemäss in solchen Zeiten sich in den Vordergrund drängt, zu erforschen, welche Ursachen diesen Rückgang der Kunst veranlasst haben und welche Bahnen betreten werden müssen, um aus dem Zustande der Versumpfung herauszukommen. Zweierlei Arten von Kunstrichtern treten dann auf: die Einen begnügen sich mit dem zu allen Zeiten beliebt gewesenen Schlagwort von den Epigonen, welche nichts zu schaffen vermöchten, was nicht schon in den bisherigen Kunstleistungen erreicht, ja überboten sei, und lehnen jeden Reformversuch entrüstet ab; die Anderen horchen auf die Stimmen der kommenden Zeit und suchen anfangs noch unsicher tastend dem nachwachsenden Geschlecht neue Wege zu weisen. Die Ersteren erschöpfen sich in unfruchtbarer

Negation und wirken um so verderblicher, mit je mehr Geist und Geschick sie als Todtenrichter fungiren, die Letzteren ahnen den Geist der Zukunft und suchen jedes Talent, das die neuen Wege beschreiten will, zu fördern und es vor Irrwegen zu behüten. Sie verdienen schon um ihres Strebens willen Anerkennung, auch wenn sie ihr Ziel nicht erreichen, und sind auch dann hoch zu achten, wenn ihre Schreibweise noch mit dem Worte ringt, wie ihr Geist mit dem Gedanken, während die glänzendste Stilistik der Gegner auf die Dauer nicht über ihre innere Hohlheit hinwegzutäuschen vermag. Zu der zweiten Art gehört Vincenzo Gravina und aus diesem Gesichtspunkte will sein Wirken beurtheilt sein.

Er kannte die ganze Schwierigkeit seines Unternehmens und sagt deshalb in der Widmung seines Hauptwerkes an Frau von Colbert,[1] Prinzessin von Carpegna, von der Poesie, es sei in ihr gleich schwer vortrefflich zu urtheilen, wie vollendet zu schaffen, und es sei leichter, ein mittelmässiger Schriftsteller, als ein gerechter Beurtheiler zu werden. *(Nella quale è ugual difficoltà ottimamente giudicare, che perfettamente comporre, e di cui è più facile mediocre autore, che giusto estimator divenire.)*[2] Wir überzeugen uns aber auch gleich in dieser Vorrede, dass dieses Selbstgefühl des Kritikers nicht unbegründet war und dass wir es mit einem Manne zu thun haben, dessen Führung wir uns für eine Weile anvertrauen können. Es ist kein Doctrinär, der eine bestimmte Weise der Kunstübung, weil sie ihm als die beste erscheint und unter gewissen Umständen und zu einer gewissen Zeit auch wirklich die beste war, nun ohne jede Abänderung allen Zeiten und unter allen Umständen aufdrängen will, er ist aber ebensowenig ein haltloser ‚reiner Empirist', der den Wald vor lauter Bäumen nicht sehend, stets nur die abweichenden Einzelheiten erblickt, nicht aber das gemeinsame Gesetz, das sie bei und trotz allen noch so grossen Verschiedenheiten durchwaltet. Er erkennt und rügt die Verderbniss des Stiles, welche von der *‚stolida presunzione* (dummer

[1] In der Familie Colbert waren übrigen derartige Widmungen ästhetischer Schriften nichts Neues, dem Minister Colbert hatte André Felibien sein Werk ‚Des principes de l'architecture, de la sculpture et de la peinture et des autres arts, qui en dependent' (1686) gewidmet.

[2] Della ragione poetica, Ausgabe von 1708, S. 3, Edizione Barbèra S. 4.

Eigendünkel, unverständige Anmassung) *de i presenti maestri'*, wie er sie schier hohnvoll nennt, herrühre. Er findet das Heilmittel dagegen in der Rückkehr zu der Einfachheit und Natürlichkeit der Griechen und Römer, aber er weiss, dass die übertriebene Befolgung der Regeln der Alten ebenso sehr von Uebel ist als ihre gänzliche Vernachlässigung, denn der Versuch, die erdichtete Darstellung der gegenwärtigen Dinge gänzlich nach den Regeln, welche auf die seither veränderten Sitten der Alten gegründet sind, anzuordnen, entferne sich fast ebenso sehr von dem Natürlichen als die vollständige Vernachlässigung derselben.[1] Natürlich zu bleiben ist aber die Hauptsache, und eben deshalb bekämpft er ja die zu seiner Zeit massgebenden Schriftsteller so heftig, weil ihre Schöpfungen sich als baare Unnatur darstellen. Er will eine philosophische Grundlegung für die Poesie, eine Wissenschaft der Poesie, welche dieser dieselben Dienste erweisen könne wie die Geometrie der Architektur, mit deren Hilfe einerseits die Bauten der alten Aegypter, andererseits die der Griechen ausgeführt werden konnten.[2] Er sucht das Bleibende in der Erscheinungen Flucht, die *‚idea e ragion comune'*, welche allen so verschiedenartigen Kunstgebilden zu Grunde liegt. Diese *‚scienza della poesia'* soll die Basis der *‚regole della poetica'* bilden, sie selbst ist unveränderlich, die Regeln sind veränderlich und müssen den wechselnden Zeiten und den verschiedenen Völkern angepasst werden. Klingt dies Alles nicht ganz modern an? Und doch sind schon zwei Jahrhunderte verflossen, seit diese Erkenntniss, die allein uns geeignet scheint, die Grundlage einer wahren Aesthetik zu bilden, in Gravina's Geist aufdämmerte.

Die Vorrede schliesst ab mit der Einsicht, dass so wie die Natur die Mutter der wahren Dinge, so die Idee die Mutter der Erdichtungen sei; diese sei von dem menschlichen Geiste von innen aus der Natur selbst gezogen, in der enthalten sei, was jeder Geist mit dem Gedanken, sei es durch Verstehen, sei es durch Einbildungskraft, hervorbringe. (*‚Conciosiachè, siccome delle cose vere è madre la natura; così delle cose finte è madre l'idea tratta dalla mente umana di dentro la natura*

[1] Ragion poetica (1708), S. 6.
[2] l. c. S. 4. 5.

istessa, ove è contenuto quanto col pensiero ogni mente, o intendendo, o immaginando scolpisce.')[1] Auch Heinrich von Stein, sowie die italienischen Biographen, haben die Wichtigkeit dieses Satzes gefühlt, mit welchem Gravina ein ästhetisches Programm aufgestellt hat. Wir finden hier eine Idee zuerst ausgesprochen, welche noch nach mehr als hundert Jahren die deutsche Aesthetik zu beherrschen bestimmt war. Auch können wir uns nicht der Meinung Stein's anschliessen, wonach sich dieser Gedanke bei Gravina als eine vereinzelte Andeutung findet.[2] Schon die Stellung, welche der Verfasser diesem Satze am Schlusse der Vorrede gibt, scheint uns zu zeigen, dass es sich hier um mehr als blos um eine vereinzelte Andeutung handle, dass Gravina sich der weittragenden Bedeutung seiner Worte wohl bewusst war und ein Princip der Aesthetik aufstellen wollte, das sich vollkommen mit seinen sonstigen Anschauungen deckt. Dass dieser Gedanke noch aus der Renaissancezeit herüberwirke, darin mag von Stein Recht haben. Es ist ja das Eigenthümliche der meisten Wahrheiten, dass sie im Grunde genommen längst in anderen Zeiten bekannt waren, im Laufe der Jahre aber wieder in Vergessenheit geriethen, so dass, wer sie neu entdeckt zu haben vermeint, eigentlich nur ein Wiederauffinder derselben ist. Es sind schon alle Gedanken gedacht worden, es kommt nur darauf an, sie in neuer Form wieder zu denken; die neue Form macht dann den alten Gedanken einer alten Zeit für die neue Zeit lebensfähig und passt ihn den geänderten Verhältnissen an, so dass er sich wohl selbst wie etwas ganz Neues ausnimmt.

Um die ewige ‚*ragion e idea*' von ihrem natürlichen Princip abzuleiten, meint unser Autor, müssen wir zunächst über das Wahre und Falsche und über die menschliche Einbildungskraft ins Klare kommen. Deshalb handelt er im ersten Capitel ‚vom Wahren und vom Falschen, vom Wirklichen und vom Erdichteten'. Jedes Urtheil, sagt er, ist eigentlich ein bejahendes, enthält eine ‚*affirmazione*'. Der Unterschied zwischen den wahren und falschen Urtheilen sei der, dass die ersteren die vollständige Kenntniss der Sache, über die geurtheilt wird, besitzen, die

---

[1] Ragion poetica, S. 6.

[2] H. v. Stein, S. 319.

letzteren aber nur eine unvollständige. Als Beispiel wird angeführt, dass ein viereckiger Thurm aus der Ferne rund erscheinen könne. So entstehe der Irrthum aus dem Mangel (*,mancanza'*) der vollkommeneren Kenntniss. Daher halten wir daseiende oder zukünftige Dinge für wahr, sobald das Bild, welches wir von ihnen empfangen, mit unseren Vorstellungen vom Wahren übereinstimmt. So entzünden die Leidenschaften unsere Einbildungskraft genug, um uns erträumte Dinge für wahr halten zu lassen; ganz besonders ist dies beim Ehrgeiz und der Liebe der Fall. Daher kommt es, dass die Menschen meist mit offenen Augen träumen (*,Donde avviene che per lo più gli uomini sognano con gli occhi aperti'*),[1] schliesst der Absatz, und man fragt sich unwillkürlich, wie weit es von dieser Ansicht noch zu dem Ausspruch sei: Für Jeden ist die Welt so, wie sie ihm erscheint.

Im zweiten Capitel, ,Von der Wirksamkeit der Poesie', werden aus diesen allgemeinen Betrachtungen die Schlüsse gezogen, auf welche Weise die Dichtkunst am kräftigsten wirke. Sie thut dies, nach Gravina, indem sie unsere Phantasie ganz und gar durch die lebhafte Darstellung, den Anschein der Wahrheit und die wirksame Aehnlichkeit mit derselben umgibt und alle Eindrücke abhält, welche geeignet wären, die Wirklichkeit dessen, was der Dichter ausdrückt, zu widerlegen. So kommt es, dass wir dem Erdichteten gegenüber dann so gestimmt sind, wie wir es dem Wahren gegenüber zu sein pflegen. Ueberhaupt entsprechen ja die Bewegungen (*,moti'*) unserer Seele nicht vollständig den Dingen und drücken nicht ihr inneres Sein aus, sondern entsprechen dem Eindruck, welcher sich von den Dingen in der Phantasie bildet, und drücken die Spuren aus, welche durch die äusseren Körper in die Phantasie eingezeichnet werden; man hört den philosophisch gebildeten Schüler Calopreso's. Daher können, wie es in den Träumen geschieht, in uns dieselben Eindrücke wie durch die wirklichen Dinge auch durch andere Mittel erweckt werden, wenn diese unserer Phantasie nur wirkliche Dinge zu sein scheinen. Diese Mittel sind nun für den Dichter die Bilder, welche das Natürliche ausdrücken, die lebhafte Darstellung, welche dem wirk-

---

[1] Ragion poetica I, 1, S. 9

lichen Dasein und der Natur der vorgespiegelten Dinge gleicht, und vor Allem die Worte, welche sich als vorzügliches Hilfsmittel darstellen; so bewegt er die Phantasie und durch diese die Affecte ebenso wie durch Wahres, und unser Geist wird die Erdichtung nicht gewahr. Auch die Seele nimmt die Erfindungen als wahr an, weil die Phantasie ja von Bewegungen ergriffen ist, welche fühlbaren, wirklichen Eindrücken gleichen.

Von der durch diese Betrachtungen gewonnenen Basis aus operirt nun Gravina weiter, indem er zunächst, im dritten Capitel ‚Vom Wahrscheinlichen und Angemessenen', erwägt, wie der Dichter verfahren müsse, um zu verhindern, dass der durch seine Kunst sozusagen eingeschläferte Geist erwache und das Netz von Erfindungen durchschaue. Er meint, der Dichter erreiche sein Ziel durch Wahrscheinlichkeit alles dessen, was er vorbringe, und durch natürliche und genaue Ausdrucksweise; so erziele er, dass der Geist sich einer wunderbaren Bezauberung der Phantasie überlasse. Deshalb seien in der Poesie alle Unmöglichkeiten, welche nicht durch die Macht irgend einer Gottheit gestützt würden, verwerflich. Hier müssen wir den Einwand erheben, dass diese Ausnahme nur in Bezug auf solche Gottheiten giltig sein kann, an welche der Leser oder Hörer glaubt; freilich kann ein gebildeter Leser durch die Kraft des dichterischen Genius bewogen werden, für die Zeit, während welcher er sich mit der Dichtung beschäftigt, die Macht beliebiger Gottheiten in derselben anzuerkennen. Unbedingt beistimmen werden wir Gravina wieder, wenn er es als groben Fehler rügt, unwahrscheinliche Affecte, Sitten und Thaten vorkommen zu lassen, oder solche, welche der Person, die uns vorgeführt wird, oder dem Zeitalter nicht entsprechen. Solche Verletzungen der Natürlichkeit und Wahrscheinlichkeit müssen selbstverständlich zur Folge haben, dass die dichterische Fiction sich selbst aufhebt; hingegen heisst es denn doch, eine gar zu geringe Meinung von der Illusionsfähigkeit des Publicums besitzen, wenn Gravina uns glauben machen will, die Griechen hätten keine Stücke haben wollen, welche Monate oder Jahre lang dauerten, weil die wirkliche Zeit der Bühnenaufführung nicht länger als zwölf Stunden gewesen sei, und die Dauer der auf der Bühne dargestellten

Ereignisse deshalb auch nicht diesen Zeitraum überschreiten solle, um recht glaubwürdig zu bleiben.[1] Dieselbe Ansicht vertritt er auch noch in der späteren Abhandlung über Tragödie, wo er nur für den Nothfall die Ausdehnung der Zeit der Handlung auf einen Sonnenumlauf gestatten will. Er sagt nämlich dort:[2] ‚*E perchè la rappresentazione dée alla vera operazione somigliare, perciò il fatto non dovrebbe trascorrere il tempo consumato dagli spettatori nel teatro. Ma perchè non sempre una grande impresa può si poco spazio occupare; perciò è permesso, quando altrimenti non si possa, sceglier argomento che adempia un giro del sole.*‘ Diese Kleinlichkeit der Zeitbestimmung aus solchem Grunde lag den alten Tragikern gewiss fern. Man glaubt nicht, dass solch ein Ausspruch von demselben Manne herrühren könne, der doch in derselben Abhandlung so richtig meint: „Jedes Aehnliche, damit es ähnlich sei, muss noch von der Sache, der es gleicht, verschieden sein, sonst wäre es nicht ähnlich, sondern Dasselbe. Und deshalb muss die Nachahmung, welche in Aehnlichkeit mit dem Wahren besteht, nicht in allen Theilen Wahrheit enthalten, sonst wäre sie nicht mehr Nachahmung, sondern Wirklichkeit und Natur.‘ (*‚Ogni simile, perchè sia simile, dée ancora esser diverso dalla cosa cui rassomiglia: altrimenti non simile sarebbe, ma l'istesso. E perciò l'imitazione, la quale è somiglianza del vero, non dée per tutte le parti verità contenere; altrimenti non sarebbe più imitazione, ma realità e natura.*‘)[3] Was wäre das für ein Dichter, der nicht die Fähigkeit besässe, uns so weit für sein Werk zu interessiren, dass wir darüber den Lauf der Zeit vergässen, was wären das für Zuschauer, die, während vor ihnen die erschütterndsten Scenen sich entrollen, wenn die gewaltige Nemesis mit ehernem Schritt über die Bühne wandelt, den Schuldigen treffend und vernichtend, wenn die Menschheit arm und nackt in ihrer ganzen Blösse sich ihnen darstellt, wenn sie schaudernd sehen, wie selbst der Beste und Edelste zum Sclaven der Leidenschaft wird, und wie kein Fehl ungesühnt bleibt, was wären das für Zuschauer, sagen wir, die kaltblütig mit der Uhr in der Hand berechnen

[1] Ragion poetica I, 3, S. 9.
[2] Della Tragedia, Cap. 6, Prose S. 162.
[3] l. c. Cap. 26, Prose S. 193.

wollten, ob die abgelaufene Zeit des wirklichen Lebens, dem sie ja entrückt und über das sie hinausgehoben werden sollen, auch auf die Minute alles das zu thun gestatte, was auf den weltbedeutenden Brettern vor sich geht! Manchmal schlägt so unserem Autor der Stubengelehrte in den Nacken, und sein Blick, der sonst oft weit und frei über dem Horizont seiner Zeitgenossen hinausschweift, trübt sich und bleibt in den engen Kreis einer einseitigen Kunstanschauung gebannt.

Es gibt eben ein Ding, welches nicht auszuklügeln und nicht auszudeuten ist, einen incommensurabeln Factor in der Rechnung, welche manche Kritiker aufstellen; man kann und soll sich bemühen, es zu verstehen, aber es wird nie gelingen, das Unsagbare in dürre Formeln zu fassen: es ist das Genie, dessen Wirkungen die schönsten Regeln über den Haufen werfen, das uns, wo sein heisser Athem uns anhaucht, mit der unwiderstehlichen Macht einer elementaren Naturkraft besinnungslos mit sich fortreisst, sei es zur Höhe, sei es zum Abgrund. Im Grunde ist ja doch die ganze Aesthetik nur eine Krücke für den Lahmen, mit deren Hilfe die Zuschauer, denen unsere Wissenschaft das Verständniss des Kunstwerkes näher rücken soll, und die schwächeren Künstler, die Talente, denen sie zur Kenntniss der Gesetze ihrer Kunst und dadurch zur Steigerung ihrer Fähigkeiten und Leistungen verhelfen soll, mühsam auf jenen Bahnen nachhinken lernen, die das Genie ihnen in seinem strahlenden Zuge vorgezeichnet hat. Durch diese Erkenntniss wird der Werth unserer Wissenschaft durchaus nicht herabgedrückt, denn das Genie thut nichts, was die Aesthetik nicht billigen könnte, ja müsste; es handelt eben nur ohne Rücksicht auf die Forderungen der Buchweisheit und braucht die Gesetze der Kunst nicht erst zu lernen, die es unbewusst in der Brust trägt. Das wahre Genie, das allerdings weit seltener ist, als manche Kunst- und Literaturgeschichten meinen, stösst nicht die (wenigen) Kunstgesetze, höchstens die (eben geltenden) Kunstregeln um. Kunstgesetze sind selten und gering an Zahl wie die Genies; Kunstregeln häufig und zahlreich wie die Talente; jene unwandelbar und zu allen Zeiten fruchtbar, wie die Werke des Genius, diese vorübergehend, für bestimmte Zeitepochen, Völker und Bildungsstadien von Werth, wie die Werke des Talentes. Weil Talent und Regel dem Menschlichen gleichen, kann sie der Mensch ergründen und in Worte fassen; weil Genie und Gesetz dem Göttlichen gleichen, bleiben sie in ihren Tiefen unergründlich, kann man sie fühlen und ahnen, aber nie in vollkommener Weise wiedergeben und klarlegen. Eines der Kennzeichen des Genius ist es, dass seine Werke sich so darstellen wie Erzeugnisse der Natur, die da sind, und bei denen es scheint, dass sie nicht anders sein können, als sie sind. Schöpfungen des Genius tragen kein Merkmal mühsamer Schaffensarbeit an sich, rund und geschlossen, wie Pallas Athene aus dem Kopf des Zeus entsprungen, stehen sie vor uns. Um wenigstens theilweise die Wirkung zu erzielen, welche genialen Hervorbringungen von Haus aus eignet, sucht das Talent den seinigen den Schein der Natürlichkeit dadurch zu verleihen, dass es Mühe und Sorgfalt dem Auge des Beschauers nach Möglichkeit verbirgt. Gravina räth deshalb, den Versen den Stempel einer gewissen Nachlässigkeit (*‚il carattere di negligenza'*)[1] zu geben, weil das Hervortreten des Künstlichen nur geeignet sei, die Illusion des Zuhörers oder Lesers zu stören. Unwillkürlich gedenkt man dabei des Gegensatzes zwischen den scheinbar nachlässigen, aber bekanntlich lange und sorgsam gefeilten Versen Heine's und den scheinbar schwer zu handhabenden, aber leicht der Feder entflossenen Rhythmen Platen's. Ein ähnlicher Contrast liesse sich vielleicht auch zwischen Wieland und Klopstock aufstellen. Die beherzigenswerthe Forderung Gravina's beweist, dass es ihm an feinem Verständniss der poetischen Kunstform nicht mangelte.

Noch deutlicher tritt dies in seiner Beurtheilung Homer's hervor, zu welcher er sich im vierten Capitel wendet. Homer, beginnt er, ist der mächtigste Wunderthäter und weiseste Zauberer (*‚Omero è il mago più potente, e l'incantatore più sagace.'*)[2] Die Gründe, auf welche Gravina seine ungemein hohe Schätzung Homer's aufbaute, waren für seine Zeitgenossen ebenso neu und überraschend, als sie uns alt und selbstverständlich er-

---

[1] Ragion poetica, S. 11.

[2] Ragion poetica, S. 12. Der Gebrauch des Wortes *mago* an dieser Stelle hätte H. von Stein zeigen können, dass Gravina dieser Ausdruck für poetische Wirkungen geläufig war und er ihn nicht erst von Shaftesbury zu lernen brauchte.

scheinen. Gravina ist eben in seiner Beurtheilung der grossen Dichter seiner Epoche weit voraus, er ist in dieser Beziehung einer jener bahnbrechenden Geister, welche neue Gesichtspunkte der Kritik aufstellen und denen die Anderen dann nachfolgen. Hierin liegt ja ein Hauptwerth ästhetischer Betrachtung, dass es ihr oft gelingt, missverstandene Werke grosser Geister ins rechte Licht zu setzen, so dass sie nun in der veränderten Beleuchtung einen ganz andern Charakter zeigen als jenen, welchen sie früher zu haben schienen, dass wichtige Seiten des Gesammtbildes, welche bisher im Schatten blieben, nun klar und deutlich erkannt werden. So kann der Kritiker gleichsam zum zweiten Schöpfer des Kunstwerkes werden, indem er ihm erst zum vollen Leben verhilft oder seine entschwundene Bedeutung wieder herstellt, und wenn Grillparzer[1] einmal gemeint hat: ‚Um den Aeschylus zu ergänzen, müsste man erst selbst ein Aeschylus sein‘, so muss der Kunstphilosoph, welcher solchen Liebesdienst an einem Künstler versieht, sicherlich seines Geistes einen Hauch verspürt haben, dem Künstler, wenn auch nur innerhalb gewisser, enggesteckter Grenzen congenial gewesen sein, denn nur der Gleiche kann den Gleichen ganz verstehen, nur der Aehnliche mit dem Aehnlichen fühlen, zwischen ganz Ungleichartigem aber gibt es weder Verständniss noch Theilnahme. Deshalb ist auch dem Aesthetiker der Dichtkunst ein gewisser Grad poetischer Begabung, schöpferischen Vermögens unentbehrlich, um ihn zu befähigen, dem Dichter nachzufühlen, sich — mit Robert Vischer zu sprechen — in ihn einzufühlen, was ja so hochwichtig ist.

Die Homer-Begeisterung Gravina's war keine gemachte und künstliche — wie so Viele anerkannten Autoritäten gegenüber, welchen sie nicht zu widersprechen wagen, Antheil und Verständniss, ja Freude und Genuss an ihren Werken zu erheucheln sich verpflichtet fühlen, um nicht des Mangels an Geschmack geziehen zu werden — sondern eine echte und ursprüngliche. Schon in seinem ersten Werke äusserte er sich dahin, bei Homer sei die gesunde Idee der Poesie lebhaft ausgedrückt, in seinen wunderbaren Gedichten erkenne man

[1] Grillparzer's sämmtliche Werke (Stuttgart, Cotta, 1887, 4. Aufl.) XIV, 13.

alle Zustände, Abstufungen und Gewohnheiten der Menschen abgebildet, nach dem wahren Beispiele der Natur. (,*La sana idea della poesia è stata vivamente espressa da Omero, ne' di cui maravigliosi poemi si ravvisano tutte le condizioni, tutti i gradi e tutti i costumi degli uomini figurati al vero esempio della natura.*')[1] Helden, Gute, Mittelmässige, Niedrige und Lasterhafte kommen vor und jeder spricht sich so aus und zeigt sich derart, wie es seiner Lage zukommt. Man lernt den wahren Charakter der schwachen Menschheit kennen, die im Guten stets irgend eine Ader des Lasterhaften verbirgt. Das wird an Agamemnon, Ulysses, Achill und Nestor dargethan. So dachte Gravina also schon als junger Mann über Homer. Der Verfasser der ,Ragion poetica' preist ihn womöglich noch mehr. Er nennt ihn einen Proteus, der sich in alle Naturen umzuwandeln wisse, ja einen Nebenbuhler der Natur. Von Homer's Gegnern spricht er sehr von oben herab und voll Verachtung. Man schöpfe aus ihren Werken keine Kenntniss der menschlichen Begebenheiten, da sie alle nach einer andern Welt gebildet seien, welche zu uns in keinerlei Beziehung stehe; solche Beispiele können nicht zum Gebrauch dienen und eröffnen uns nicht den Weg, um die Gemüthsart der Menschen zu erforschen.[2]

Noch deutlicher enthüllen sich Gravina's Anschauungen über die Aufgabe der Poesie in dem kurzen fünften Capitel ,Vom Ursprung der Fehler in der Poesie', wo er, nachdem er alles Unheil von der declamatorischen Schule hergeleitet hat, meint, die Griechen und Lateiner hätten die Dinge in der Wahrheit ähnlicher Weise nachgebildet, um die Veränderungen des Glückes zu erforschen und um sich die Strasse zu eröffnen zur Darlegung der Sitten und Gemüthsart der Menschen, sowie des tiefen Geistes der Fürsten, (,*Anno figurato le cose in sembianza simile al vero, per discoprire le vicende della fortuna, e per aprirsi la strada da palesare i costumi e genj degli uomini, e la mente profonda de i principi.*')[3]

Zu dem für unsere Zwecke wichtigsten Abschnitt, welcher aus dem 7.—11. Capitel besteht, leitet das sechste hinüber,

---

[1] Discorso sopra l'Endimione, Prose S. 255.

[2] Ragion poetica, S. 15.

[3] L. c. S. 15—16.

welches die Wahrheit der von Homer dargestellten Charaktere und die Verschiedenheit der menschlichen Leidenschaften behandelt. Homer wird belobt, weil er weder ganz Gute, noch ganz Schlechte darstelle, noch auch seinen Gestalten stets dieselbe Sinnesart ohne jede Unterbrechung belasse, ohne doch die Consequenz des Charakters zu vernachlässigen. Es weiche jede einzelne Sache einer grössern Gewalt, Homer aber wollte den Menschen darstellen, wie er in Wahrheit sei, da es ohnehin Allen bekannt sei, wie er sein sollte, und man keine wahre Kenntniss und Wissenschaft aus der Nachbildung jener Dinge schöpfe, welche mehr in der Meinung als in der Natur vorhanden sind. Diejenigen, welche ganz unveränderlich in Tugend oder Laster beharrende Menschen darstellen, bezaubern die Phantasie nicht, weil sie Charaktere vorführen, die anders sind als diejenigen, welche Sinne und Erinnerung uns darbieten. Homer's Verfahren entspricht der menschlichen Natur, deren Grundzug oft durch äusseren Einfluss (z. B. durch die Liebe oder durch den Ehrgeiz) überwunden wird. Die Herrschaft der Vernunft ist nicht immer so wach, um nicht von den Leidenschaften überrumpelt zu werden, und die aufrührerischen Leidenschaften sind nicht immer so stark, um die Kräfte der Vernunft unterdrücken zu können. Nur durch göttliche Gnade (*‚grazia divina'*) kann ja die Menschheit zur Vollkommenheit gelangen,[1] und die menschliche Schwäche erhebt sich nicht zur Vollendung, wenn sie nicht von einem Strahle dieser göttlichen Gnade belebt ist, welcher sich nur auf Christen ergiessen kann (*‚che sopra noi Christiani può diffondersi'*).[2] Nun waren aber die alten Heroen keine Christen, konnten also nicht vollkommen sein, und so erscheint Homer gerechtfertigt, wenn er alle seine Heroen und Fürsten (unter deren Bild er, nach Ansicht unseres Autors, die günstige Gelegenheit benutzend, die Fürsten seiner Zeit darstellen wollte, wie sie sich ohne Krone, Purpur und Chlamys, welche den Augen des Volkes ihre menschliche Schwachheit verhüllen, ausnähmen) Handlungen des Geizes, der Grausamkeit, des Betruges, sowie schmutzige Unwürdigkeiten begehen lässt. Hier drängt sich

[1] Ragion poetica, S. 16.
[2] l. c. S. 15.

wohl die Frage auf, ob Gravina nicht andeuten wollte, dass es auch unter *,noi Christiani'* solche Fürsten gäbe, und darauf rechnete, dass seine Leser verstehen würden, auch zwischen den Zeilen zu lesen. Hingegen kann kein Zweifel an seiner vollen Aufrichtigkeit obwalten, wenn er nochmals[1] hervorhebt, die Dichter dürften nur dann fehlerlose Charaktere darstellen, wenn diese durch besondere göttliche Gnade *(,spezial grazia divina')* gebessert wären. Noch viel später kehrt zum vierten Male die Versicherung wieder, die Vernunft könne die Leidenschaften nur dann beherrschen, wenn sie durch göttliche Gnade über die natürlichen Bedingungen erhaben sei.[2] Eine andere Frage ist es, ob solche durch höhere Fügung allen menschlichen Leidenschaften Entrückte uns Modernen noch poetisch verwerthbar erscheinen können. — Ehe wir uns weiterwenden, sei noch eines kühnen Auslegungsversuches Erwähnung gethan, mit welchem Gravina entschieden Unrecht hat. Er meint nämlich, es sei der Thetis nicht gelungen, in Achill den Charakter der Menschheit ganz aufzuheben und ihn gänzlich in die unsterbliche Natur einzutauchen *(,immergerlo')*, weil die griechischen Heroen stets menschlichen Leidenschaften unterworfen blieben.[3] Hier ist offenbar die Eintauchung in den Styx gemeint, und man denkt im ersten Augenblick, das sei eben ein zwar wenig wahrscheinlicher, aber immerhin geistreicher Erklärungsversuch. Ganz schief jedoch und völlig haltlos wird das hier Homer unterschobene Motiv, wenn man sich erinnert, dass ja auch die Götter der Griechen durchaus nicht als fehlerlos gedacht wurden und vollends schon nicht bei Homer, wo sie eher sagen könnten, es sei ihnen nichts Menschliches fremd geblieben, was Gravina recht gut wusste, aber im Augenblick, wo ihm dieser geistvolle Einfall kam, nicht weiter bedachte; ein Beispiel unüberlegter, weit hergeholter und dabei ganz unrichtiger Auslegungen, wie sie leider öfters vorkommen.

,La poesia è una maga, ma salutare, ed un delirio, che sgombra le pazzie'[4] (die Poesie ist eine Zauberin, aber eine

[1] Ragion poetica, S. 19.
[2] l. c. II, 10, S. 161.
[3] l. c. S. 18. 19.
[4] l. c. S. 20.

heilsame, und ein Wahnwitz, der die Thorheiten vertreibt). So beginnt Gravina sein siebentes Capitel ‚Ueber die Nützlichkeit der Poesie'. Diese ziemlich unvollständige Definition bringt er mit den Fabeln von Amphion und Orpheus in Verbindung, doch meint er die Wirkungen, welche hier fühlbar würden, seien Zweigen eines Baumes gleich, nicht seinen Wurzeln; um zu diesen zu gelangen, müsse man tiefer graben. Er findet nun den tiefern Gehalt dieser Erzählungen darin, dass, weil der Sinn der gewöhnlichen Menschen der Vernunft verschlossen, der Phantasie allein zugänglich sei, Amphion und Orpheus, welche hier symbolisch für alle Dichter genannt werden, sich der Einkleidung der Wahrheiten in das Gewand von Bildern und Erfindungen bedienten, um auf diese Weise den rohen Gemüthern beizukommen und ihnen die Früchte der Wissenschaft mitzutheilen. ‚So dass sie schwärmend die Menschen von ihren Thorheiten heilten' *(‚sicchè le genti, delirando, guarivano dalle pazzie')*.[1] Modern ausgedrückt würden wir sagen: sie boten den Leuten, welche nicht fähig waren, das Abstracte zu begreifen, statt dessen Concretes, in welches die abstracten Begriffe gleichsam eingewickelt waren. So fasst Gravina also die Poesie beinahe im Hegel'schen Sinne auf, nämlich als sinnliche Erscheinung der Idee, während sie doch vielmehr umgekehrt ideale Erscheinung des Sinnlichen genannt zu werden verdient. Ihr Nutzen besteht für ihn wie für Schopenhauer darin, dass sie die Erkenntniss der Ideen erleichtert, nur fällt ihr nach Gravina diese Aufgabe in noch weiterem Umfange zu als nach Schopenhauer. Es ist gewiss von Interesse diese Irrthümer der philosophischen Bewegung der ersten Hälfte des 19. Jahrhunderts schon viel früher vorgebildet zu finden; so wiederholen sich eben die Irrthümer wie die Wahrheiten. ‚Es war schon Alles da,' meint Gutzkow's Rabbi Ben Akiba nicht mit Unrecht. Gravina erklärt aus dieser Auffassung den Tantalus im Hades für ein Symbol des Geizes, der stets unbefriedigt bleibt, desto mehr begehrt, je mehr er besitzt; wieder eine recht erzwungene Auslegung, da Tantalus ja gar nichts zur Stillung seines Hungers und Durstes erlangen kann. Hätten die Griechen das wirklich gewollt, was Gravina ihnen unter-

[1] Ragion poetica, S. 21.

schiebt, dann würden sie vielmehr einen Tantalus dargestellt haben, der, immerfort essend und trinkend, dennoch nicht im Stande ist, den nagenden Hunger und quälenden Durst zu befriedigen; aber die Griechen waren lebendige Menschen wie wir und nicht blasse Buchschemen, deshalb muss man sich hüten, ihnen allzuviel Buchweisheit unterzuschieben und immer aus jedem Zug eines Mythos eine tiefsymbolische Bedeutung herauszudeuten, die man eigentlich nur hineindeutet, wie in diesem Falle Gravina.

Freilich ist bei ihm dies Vorgehen leicht erklärlich, denn er ging von der für ihn ganz feststehenden Ansicht aus, dass Gelehrte die Göttermythen erfunden hätten, um dem rohen Volke die Eigenschaften des nur ihnen bekannten einen Gottes geläufig zu machen, worüber er sich im achten Capitel, ‚Der Ursprung des Götzendienstes', des Näheren verbreitet. Er nimmt ferner eine Art Verschwörung der Weisen und der Dichter zur Erreichung dieses lobenswerthen Zweckes an und erwähnt wiederholt die Egypter, von denen die Griechen dies Verfahren überkommen hätten. Dass es sich vielleicht umgekehrt verhalte, dass zuerst die Volksmythen dagewesen seien, und dann Symbole und Gleichnisse in dieses rohe Material hineingelegt wurden, um sie bei fortgeschrittener Bildung dennoch festhalten zu können, kam ihm, während er dies niederschrieb, ebenso wenig in den Sinn, als dass die Poesie zwar Weisheitssprüche der Dichter enthalte, dieselbe aber nicht geradezu zu dem Zweck erfunden worden sei, um Weisheit zu verbreiten. Er leitet vielmehr aus seinen Ansichten über die planmässige Entstehung der Mythen das Recht ab, auch anzunehmen, dass die Poesie, welche sich ja anfangs hauptsächlich mit der Darstellung dieser Mythen beschäftigt hat, eine planmässige Erfindung sei. Er meint, es sei klar, dass die Fabeln auf diese Weise nicht vom Falschen, sondern vom Wahren herstammen, nicht der Willkür, sondern der durch die Wissenschaften geregelten Erfindung entstammen und mit ihren Bildern den physischen und moralischen Anlässen entsprechen (*‚nè sorge dal capriccio, ma da invenzione regolata dalle scienze, e corrispondente coll'immagini sue alle cagioni fisiche, e morali'*).[1]

[1] Ragion poetica, S. 28.

‚Ueber die Natur der Fabel' handelt das neunte Capitel. Es hebt gleich mit einer Definition an: ‚*La favola è l'esser delle cose, trasformato in genj umani, ed è la verità travestita in sembianza popolare*'[1] (die Fabel ist das Sein der Dinge, umgewandelt nach menschlichen Begriffen, und ist die Wahrheit, verkleidet in volksthümliches Aussehen). Der Dichter gibt den Gedanken einen Körper und verwandelt die durch die Philosophie wachgerufenen Betrachtungen in sichtbare Bilder; so ist er Umbilder und Hervorbringer, woher sein Name (ποιητής). Die Religion jener Zeit war nach Gravina nur eine Erfindung, ein Gebilde (‚*architettura*') der Dichter, was diesen den Ruf der Göttlichkeit verschaffte. Diese Schätzung der Dichter wuchs mit der Macht der Wahrscheinlichkeit, welche alle ihre Erfindungen glaubwürdig machte. Damit nun die Erfindungen noch glaublicher erscheinen sollten, wurden sie der Geschichte angehängt und die Vorgänge mit bestimmten, allgemein bekannten Ländern und Personen in Verbindung gebracht. Um hiebei nicht der Unwahrheit überwiesen zu werden, floh man stets die nahen Zeiten und griff zu Jahrhunderten, deren Gedächtniss matt und nebelhaft war. So erkläre es sich, dass alle Fabeln einerseits im letzten Grunde auf etwas Wahrem fussen, andererseits zu entlegenen Ereignissen und Personen ihre Zuflucht nehmen. Diese fabelhaften Orte und Persönlichkeiten dienten aber nur als Symbole, unter denen sich philosophische Belehrung verbarg; deshalb, meint er, konnten die Alten sie beliebig abändern, wie dies gerade nach den Bedürfnissen des Gefühles und des moralischen oder physischen oder auch theologischen Unterrichts nöthig war. Es ist merkwürdig zu sehen, mit wie viel scheinbar treffenden Argumenten Gravina hier die poetische Ferne zu begründen sucht, deren wahre Ursachen doch vielmehr darin liegen, dass die Prosa der Gegenwart der poetischen Verklärung widerstrebt, während die Ferne und die Vergangenheit stets von einem gewissen Reiz umflossen erscheint, der die dichterische Gestaltung wesentlich erleichtert, wie wir dies schon an einem andern Orte angedeutet haben.[2]

[1] Ragion poetica, S. 28.

[2] Reich, Schopenhauer als Philosoph der Tragödie (Wien, Konegen, 1888), S. 122–123.

Es muss übrigens zugestanden werden, dass Gravina auf dem Standpunkt der Wissenschaft seiner Zeit zu solchen Annahmen und Schlüssen berechtigt war. Dass die Forderungen der Wahrscheinlichkeit in entfernteren Ländern oder Zeiten leichter zu erfüllen, weil schwieriger zu controliren sind, ist auch heute noch richtig. Ebenso wenig wird man dagegen streiten wollen, wenn Gravina uns (im zehnten Capitel *‚Della favola Omerica‘*) versichert, in der Iliade finde sich das ganze Wesen der Dinge ausgedrückt,[1] und die Odyssee enthalte die Kenntniss aller menschlichen Leidenschaften, sowie die Kunst und die Richtschnur, um das Leben gut zu lenken (*‚l'arte e la norma da ben reggere la vita‘*).[2] Doch so gern ihm dies zugestanden werden mag, so entschieden wird man dagegen Stellung nehmen müssen, dass dem Homer die Geschichte des trojanischen Krieges und der Irrfahrten des Ulysses nur als *‚maschera‘* gedient, das aber, was er mit klarem Bewusstsein als sein hauptsächlichstes Ziel betrachtet hätte, die Verbreitung jener Kenntnisse gewesen sei. So handelt kein wahrer Dichter, und die ganze Auffassung der Dichtkunst, welche Gravina in diesem Abschnitt an den Tag legt, beweist, dass er kein Dichter war.

Wir gelangen nunmehr zu jenem Capitel, welches uns die — wie wir gleich vorausschicken wollen — durchaus nicht zu billigende Ansicht Gravina's von der Bedeutung und dem Ziel der Poesie am deutlichsten enthüllt; es ist dies das elfte, welches von der *‚utilità della favola‘* handelt. Ihr Nutzen besteht darin, dass sie unter sinnlichen Bildern Keime der Weisheit aussäet, die Gesetze der Natur und die Gottes lehrt und zur Religion, sowie zur Ehrenhaftigkeit anspornt. Dieser Zweck wird um so besser erreicht, je naturgemässer und je mehr aus dem Leben gegriffen die Erfindungen sind. Hiegegen, sagt Gravina, könnte eingewendet werden, dass man die Kenntniss der Gewohnheiten und Leidenschaften der Menschen leichter aus dem Wahren und Wirklichen schöpfen könnte als aus dem Gleichniss; doch ist dem nicht so, denn man lernt mehr durch Dinge, welche von der Erdichtung ins rechte Licht gesetzt sind, als durch die realen Objecte. Denn je ver-

[1] Ebenso schon im Discorso sopra l'Endimione, Prose, S. 256 und 257.

[2] Ragion poetica, S. 31.

trauter uns die Dinge sind, desto weniger achten wir auf sie, da der Geist stets sein Augenmerk auf das Ungewohnte, Seltene richtet, welches von den anderen Dingen durch irgend eine hervorstechende Eigenschaft unterschieden ist, eine unbestreitbare richtige Bemerkung, aus der unser Autor nebenbei auch folgert, dass wir eben deswegen grössere Kenntniss vom Geisteszustande Anderer als von unserem eigenen besitzen. Auch verhindert die Menge der Gegenstände, welche untereinander wie an einer Kette zusammenhängen, unsere Einbildungskraft, sich ganz auf einen Punkt zu richten, auf diesen alle Kräfte zu vereinigen und genaue Beobachtungen über ihn anzustellen, woraus die Wissenschaft entspringen kann, denn alle Dinge, welche uns umgeben, ‚tragen die Gelegenheit des Wissens auf der Stirne',[1] können Anlass zur Erweiterung unseres Wissens werden. Es ist nun nöthig, um diese Uebelstände zu beseitigen, uns einerseits die Dinge durch einen Anstrich von Neuheit interessant zu machen, andererseits sie uns so ausgeschieden aus der Reihe der Anderen vorzuführen, dass wir unsere Aufmerksamkeit auf sie concentriren können: beide Forderungen werden durch die Poesie erfüllt. Was von Natur gewohnt und werthlos ist, wird durch die Kunst neu und unerwartet *(‚quel, che per natura è consueto, e vile, per arte diventa nuovo ed inaspettato')*.[2] Auch muss schon das grosse Bewunderung erregen, die Gegenstände der Natur mit anderen Mitteln als mit denen der Natur hervorgebracht zu sehen; so erscheinen die gewohnten Dinge den Sinnen als etwas Neues, wenn sie durch die Poesie mit verschiedenen Hilfsmitteln aus der Natur in das Erdichtete verpflanzt werden. Dies reizt den Geist viel lebhafter zum Nachdenken über die Dinge an und so kommt es, dass die Gewohnheiten und Bräuche der Menschen mehr auf den Theatern als auf den öffentlichen Plätzen, also im wirklichen Leben bemerkt und erkannt werden. Der Geist vergleicht das Bild, welches die Worte in ihm hervorrufen mit jenem, das schon durch die Eindrücke der wirklichen Dinge seiner Phantasie eingeprägt ist, und dies durch die Erinnerung hervorgerufene Vergleichen wird ihm zu einer neuen Quelle des Vergnügens, ähnlich demjenigen, welches durch die

---

[1] Ragion poetica, S. 33. [2] l. c. S. 34.

Wissenschaften in uns erregt wird. Durch die Worte werden dieselben Affecte in uns hervorgerufen wie durch die Dinge selbst, weil die Erregungen der Phantasie wirklichen Erregungen ähnlich sind, und so können durch die Poesie die Affecte in ähnlicher Weise erregt werden wie durch die Wahrheit. Die Erregung von Affecten aber, auch von schmerzlichen, ist innerhalb gewisser Grenzen stets mit Vergnügen verbunden. Die Aehnlichkeit allein ist die grösste Quelle des Vergnügens und Nutzens, schliesst das Capitel und mit ihm derjenige Theil der ‚Ragion poetica', in welchem Gravina seine ästhetischen Ansichten in zusammenhängender Weise als Grundlage seiner späteren Urtheile ausspricht.

Zu den hier ausgesprochenen Meinungen finden sich schon im ‚Discorso sopra l'Endimione' zahlreiche Parallelstellen, von denen wir einige der wichtigsten herausheben wollen. So wird die Kunst als Tochter und Zweig der Wissenschaft bezeichnet (*‚essendo l'arte figliuola e rampollo della scienza'*);[1] es wird auch dort schon als Aufgabe der Dichtkunst genannt, *‚il vero essere delle cose'* (das wahre Sein der Dinge) mittelst der Worte der Phantasie einzuprägen.[2] Gleichfalls findet sich bereits die Ansicht ausgesprochen, dass es klar sei, wie die Menschen sein sollten, schwierig und dunkel aber zu erkennen, wie sie in Wirklichkeit seien (*‚il difficile ed oscuro è il conoscere, quali e come essi veramente sieno'*),[3] welche Kenntniss grossen Nutzen für das bürgerliche Leben bringe und aus den griechischen Dichtern geschöpft werden könne. Auch hier schon erscheint die Belehrung als Hauptzweck der Poesie und wird von ihr gesagt, sie habe als letztes Ziel das Wohl des Verstandes (*‚ha per ultimo suo segno il bene del intelletto'*),[4] wobei ihr die Phantasie als Gefäss diene, mittelst dessen sie in den Verstand die weisen Kenntnisse übertrage, welche sie unter sichtbaren Bildern verberge. Dasselbe wird bald darauf wiederholt und hinzugefügt, dass die Philosophie dem Volke gegenüber als Poesie *‚mascherata'* erschienen sei, um den Missbrauch der Kenntnisse zu verhüten, welche so nur demjenigen zugänglich waren, der sie richtig zu schätzen wusste.[5] Das grösste, sogar das einzige

[1] Prose. S. 252. [2] l. c. S. 253.
[3] l. c. S. 256. [4] l. c. S. 257. [5] l. c. S. 258.

Unternehmen des Dichters sei es, das Wahre unter dem Schein des Erfundenen auszudrücken (,*essendo la maggiore, anzi la sola impresa del poeta l'espressione del vero sotto l'ombra del finto*').[1] Guidi wird wegen seiner häufigen, neuen, glänzenden, gewichtigen und auserlesenen Sentenzen,[2] sowie wegen seiner Kenntniss der menschlichen Leidenschaften gelobt.[3]

In der Abhandlung ,Della tragedia' findet sich wenigstens das Zugeständniss, dass die Poesie anfangs nur zur Erregung der Volkslust gedient habe (,*fu bene in sul principio eccitamento del popolar piacere*')[4] und dann erst von den Philosophen zum gemeinsamen Nutzen Aller verwendet worden sei. Sonst wiederholen sich nur die früheren Forderungen, so dass der Unterricht und die Erkenntniss der Wahrheit überall hervortreten müssten[5] u. s. w.

Wenn wir uns auch die eigentliche Würdigung der Lehren Gravina's für später aufsparen wollen, so können wir doch nicht weitergehen, ohne einen Blick auf den bereits zurückgelegten Weg zu werfen. Da nun Gravina selbst mit dem elften Capitel die Grundlegung seines Hauptwerkes für abgeschlossen hielt und sich im Folgenden vom Allgemeinen zum Speciellen wendet, wobei dann seine Ausführungen oft weit mehr literargeschichtlichen als ästhetischen Inhaltes sind, scheint uns hier der passende Ort, um unsere Stellungnahme für oder gegen die bisher ausgesprochenen Lehren Gravina's zu kennzeichnen. Nach den ersten Capiteln der Schrift hätte man glauben können, es hier mit einem Manne zu thun zu haben, welcher gewillt sei, die Phantasie als treibende Kraft in der Aesthetik, als Schöpferin aller Kunst anzusehen, späterhin aber erkennt man mit Erstaunen, dass vielmehr die Vernunft unbedingte Herrschaft auf ästhetischem Gebiet haben solle, dass die anfänglich so grosse und freie Anschauung Gravina's immer kleinlicher und enger wird, bis er schliesslich zu jener Stufe herabsinkt, wo er sich nur noch hie und da erinnert, dass der eigentliche Zweck der Kunst das Vergnügen sei und in ihr nur mehr einen Büttel der Vernunft sieht, freilich einen Büttel, der sich aus Zweckmässigkeitsgründen in ein lockendes,

[1] Prose, S. 260. [2] l. c. S. 261. [3] l. c. S. 268.
[4] l. c. S. 154. [5] l. c. S. 162—163.

schimmerndes Gewand geworfen hat und statt der strengen Amtsmiene ein freundliches Lächeln zeigt, aber eben doch nur einen Büttel. Denn nach seiner Ansicht entbehrt ja die Poesie des eigenen Werthes und der selbstständigen Bedeutung; Werth und Bedeutung besitzt sie nur insoweit, als sie sich in den Dienst der Vernunft stellt, als sie dazu dient, die Wissenschaft zu popularisiren, ihr den Zugang zu den harten Köpfen des gewöhnlichen Volkes zu erleichtern. Das eigentlich Poetische der Poesie ist gänzlich Nebensache, ist nur ein Blendwerk, um das dumme Volk anzulocken, dem so unversehens und sozusagen hinterrücks Lebensweisheit, Wissenschaft und Gottesfurcht eingeflösst werden soll. Diese Verwendung der Poesie als süsse Hülle um den bittern Kern der Vernunftlehren, auf den es dabei doch eigentlich allein ankommt, erinnert lebhaft an gewisse Medicamente, welche für den Kranken dadurch angenehmer gemacht werden, dass man ihnen wohlschmeckende und sonst unschädliche Substanzen beimischt, welche den bittern Geschmack der eigentlichen Medicin aufheben; werden solche Heilmittel vollends an Kinder verabfolgt, denen sie als Bonbons gegeben und als solche willig verzehrt werden, während es sich doch nur um den zu erwartenden Heilerfolg, der mit der Süssigkeit des Mittels gar nichts gemein hat, handelt, so scheint uns die Aehnlichkeit eine vollkommene zu sein. In diesem Bilde sehen wir, welche Rolle der Poesie nach dem systematischen Theil der ‚Ragion poetica' zufällt. Wir haben schon einmal auf die Annäherung der Aussprüche Gravina's an die Schopenhauer's, der ihn übrigens gewiss nicht kannte, hingewiesen und finden dies nochmals bestätigt. Wie bei diesem, so soll auch bei jenem die Dichtung, fast möchte man sagen als ‚agent provocateur' dienen, der sich unter harmloser Miene unter das nichts Böses ahnende Volk schleicht, um diesem, wenn er erst als unverdächtig recht warm geworden ist, Lehren zu ertheilen, gegen die dasselbe, wenn er sich gleich in seiner wahren Gestalt zeigen würde, verstockt bliebe, die es nun aber löffelweise fast unmerklich hinunterschlucken lernt: freilich trennen sich nun die Wege, denn bei Schopenhauer läuft es auf die Abkehr vom Dasein hinaus, bei Gravina aber wird der Poesie die Aufgabe zu Theil, die Verstandeskräfte zuerst zu wecken und dann zu ihrem Gebrauch anzuspornen. Gravina scheint hienach ganz mit dem Pater le Bossu übereinzustimmen, der sagte: *‚Le premier but du poète est d'instruire.'* [1] Kurzum, es ist eine recht unwürdige Rolle, welche der Kunst und speciell der Dichtkunst hier zufällt.

Wie aber kam Gravina, dessen Anschauungen sonst so viel Richtiges enthalten, zu dieser entschieden abzuweisenden Ansicht in der Hauptfrage? Man wird sich nicht begnügen dürfen, zur Antwort darauf hinzuweisen, dass der rationalistische Zug das 17. und 18. Jahrhundert überall beherrschte, und dass unser Autor eben auch ein Kind seiner Zeit und als solches deren Einflüssen unterworfen war, das ist gewiss richtig, aber ebenso gewiss keine zufriedenstellende, völlig genügende Erklärung. Wir möchten eine andere versuchen. Wir finden bei Gravina neben platt rationalistischen Aeusserungen auch so viele, welche die Bedeutung der Phantasie zu schätzen wissen; wir sehen ihn sein Leben lang im Kampfe gegen falsche und verderbliche Literaturrichtungen für das Grosse, Echte und Würdige eintreten; wie sollen wir es uns erklären, dass die richtigen praktischen Urtheile des Kritikers auf einer unrichtigen theoretischen Grundlage ruhten? Eben aus diesem Kampfe, lautet unsere Antwort. Gravina streitet gegen den Marinismus, dessen Fehler aber waren gerade die einer zügellosen Phantasiewillkür. Was ist daher natürlicher, als dass Gravina an den künstlerischen Hervorbringungen der Phantasie irre wird. Er fühlt selbst in sich eine Neigung, die Phantasie als Herrscherin im Kunstgebiet zu proclamiren, aber diese Regung muss eine irrige sein, da ihr die Resultate so sehr widersprechen. In der Hitze des Gefechtes geht auch der Besonnenste zu weit. Statt der richtigen Schlussfolgerung, dass die Phantasie durch Vernunft gezügelt, zieht unser Autor die unrichtige, dass sie durch die Vernunft geradezu unterjocht werden müsse; statt die schrankenlose Freiheit der Phantasie blos einzudämmen, macht er sie zur Sclavin der Vernunft. Weil Pegasus gar zu übermüthig um sich schlug, werden ihm nun die Flügel so kurz geschnitten, dass er von einem Karrengaul kaum mehr zu unterscheiden ist. Andererseits aber besass Gravina viel zu viel künstlerisches Gefühl, um nicht zu

[1] Le Bossu, Traité du poème épique, 1675

finden, dass aus den Dichtungen der grossen Meister der Hauch einer bedeutenden Lebensauffassung und Weltanschauung wehe: er erkannte mit Recht, dass sie neben dem Vergnügen, das sie Jedem gewährten, für den tiefer Blickenden zu einer Schule der Weltweisheit werden könnten; er erkannte aber nicht den tiefgreifenden Unterschied, welcher in der Art, wie die Kunst und wie die Wissenschaft Weisheit lehren, liegt, und welchen wir am besten mit den Worten eines leider auch noch viel zu wenig bekannten und darum auch viel zu wenig gewürdigten Aufsatzes Hermann Hettner's[1] wiedergeben. Dieser sagt, die Kunst sei jene Darstellungsweise, in der das sinnlich individuelle Wesen nicht verflüchtigt ist; denn der Mensch ‚denkt nicht blos in der gestaltlosen abgezogenen Sprache, sondern als ganzer, d. h. sinnlich geistiger Mensch mit seinem ganzen Wesen, mit seinem Herzen und seinen Sinnen, und drückt nun auch umgekehrt diese Gedanken, Anschauungen und Gefühle auf eine Weise aus, in der nicht, wie in der Sprache, das sinnlich frische Wesen des Individuellen verflüchtigt wird, sondern in seiner ganzen Fülle vor Augen tritt. Diese Denk- und Darstellungsweise ist die Kunst. Weil sie geistige Thätigkeit, weil sie Denken ist, hat sie von Haus aus das Element der Allgemeinheit in sich; sie ist, wie die Wissenschaft, Erkenntniss des Allgemeinen, Ewigen, wenn man will, der Idee, aber nicht abstract, farb- und gestaltlos, sondern erfüllt und verdichtet in individueller Lebensfrische. Erst Wissenschaft und Kunst zusammengenommen sind der ganze und volle Ausdruck des theoretischen Geistes.'[2] Gravina übersah diese Kluft, welche die Art, wie ein Dichtergeist sich offenbart, von der eines Philosophen trennt, aber er sah ein, dass die Schöpfungen grosser Dichter doch noch mehr seien als blos ein Spiel mit schönen Worten und eine Darstellung der menschlichen Leidenschaften; so erklärte er kurz entschlossen die Poesie nur für eine Maske, welche erleuchtete Köpfe vorgenommen hätten, um so das Volk leichter zu belehren. Seine Auffassung hat einen wahren Kern: Der Dichter, der Künstler überhaupt, hat

[1] ‚Gegen die speculative Aesthetik' in Wigand's Vierteljahrsschrift 1845, wieder abgedruckt in ‚Kleine Schriften' (Braunschweig, Vieweg, 1884) S. 164—211.

[2] S. 193—194.

ebenso wie der Philosoph und der Religionsstifter etwas zu sagen, er will sich den Mitmenschen mittheilen; dass sie dies aber gerade als Dichter und nicht als Philosophen sagen, ist kein Zufall, noch weniger planmässige Absicht, wie Gravina meint, sondern ergibt sich aus ihrer innersten Naturanlage. Sie sprechen sich eben in jener Weise aus, welche die ihnen angemessenste ist. Es ist wieder, wie Hettner sagt:[1] ‚Man muss der Kunst ansehen, dass das, was sie sagt, in einer andern Form zu sagen nicht möglich ist.' Gravina hat also insofern Recht, als er einsah, dass die grossen Meister der Kunst eine bedeutsame Weltanschauung in ihren Werken ausgeprägt haben, eine Einsicht, von der ja manche Aesthetiker heute wieder himmelweit entfernt sind; er hat Unrecht, weil er glaubte, dass dies planmässig, absichtlich, mit vollem Bewusstsein geschehen sei, dass es den Meistern als eigentliches Ziel vorgeschwebt habe, neben dem ihnen das specifisch Künstlerische, das eben den Unterschied zwischen ihnen und dem Manne der Wissenschaft ausmacht, sogar als mehr oder weniger gleichgiltige Nebensache, blos als Mittel zum Zweck gedient habe. Der Künstler schafft das Kunstwerk nicht, um eine Weltanschauung auszudrücken, aber er drückt eine Weltanschauung aus, indem er das Kunstwerk schafft. Die ursprünglich richtige und grosse Auffassung geht Gravina schliesslich so sehr verloren, dass er nicht nur den Ausdruck einer grossen Weltanschauung, eine Beantwortung der grossen, die Menschheit bewegenden Fragen, in den Dichtungen sucht, sondern geradezu die Verbreitung nützlicher Kenntnisse, was ihn consequenter Weise dahin hätte führen müssen, das Lehrgedicht als höchste Dichtungsart zu preisen. So weit geht er zwar nicht mit klaren Worten, aber will es etwas Anderes heissen, wenn er die ‚Sifilide' des Fracastoro, ein die Lustseuche in lateinischen Versen behandelndes Buch, das allerdings auch nach dem Zeugniss Anderer poetische Wirkungen hervorzubringen fähig sein soll, nicht genug zu loben weiss, sie mit dem besten Werk des Virgil in eine Linie stellt und als dieses die ‚Georgica' nennt?[2]

Doch dies gehört schon jenem Theile des Werkes an, wo Gravina über einzelne Dichter sein Urtheil abgibt. Indem wir

[1] Hettner, Kleine Schriften, S. 187. [2] Ragion poetica I, 36, S. 111.

uns zu diesem wenden, welcher in besonderen Ausführungen meist nur das schon im allgemeinen Theile Gesagte wiederholt und ergänzt, ändern wir die Methode des Vorgehens. Wir werden uns künftig nicht so strenge an die Capiteleinrichtung halten, wie dies bisher geschah und bisher auch nöthig war, um das allmälige Fortschreiten der Gedankenarbeit Gravina's zu zeigen, sondern, uns freier bewegend, Zusammengehöriges aus verschiedenen Abschnitten auch zusammen behandeln, zumal wir andererseits viele Capitel, so z. B. jene über die neulateinischen Dichter, welche nur von literarhistorischem, nicht von ästhetischem Interesse sind, ganz unberücksichtigt lassen dürfen.

,Von der epischen und dramatischen Poesie und der römischen Art' ist das zwölfte Capitel überschrieben, mit welchem zugleich auch das für uns Erwähnenswerthe aus dem Tractat ,Della Tragedia' erledigt werden möge. Als Ziel des Epikers wird es bezeichnet, das innere Wesen der Dinge und der Menschen zu enthüllen, indem er den Schleier von der wahren Beschaffenheit der Welt wegziehe, welche uns oft durch blossen Schein verhüllt ist.[1] Er kann lange dauernde und verwickelte Ereignisse schildern und nicht nur Menschen von hoher Lebensstellung und Gemüthsart, sondern auch Mittelmässige, Kleine und Unbedeutende; denn auch die Kleinen sind selbst im heroischen Epos von Nöthen, weil sie in Folge ihrer Unscheinbarkeit Vieles vollbringen können, was den Grossen, wegen der Aufmerksamkeit, welche jedem ihrer Schritte folgt, nicht möglich ist. ,*L'epica poesia porta dentro le viscere la dramatica*'[2] (die epische Poesie trägt die dramatische in den Eingeweiden), meint Gravina. Beide können Personen aus allen Ständen schildern: ,*o sien buoni, per accender all'imitazione, o sien cattivi per incitar alla fuga*' (Gute, um zur Nacheiferung zu entflammen, Schlechte, um dazu anzutreiben, sie zu fliehen).[3] Bei Beiden geschieht Alles ,*per insegnamento degli ascoltanti*'

[1] Ragion poetica, S. 38. [2] l. c. S. 38.

[3] Diese Auffassung deckt sich ganz mit der Scaliger's (Poetik 832): ,*docet affectus poeta per actiones ut bonos amplectamur*'. Heinrich von Stein's Behauptung: ,Wenn Gravina vom Nutzen einer solchen Erdichtung oder Fabel spricht, so fällt es ihm nicht ein, hiebei zu moralisiren' (S. 318), trifft demnach zum Mindesten nicht immer zu.

(zur Unterweisung der Zuhörer); der Unterrichtszweck ist und bleibt die Hauptsache! Der Unterschied zwischen Tragödie und Komödie wird dahin erklärt, dass die erstere politische Geschäfte und hohe Personen darstelle, die letztere Ereignisse des Privat- und Familienlebens.[1] Das Drama zeigt die Wurzeln und Quellen der Handlungen, Entschlüsse und Affecte, von denen sonst nur die Spitzen, den Boden überragend, sichtbar werden, so dass ihr Ursprung manchmal selbst demjenigen, in dessen Innern sie vorgehen, verhüllt bleibt. Hieraus folgt, dass der Handelnde sich schon, was seine eigenen Motive, noch mehr aber, was die Anderer betrifft, irren kann, weshalb Handlungen oft zu ganz anderen als den beabsichtigten Resultaten führen. Aus den Widersprüchen zwischen den Meinungen, Absichten und der Gemüthsart der Handelnden entstehen Conflicte, welche sich durch die Hitze der Streitenden immer mehr verschärfen, bis es zum Aeussersten kommt.

In der Tragödie tritt der Dichter ganz hinter die handelnden Personen zurück. Sie ist die erhabenste Dichtungsart. Die Nachahmung ist in ihr am lebhaftesten und natürlichsten, ja ihr Verlauf erscheint wie etwas Wirkliches und Gegenwärtiges, woraus auch jene schon oben erwähnte kindische Forderung abgeleitet wird, dass die Tragödie nur Ereignisse darstellen dürfe, welche sich während der Spielzeit wirklich hätten abwickeln können. Sie ist dem Epos um so viel überlegen, wie der Zweck dem Mittel (*‚E tanto dell' epopeja la tragedia è più degna, quanto il fine è più degno del mezzo'*).[2] Höchst absonderlich sind Gravina's Ansichten über die Reinigung der Leidenschaften. Auch er hat die damals übliche falsche Uebersetzung der Worte des Aristoteles mit *‚compassione e spavento'*[3] (Mitleid und Schrecken) acceptirt, was er aber als *‚purgazion degli affetti per la tragedia'* (Reinigung der Leidenschaften durch die Tragödie) im dritten und vierten Capitel der Abhandlung über die Tragödie angibt; das gehört unstreitig zu jenen Partien seiner Schriften, welche ganz veraltet sind und welche die Mühe einer Wiederbelebung nicht lohnen würden. Muss es

[1] Ragion poetica, S. 39.
[2] Della Tragedia, Cap. 2, Prose, S. 156
[3] Ragion poetica S. 41; Prose, S. 157, 158 etc.

schon sonderbar berühren, wenn er das Vergnügen am Tragischen unter Anderem auch daraus zu erklären sucht, dass wir leicht erregt würden, ohne doch durch Aussicht auf einen Schaden oder Verlust in Bestürzung zu gerathen, sowie besonders daraus, weil wir uns selber gerecht und ehrenhaft erscheinen, weil wir das Unglück Anderer beklagen, und diese Erkenntniss unserer Tugend uns mit einem geistigen Vergnügen erfülle, welches jedes andere besiege,[1] so wird diese philisterhafte Anschauung noch übertrumpft durch die Erklärung, welche Folgen die Tragödie haben solle. Die Reinigung der Leidenschaften wird nämlich darin gesucht, dass die Zuhörer sich allmälig an solche Zustände des Mitleids und des Schreckens gewöhnen lernen, um sie dann im wirklichen Leben besser, ja mit einer gewissen Gleichgiltigkeit ertragen zu können. Wir geben den italienischen Text der beiden markantesten Stellen, da die Sache sonst zu unglaublich scheinen könnte: ‚*Onde il popolo con la consuetudine della compassione e dello spavento, che raccoglie dal finto, si dispone a tollerar le disgrazie nel vero, acquistando con l'uso una tal quale indifferenza*'[2] und ‚*in modo, che poi, quando nella vita civile incontra oggetti, e casi veri e compassionevoli o spaventevoli sopra la propria o l'altrui persona, si trova esercitato sul finto, e preparato dall'uso alla tolleranza del vero.*'[3] Des Weiteren wird dies noch mit der Vorbildung der Soldaten für den Krieg durch Scheingefechte verglichen. Also Abstumpfung von Mitleid und Schrecken gegen die Unglücksfälle des wirklichen Lebens: das ist der Zweck der Tragödie. Jede weitere Bemerkung erscheint da überflüssig!

Eine viel interessantere, zwar auch unrichtige, aber doch geistvolle Ansicht über die Wirkung der Tragödie findet sich jedoch, welche auch wiederum theilweise an Schopenhauer anklingt und wegen ihrer Wichtigkeit ebenfalls wörtlich mitgetheilt werden möge: ‚*Sicchè il popolo scorgendo nelle scene l'umana miseria e l'incostanza e vicenda irreparabile delle mortali cose, le quali vede da altezza in precipizio e da precipizio ad altezza pervenire; e scoprendo le frodi, gli affanni e i timori ascosi sotto le grandezze da lui ammirate, perde, senza accorger-*

---

[1] Ragion poetica, S. 36—37.
[2] Prose, S. 157. [3] l. c. S. 158.

sene, l'amore e la stima dell'umana felicità incerta e volubile; e si rivolge alla divina invariabile ed immortale, che dalla nostra santa religione è preposta ed ai Gentili era negata: onde nella scena trovavano l'aspetto della lor miseria senza la consolazione di speranza migliore.'[1] Hier soll also die Tragödie wie bei Schopenhauer dazu dienen, Lebensüberdruss zu erzeugen, doch soll die Wirkung eine andere sein, an die Stelle der Verneinung des Willens zum Leben, um ins Nichts hinüberzufliessen, tritt hier die Flucht aus dem irdischen Leben zum himmlischen, im Grunde nur zwei verschiedene Bezeichnungen für dieselbe Sache. Ueberhaupt tritt in Gravina's Werken oft ein stark pessimistischer Zug hervor, der aus der Zeit, in welcher er lebte, nur zu leicht erklärlich ist, wie ihn auch seine Weiberfeindschaft als würdigen Vorläufer des Philosophen von Frankfurt erscheinen lässt. Dieser pessimistische Zug äussert sich, wenn er den ‚Oedipus Tyrannos' für das vollendetste Werk des Sophokles erklärt und sagt, der Verlauf dieser Fabel entspreche so sehr dem Zusammenhang der menschlichen Ereignisse, dass es wie mit der Mechanik der Natur selbst verfasst erscheine.[2] Freilich verwahrt er sich späterhin gegen eine allzuhohe Schätzung des ‚Oedipus rex', als ob dieser das einzige nachahmenswerthe Muster sei, und meint sehr mit Recht, man dürfe nicht das poetische Vermögen auf eine einzige Tragödie zurückführen, auch werde, was im ‚Oedipus' gut und richtig sei, bei neueren Dichtern durch Uebertreibung wunderlich, ja monströs.[3] Jene Auffassung von der Tragödie aber, welche wir ihn im Widerspruche mit den vorher citirten Stellen zuletzt aussprechen sahen, könnte er doch wohl nur auf den ‚Oedipus rex' gründen. Gewiss kann die Tragödie solche Wirkungen, wie die von Gravina zuletzt angeführte, erreichen, ebenso gewiss aber will sie dies nicht, d. h. ist es nicht das Ziel, auf welches sie hinarbeitet. Auf diese wie auf viele andere Bemerkungen Gravina's näher einzugehen, müssen wir uns leider versagen, um nicht den Umfang dieser Studie, welche ja erst Interesse für den Verschollenen erwecken soll, unbillig zu erweitern. Ebenso ergeht es uns mit seinen Ur-

[1] Della tragedia, Cap. 9, Prose, S. 164—165.
[2] Ragion poetica I, 18, S. 76—77.
[3] Della tragedia, Cap. 5, Prose, S. 159.

theilen über die griechischen Tragiker, obwohl die beredte und scharfsinnige Hervorhebung ihrer Vorzüge einen der Ruhmestitel der ‚Ragion poetica' bildet. Wir müssen es daran genug sein lassen, hervorzuheben, dass er dem Aristophanes Recht gibt, wenn dieser den Aischylos als den grössten des tragischen Dreigestirnes bezeichnet, dass auch er den Sophokles, welchem er eigentlich das höchste Lob spendet, als zweiten aufführt, dass er sich aber in Beurtheilung des Euripides von dem berühmten Komiker trennt, indem er diesen, der ihm besonders wegen seines Frauenhasses werth ist, zwar als dritten, aber doch den beiden Vorgängern fast ebenbürtig nennt.[1] Der gefesselte Prometheus, meint er, auch hier Pessimist, zeige das Loos, welches die Undankbarkeit neuer Herrscher den Rathgebern, durch deren Weisheit sie Erfolge erzielten, bereite. Euripides verstehe ganz besonders Mitleid zu erregen, doch wird seine Art der Exposition getadelt. Beachtenswerth und sehr zu billigen ist es, wenn Gravina, der bis zum Ueberdruss immer und immer wieder die Belehrung des Volkes als Hauptziel der Poesie und speciell der Tragödie nennt, den Sophokles auch deshalb über Euripides stellt, weil jener die Sentenzen seltener anwendet und besser in die Tragödien hinein verwebt als dieser.

Ganz besonders bemerkenswerth ist die Stellungnahme Gravina's gegenüber der Poetik des Aristoteles. Wenn man bedenkt, in welchem ungemein grossen Ansehen dieses Buch noch heute steht, in wie viel höherem Ansehen es vollends damals stand, so muss man die Kühnheit des Schriftstellers bewundern, der es wagte, in einem Tractat über die Tragödie gleich anfangs die Worte zu gebrauchen, er werde ‚*senza prevenzione alcuna d'autorità*'[2] vorgehen, und im Verlauf der Arbeit zu immer neuen und immer heftigeren Angriffen gegen den unfehlbaren Papst der Poetik fortschritt, bis er von diesem schliesslich sagt, er habe alle gleichmässig an Undankbarkeit wie an Bosheit überragt (‚*Aristotele, che superò tutti ugualmente d'ingratitudine che di malignità*').[3] Allerdings so heftig wird unser Autor nur einmal, immer aber hört man den mühsam

[1] Ragion poetica I, 17—19, S. 74—79.
[2] Della tragedia, Cap. 2, Prose, S. 150.
[3] l. c. Cap. 40, Prose, S. 225.

verhaltenen Ingrimm gegen Aristoteles heraus, auch wenn blos die *‚servili interpreti'* angegriffen werden, welche den grossen Philosophen missverstanden hätten und dieses unvollendete Werk für einen unüberschreitbaren, unabänderlichen Canon der Gesetze des Dramas ausgeben wollten. Mit diesen (theilweise freilich höchst ungerechten) Angriffen auf Aristoteles hat Gravina sich doch das Recht erworben, zu jenen damals äusserst spärlich vorkommenden Männern gezählt zu werden, welche erkannten, dass die Regeln des alten Griechen, der selbst zu einer Zeit der sinkenden Kunst schrieb, in gänzlich veränderten Zeiten nicht länger Geltung besitzen könnten, dass sie für den modernen Geist zu unerträglichen Fesseln würden, die er sprengen müsse. Es ist dies einer jener Punkte, in welchen Gravina seiner Zeit weit überlegen war, wo er nicht dem Banne des allgemeinen Vorurtheiles erlag, wie dies leider in Bezug auf die Lehrabsicht der Poesie geschah, sondern eigene Bahnen einschlug und zum vorahnenden Verkünder einer fernen Zukunft wurde. Ist doch der leidige Kampf um den Aristoteles noch heute nicht ausgekämpft, noch heute herrscht vielfach der Aberglaube von der Unübertrefflichkeit der Poetik, um so höher ist es anzuschlagen, wenn schon vor zweihundert Jahren ein Mann sich fand, der das Recht der Kritik auch diesem Werke gegenüber, so werthvoll es auch zu seiner Zeit gewesen sein mag, wahrte. Dies that unser Autor schon in seiner Jugendschrift ‚Sopra l'Endimione', wo er sich zuerst dagegen verwahrt, dass jedes Werk, welches nicht der unrichtigen Auslegung der Lehre des Aristoteles entspreche, deshalb für ewig verdammt sein solle,[1] und dann kühner in Betreff der Abweichungen von der historischen Wahrheit, welche er mit Recht für gestattet erklärt, sagt, er wolle nicht entscheiden, welcher Meinung Aristoteles gewesen sei, darauf komme es auch gar nicht an (*‚ciò nulla rileva'*), es sei nicht nöthig, dass eine gut begründete Ansicht auf irgend eine Autorität gestützt sei.[2] Erleichtert wurde ihm diese muthige Rebellion dadurch, dass er auch in den übrigen philosophischen Disciplinen als Schüler Descartes' und Plato's, den

---

[1] Sopra l'Endimione, Prose, S. 260—261.

[2] Prose, S. 262.

er unter Menseri studirt hatte, dem Aristoteles feindlich gegenüberstand,[1] ihn also nie blind verehrt hatte, wenn er auch zu klug war, um die Vorzüge des Gegners zu verkennen oder zu leugnen.

Gravina hat nach unserem Dafürhalten Unrecht, wenn er, vielleicht an sein Jugenddrama denkend, auch vollkommene Personen wie Christus für geeignet hält, im Mittelpunkt einer Tragödie zu stehen und diejenigen, welche daran festhalten, dass der Held nicht fehlerlos sein dürfe, knechtische Anhänger (*‚servili seguaci‘*) des Aristoteles schilt;[2] wir stimmen ihm aber zu, wenn er sagt, dass die Kunst des Dichters, der mit einer einfachen Fabel dieselben Wirkungen erzielt wie ein Anderer mit einer verwickelten, bewundernswerther sei, und dem Aristoteles, der die verwickelte vorziehe, nicht die Autorität zukomme, deshalb die einfache auszuschliessen.[3] Freilich kommt gleich wieder das Grundübel der Aesthetik Gravina's mit der Erklärung zum Vorschein, es sei nur nöthig, dass die eine Art ebenso geeignet wie die andere sei — zur Belehrung. Unser Autor versäumt natürlich nicht, aus der unrichtigen Stellung des (seither als Einschiebsel erkannten) zwölften Capitels eine Waffe gegen Aristoteles oder vielmehr gegen dessen unbedingte Anhänger zu schmieden.[4] Das gewichtigste Argument gegen Aristoteles macht er geltend, wenn er darauf hinweist, dass die Dichter, welchen es unmöglich sei, alle kindischen Vorschriften, die man dem Aristoteles zuschreibe, zu erfüllen, nun jede Vorschrift verachteten und zu vollständiger Willkür und Zügellosigkeit flüchteten.[5] Hingegen hätten wir gewünscht, dass er sich mit mehr Entschiedenheit gegen die Lösung durch den *Deus ex machina* ausspreche, die er nicht recht anzutasten wagt.[6] Gravina steht wieder höher als seine Zeit, wenn er gegen die Ansicht polemisirt, als ob in jeder Tragödie Todesfälle vorkommen müssten, und ironisch

[1] Am schärfsten spricht er sich für Plato und gegen Aristoteles in der für Papst Clemens XI. bestimmten Schrift ‚De instauratione studiorum‘ aus.

[2] Della tragedia, Cap. 9, S. 165.

[3] l. c. Cap. 10, S. 160.

[4] l. c. Cap. 11, S. 166.

[5] l. c. Cap. 11, S. 167.

[6] l. c. Cap. 12, S. 167.

meint, die Anhänger dieser Ansicht fürchteten, dass ihnen die Tragödie aus den Händen fliehe, wenn es keine Todten darin gäbe. Die Todesfälle seien nicht Selbstzweck, sondern nur Folgen, welche sich aus dem Zweck ergäben, welcher sei, unter einer vorgeschützten Handlung politische Belehrung und Kenntniss der Art, wie sich die Gemüther der Grossen äussern, zu erlangen.[1] Dem entsprechend lobt er den Aischylos, dass dieser grausame und schreckenerregende Vorfälle hinter die Scene verlegt habe.[2] Gravina verlangt, dass in der Tragödie nichts Unerwartetes eintrete, dieses lasse kalt; wir müssten stets auf das Kommende vorbereitet sein.[3] Wie berechtigt diese Forderung ist, geht schon daraus hervor, dass ein gewiegter Theatermann wie Heinrich Laube sie stets vom rein empirischen Standpunkt nach seinen praktischen Erfahrungen verfocht. Hatte es nach manchen Aeusserungen den Anschein, als ob Gravina die Forderung der poetischen Gerechtigkeit verwerfe, so wird dies dadurch widerlegt, dass er ausdrücklich darauf hinweist, man müsse stets die Lasterhaften durch innere Qualen bestraft sehen, die härter zu erdulden seien als der Tod, welchen sie über Unschuldige verhängten;[4] er besass also vielmehr eine sehr würdige Auffassung vom Walten derselben. Wir können die vielen interessanten Einzelheiten der Schrift über die Tragödie leider nicht weiter verfolgen, nur das Eine sei noch hervorgehoben, dass Gravina, obwohl er den Shakespeare nicht gekannt zu haben scheint, eine gründliche Verachtung gegen die berühmten französischen Tragiker hegte und mit Vergnügen die Urtheile des Pater Rapin und Dacier's über dieselben wiedergab,[5] welche das Urtheil der Hofdamen verbessern und die romantischen Erfindungen, die falschen Gewohnheiten und die declamatorische Ausdrucksweise ihrer Tragiker verdammen.[6] Abschliessend wendet er sich nochmals heftig gegen Aristoteles und seine unsinnigen Ausleger, welche z. B. eine Regel aufstellen wollten, dass keine Person mehr

[1] Ragion poetica I, 12, S. 41 (Prose, S. 29).
[2] Della tragedia, Cap. 13, S. 168.
[3] l. c. Cap. 15. 16, S. 170. 171.
[4] l. c. Cap. 20, S. 181–182.
[5] Della tragedia, Cap. 41, S. 236–242.
[6] l. c. Cap. 22, S. 187.

als fünfmal die Scene betreten dürfe. Dem gegenüber sagt er mit Recht,[1] die Alten hätten keine anderen Regeln befolgt als die der Wahrscheinlichkeit, der Volksgewohnheiten und der Vernunft, zu diesem Zustande müsse man zurückkehren, während jetzt ein Netz pedantischer und kindischer Vorschriften, die sich blos auf Autorität gründeten, die Poesie beenge. Melancholisch schliesst er, indem er die menschliche Dummheit beklagt, die ihm, der die Poesie befreien wolle (*‚che cerchiamo la poesia in liberta rendicare‘*), ebenso viel Gegner, als Aristoteles, der jede Wissenschaft seiner Autorität unterwerfen wollte, Begünstiger erwecke.[2] Jedenfalls muss ihm die Anerkennung gezollt werden, dass seine Schriften wirklich viel dazu beitrugen, die Tragödie aus ihrem Verfall zu erwecken und ihr bei aller Bewunderung der Alten einen neuen, selbstständigen Geist einzuflössen.

Ungleich weniger Aufmerksamkeit wendete Gravina der Komödie zu. Ihre Absicht ist, Lachen zu erregen;[3] *ridendo castigat mores.* Sehr ungerecht ist er gegen den Charakter des Aristophanes, dessen grosse Fähigkeiten er zwar anerkennt und dessen ‚Plutos‘ er lobt, den er aber mit Beschimpfungen überhäuft, weil hauptsächlich seine ‚Wolken‘ die Verurtheilung des Sokrates herbeigeführt hätten.[4]

Im Allgemeinen, meint Gravina, eignen sich für die Tragödie wie Komödie nur von heftigen Leidenschaften erregte Völker, wie etwa die Griechen, nicht aber die Römer, die allein, so weit die Welt sich ausdehnt, jene edle Harmonie von Natur aus besitzen, welche die Anderen kaum durch Bildung und Kunst erreichen (*‚che portan dalla natura, quel, che gli altri appena impetrano dalla coltura e dall'arte‘*).[5] Auf Rom ist ja Gravina stets ungemein stolz; so weiss er auch der ‚Aeneis‘ des Virgil kein höheres Lob zu spenden, als dass der Stil dieses Gedichtes der Majestät des römischen Reiches entspreche.[6]

Ueber die Lyrik spricht Gravina im dreizehnten Capitel seines Hauptwerkes recht verständig, manchmal nur zu ver-

[1] Ragion poetica, Cap. 40, S. 234. [2] l. c. S. 235.
[3] l. c. S. 42.
[4] l. c. I, 20, S. 79–82.
[5] l. c. S. 43.
[6] l. c. I, 28, S. 98; ähnlich äussert er sich I, 38, S. 114–116

ständig. Er führt aus, dass die Selbsterkenntniss der Mittelpunkt alles Wissens sein müsse, dass es aber sehr schwer sei, zu dieser zu gelangen. Als eines der Mittel hiezu diene die Lyrik, in welcher der Weise die einzelnen Leidenschaften u. s. w. in Versen darstelle und uns so mit denselben bekannt mache. ‚*I componimenti lirici sono ritratti di particolari affetti, costumi, virtù, vizj, genj, e fatti: ovvero sono specchj, da cui per vari riflessi traluce l'umana natura*'[1] (‚Die lyrischen Werke sind Abbildungen einzelner Leidenschaften, Gewohnheiten, Tugenden, Laster, Gemüthsanlagen und Thaten: oder sie sind Spiegel, aus welchen die menschliche Natur durch verschiedene Reflexe wiederscheint.') Die Lyrik dient zur Austilgung der Fehler, welche in uns durch unsere Unkenntniss der Affecte genährt werden. Die ausgezeichneten Dichter flössen in jedem Verse eine zur Anordnung der privaten und öffentlichen Angelegenheiten nützliche Lehre ein und zeigen die wunderbarsten Geistesblitze: aber sie verleihen der Tiefe ihrer Gedanken volksthümlichen Anstrich und poetische Art, indem sie die Sprüche in Fabeln verwandeln und das Allgemeine durch die einzelnen Personen ausdrücken.[2] In allen diesen Aussprüchen kommt Gravina der Wahrheit so nahe, dass nämlich die grossen Dichter auf ihre Weise einen tiefen Blick in den Zusammenhang der Dinge thun und das Geschaute wieder auf ihre Weise, also in Dichtungen, mitzutheilen suchen; aber immer wieder lenkt er ab, durch die vorgefasste Meinung verblendet, als ob die Dichter eigentlich Philosophen wären, die nur, um dem Volke verständlicher zu sein, die Hilfsmittel der Dichtkunst in Anspruch nähmen. Wird diese Ansicht consequent durchgeführt, dann müsste, sobald die allgemeine Volksbildung eine hinreichend hohe Stufe erreicht hätte, alle Poesie als nun nicht mehr nöthiges pädagogisches Mittel einfach aufhören, eine Consequenz, die Gravina bei seinem unleugbar hohen künstlerischen Verständniss und seiner Kunstliebe gewiss nicht hätte ziehen wollen.

Gravina verbreitet sich über die verschiedenen Formen der Lyrik, wobei er sagt, dass er andere weniger vornehme

[1] Ragion poetica, S. 40.
[2] l. c. S. 48.

Arten derselben nicht erwähne; unter diesen befindet sich das Sonett, über welches er sich in dem Briefe über die Spaltung der Akademie der Arkadier[1] an Scipione Maffei höchst abfällig äussert. Die von ihm gestiftete neue Akademie werde das *‚sonetturcio'*, wie er es spöttelnd nennt, nicht pflegen. Er vergleicht es mit dem Bett des Procrustes und meint, auch Petrarca habe seine Schwierigkeiten nicht ganz überwinden können. Wir glauben nicht fehlzugehen, wenn wir diese Abneigung darauf zurückführen, dass die Alten diese Dichtungsart nicht kannten, und ihr Beispiel ist für Gravina der unverrückbare Leitstern.

Eine richtigere Auffassung der Lyrik spricht sich im Schlusssatz des Capitels aus, wo unser Autor sagt, dass alle Verse auf den Nutzen und das Vergnügen des Volkes abzielten, welchem die Dichter ebenso wie die Weisen zu gefallen bestrebt waren.[2] Hier weist also Gravina, seinen früheren Ausführungen zum Trotz, dem Vergnügen den ebenbürtigen Platz neben dem Nutzen an. Dieser Satz dient ihm als Ueberleitung zum Capitel ‚Ueber das Volksurtheil', welches jedoch mehr für die sonstigen philosophischen Ansichten des Verfassers, mit denen wir es nicht zu thun haben, als gerade für die ästhetischen von Belang ist. Er meint, man dürfe das Volksurtheil weder über- noch unterschätzen, in jedem Menschen sei eine Anlage zum richtigen Urtheil vorhanden, wenn dieselbe auch oft von Irrthümern überwuchert werde. Wenn das Volk etwas hartnäckig zurückweise, dann irre es nicht gänzlich. Wieder werden die Alten gerühmt, die nie das Wahre und die Natur aus den Augen verloren, bei denen die Gedanken, der Rhythmus und die Worte stets den Dingen angemessen waren, und bei welchen alle freien Künste immer durch eine entsprechende Harmonie geregelt wurden.[3] Auch hier also stellt Gravina Forderungen an die Neuen, welchen er ja die Alten zur Nachahmung empfiehlt, welche wir durchaus billigen müssen. Ueberhaupt dringt er stets auf eine dem Inhalt angemessene Form, auf Einfachheit und Natürlichkeit der Dar-

[1] Della divisione d'Arcadia. Prose S. 285.
[2] Ragion poetica, S. 50.
[3] l. c. I, 14, S. 55.

stellungsart und eifert gegen Geschraubtheit, allzu blumenreiche Ausdrucksweise und die sonstigen Fehler seiner dichtenden Zeitgenossen.

Nachdem so die allgemeinen Bemerkungen über die Dichtung und ihre Arten erledigt sind, wendet unser Autor sich zur Beurtheilung der einzelnen Dichter. Dieser Theil seines Werkes, obwohl räumlich umfangreicher und für die nutzbringende Wirkung seines Buches zu seiner Zeit der entscheidende, kann von uns weit weniger eingehend behandelt werden, da wir das Literarhistorische darin fast gänzlich übergehen dürfen. Zunächst gibt Gravina eine knappe Uebersicht der Entwicklung der Poesie im Alterthum, aus der wir als interessant die Bemerkung hervorheben, dass die Naturvölker hohe Achtung vor Rhythmus und Harmonie gehabt, deshalb auch die Gottheiten nur in Versen angerufen hätten.[1] Seit der Kaiserzeit habe der Verfall begonnen, das Natürliche sei gegen Spitzfindigkeiten, der Verstand gegen die Gelehrsamkeit, die Treue und Wahrheit der Gefühle gegen gezierte und erkünstelte Worte zurückgetreten,[2] eine Schilderung, die auf jede Zeit des Rückganges angewendet werden kann.

Homer steht natürlich an der Spitze der Einzelbetrachtungen. In der ‚Ilias' schildert er das politische, in der ‚Odyssee' das private Leben. Er will in der ‚Ilias' lehren, wie verderblich Uneinigkeit sei, und dadurch zur Vereinigung der Griechen seiner Zeit aufmuntern. Es ist interessant, wie auch hier der Pessimismus Gravina's sich äussert, so wenn er meint, der Zwist Achills und Agamemnons solle zeigen, dass der Tüchtige nur in der Stunde der Gefahr gesucht werde,[3] und von Penelope sagt, so keusch und treu sie sei, lasse sie sich dennoch die Freier (z. B. Antilochos) in Reserve für den Fall, als Odysseus doch todt sein sollte, wenn er eine Philippica gegen die Weiber anknüpft.[4] Seiner früher erörterten Ansicht getreu nimmt er an, dass Homer nicht an die Götter, die er darstellte, glaubte, sondern an den einen Gott; deshalb lasse er

[1] Ragion poetica I, 15, S. 57.
[2] l. c. I, 15, S. 63.
[3] l. c. I, 16, S. 66, ebenso II, 11, S. 162—163.
[4] l. c. S. 72.

seine Götter oft lasterhaft sein.[1] Doch wird gesagt, dass das Alterthum aus Homer und Hesiod die Grundlagen und Bräuche seiner Religion zog.[2]

Gravina's Ansichten über die griechischen Dramatiker kennen wir bereits. — Pindar erhält volles Lob, dem Anakreon wird jedoch vorgeworfen, dass sein Ruhm noch grösser sein könnte, wenn er das Vergnügen ebenso zu verachten gelehrt hätte wie den Ehrgeiz. Hier findet sich wieder eine jener Bemerkungen, welche unsern Autor bei allen Schwächen und Mängeln als Aesthetiker von Bedeutung zeigen. Er sagte von Anakreon: ‚*Quanto egli dice, par non potersi, nè doversi in altra maniera dire*'[3] (was er sagt, scheint auf keine andere Art gesagt werden zu können, noch zu dürfen), und nennt so das Kennzeichen, an welchem man den echten Dichter erkennt, bei welchem Stoff und Form eben so unlösbar verschmolzen erscheinen, dass es uns nicht denkbar dünkt, die Sache anders treffender ausgedrückt zu sehen.

Was über Theokrit, Plautus, Terenz, von welchen er den Ersteren höher stellt, Lucrez, dessen mangelnde Frömmigkeit bedauerlich sei, Catull gesagt wird, bietet vom Standpunkt der Aesthetik nichts Neues. Bei Catull gilt es als höchstes Zeugniss seines Verdienstes, dass Josef Scaliger ihn lobte. Virgil stellt die Vollendung der lateinischen Poesie dar. Er ist immer gross und majestätisch, deshalb hält er sich lieber an das Allgemeine als an die Einzelnheiten, die Homer mit Recht weit mehr berücksichtigt. Julius Cäsar Scaliger that dem Homer grosses Unrecht, indem er ihn deshalb niedrig und gewöhnlich nannte und ihm nicht nur Virgil, sondern sogar Orpheus und Musaeus vorzog, ein Irrthum, den sein eigener Sohn, Josef Scaliger, einsah.[4] Horaz wird höher gestellt als Persius und Juvenal. Persius hat zu kühne Ausdrücke und gelehrte (‚*dotti*') Gefühle, er ist eben nach dem Gebrauch seiner Zeit declamatorisch. Juvenal tadelt seltene und nicht die wichtigsten Laster; er verhält sich zu Horaz wie ein bissiger Ankläger zu einem

[1] Ragion poetica I, 16, S. 67.
[2] l. c. S. 70.
[3] l. c. I, 22, S. 85.
[4] l. c. I, 28, S. 97—98.

ernsten Philosophen.[1] Tibull und Properz werden gelobt, Ersterer zeigt mehr Natürlichkeit. Ovid ist in den ‚Fasti' ganz vollendet, sonst lässt er sich manchmal durch die Fülle seiner Begabung fortreissen. Das Lehrgedicht des Manilius über die Astronomie wird rühmend genannt.

Nunmehr geht Gravina zu einer Gruppe von Dichtern über, welche heute fast bis auf den Namen vergessen sind, für welche er aber viel Zuneigung bezeigt, zu den Neulateinern des 15. und 16. Jahrhunderts. Diese lehren wie Empedokles, Lucrez, Virgil (im 6. Buch der ‚Aeneis'), Ovid (in der 15. Metamorphose) direct, nicht indirect, wie Homer, Hesiod und die meisten Griechen. Sie tragen die Wissenschaften mit poetischer Begeisterung, Färbung und Harmonie vor, aber ohne den Deckmantel poetischer Erfindungen und Symbole.[2] Er nennt sie frei von den Fehlern ihrer Zeit, von der provençalischen Romantik, wie von den scholastischen Abstractionen. Im Uebrigen bietet Gravina hier mehr philosophische als ästhetische Erwägungen. Er preist den Vorzug der Naturerkenntniss durch Vernunft und Geist vor der durch die Sinne, letztere kommt nie zu sicheren Ergebnissen. Ueberhaupt sind nicht die endlichen Dinge das wahre Object der Erkenntniss, sondern dies ist, wie schon Socrates erkannte, die göttliche Unendlichkeit.[3] Die Ansichten der neulateinischen Dichter waren durch kein Einzelsystem beschränkt und umschrieben, sondern der Verschiedenheit und Fülle der Wahrnehmungen und Ideen angemessen. Die Einzelurtheile Gravina's sind hier nicht von besonderem Interesse. Es genüge zu erwähnen, dass er die Lehrgedichte des Palingenio, den er gegen den ältern Scaliger vertheidigt, Capicio (über den Ursprung der Dinge), Aonio Verulano (über die Unsterblichkeit der Seelen) lobt, den Pontano mit Catull vergleicht, die religiösen Dichtungen Sannazaro's (‚De partu virginis') und Vida's (‚Cristeide') preist, bei

[1] Ragion poetica I, 29, S. 106.

[2] l. c. I, 32, S. 108.

[3] Ueber die philosophischen Ansichten Gravina's, welche hier darzustellen nicht unsere Aufgabe ist, handelt ausführlich Ferdinando Balsano: Delle dottrine filosofiche e civili di G. V. Gravina (Cosenza 1880, Tipografia Migliaccio, 110 S.), der aber selbst zugibt, dass Gravina auf diesem Gebiete kein schöpferischer Geist gewesen sei (S. 158).

Poliziano die Entfernung von der goldenen Latinität rügt. Bei Besprechung Pietro Bembo's fügt er die treffende Bemerkung ein, dass übertriebene Sorgfalt schon während der Hervorbringung des Gedichtes den Flug der Phantasie und die Begeisterung schädigt, während dieselbe nach der Vollendung des ersten Entwurfes am Platze sei.[1] Selbst die scherzhafte, sogenannte ‚poesia maccheronica' des Merlin Coccajo, wie sich Theophil Folengo als Dichter nannte, findet in dem ernsten Gravina einen milden Richter. Er meint, Coccajo habe lieber der Erste in der komischen als der Zweite in der ernsten Poesie sein wollen, für letztere habe ihm nicht die Kraft, sondern der Wille gefehlt.[2] Des ganz besonderen Lobes, welches Fracastoro für seine ‚Syphilis sive de morbo gallico' erhält, ist bereits gedacht worden. Wie wir sahen, hält Gravina das Lehrgedicht für den übrigen Gattungen der Poesie vollkommen gleichwerthig, was bei seinen Anschauungen ganz natürlich ist, denn ihm ist ja wie Menardière die Poesie *‚proprement cette science agréable, qui mêle la gravité des préceptes avec la douceur du langage'*.[3]

Im ersten Buch der ‚Ragion poetica' sind die Dichter, welche sich der griechischen und lateinischen Sprache bedienten, behandelt worden, das zweite ist den italienischen Dichtern gewidmet. Die Beschränkung auf diese eine Nation erklärt sich diesmal nicht durch den Eigendünkel, mit welchem in der ganzen Neuzeit jede Nationalität nur die Werke ihrer eigenen Dichter für die erwähnenswerthen Thaten auf dem Felde der Poesie hielt. In der auch dieses Buch eröffnenden Vorrede an Frau von Colbert bezeichnet Gravina es als seine Absicht, durch dieses Werk den Fremden (und wohl auch den Landesgenossen) zu zeigen, dass diejenigen italienischen Poeten, welche ihnen von einer unwissenden Schaar als die besten dargestellt worden, vielmehr schlechte seien, während es andere gäbe, welche, wenn sie schon die besseren Griechen und die besten Lateiner nicht überragen, doch auch selbst von dem besten lateinischen Dichter nicht überragt werden.[4] Er zielt

---

[1] Ragion poetica I, 40, S. 116—117. [2] l. c. I, 41, S. 119.

[3] Menardière, Poétique (1640) Vorrede.

[4] Ragion poetica, S. 122.

hiemit vornehmlich auf Dante, welchem aufs Neue die gebührende erste Stelle in der National-Literatur verschafft zu haben, vielleicht das grösste Verdienst des Kritikers Gravina ausmacht. Homer und Dante: diese beiden Namen bilden das Leitmotiv des Hauptwerkes unseres Autors und bezeichnen zugleich sein Hauptverdienst.

In dieser zweiten Vorrede finden sich, wie in der ersten, werthvolle ästhetische Lehren. Gravina bezeichnet stets die Belehrung als Zweck der Kunst, aber er bewahrt sich ebenso immer künstlerischen Sinn genug, um nicht direct durch möglichst dick aufgetragene Sentenzen auf dieses Ziel losgesteuert sehen zu wollen. Hier verurtheilt er ein derartiges Vorgehen entschieden und erklärt ganz richtig, diese Art der Belehrung sei nicht die dem Dichter eigenthümliche, sondern dem Philosophen, Historiker und Redner angehörend, während Fabel und Erfindung die Mittel seien, durch welche der Dichter wirke.[1] Schon das Motto, welches er dem Gesammtwerke vorausschickte, hatte diesen Standpunkt dargelegt, wobei es für seine Richtung höchst bezeichnend ist, dass er es wagte, einer Poetik einen Satz Platon's und nicht einen von Aristoteles voranzustellen. Es lautet: ‚Τὸν ποιητὴν δέοι, εἴπερ μέλλει ποιητὴς εἶναι, ποιεῖν μύθους, ἀλλ' οὐ λόγους. *Conviene che 'l Poeta, se poeta à da essere, favole componga, e non discorsi. Platone nel Fedone.*' Zugleich dürfte mit diesem Motto ein Hieb gegen das leere Wortgeklingel der Marinisten beabsichtigt sein. Auch hier wird darauf hingewiesen, dass diese neuen Richtungen daran Schuld sind, dass die Poesie im Ansehen gesunken sei; denn keine Kunst *(‚mestiero')* könne dasselbe bewahren, wenn sie sich von der gesellschaftlichen Nützlichkeit und Nothwendigkeit loslöst und sich allein auf das Vergnügen der Ohren beschränkt. Dies sei aber gegenwärtig in Italien, sowohl bezüglich der Musik[2] als der Poesie, der Fall, welche letztere bei den Alten auf die gemeinsame Nützlichkeit gegründet und eine

[1] Ragion poetica, S. 123.

[2] Auch in der Abhandlung über die Tragödie beklagt Gravina mehrmals den Verfall der Musik, so Della tragedia, Cap. 33, Prose S. 207, Cap. 36, S. 212, wo er, ein Vorläufer Wagner's, das Recitativ vertheidigt, die Arie verdammt.

Schule war, in welcher man lernte, richtig zu leben und zu herrschen.[1] Es spricht sich hier die nur zu billigende Erkenntniss aus, dass die Kunst mehr sein müsse als blos ein Zerstreuungsmittel für müssige Stunden, welche Ansicht gegenwärtig wieder viele Anhänger hat, der gegenüber jedoch Gravina's Kunstanschauung eine weit würdigere und höher stehende genannt werden muss, wenn er diese Vorrede damit schliesst, es sei die Poesie nach ihrer Herkunft ‚die Wissenschaft der menschlichen und göttlichen Dinge, umgewandelt in ein phantastisches und harmonisches Bild'.[2]

Dieses Abbild findet unser Autor mehr als in jeder andern italienischen Dichtung in dem göttlichen Werke Dante's, welchem er nicht weniger als dreizehn Capitel widmet, aus denen wir natürlich nur das für unsere Zwecke Wichtigste herausheben können. Dante übertrifft Alle auch in der Redeweise, welche ja ein Abbild des Verstandes ist, aus dem die Sprache Kraft und Wärme schöpft.[3] Auch hier finden sich Bemerkungen rein philosophischen Inhaltes. Bei Besprechung der Versform, welche Dante wählte, steuert Gravina ganz nebenher einige sehr wichtige Sätze zur Aesthetik bei. Er unterscheidet nämlich eine doppelte Barbarei in der Kunst: eine natürliche und eine künstliche. Die erste trifft man stets in der Kindheit der Künste an, doch weicht sie leicht der fortschreitenden Cultur, da sie nur aus unfreiwilliger Unwissenheit entsprungen ist; die zweite entsteht erst, wenn schon eine Blüthezeit der Kunst vorangegangen ist, nicht aus Mangel an Kenntniss, sondern aus verkehrtem Urtheil. Sie ist weit gefährlicher als die erste, weil sie sich gegen die Vernunft empört. Sie überschreitet das richtige Mass ohne eine Hoffnung auf Besserung und erzeugt Ungeheuerlichkeiten, ‚denn die Schönheit der Kunst liegt nächst der Grenze der Natur';[4] diese Richtung aber will die Natur beherrschen und überschreitet die Grenzen allzu weit. So bedeutsam und treffend diese Ausführungen sind, so unrichtig ist es, wenn Gravina dieselben, statt blos gegen die Ausschreitungen des Marinismus, gegen den

[1] Ragion poetica S. 125.
[2] l. c. S. 125—126.
[3] l. c. S. 126.
[4] l. c. II, 2, S. 129.

Reim kehrt, den er, ein italienischer Klopstock, aufs Tiefste verabscheut. Dante habe den Reim seinen tölpelhaften Zeitgenossen zuliebe anwenden müssen, doch sei er von ihm durch die Erfindung der Terzinen erträglich gemacht worden. Der Vers der Alten stehe dem Natürlichen sehr nahe, der Reim sei zu weit davon entfernt.

In dem Abschnitt über die Volkssprache Italiens findet sich, zunächst auf die Sprache angewandt, jene Ansicht, der später Hegel zur grössten Verbreitung verhalf, dass alle Dinge bis zu einem gewissen Höhepunkt der Entwicklung wachsen und zunehmen, dann aber naturnothwendig Abnahme und Verfall beginnen.[1] Von dem, was Gravina sonst über die Sprache vorbringt, interessirt uns nur die Bemerkung, dass die Verderbniss der Sprache mit dem Abschleifen der Endsilben beginne,[2] und das schliessliche Zugeständniss, dass doch Toscana der Hauptantheil an der Bildung der italienischen Schriftsprache gebühre.[3] Dante's Ausdrucksweise sei derjenigen der Alten, besonders aber der Hebräer und Propheten nachgebildet: sein erhabener und bilderreicher Stil hindere ihn ebenso wenig wie die Propheten, die Worte den Dingen unterzuordnen. Darin aber ist er dem Homer nicht gleichwerthig, dass er oft dunkel ist, während dieser stets gemeinverständlich bleibt.[4]

Die Bezeichnung ‚commedia', welche Dante seinem Werke gab, sucht Gravina dadurch zu rechtfertigen, dass er sagt, es zeige nicht nur bei Grossen, sondern auch bei unbedeutenden Personen, wie die Fehler des Menschen oft mit seinen Tugenden vermengt seien; dadurch erscheine es den Werken des Aristophanes und anderer Alten ähnlich: es diene auch wie diese zur Verbesserung der Fehler. Ueberdies enthalte es mehr Dramatisches als Episches.[5]

Nachdem unser Autor die politische Tendenz Dante's behandelt hat, wonach dieser in der ‚Divina Commedia' Italien zur Einigkeit ermahnen und die Unhaltbarkeit der Freiheit

[1] Ragion poetica II, 3, S. 134–135.
[2] l. c. II, 5, S. 141.
[3] l. c. II, 7, S. 153–154.
[4] l. c. II, 9, S. 160.
[5] l. c. II, 10, S. 162

der einzelnen Städte, wenn sie ohne gemeinsames Haupt blieben, zeigen wollte,[1] wendet er sich zur ‚Moral und Theologie Dante's'. Nach Gravina sollen die drei theologischen Stadien des jenseitigen Lebens den Zustand der Sünde, der Busse und der Tugendhaftigkeit darstellen. Denn Jeder, der geboren wird, tritt zuerst in die Finsternisse des Lasters, sei es durch die ursprüngliche Sündhaftigkeit eines Jeden, die durch die Taufe erst abgewaschen wird, sei es durch die Ueberbleibsel der sinnlichen Begierde, welche nach der Taufe bleiben und alle möglichen Laster erzeugen, durch welche die Erde in eine irdische Hölle verwandelt wird. Jeder Lasterhafte trägt jedoch in seiner eigenen Natur seine Strafe, denn das Elend der Seele ist die unausweichliche Begleiterin jeder Leidenschaft. Dies lässt uns Dante in der Hölle sehen und erregt so Furcht und Schrecken, wodurch der Geist dazu gestimmt wird, seine Fehler zu fliehen und sich zu reinigen und zu bessern. Die Strafen im Fegefeuer deuten die Heilmittel gegen die Uebel an. Der Gewöhnung an die Tugend folgt die Gemüthsruhe, wenn sie mit der Erkenntniss Gottes verbunden ist, was Dante im Paradies darstellt, denn indem wir uns zur Betrachtung der göttlichen Unendlichkeit erheben, befreien wir den Geist von den Sinnen und dadurch auch von den einzelnen und endlichen Ideen, die, weil sie ihr Dasein nur unserer Phantasie verdanken, die Ursache aller Irrthümer und die Wurzeln der Leidenschaften sind, mit welchen stets mehr Unangenehmes als Vergnügen verbunden ist.[2] Diese Hinwendung zu der Idee des Göttlichen, vor welcher alle endlichen Dinge wie Schatten verschwinden, befreit unsern Willen von seinem unsichern Umherirren. Jede menschliche Kraft hat als ihr eigenes Object ein Gut, getrennt von den anderen, mit welchem sie sich beschäftigt. Dasjenige des vom Körper losgelösten Geistes, d. h. der Intelligenz, ist die Erkenntniss und Wissenschaft, welche, da das Sein des Menschen im Geiste begründet erscheint, das seiner Natur entsprechendste, ihm eigenthümlichste Object ist. Dieses Gut geniesst der Geist am meisten, wenn die Betrachtung sich von den Sinnen losgelöst

[1] Ragion poetica II, 12, S. 167.
[2] L. c. II, 13, S. 169—172.

hat; die Seligkeit des Weisen, bei dem dies der Fall ist, hat Dante im Paradies schildern wollen. Zu diesem Genuss gelangt man nur, wenn die Seele sich unter der Herrschaft der Vernunft gereinigt hat, was das Fegefeuer darstellt; dahin kommt es aber aus Furcht vor der Hölle, d. h. vor den schrecklichen und für uns peinlichen Lastern. Durch das ganze Gedicht verstreut sind die Darstellungen jeder Handlungsweise der Leidenschaft, wie der Vernunft. Dies gibt ein viel lebhafteres Bild der Laster und der Tugend und mehr Anlass, jene zu fliehen und dieser zu folgen, als ‚die Definitionen und Regeln der Philosophen, welchen die Dichter gleich sind durch die Menge der Sentenzen, die geeignet erscheinen, den Verstand zu besiegen, aber überlegen durch die Wirksamkeit der Ausdrucksweise, des Rhythmus und der poetischen Bilder, welche es vermögen, die Phantasie zu erregen und den Lauf der Handlungen zu ändern'.[1] Bei Dante stimmen die offenbarte Theologie der Christen und die natürliche der Philosophen überein. Er lehrt, wie der Apostel, für jeden, der zu lesen versteht, deutlich, dass die christliche Liebe (‚*carità*') der Mittelpunkt aller Vorschriften und Tugenden ist. Die moralische Lehre und die Aussaat von Tugenden, welche sich in den heidnischen Fabeln finden, behalten ihren Werth, wenn auch die heidnischen Götter Götzen sind, meint Dante und Gravina stimmt dem zu. Wie die Griechen aus Homer Weisheit und Beredsamkeit schöpften, wollte Dante für seine Zeit dasselbe leisten. Er ist gleich gross als Tragiker, Komiker, Satyriker, Lyriker und Elegiker und vereint alle diese Eigenschaften in der ‚Divina Commedia'.

Man wird darüber streiten können, ob diese Auslegung des grössten Florentiners in allen Punkten richtig sei, unstreitig ist sie aber keine kleinliche, sondern eine grosse und würdige. Gravina erscheint überhaupt in diesem zweiten Theile seines Werkes sehr zu seinem Vortheil verändert. Die Belehrung als einziger Zweck der Poesie muss der Gleichstellung von Belehrung und Vergnügen weichen, ja letzteres wird sogar vorausgestellt: ‚*dilettare ed insegnare*',[2] was wohl kein blosser

[1] Ragion poetica II, 13, S. 174.
[2] l. c. II, 14, S. 178.

Zufall ist. Es geschieht dies, wo unser Autor sich wieder einmal gegen eine wirkliche oder vermeintliche Vorschrift des Aristoteles wendend erklärt, ein Epiker sei nicht nur, wer wenige einheitlich verknüpfte, sondern auch wer viele gleichwichtige Dinge erzähle. Auch wenn Gravina von Bojardo sagt,[1] dieser stelle durch seine Personen die ganze Moralphilosophie dar, so meint er dies nur in dem Sinne, in welchem es ja zutrifft, dass man nämlich aus derartigen Werken eine Moralphilosophie ableiten könne, nicht aber als ob die Dichtung nur um der Moral willen da sei. Noch mehr wird Ariost gelobt, der alle Leidenschaften und Alles, was sonst noch den Menschengeist bewegt, hervortreten zu lassen verstand.[2] Es werden jedoch seine Schwächen nicht verschwiegen. Dass er hie und da auch niedrige Personen gebrauche und dann dem entsprechend den Stil ändere, habe er mit Homer wie mit jedem grossen Epiker gemein. Er wird entschuldigt, weil er in Octaven statt Terzinen, wie er ursprünglich beabsichtigt haben soll, dichtete.

In seine alten Fehler verfällt Gravina wieder bei Beurtheilung des Trissino. Er selbst gibt zu, dass dessen ‚Italia liberata dai Goti' so wenig in Ansehen steht, dass er allgemein bedauert werden wird, in einem solchen Irrthum, nämlich den Verfasser für einen bedeutenden Dichter zu halten, zu leben.[3] In der That hat Gravina's Lob seinem Schützling nichts genützt, ihm selber aber geschadet. Das Capitel über Trissino blieb bis heute ein Lieblingscitat der Gegner unseres Autors. Was ihn zu der Ueberschätzung dieses Dichters veranlasst haben mag, wird wohl dessen stetes Bestreben, die Alten und auch Dante nachzuahmen, gewesen sein. Doch gilt in der Poesie nur das Können, und so lobenswerth Trissino's Streben war, durfte doch das Lob nicht auf seine Leistungen ausgedehnt werden. Gravina liess sich ferner durch Trissino's Abneigung gegen den Reim bestechen.[4] Dass Trissino's Buch auch einen kurzen Abriss der römischen und griechischen

---

[1] Ragion poetica II, 15, S. 182.
[2] l. c. II, 16, S. 183.
[3] l. c. II, 17, S. 192.
[4] l. c. S. 189.

Geschichte enthalte, konnte unserm Autor doch nur in seinen unglücklichsten Momenten als ein Vorzug erscheinen. Das gleich darauf folgende herbe Urtheil über Tasso wirkt nach diesem ungerechtfertigten Lobe recht unangenehm. Gravina spricht vom Dichter der ‚Gerusalemme liberata' in ironischem Ton. Er ist der beliebteste Poet, doch wäre es besser, er hätte sich mehr an die Einzelheiten als an das Allgemeine gehalten, mehr in der Natur als in den Büchern gelebt und aus dieser seine Beispiele der menschlichen Affecte und Sitten genommen, weniger die Regeln der Rhetorik und die Dogmen der Philosophie sichtbar werden lassen und mehr durch die Erzählung als durch ausdrückliche Vorschriften gelehrt.[1] Alle diese Forderungen sind ja durchaus zu billigen, doch muss man zweifeln, ob Tasso sie wirklich so durchgängig verletzt habe, wie Gravina annimmt, mit dessen Ideal, den Alten, der Todte von San Onofrio freilich wenig Aehnlichkeit besass.

Luigi Pulci wird gelobt, weil er Wankelmuth und Eitelkeit der Frauen, Habsucht und Ehrgeiz der Männer, sowie die Fehler der Fürsten geisselt und die romantischen Erfindungen lächerlich macht; unverzeihlich ist es dagegen, dass sein Spott auch vor dem christlichen Glauben und der heiligen Schrift nicht Halt macht.[2] An den italienischen Tragödien rühmt Gravina, dass sie die Griechen nachahmend einfach im Stil, gewichtig in den Sentenzen und geeignet sind, die Affecte des Mitleids und Schreckens zu erwecken.[3] Unter den besten nennt er die ‚Sophonisbe' Trissino's, Martelli's ‚Tullia' und Tasso's ‚Torismondo'. Doch sei die italienische Sprache für die Tragödie weit weniger geeignet als die griechische. Sie ist zu majestätisch, weshalb man sich in ihr, wenn man erhaben werden will, zu leicht von der Natur entfernt. In der Komödie sei Ariost der Beste. Seither, sagt Gravina mit bemerkenswerthem Freimuth, hat der servile Geist der Höfe, welcher die fremden Einflüsse anbetet, zur knechtischen Nachahmung jener Völker verleitet, welche das erste Licht der Menschlichkeit von Italien empfingen. Deshalb findet man auf dem Theater nur solche

[1] Ragion poetica II, 18, S. 193—194.
[2] l. c. II, 19, S. 195—196.
[3] l. c. II, 20, S. 197.

Kunstproducte, die wenig Aehnlichkeit mit der Natur haben.[1] Sannazaro's Eklogen sind zu loben, Tasso's ‚Aminta' aber überschritt durch die scenische Gestalt schon die von den Alten gesteckte Grenze, das volle Verderben brach mit Guarini's ‚Pastor fido' herein. Dessen Schäfer haben die Leidenschaften und Gewohnheiten der Vorsäle, er hat geradezu Hofleute aus ihnen gemacht; seine Hirten geben Vorschriften, wie die politische Welt zu leiten sei, und seine verliebten Nymphen haben so gesuchte Gedanken, dass sie aus der Schule der jetzigen Declamatoren und Epigrammatiker zu stammen scheinen; zur theilweisen Entschuldigung Guarini's dienten die mythischen Zeiten, in welche er uns versetzt.[2]

Ariost ist auch als Satiriker der Erste. Er verbreitet durch seine Satiren Moral, Verachtung der Fehler und durch ihre lachenerregende Nachahmung Besserung; sein Stil ist so schön und natürlich, dass kein anderer sich mit ihm messen kann. Hiebei werden diejenigen getadelt, welche sich durch den falschen Glanz der Modernen und Fremden blindlings aus dem Nest der Grazien vertreiben liessen.[3] Berni's natürliche, burleske Poesie findet Anerkennung:[4] Fidenzio hat eine neue Art des Komischen geschaffen.[5]

In der Lyrik sind zwei Richtungen zu unterscheiden: die antikisirende des Petrarca und eine neue, deren Erfinder den Alten so ähnlich sind wie der Affe dem Menschen, sich aber nach Pindar und Anakreon nennen.[6] Diese dem Vergessen der Weisen und dem Beifall der Dummen überlassend, wendet sich Gravina zur Würdigung Petrarca's, den er den Vater und das Haupt der italienischen Lyrik nennt. Er unterscheidet sich von den Alten nur dadurch, und zwar zu seinem Vortheile, dass er nicht wie jene die unreine Liebe darstellt, sondern die platonische, welcher unser Autor nun ein eigenes Capitel widmet. Wir beschränken uns auf Wiedergabe des Wichtigsten. Petrarca hat nur den Beifall der Gebildeten und Philo-

[1] Ragion poetica II, 21, S. 199.
[2] l. c. II, 22, S. 201.
[3] l. c. II, 23, S. 202.
[4] l. c. II, 24, S. 203.
[5] l. c. II, 25, S. 203.
[6] l. c. II, 26, S. 204.

sophen errungen, da den Anderen die Darstellung dieser Gefühle, weil sie selbst sie nicht besitzen, unnatürlich erscheint. Besonders gelte dies von den Physikern und demokritischen Philosophen, welche die Thätigkeiten des Körpers so genau erforschen, dass sie darüber jene der Seele vergessen,[1] ein Vorwurf, der heute ebenso berechtigt wäre wie damals. Die Schönheit ist eine Tugend des Körpers wie die Tugend eine Schönheit des Geistes; daher wird der edle Geist von der Schönheit wie von seinem äusseren Bilde angezogen.[2]

Nach Erwähnung einiger unbedeutender Dichter schreitet Gravina zum Schlusscapitel ‚Ueber den Gebrauch dieses Werkes'. Er meint nun schliessen zu können, da er genügend Licht über die wahre Idee der Poesie und über den Urgrund, aus welchem die Regeln der Poesie und die Werke der besten Autoren stammen, verbreitet habe. Noch einmal gibt er an, was der Leser aus den Poeten schöpfen könne: Kenntniss der göttlichen und allgemeinen Dinge, der Sitten und Affecte, sowie der Ursachen, aus welchen die menschlichen Handlungen entspringen.[3] Des Vergnügens, welches die Poesie gewährt, wird hier gar nicht gedacht; dagegen wird uns, sozusagen als Schlusseffect, angepriesen, dass man durch fleissiges Lesen der Dichter beredt werden könne, und der Nutzen der Beredsamkeit für Laien und Geistliche gerühmt. Für die Priester sei eine von poetischem Hauch durchwehte Rednergabe sogar noch wichtiger als für jeden Andern; deswegen habe Julian Apostata den Christen das Studium der alten Dichter untersagt, um ihnen diese Fähigkeit zu rauben, welche unter allen menschlichen die wirksamste sei.[4] Mit diesen Worten schliesst die ‚Ragion poetica'.

Sollen wir nun annehmen, ein Mann, der sich uns als ein vornehmer, hochstehender Geist gezeigt hat, bei dem wir eine seltene kritische Fähigkeit mit gründlicher Bildung vereint fanden, der, wenn auch nicht immer richtige, doch fast immer würdige Ansichten über das Wesen und den Zweck der Poesie äusserte, habe wirklich ihr Endziel in einer Verallgemeinerung

[1] Ragion poetica II, 28, S. 208.
[2] l. c. S. 209.
[3] l. c. II, 33, S. 214.
[4] l. c. II, 33, S. 215.

und Stärkung der Rednergabe unter den Menschen und speciell unter den Priestern gesucht? Das können wir gewiss nicht. Wenn aber dies nicht seine Meinung war, weswegen sprach er diese Ansicht gerade an einer so bedeutsamen Stelle, am Schluss des Werkes aus? Uns scheinen die Gründe hiefür naheliegend genug. Gravina schrieb in Rom, der Residenz des Kirchenstaates; er war Lehrer an einer päpstlichen Hochschule, die gewiss nicht milde geistliche Censur hatte darüber zu entscheiden, ob sein Buch zur Veröffentlichung zugelassen werden solle. In diesem Buche aber hatte er, selbst ein Geistlicher, die alten heidnischen Dichter als unerreichte Muster aufgestellt. Musste er nicht den Versuch machen, zu zeigen, dass dieses Preisen der Alten wohl vereinbar sei mit den Ueberzeugungen eines streng katholischen Christen und Priesters? Freilich, in den lebensfrohen Zeiten der Renaissance wäre ein solcher Hinweis ganz überflüssig gewesen, aber jene weitherzige Periode war vorüber und Gravina, dessen ‚Hydra mistica' zu ihrer Zeit so unangenehmes Aufsehen gemacht und ihm so viele Verfolgungen zugezogen hatte, vorsichtig geworden. Papst Clemens XI. war allerdings sein Gönner, aber in der Epoche und in dem Lande, in welchem er lebte, war es ein Gebot der Klugheit, weder am kirchlichen Dogma zu rütteln, noch allzu vorlaut für die alten Heiden einzutreten. Nicht blos die Schlusswendung der ‚Ragion poetica', sondern auch manche andere Stellen des Werkes sind als *captatio benevolentiae* der geistlichen Censur gegenüber zu betrachten und zu erklären. Dass dieser Zweck erreicht wurde, ist aus den der Ausgabe von 1708 vorgedruckten Voten der vier geistlichen Censoren zu ersehen. Von dem Verdachte, die Poesie als Mittel zur rhetorischen Ausbildung angesehen zu haben, erscheint Gravina hiemit als losgesprochen; hingegen ist nicht zu leugnen, dass er in diesem Schlusscapitel wieder auf den einseitigen Standpunkt zurückfalle, dem der Inhalt der Dichtung das allein Wesentliche, die Art und Weise, wie dieser ausgedrückt werde, die doch das specifisch Aesthetische ausmacht, ein nebensächliches Moment ist, auf den Standpunkt der extremsten Gehaltsästhetik.

Wenn nun zum Schlusse ein endgiltiges Urtheil über Gravina abgegeben werden soll, möge weder nach dem geurtheilt sein, was im letzten Capitel, noch nach dem, was im systematischen Theil des ersten Buches der ‚Ragion poetica' steht. Denn wo Gravina mit Bewusstsein als Gesetzgeber in ästhetischen Dingen auftritt, da fühlt er sich verpflichtet, in einseitiger Weise Belehrung und Erkenntniss des Wesens der Dinge von der Poesie zu fordern, um nur ja seinen Gegensatz gegen die herrschenden Literaturrichtungen, welche blos dem Vergnügen, und zwar zumeist dem Vergnügen in seinen niedersten Formen huldigen, recht scharf und schroff hervorzukehren. Neben dieser sozusagen officiellen Anschauungsweise, welche entschieden zu verurtheilen ist, läuft fast heimlich eine andere nebenher, welche — man möchte sagen — in unbewachten Momenten zum Durchbruch kommt, dem Vergnügen sein Recht lässt und überhaupt eine höhere und würdigere Ansicht von der Dichtung zum Ausdruck bringt. Freilich dahin, den Zweck der Belehrung ganz zu streichen, kommt er nie. Seine eigenen massgebenden Anschauungen aber scheinen eben diese verstreut ausgesprochenen, nicht die systematisch zusammengestellten zu sein. Sollen seine wirklichen ästhetischen Ansichten mit seinen eigenen Worten wiedergegeben werden, so wird dies weit besser durch je ein Citat aus der ersten, als aus der letzten ästhetischen Schrift Gravina's geschehen. Im ‚Discorso sopra l'Endimione' rühmt er es, dass die poetischen Erfindungen den Geist über sich selbst erheben, ihn von den Fesseln befreiend, mit welchen unsere körperliche Natur den Flug zur Betrachtung des Reinen und Ewigen hemmt, und nennt dies ‚eine der Nützlichkeiten, auf welche die Poesie, ausser dem seltenen und vornehmen Vergnügen, welches aus ihr entspringt, gerichtet ist' (*‚essendo questa una delle utilità alle quali è indirizzata la poesia, oltre il raro e nobil diletto che da lei piove'*).[1] Hier wird das Vergnügen dem Nutzen, welcher aus der Poesie entspringen soll, mindestens gleichwerthig an die Seite gestellt und selbst einen Theil dieses Nutzens soll nicht die Belehrung, sondern, wie früher citirte Stellen schon zeigten, die Erhebung über das Erdendasein, die Abstreifung der Bande, welche uns an das Irdische fesseln, sein. So kommt Gravina oft Ansichten nahe, welche die Poesie der Unzufriedenheit der

---

[1] Prose, S. 253.

Menschen mit der Welt, wie sie ist, entsprungen glauben, indem man sich abgestossen von der harten Realität der Dinge dem schönen Traum einer nach menschlichen Begriffen verbesserten Welt, wie sie sein sollte, überliess. Dem widerspricht auch das zweite Citat nicht, welches der Schrift ‚Regolamento degli studi di nobile e valorosa donna'[1] entnommen ist. ‚Die Fabeln sind einzig erdacht (gewebt), um mit der Lockung des Metrums und mit dem Vergnügen, welches die Neuheit sowohl der Erfindung als des Stils hervorbringt, die Wahrheit der Dinge auszusprechen' *(‚le favole sono unicamente tessute per esprimere coll allettamento del metro e col diletto della novità, tanto della invenzione quanto dello stile, la verità delle cose')*.[2] Denn, was Gravina unter der Wahrheit der Dinge versteht, das ist, wie er wiederholt sagt, das innere Wesen derselben; seine Wahrheit ist nicht zu verwechseln mit Wirklichkeit, so verlangt er stets mit Recht Naturwahrheit, nicht aber Naturwirklichkeit, er ist weit entfernt von den Anschauungen, welche heute gewöhnlich Naturalismus genannt werden. Schon in der Vorrede zum ersten Buch seines Hauptwerkes fordert er als oberstes Gesetz eigenthümliche naturgemässe und schickliche Nachahmung des Wahren im Erdichteten, nicht blinde Nachbildung der Natur. Dort sagt er auch, dass er den Nutzen, den Zweck und das Vergnügen erklären will, welche aus dieser Nachahmung entspringen.[3]

Von Gravina kann man, wie auch seine einsichtigen italienischen Beurtheiler zugestehen, sagen, dass zwei Seelen in seiner Brust wohnen. Sein ästhetisches Denken ist gespalten: bald sieht er in den Dichtern Weltweise, welche blos um der dumpfen Menge leichter beikommen zu können, sich der Mittel der Poesie bedienen, bald neigt er sich der richtigeren Anschauung zu, dass die Poeten zwar auch Weltweise seien, aber ihre Weltanschauung nicht willkürlich ebenso gut in philosophischen Werken wie in dichterischen Ergüssen hätten darlegen können, sondern dem Zwange ihrer innersten Natur gehorchend in Versen kündeten, was sie den Menschen zu

[1] Erschien zuerst in der ‚Raccolta di opuscoli per cura di A. Sergio', Napoli 1741.

[2] Regolamento degli studi, Cap. XXI, Prose, S. 344.

[3] Ragion poetica, S. 6.

sagen hatten. Dementsprechend setzt er als Ziel der Poesie bald Belehrung, bald Vergnügen und Belehrung an. In einer Zeit, in welcher zwei geistig gleich hohle, nur auf die Form gerichtete Strömungen sich bekämpften, war es kein Fehler, vielmehr ein wirkliches Verdienst, nachdrücklich den Standpunkt zu vertreten, dass die Poesie nicht blos durch Wohlklang vergnügen, sondern auch etwas bedeuten solle, ebenso wie es umgekehrt vor mehreren Jahrzehnten verdienstlich war, zu betonen, dass die Poesie nicht blos in einem geistig bedeutenden Inhalt, sondern zunächst in der Form, in welche sich dieser Inhalt kleide, zu suchen sei. Wenn Gravina auch öfters den Zweck der Belehrung zu schroff betont, so erklärt er doch stets denjenigen Dichter für den grössern, bei welchem die Belehrung nicht vordringlich in den Vordergrund gestellt, sondern unvermerkt in das Ganze der dichterischen Erfindung hineinverwebt werde. Wenn er des Vergnügens, welches die Kunst bereite, weniger oft erwähnt, so folgt daraus nicht, dass er es unter seinem Werth angeschlagen habe. Er hielt es für nothwendig, seinen Zeitgenossen, welche in der Dichtkunst wie in der Musik nur den Ohrenkitzel suchten, einzuschärfen, das Vergnügen sei nicht der einzige Zweck der Poesie. Er erkannte, wie in jedem grossen Dichter das Herz der ganzen Menschheit schlägt, wie ihn die höchsten Probleme der Erkenntniss, der Moral, des Staates und des Rechtes bewegen und ihn zu ihrer dichterischen Gestaltung drängen, so dass alle grossen Dichtungen zwar nicht Tendenz-, wohl aber Problemdichtungen sind. Gravina fühlte, wie sich in allen wahren Poeten ein geheimnissvolles Etwas verkünde, dessen Wirkung weit über diejenige hinausgehe, welche eigentlich von dem jeweiligen Stoff in der jeweiligen Form zu erwarten sei, jenes grosse Unbekannte, das Heinrich von Stein die Unermesslichkeit des Geistigen nennt. Diese Eigenschaften befähigten ihn, seiner entarteten Zeit jene beiden Dichter zu bezeichnen, welche bei ihr in Achtung gesunken und doch allein geeignet waren, sie auf den rechten Weg zurückzuführen: Homer und Dante. Italienische Schriftsteller sind es, die meinen, dass in ihrer Nationalliteratur die Zeiten des Verfalls diejenigen gewesen seien, in denen Petrarca, die des Aufschwunges, in denen Dante als oberster Stern erglänzte. Gravina, der Dante auf den Schild hob, ist nach dem Urtheil seiner Landesgenossen der Urheber der modernen italienischen Literatur geworden; dass er dabei auch Petrarca's Bedeutung zu würdigen wusste, erhöht sein Verdienst. Freilich steht er schwankend an der Grenze den Blick noch öfter rückwärts als vorwärts gewendet; er selbst ist noch kein Moderner, aber durch seine kritische Thätigkeit hat er den Modernen die Bahn eröffnet.

Die besten und grössten Geister Italiens haben Gravina hochgehalten. Der Verfasser der Briefe des Jacopo Ortis, der unglückliche Ugo Foscolo, schreibt in einem Briefe an die Gräfin Isabella Teotocchi-Albrizzi, datirt Pavia, den 3. Mai 1809: ‚*Leggete il libro della Ragione poetica del Gravina; opera egregia . . . è forse (e senza forse) la più bella arte poetica che abbia il mondo.*'[1] Der Philosoph Gioberti, der unsern Autor sehr hoch stellte, äussert sich so: ‚*La Ragion poetica è il lavoro più perfetto di questo genere, che abbia l'Italia*'.[2] Carlo Cantoni, durch dessen grosses Werk über Kant dieser den Italienern erst mundgerecht gemacht wurde, nennt Gravina's Werke mit Achtung, in erster Linie die juridischen, welche ‚ihn rasch in ganz Europa bekannt' machten, doch auch besonders die ‚*Ragione poetica, dove se non possiamo ammirare per i nostri tempi una grande peregrinità di dottrine, vi si trovano pure molte giuste considerazioni, ed è d'altra parte un vero modello di stile scientifico elegante senza fioriture.*'[3] Emiliani Giudici sagt: ‚*La Ragione Poetica è uno di quei libri nei quali nulla è superfluo, e però non si possono in nessun modo compendiare; ma spesso ne' concetti e nello stile è così breve e serrato che nel leggerlo ti senti mettere in moto le facoltà intellettive: e ti forza, e, ove non ci fossi assuefatto, ti avvezza a meditare*' und rühmt ihm nach, dass man bei ihm Dinge finde ‚*che l'estetica moderna pretende avere novellamente trovate*'.[4] De Sanctis[5] freilich urtheilt ganz

[1] Memorie e documenti per la storia dell' università di Pavia e degli uomini più illustri che v' insegnarono III, 127.

[2] Pensieri e giudizi di V. Gioberti raccolti e ordinati da Filippo Ugolini (Firenze, Barbèra, 1856), S. 345.

[3] Carlo Cantoni, G. B. Vico. Studii critici e comparativi (Torino, Stabilimento Civelli, 1867), S. 84.

[4] Emiliani-Giudici, Prose, S. LIII.

[5] De Sanctis, Storia della letteratura italiana II, 341—342.

anders: *‚Dommatico e assoluto, sentenzia e poco discute in istile monotono e plebeo. È ancora il pedante italiano, sepolto sotto il peso della sua dottrina, senza ispirazione, nè originalità, e così vuoto di sentimento come d'imaginazione.‘* Dass er dies ebenso ungerechte als harte Urtheil wieder abschwächt, hat de Sanctis wenig genützt; er musste sich wiederholt sagen lassen, dass so nur Jemand urtheilen könne, der Gravina's Werke gar nicht oder nur sehr flüchtig gelesen habe. A. C. Casetti meint: *‚Lascio un libro, che ancora non si potrebbe dire invecchiato e che, se più si fosse letto e meglio inteso, non poche novità posteriori sarebbero parse antiche.‘*[1] — *‚Nel libro della Ragion poetica c'è alcune pagine ancor tutte nuove e fresche tanto, che al paragone d'alcune moderne teoriche sull'arte non ammortiscono.‘*[2] — *‚Non foss'altro basterebbe il merito d'aver primo esortato gl'Italiani agli studii danteschi.‘*[3] — *‚Il Gravina avanza il suo tempo in parecchie opinioni.‘*[4] — *‚Da critico, da giurista, da moralista il Gravina combattè sempre le storte opinioni e i fiacchi istinti del tempo suo . . . le ingiurie e le calunnie dei contemporanei non han potuto appannargli il merito appo i posteri.‘*[5] Balsano, dessen Werk unvollendet blieb, weil er ermordet wurde, überschüttet unsern Autor mit Lobsprüchen, und dasselbe thut Julia, der Balsano's Werk herausgab, wenn er die ‚Ragion poetica‘ ein *‚Libro immortale‘*[6] nennt und sagt: *‚Il giudizio sulla Divina Commedia rimarrà nella storia del pensiero italiano, come monumento immortale di critica nuova, seria, coscienziosa ed indipendente.‘*[7] G. B. Niccolini nennt Gravina *‚uno dei più nobili intelletti, che onorino la Filosofia e la Giurisprudenza‘*.[8] Bertoldi meint: *‚Fu retore e giureconsulto insigne; e come letterato compose un libro, che parve ed è un miracolo critico pel tempo in cui fu scritto‘*[9] . . . *‚ebbe tanto d'ingegno e di*

---

[1] Casetti (Nuova Antologia, Band 25, Februar bis April 1874). La vita e le opere di G. V. Gravina, S. 339.

[2] l. c. S. 850. [3] l. c. S. 851.

[4] l. c. S. 853.

[5] l. c. S. 867.

[6] Julia, S. XLII.

[7] l. c. S. XLVIII.

[8] Niccolini Opere (Firenze, Le Monnier, 1858) III, 377.

[9] Bertoldi, S. 1.

forza nativa da vedere assai più in là de suoi contemporanei, e da porre spesse volte più che il germe di future conquiste critiche.[1] Auch Giosuè Carducci, nicht blos Professor der italienischen Literatur an der Universität Bologna, sondern auch der gefeiertste Dichter des heutigen Italien, rühmt[2] die ‚*singolarità e profondità dell' ingegno e dell' opera del Gravina*'. So ist, besonders in den letzten fünfzehn Jahren, Gravina auch als Aesthetiker unter seinen Landsleuten, denen seine ‚Ragion poetica' lange als höchste Autorität galt, wieder zu Ansehen gekommen.

Ihm denselben Dienst für Deutschland zu erweisen, ist der Zweck dieser Zeilen. Wir sahen in ihm einen Mann, der in manchen Punkten der Vorläufer Hegel's, Schopenhauer's und Richard Wagner's genannt zu werden verdient, und der anerkanntermassen der Vorläufer Vico's war, einen Mann, dessen seltene Vielseitigkeit als Jurist, Philosoph, Kritiker und Dichter ihn als einen Nachkommen der Männer der Renaissance erscheinen lässt, während er zugleich einer der Bahnbrecher der neuen Zeit ist. Dem verdorbenen Geschmack seiner Zeitgenossen stellt er das Princip der Natürlichkeit, ihrer geistlosen Freude am Hochtönenden, das für den Einsichtigen vielmehr hohltönend war, die Forderung der geisterfüllten Form gegenüber. Sein Muster ist die Antike, ohne deshalb die berechtigten Ansprüche der Moderne zu verkennen. Er sieht das ewige Gesetz in den Einzelerscheinungen walten, aber er sieht auch den gleich ewigen Fluss der Dinge, der keine unveränderlichen Regeln duldet, und dem gegenüber das Starre bald zum Todten wird. Er sucht die Phantasie in ihre Rechte einzusetzen, ohne der leitenden Vernunft die ihren zu nehmen. Er gibt eine Fülle geistreicher Anregungen, in denen er sich weit über seine Zeit erhebt, und theilt scharfe Hiebe gegen überlebte Autoritäten aus; er stürzt Götzenbilder und erhebt Götterbilder. Wenn er auch kein eigentliches System der Aesthetik aufstellt, so ist er doch ein bemerkenswerther Vorgänger dieser jüngsten und zugleich ältesten Wissenschaft. Er beweist seinen Scharfblick für poetische Bedeutung theoretisch

[1] Bertoldi, S. 110.
[2] Vorrede zu Bertoldi, S. I—II.

in seinen Schriften, praktisch, indem er den in einem Betteljungen schlummernden Funken des Dichtergenius entdeckt. Zu Wien steht der Nährvater und Ahne Metastasio's in mehrfachen, wenn auch nur indirecten Beziehungen, und so möge denn von Wien aus der Versuch gemacht werden, einen der bedeutendsten Gelehrten, welche an der Wende des 17. und 18. Jahrhunderts lebten, auch als Aesthetiker in seine Rechte einzusetzen.

c

III.

Studien zur vergleichenden Culturgeschichte,

vorzüglich nach arabischen Quellen

von

Alfred Freiherrn v. Kremer,
wirkl. Mitgliede der kais. Akademie der Wissenschaften.

I. und II.

I.

Brot und Salz.

Wem wäre nicht die Volkssitte bekannt, Brotstückchen, welche auf der Strasse liegen, aufzuheben, sorgfältig bei Seite zu legen auf ein Mauergesimse, in eine Fensternische oder auf einen Stein, damit nicht ein Vorübergehender sie in den Staub träte.

Man kann diesen alten, ehrwürdigen Brauch überall in Oesterreich, besonders auf dem Lande und in den Gebirgsgegenden beobachten; aber auch in Wien selbst und in der Umgebung hat er sich erhalten und widerstand bis jetzt dem alte Sitten und volksthümliche Gewohnheiten so gründlich verwischenden Einflusse der neuen Zeit.

In alten, bürgerlichen Häusern ist es noch immer strenge Regel, dass die Brotkrumen, welche während des Mahles liegen blieben oder unter den Tisch fielen, nicht weggeworfen, sondern verbrannt werden. Dieselbe Gewohnheit herrscht in Böhmen: auch da dürfen die Brotreste nicht zugleich mit dem Kehricht entfernt werden, sondern sie gehören ins Feuer, sie sollen verbrannt werden. Auch ist es strenge untersagt auf Brosamen zu treten.[1]

[1] Grohmann: Aberglauben aus Böhmen. Prag 1864. S. 41, 103; Tylor: Die Anfänge der Cultur. Deutsche Ausgabe. Leipzig 1873. II, 286.

Nun könnte man allerdings bei flüchtiger Beurtheilung meinen, diese Sitte trage offenbar christlichen Stempel und stehe in Zusammenhang mit dem ältesten, einfachsten und besten christlichen Gebete: dem Vaterunser, sowie mit der darin enthaltenen Bitte um das tägliche Brot. Hiedurch sei, so könnte man vermuthen, das Brot als kostbare Gottesgabe bezeichnet worden, welche man ehren müsse und nicht missachten dürfe. Es wegwerfen oder in den Staub treten sei deshalb ein arger Frevel. Hierin läge auch scheinbar die Erklärung für manche volksthümliche Redensart, wie z. B. ‚unser liebes Brot; man soll kein Krümchen Brot umkommen lassen; man soll das Brot nicht verkehrt auflegen‘ u. s. w.[1]

Allein hiemit lässt sich kaum die Thatsache in Einklang bringen, dass das Brot im deutschen Volksbrauche offenbar auch zu gewissen, zweifellos aus heidnischer Zeit stammenden Opfern gebraucht wird. In Franken pflegte das Volk bei dem Betreten eines Waldes Spenden an Früchten und Brot auf einen Stein niederzulegen, um die Angriffe des Waldgeistes, des ‚Heidelbeermannes‘ abzuwenden; die Bäcker pflegten Weissbrod ins Feuer zu werfen und dabei zu sagen: ‚hier Teufel, das sind deine.‘[2]

In der Gegend von Haida in Deutschböhmen glaubt man, dass ein Mädchen, welches am Fieber erkrankt ist, um zu genesen, dreimal um einen Teich herumzulaufen habe; dabei solle sie zum ersten Mal ein Stück Brot, dann eine Spindel und zum Schlusse ein Stückchen Flachs ins Wasser werfen. Da bleibe nun das Fieber im Teiche.[3]

Wenn schon diese Thatsachen gegen den christlichen Ursprung der Verehrung des Brotes sprechen, so stellen sich noch weit schwerere Bedenken entgegen, sobald man einen Schritt weiter thut und die vergleichende culturgeschichtliche Methode zur Anwendung bringt.

Es zeigt sich hiebei sofort, dass die Verehrung des Brotes nicht blos bei den christlichen Völkern sich findet, sondern auch bei ganz verschiedenen, der christlichen Welt fern stehenden Rassen.

---

[1] Grimm: Deutsches Wörterbuch.

[2] Wuttke: Deutscher Volksaberglauben der Gegenwart. Hamburg, 1860. S. 86; Tylor a. a. O. II, 409.

[3] Grohmann: Aberglauben und Gebräuche aus Böhmen. Prag 1864. S. 163.

Ich greife zuerst auf eine Saho-Sage, die uns durch Professor Leo Reinisch erhalten worden ist:[1] ‚Die Leute der Urzeit waren Heilige und als solche that ihnen der Schöpfer, wie sie nur wünschten. Verlangten sie eine Regierung, so bekamen sie eine solche; wünschten sie sich Reichthum, so erhielten sie solchen; Sand ward ihnen zu Korn; Stein zu Brot und Wasser zu Butter; das Meer zu Milch; Baumblätter wurden zu Kleidern und das Wild ward ihr Hausvieh. Hierauf beleidigte ein Weib den Schöpfer und darnach wurde ihnen das Brot zu Steinen, die Butter zu Wasser, die Milch zu Seewasser, die Kleider wurden zu Baumblättern und die Hausthiere wurden Wildthiere.'

Es kommt nun auch die Erklärung wie und womit das Weib den Schöpfer beleidigte: es hatte mit Brot den Körper ihres Söhnleins von Beschmutzung gereinigt. Das war eine Entweihung der Gottesgabe, welcher die Strafe auf dem Fusse folgte.

Man könnte nun das Zeugniss der Saho-Legende aus dem Grunde für unzureichend erklären, weil das Saho-Volk in nahen Beziehungen zum christlichen Abessynien steht und also vielleicht von dort die Geschichte vom Sündenfall und dem goldenen Zeitalter entlehnt haben könnte. Aber solche Zweifel sind trotzdem nicht berechtigt.

Der Gedanke, dass die Gottesgaben nicht missbraucht werden dürfen, ist uralt und findet sich bei den verschiedensten Völkern.

So erzählt Pausanias, dass sich auf dem Vorgebirge Tainaron in Lakonien (Cap Matapan) eine Quelle befände, die in alter Zeit die Eigenschaft besessen habe, dem Hineinblickenden das Meer, die beiden Schiffshafen und die Schiffe zu zeigen. Aber die Quelle habe diese Eigenschaft verloren durch den Frevel eines Weibes, das schmutzige Wäsche in dem reinen, göttlichen Wasser wusch und hiedurch es entweihte.[2]

Ganz demselben Gedankengange entspricht es, wenn von dem arabischen Propheten berichtet wird, er habe verboten

---

[1] Die Saho-Sprache von L. Reinisch, I. Bd., S. 1. Wien 1889. Die Bedeutung der Arbeiten dieses Gelehrten über die von ihm, sozusagen, entdeckten Sprachen der Völker Nordost-Afrikas, ist nicht blos linguistisch, sondern auch culturgeschichtlich gleich gross.

[2] Pausan., Beschreibung von Griechenland III, 25, 4, 8. Vgl. ibidem VII, 21, 13 das über die Quelle Cyaneae in Lycien Gesagte.

mit einem Dattelkern eine Laus zu zerquetschen. Die arabischen Commentatoren geben hiezu die folgende Erklärung: Der Dattelkern dient in Zeiten der Noth zur Nahrung. (Er durfte also nicht beschmutzt werden.) Desshalb heisst es in einer anderen Tradition vom Propheten, dass er gesagt habe: ‚Ehret die Palme, denn sie ist eure Muhme.'[1]

Auch folgender mohammedanischen Legende liegt derselbe Gedanke zu Grunde: Als Gott Adam auf die Erde versetzte (aus dem Paradies), brachte der Erzengel Michael etwas Weizenkörner und sprach zu ihm: ‚Das ist deine Kost und die deiner Nachkommen; auf denn! pflüge den Boden und säe den Samen!' Diese Weizenkörner aber hatten die Grösse eines Straussencies durch die ganze Zeit bis auf (den Propheten) Idrys (Henoch). Nun wurden die Menschen gottlos und da ward der Samen immer kleiner, zuerst wie ein Hühnerei, dann wie ein Taubenei, endlich wie eine Haselnuss und in der Zeit Josefs hatte er nur mehr die Grösse einer Kichererbse.[2]

Immer sind es also die Sünden der Menschen, welche die Strafe Gottes nach sich ziehen und vor Allem ist es ein an der Gottesgabe begangener Frevel, der sofort geahndet wird. Diese Vorstellung ist so festgewurzelt in dem Geiste des Volkes, dass sie sogar noch in der Gegenwart im Gewande von Sagen und Volksmythen fortlebt. So lautet eine in der Sinaigegend bei den dortigen Beduinenstämmen verbreitete Sage, dass der Panther ursprünglich Mensch gewesen und nur wegen eines begangenen Frevels seiner Menschengestalt verlustig geworden sei. Ein Mann habe nämlich einst in frechem Uebermuthe mit Milch sich gewaschen und hiedurch diese Gottesgabe entweiht, worauf er zur Strafe in einen Panther verwandelt ward.[3]

Aus denselben Ideen entwickelte sich die Verehrung des Brotes bei ganz verschiedenen Völkern und zwar in ganz gleicher Weise. Einer der neuesten Erforscher von Südarabien, R. Manzoni, berichtet wie folgt:[4] Der Kabili (der Ackerbauer)

[1] Damyry: Ḥajât alḥaiwân, voce: ḥaml.

[2] Damyry voce: na'âm.

[3] Robertson Smith, Kinship and Marriage in early Arabia, S. 204 (nach Palmer's Aufzeichnungen).

[4] R. Manzoni: El-Yemen, Tre anni nell' Arabia felice. Roma 1884, S. 82.

hat eine grosse Verehrung für das Brot (chobz): es hängt in seiner Idee so innig mit dem Dasein des Menschen zusammen, dass er es sogar 'aish d. i. Leben nennt. Er hütet sich, dass auch nicht das kleinste Stückchen davon verloren geht, und wenn er je durch Zufall ein solches auf der Strasse findet, so hebt er es sorgfältig auf, küsst es dreimal, preist Gott und legt es bei Seite, dass niemand darauf trete, sondern es verzehrt werden kann, und wäre es auch nur von einem Hunde.

Bei einem arabischen im Gebiete von Damascus geborenen Schriftsteller, der um 1220 Ch. schrieb,[1] finde ich zwei Stellen, wo vom Brote die Rede ist und beidemal die Bemerkung beigefügt wird: ‚Wahrlich dem Brote gebührt Ehrerbietung — 'inna-lchobza laho ḥormah.'[2] Ja bei einem viel älteren Autor[3] wird folgende merkwürdige Geschichte erzählt: ‚Der Grosswezyr Ibn alforât war auf einen Beamten sehr erzürnt und versuchte mehrmals ihn in seine Gewalt zu bekommen und sein Vermögen mit Beschlag zu belegen. Aber all' seine Bemühungen blieben vergeblich. Das machte einen solchen Eindruck auf das Gemüth des Grosswezyrs, dass er sogar davon träumte und da schien es ihm, als ob der Mann gegen alle Angriffe mit einem Brot als Schild sich vertheidigte, an dem alle Pfeile abprallten. Er liess ihn nun kommen und frug ihn selbst aus. Da erzählte jener, seine Mutter, die eine sehr fromme Frau gewesen sei, habe die Gewohnheit gehabt, von seiner Geburt an ihm, wenn er zu Bette ging, ein Brot unter das Kopfkissen zu legen und am nächsten Morgen es an die Armen zu vertheilen. Diesem Brauche sei auch er nach ihrem Tode treu geblieben.'

Es wird also hier dem Brote, oder doch der Verehrung desselben eine besondere, heilbringende Wirkung zugeschrieben.

Nun ist ein ganz ähnlicher abergläubischer Brauch bis zur Stunde in Mekka allgemein üblich: ist ein Kind unwohl, so pflegt die Mutter sieben Brote ihm unter das Kopfkissen zu legen und am nächsten Morgen den Hunden als Futter vorzuwerfen.[4] Hievon erwartet sie die Genesung ihres Kindes.

---

[1] Gaubary, Kaśf olasrâr.

[2] MS. der Hofbibliothek fol. 60ª und 87ª.

[3] Hilâl alṣâby: Kitâb ol'a'jân walamâtil fol. 46ᵇ, MS. der herzoglichen Bibliothek in Gotha.

[4] Snouck Hurgronje: Mekka II, S. 121.

Wie man sieht, ist diese Sitte nicht blos noch jetzt in Kraft, sondern hat auch eine grosse Verbreitung, denn der Schauplatz der oben erzählten Geschichte ist Bagdad und sie fällt ins X. Jahrhundert unserer Zeitrechnung. Die Verehrung des Brotes, der Glauben an deren Wirksamkeit, sind also für Mekka, ebenso wie für Bagdad und Syrien nachgewiesen.

Ein neuarabisches Sprichwort lautet: ‚Ohne Brot würde man Gott keine Verehrung zollen' (laulâ-lchobzo lamâ 'obid-allâh).[1]

Derselbe Gedanke der Verehrung des Brotes als einer der kostbarsten Gottesgaben, zeigt sich also bei ganz verschiedenen, in gar keinem Zusammenhange oder Gedankenaustausch stehenden Völkern. Und so eigenthümlich und überraschend ist diese Thatsache, dass wir am besten thun die Geschichte des Brotes zu verfolgen, um auf diesem Wege die sichere Lösung des Räthsels zu finden.

Das älteste Culturvolk, die Aegypter, zeigen sich von ihrem ersten Erscheinen in der Geschichte als emsige Ackerbauer. Der heilige Nil überflutet alljährlich das Ackerland und befruchtet es mit seinem Schlamme, so dass der Boden stets in ungeschwächter Kraft und nur mit geringer Nachhilfe durch eine reiche Fülle von Erntesegen die Arbeit und den Schweiss des Landmannes belohnt. Hier finden wir auch schon im fernsten Alterthum das Brot als allgemeines und wichtigstes Nahrungsmittel. In den ältesten Gräbern schon nimmt es bei der Aufzählung der dargebrachten Opfer und Todtenspenden die erste Stelle ein. Auf den Opfertischen der Götter darf es nie fehlen. Schon damals kannte man das Weizenbrot als Nahrung der Reichen, während die Armen solches aus Durra (sorghum) hatten.[2]

Bei den alten Semiten ist es zweifelhaft, ob sie einen gemeinsamen Namen dafür hatten, denn das hebräische und aramäische ‚leḥem' bedeutet eigentlich allgemein: Speise, Kost, Weizenkorn, und erhielt wohl erst später die ausschliessliche Bedeutung: Brot. Aber Hebräer, Phönicier und Babylonier kannten gewiss schon im frühen Alterthum die Brotbäckerei

---

[1] Proverb. Arab. Maidâny ed. Freytag III, S. 127.

[2] Wilkinson: The ancient Egyptians.

so gut wie die Aegypter. Im heiligen Gemache der Stiftshütte mussten auf einem Opfertische stets zwölf ungesäuerte Brote liegen, als Symbol der vom Volke der Gottheit geweihten täglichen Speise und diese Schaubrote mussten an jedem Sabbath erneuert werden.

Bei den Griechen ist Demeter die Spenderin der ‚göttlichen Körner' wie Hesiod das Getreide nennt; sie ist die Göttin des Ackerbaues, welche die Getreidefrucht dem Menschen verliehen und ihn deren Cultur gelehrt hat; sie nimmt desshalb auch gern Theil an den ländlichen Arbeiten und Festen; desshalb brachte man ihr die Erstlinge von frischgebackenem Brote dar; nicht minder spendete man an gewissen Festen (den Thargelien) dem Apollo und der Artemis theils Erstlinge der Feldfrüchte, theils frische Brote.[1]

Die griechische Sage erzählt, dass nächst den Sikelioten die Athener die ersten waren, welche von Demeter die Frucht des Weizens erhielten. Von diesen gelangte sie zu vielen anderen und hiemit verbreitete sich auch die Cultur und Gesittung.[2] Desshalb gab man der Göttin Demeter auch den ehrenden Beinamen: Thesmophoros (Gesetzesträgerin).[3] Und die Phrygier ehrten in ihrer Art den Ackerbau, indem sie den Pflugstier hoch hielten und den, welcher ihn tödtete, mit dem Leben es büssen liessen.[4]

Auch die alten Perser kannten gewiss in sehr früher Zeit das Brot. Bei den grossen, religiösen Festen der Parsis dürfen die geweihten Brote (dârûn, drôn) nicht fehlen. Es sind kleine flache, runde Kuchen von ungesäuertem Teig; ungefähr so gross wie die innere Handfläche. Sie werden je zu vier auf den Opfertisch gelegt in bestimmter genau vorgeschriebener Anordnung, darüber ein Granatzweig, dann ein Ei zwischen die Brote; dazu auch ein Bündel heiliger Zweige (barsôm). Dann werden die drôn vom Priester geweiht, welcher Stücke davon abbricht und den Anwesenden zu essen gibt, wodurch sie gewissermassen geheiligt werden.[5]

---

[1] Preller: Griechische Mythologie. Berlin, I, 474, 477; Schoemann: Griechische Alterthümer, Berlin II, 201.
[2] Diodor, Sic. V, 4; Pausan. I, 38, 6.
[3] Diod. V, 68, 69. [4] Aelian, Hist. anim. XII, 34.
[5] Haug: The book of Arda-Viraf. London 1872. S. 147, 153.

Auch die Meder kannten das Brot, denn Strabo erzählt, dass sie Brot aus gerösteten Mandeln backen; wohl nur eine Leckerei statt des gewöhnlichen Brotes.[1]

Bei den Macedoniern war es eine alte Sitte, bei Abschluss eines Ehebundes ein Brot mit dem Schwerte zu theilen und es von den Brautleuten verzehren zu lassen. Es galt dies als das heiligste Pfand der ehelichen Vereinigung und Alexander der Grosse schloss auf diese Art den Ehebund mit der schönen Roxane: ... jussit afferri patrio more panem. Hoc erat apud Macedones sanctissimum coëuntium pignus.[2]

In der griechischen Literatur wird das Brot (ἄρτος) zuerst genannt in der Odyssee, dann in der Batrachomyomachie, aber auffallender Weise nicht in der Ilias.

Den Römern ward es erst ziemlich spät bekannt: ‚pulte autem, non pane, vixisse longo tempore Romanos manifestum' sagt Plinius.[3] Also man ass in alter Zeit nur Mehlbrei, Polenta oder Klösse und der alte Dichter Ennius, indem er die Schrecken der Hungersnoth in der belagerten Stadt schildert, sagt: die Väter hätten die Mehlklösse den Händen der weinenden Kinder entrissen, um sich selbst zu sättigen: ‚et Ennius, antiquissimus vates obsidionis famem exprimens, offam eripuisse plorantibus liberis patres commemorat.'[4]

Doch auch in der alten, brotlosen Zeit fehlen die Spenden von Feldfrüchten und Mehl nicht auf den Altären der Götter. Man pflegte auch noch später das Fleisch der Opferthiere mit Mehl zu bestreuen,[5] und zwar mit Gerstenmehl, das weit früher bekannt war als Weizenmehl. Auch bei der Mahlzeit ward das Fleisch mit Mehl bestreut:

> . . . . Frauen bestreuten
> Mit weissschimmerndem Mehle das Fleisch, um die Schnitter zu laben.[6]

[1] Strabo XI, 13, 11 (526); Spiegel, Eranische Alterthumskunde III, 674. Die Mossynoeken in Kleinasien backen gewöhnliches Brot und auch solches aus Kastanienmehl. Xenophon, Anab. V, 4, 27. Die Kastanien waren damals den Griechen nicht bekannt und Xenophon gebraucht an dieser Stelle den Ausdruck: Nüsse ohne Spalt.

[2] Curtius Rufus VIII, 16. [3] Hist. Nat. XVIII, 83.

[4] Plin. l. l. 84. [5] Odyssee XIV, 429.

[6] Ilias XVIII, 560; vgl. Odyss. XIV, 77.

Das älteste Gebäck war ein hartes, geschmackloses Gerstenbrot, das man in späterer Zeit kaum zum Thierfutter gut genug fand: ‚panem ex hordeo antiquis usitatum vita damnavit, quadripedumque fere cibus est.‘[1] Gerstenbrot war die erste Nahrung wie die Legende berichtet, welche die Menschen von den Göttern erhielten.[2] Lange dauerte es gewiss bis man die Brotbäckerei verfeinerte und Athenaeus ist der Erste, der von den φουρνάκιος ἄρτος spricht.[3]

Später, im Christenthume, erlangte das Brechen, die Vertheilung und der gemeinsame Genuss des Brotes eine sehr hohe Bedeutung, indem hieraus das christliche Abendmahl hervorging, das Zeichen der christlichen Gemeinsamkeit und des neuen Bundes. Und diese religiöse Handlung, die eine auffallende Aehnlichkeit mit der Drôn-Ceremonie der Perser zeigt, nahm allmählig so sehr an Wichtigkeit zu, dass im Mittelalter ein mystischer Cultus des geweihten Brotes, der Hostie, daraus hervorging.

So sehen wir denn, wie der Ackerbau und die hiedurch bedingte sesshafte Lebensweise einen Dienst der den Landbau und die Saaten schützenden Gottheiten ins Leben rufen; zuerst werden Feldfrüchte und Mehl, dann später Brote als Opfer dargebracht und allmählig führte bei ganz verschiedenen Völkern dieselbe Ideenverkettung zu einer Verehrung des Brotes, als einer kostbaren Gabe höherer Mächte an das arme, hilfsbedürftige Geschlecht der Sterblichen.

Wenden wir uns nun den Arabern zu, diesen Stiefkindern der alten, orientalischen Welt. Ich nenne sie so, weil sie theils durch die geographische Lage, theils durch ihre nomadische Lebensweise, ihren wilden Charakter und regen Unabhängigkeitssinn geschützt, von den grossen Culturströmungen des alten Orients verhältnissmässig wenig berührt wurden. Sie lebten Jahrtausende lang in ihrem von Wüsten umgebenen und durchfurchten Lande in dem primitiven Zustande der ältesten Menschheit. Allerdings hatte sich in Südarabien, sowie in einigen Küstenstrichen und in den Grenzbezirken des Nordens eine gewisse Gesittung verbreitet, die deutlich griechische

[1] Plin. Hist. Nat. XVIII, 74.

[2] Artemidoros, Oneirocritica I, 69: πρώτην γὰρ ἀνθρώποις τὴν τροφὴν ταύτην παρὰ θεῶν λόγος ἔχει δοθῆναι.

[3] Athen. Deipnos. III, 113.

Einflüsse erkennen lässt. Die Trümmer von Tempeln und Grabmälern in den von Nabatäern bewohnten Gebieten im Norden Arabiens zeigen zweifellose Spuren griechischer Baukunst, wenn auch mit barbarischem Zusatze. Im Süden aber, im sogenannten ‚glücklichen Arabien', dem Sitze einer sehr alten und hochentwickelten Cultur, zeigt sich in den Bauwerken wie in den Münzen die Einwirkung des lebhaften Handelsverkehres mit Phöniciern, Griechen und wohl auch anderen seefahrenden und Handel treibenden Völkern des klassischen Alterthums.

Jedoch der eigentliche Kern Arabiens, das ganze centrale Binnenland mit seiner nomadischen Bevölkerung blieb von all' dem nahezu ganz unberührt und unbeeinflusst und lebte in alter Sitte fort, unverändert wie in der jenseits aller geschichtlichen Erinnerung liegenden Urzeit.

Ganz zutreffend sagt Diodor von Arabien: ‚Das Land hat einen solchen Reichthum an allerlei Heerdenvieh, dass viele Stämme, die ein Hirtenleben führen, von den Erzeugnissen ihrer Heerden sich reichlich ernähren können, ohne des Getreides zu bedürfen.'[1]

Den Ackerbau kannte man gar nicht, ebenso wenig wie die wichtigsten Körnerfrüchte.

Dies zeigt sich sofort, sobald wir die Namen derselben prüfen. Ich beginne mit dem Weizen. Die Bezeichnung desselben ist den semitischen Sprachen gemeinsam und bei oberflächlicher Betrachtung müsste man versucht sein zu glauben, das Wort gehöre der semitischen Ursprache an, und die Semiten hätten also den Weizen schon vor ihrer Zersplitterung in einzelne Völkerstämme gekannt. Aber das ist nicht der Fall. Das arabische Wort für Weizen lautet: ḥinṭah und in den anderen Dialecten, hebräisch und aramäisch: ḥiṭṭah (letztere Form ist die jüngere, zusammengezogene).

Aber das Wort ist gar nicht semitischen Ursprungs, sondern es ist ägyptisch; denn schon auf ägyptischen Denkmälern, die zwei Jahrtausende vor unsere Zeitrechnung zurückreichen, finden wir das Wort ḥnṭ für Weizen gebraucht.[2]

[1] Diod. Sic. II, 50.

[2] Hieroglyphisch [hieroglyphs] nach einer freundlichen Mittheilung von Professor Leo Reinisch.

Da nun kein Zweifel darüber aufkommen kann, dass der Ackerbau weit früher in Aegypten betrieben ward als in Arabien, so geht daraus hervor, dass die Semiten vom Nilthale her das Wort und die Sache selbst mitsammen entlehnten. Eine andere arabische Bezeichnung des Weizens ist: borr, das dem hebräischen bār entspricht: auch das Wort ḳamḥ wird mit Weizen erklärt und später wirklich gleichbedeutend mit ḥinṭah gebraucht. Aber es ist wahrscheinlich, dass diese Benennungen ursprünglich nicht ausschliesslich Weizen, sondern eine oder mehrere Arten von wildwachsenden Körnerfrüchten bezeichneten. Und solche finden sich in Arabien.

Um ein Beispiel zu geben, nenne ich das bisher leider noch nicht wissenschaftlich bestimmte samḥ. Diese Pflanze trägt im Juli einen Samen, der röthliche Körner hat, und Alt wie Jung zieht um diese Zeit in die Wüste hinaus, um sie einzusammeln. Zerrieben wird daraus eine Art Mehl bereitet, das, wenn auch nicht so gut wie Weizenmehl, doch das Gerstenmehl übertrifft. Diese Pflanze wächst wild in der Wüste und wurde besonders auf dem Wege von Ma'ân nach Gauf im Wâdy Sirḥân beobachtet.[1]

Solcher wilder Getreidearten gab und gibt es vielleicht noch andere. Wenigstens finde ich in Nachtigal's Reise in der Sahara und im Sudan den Namen einer anderen Pflanze, akresh genannt, deren kleinkörniger Samen mühsam gesammelt und zwischen zwei Steinen zu Mehl zerrieben, dazu dient, den Mehlbrei, den die Beduinen der Sahara 'aish nennen, zu bereiten, und der bei ihnen die Stelle des Brotes vertritt. Eine ähnliche wild wachsende Getreideart bezeichnet wohl auch das altarabische solt.

[1] Palgrave: Travels in Arabia I, 29, 30; Lady Anna Blunt: Voyage en Arabie. Paris 1882. S. 115 (Chap. V); Doughty: Travels in Arabia Deserta I, 312, 313, 553. Nach einer freundlichen Mittheilung von de Goeje ist das samḥ eine und dieselbe Pflanze mit dem von den arabischen Lexikographen angeführten fatt, und hiefür spricht auch eine Vergleichung der von de Goeje hervorgehobenen Stellen Moḳaddasy, S. 252, Z. 9; Jâḳut III, 474, Z. 1 ff., wo von der Pflanze fatt die Rede ist, mit dem von Wallin, Palgrave, Lady Anna Blunt und Doughty über die Pflanze samḥ Gesagten. — Immerhin ist es aber auffallend, dass der alte Name ganz in Vergessenheit gerathen sein soll.

Solche Körnerfrucht tragende Pflanzen mögen in alter Zeit auch durch die Wörter ḳamḥ und borr bezeichnet worden sein. Der Sprachgebrauch scheint ursprünglich recht schwankend und unbestimmt gewesen zu sein, denn, als die Araber Babylonien eroberten, bezeichneten sie den Weizen mit dem Worte ṭa'âm, das die ganz allgemeine Bedeutung von ‚Speise oder Lebensmittel' hat.[1] Die arabischen Eroberer waren so unwissend, dass sie auch vom Reis nichts wussten und erst in Babylonien ihn kennen lernten.[2] Da in ihrer Sprache das Wort hiefür fehlte, so entlehnten sie die griechische Benennung ὄρυζα, die sich im arabischen Munde in orozz oder arozz umgestaltete. Die Gerste mögen sie als wildwachsende Körnerfrucht früher kennen und daraus durch Zerstossen oder Zerreiben zwischen zwei flachen Steinen (mit der Handmühle: raḥan) einen Brei bereiten gelernt haben.[3] Die Gerste hat in allen semitischen Dialecten denselben Namen (arab. ša'yr, hebr. se'orah, syr. se'arta, mischn. sa'orah), und es ist diese Benennung von der haarigen Aehre genommen, denn ša'yr u. s. w. heisst haarig oder behaart.

So gross war die Unwissenheit der Araber noch zur Zeit Mohammeds, dass sie selbst die Hohlmaasse für Getreide nicht kannten, und das lateinische Wort modius, wohl durch Vermittlung nabatäischer Kaufleute, einfach in ihre Sprache aufnahmen, in der Form modj, woraus später die zusammengezogene Form modd entstand. In Babylonien lernten sie das alte dort übliche Getreidemaass χοῖνιξ kennen[4] und nahmen es

[1] Das Wort kommt für Weizen schon in der Tradition bei Bochâry vor (Kitâb olmaġâzy: ḥadyṯ ka'b ibn mâlik); so auch im Mowaṭṭa' (Kitâb olḥagg: Cap. fidjato man aṣâba ṣai'an min algarâdi wahwa moḥrim), dann auch: Kitâb olboju' Cap: gâmi'o bai' iṭṭa'âm.

[2] Ibn alfaḳyh ed. de Goeje S. 187, 188.

[3] Aber auch die rohe Handmühle ist eine spätere Erfindung. In der ältesten Zeit zerschlug man die Körner zwischen zwei Steinen, daher der alte Name des Mehles daḳyḳ, d. i. contusum, contritum. Das Wort ṭaḥyn für Mehl ist viel später üblich geworden und stammt aus einer Zeit, wo man die Mühle ṭâḥunah, das Wort ist aramäisch, schon kennen gelernt hatte. Das Verbum ṭḥn findet sich übrigens schon bei Bochâry. Vgl. Schrader: Sprachvergleichung und Urgeschichte S. 373, wo bemerkt wird, dass das Getreide in der ältesten Zeit zerstampft wurde und dass man solche Mehl- und Brotreste in den Schweizer-Pfahlbauten auffand.

[4] Xenophon, Anab. I, 5, 6.

in der Form ḳafyz gleichfalls in ihre Sprache auf. Ein anderes Hohlmaass ṣâ' ist gleichfalls ein Fremdwort.

Auch das Brotbacken lernten die Araber von den Fremden, wahrscheinlich von den Nabatäern, wie das Wort für Backofen zeigt, welches gleichfalls entlehnt ist aus dem lateinischen furnus, arabisch forn. Allerdings findet sich noch ein anderes Wort dafür, nämlich: tannur, das schon im Koran vorkommt; aber dies ist auch eine Entlehnung, und zwar von den Nordsemiten oder Persern; denn es erscheint schon im Zend in der Form tanûra.[1]

So viel geht aus dem Gesagten hervor, dass die Araber die Kunst Getreide zu mahlen und daraus Brot zu backen, von den Fremden erlernten und zweifellos später als alle anderen alten Völker, wahrscheinlich erst nach Ausbreitung der Herrschaft Roms über Syrien und Aegypten.

Nordarabien bezog seinen Bedarf an Getreide, der allerdings nicht sehr gross gewesen sein kann, schon damals, wie noch jetzt, zur See von Aegypten und, wenn auch in geringerem Maasse, von Jemen; gewiss noch unbedeutender mag die Zufuhr aus Jamâmah (Centralarabien) gewesen sein.[2]

Aber auch in Arabien ging das Gerstenbrot dem Gebäck aus Weizenmehl voran. Zur Zeit des Auftretens Mohammeds ist das Gerstenbrot schon wohl bekannt, aber vom Weizen ist keine Rede. Die Weiber müssen selbst die Gerste auf der Handmühle mahlen, dann den Teig kneten und das Brot

[1] Avesta, Vend. VIII, 254 ff. Nach Schrader: Sprachvergleichung und Urgeschichte, Jena 1883, wäre es altsemitisch. Eingehend ist dieses Wort erörtert worden von Dr. Dvořak in seiner Schrift: Ein Beitrag zur Frage über die Fremdwörter im Koran, Inauguraldissertation, München 1884. Aber in der assyrisch-babylonischen Inschrift, die er anführt, S. 5, kann das Wort nicht Backofen bedeuten. Ich vermuthe, dass es mit ‚Brustharnisch' zu übersetzen sei, welches dem persischen tünureh, Panzer, Harnisch, entsprechen dürfte, das bei Ṭabary in der arabischen Form tannur mit derselben Bedeutung öfters vorkommt und dem irakanischen Dialecte anzugehören scheint. Ṭabary III, 253, Z. 16; III, S. 1777, Z. 10; III, 1854, Z. 10.

[2] Ueber den Getreideexport aus Jamâmah vgl. Barbâry (Kitâb almaġâzy Cap. wafdo bany tamym). Man findet hier auch das Wort ḥinṭah für Weizen gebraucht, während etwas später (Cap. ḥadyt ka'b ibn mâlik) in demselben Sinne ṭa'âm vorkommt.

backen.[1] Gerste und Datteln waren das Hauptnahrungsmittel.[2] Auf Kriegszügen nährte man sich von Milch und Mehlbrei (sawyḳ).[3] Deshalb nahm man immer, wenn man für längere Zeit zu Feld zog, Milchkameele mit.[4] Nur ganz arme Leute lebten von Datteln schlechter Sorte (fagan); daher ist der Ausdruck ‚Sohn einer Dattelfresserin‘ ein Schimpfwort.[5]

Bei dem Hochzeitsschmause aus Anlass des Beilagers des Propheten mit der schönen Jüdin Ṣafijjah gab es weder Fleisch noch Brot, sondern nur Datteln, Topfen ('aḳiṭ) und Butter.[6] Dort aber, wo bei einem Festmahle Brot nicht fehlte, war es gewiss nur hartes, derbes Gerstenbrot.[7]

So war es in den Städten und grösseren Ansiedlungen, aber die Nomaden und Wüstenbewohner hielten sich nach altem Herkommen an Milch und Lamm-, Ziegen- oder Kameelfleisch. Brot wird bei ihnen nur in geringem Maasse Eingang gefunden haben. Zwar kommt im Ḳorân das übliche Wort für Brot einmal (12, 36) vor, aber in der alten vorislamischen Poesie ist es sehr selten[8] und erst mit den grossen Eroberungen im Beginne des Islams dürfte es allgemeiner bekannt geworden sein.

Als die Araber Babylonien eroberten, liessen sie dort von eingebornen, nabatäischen Weibern Brot für sich bereiten und betrachteten Brot mit Datteln als eine schwelgerische Kost. So sagt ein alter Beduinendichter, aus der Zeit der grossen Eroberungen, zu seinem Sohne, der ihn verlassen hatte, um nabatäische Kost, Brot und Datteln, statt Kameelmilch zu suchen:

Und nicht das Paradies zu suchen, schnürst du deinen Sattel;
Das Brot nur hat dich weggelockt, so denk' ich, und die Dattel,
Von einer Nabatäerin im Ofenloch gebacken,
Ein Laiblein, und so wohl gedörrt, dass dran die Rinden knacken.[9]

[1] Ibn Hišâm S. 672, 734.

[2] Ibid. S. 672, 676, 774, 776, 796. [3] L. l. 666.

[4] Vgl. Ibn Hišâm S. 741, 744. [5] Ibid. S. 667.

[6] Bochâry: Kitâb almaġâzy, Cap. bâbo ġazdti chaibar.

[7] Mowaṭṭa': Kitâb alaikâḥ Cap. bâbo mâ gâ'a fylwalymah.

[8] Die älteste Stelle, die ich notirt habe, ist 'Iḳd alfaryd III, 297, in einem angeblichen Gedicht des Ḥâtim Ṭâ'y.

[9] Hamâsah von Fr. Rückert, Nr. 813; Freytag I, S. 792.

Doch eine allgemeine Verbreitung gewann das Brot nicht sofort: Milch und, bei festlicher Gelegenheit, Fleisch blieb die Hauptnahrung des nomadischen Wüstenbewohners und noch jetzt gilt es bei jedem echten Beduinen als eine Sünde, Milch, das kostbarste Nahrungsmittel, zu vergiessen; jeder Beduine geräth, wenn er es sieht, in den grössten Unmuth.[1]

Es ist dies ein äusserst lehrreiches Seitenstück zu der früher besprochenen, auch bei unserem Volke bestehenden Scheu vor der Entweihung des Brotes. Das Volk hat eben seine eigene Logik — und sie ist nicht schlecht.

Uebrigens berichtet Edrysy von den Bewohnern der Landschaft Mahrah[2] an der Südküste Arabiens, dass das Brot dort ganz unbekannt geblieben ist, wie dies auch bis in die ersten christlichen Jahrhunderte bei den Bewohnern der Hebriden (Ebudes insulae) der Fall war, die sich nur von Milch und Fischen nährten.[3]

Wenn ein alter arabischer Philologe uns erzählt, der Stamm Ḥanyfah hätte einen Götzen aus Brotteig verehrt, später aber in einer Hungersnoth verzehrt, so sieht man der Geschichte es an, dass sie einfach ein Scherz sein soll, was bei diesen alten, arabischen Gelehrten, trotz ihrer pedantischen Manier und griesgrämigen Aussenseite, gar nicht so ungewöhnlich ist.

Erst mit der Entstehung des städtischen Lebens gewann das Brot als allgemeines Nahrungsmittel grössere Verbreitung. Nun kam auch das Weizenbrot auf, nicht als die einzige, aber als die beste und beliebteste Art. Desshalb nennt ein alter Schriftsteller (Ṯaʿâliby, † 430 H. = 1038—1039 Ch.) das Weizenbrot mit besonderem Lobe: Weizenbrot und Kameelfleisch, mit Wein als Getränk bezeichnet er als die zuträglichste und gesündeste Kost.[4]

Auch aus anderen Körnerfrüchten lernte man bald Brot bereiten. Das Reisbrot ist offenbar ein Vermächtniss altasiati-

---

[1] Doughty: Arabia II, 236.

[2] Ritter: Arabien I, 265.

[3] Nach Solinus, Collectanea ed. Mommsen 1864, S. 234; Schleiden: Das Salz, S. 57.

[4] Bard al'akbâd, S. 119, 140. Constantinopel, 1301, Gawâïb-Druckerei.

scher Cultur. Das schlechteste aller aber war das Gerstenbrot, und ein altes Sprichwort sagt: ‚Gerstenbrot isst man zwar, aber man schimpft darauf.‘[1] Gerste war ja das Futter der Reitthiere, wie dies noch jetzt im Oriente der Fall ist; der Weizen aber ward zu Mehl verarbeitet; letzterer stand daher auch im Preise immer viel höher als Gerste.[2]

Ob die noch jetzt bestehende Sitte, bei Leichenbegängnissen Brot an die Armen zu vertheilen,[3] als ein Rest alter Todtenopfer oder einfach als eine durch den Islam hervorgerufene Handlung der Wohlthätigkeit aufzufassen sei, lasse ich unentschieden. Doch bin ich geneigt, letzteres zu vermuthen, denn ich sah in Kairo bei Leichenbegängnissen angesehener Leute ausser Brot und Apfelsinen auch noch Zwieback (ka'k) unter das Volk vertheilen.[4]

Jedenfalls genügt das bisher Gesagte, um mit voller Klarheit zu zeigen, welch grossen Platz das Brot in der Culturgeschichte einnimmt. Es kennzeichnet den Uebergang vom halbwilden Nomadenleben zum Ackerbau, zur sesshaften Lebensweise und zu milderen Sitten.

Die Verehrung des Brotes, als einer himmlischen Gabe, als eines kostbaren Geschenkes der Götter, wie im klassischen Alterthum, blieb zwar den Arabern bei ihrem nüchternen und für Mythenbildung nicht besonders empfänglichen Sinn fremd, aber sie übernahmen von den höher gebildeten Nachbarvölkern zugleich mit dem Brote auch das Verständniss für den hohen Werth dieses Nahrungsmittels, und der Islam brachte hiezu die Anschauung, dass, wie alles, so auch das Brot eine Gnaden-

---

[1] Maidâny ed. Freytag I, 660. Augustus bestrafte die Cohorten, die vor dem Feinde gewichen waren, damit, dass er sie decimiren und statt Weizen ihnen Gerste zuwiegen liess. Sueton. Augustus XXIV.

[2] Der Preis des Weizens war fast doppelt so hoch wie der der Gerste; so war es schon zur Chalifenzeit, wie wir aus Ḳodâmah wissen. Auch im Alterthum bestand ein gleiches Verhältniss. Nach Polybius II, 15 kostete in Oberitalien der Medimnus Weizen 4 Obolen, Gerste aber nur die Hälfte.

[3] Lane, Manners and customs u. s. w. II, 294.

[4] Ueber die mit der fortschreitenden Verfeinerung der Sitten später in Gebrauch gekommenen verschiedenen Zubereitungsarten des Brotes gibt Ibn al'awwâm sehr ausführliche Mittheilungen. Vgl. Le livre de l'agriculture d'Ibn al'awâm, traduit par J. F. Clément-Mullet, Paris 1864 bis 1866, II, p. 348 ff.

gabe des Allerhöchsten sei, der ja überhaupt der Vertheiler aller Güter (ḳâsim olarzâḳ) ist.

So lebten die Ideen der grossen Culturvölker des Alterthums auch bei den Arabern fort, in Volkssitte und häuslichem Brauche, wie dies in der Sprache des Volkes und in seinen Sprichwörtern deutlich zum Ausdrucke gelangt. So ist das Wort 'aish, mit welchem in Aegypten und Jemen das Brot bezeichnet wird, gleichbedeutend mit ‚Leben'. Ein Sprichwort lautet: ‚Brot ist die Nahrung desjenigen, der nicht stirbt' (alchobzo ḳut man lâ jamut),[1] was so zu verstehen ist, dass wer immer Brot zu essen habe, nicht besorgen müsse zu sterben.

Im innigsten Zusammenhange mit dem Brote steht das Salz, als kostbares, bei höherer Cultur unentbehrliches und durch nichts Anderes ersetzbares Genussmittel.

Wie schon vom Brote gezeigt wurde, reichen auch hier gewisse abergläubische Vorstellungen aus der Kindeszeit des Menschengeschlechtes bis auf unsere Tage und bestehen noch immer fort im häuslichen Kreise. So ist es ein bekanntes Vorurtheil, wenigstens bei uns in den österreichischen Landen, dass es Verdruss bedeute, wenn Jemand bei Tische Salz verschüttet oder gar das Salzfässchen umstürzt. Ganz in demselben Gedanken sagt ein ägyptischer Schriftsteller, der einige abergläubische Ideen seiner Zeitgenossen zusammenstellt: ‚Man darf nicht (bei Tisch) Salz verstreuen, denn das bedeutet Unglück' (wa lâ jobaddad ilmilḥ fajaḳa'a sharr.)[2]

Es zeigt sich hier ganz dieselbe Ideenverkettung wie bei dem Brote. Das Salz ist wie Brot oder Milch etwas Kostbares, das nicht leichtfertig vergeudet werden darf.

An eine wechselseitige Entlehnung ist hier natürlich nicht zu denken.

Das Hauptbedürfniss zum Leben des Menschen
Ist Wasser und Feuer und Eisen und Salz,
Und Weizenmehl und Honig und Milch,
Traubenblut und Oel und Kleidung.

(Sirach, 39, 31.)

---

[1] Freytag: Prov. Arab. III, p. 127.

[2] Kaljuby: Nawâdir ed. Nassau Lees, Calcutta 1856, S. 186. Der Verfasser starb im Monate Shawwâl des Jahres 1069 H.

So spricht noch gegen Ende des alten Hebräerthums der weise Sänger; aber weit früher, lange bevor die Verfeinerung der Sitten und die Gewohnheit des Wohllebens eine solche Höhe erreicht hatte, war das Salz unentbehrlich geworden. Man brauchte es für eine Menge ritueller Verrichtungen: für alle Opfer aus dem Pflanzenreiche, für alle Speisenopfer;[1] auch die Thieropfer wurden mit Salz bestreut;[2] man genoss es bei Bündnissabschluss, um dessen Unvergänglichkeit zu bezeichnen. Ein solcher Bund, dem eine besondere Heiligkeit zukam, hiess demnach Salzbund.[3] Nach späterer jüdischer Sitte pflegte man die Stufen des Altars mit Salz zu bestreuen, angeblich, damit der Priester bei dem Hinaufsteigen nicht ausgleite,[4] in Wirklichkeit aber wohl, um böse Geister und schädliche Einflüsse fernzuhalten.

Jedoch die Hebräer sind ein junges Volk im Vergleich zu ihren Lehrmeistern, den Aegyptern. Diese hatten lang vor den Nachbarvölkern die friedlichen Künste des Landbaues mit Eifer gepflegt und von ihnen lernten die Nachbarvölker, namentlich Phönicier und Hebräer, nicht blos den Weizen und wahrscheinlich andere Nähr- und Nutzpflanzen kennen, sondern auch das Salz. In ägyptischen Denkmälern, welche bis ins zweite Jahrtausend vor unserer Zeitrechnung zurückreichen, finden wir schon das Salz genannt mit dem ägyptischen Worte mrḥ oder mlḥ, das sogar in übertragener Bedeutung für geistreiche, gewürzte Rede in der ägyptischen Schriftsprache zur Anwendung kommt.[5]

Schon die allgemeine Sitte des Einbalsamirens der Todten zeigt, dass der Gebrauch des Salzes und dessen die Fäulniss beseitigende Eigenschaft seit ältester Zeit bekannt gewesen sein muss. Auch fehlte es in Aegypten nicht an Bezugsquellen für das so unentbehrliche Mineral. Die Lagunen des Nildelta, wo das Meerwasser unter der Sonnenglut verdunstet, der salzige Boden der Wüste, aber ganz besonders die grossen Lager von reinem Natursalz auf der Ammonsoase, ungefähr zehn Tagreisen von Theben, lieferten genug um den Bedarf

[1] Levit. 2, 13. [2] Joseph. Antiquit. III. 9.

[3] II Chron. 13, 5.

[4] Mishna Erubin 10, 14. Ich citire nach Wiener: Bibl. Realwörterbuch.

[5] Nach gütiger Mittheilung meines werthen Freundes Prof. Leo Reinisch.

zu befriedigen. Auch bei den Opfern kam das Salz zur Anwendung, jedoch gab man dem reinen ammonischen den Vorzug vor dem unreinen Seesalz.[1]

Trotzdem finden wir Anhaltspunkte für den Beweis, dass in einer noch weit früheren Vorzeit die Aegypter das Salz nicht gekannt haben.

Wir erfahren nämlich durch Plutarch, dass die ägyptischen Priester, wenn sie im Zustande der heiligen Reinheit sich befanden, gänzlich den Salzgenuss vermieden und auch ihr Brot ohne Salz genossen.[2]

Die Erklärung hiefür ist folgende: Zur Zeit, aus welcher die ältesten religiösen Bräuche der Aegypter stammen, kannte man offenbar das Salz noch nicht; erst später kam es in Gebrauch; aber die Priester hielten bei gewissen, besonders heiligen Verrichtungen an der alten Sitte fest und wiesen die Neuerung ab. Desshalb enthielten sie sich des Salzes bei gewissen Anlässen.

Es liegt also hierin ein culturgeschichtlicher Atavismus der merkwürdigsten Art vor.

Für die andern alten Völker wird die salzlose Zeit wohl erst viel später geendet haben. Gewiss ist es, dass die ersten, die nach den Aegyptern das Salz kennen lernten, die Phönicier waren, welche auch ihre Schiffe damit beluden, wenn sie, um Zinn zu holen, nach den Zinninseln segelten.[3]

Die Griechen folgten später, und dass unter ihnen die Epiroten das Salz ziemlich spät kennen lernten, bezeugt Pausanias,[4] der sich auf einen Vers der Odyssee bezieht, wo von Menschen die Rede ist, die das Meer nicht

‚Kennen und nimmer mit Salz gewürzte Speisen geniessen'.
(Odyss. XI, 122—123; vgl. XXIII, 268—270).

---

[1] Herodot. IV, 181; Eratosthenes bei Strabo I, 3, 4; Arrian Anab. III, 4. Vgl. V. Hehn: Das Salz. Nach Herodot floss das Wasser des Rothen Meeres durch Seen und Sanddünen in das Mittelmeer und ein Theil davon gelangte von dort in die pelusischen Marschländereien, wo Gruben zum Zwecke der Salzbereitung angelegt sind. Vgl. Sharpe: Geschichte Aegyptens, bearbeitet von Jolowicz, revidirt und berichtigt von A. v. Gutschmid. Leipzig 1862, I, S. 86.

[2] Plutarch. Symp. 5, 10; vgl. de Iside et Osir. 5.

[3] Strabo III, 5, 11 (175).

[4] Paus. I, 12.

Das neue Genussmittel verbreitete sich allmälig; aber nachdem die Griechen einmal sich daran gewöhnt hatten, hielten sie es in hohen Ehren als reinigendes, heiligendes Element. Desshalb musste Salz dem geweihten Wasser beigemischt sein.[1] Desshalb brauchte man es auch bei Beschwörungen. Die Hetäre Melitta, die einen ungetreuen Liebhaber wieder an sich ziehen will, erkundigt sich was es koste und was die Zauberin dazu brauche. Da sagt man ihr: Sie nimmt nicht so viel, Melitta, nur eine Drachme (baar) und ein Brot; auf dem müssen noch sieben Obolen liegen; dann Salz, Schwefel und eine Fackel, einen Krug mit Wein und zuletzt braucht sie etwas, was der Mann getragen hat: ein Kleidungsstück, einen Pantoffel oder Haare von ihm.[2] Man schwört bei dem Salze und dem Tische des Wirthes.[3] Das Salz brechen ist bei den Griechen dasselbe wie die Treue brechen, ‚du hast den grossen Schwur nicht geachtet, das Salz und den Tisch'.[4] Demosthenes sagt: ‚Wer von beiden also hat das Salz übertreten und den Vertrag?'[5] Auch Aristoteles meint, zum Freundschaftsbunde bedarf es der Zeit und des sprichwörtlichen Scheffel Salzes.[6]

Hierauf anspielend sagt Goethe in Hermann und Dorothea:

‚Eh' du die Schüssel Salz mit dem neuen Bekannten verzehret,
Darfst du nicht leichtlich ihm trau'n, dich mache die Zeit nur gewisser,
Wie du es habest mit ihm, und wie die Freundschaft bestehe!'

Und die Römer hielten nicht weniger auf das Salz; sie reden sogar von vielen Scheffeln Salz, die man zur Freundschaft brauche.[7] Bei ihnen gelten Salz und Brot als Inbegriff des zum Leben Erforderlichen und Unentbehrlichsten. Von dem

[1] Schoemann: Griechische Alterthümer II, 327.
[2] Lucian, Hetärengespräche LXVII, 4.
[3] Schoemann: Griechische Alterthümer II, 238.
[4] Hehn: Das Salz, S. 9. Eine Anzahl wichtigerer Citate aus den Classikern ist daselbst zusammengestellt.
[5] De falsa lege 191.
[6] Eth. Nicom. 8, 3, 7.
[7] Cicero: Laelius XIX

alten Varro sagt Plinius: Varro etiam pulmentari vice usos veteres sale auctor est, et salem cum pane esitasse eos proverbio adparet.[1]

Horaz singt im selben Sinne:

> . . . . cum sale panis
> Latrantem stomachum bene leniet.[2]

Das Salz galt als heilig und an dieser Eigenschaft nahm im Volksglauben sogar das Salznäpfchen theil, das salinum, das sich von Vater auf Sohn vererbte, den Haustisch zierte und heiligte, gleich der patella deorum, aus der den Laren und Penaten, sowie der Vesta ihre Opfer gereicht wurden.[3]

> Vivitur parvo bene, cui paternum
> Splendet in mensa tenui salinum.[4]

Von dieser besonderen Ehrerbietung für das seit langen Generationen in derselben Familie als Erbstück hochgehaltene Salzfass mag zunächst der oben erwähnte Aberglauben unserer Hausfrauen stammen, dass es Verdruss oder Unglück bedeute, wenn das Salz verschüttet wird. Denn von den Römern haben wir mehr solcher Sitten und Bräuche übernommen, als man vermuthet.

Zunächst ging der Glauben an die heiligende Natur des Salzes in das Christenthum über, wo das Salz bei der Taufe zur Verwendung kommt, offenbar in dem Sinne, dass durch das Salz der Bund des Täuflings mit der christlichen Gemeinde unlösbar und unvergänglich gemacht, gleichzeitig aber durch die reinigende Kraft des Salzes dämonische Einflüsse hintan gehalten werden sollten. Deshalb gilt in der christlichen Volkssage das Salz als Schutzmittel gegen allerlei Unglück: in Böhmen glaubt eine Mutter ihre Tochter gegen den bösen Blick zu feien, indem sie ihr ein Stückchen Brot und Salz ins Kleid steckt (Jungbunzlau); wenn man eine neue Behausung bezieht, so soll man zuerst Brot und Salz hineintragen; damit man dort nie Mangel leide; wenn ein junges Mädchen ausgeht,

---

[1] Plin. Hist. Nat. XXXI, 89.
[2] Sat. II, 2, 17.
[3] Hehn, l. l. S. 11 ff.
[4] Horaz: Carm. II, 16, 13; Persius 3, 25 nach Hehn l. l.

so streut die Mutter Salz hinter ihr her, damit sie auf dem Wege sich nicht verliebe (Jungbunzlau); so oft eine Hauswirthin Milch an ein fremdes Hauswesen überlässt, soll sie eine Prise Salz in die Milch hineinwerfen, damit die Hexen ihr die Kühe nicht krank machen können.[1]

So sehen wir die Fortwirkung uralter Bräuche, Sitten und Vorstellungen bis in unsere Tage herab sich erstrecken. Wie ein Epheustamm an uraltem Gemäuer rankt sich die alte Sage fort und fort und findet noch bei späten Geschlechtern liebevolle Aufnahme.

Bei den Arabern, so ferne sie auch dem Culturleben der alten Welt geblieben sein mögen, können wir trotzdem ähnliche Beobachtungen machen. Auch bei ihnen ward dem Salz eine heiligende, weihende Kraft zugeschrieben. Eine volksthümliche Redensart lautet: ‚Zwischen ihnen besteht Salzgemeinschaft' (bainahom momâlaḥah).[2] Jene also, die zusammen Salz genossen haben, sind verbrüdert und sie stehen in einem wechselseitigen Schutzverhältniss. Ein alter Schwur lautet: ‚Bei dem Salze, der Asche und dem Feuer' oder noch vollständiger: ‚Bei dem Salze, der Asche, dem Feuer und (den beiden Göttinnen) Al'ozzâ und Allât.'[3]

Es ist dies vermuthlich derselbe Schwur, der, wie ein anderer alter Berichterstatter erzählt, in folgender Weise geleistet ward. Ich lasse die Worte des Textes unverändert folgen: ‚Abu 'Obaidah erzählt: In der Zeit des Heidenthums hatte jeder Stamm ein Feuer, das seine eigenen Wärter (sadanah) hatte. Brach nun zwischen zwei Leuten ein Streit aus, so kamen sie zu dem Feuer und schworen daselbst; die Wärter aber warfen im Geheimen Salz hinein (so dass es knisterte) und verursachten auf diese Art Schrecken davor. Desshalb sagt 'Aus (ein alter Dichter): ‚Gleichwie zurückgeschreckt wird ein Schwörender vom Feuer des Schrecken-

[1] Grohmann: Aberglauben aus Böhmen und Mähren.

[2] Mofaḍḍal al-ḍabby: Ghâjat ol'arabi fy 'amtâl il 'arab. S. 238. Constantinopel 1301, Gawâib-Druckerei. Das Wort momâlaḥah bedeutete in der ältesten Zeit: Milchverwandtschaft, später, als man das Salz kennen gelernt hatte, verstand man darunter: Salzgemeinschaft.

[3] l. l.

erregers.' Kamâ ṣodda 'an nâr ilmoḥawwili ḥâlifo. Dieses Feuer führte deshalb den Namen: Schreckensfeuer (nâr olhulah).'[1]

Diese alte Sitte lebt zum Theil in etwas veränderter Form, die vielleicht die ältere und echtere ist, noch jetzt in dem bei den Wanderstämmen Centralarabiens üblichen sogenannten Schwerteide fort. Es werden mit dem Schwerte gewisse Linien in die Asche (des Herdfeuers) gezogen, gleichzeitig nimmt der Schwörende eine Handvoll Asche und so leistet er den Schwur, der für so heilig gilt, dass hiemit der Streitfall unwiderruflich entschieden ist.[2]

Gegen den alten Schwur fehlt hier das Salz; vielleicht ist es jetzt durch die Asche ersetzt. Es mag das Salz früher den Beduinen zugänglicher gewesen sein als jetzt.[3]

Nach den Lexicographen hat das Wort milḥ, Salz, im übertragenen Sinn die Bedeutung Schutz- und Bundesverhältnisse, sogar Milchverwandtschaft (riḍâ').[4] Daher kommt eine sprichwörtliche Redensart: ‚er hat sein Salz auf den Knieen,'[5] d. h. er ass es nicht, sondern liess es (nicht ohne schlimmen Hintergedanken) auf die Kniee fallen. So wird von Einem gesagt, dem man nichts Gutes zutraut.

Diese Vorstellung von der Heiligkeit des Salzes ist jedenfalls bei den Arabern das Vermächtniss einer weit älteren Schichte semitischer Cultur als ihrer eigenen. Sie haben nur ein Verdienst dabei, nämlich das, diese uralten Sitten und Bräuche mit grosser Treue festgehalten und aufbewahrt zu haben. Zahllos sind die Erzählungen über Heilighaltung des Salzes. Ja'ḳub Ibn Lait, der Stifter der Dynastie der Ṣaffâriden,

[1] Ṣaḥâḥ von Gauhary, voce hwl.

[2] Ch. Doughty: Arabia 1888. I, 267.

[3] An Salz fehlt es in Arabien nicht. Die Salzlager von Ma'rib in Jemen waren schon zu des Propheten Zeit in Ausbeutung begriffen. In Taimâ finden sich reiche Steinsalzlager, welche nicht blos die ganze Umgegend versorgen, sondern auch für eine starke Ausfuhr genügen; ebenso findet sich Salz in der Ḥarrah (dem vulkanischen Gebiete) von Chaibar und an vielen anderen Orten. Vgl. Hamdâny ed. D. H. Müller, Leiden 1884. I, S. 155; Doughty: Travels in Arabia Deserta I, 78, 296, 170, 471, 473, 471.

[4] Tâg al'arus voce milḥ; ebenso Gauhary im Ṣaḥâḥ. Ueber diese Begriffsentwicklung folgt später eine Erörterung.

[5] Ḍabby, S. 238.

begann seine politische Laufbahn, wie dies noch jetzt in manchen Ländern üblich ist, mit dém Handwerk eines Bandenführers. Einst schlich er sich nachts in einen fürstlichen Palast ein und war im Begriffe, mit reicher Beute unbemerkt seinen Rückzug anzutreten, als er über einen Stein stolperte. Verwundert, in dem Fürstenpalaste einen Stein auf dem Wege zu finden, hob er ihn auf, und da es zu dunkel war, um zu sehen, kostete er daran. Es war Salz. Sofort liess er alle Habseligkeiten zurück, denn der Herr des Hauses, dessen Salz er gekostet hatte, war sein Verbündeter, sein Schutzgenosse, sein Salzbruder geworden.[1]

Eine ganz ähnliche Geschichte erzählt ein neuerer ägyptischer Schriftsteller.[2]

Also gemeinsamer Salzgenuss, ob beabsichtigt oder nicht, stellt eine Verbrüderung, ein Bundesverhältniss her. Davon das Sprichwort: ‚zwei in Salzgemeinschaft Stehende, die gegen einander die Klingen schärfen.'[3] Es wird diese Redensart gebraucht, um ein ganz unerhörtes, gottvergessenes Benehmen zu bezeichnen.

Das Salz wurde also für heilbringend, segensvoll und glückverheissend angesehen. Daher das Sprichwort: ‚Salz auf die Wunde'[4] so viel bedeutet als: abgethan, nichts weiter davon! Ganz in demselben Sinne sagt 'Izzet Mollâ, der türkische Dichter:

> Auf die Wunden unserer Herzen
>   lass der Heilung Salz uns thun!
> Zum Geschicke sprachen beide
>   wir sodann: was weiter nun![5]

Ein Schöngeist, der unter des Chalifen Hârun Rashyd Regierung zu Bagdad lebte, wollte zum Beschneidungsfeste eines Sohnes des ersten Ministers Jaḥjâ Ibn Châlid, des Barmakiden, demselben, wie üblich, ein Festgeschenk machen, um in die Reihe Jener aufgenommen zu werden, die mit Gegengeschenken beglückt werden sollten. Der arme Literat hatte wenig Geld

[1] Herbelot: Bibliothèque Orientale.

[2] Ša'rány: Madârig alsâlikyn S. 11.

[3] Freytag: Maidâny II, 696, Nr. 358. [4] l. l. II, 737.

[5] Miḥnetî-Keshân, S. 149, Z. 11 (Ausgabe von Constantinopel, vom Jahre 1269. Der Text lautet: bâṣob jârahmisob sehir u nemek dédik görelim neh eller felek.

und viel Witz. So half er sich auf folgende Weise: er übersandte als Festgeschenk zwei Säckchen, das eine gefüllt mit parfümirtem Salze (milḥ moṭajjab), das andere mit der wohlriechenden Pflanze so'd (cyperus capitatus), die zur Räucherung dient, und schrieb dazu: ‚Wenn mir die Dinge nach Wunsch gingen und der Brauch es zuliesse, und das Geschick mir geholfen hätte, Reichthümer zu erringen, — so hätte ich gewiss es Allen zuvorgethan, die dir zu dienen erkennen als heilige Schuld — und ich hätte überholt alle Jene, die wetteifern um deine Huld — aber mir fehlt das Vermögen, es gleichzuthun den Geldprotzen — und meine Lage hindert mich, den Reichen zu trotzen. — So musste ich besorgen, dass das Blatt der Gnadengaben werde zusammengefaltet — bevor noch mein Name dort ward eingeschaltet. — Da erlaube ich mir nun, Dir zu übersenden Salz, mit dessen Heil und Segen man sich zum Festmahl setzt — und so'd,[1] dessen Duft und Wohlgeruch nach der Tafel kommt zuletzt.'

Der Minister liess ihm die beiden Beutelchen, das eine mit Gold, das andere mit Silber füllen.[2]

Noch jetzt ist es in Kairo üblich, bei Beschneidungsfesten händevoll grobkörniges Salz über die Zuschauermenge auszustreuen: es soll dies Glück und Segen bedeuten. Am siebenten Tage nach der Geburt eines Kindes ist Empfang bei der Wöchnerin und grosse Festlichkeit, wobei die Wohnräume mit Salz bestreut werden, als Schutzmittel für Mutter und Kind.[3] Ebenso wird bei Hochzeiten der Braut, um sie gegen den bösen Blick zu feien, Salz gestreut.[4] Ebenso ist es ägyptischer Volksbrauch, ein Kind, das, wie man meint, in Folge der Behexung durch einen Dämon (ginny) erkrankt ist, Salz lecken zu lassen, und es damit zu beräuchern. So ist es auch volksthümliche Sitte, wenn eine Frau durch einen Dämon mit Unfruchtbarkeit geschlagen ward, ihr einen Talisman schreiben zu lassen und Salz unter ihrer Thürschwelle einzugraben.[5]

---

[1] So'd ist auch ein Wortspiel mit Sa'd: Glück.

[2] Gorar olchaṣâïṣ etc. Kairo 1284. S. 148, Cap. XV, Abschnitt 2.

[3] Lane: Manners and customs etc. II, Cap. XIV, S. 277.

[4] Kremer: Aegypten I, S. 59.

[5] Kitâb olḥarf lilḥakym Harmas, Lithographirte Ausgabe von Kairo, S. 11, 17.

In alter Zeit muss aber das Salz in vielen Ländern als kostbarer, theurer Stoff gegolten haben, den nur der Reiche sich verschaffen konnte. Professor Reinisch fand auf seinen Reisen in Nordostafrika, dass man in Barka es als kostbare Leckerei betrachtete. In Abessynien vertreten Salzstücke in Form von Schleifsteinen das baare Geld, und der Werth steigt, je weiter man sich von der Seeküste entfernt.[1] Bei dem Sahovolke kann nur der Reiche den Salzgenuss sich gestatten.[2] Ein bezeichnendes Saho-Sprichwort lautet: ‚Das schönste Holz ist die Flinte, der schönste Stein das Salz, die schönste Sprache der Koran.'[3] In Barka bereitete der dortige Dorfscheich für Professor Reinisch und Gattin Kaffee mit Salz, obgleich er Zucker hatte, und er meinte, hiemit den Gästen etwas besonders Köstliches vorzusetzen.

Aus demselben Grunde vergleicht der Araber edle, hochgeehrte Personen mit dem Salze: die Hâschimiden, als Verwandte des Propheten, werden schon in alter Zeit ‚das Salz der Erde, die Sahne des Adels, der Panzer des Religionsgesetzes' genannt.[4] Das will sagen: sie sind das Beste der Erde, die oberste Schichte der adeligen Geschlechter und die berufenen Beschützer des religiösen Gesetzes.

Ein ziemlich neuer ägyptischer Schriftsteller (Sha'rány, † 973 H. = 1565—1566 Ch.) nennt die Theologen ‚das Salz der Erde', setzt aber boshafter Weise hinzu, nichts tauge das Salz, wenn es taub geworden sei.[5]

Wir haben schon früher gelesen, wie der gemeinsame Genuss des Brotes unter der ersten christlichen Gemeinde die Verbrüderung Aller bedeutete, wie dies im Morgenlande wohl schon seit den ältesten Zeiten volksthümliche Sitte war. Salz und Brot mit einander essen hatte also seine eigene Bedeutung: zwischen solchen, die es zusammen verzehrt, war, wenigstens für geraume Zeit, jede feindselige Handlung ausgeschlossen; desshalb

[1] Auch Marco Polo berichtet von einer Provinz China's, wo man ein Gewicht Gold in kleine Münze in Form des Salzes umwechselte. Hehn: Das Salz, S. 71.

[2] Reinisch: Die Saho-Sprache I. Wien 1889, I, S. 302.

[3] l. l. 289.

[4] Ta'âliby: Al'ygâz wal'i'gâz, S. 30; Constant. 1301, Gawâib-Druckerei.

[5] Kremer: Geschichte der herrschenden Ideen des Islams. S. 439, Note.

schwor man, wenn jedes Misstrauen beseitigt werden sollte, ‚bei Brot und Salz‘.[1] Oder der Eine fordert den Andern auf, gemeinsam Brot und Salz zu verzehren; denn Gott sucht den heim, der am Salze zum Verräther wird.[2]

Nach Beduinensitte tritt Jener, der mit dem Hausherrn zusammen speist, und wäre es auch nur ein Stückchen Brot, zu seinem Gastfreund in das Schutzverhältniss. So heisst es im 'Antar-Roman:[3] er und seine Leute vermengten sich mit dem (fremden) Volke und zehrten von ihrer Speise; so entstand zwischen ihnen das Schutzverhältniss (wachtalaṭa howa wa 'aṣḥâboho bilḳaumi wa 'akalû-ṭṭa'âma waḥtakama bainahom aldimâm).

Derselbe Gedanke kommt zum Ausdruck in der russischen Volkssitte, dem Zaren, wenn er eine Stadt betritt, Brot und Salz darzubieten.

Auch Brot allein zusammen verzehrt zu haben genügte, um jede feindliche Handlung der Tischgenossen auszuschliessen. Bei den Saho ist die sprichwörtliche Redensart, um die Fehde zu erklären: Ich und du werden kein Brot mehr zusammen essen; bist du nicht mein Feind?![4] Geradeso war es ein allgemein üblicher Gedanke im griechischen Alterthum: Wie sollte der unser Freund sein, der nie bei uns gegessen noch getrunken hat?[5]

Bis in unsere Tage hat diese uralte Sitte ihre Kraft nicht verloren: ‚Wir haben Salz zusammen gegessen (naḥno mâliḥyn)‘ bedeutet so viel als: wir haben Freundschaft geschlossen, oder, um uns einer deutschen Redensart zu bedienen, ‚Wir haben Bruderschaft getrunken.‘

Nicht leicht gibt es bei den Arabern einen böseren Schimpf, als Einem zu sagen: Du bist ein Salzmissbraucher![6]

Mag die Wichtigkeit des Salzes im arabischen Volksleben noch so gross sein, dennoch würde man fehl gehen, wenn man

[1] 1001 Nacht, Habicht, V, 274.
[2] L. l. S. 273.
[3] 'Antar, Ausgabe von Beirut, I, 66.
[4] Reinisch: Saho-Sprache I, 279.
[5] Lucian: Parasita, XLVIII, 22.
[6] R. Burton: Pilgrimage to El-Medinah and Mekkah, III, 84. 115. Vgl. Doughty: Arabia Des. I. 228, 264, 276, 522, 569; II, 336, 304, 498, 513.

daraus schliessen wollte, dass die Araber es seit unvordenklichen Zeiten gekannt hätten. Es scheint im Gegentheil, dass sie es erst ziemlich spät, gewiss viel später als die anderen asiatischen Culturvölker, kennen gelernt haben. Die Vermittler hiebei waren die mit Arabien in Verkehr stehenden Nachbarvölker.

Aber gewiss bedeutet für die Araber die Einführung des Salzes und die Gewöhnung an den Gebrauch desselben den Eintritt in eine neue, höhere Periode der Cultur. Dass die Epoche der Unkenntniss des Salzes, die allerdings weit zurück liegen mag, für den Araber nicht so entfernt ist wie für andere Völker, das zeigt sich aus der Thatsache, dass manche Beduinenstämme noch bis in unsere Zeiten vom Salz nichts wissen.[1]

Es ist dies durchaus nicht so überraschend. Auch die Arier der ältesten Zeit scheinen das Salz noch nicht gekannt zu haben; denn es wird im Rigveda nirgends genannt; es kommt erst im Atharvaveda (7, 76) vor (lavaṇa).[2]

Schon früher haben wir die Stelle der Odyssee angeführt, wo von Menschen die Rede ist, die das Salz nicht kennen. Aber noch wichtiger ist das Zeugniss des phönicischen Geschichtschreibers Sanchuniathon, das bei Eusebius erhalten ist. Der gelehrte Phönicier zählt in seiner Kosmogonie eine Reihenfolge von Entwicklungsstufen des Menschengeschlechtes auf, welches von Generation zu Generation zu immer höherer Cultur sich emporschwingt und jeder Fortschritt wird an die Namen mythischer Heroen geknüpft; so lehrten Amynos und Magos die Menschen Dörfer bewohnen und Heerden halten; von diesen wurden gezeugt Misor und Sydyk, und diese entdeckten den Gebrauch des Salzes. Von Misor aber stammte Taautos, welcher die schriftliche Bezeichnung der Sprachlaute (die Schrift) erfand.[3]

---

[1] A. v. Wrede: Reise in Hadhramaut etc., herausgegeben von Maltzan. Braunschweig 1873, S. 94.

[2] Zimmer, Altindisches Leben. Berlin 1879, S. 54.

[3] Eusebii Praeparatio evang. ed. Th. Gaisford. Oxford 1843, vol. I, S. 79 (p. 36). Dass dieser Taautos des gelehrten Phöniciers identisch mit dem ägyptischen Toth, dem Hermes Trismegistos ist, versteht sich von selbst, ebenso wie, dass es sich um die ägyptische Hieroglyphenschrift handelt, aus welcher die Phönicier ihr Alphabet ableiteten. Vgl. G. Maspero,

Also unmittelbar auf die Ansiedlung in festen Wohnsitzen lässt er die Entdeckung des Gebrauchs des Salzes und auf diese die Erfindung der Schrift folgen.

Hirten und Jägerstämme nähren sich von Milch und Fleisch und haben kein besonderes Bedürfniss nach Salz, denn ihre gewöhnliche Nahrung führt ihnen Alkalien in genügender Menge zu; anders verhält es sich mit dem Ackerbauer und Landmann, bei dem die Pflanzenkost vorwiegt, welche dem Körper nicht die zu seinem Wohlergehen erforderliche Salzmenge liefert.[1] Mit dem Uebergange vom unstäten, nomadischen Leben zum sesshaften, zur Beschäftigung mit dem Ackerbau, musste demnach das Salzbedürfniss von selbst sich fühlbar machen. Man kann also mit vollem Recht das Auftreten des Salzes als bezeichnend für einen wichtigen Culturfortschritt der Menschen betrachten.

Nun war aber der grösste Theil der arabischen Halbinsel vorwiegend von Nomaden und Viehzüchtern bewohnt und der Ackerbau konnte wegen Wassermangel nie recht in diesem Lande gedeihen. Lange musste demnach das Salz daselbst entbehrlich bleiben.

Ganz anders war es in den nördlichen Grenzländern, in Syrien und Babylonien, wo von den frühesten Zeiten her der Ackerbau die vorzüglichste, fast ausschliessliche Beschäftigung des grössten Theiles der Bevölkerung war. Dort musste bald das Salz den Menschen geradezu unentbehrlich werden. Denn bei fortschreitender Cultur kann man ohne dasselbe nicht leben. Schon Plinius sagt treffend: Ergo, Hercules, vita humanior sine sale non quit degere, adeoque necessarium elementum est ut transierit intellectus ad voluptates animi quoque, nimirum a sale appellantur.[2] An Gelegenheit sich diesen so wichtigen Stoff zu verschaffen, fehlte es nicht.

Palästina enthält unerschöpfliche Mengen davon im Todten Meere und an der Seeküste, sowie in der Wüste; in Babylonien hat es nie daran gemangelt: die uralten Salzlagunen

---

Geschichte der morgenländ. Völker im Alterthum: deutsche Ausgabe von Dr. R. Pietschmann. Leipzig 1877, S. 592.

[1] M. J. Schleiden: Das Salz. Leipzig 1875, S. 7.

[2] Plin. Hist. Nat. XXXI, 88.

bei Hyt reichen noch jetzt für alle Bedürfnisse aus; Bagdad und Bassora werden von da aus mit ihrem Salzbedarfe versorgt.[1]

Diese Ackerbauländer waren also zugleich auch Salzländer. Dass man in diesem Gebiete seit uralter Zeit die Salzgewinnung betrieb und den Zwecken des Ackerbaues, der Industrie und des häuslichen Lebens dienstbar machte, ist nicht zu bezweifeln. Aber die Entdeckung des Salzes scheint kein Verdienst der Semiten, sondern der Aegypter zu sein.

Ich will kein Gewicht darauf legen, dass der Name des einen der beiden von Sanchuniathon genannten Entdecker des Salzes, nämlich Misor (Μισώρ) an den alten hebräischen Landesnamen von Aegypten anklingt, aber wichtiger schon scheint es mir, dass der ägyptische Name für Salz (mrḥ oder mlḥ) in alle semitischen Sprachen übergegangen ist. Dies hätte nicht geschehen können, wenn nicht die Sache selbst von dort wäre entlehnt worden. Zwischen den Aegyptern und den Semiten machten zweifellos schon in vorgeschichtlicher Zeit die Phönicier die Vermittler. Sie waren die grossen Handels- und Culturmäkler der alten Welt.

Das ägyptische Wort mrḥ oder mlḥ[2] im hebräisch-aramäischen melaḥ erlitt bei der Uebernahme ins Arabische den Lautgesetzen gemäss die Umgestaltung in milḥ.[3]

Sobald dieses Wort als ein, wenn auch der Form nach, ganz arabisches, aber ursprünglich aus fremdem Sprachschatze entlehntes erkannt ist, erklären sich auch von selbst gewisse anscheinende Widersprüche in den Bedeutungen, welche die Lexicographen der Stammwurzel mlḥ und den davon abgeleiteten Wörtern beilegen.

Es lassen sich nämlich zwei ganz verschiedene Bedeutungen für das Wort milḥ nachweisen und zwar:

I. milḥ (echtarabisch) = lac.

II. milḥ (Lehnwort aus ägyptisch mlḥ) = sal.

---

[1] Ritter: Erdkunde XI. West-Asien, S. 756.

[2] Im Koptischen haben sich die Formen ⲙⲟⲗϩ, ⲙⲁⲗϩ salzen, salire, ⲙⲗϩ salsugo u. s. w. erhalten. Hieher gehört auch die Form ⲙⲁⲣⲉϩⲓ, nitrum, bitumen, auf die mich Prof. Reinisch aufmerksam macht.

[3] Olshausen: Lehrbuch der hebräischen Sprache. Braunschweig 1861, §. 86.

Für die I. Bedeutung haben wir sehr gute Belege aus altarabischen Quellen. Mobarrad gibt ausdrücklich hiefür die Bedeutung: Milch (laban) oder auch im übertragenen Sinne: Milchverwandtschaft (riḍâ');[1] hieran schliesst sich eine Anzahl von abgeleiteten Wörtern, die hiemit begrifflich zusammenhängen, wie: malaḥa, Milch zu trinken geben; milḥ, Fett, wie die jungen Thiere es ansetzen, die viel Milch trinken oder die noch gesäugt werden: momallih, heisst ein solches fettes, junges Kameel (gazur). Als Beweisstelle für die Bedeutung führt Gauhary einen Vers des alten Dichters 'Orwah Ibn alward an, der auch in der von Th. Nöldeke herausgegebenen Sammlung der Gedichte desselben sich findet;[2] endlich ist noch anzuführen: momâliḥ, collactaneus und momâlaḥah, Milchverwandtschaft.

Wir kommen zur Bedeutung II: milḥ (Fremdwort, entlehnt aus dem Aegyptischen) = sal, Salz.

Hieraus entwickelte sich eine Reihe von begrifflich mit dem Stammworte zusammenhängender Wortbildungen: malaḥa, salzen, ebenso mallaḥa und 'amlaḥa, maloḥa, salzig sein, momâliḥ, durch gemeinsamen Genuss von Salz verbündet, davon momâlaḥah u. s. w.

Von einer Anzahl von derselben Wurzel abgeleiteter Wörter ist es schwer zu sagen, ob sie vom Stamme I oder II gebildet worden sind. Ich führe nur beispielsweise einige hier an: malyḥ, schön, malâḥah, Schönheit, 'amlaḥ, weissgrau, malḥâ', das mittlere Rückenstück des Kameeles u. s. w. Näher hierauf einzugehen wäre überflüssig und zwecklos.

Immerhin genügt die obige Zusammenstellung, um zu beweisen, dass die älteste Bedeutung des arabischen Wortes nicht Salz, sondern Milch ist; dass aber später, als das Fremdwort milḥ = sal in Gebrauch gekommen war, man die Bedeutungen verwechselte, so dass man schliesslich nicht mehr sicher war, ob momâlaḥa Milchverwandtschaft oder Salzverbrüderung bedeute. Für uns kann aber nach dem Gesagten kein Zweifel bestehen, dass das erstere der Fall war. Hiefür

[1] Kâmil of El-Mubarrad ed. W. Wright. S. 284, Z. 6 ff.

[2] Th. Nöldeke: Die Gedichte des 'Urwah ibn alward: Abhandlungen der k. Gesellschaft der Wissenschaften zu Göttingen. Bd. XI vom Jahre 1863, S. 31.

sprechen auch die gesetzlichen Bestimmungen über die Milchverwandtschaft,[1] die noch zu Beginn des Islams ihre volle Kraft besassen. Aber ein und dasselbe Wort in ganz verschiedenen Bedeutungen fortzuführen, war selbst für die Araber zu viel und so kam es, dass, je mehr das Salz bekannt ward, man desto lieber das Wort milḥ ausschliesslich in diesem Sinne gebrauchte und für Milch eine andere, unzweideutige Bezeichnung, nämlich laban oder ḥalyb wählte.

Den Zeitpunkt auch nur annähernd bestimmen zu wollen, wann das Salz den Arabern bekannt geworden ist, wäre ein vergebliches Bemühen. Zweifellos gab es eine lange andauernde Zeit des Salzgenusses, jedoch nur in der Art, dass man salzhältiges Wasser benützte. So befriedigte man das Bedürfniss nach Alkalien im höchsten Alterthume. Ein gutes Beispiel gibt Diodor.[2] Er berichtet von den Heuschrecken fressenden Völkern der afrikanischen Küste des Rothen Meeres, dass sie aus den reichlichen Salzwasserlachen ihres Landes die Wanderheuschrecken, die oft in dichten Haufen den Boden bedeckten, begössen, so dass die ganze Masse davon durchtränkt werde. Hiedurch werde nicht nur der Vorrath wohlschmeckender, sondern auch vor Fäulniss geschützt und könne so durch längere Zeit aufbewahrt werden. Ganz ebenso machen es noch heutzutage die Stämme an der Bucht von Zula, wie mir Professor Reinisch aus eigener Anschauung mittheilt.

Das Salz durch Verdunstung des Seewassers gewinnen lernte man gewiss erst viel später, sowie auch die Benützung des Steinsalzes.

In den Städten Nordarabiens war zur Zeit Mohammeds das Salz natürlich schon längst bekannt. Ein Dichter vergleicht sein Schwert mit dem Salze, so blank und glänzend ist es; der Prophet wendet schon Salz mit Wasser zur Entfernung von Unreinigkeit an.[3]

In den festen Ansiedlungen fand es wie begreiflich mehr Eingang als bei den wandernden Stämmen der Wüste. Aber

[1] Vgl. Kremer: Geschichte der herrschenden Ideen des Islams, S. 350. Mowaṭṭa': Kitâb alriḍâ'.

[2] Diod. Sic. III, 29; Strabo XVI, 4, 12 (772).

[3] Ibn Hišâm, S. 554, 768. Ob an der zuerst angeführten Stelle nicht etwa Milch statt Salz zu übersetzen sei, ist nicht sicher.

nicht unwahrscheinlich ist es, dass Salz und Brot zwischen denen ein gewisser, innerer Zusammenhang besteht, in nicht zu weit von einander entfernten Zeiträumen nach Arabien gekommen seien, als Begleiter einer neuen Epoche, nämlich der des Ackerbaues und des sesshaften Lebens.

Dass dem wirklich so sei, zeigt die vergleichende Culturgeschichte. Die Zeit vor dem Salz ist überall die des unstäten Hirtenlebens.

Ein gutes Beispiel hiefür bietet Indien, wo im höchsten Alterthum, in der Zeit des Rigveda, die Viehzucht, welche zum Theile sogar auf nomadische Lebensweise deutet, entschieden hervortritt gegen den Ackerbau. Hauptnahrungsmittel für Jung und Alt war damals Milch.[1] Das ist zugleich die Zeit, wo auch dort wahrscheinlich das Salz unbekannt war. Desshalb durfte auch bei den Opfern kein Salz gebraucht werden.[2]

Auch das griechische Alterthum bietet hiezu eine überraschende Parallele. Homer, der nur selten anderer Opfer als solcher von Thieren Erwähnung thut, nennt dabei nie das Salz, und es scheint demnach, dass Athenaeus gut unterrichtet war, wenn er, die Worte eines alten Gewährsmannes anführend, erzählt, dass man, im Andenken an die Vorzeit, das Eingeweide der Opferthiere verbrenne, ohne Salz beizufügen, da dieses zu solchem Gebrauche noch nicht erfunden war; als aber später das Salz den Menschen zu ihrer Speise gefiel, da blieben sie doch in der Art des Opferns bei der (alten) väterlichen Sitte.[3]

Es ist dies ein weiterer Fall von Atavismus; denn die Nichtbenutzung des Salzes bei dem Verbrennen der Eingeweide der Opferthiere zeigt, dass man dabei den alten, von den Vorfahren überkommenen Brauch festhielt, der aus der Zeit vor Entdeckung des Salzes stammte.

Wenn nun aber schon bei den Griechen die Erinnerung an die Zeit vor dem Salze so frisch sich erhalten hatte, und

---

[1] Zimmer: Altindisches Leben, S. 268 ff.

[2] Âpastamba-Dharma Sûtra II, 15, 15. The Sacred Books of the East ed. M. Müller II, p. 137, nach freundlicher Mittheilung meines verehrten akademischen Collegen, Hofrathes Prof. G. Bühler.

[3] Athenaeus: Deipnosoph. XIV, (23) 661.

demnach nicht gar so weit vor die Anfänge der griechischen Geschichte zurückverlegt werden darf, so wird sie wohl bei den Arabern, die doch in Allem den civilisirten Nachbarvölkern erst so spät nachfolgten, keineswegs in eine allzuferne Vorzeit gesetzt werden dürfen. Das höher in der Cultur vorgeschrittene Südarabien wird auch gewiss durch den Handelsverkehr mit den Fremden weit früher in die feineren Genüsse des Lebens eingeführt worden sein, als das Binnenland mit seinen nomadisirenden Hirtenstämmen, von denen manche zur Zeit des arabischen Propheten von Brot und Salz wenig gewusst haben dürften, und manche auch heutigen Tages noch nichts wissen.

Bedenkt man noch, dass bei den Alten nicht Salz und Fleisch, wohl aber Mehl und Salz, Brot und Salz seit den ältesten Zeiten, wo überhaupt letzteres bekannt ist, mit einander genannt zu werden pflegen, ja sogar bei den Schriftstellern, Dichtern und Prosaikern geradezu als geflügeltes Wort gebraucht werden, so wird man kaum daran zweifeln können, dass beide zusammen als die bezeichnenden Merkmale des Beginnes einer wichtigen Epoche in der Geschichte der menschlichen Cultur und der fortschreitenden Gesittung angesehen werden müssen.

Dass für die Araber diese neue Zeit später anbrach als für die anderen Völker des Alterthums, ergibt sich aus der vorhergehenden Untersuchung. Sie erscheinen als das letzte semitische Volk des alten Orientes; sie treten in die Geschichte ein, als die anderen schon im Absterben begriffen waren, sie erreichen ihre höchste Blüte, als die anderen längst verschwunden sind, und sie leben nun, seitdem ihre grosse, geschichtliche Rolle zu Ende ist, wie vor Jahrtausenden, abgeschlossen in ihren Wüsten, wo das patriarchalische Leben der biblischen Zeiten unverändert bis auf den heutigen Tag in ursprünglicher Reinheit sich erhalten hat; allerdings zugleich auch die alte Wildheit und Zügellosigkeit des vorgeschichtlichen Menschen.

II.

Blut und Seele.

Wenn schon nach uraltem Brauche der gemeinsame Genuss von Salz und Brot eine Verbrüderung zur Folge hatte, wodurch zwischen den Theilnehmern die Sicherheit des Lebens verbürgt ward, so kennen die Semiten und mit ihnen die alten Araber, sowie noch viele Völker der verschiedensten Rassen eine andere heilige und bindende, aber auch ältere und rohere Art der Verbrüderung: es ist dies der Blutbund.

So soll nach alten Sagen ein Schutz- und Trutzbündniss zwischen mehreren Stämmen Nordarabiens ('Abd aldâr, Machzum, 'Ady, Sahm, Gomaḥ) in folgender Weise abgeschlossen worden sein. Sie schlachteten alle zusammen, und vermuthlich an heiliger Stätte, ein Kameel, tauchten zusammen ihre Hände in das warme Blut und leckten es ab. Daher erhielten sie den Beinamen: Blutlecker (la'akat oldam).[1] Diese Sitte scheint allgemein gegolten zu haben; denn die in alter Zeit übliche Redensart für den Abschluss eines Bündnisses oder für Leistung eines bindenden Eides war: ‚Einen Eid eintauchen.'[2] Dass dieser Eid für besonders heilig galt, dass er mit dem Cultus der Götter in Zusammenhang stand, geht daraus hervor, dass Mohammed diese Form der Eidesleistung auf das Strengste seinen Anhängern verbot und als grosse Sünde bezeichnete, indem er sagte: ‚Die schweren Sünden sind folgende: die Vielgötterei, Versäumung der Pflichten gegen die Eltern, Mord und der Bluteid (aljamyn olghamus).'[3]

Ein gutes Beispiel bietet die Sage von der Rache des Higris:

Zwischen den Stämmen Bakr und Taghlib herrschte eine lange, hartnäckige Fehde; der letzte Mann, der fiel, war Gasâs, welcher von Kolaib meuchlings getödtet ward, obgleich er sein Schwager war; denn seine Schwester war des Ersteren Gattin.

---

[1] Ibn Hišâm ed. Wüstenfeld, p. 125. Kâmus sub voce la'k.

[2] Gamasa ḥalifap. Bochâry: Kitâbo 'aḥâdyt il'anbijâ', Cap. higrat olnabijji. Vgl. Lexica, die natürlich das Wort falsch erklären, da sie von der Bedeutung dieses Eides keine Vorstellung hatten.

[3] Bochâry: Kitâb ol'ajmâni walnoḏuri: Cap. bâb oljamyn ilgamus.

Endlich gelangte die Fehde zum Abschluss durch ein Uebereinkommen zwischen den beiden Stämmen, nachdem sie gegenseitig nahezu sich aufgerieben hatten. Die Witwe des Gassâs, die eines Söhnleins genas, lebte bei ihrem Bruder Kolaib, der den Sohn seiner Schwester, Higris, wie sein eigenes Kind hielt, und, als er herangewachsen war, ihm seine Tochter zur Frau gab. Durch Zufall erfährt Higris, wie sein Vater Gassâs durch die Hand seines Oheims Kolaib gefallen war. Das machte solchen Eindruck auf ihn, dass sich sein ganzes Verhalten änderte. Seine Frau merkte dies und setzte Kolaib, ihren Vater, in Kenntniss. Dieser besorgte sofort, dass Higris, sein Schwiegersohn auf Blutrache sinne. Er liess ihn rufen und sprach zu ihm: ‚Du bist fürwahr mein Kind, und du weisst, wie sehr ich dich liebe; meine Tochter habe ich dir zum Weibe gegeben, und so lebst du nun mit uns als einer der Unsrigen; die Blutfehde um deinen Vater hat lange genug gedauert, so dass wir uns gegenseitig fast ausgerottet hatten; endlich schlossen wir Frieden. Ich halte nun dafür, dass du ebenso wie alle anderen Stammesangehörigen den Frieden anerkennst, und dir bereitwillig dieselben Pflichten auferlegen lassest, wie wir sie für unser Volk übernommen haben.‘ Higris erklärte sich bereit und verlangte nur, dass er standesgemäss vor dem versammelten Volke erscheinen dürfe, vollständig gewappnet, im Panzer und zu Rosse. Kolaib willigte ein, liess das Pferd vorführen und gab ihm Panzer, Schwert und Lanze. Dann gingen sie in die Volksversammlung, wo Higris den Eid leisten sollte. Schon brachte man in einem Gefässe das Blut (um zum Schwur die Hände einzutauchen), da fasste Higris die Lanze und durchbohrte Kolaib, seinen Oheim und Schwiegervater, und rächte so an ihm seinen Vater.[1]

Man sieht, dass auch hier das Blut dazu dienen soll den Schwur zu besiegeln und demselben eine höhere Weihe zu ertheilen. Dieses Blut war das eines Opferthieres, das man den Göttern schlachtete, die somit gewissermassen eingeladen wurden als Zeugen dem Abschlusse des Bündnisses anzuwohnen.

---

[1] Agâny IV, 151. Caussin de Perceval: Essai sur l'histoire des Arabes avant l'islamisme II, p. 276, 277.

Diese Sitte ist uralt bei den Arabern, denn tausend Jahre ungefähr vor der Zeit, aus der die obige Erzählung stammt, berichtet Herodot von dem blutigen Verfahren der Araber bei ihren Bündnissen, wie folgt: ‚Wenn zwei Leute ein Bündniss eingehen wollen, so ist es ihr Brauch, dass ein Mann (wohl der Priester), der zwischen den beiden steht, mit einem scharfen Stein die innere Handfläche eines jeden der beiden Betheiligten am Daumen aufritzt; dann reisst er aus dem Kleide eines jeden ein Flöckchen (Wolle) heraus, beschmiert hiemit und mit dem Blute sieben in der Mitte liegende Steine und ruft dabei Bacchus und Urania an. Ist dies geschehen, so empfiehlt der Vertragschliesser seinen Freunden jenen Gastfreund oder jenen Bürger, wenn er mit einem solchen den Bund geschlossen hat und die Freunde halten sich nun auch verpflichtet die (eingegangenen) Versprechungen einzulösen.‘[1]

Es braucht nicht besonders hervorgehoben zu werden, dass die alte Sitte roher als die spätere war, indem wirkliches Menschenblut zum Vertragsabschlusse gefordert ward. Später begnügte man sich mit dem Blut des Opferthieres.

Nach dem Gesagten wird man es ganz gut verstehen, wesshalb der arabische Prophet, dem einer seiner Anhänger das Blut aus der Wunde gesaugt hatte, zu diesem spricht: ‚Wahrlich, wer mein Blut mit dem seinen vermischt hat, der bleibt unberührt vom Feuer der Hölle!‘[2]

Das Blut des Propheten hatte jenen geheiligt, sie waren Blutsverwandte geworden, einer hatte für den andern einzustehen und der Prophet wollte desshalb auch eintreten für ihn am Tage des Gerichtes.

Auch bei andern Völkern des Alterthums findet sich Aehnliches. So soll schon Catilina durch gemeinsamen Genuss von Menschenblut die Mitverschworenen unlösbar an sich zu fesseln versucht haben.[3]

Bei den griechischen Vertragseiden kam es vor, dass die Schwörenden ihre Hände und Waffen in das Blut der Opferthiere tauchten.[4] Auf dem Rückzuge der Zehntausend schwören

[1] Herodot III, 8.

[2] Ibn Hišâm ed. Wüstenfeld, S. 572.

[3] Sallust: Catilina XXII. Erwiesen ist die Thatsache nicht.

[4] Schoemann: Griechische Alterthümer II, 220.

die Griechen und die Barbaren (Perser) sich Treue und es werden zu diesem Zwecke ein Eber, ein Stier, ein Wolf und ein Widder als Opfer über einem Schilde geschlachtet, (das Blut aufgefangen) und die Griechen tauchen ihre Schwerter, die Barbaren ihre Lanzen ein.[1]

Bei den Armeniern und kleinasiatischen Iberern fand der Blutbund ganz wie bei den Arabern durch Aufritzen der Daumen, dann aber durch gegenseitiges Auflecken des Blutes statt,[2] und in ganz ähnlicher Weise bei den Medern, Lydiern und Scythen.[3] Bei allen bestand das Wesentliche in dem Blutaustausche. Ganz ähnliche Beobachtungen machen wir bei den turko-tartarischen Völkern. Als religiöse Betheuerung oder Bekräftigung irgend eines Gelübdes, eines gegebenen Wortes oder eines feierlichen Uebereinkommens konnte der regelrechte Schwur nur zugleich mit einem Opfer vollzogen werden, wobei die Schwörenden durch einen Trunk Blutes von dem geschlachteten Opferthier auf feierliche Art sich verbanden: oder die Schwörenden öffneten sich eine Ader, liessen das Blut in ein Gefäss fliessen und tranken davon. Schwören heisst daher im Türkischen ‚and itschmek' Segen trinken oder richtiger ‚Opfer trinken'. Auch im Neupersischen sagt man für schwören ‚sôkend churden': einen Schwur essen (trinken). Derselbe Brauch hat sich bei den Magyaren lange erhalten und die alten, ungarischen Chroniken berichten von der Sitte des Oeffnens der Armader und des gemeinsamen Bluttrunkes.[4]

Auch im Innern von Afrika kommt derselbe Brauch vor. So erzählt Stanley von einem Bündnisse: ‚after making marks in each others arms and exchanging blood, there was a treaty of peace as firm, I thought, as any treaty of peace made in Europe.'[5]

In Ost- und Centralafrika ist dies allgemein üblich. Bei einzelnen Stämmen ist auch der Namensaustausch hiemit verbunden. Selbst auf Madagascar ist diese Sitte des Blut-

[1] Xenophon: Anabasis II, 2, 9.
[2] Tacitus: Annal. XII, 47.
[3] Herodot I, 74; IV, 70. Lucian, Toxaris 37. Valerius Max. IX, 11, extr. 3.
[4] H. Vambéry: Die primitive Cultur des turko-tatarischen Volkes. Leipzig 1879. S. 252.
[5] Proceedings of the R. Geogr. Soc. vol. XXII, S. 161.

bundes in voller Uebung, obgleich die Bevölkerung anderen Stammes ist, als die Bewohner des Festlandes. Aber auch bei den germanischen Völkern sind Spuren davon zu erkennen; bei den alten Hibernern ist der Blutaustausch bei Bündnissen gleichfalls geschichtlich verbürgt.[1]

An eine Entlehnung ist bei einer Sitte, die bei so verschiedenen Völkern herrscht, welche gar keine Berührung mit einander haben konnten, gewiss nicht zu denken. Es muss also eine logische Gedankenverkettung sein, die hiezu den Anstoss gab. Sie muss aus den gleichen Eindrücken, den gleichen Sinneswahrnehmungen des Naturlebens der wilden Völker im Zustande der ältesten, menschlichen Gesellschaft von selbst sich ergeben haben.

Auch dem rohen Wilden konnte es nicht entgehen, dass das Blut der eigentliche Lebenssaft ist, dass mit dem Blut auch das Leben aus der Wunde strömt. Sein Blut musste ihm deshalb als das kostbarste Besitzthum erscheinen, es war ihm ein Schatz, den er eifersüchtig hütete und nicht leichthin verschenkte.

Auf einen solchen Gedankengang deutet es zweifellos, wenn wir bei einem alten, arabischen Schriftsteller lesen: ‚es floss seine Seele (aus der Wunde)‘ statt: er starb.[2] Und diese Auffassung ist uralt. Schon bei Aristoteles finden wir die Ansicht eines alten Denkers (Kritias) erwähnt, der da lehrte: ‚Die Seele ist im Blute.‘[3] ‚Denn des Fleisches Leben ist im Blute,‘ heisst es im Leviticus 17, 11.

Auch sonst gilt bei Griechen und Römern die Ansicht: Das Blut ist der Sitz des Lebens.[4]

[1] Diese Daten gebe ich nach der Zusammenstellung bei J. Lippert, Der Seelencult. Berlin 1881, S. 61 ff. Hinsichtlich der Germanen, für die Lippert keine Quelle anführt, kann ich nur auf den altnordischen Ziehbruderbund verweisen, der auch mit dem Aufritzen der Hände und dem Vermischen des Blutes vollzogen ward. Vgl. Weinhold: Altnordisches Leben. Berlin 1856, S. 287.

[2] Ibn Wâḍiḥ ed. Houtsma II, S. 312, Z. 2. Auch im Ḳâmûs und Ṣaḥâḥ wird diese Redensart ausdrücklich angeführt, woraus man sieht, dass sie sehr gebräuchlich war. Man sagte auch statt: sâlat nafsoho, fâḍat n. oder auch fâṣat n. Letzteres ist eine Verderbniss.

[3] Aristoteles: De anima I, 2, 19.

[4] Schoemann: Griechische Alterthümer II, 218. Serv. ad Vergil. Aen. IX, 348.

Lucanus sagt von dem schwerverwundeten Krieger:

. . . . Tum volnere multo
Effugientem animam lassos collegit in artus.[1]

Der Tod des Laecdämonier-Königs Agis in der Schlacht gegen die Macedonier wird folgendermassen beschrieben: . . . . donec lancea nudo pectori infixa est: qua ex vulnere evulsa, inclinatum ac deficiens caput clypeo paulisper excepit, deinde, linquente spiritu pariter ac sanguine, moribundus in arma procubuit.[2]

Also Blut, Seele, Leben sind Begriffe, die in frühester Zeit sich decken. Und für diese Logik der Thatsachen bei den Naturvölkern mag noch der Beweis hier beigebracht werden, dass in der Sprache des von der Cultur ganz unberührt gebliebenen Kunama-Volks in Nordostafrika, dasselbe Wort šúkā: Puls, Pulsschlag und Seele bedeutet.[3]

Das ist also in der That die allgemeine, auf der Naturbeobachtung beruhende Anschauung wilder Völker; eine Vorstellung, die bis auf unsere Tage ihre Kraft nicht eingebüsst hat.

Es unterliegt nach dem Gesagten keinem Zweifel, dass der Austausch von Blut der kräftigste Ausdruck unlösbarer Verbindung sein musste, denn Jeder gibt mit seinem Blute dem Andern einen Theil seines Selbst hin, beide treten in Blutsgemeinschaft und werden hiemit Brüder. Später trat an die Stelle dieser ältesten Form, welche dem wilden Urzustande angehört, eine mildere, nämlich das Menschenblut ward ersetzt durch das des Opferthieres, in welches man die Hände tauchte, das man aufleckte, oder womit man den Altar und die Theilnehmer an der Opferhandlung besprengte.

Diesen Verlauf der Dinge sehen wir sehr deutlich, wenn wir den oben gegebenen Bericht Herodot's über die Bundesschliessung der alten Araber vergleichen mit den um ungefähr tausend Jahre jüngeren Gebräuchen, wie sie von dem arabischen Schriftsteller geschildert werden. Bei dem alten Bundesschlusse fliesst Menschenblut; bei dem zweiten ist schon das

---

[1] Pharsalia III, 622, 623. Vgl. Tacitus, Annal. XV, 40.

[2] Q. Curtius Rufus VI, 2. Ueber andere Beispiele wo αἷμα = anima, spiritus gebraucht wird, sehe man Henr. Stephanus: Thesaurus sub voce.

[3] Nach gütiger Mittheilung meines Freundes Prof. L. Reinisch.

Blut des Opferthieres an dessen Stelle getreten. Wenn nun aber solche Bräuche nach der Denkart und den Empfindungen der wilden Menschen ihre volle Berechtigung hatten, sobald es sich darum handelte, ein möglichst festes und dauerndes Bündniss mit seinesgleichen abzuschliessen, um wie viel mehr musste dies wohl begründet erscheinen, wenn es darauf ankam, mit den Geistern der Abgeschiedenen oder gar mit den Göttern selbst einen Bund einzugehen, zu dem Zwecke ihr Wohlwollen oder ihren Schutz zu gewinnen und zu erhalten, oder sich gegen ihren Zorn und ihre Rache zu sichern.[1]

Desshalb finden wir die Menschenopfer bei den in der Gesittung am meisten zurückgebliebenen Völkern sehr verbreitet: man brachte menschliches Blut und Leben den Geistern oder Göttern dar, als das Kostbarste, das man hatte. Erst später tritt das Thieropfer auf und verdrängt erstere nur langsam. Auf einer noch höheren Stufe der Gesittung kommt das Pflanzenopfer in Gebrauch.

Diese drei Perioden: 1. des Menschenopfers, 2. der Thieropfer und 3. der vegetabilischen Opfer, bezeichnen ebenso viele Stufen der Cultur: des ältesten, wilden Lebens der Urzeit, des Fortschrittes zum Hirtenleben und zur Viehzucht, endlich des Ackerbaues und der festen Niederlassungen.

Jedoch dadurch, dass in Folge der Macht der Gewohnheit manche Gebräuche der ältesten, rohesten Zeit bis in spätere Epochen einer ziemlich hohen Cultur im Gebrauche sich behaupteten, ist eine strenge Scheidung zwischen den einzelnen Perioden nicht zu ziehen; so dass selbst in Zeiten, wo an die Stelle der alten Wildheit schon längst der Ackerbau, das sesshafte Leben und sogar die Entstehung der grossen Gemeinwesen getreten war, noch immer gewisse Bräuche, Anschauungen und Ceremonien, und besonders rituelle Verrichtungen von ganz alter Barbarei lebendig sich erhielten oder doch in geschwächter, gemilderter Form fortlebten.

Das merkwürdigste Beispiel solcher Atavismen finden wir, um von Anderem vorläufig abzusehen, bei den Menschenopfern.

[1] Als Alexander die illyrische Stadt Pellum angriff, opferten die Einwohner, um des Schutzes der Götter sich zu versichern, drei Knaben und ebenso viele Mädchen, und noch dazu drei schwarze Widder. Arrian: Anabasis I, 5.

Man begegnet denselben bei einer grossen Anzahl von Völkern theils bei Leichenbestattungen, theils bei dem Götterdienste.

Im alten Indien gibt es nach dem Opferritual fünf Opferthiere, unter denen der Mensch an erster Stelle genannt wird.

Denn ganz im Sinne der wilden Völker wird der Mensch keineswegs als ein von den Thieren verschiedenes Wesen angesehen.[1]

Dass in der Urzeit Menschenopfer auch den semitischen Völkern nicht fremd waren, ist zweifellos und liefern hiefür die heiligen Schriften den Beweis.[2] Man erinnere sich des phönicischen Molochdienstes, der auch auf Rhodus und Kreta bestand und durch die Karthager nach Afrika kam; dann des Baalcultus, der desshalb besonders merkwürdig ist, da die Priester hiebei in eigenthümlicher Bewegung den Altar umkreisten und, um der Gottheit die Erhörung der Bitten abzuzwingen, hiebei mit Schwertern und Spiessen sich verwundeten.[3] Denn Menschenblut musste fliessen, wenn die Götter günstig gestimmt werden sollten.

Bei den Griechen und Römern erhielten sich die Menschenopfer bis in die Zeiten des Augustus und selbst noch etwas später.[4]

Allerdings zeigte sich schon weit früher die Neigung zu einer milderen Uebung. So lässt schon Euripides in seiner Tragödie ‚Iphigenia auf Tauris' die Athene hinsichtlich des altüblichen Menschenopfers anordnen, dass künftighin, wenn das Volk zum Feste erscheint, ein Mann sich nur den Hals blutig ritzen solle:

> ‚Damit der Göttin hehrer Brauch in Ehren bleibt.'
> ὁσίας ἕκατι θεά θ' ὅπως τιμὰς ἔχῃ.[5]

Und Lykurg verordnete, dass, um den Altar nach altem Brauch mit Menschenblut zu besprengen, statt des Menschenopfers die Epheben gegeisselt werden sollten, bis Blut fliesse.[6]

[1] Zimmer: Altindisches Leben. Berlin 1872, S. 72.
[2] Genes. 22; Richter 11, 35.
[3] Könige I, 18, 28.
[4] Schoemann: Griechische Alterthümer II, 232, 440.
[5] Eurip. Iphig. auf Tauris v. 1440 ff.
[6] Pausan. III, 16. 10.

Bei Germanen und Galliern erhielten sich die Menschenopfer bis in die römische Kaiserzeit.[1]

In Aegypten schaffte sie zu Anfang der XVIII. Dynastie Amasis zu Heliopolis ab.[2] Auf königlichen Befehl blieben sie verboten, obwohl sie nach Anderen noch länger fortbestanden.[3]

Wenden wir uns nun wieder den Arabern zu. Sie hatten gleichfalls diesen grausamen Brauch. In der ersten Hälfte des 5. christlichen Jahrhunderts brachen, wie ein syrischer Schriftsteller erzählt,[4] die Araber in das damals zum persischen Reiche gehörige Euphratgebiet ein, wobei sie in Bêth-Ḥûr der Göttin Bêlti (Venus) oder Kaukabtâ, welche die Araber Al'ozzâ nennen, zahlreiche Knaben und Mädchen opferten.[5]

Mondir, der Sohn des Imra'alḳais, König von Ḥyrah, opferte einen Sohn des Ghassanidenfürsten Ḥârit der Aphrodite (al'ozzâ); so berichtet wenigstens Procopius.[6] Derselbe Fürst opferte dieser Göttin einmal vierhundert gefangene Nonnen.[7]

Auf Menschenopfer in Ḥyrah deutet auch die Geschichte des Königs Mondir Ibn mâ'ilsamâ', der an seinem bösen Tage einmal im Jahre den Nächstbesten, dem er begegnete, vor den beiden Grabmonumenten, die unter dem Namen ‚gharijjâni', d. i. die beiden blutbeschmierten bekannt sind, tödten liess.[8]

Nach dem Zeugnisse des Theodulus, des Sohnes des Nilus, der um 400 Ch. gelebt haben soll, opferten die Araber des Sinaigebietes das Beste der Beute dem Morgensterne, am lieb-

[1] Tacitus, Germ. 30; Lucan. Pharsalia III, v. 403 ff.; Caesar: De bello Gallico VI, 16.

[2] Nach Manetho: Porphyr. de abstin. II, 55.

[3] Diod. I, 88; Plut. de Iside et Osir., Cap. 73.

[4] Isaacus Antiochenus ed. Bickell. Giessen 1873, I, S. 220.

[5] Prof. Th. Nöldeke, dem ich diese Mittheilung verdanke, meint Bêth-Ḥûr dürfte mit Tell Ḥûr, bei Moḳaddasy, S. 150, Z. 2 zu identificiren sein, das zwei Tagreisen von Âmid entfernt ist.

[6] Proc. de bello pers. II, 28, 1, dann auch Nöldeke, Geschichte der Araber und Perser, S. 171.

[7] Land: Anecd. III, 247; Nöldeke: Ṭabarî: Geschichte der Araber und Perser, S. 171 Note.

[8] Agâny XIX, S. 88; Caussin de Perceval, Essai sur l'histoire des Arabes avant l'Islamisme. Paris 1847. II, 104.

sten schöne Knaben, die sie auf zusammengeschichteten Steinhaufen hinschlachteten.[1]

Aber sogar bis ins 6. Jahrhundert, ja bis in die Zeiten des arabischen Propheten erhielten sich diese Reste alter Wildheit, und Spuren davon lassen sich noch in der ersten Zeit des Islams nachweisen. So finden wir in der ältesten Traditionssammlung folgende Erzählung: Zu dem gelehrten 'Abdallah Ibn 'Abbâs kam einst ein Weib und theilte ihm mit, sie habe ein Gelübde gethan, ihren Sohn als Opfer zu schlachten. Da entschied Jener wie folgt: ‚Schlachte deinen Sohn nicht, sondern leiste Busse für den Bruch deines Gelübdes.‘[2]

Also ein Kindesopfer ganz im Sinne der alten Patriarchenzeit. Mit Sicherheit geht daraus hervor, dass die Vorstellungen des Heidenthums noch immer nicht ganz in Vergessenheit gerathen waren. Auch in anderer Beziehung können solche Nachwirkungen der alten Gewohnheiten noch deutlich erkannt werden.

Die blutigen Opfer der heidnischen Zeit waren so sehr zur Gewohnheit geworden; man konnte so wenig sich einen Gottesdienst vorstellen, bei dem kein Blut flösse, dass man allmälig dieses als das Wesentliche, als die Hauptsache der heiligen Handlung anzusehen sich gewöhnt hatte; dass man endlich soweit ging, dem Blute eine heilige, weihende, sündentilgende, reinigende Kraft zuzuschreiben. Die Griechen hatten ihre blutigen Reinigungsopfer, und auch bei den Hebräern fehlten sie nicht.[3]

Die Araber schrieben dem Blute des Opferthieres eine feiende, gegen Unheil schützende Wirkung zu. So war es vor dem Auftreten des Islams Brauch, für einen Knaben, wenn das erste Haupthaar geschoren ward, ein Lamm zu schlachten;

[1] Wellhausen: Reste des arabischen Heidenthums. Berlin 1887, S. 37. Vom Verbrennen des Opfers ist keine Rede, der Mangel an Brennstoff macht es ohnehin höchst unwahrscheinlich. Man häufte wohl über dem Leichnam Steine auf.

[2] Mowaṭṭa': Kitâb alnodûri wal'ajmân.

[3] Schoemann: Griechische Alterthümer II, 327. Ueber die in der späteren römischen Kaiserzeit üblich gewordenen Taurobolien, wo man mit Stierblut von den Sünden sich rein zu waschen vermeinte, vgl. Boissier: La religion romaine. Paris 1874. I, 412. Der orientalische Ursprung der Taurobolien ist kaum zu bezweifeln.

dieses Opfer hiess 'aḳyḳah und mit dem Blute desselben ward das Haupt des Kindes bestrichen.[1]

Der Islam änderte nur wenig an diesem durchaus heidnischen Gebrauche: man schlachtete das Lamm, wie früher, schor das Haupt des Kindes und statt des Blutes bestrich man es mit Saffran oder der rothen Chaluḳsalbe.[2] Mohammed hatte nämlich im Gegensatze zum Heidenthum das Blut für unrein erklärt. Gleichzeitig mit der Haarschur wurden auch Almosen vertheilt und Fâṭimah, des Propheten Tochter, liess, als sie für ihre Kinder das 'Aḳyḳah-Opfer darbrachte und ihre Haare geschnitten wurden, diese abwägen und ihr Gewicht in Silber als Almosen vertheilen.[3]

Dieser Glaube an die wundervolle Kraft des Opferblutes ist uralt. Nach der biblischen Sage besprengten die Hebräer in Aegypten die Thürpfosten und Schwellen ihrer Wohnhäuser mit dem Blute des Opferlammes, damit der Würgengel des Herrn daran vorüberschreite.[4] Also auch hier schützt und schirmt das Opferblut vor Unheil.[5]

---

[1] Es scheint, dass dieses Blut nicht abgewaschen, sondern als Zeichen der erhaltenen Opferweihe und als Schutzmittel gegen schädliche Einflüsse unangetastet gelassen ward. Deshalb heisst es in einem alten Gedichte:

> O Hind! heirate nicht eine Vogelscheuche,
> Einen, der vom 'Aḳyḳah-Opfer die Blutspur trägt, einen
> Rothhaarigen!

ايا هندُ لا تنكحى بُوهَةً
عليه عقيقته أحْسَبـا

Vgl. Damyry: Ḥajât olḥaiwân I, S. 183; sub voce بُوهَة; dann Dywân des Imra' alḳais ed. Ahlwardt, S. 115, III, v. 1; Ausgabe von Kairo mit dem Commentar des Baṭlajusy, vom Jahre 1282, S. 162. Das Wort 'Aḳyḳah bezeichnet die erste Haarschur des Kindes. Robertson Smith (Kinship and Marriage in early Arabia, p. 154) geht so weit, wenn er in der 'Aḳyḳah-Ceremonie ‚a renunciation of the original mother kinship' sehen will.

[2] Śarḥ olmuwaṭṭa', Kairo II, 365; Cap. al'amal fyl'aḳyḳah.

[3] l. l. II, 263 Cap. mâ gâ'a fyl'aḳyḳah.

[4] Exodus 12, 5 ff.

[5] Auf einem Missverständnisse beruht es, wenn Prof. Robertson Smith (Kinship and Marriage in early Arabia S. 153) von dem Besprengen der Zelte des Heeres der Koraishiten mit Blut spricht und sich hiebei auf

In Aegypten herrscht noch jetzt die Sitte, auf die Thore und Aussenwände der Wohnhäuser in Henna (Lawsonia inermis) eingetauchte Hände abzudrücken. Das Opferblut wird hier durch die rothe Farbe der Hennapflanze ersetzt.

Von Musâ Ibn Noṣair, dem Statthalter Westafrika's, dem Besieger der Berberen und Begründer der arabischen Oberherrschaft erzählt man, dass, als er mit seinem Heere auszog, ein Vogel ihm zuflog; er fasste ihn, schlachtete ihn und beschmierte sich mit seinem Blute, riss ihm die Federn aus und warf ihn endlich rücklings über den Kopf, indem er ausrief: Das ist der zweifellose Sieg.[1]

Alle diese alten, abergläubischen Volksgewohnheiten sind Vermächtnisse einer fernen Vorzeit, und selbst der Islam mit all' seiner Strenge vermochte es nicht, den Glauben daran zu erschüttern. Bis auf unsere Tage bestehen sie in ungeschwächter Kraft fort. Das 'Aḳyḳah-Opfer wird noch jetzt in Mekka ebenso gefeiert wie vor anderthalb Jahrtausenden.[2] Noch immer ist es Sitte in Ḥigâz bei einem Neubau die Ecken des Gebäudes mit dem Blute eines Opferthieres zu besprengen, angeblich um die Erdgeister[3] ('ahl al'arḍ) zu versöhnen und zu verhindern, dass bei den Arbeiten ein Unglück geschehe.

Wâḳidy S. 28 meiner Ausgabe, und Prof. Wellhausen's Uebersetzung (Mohammed in Medina, S. 42) bezieht. Wellhausen hat die Stelle missverstanden und schlecht übersetzt: ‚ein Kameel, dessen Blut lebendig war'. Es ist von einem schlecht geschlachteten Kameel die Rede, das noch so viel Lebenskraft hatte, dass es trotz des strömenden Blutes sich losriss, im Lager herumrannte und die Zelte mit Blut beschmutzte. Dem Vorfall wird eine unglückliche Bedeutung zugemessen. Auch bei den Römern und Griechen galt es als unglückliches Omen, wenn das Opferthier entfloh oder sich sträubte. Vgl. Sueton, Caesar 59; Galba 18. Auch bei Pausanias finden sich diesbezügliche Stellen, die ich aber zu notiren versäumte. Vgl. Schoemann, Griechische Alterthümer II, 212. — Ich lasse hier die oben citirte Stelle folgen (Wâkidy, Maġâzy ed. Kremer, S. 28, Z. 7): فنحر ابن الحنظلية جزرًا فكانت جزور منها بها حياة فما بقى خباء من اخبية العسكر الّا اصابه من دمها •

[1] Ibn 'Adâry, ed. Dozy I, S. 26.

[2] Snouck-Hurgronje: Mekka II, S. 137, 329.

[3] Es sind dies die genii loci der Griechen und Römer, denen gleichfalls Opfer dargebracht wurden.

Dasselbe pflegt man aus demselben Grunde bei dem Graben eines Brunnens zu thun.[1]

Eben weil man das Blut als das Kostbarste ansah, weil man ihm eine weihende, heiligende Kraft zuschrieb, waren alle Opfer des arabischen Heidenthums blutige und sind es auch im Islam geblieben. In Arabien selbst haben die Sitten und Vorstellungen des alten Heidenthums trotz des oberflächlichen mohammedanischen Firnisses fast ganz unverändert sich erhalten und sind derlei Opfer so überaus häufig, dass die Nomaden selten anderes Fleisch essen als solches von Opferthieren.

Wird ein Knabe geboren, so opfert man ein Lamm; kehren die Männer von einem glücklichen Beutezug zurück, so empfangen die Frauen sie mit Gesang und Tanz, dann wird ein Opferthier geschlachtet und die Beute, um sie zu weihen, mit Blut beschmiert. Um die Gesundheit eines kranken Kameeles zu erflehen, opfert man eine Ziege; als Dank für die eigene Genesung opfert ein Anderer eine Gais;[2] ein reicher Städter einen Stier.[3] Ein Beduine, der sich die Gesundheit seiner Kameele sichern will, schlachtet ein Lamm, indem er ihm mit dem Schwert die Kehle durchschneidet, fängt das strömende Blut in einer Schale auf, geht damit zu jedem einzelnen Thier seiner Heerde und bestreicht ihm Hals und Flanken mit Blut, um es gegen Siechthum zu feien.[4] Aus demselben Glauben an die heilvolle Wirkung des Blutes erklärt sich die noch jetzt bestehende Gewohnheit, wenn man auf Wüstenreisen einen Hammel schlachtet, dies am Eingang des Zeltes zu thun und die Kameele mit dem Blute zu bestreichen.[5] Befindet man sich in Gefahr, so pflegt man für den Fall der Rettung das Gelübde zu thun ein Opferthier zu schlachten.[6] Das Fleisch wird immer verzehrt.[7] Selbst um die Unfruchtbarkeit des Bodens zu brechen, pflegen die Landleute ein Thier zu

[1] Doughty: Travels in Arab. Des. I, 136, 452; II, 100, 198.
[2] Doughty I, 452.
[3] I. I. II, 143. [4] I. I. I, 499.
[5] Lady Anna Blunt: Voyage en Arabie. Paris, Hachette 1882. Chap. IX, S. 213.
[6] I. I. Chap. V, S. 114; Chap. III, S. 62, 63.
[7] Doughty, I, 452.

schlachten und die Erde mit dem Blute zu besprengen, indem man vermeint auf diese Art die Erdgeister ('ahl al'arḍ) zu versöhnen.[1]

Alles das ist unverkennbar heidnisch. Der Prophet verbot es ausdrücklich, den Geistern Opfer darzubringen und Thiere zu schlachten, wie dies bei einem Neubau oder bei dem Graben eines Brunnens üblich war, aber sein Verbot blieb gänzlich wirkungslos.[2] Auch im klassischen Alterthum lassen sich Spuren ähnlicher Ideen nachweisen. Wenn Hagel drohte, opferte der Eine ein Lamm, der Andere ein junges Huhn, oder wer zu arm war, ritzte sich den Finger auf und brachte mit dem Blute eine Libation dar, worauf die Felder vom Unwetter verschont blieben.[3]

Vielleicht hängt mit diesem Glauben an die Wirksamkeit des Blutes auch das ziemlich moderne arabische Sprichwort zusammen: ‚Von Blut ein Tröpflein roth vertreibt Sorge und Noth.'[4]

Aber auch bei dem ostafrikanischen Bogosvolke findet man den Glauben an die Macht und Wirksamkeit des Blutes, und, um dies zu beweisen, gebe ich hier, nach einer Mittheilung meines werthen Freundes, Prof. L. Reinisch, eine Schilderung der Heiratsceremonie, die bei diesem christlichen Volke ohne jede priesterliche Mitwirkung stattfindet.

Es wird eine ganz neue Hütte erbaut oder ein Zelt errichtet und vor dem Eingange eine Grube von ungefähr einem bis zwei Fuss Tiefe ausgegraben. Kommt nun die Braut, so

[1] Doughty I, 136.

[2] Ich lasse hier eine merkwürdige Stelle aus einer Schrift des besten Kenners des arabischen Alterthums, des Abu 'Obaidah († um 200 H.) folgen: روى ابو عبيدة فى كتاب الاموال والبيهقى من الزهرى من النبىّ صلّى الله عليه وسلّم انّه نهى عن ذبائح الجنّ قال وذبائح الجنّ ان يشترى الرجل الدار او يستخرج العين وما اشبه ذلك فيذبح لها ذبيحة للطيرة وكانوا فى الجاهليّة يقولون اذا فعل ذلك لم يضرّ اهلها الجنّ فابطل صلّى الله عليه وسلّم ذلك ∴. Die angeführte Stelle findet sich bei Damyry, Ḥajât olḥaiwân I, 241 sub voce: ginn, gegen Ende dieses sehr langen Artikels.

[3] Seneca: Quaest. nat. IV, 6; Clemens Alex., Stromata VI, 31 ed. Dindorf, Oxford 1869.

[4] Noḳṭat dam tofarrig hamm. Freytag, Arab. Prov. III, S. 517, Nr. 3103.

wird sie über diese Grube ins Zelt getragen und quer vor dem Eingang auf den Boden gelegt. Der Bräutigam aber tritt mit einem Schritte über sie in das Zelt. In demselben Augenblicke, wo er dies thut, wird ein junger Stier geschlachtet, indem mit einer breiten Lanzenspitze ihm die Halsschlagader durchstochen und die Kehle geöffnet wird. Das Blut lässt man in die Grube vor dem Eingang des Zeltes fliessen, gleichzeitig jedoch wird mit grosser Schnelligkeit und Gewandtheit das Hinterbein sammt der Keule abgetrennt und mit dem daraus hervorspritzenden Blute gegen die Versammelten, sowie gegen die Brautleute geschwungen, so dass sie alle mit dem Blute besprengt werden.

Das ist der blutige Segen und die Weihe der Bogos, die allen Betheiligten, den Gästen wie dem Brautpaare, zum Glück und Heil gereichen soll.[1]

Im europäischen Volksaberglauben des Mittelalters verlangt der Teufel immer von Jenen, die sich ihm verschreiben, die eigenhändige Unterschrift, aber nicht etwa mit Tinte, sondern mit dem eigenen Blute: denn nur so hielt er die Urkunde für unanfechtbar. Also auch hier zeigt sich wieder der Gedanke von der besonderen Bedeutung dieses kostbaren Saftes.

So spielen uralte Vorstellungen bis auf unsere Tage fort: allerdings nur im Gebiete der Sage und der Volksmythe. Doch sogar im christlichen Abendmahle ist dieselbe Idee zum Ausdrucke gekommen; indem der Erlöser den Wein für sein Blut erklärte und mit seinen Aposteln aus demselben Kelche trinkt, geht er hiemit einen unlösbaren Blutbund mit ihnen ein, ganz im Sinne der ältesten semitischen Volksvorstellungen; nur in einer dem damaligen höheren Stande der Gesittung entsprechenden, gemilderten Form, indem das Blut der Traube[2] das Blut des Menschen- oder Thieropfers ersetzt.

[1] Auch die Araber schlachteten, so wie die Bogos, die Opferthiere mit einer breiten Lanzenspitze, indem sie die Halsschlagader und die Kehle durchstachen, damit das Blut reichlich herausströme. Dieses Oeffnen der Kehle war auch bei den Griechen der allgemein herrschende Opferbrauch. Pausan. Graec. descrip. VIII, 31, 8: Wellhausen in dem Buche: Mohammed in Medina, S. 265, übersetzt irrthümlich das Wort: ḥarbah Lanze, mit ‚Messer' und verwischt hiedurch das Charakteristische des Vorganges.

[2] Der Ausdruck ist echt semitisch.

Noch einen Umstand muss ich hier hervorheben, bevor ich diese Gedankenreihe verlasse. Es ist dies die auffallende Aehnlichkeit der Opferhandlung bei den verschiedenen alten Völkern: eine Uebereinstimmung, die sich nur aus der allen gemeinsamen Idee von der heiligenden Kraft des Blutes genügend erklären lässt.

Bei den griechischen Opfern wurde das Blut um den Altar herum ausgegossen;[1] offenbar als Spende für die Götter; bei den Hebräern ward anlässlich des in feierlicher Weise zwischen dem Volke und Jahve geschlossenen Bundes das Blut der Opferthiere theils gegen den Altar hin, theils über das Volk gesprengt;[2] bei ihren Opferfeierlichkeiten ward das Blut gegen die Bundeslade gesprengt oder um die Hörner des Rauchaltares gestrichen und dann das Uebrige am Fusse des Brandopferaltares ausgeschüttet.

Bei den alten Arabern ward es auf den Opferstein oder auf das Idol gegossen; so heisst es in einem alten Gedichte aus heidnischer Zeit:

Ich schwöre bei den Blutlachen (die) um (das Idol) 'Auḍ (stehen)
Und den Opfersteinen, die zurückgelassen wurden bei (dem Idol) So'air.[3]

Ein anderer alter Dichter schwört mit folgenden Worten:

Wohlan, bei den Blutströmen, welche du für 'andam hältst,[4]
Auf dem Scheitel der (Göttin) Al'ozzâ oder bei (dem Idol) Nasr.[5]

Dass die Götter am Blute der Opfer Vergnügen haben, ist eine uralte Vorstellung: bei den Griechen galt es für ausgemacht, dass die Götter an dem Fettdampf der Opfer, der mit dem Rauch zu ihnen aufsteigt, sich besonders ergötzen.[6] Der Gedanke, dass mit dem Blute, als dem eigentlichen Lebenssafte, die Seele verbunden sei, führte unter vielen wilden Völkern zu ganz ähnlichen Glaubensvorstellungen.[7]

---

[1] Schoemann: Griechische Alterthümer II, 213.
[2] Exodus 24, 8.
[3] Gauhary: Saḥaḥ, voce mwr.
[4] 'Andam ist eine roth färbende Pflanze: Drachenblut.
[5] Gauhary: Saḥâḥ, voce nsr.
[6] Lucian: Icaromenippus XLVI.
[7] Tylor: Die Anfänge der Cultur II, 383.

Aber noch weit mehr als die Götter sind die Schatten der Abgeschiedenen des Blutes bedürftig; denn, indem sie es einschlürfen, erlangen sie wieder Lebenskraft und werden wieder, wenn auch nur für kurze Zeit, des Genusses der Lebenswonne theilhaftig. Desshalb sind sie so begierig darnach und sehnen sich einen, wenn auch nur flüchtigen, Trunk zu thun aus des Lebens schäumendem Becher. Dieser Gedanke tritt mit vollster antiker Klarheit in der Odyssee hervor bei der Schilderung von des Odysseus Höllenfahrt. Er gräbt, sobald er den Hades betreten hat, eine Grube, in die er das Blut der geschlachteten schwarzen Schafe und Widder fliessen lässt, worauf sofort die Scharen der bleichen Schatten sich herandrängen, begierig davon zu trinken. Aber er legt sein blankes Schwert darüber und wehrt sie ab; denn er wartet auf die Schattengestalt des Sehers Tiresias, den er um die Zukunft befragen will. Selbst den Schatten der eigenen Mutter weist er zurück. Endlich erscheint Jener und verspricht Rede und Antwort ihm zu geben, wenn er ihn trinken lasse. Da, so erzählt Odysseus:

. . . . . da wich ich zurück und das Schwert mit den silbernen Buckeln
Fuhr in die Scheide hinab; er trank von dem dunkelen Blute.

Nun erst, nachdem Tiresias ihm die Zukunft enthüllt hat, lässt Odysseus das Schattenbild der eigenen Mutter von dem Blute trinken, und diese erkennt auch nun erst ihren Sohn, nachdem sie mit dem Trunke neue Lebenskraft in sich aufgenommen hat.[1]

Dass man mit diesem so unersetzlichen Safte die Geister und Götter gewinnen, ihre Gunst, ihr Wohlwollen, ihren Schutz sich erwerben könne, ist eine weitverbreitete Idee. In Borneo besteht bis in unsere Zeit die Sitte, wenn ein grosser Häuptling ein neues Haus bezieht, es mit Menschenblut einzuweihen, indem man hiemit die Mauern und Pfeiler besprengt. Der Zweck ist ganz derselbe wie bei den früher besprochenen arabischen Thieropfern für die Erdgeister, nämlich die Absicht, die Genien des Ortes zu besänftigen und zu gewinnen.

---

[1] Odyssee XI, 25—153.

Der Glaube, dass man durch das Opfer eines Menschenlebens den Bauwerken ewige Dauer verleihen könne, findet sich über weite Länder verbreitet, und ganz verschiedene Völker stimmen hierin überein. Er beruht ganz und gar auf den oben gegebenen alten Vorstellungen.

So liess der Statthalter von Bassora, 'Obaidallah Ibn Zijâd,[1] als er den unter dem Namen ‚Das weisse Schloss' bekannten Regierungspalast baute, einen Menschen unter einem der Hauptpfeiler lebendig einmauern, eine That, die nach mohammedanischen Begriffen um so frevelhafter war, als das Opfer selbst ein Mohammedaner und nicht einmal ein Sclave, sondern ein freier Mann war.[2]

Solche abergläubische Bräuche herrschten auch selbst noch im christlichen Europa und der gelehrte Schriftsteller, der diesen Thatsachen eine besondere Aufmerksamkeit gewidmet hat,[3] versichert sogar, dass noch im Jahre 1843, als bei Halle eine neue Brücke gebaut ward, sich im Volke die Ansicht geltend machte, es müsse ein Kind in den Grundfesten eingemauert werden.

Leider gibt uns der geistreiche Culturhistoriker in diesem Falle nicht die Quelle an, aus der er seine Nachricht geschöpft hat.[4]

Immerhin genügt aber das eben Angeführte um deutlich zu zeigen, welchen gewaltigen Einfluss auf die Menschen solche aus Zeiten der tiefsten Wildheit stammende Vorstellungen über die Natur des Blutes und der Seele, sowie der Geister, ausgeübt und zum Theile sogar bis in die Gegenwart noch nicht verloren haben. Es müssen sehr lange Zeiträume des wilden Lebens vorübergeflossen sein, bis sich solche Ueberzeugungen, von einem Geschlechte zum andern übertragen, so unverwischbar dem Volksgeiste einprägen konnten, dass noch immer Spuren des alten Aberglaubens sich zeigen.

Im Alterthume, bevor noch der Islam mit seinen meistentheils aus der altpersischen Glaubenslehre geschöpften Ideen über ein künftiges Leben nach dem Tode, den Arabern neue und ihnen unbekannte Aussichten eröffnet hatte, befassten sie

[1] Starb 686 Ch.

[2] Ibn alfakîh ed. de Goeje, S. 188.

[3] Tylor: Anfänge der Cultur I, 101; vgl. J. Lippert, Seelencult, S. 27.

[4] Tylor, l. l. I, 104.

sich gar nicht mit Grübeleien über metaphysische Fragen; sie lebten ganz in der Gegenwart und bekümmerten sich wenig oder gar nicht um das Zukünftige. Die alten Dichter wie Labyd geben getreu diese Geistesrichtung wieder; die Seligkeit nach dem Tode ist ihnen ganz gleichgiltig: sie begnügten sich mit dem grösseren oder kleineren Theil davon, den sie auf Erden geniessen konnten. Von der Vergangenheit besitzen sie nur ein Erbstück, nämlich ihre alten Sagen, ihre Volks- und Stammesüberlieferungen und ihre alten, abergläubischen, von den Vätern ererbten Vorstellungen und Gebräuche. Zu diesen gehörte es auch, dass man glaubte die Seelen oder Schatten der Verstorbenen müssten, wenigstens einige Zeit nach ihrem Tode, besonders so lange der an ihnen begangene Mord noch ungerächt sei, eine Art von unruhigem Schattenleben führen. Das Blut mochte immerhin als Sitz der Seele und des Lebens angesehen werden, aber trotzdem bestand nach dem Glauben der alten Semiten, auch wenn das Blut längst schon vergossen und vergangen war, das geistige Element im Blute: die Seele auch fernerhin. Das Wort nafs = anima hängt zusammen mit nafas = spiritus, anhelitus = πνεῦμα, hebräisch nefesh, Athem. Es zeigt dies, dass man wohl den aus frisch vergossenem, noch heissem Blute aufsteigenden Dampf, als den Hauch des Lebens betrachtete, der nicht zugleich mit dem Körper zu Grunde gehe.[1]

Diese Beobachtung des rauchenden Blutes mag zuerst bei den Urmenschen den Gedanken wach gerufen haben, dass im Menschen, wenn auch der Körper vergeht, doch noch etwas enthalten sei, welches nach dem Tode fortbestehe und in die Lüfte emporsteige. Auf diese Art wird wohl die erste Vorstellung von der körperlosen Seele, von Geistern und Göttern entstanden sein, eine Idee, welche bei allen wilden Völkern sehr verbreitet ist.

[1] Nachdem ich Obiges schon geschrieben hatte, finde ich, dass der ausgezeichnete Culturhistoriker J. Lippert auf Grund seiner eigenen Forschungen, zu demselben Schlusse gekommen ist, dass der Begriff der Seele zuerst aus der Beobachtung des rauchenden Blutes sich entwickelt habe (J. Lippert, Der Seelencult. Berlin 1881, S. 60). Dieses Zusammentreffen zweier von einander ganz unabhängiger Forscher erhöht nicht wenig die Wahrscheinlichkeit für die Richtigkeit der Voraussetzung.

Da die hierauf bezüglichen Anschauungen der Naturvölker schon in umfassender Weise zusammengestellt und besprochen worden sind,[1] so kann ich es durchaus nicht als meine Aufgabe betrachten, das schon Gesagte und Erwiesene nochmals vorzubringen. Aber ich halte es für meine Aufgabe, jene hieher Bezug nehmenden Thatsachen zu verzeichnen, die sich aus der eingehenden Erforschung der arabischen Quellen für die allgemeine Culturgeschichte mit Sicherheit feststellen lassen.

Vor Allem ist es ein alter Volksglaube, der hier untersucht werden muss. Es ist dies die im arabischen Alterthum geltende Ansicht, dass die Seele eines Getödteten in ein Käuzchen sich verwandle.

Dieser Todtenvogel wird ṣadan oder hâmah (Eule) genannt; er soll aus dem Schädel des Todten, wenn er verwest, hervorfliegen und so lange klagen bis der Mord gerächt ist.[2]

Bei den Dichtern ist nicht selten die Rede davon, nur ist es nicht immer sicher, ob ṣadan oder hâmah wirklich das Käuzchen bedeuten, oder ob sie im gewöhnlichen Sinne aufzufassen seien, indem ṣadan Echo und hâmah Schädel bedeutet.

So sagt Labyd:[3]

Nichts ist die Menschheit, seit du starbst, mir werth,
Und sie sind (mir) nichts als ṣadan und hâmah.

Und an anderer Stelle:

Auch eine nackte Wüste durchzog ich,
Wo ṣadan ächzt zum Klagrufe der hâmah.[4]

Ein heidnischer Dichter sagt:[5]

Der Prophet erzählt uns, dass wir (ewig) leben werden,
Aber welches Leben ist das der Echoklänge und Schädel![6]

[1] Vorzüglich von Tylor: Anfänge der Cultur; dann bei Lubbock: Origines de la civilisation.

[2] Gâḥiẓ: Albajân wattibjân, S. 168, Ausgabe von 1301. Constantinopel, Gawâïb-Druckerei, in der Sammlung: Chams rasâïl.

[3] Labyd ed. Chalidy. Wien 1880, S. 135. [4] S. 88.

[5] Bochâry, Cap. Bâbo higrat olnabijji ilâlmadynah (21). Gegen Ende des Kitâbo 'aḥâdyt ol'anbijâ'.

[6] Der Text lautet mit den vorhergehenden Versen:

وما ذا بالقليب قليب بدر * من الشيزى تزيّن بالسنام
وما ذا بالقليب قليب بدر * من القينات والشرب الكرام

Bekannt ist die Geschichte der durch die standhafte Liebe ihres Verehrers berühmt gewordenen Lailâ. Sie kam einst an seinem Grabhügel vorbei und erinnerte sich eines Gedichtes, worin er ihr gesagt hatte: selbst wenn er unter den Steinplatten läge und sie grüsse ihn, so würde er ihren Gruss erwidern oder als Käuzchen zu ihr kreischen. Da ritt sie hin und sprach die Grussformel aus, aber in demselben Augenblick flog laut kreischend hinter dem Grab eine Eule hervor, das Kameel scheute sich, warf Lailâ ab und sie blieb sofort todt.[1]

Die Seele ward als Vogel gedacht; so sagt ein Mann, welcher geträumt hatte, dass ein Vogel aus seinem Munde flog: ‚Dieser Vogel ist meine Seele.'[2]

Auch Avicenna in seinem Gedichte über die Seele vergleicht sie mit einer Taube.[3]

Schon in der ältesten Sammlung der Aussprüche des Propheten findet sich eine Ueberlieferung, laut welcher er gesagt haben soll: Fürwahr, die Seele der Gläubigen wird zu einem grünen Vogel, der auf den Bäumen des Paradieses seinen Aufenthalt hat, bis zu dem Zeitpunkte, wo Gott sie (die Seele) in ihren Körper zurückkehren lässt, an dem Tage, wo derselbe wieder auferweckt wird.[4] Eine ganz übereinstimmende Tradition findet sich auch bei Ibn Hishâm in Betreff der Seelen der in der Schlacht von 'Ohod als Märtyrer gefallenen Gläubigen.[5] Spätere haben dann die Legende weiter ausgeführt.[6] Alles das geht auf sehr alte, vorgeschichtliche Volksdichtung und Mythen zurück. So wird schon von Scui-

تحيينا السلامة ام بكـــر • وهل لى بعد قومى من سلام
يحدثنا الرسول بان سنحيا • وكيف حياة اصداء وهـــام

[1] Aghâny X, 84; Mas'ûdy III, 312, Geschichte der herrschenden Ideen, S. 167.

[2] Ibn Hishâm, S. 254.

[3] Ibn Challikân: Ibn Synâ; Damyry sub voce warḳâ'.

[4] Sarḥ almowaṭṭa' Cap. Gâmi' 'olganâïz Ausgabe von Kairo, vom Jahre 1280, II, S. 32.

[5] Ibn Hiš. ed. Wüstenfeld, S. 604.

[6] Nach Ghazâly: Iḥjâ' IV, 215 werden die Seelen der Frommen im Paradiese in dem Kropfe grüner Vögel aufbewahrt, die unter dem Throne Gottes sich aufhalten. Auch im Mowaṭṭa' findet man Aehnliches. Cap. mâ gâ' fylmotaḥâbbyna fyllâh.

ramis erzählt, dass sie sich in eine Taube verwandelte.[1] Das bedeutet, dass ihre Seele als Taube fortflog. Der auf dem Portal der nabatäischen Felsengräber in Ḥigr in Stein ausgehauene Vogel, der wie eine Eule aussieht, ist nichts anderes als der Seelenvogel des alten, arabischen Volksglaubens.[2] Auch die christliche Symbolik kennt, wie ich glaube, die Taube als Symbol der Seele und bei der Taufe Jesu im Jordan steigt der heilige Geist in Gestalt einer Taube auf ihn hernieder.

Auf solche alte Bilder und Gleichnisse geht der arabische Volksglaube zurück und ganz ähnliche Vorstellungen finden sich in den Sagen vieler anderen Völker.

Im Kindesalter der Cultur fassten Alle die Seele als etwas Flüchtiges, Unfassbares auf. In der Odyssee XI, 220 heisst es:

> ‚Während die Seel' im Fluge davonschwebt, ähnlich dem Traumbild.'
>
> ψυχὴ δ' ἠΰτ' ὄνειρος ἀποπταμένη πεπότηται.

In den Sagen des Sahovolkes erscheint derselbe Gedanke: ‚Die Mutter, die verstorben war, verwandelt sich in einen Vogel.'[3]

Auch in der europäischen Sagenwelt zeigt sich dasselbe. In einem alten bretonischen Liede heisst es: ‚In Kerloan, auf dem Schlachtfelde, steht eine Eiche, die ihre Zweige über das Gestade ausbreitet; es steht eine Eiche auf dem Platze, wo die Sachsen vor Evan dem Grossen die Flucht ergriffen. Auf dieser Eiche halten bei nächtlichem Mondesglanze Vögel eine Zusammenkunft: Vögel mit weissem und schwarzem Gefieder und einem kleinen Blutfleck am Kopfe.'[4]

Das sind die Seelen der in der Schlacht Gefallenen. Aber auch bei anderen Völkern ist dieses Gleichniss sehr häufig: bei dem nordwestamerikanischen Stamme der Powhatan-Indianer herrscht der Glaube, dass die Seelen ihrer Verstorbenen in einer Art von Waldvögeln wohnen, denen desshalb Niemand

[1] Lucian: De Dea Syria.

[2] Doughty I, 108, 169.

[3] Reinisch: Die Saho-Sprache, S. 176.

[4] Ich citire nach de Gubernatis, Die Thiere in der indogermanischen Mythologie, deutsch von M. Hartmann, S. 547. Leider gibt der Verfasser, wie öfters, seine Quelle nicht an.

etwas zu Leide thun darf; bei den Huronen meint man, dass die Seelen in Turteltauben übergehen.[1]

Bei anderen Völkern herrscht die Ansicht, dass die Seelen der Verstorbenen in die Leiber verschiedener Thiere sich verkörpern. Die Malayen meinen, dass die Tiger die Seelen der Verstorbenen in sich aufnehmen.[2] Und diese Vorstellung ist vom Standpunkte der wilden Naturmenschen ganz begreiflich: der Tiger, welcher den Menschen aufzehrt, frisst ihn zugleich mit seiner Seele, und nimmt sie also in sich auf. In Südafrika herrscht der Glaube, dass in den Schlangen Menschenseelen wohnen.[3] Ja, es kommt sogar die Ansicht vor, dass die Seele des noch lebenden Menschen getrennt von ihm aufbewahrt werden kann. Ein Riesendämon der tatarischen Sage hat seine Seele nicht in seinem Leibe mit sich, sondern er verwahrt sie in einer zwölfköpfigen Schlange, die er in einer ledernen Tasche auf dem Rücken seines Rosses mit sich führt.[4] Der Held der Sage entdeckt dieses Geheimniss und tödtet die Schlange, worauf der Riese selbst sofort todt niederstürzt.

Ganz ähnliche Sagen leben in den arabischen und hamitischen Stämmen von Nordostafrika fort. In Sennar glaubt man, dass die Seelen der Verstorbenen in Hyänen übergehen, und desshalb ist es dort strenge untersagt, diese Thiere zu tödten. Als Dr. Reitz, der österreichische Consul für Chartum, im Jahre 1853 auf der Rückreise von einer amtlichen Entsendung nach Abessynien erkrankte und endlich starb, schrieben die Eingeborenen seinen Tod dem Umstande zu, dass er, obgleich früher gewarnt, Hyänen geschossen hatte.[5] Im Bogoslande um Keren ist, wie mir Professor Reinisch mittheilt, dasselbe Vorurtheil allgemein im Volke verbreitet, weder Hyänen noch die dort in grosser Menge hausenden Paviane dürfen getödtet werden. Für das erstgenannte Thier mag sich die Sage daraus erklären, dass es bei Nacht und besonders bei dem Frasse von Zeit zu Zeit einen Laut von sich gibt, der täuschend einem menschlichen Hohngelächter gleicht.[6] Die Paviane aber haben

---

[1] Tylor, II, 6. [2] l. l. II, 233.
[3] l. l. II, 233, 234. [4] l. l. II, 153.
[5] Dr. Reitz starb an der Dyssenterie zu Dokia im Sennar, am 26. Mai 1853.
[6] Schon Diodor Sic. III, 35 erzählt, dass die Hyänen die Stimme der Menschen nachahmen.

in ihren Bewegungen und in ihrem geselligen Leben so viel Aehnlichkeit mit dem Menschen, dass man sie für ein Geschöpf menschlicher Herkunft halten konnte.

In den Erzählungen der 1001 Nacht finden wir eine merkwürdige Stelle, wo von einem Dämon die Rede ist, der seine Seele im Kropfe eines Vogels verborgen hat; dieser ist in eine Büchse eingeschlossen, diese wieder in sieben Schachteln, die in einem Marmorsarkophag verwahrt sind, und der Sarkophag ist vergraben am Gestade des Weltmeeres. Sein Liebchen entlockt dem Dämon dieses Geheimniss, verräth es an den Prinzen Saif almoluk, und der tödtet den Seelenvogel, worauf der Dämon sofort zu einem Häuflein schwarzer Asche verbrennt.[1]

Ganz übereinstimmend hiemit findet man in den von Dr. W. Spitta in Kairo gesammelten Volksmärchen[2] eine beachtenswerthe Erzählung: der Held derselben dringt in das fliegende Schloss ein, das auf dem Gebirge Kâf sich befindet. Er schmeichelt sich ein bei der Zofe der Prinzessin, die über das Schloss gebietet; die Zofe nimmt ihn in ihr Kämmerlein mit; dort sieht er eine Glasphiole an der Decke hangen und erfährt, darin sei der Lebensgeist (die Seele) der Prinzessin: dann sieht er einen Käfer kriechen und will ihn zertreten, aber das Mädchen hält ihn zurück und sagt ihm, ihr Lebensgeist sei in dem Käfer.

Spitta will in dieser seltsamen Vorführung des Käfers (scarabaeus) als Behüters und Trägers des Lebensgeistes einen letzten Nachklang des uralten ägyptischen Volksglaubens erkennen, der den heiligen Scarabaeus als das Symbol des Lebens und der Schöpferkraft betrachtete.

Ich möchte so bestimmt mich nicht aussprechen: denn ich sehe darin nur eine unbewusste, moderne Abart der primitiven Vorstellung der Naturvölker von der Uebertragbarkeit der Seele in beliebige belebte oder unbelebte Gegenstände. In der altägyptischen Erzählung von den beiden Brüdern findet dieser Gedanke den deutlichsten Ausdruck. Ich will nur gleich hier bemerken, dass der Verfasser derselben, Annana mit Namen, ungefähr ein Zeitgenosse Moses' war. Der Inhalt ist in Kürze wie folgt:

[1] 1001 Nacht ed. Habicht IV, 261 ff.

[2] Spitta: Contes arabes modernes. Leide 1883, p. 17, 18.

„Es waren zwei Brüder; der jüngere trennt sich von seiner Seele und legt sie in die Spitze der Blüthe einer Ceder, um sie zu verwahren. Er aber lebt getrennt von der Seele fort. Aber später wird er getödtet und der Cederbaum gefällt; der ältere Bruder sucht des jüngeren Seele in der Cederblüthe, legt diese in Wasser, damit sie sich voll trinke und lässt dann das Wasser in den Mund des Todten fliessen. Da vereinigt sich die Seele wieder mit dem Leichnam und er wacht auf zum neuen Leben. Er besteht noch andere Verwandlungen: er wird ein Stier; derselbe wird geschlachtet, aber zwei Blutstropfen fallen zur Erde und daraus sprossen zwei Perseabäume empor, in deren einem seine Seele enthalten ist. Die beiden Bäume werden gefällt, aber ein Splitter trifft ein Weib, und in diese geht die Seele über, die von ihr zu neuem Leben wieder geboren wird.'

So der altägyptische Schriftsteller, dessen Werk auf uns gekommen ist in dem Papyrus d'Orbiney.[1] Ganz ähnliche Ideen tragen die alten griechischen Denker vor: nach Thales hat der Stein, wie das Eisen eine Seele (ψυχή),[2] nach Empedokles sind auch die Pflanzen beseelt;[3] ja mit Vernunft und Erkenntniss begabt;[4] dasselbe lehrt Anaxagoras[5] und zwar ist dieses geistige Wesen der Dinge völlig gleichartig mit der Seele des Menschen oder vielmehr identisch mit ihr, indem sie selbst bald als Mensch, bald als Thier, bald als Pflanze zur Erscheinung kommt. So erzählt Empedokles von sich selbst, dass er als Knabe, dann als Mädchen, dann als Pflanze, hierauf als Vogel und schliesslich als Fisch ins Leben getreten sei.[6]

Es genügt hier nur auf den engen Zusammenhang dieser Ideen mit der indischen Lehre von der Seelenwanderung, sowie mit der Metempsychose der Pythagoräer aufmerksam zu machen.

So sehen wir denn eine bis in das Kindesalter des Menschengeschlechtes zurückreichende Begriffsentwicklung bei Völkern von ganz verschiedener Sprache und Gesittung.

[1] Nach H. Brugsch: Aus dem Orient. Berlin 1864. II, S. 1 ff.
[2] Aristoteles: De anima I, 2, 14.
[3] Plutarch: De placitis philosoph. V, 26, 1.
[4] Aristoteles: De plant. I, 1, 10 (Bekker 815^{b}). [5] Aristot. l. l.
[6] Diogenes Laërt. VIII, 77. Hiemit vergleiche man auch die Stelle bei Aelian: Hist. anim. XII, 7.

Blut und Seele werden ursprünglich als eines und dasselbe gedacht, als das Element des Lebens. Der wilde Mensch der vorgeschichtlichen Zeit hielt sich an die durch die Sinneswahrnehmung festgestellte Thatsache, dass mit dem Blute das Leben entrinnt. Dann kam eine weitere Beobachtung hinzu, indem das rauchende Blut, welches aus der frischen Wunde quillt, die Vermuthung erweckte: es sei eine feine, geheimnissvolle Substanz im Blute, die von demselben sich lostrennt und zum Himmel emporsteigt. Dieser schnell verschwindende, nach oben strebende Hauch, dieser Athem ward nun als der eigentliche Lebensgeist, als die Seele aufgefasst und führte allmälig zum Vergleiche des Lebensodems, der Seele mit einem Vogel.

Sobald aber dieser Gedanke eines von der Körperhülle befreiten Geistes Wurzel gefasst hatte, konnte auch die abermalige Verbindung dieses Geistes, dieser Seele mit einer neuen Hülle vorausgesetzt werden. Auf diesem Grunde entstanden nun von selbst die verschiedensten, wie wir sagen würden, abergläubischen, aber an sich betrachtet ganz natürlichen Vorstellungen: die Geister, die Seelen konnten in Thieren, in Steinen, in Pflanzen oder anderen Dingen ihren Sitz nehmen, oder auch wieder in Menschenformen eingehen.

Die niedrigsten Religionen, die Verehrung gewisser Thiere, Pflanzen oder Steine, selbst der Fetische lassen sich aus solchen Anfängen genügend erklären. Der Beweis aber dafür, dass diese Voraussetzung, wenigstens für eine sehr beträchtliche Anzahl von Völkern begründet ist, liegt darin, dass man in den Religionen der wichtigsten Völker des Alterthums noch ganz deutlich die Reste, sei es des alten Steincultus oder der Verehrung heiliger Bäume, sei es auch gewisser Thiere, ja selbst des Fetischdienstes, nachweisen kann, so bei Aegyptern, Hebräern, Griechen, Römern und Arabern.

IV.

Berichte über die Untersuchung von Handschriften des sogenannten Schwabenspiegels.

Von

Dr. Ludwig Ritter von Rockinger.

XI.

Sind die alphabetischen Nachweise über die Handschriften wie Handschriftenreste des kaiserlichen Land- und Lehenrechts im Bande CXVIII, Abh. X, S. 25—27, und im Bande CXIX, Abh. VIII, S. 1—54, wie Abh. X, S. 1—62 bis an den Schluss des Buchstabens H geführt worden, so reihen sich ihnen jetzt die von I bis in den Buchstaben M an, nämlich bis zur Aufzählung der ganz ausserordentlichen Menge in München.

[Mit den Sammlungen des Nikolaus Jankovich zu Buda-Pest gelangten in das ungarische Nationalmuseum daselbst die] Nrn. 305, 306, 307, 308.

[Im Besitze desselben Nikolaus Jankovich befand sich auch nach einer Einzeichnung aus dem Jahre 1841 die] Nr. 419.

[Prof. Dr. Johann Adam Ickstatt zu Wirzburg besass im Jahre 1738 die] Nr. 196.

[Jeronimus N. hat im Jahre 1445 geschrieben die] Nr. 137.

1741 1***.

Dass der Nürnberger Patricier Ch. I. Imhof oder Imhoff von und zu Weidenmühl eine Pergamenthandschrift des kaiserlichen Land- und Lehenrechts besessen habe, ist einer brieflichen Mittheilung von Karl Haiser aus Zürich vom 11. Juli 1878 zu entnehmen, wonach sich in einem von ihm damals erworbenen Exemplare von Harpprecht's im Jahre 1723 zu

Kiel erschienener Streitschrift ‚Speculi suevici et praesertim juris feudalis alamannici in foris vicariatus suevo-franconico-palatino non usus modernus' unter anderen handschriftlichen Einzeichnungen auch obige Nachricht findet.

Ein nicht unbeträchtlicher Theil Imhof'scher Besitzthümer gelangte durch Familienverbindungen nach Buda-Pest und hier in die Hände des unermüdlichen Sammlers Nikolaus Jankovich, daher dann in das ungarische Nationalmuseum. Darf man da etwa an ein Zusammenfallen mit der Nr. 305 denken?

Eher wohl als an ein solches mit der Nr. 419, welche zwar eben von Jankovich der k. k. Regierungsrath und Universitätsdirector Wussin in Wien erwarb, die aber nach Einzeichnungen in sie frühzeitig in Ungarn gewesen ist.

[Das Wappen des ‚Seb. Höß[inger] z. Imol[kaim] D' findet sich auf der inneren Seite des Vorderdeckels der] Nr. 389.

[Hermann v. Inden besass die] Nr. 141.

175***.

Eine Handschrift aus Ingolstadt ohne irgend welche nähere Bezeichnung als der Titelüberschrift ‚Hie hebt sich an das Lannt-Recht-Puch, und leeret wie man ein igleich sach richten schol nach dem Rechten' liegt dem in gewisser Weise systematisch behandelten Landrechte des sogen. Schwabenspiegels in 275 Artikeln mit vorangehendem Verzeichnisse derselben zu Grunde, welches Joh. Friedr. Schannat im ersten und einzigen Theile seiner Sammlung alter historischer Schriften und Documenten (Fulda 1725) S. 163—322 mitgetheilt hat. v. Lassberg Nr. 72. Homeyer Nr. 348.

Das Verhältniss zu der Reihenfolge der Artikel im Drucke LZ theilt Haiser ‚Zur Genealogie der Schwabenspiegelhandschriften' I S. 159 mit.

[Zu Ingolstadt ist vielleicht gefertigt die] Nr. 286.

[Einträge des Johann Gentzinger in Ingolstadt, wohl vom Jahre 1439, aus dem Landrechte des sogen. Schwabenspiegels, s. in der] Nr. 281.

[Aus der Bibliothek der Universität von Ingolstadt stammen die] Nrn. 285, 286, 287.

175 1/2***.

Unter den Handschriften der Universitätsbibliothek von Ingolstadt verzeichnet Ignaz Dominik Schmid capell. ad s. Catharinae sacellum academ. in seinem Kataloge derselben, jetzt in der Universitätsbibliothek zu München Mscr. Nr. 387, auf Fol. 29 ohne nähere Angaben auch: Kayserliche Rechten etc. in Fol. 1513.

176***.

In der Burg zu Innsbruck befand sich im Jahre 1536 nach einem ‚Inventari etlicher Bücher so in einem Gewelb in der Burg zu Ynnsprugk liegen' ain langletes pergamene geschriben Landrecht buech in rot gepunden. Ficker in den Sitzungsberichten der philosophisch-historischen Classe der kais. Akademie der Wissenschaften XXIII, S. 120.

177***.

In der Burg zu Innsbruck verzeichnet dasselbe Inventar weiter ain klaines pergamene Landrecht buech. Ficker a. a. O. S. 120. Ob die Nr. 181?

[Das wieder in der Burg zu Innsbruck in demselben Inventare aufgezählte ‚alt pergamene Landtrechtbuech zum tail gereimbt, in weiss gepunden, von donat plettern' ist wohl] der Spiegel aller deutschen Leute der jetzigen Universitätsbibliothek dortselbst. Ficker a. a. O. S. 120 und 121.

[Aus der Bibliothek des Schlosses Ambras bei Innsbruck wurden im Jahre 1665 in die kaiserliche Hofbibliothek nach Wien verbracht die] Nrn. 388, 307, 400, 401.

[Die zu Innsbruck im Ferdinandeum nach einer Mittheilung Johann Friedrich Böhmer's befindlich sein sollende Papierhandschrift des als Kaiser Karls Rechtsbuch sich bezeichnenden sogen. Schwabenspiegels, bei Homeyer Nr. 350, beruht auf einer Verwechslung mit der da unter Nr. 349 aufgeführten Papierhandschrift des kleinen Kaiserrechtes. Vgl. hiezu v. Gosen, Das Privatrecht nach dem kleinen Kaiserrechte, S. 11 Note 22. Rockinger Q S. 419].

178.

Innsbruck, Universitätsbibliothek Nr. 169, mit der Bleistiftbezeichnung II 2 H 17, auf Papier in Folio im 15. Jahrhundert durchlaufend gefertigt, Ruck und Eck in braunes Leder gebunden. Mone in seinem Anzeiger für Kunde der deutschen Vorzeit VIII (1839) Sp. 30 unter A Ziffer 3. Homeyer Nr. 354.

Voran geht auf sechs Blättern ein Verzeichniss der Artikel des Land- und Lehenrechts, theilweise schwarz und theilweise roth in der Art, dass jedesmal die auf einem betreffenden Blatte des Textes stehenden Artikel in abwechselnder Folge roth und schwarz aufgezählt sind. Der Text selbst, je oben in der Mitte auf der ersten Seite des Blattes mit römischer Zählung versehen, reicht von Fol. 1—122.

Seine Fassung in den im Bande CXVIII, Abh. 10, S. 20/21 in der Note 1 bemerkten Probestellen theilt Haiser ‚Zur Genealogie der Schwabenspiegelhandschriften' II unter Da 4 mit.

179.

Innsbruck, ebendort Nr. 212/1, mit der Bleistiftbezeichnung II 3 F 9, auf Papier in Folio im 15. Jahrhundert zweispaltig gefertigt, mit Ausnahme des durchlaufend geschriebenen Verzeichnisses der Artikel, mit einigen wenigen rothen Ueberschriften derselben, sonst mit schwarzen und mit rothen Anfangsbuchstaben derselben, in Holzdeckeln mit rothem Lederüberzuge, früher mit zwei Schliessen versehen. Mone a. a. O. Sp. 30 unter A Ziffer 2. Homeyer Nr. 351, und nochmal 353.

Nach den beiden ersten leeren Blättern beginnt unter der rothen Ueberschrift ‚Hye hebt sich an das lantrecht pūech, das ist wye man vmb ain yegleiche sache richten sol' von Fol. 3—55 Sp. 1 das Landrecht in 377 roth nummerirten Artikeln, von Fol. 55 Sp. 2—74' Sp. 1 das Lehenrecht in 151 ebenso gezählten Artikeln. Daran schliesst sich von Fol. 75 bis 81 das Verzeichniss der Artikel der beiden Werke.

Der Wortlaut in den vorhin berührten Probestellen Haiser's findet sich a. a. O. unter Cb 13.

180.

Innsbruck, ebendort Nr. 498/1, mit der Bleistiftbezeichnung II 2 E 13, nach einer wohl gleichzeitigen Abschrift eines Schreibens des Bischofes Johann von Brixen an den Pfarrer von Patsch aus dem Jahre 1316 auf ursprünglich leerem

Raume des letzten Blattes zu dieser Zeit in Tirol befindlich gewesen, von dem Ritter Anton von Annenberg dem Karthäuserkloster Schnals geschenkt, auf Pergament in Quart zweispaltig mit rothen Ueberschriften der Artikel und rothen Anfangsbuchstaben derselben gefertigt. Mone a. a. O. Sp. 29/30 unter A Ziffer 1. Homeyer Nr. 352. Ficker über einen Spiegel deutscher Leute u. s. w. in den Sitzungsberichten der kais. Akademie der Wissenschaften, Band XXIII, S. 238—242, woselbst sich auch am Schlusse ein Facsimile einer Spalte des Fol. 24 findet; über die Entstehungszeit des Schwabenspiegels, ebendort LXXVII, S. 832—836.

Das Landrecht in 304 Artikeln, mit LZ 313 schliessend, reicht bis Fol. 62', woran sich unmittelbar das Lehenrecht in 72 Artikeln, deren letzter = LZ 50 b, 51 a, bis Fol. 72' schliesst, woselbst der Schreiber noch seinen Stossseufzer ‚O scriptor cessa, quoniam manus est tibi fessa' anbrachte.

Die Fassung des Textes in den vorhin erwähnten Probestellen Haiser's findet sich a. a. O. unter B a 2.

181*.

Innsbruck, ebendort Nr. 842, mit der Bleistiftbezeichnung II 44 D, auf Pergament in Quart in der zweiten Hälfte des 14. Jahrhunderts mit rothen Ueberschriften der Artikel und rothen Anfangsbuchstaben derselben gefertigt, am Anfange und Ende unvollständig, Rück und Eck in braunes Leder gebunden.

Diese Handschrift besteht jetzt noch aus 33 Blättern ohne Bezeichnung der Lagen von 8 und 6 Folien, welche wechseln, beginnt mit den Worten ‚vnd ellen werltleichen fursten mit dem vanen. der chunig sol dhein' des Art. LZ 132 des Landrechts, und reicht bis zu den Worten des Art. 245: vnd in so grozzen zorn cham daz si den chunig beschalt do ier wille für sich nicht.

Vgl. hiezu Rockinger II, woraus von S. 471—488 und 491—501 in II das Verhältniss zum Drucke LZ und zu v. Maurer's Ausgabe des vermeintlichen Landrechtsbuches des Ruprecht von Freising hervortritt.

[Die zu Innsbruck ebendaselbst unter der Bezeichnung II 3 F 9 aufgeführte Handschrift in Homeyer's Nrn. 351 und 353 =] Nr. 179.

[Graf Karl von Inzaghi schenkte dem Museum Francisco-Carolinum in Linz die] Nr. 203.

[Ein nicht näher bezeichneter Johannes schrieb die] Nrn. 48, 354.

[Johannes........ schrieb im Jahre 1475 die] Nr. 215.

[Dem Prof. Dr. Ludwig Iselin zu Basel gehörte im Jahre 1502 die] Nr. 20.

[Joseph Albert v. Ittner,[1] Kanzler des Malteserordens zu Heitersheim nicht weit von Freiburg im Breisgau, dann grossherzoglich badischer Staatsrath, Curator der Universität Freiburg, zuletzt in Constanz, schenkte der Bibliothek der genannten Universität die] Nr. 86.

[Dem Staatsrathe Joseph Albert v. Ittner[1] gehörte auch die] Nr. 143.

[In der Wohnung des Staatsrathes Joseph Albert v. Ittner[1] zu Constanz haben Dr. Dümge und Dr. Mone nach dem Berichte über ihre im Herbste 1819 aus Auftrag der Gesellschaft für ältere deutsche Geschichtkunde unternommene Reise, im Archive der Gesellschaft I S. 229, auch ‚manches merkwürdige aus eigenthümlichem Vorrathe' gesehen, unter Anderem ‚die Handschrift eines Sachsenspiegels, eines starken Folianten, welche Aufmerksamkeit verdienen möchte. Sie scheint Abschrift eines alten Exemplares des Schwabenspiegels, der ursprünglich, wie bekannt, nichts weiter ist als ein durch Einschaltung schwäbischer Rechtsgewohnheiten und vieler Sätze aus dem sogen. Kaiserrechte interpolirter Sachsenspiegel'.

Soll hier etwa die oben genannte Nr. 86 gemeint sein?

Oder liegt allenfalls eine Verwechslung mit der Handschrift im Stadtarchive von Constanz, Nr. 56, in Mitte, welche v. Ittner damals gerade bei sich gehabt haben mag?]

[Leonhard Prindlinger von Judendorf hat sich im Jahre 1522 eingezeichnet in] Nr. 404.

[Johann zum Jungen besass im 15./16. Jahrhundert die] Nr. 224.

[Dem Johann Maximilian zum Jungen zu Frankfurt am Main gehörte die] Nr. 82.

[1] Es sei hier über ihn in Kürze auf Daniel Jacoby in der ‚Allgemeinen deutschen Biographie' XIV S. 647/648 verwiesen.

[Ort zum Jungen besass im 15./16. Jahrhundert die] Nr. 224.

[Von dem Buchhändler Junginger zu Augsburg erwarb Dr. Johann Heinrich Prieser daselbst für fünf Gulden die] Nr. 94.

[Georg Kalb von Reichenschwand in Mittelfranken hat sich mehrmals eingezeichnet in] Nr. 55.

[Hanns Kallemberger oder Kallenberger besass die] Nr. 32.

[Aus der ‚Cancellaria' von Kamenz in Schlesien stammt die] Nr. 47.

[Für den jungen Rudeger den Kapeller[1] zu Regensburg fertigte Ernst der Hunkofer die] Nr. 92.

[Im Besitze des Johann Franz Egkher, Freiherrn von Kapfing, Fürstbischofes von Freising, befand sich im Jahre 1696 die] Nr. 243.

182.

Kaschau, geheimes Stadtarchiv, auf Papier in Quart zweispaltig mit rothen Ueberschriften der Artikel und rothen Anfangsbuchstaben derselben am Samstage in der Quatemberwoche der Fasten des Jahres 1430 von dem damals beim Studium in Passau gewesenen Johann Härlicher? vollendet,[2] in Pergamentumschlag ohne jede Aufschrift. Prof. Dr. Krones, Deutsche Geschichts- und Rechtsquellen aus Oberungarn, im Archive für österreichische Geschichte, Band 34, S. 234—252.

Auf das Verzeichniss der Artikel des Land- wie Lehenrechts folgen diese beiden Bestandtheile unseres Rechtsbuches selbst. Der erste schliesst mit dem Artikel von ‚viechwaid und ander gemein', woran sich ‚das Lehenrechtpuech' reiht.

Die Gestalt des Ganzen ergibt sich zur Genüge aus der Verzeichnung der Artikel und ihrer Ueberschriften, welche

[1] Vgl. Bd. CXVIII, Abh. 10, S. 10—15.

[2] Am sogleich zu bemerkenden Orte heisst es S. 235, dass am Schlusse Folgendes in ziemlich verblasster und gegen Ende hin undeutlicher Schrift steht: Anno domini millesimo CCCC° tricesimo finitum sabato die in angaria prima Jejuniorum — es wird wohl anstatt ‚inangaria (sic) prima jejunii' zu lesen sein — ante Reminiscere per me: Johannem Härlicher (?) Vindobona (?) . . . serius (?) etiam tempore studens in Patavia. Zu ‚Vindobona (?)' ist in der Note 1 angefügt: Geschrieben steht: vona^b. (mit einem nach oben gebogenen Abkürzungsstriche über vona), etwa Vindobona (?) bis (?).

Vielleicht ist zu lesen: Johannem Härlicher? conventualis huius monasterii, et iam tempore studens in Patavia.

a. a. O. S. 241—252 mitgetheilt ist. Vgl. Rockinger in II, hier insbesondere S. 464—468.

[Kassel, ständische Landesbibliothek, Mscr. jurid. in Fol. 26. Zwei Bände auf Papier in Folio im Jahre 1724 gefertigt, der erste das Landrecht des sogen. Schwabenspiegels enthaltend, der zweite dessen Lehenrecht, ex bibliotheca Johannis Noë de Neufville, diversorum principum consiliarii aulici et legati. Archiv der Gesellschaft für ältere deutsche Geschichtkunde VI, S. 204. v. Lassberg Nr. 17. Homeyer nach seiner Nr. 116.

Vgl. hiezu auch sogleich das weiter folgende Mscr. jurid. in Fol. 27].

[Kassel, ebendort, Mscr. jurid. in Fol. 27, ebendaher wie die beiden vorhergehenden Bände stammend, auf Papier in Folio im 18. Jahrhundert gefertigt, v. Lassberg Nr. 17, Homeyer nach seiner Nr. 116,

a) das Landrecht des sogen. Schwabenspiegels,

b) dessen Lehenrecht, sodann der Auctor vetus de beneficiis,

c) ein alphabetischer ‚Vocabularius der alten Wörter und Redensarthen so hin und wider in dem Schwabenrecht befindlich sambt deren Erklärung‘,

im Ganzen nicht weniger als 1713 Seiten umfassend, wozu noch

d) ein alphabetisches Register über den sogen. Schwabenspiegel auf 286 Seiten kommt.

Nach der Bemerkung Homeyer's zu seiner Nr. 116 enthält die vorhergehende wie diese Nummer die ersten Entwürfe zur Ausgabe unseres Rechtsbuches von Hieronymus von der Lahr in des Freiherrn v. Senkenberg Corpus juris germanici publici ac privati II, Abth. 1, S. 1—492 und 1—188].

183.

Kassel, ebendort, Mscr. jurid. in Fol. 44, auf Papier in Folio im 15. Jahrhundert durchlaufend gefertigt, niederrheinisch, in Holzdeckel mit gepresstem braunen Lederüberzuge gebunden, mit je fünf Messingbuckeln und zwei Schliessen. Archiv a. a. O. VI, S. 204. v. Lassberg Nr. 16. Homeyer Nr. 116.

Voran geht ein am Anfange mangelhaftes alphabetisches Inhaltsverzeichniss[1] mit Anfügung der je treffenden Artikelzahlen am Rande, auch mit Nachträgen von anderer Hand versehen. Dann folgt das Land- und Lehenrecht selbst, auch äusserlich gleich sehr an die Nr. 137 erinnernd, äusserst splendid geschrieben, die beiden Anfangshauptbuchstaben farbig und mit Gold, die übrigen Initialen roth, die Ueberschriften schwarz, aber immer mit bedeutenden Zwischenräumen nach dem vorhergehenden und vor dem folgenden Texte der Artikel, deren Gesammtzahl auf 530 beziffert ist, wovon 378 auf das Landrecht fallen.

184.

Kassel, ebendort, Mscr. jurid. in Fol. 45. Auf Pergament in Folio im 14. Jahrhundert zweispaltig gefertigt, mitteldeutsch, in Holzdeckel gebunden, früher mit grünem Leder, jetzt mit marmorirtem Papier überzogen, an mehreren Stellen beraubt, so beispielsweise der Folien 13—20 einschliesslich und 23—26 einschliesslich, von Dr. Philipp Burchard ‚redintegrandae et redaugendae bibliothecae archipalatinae' zum Geschenke gemacht. Archiv a. a. O. VI, S. 204. v. Lassberg Nr. 15. Homeyer Nr. 114.

Auf den ersten vier Blättern findet sich ganz roth geschrieben ein Verzeichniss der Artikel mit farbiger roth und blauer Initiale. Dann folgt unter gleichzeitiger je oben in der Mitte angebrachter römischer Foliirung 1—94 das Land- und Lehenrecht selbst mit rothen Ueberschriften. Letzteres bricht auf Fol. 94' Sp. 2 mit den Worten LZ 159 ab: der gewinnet leider mangen vient.

[Ob das im Stadtarchive von Kassel befindliche alphabetische Rechtswörterbuch, auf Papier in Folio von Konrad von Nordheim im Jahre 1414 gefertigt, niederdeutsch, auch für unser kaiserliches Landrecht in Betracht kommt, ist zur Zeit nicht bekannt. Vgl. Karl Philipp Kopp's ausführliche Nachricht von der ältern und neuern Verfassung der geistlichen und Civil-Gerichten in den fürstlich Hessen-Casselischen Landen I, §. 33, S. 62—64. Spangenberg's Beiträge zu den teutschen Rechten des Mittelalters S. 74 in der Note. Homeyer Nr. 119].

[Heinrich Kellner besass seinerzeit die] Nr. 82.

[1] Von dem Buchstaben A sind nur noch drei Zeilen vorhanden

[Einzeichnungen über die fränkische Familie von der Ko'r oder von der Kere aus den Jahren 1470 auf 1480 finden sich in der] Nr. 340.

[Ernst Keressenstein hat sich eingezeichnet in die] Nr. 58.

[Etatsrath Prof. Dr. Andreas Wilhelm Cramer in Kiel ersteigerte aus der Ebner'schen Bibliothek zu Nürnberg für 9 Gulden die] Nr. 92.

[Johann Kiem hat im Jahre 1422 geschrieben die] Nr. 54.

185**.

Professor Martin Kiem, Conventual von Muri-Gries, zu Sarnen. Bruchstück einer Handschrift auf Pergament, zweispaltig, in der zweiten Hälfte des 14. Jahrhunderts mit rothen Ueberschriften der Artikel und rothen Anfangsbuchstaben derselben in der Gegend um den Vierwaldstättersee gefertigt.

Es umfasst die Art. des Landrechts LZ 227—235 bis zu den Worten S. 107 Sp. 2: ob er dar vf icht nimet, das sol m[an] über in richten als über den den.

Mittheilung des Herrn Staatsarchivars Dr. Theodor von Liebenau zu Luzern vom 20. December 1878, sammt Abschrift.

[Graf Konrad von Kirchberg besass im 15. Jahrhundert die] Nr. 234, vielleicht auch die Nr. 192?

185½.

Das Archiv von Kirchdrauf, Szepes-Várallya, aller Wahrscheinlichkeit nach dem ältesten Colonistenorte der Zips und in seiner königlichen Burg dem Mittelpunkte des Comitatus Scepusiensis, verwahrt einen Band auf Papier in Folio aus dem Jahre 1628 mit Nachträgen: Collectanea Allerley Nutzlicher vnnd Nothwendiger Regeln des Rechtens aus dem göttlichenn sowol auch kayserlichenn Rechtenn vnd sonderlich aus dem Saxenspiegel vndt anderer vornehmen Autoribus vnd Rechtsbüchern so in den XIII Staedten in Zips vblichen, mit allem fleysz excerpiret vnd nach alphabetischer Ordnung sub certos titulos vnd in locos communes redigiret durch Balthasarum Apellem Notarium p[ro] t[empore] Opp[idi] Warallia. Prof. Dr. Krones, Deutsche Geschichts- und Rechtsquellen aus Oberungarn, im Archive für österreichische Geschichte, Band 34, S. 229—234.

Dieses ‚Rechtsbuch der 13 Zipser Städte' von dem berührten Notar Apel enthält in verschiedenen seiner Artikel Beziehungen auf das ‚Kayserrecht' und auch ‚Landrecht' oder den sogen. Schwabenspiegel, beispielsweise in den Artikeln von Burgschafft, Diebstall. Beliehen Gut, Schuldt, Zeugen.

[Von ‚Martinus Ravenspurg, scriptor in Kirchheim' ist gefertigt die] Nr. 143.

[Im Besitze der Herren von Schellenberg in der Herrschaft Kislegg im Allgäue befand sich von der zweiten Hälfte des 15. Jahrhunderts an die] Nr. 427.

186.

Klattau, Stadtarchiv, auf Papier in Folio im Jahre 1467 gefertigt.

Böhmische Bearbeitung b[1] Fol. 1'—52, e[1] Fol. 108' bis 113, Fol. 150—158 ein kleiner Theil von a,[1] nämlich LZ S. 3—6 Sp. 2 Zeile 10 bis zu den Worten ‚gˢton gewonheit'.

Mittheilung des Herrn Stadtarchivars Prof. Dr. Emler zu Prag vom 4. Februar 1878.

[Klattau, ebendort. Böhmische Bearbeitung b.[1] Hanka's Přehled pramenůw práwních w Čechách, S. 161, Nr. 18. Ob = der] Nr. 186?

[Die zu Klattau, ebendort, von Homeyer unter Nr. 357 verzeichnete böhmische Bearbeitung der sächsischen Distinctionen vom Jahre 1465 beruht wohl auf einer Verwechslung mit der] Nr. 186, beziehungsweise der ihr folgenden Verzeichnung.

[Eine Schreibübung mit Erwähnung des Peter Kleebeck, Bürgers zu Straubing in Niederbaiern, findet sich auf der Rückseite des letzten Blattes der] Nr. 7.

[Wilhelm Klopfer hat sich eingezeichnet in der] Nr. 98.

[Aus dem Besitze des Pfarrers Friedrich Koch zu Gmunden in Oberösterreich gelangten in die kaiserliche Hofbibliothek zu Wien zum Theile die Bruchstücke der] Nr. 407.

[Derselbe Pfarrer Friedrich Koch erkaufte im Jahre 1874 oder 1875 die Bruchstücke der] Nr. 155.

[1] Vgl. im Bande CXVIII, Abh. X, S. 18–20.

187.

Köln, Stadtarchiv, Nr. 327. Auf Papier in Quart im 15. Jahrhundert, niederdeutsch, nach einer Bemerkung auf dem ersten Blatte oben[1] von ‚Crystina' geschrieben, auf dem Schnittrande im 17./18. Jahrhundert als ‚aliquot statuta iuris civilis et feudorum' bezeichnet, aus dem Nachlasse des Domarchivars und Registrators Anton Joseph Wallraf in Köln.

Am dritten Blatte beginnt das Verzeichniss der Artikel. Nach einer Reihe von Blättern folgt das Buch der Könige alter Ehe auf 47 Folien. Am folgenden ‚hijft sich an dat Lantreicht boich' mit dem gewöhnlichen Anfange: Here got hemelscher vader u. s. w. An dieses schliesst sich auf Fol. 143 ‚dat Leenboich' bis Fol. 176: haint die lebenrecht buch ein ende etc. etc. dat verleyn vns der vader vnd der sun vnd der hilge geist. amen.

Mittheilung des Prof. Dr. Lamprecht zu Bonn, dann des Stadtarchivars Dr. Höhlbaum zu Köln vom 17. Februar 1882.

[Durch Schenkung v. Oitmann's zu Köln erhielt Freiherr Franz Sales v. Weichs zu Osnabrück im Jahre 1780 die] Nr. 141.

188.

Aus dem Stadtarchive zu Königgrätz in Böhmen führt eine nicht genauer gekennzeichnete böhmische Bearbeitung des sogen. Schwabenspiegels? nach einer Mittheilung von Hanka, in dessen Přehled pramenůw práwních w Čechách ich sie nicht finde, Homeyer in seiner Nr. 360 auf.

189.

Königsberg, königliches Staatsarchiv, Nr. 32, auf 189 Blättern guten Pergamentes in Folio von 33·5 Decimeter Höhe und 24·5 Decimeter Breite, zweispaltig, mit rothen Ueberschriften der Artikel und rothen Anfangsbuchstaben derselben, wahrscheinlich[2] kurz vor 1450 von demselben Schreiber gefertigt, der die Statuten des deutschen Ordens und andere Bücher für die Kanzlei des Hochmeisters abschrieb, welche

[1] Ich Crystina hann dys buechelyen geschrybenn vnnd myt eynnander vber ein.

[2] Dr. Steffenhagen setzt am alsbald anzuführenden Orte den Ausgang des 14. oder Anfang des 15. Jahrhunderts an.

das Deutschordensarchiv zu Königsberg noch aufbewahrt, entweder in der Marienburg selbst oder vielleicht eher in einem der Deutschordenshäuser in Deutschland, mitteldeutsch, nun stark vergilbt und theilweise erloschen, noch in dem ursprünglichen Einbande von Holzdeckeln mit rothgefärbtem Schaffellüberzuge. Hasse in der Zeitschrift für geschichtliche Rechtswissenschaft IV, S. 65, Note 2. v. Lassberg Nr. 73. Homeyer Nr. 364. Steffenhagen, Catalogus codicum manuscriptorum bibliothecae regiae et universitatis Regiomontanae, Fasc. I, Nr. 156; Deutsche Rechtsquellen in Preussen im 13. bis zum 16. Jahrhundert, S. 24 unter Nr. 81.

Diese Handschrift zerfällt in drei besonders foliirte, räumlich aber nicht von einander getrennte Theile. Den Anfang bildet das Buch der Könige alter Ehe mit den Zusatzartikeln zu unserem Landrechte, wovon Rockinger F S. 310 und 318—335 handelt, wonach das Landrecht auf 101 Blättern und das Lehenrecht auf 30 Blättern folgt.

Nach Mittheilung des Staatsarchivars und Stadtbibliothekars Dr. Meckelburg zu Königsberg vom 19. März 1874 liess Prof. Dr. Heinrich Eduard Dirksen eine Abschrift machen. Ob dieselbe, welche nach Homeyer's Schluss seiner Nr. 364 Prof. Dr. Johann Christian Hasse, zuletzt an der Universität Bonn, besass?

$189^{1}/_{2}$***.

Im Verzeichnisse des am 26. März 1884 zur Versteigerung gelangten Nachlasses des Freiherrn August von Koller in Baden bei Wien war auch eine Handschrift der böhmischen Bearbeitung des sogen. Schwabenspiegels auf Papier aus dem 15. Jahrhunderte, worin einige Blätter fehlen, angezeigt.

[In der fürstlich Kolloredo-Mansfeld'schen Bibliothek zu Prag s. die] Nr. 53. Vgl. auch die Nr. 80.

[Die Handschrift in der Stadtbibliothek von Kolmar s. oben in der] Nr. 54.

[Der Diakon Konrad von Lützelnheim schrieb zu Freiburg im Breisgaue und Vürstätten im Jahre 1287 die] Nr. 89.

[Die Handschrift des Kreisrichters a. D. Wilhelm Konrady auf der Miltenburg s. oben in der] Nr. 55.

[Die Handschrift im Stadtarchive von Konstanz s. oben in der] Nr. 56.

190.

Kopenhagen, königliche Bibliothek, alte Sammlung jurid. Nr. 402, auf Papier in Folio auf 128 Blättern im 15. Jahrhundert gefertigt, niederdeutsch. Dis is dat lantrechtbuch mit dem lehenrecht vnde mit de künige buch vorher. Wilda im rheinischen Museum für Jurisprudenz VII S. 343/344. v. Lassberg Nr. 75. Homeyer Nr. 370.

Das zuletzt berührte Buch der Könige alter Ehe reicht bis Judith einschliesslich. Die letzten Artikel des Landrechts entsprechen LZ 376, 377 II, 377. Dann folgt das Lehenrecht.

[Wohl von dem Assessor Krüner am städtischen Handelsgerichte zu Regensburg hatte Maurus Gandershofer erhalten die] Nr. 269.

[Im Krüner'schen Auctionskataloge vom 16. April 1855, S. 1, Nr. 1 ist aufgeführt die] Nr. 34.

[Dem Notar Georg Krafft von Kronenberg zu Frankfurt am Main gehörte am 14. Februar 1534 die] Nr. 121.

191***.

Raimund Krafft von Delmensingen zu Ulm besass — wohl durch Erwerb aus der Spitzel'schen Bibliothek zu Augsburg — eine Papierhandschrift des 15. Jahrhunderts in Folio, worin nach der Notitia codicum manuscriptorum splendidissimae bibliothecae Raymundo-Krafftianae (von Franz Dominik Häberlin zu Ulm 1739 herausgegeben, und mit neuem Titelblatte ‚Catalogus historico-criticus bibliothecae Raymundo-Krafftianae' und geänderter Vorrede, Ulm 1753), S. 48/49 Nr. 29 an das ‚Recht-Buch von dem Teufell Welial wider Jhesum' sich das ‚Lannt-Recht Puch' oder der sogen. Schwabenspiegel anschloss. v. Lassberg Nr. 76. Homeyer Nr. 372.

Ob = der Nr. 39? Die Anführung des sogenannten Belial spricht, wie es den Anschein hat, sehr hiefür.

[Raimund Krafft von Delmensingen zu Ulm besass weiter die] Nrn. 109 und 114.

[Etatsrath Prof. Dr. Andreas Wilhelm Kramer in Kiel ersteigerte aus der Ebner'schen Bibliothek zu Nürnberg um 9 Gulden die] Nr. 92.

[Hofbibliothekssecretär Joseph Kramer zu München hat im Jahre 1782 geschrieben die] Nr. 258. Ob auch die Nr. 259?

[Pangraz Krappmer kaufte im Jahre 1482 von einem Ottenhofer die] Nr. 7.

[Derselbe Pangraz Krappmer besass auch im letzten Viertel des 15. Jahrhunderts bis in den Anfang des folgenden die] Nr. 243.

[In der Bibliothek des berühmten Wiguläus Freiherrn v. Kreittmayr zu München sah Johann Georg Lory nach seiner Commentatio I de origine et processu juris boici civilis antiqui §. 43 Note e unter III im Jahre 1747 oder 1748 die] Nr. 261.

[Stephan Kreucher aus Traunstein in Oberbaiern vollendete in profesto s. Oswaldi regis et martyris des Jahres 1459 zu Wien die] Nr. 414.

[Dem Notar Georg Krafft von Kronenberg zu Frankfurt am Main gehörte am 14. Februar 1534 die] Nr. 121.

[Dem Oberappellationsgerichtsrathe Dr. Friedrich Kropp in Lübeck gehörte die] Nr. 336.

[Die Handschrift aus der Bibliothek des bekannten Cardinals Nikolaus von Kues s. oben in der] Nr. 57.

[Insofern für das ‚alte Kulm'sche Buch' oder kurz den ‚alten Kulm' auch der sogen. Schwabenspiegel zur Berücksichtigung gelangt ist, mag hier an die Handschriften jenes Rechtsbuches erinnert sein, welcher Dr. Emil Steffenhagen in den Deutschen Rechtsquellen in Preussen vom 13. bis zum 16. Jahrhundert S. 202/203 gedacht hat.]

[In der Glosse zum sogen. alten Kulm V 44 geht die Verweisung ‚im Buch genandt Konig Lehen- und Landtrecht Fol. 24 Wie man einen stummen richten soll' auf den] Art. LZ 328 des sogen. Schwabenspiegels.

[In der Handschrift der Stadtbibliothek zu Danzig XVIII C Fol. 56 aus dem 15. Jahrhunderte, mitteldeutsch, findet sich als der erste der Zusatzartikel zu den sogen. landläufigen Kulm'schen Rechten der] Art. LZ 370 II des sogen. Schwabenspiegels: Ab ymant eynen toden menschen ausz grebet = V 68 im sogen. alten Kulm. Steffenhagen a. a. O. S. 9 Nr. 17, S. 215/216.

[Aus der Antiquariatshandlung von Kuppitsch in Wien sind erworben die] Nrn. 25 und 405.

[Johann Kym hat im Jahre 1422 geschrieben die] Nr. 54.

[Staatsrath Prof. Dr. Paul Laband in Strassburg schenkte am 17. September 1884 dem Berichterstatter eine im Jahre 1861 gefertigte Abschrift des Landrechts und der Art. 1 bis 44 = LZ 1 bis 45 des Lehenrechts der] Nr. 45.

[Ein Eintrag auf König Ladislaus von Ungarn und seine Begräbnissstätte Gross-Wardein von einer Hand des 15. Jahrhunderts findet sich in der] Nr. 419.

[Im Besitze des Hieronymus von der Lahr befand sich seinerzeit die] Nr. 126.

[In der fürstlich Auersperg'schen Fideicommissbibliothek zu Laibach sind die] Nrn. 10—12 einschliesslich.

192.

Benediktinerstift Lambach in Oberösterreich, Nr. 147, auf Papier in Folio zweispaltig von der bekannten Clara Hätzlerin zu Augsburg im dritten Viertel des 15. Jahrhunderts nach ihrer Einzeichnung am Schlusse geschrieben. Unter ihren Namen hat sich sodann ein Cvnrat Graff eingetragen, vielleicht — wenn die Erinnerung an die Schriftzüge nicht getäuscht hat — der Graf Konrad von Kirchberg, welcher uns in der Nr. 234 begegnet. Nach einem Vermerke gleich auf dem ersten Blatte des ersten Sexternes gehörte die Handschrift weiter dem Lenhart Cristoff Rhelinger zu Augsburg, welchen wir daselbst um die Mitte des 16. Jahrhunderts bis in das Jahr 1581 treffen. Mone in seinem Anzeiger für Kunde der deutschen Vorzeit VIII (1839) Sp. 30 unter A Ziffer 4. Homeyer Nr. 373. Rockinger O S. 386/387.

Auf dem zweiten Blatte des ersten Sexternes beginnt das Landrecht in 179 Artikeln, auf der zweiten Spalte des ersten Blattes des fünften Sexternes das Lehenrecht in 57 Artikeln bis auf Sp. 1 der zweiten Seite des siebenten und letzten Sexternes.

Das Verhältniss der Artikel zum Drucke LZ ist bei Rockinger a. a. O. S. 389—399—400—420 ersichtlich.

193.

Landshut, Bibliothek des historischen Vereines für Niederbaiern Nr. 1, früher vielleicht nach Weilheim[1] in Oberbaiern gehörig, auf Papier in Folio durchlaufend mit theils rothen, theils schwarzen, von der gleichen Hand gesetzten Ueberschriften der Artikel in den Jahren 1474—1476 gefertigt, in Holzdeckelband mit rothem Lederüberzuge, theilweise noch vorne wie hinten mit den ursprünglichen Messingzieraten und noch mit einer der beiden Messingschliessen versehen. Vgl. des Dr. v. Kern Bericht über seine Reise im Sommer 1859 im dritten Stücke der ‚Nachrichten von der historischen Commission bei der königlichen Akademie der Wissenschaften' (Beilage zur historischen Zeitschrift v. Sybel's 1860) S. 15. Rockinger C im Berichte V S. 91 92 unter Ziffer 3.

Nach dem oberbaierischen Stadtrechte, worüber des Freiherrn von der Pfordten Studien zu Kaiser Ludwigs oberbaierischem Land- und Stadtrechte S. 45 in Nr. 20 zu vergleichen, folgt unter rothen wie schwarzen Ueberschriften der Artikel und fast durchgehends mit rothen Anfangsbuchstaben derselben das Landrecht des sogen. Schwabenspiegels in 168 Artikeln aus dem Jahre 1475 und das Lehenrecht in 80 Artikeln aus dem Jahre 1476, ersteres bereits mit LZ 102 a in einer zweifachen Fassung schliessend, letzteres mit LZ 54 a. Rockinger a. a. O. S. 92—150.

Daran schliesst sie ‚den bom der gsipten fründtschafft jn teutsch kurtz zů beschreiben, wie jn der hochgelert doctor Johannes Andree vormals jm latin völliger beschriben hatt' in dem Augsburger Drucke des Johann Bämler vom Jahre 1474

[1] In einer nicht zur Ausfertigung gelangten Weilheimer Urkunde der betreffenden Zeit, welche in den Einband hinein verarbeitet worden, erscheinen als Aussteller Hanns Katzmair, als Sigler Hanns Aichhorn, als Zeugen Matheis Schröter, Jakob Katzmair, Jörg Turner. Sie begegnen uns in anderen Weilheimer Urkunden der fünfziger bis siebenziger Jahre des 15. Jahrhunderts, und es ist wohl insbesondere nicht zu übersehen, dass die Schrift der Urkunde ganz und gar zu jener des Erasm Pauss passt, welcher sich in einem Briefe vom Sonntage nach Georgi des Jahres 1473 ‚an der zeit gericht schreiber der stat Weylheim' nennt und später als Unterrichter daselbst begegnet.

[Vom königlichen Kreisarchive für Niederbaiern in Landshut wurden am 18. Oktober 1888 an das baierische allgemeine Reichsarchiv in München eingesendet die Bruchstücke der] Nr. 279 1/2.

[Der baierische Regimentsrath Kaspar Ruland zu Landshut in Niederbaiern schenkte am 5. Mai 1598 dem Dr. Joachim Donnersberger daselbst die] Nr. 250.

[Aus der Bibliothek der Universität Landshut kamen in die der Universität München die] Nrn. 285, 286, 287.

[Freiherr Dr. Friedrich Leonhard Anton v. Lassberg zu Sigmaringen erkaufte in den Jahren 1835 und 1837 die] Nrn. 92 und 93.

[Dessen Vater Josef Maria Christof v. Lassberg auf der Meersburg am Bodensee besass die] Nrn. 89, 90, 91, 94.

[Im Besitze des Christof Jakob Lauber zu Augsburg mag sich befunden haben die] Nr. 207?

193 1/2***.

Diebold Lauber, Schreiber und Schreiblehrer wie auch sozusagen Buchhändler in Hagenau[1] im Elsass, um die Mitte des 15. Jahrhunderts, hat in einer Ankündigung von käuflich bei ihm zu beziehenden Handschriften mit Bildern und ohne solche[2] auch ‚ein Keiserlich rehtbuch' ausgeboten.

Ob das von Hanns Windeberg in Hagenau geschriebene, die Nr. 160, den jetzigen Cod. palat. germ. 89 der Universitätsbibliothek in Heidelberg?

[Des Stiftsherrn Konrad ab dem Werde zu Laudenbach im Elsass geschieht Erwähnung in der] Nr. 263.

[Aus dem Cisterzienserkloster Himmelpforte in Lehnin — wohl aus dem Jahre 1432 — stammt die] Nr. 465.

[Der Minoritenbruder Thomas von Leipheim in Schwaben schrieb im Jahre 1429 die] Nr. 162.

[1] Vgl. über ihn Wattenbach, Das Schriftwesen im Mittelalter, zweite Auflage, S. 478—481.

[2] Haupt in seiner Zeitschrift für deutsches Alterthum III S. 191/192:

Item welcher Hande bücher man gerne hat, gros oder klein, geistlich oder weltlich, hübsch gemolt, die findet man alle bei Diebolt Louber, schriber in der burge zu Hagenow.

[Zu Leipzig hat im Jahre 1421 Christian Czüden geschrieben die] Nr. 9.

[Aus dem Besitze Weigel's in Leipzig kam in die königliche Bibliothek in Berlin die] Nr. 34.

[Zu Leipzig wurde im Oktober 1840 für die königliche Bibliothek in Brüssel erworben die] Nr. 52.

[Aus der T. O. Weigel'schen Buchhandlung zu Leipzig gelangte im Dezember 1879 in die königliche Bibliothek zu Berlin die] Nr. 32.

194.

Leipzig, Stadtbibliothek, Rep. II, Fol. 19. Auf Papier in Folio von der gleichen Hand im Jahre 1404[1] in durchlaufenden Zeilen geschrieben, während das den Schluss bildende Inhaltsverzeichniss in zwei Spalten gefertigt ist, mitteldeutsch, in einem mit rothem Leder und eingepressten Thier- wie anderen Verzierungen überzogenen Holzdeckelbande, der ursprünglich auf der Vorder- wie Rückseite durch je fünf Buckel geschützt, wie auch mit zwei Lederbändern zum Schliessen versehen gewesen. Die alte Foliirung weist 180 Blätter auf, wovon nunmehr 1, 12, 13 verloren sind, der erste Bogen der ersten Lage und das erste Blatt der zweiten. Früher war diese Handschrift im Besitze des Ambrosius Meusell von Wertheim, welcher sich nach der bemerkten Jahrzahl 1404 im Jahre 1629 eingeschrieben, wie auch auf der letzten Seite des letzten leeren Blattes, und nochmal im Jahre 1630 auf einem über den Rücken des Buches herüberlaufenden Pergamentstreifen, welcher der Innenseite des Hinterdeckels aufgeklebt ist. Endemann in seiner Einleitung zum kleinen Kaiserrechte, S. 36, Nr. 14. Dr. Naumann, Catalogus librorum manuscriptorum qui in bibliotheca senatus civitatis Lipsiensis asservantur, Nr. 302. Homeyer Nr. 381. Rockinger D S. 396/397.

Mit Fol. 2 beginnt das Gerichtshandbuch der Nrn. 195 und 423, welches mit Fol. 14' schliesst.

Auf Fol. 16 folgt das Landrecht des sogen. Schwabenspiegels bis Fol. 136. Von Fol. 137—180 schliesst sich sein Lehenrecht an, an dessen Ende roth die Jahrzahl 1404 steht.

[1] Am Schlusse steht schwarz: Jo 81 mit einer durchstrichenen Jahrzahl, worunter roth steht: Ab Incarnacione Cristj 1404

Den Schluss der Handschrift bildet ein Register über dieses Ganze je mit Angabe der betreffenden Folien des Textes auf neun Blättern.

Das Verhältniss der 1080 Abschnitte des Landrechts und der 427 Abschnitte des Lehenrechts gegenüber dem Drucke LZ ergibt sich aus der Mittheilung Rockinger's a. a. O. S. 398—449 in der Spalte I — 452—470.

195.

Leipzig, ebendort, Rep. II Fol. 19. Vgl. die vorhergehende Nr. 194.

Wie vorhin bemerkt, findet sich hier von Fol. 2—14' das kurzgefasste Gerichtshandbuch, wovon Rockinger in W handelt, mitteldeutsch.

Das Verzeichniss der Artikel desselben steht am Schlusse der Handschrift.

196.

Leipzig, Stadtbibliothek, Rep. II Fol. 74ᵃ. Auf Papier in Folio zweispaltig im 15. Jahrhundert nach mehrmaligen Einzeichnungen[1] von Hanns vom Wurm, Peter Warms sun, geschrieben, mitteldeutsch, in einem Bande mit gelbbraunem Lederüberzuge mit je fünf Messingbuckeln vorne und hinten. Auf der ersten anfänglich leer gewesenen Seite des ersten Blattes findet sich die Einzeichnung: Dono dat Joannes Adamus Ickstatt, u[triusque] J[uris] D[octor] p[rofessor] p[ublicus] et ordin[arius] in universitate Wirceburgensi a[nno] 1738. Naumann a. a. O. Nr. 897. Homeyer Nr. 391.

Bis Fol. 53' beziehungsweise 117 der alten je oben in der Mitte angebrachten schwarzen Foliirung reicht das Buch der Könige alter und neuer Ehe. Auf der Rückseite von Fol. 117 beginnt das Landrecht in der Gestalt des sogen. Grossfoliodruckes, zunächst das roth geschriebene Register des ersten Theiles und dann dieser selbst, in der Weise, dass je vor den einzelnen Abschnitten — mit Ausnahme des dritten — gleichfalls roth deren Inhaltsverzeichniss gesetzt ist, bis an den Schluss der Rückseite des Fol. 214, womit der eilfte Abschnitt schliesst. Ohne Zweifel war das Folgende noch geschrieben,

[1] Beispielsweise auf Fol. 130' oder 187' oder 215.

ging aber verloren. Dem 18. Sexterne fehlt nämlich sein letztes Blatt, das wohl schon vor dem Einbinden mit dem übrigen Reste des Landrechts zu Grunde gegangen war, indem die alte Zählung der Blätter, die allem Anscheine nach erst nach dem Einbinden vorgenommen wurde, ganz richtig von 214 auf 215 u. s. w. fortlauft. Was das Lehenrecht anlangt, beginnt es auf Fol. 215 ohne Ueberschrift, welche wohl auf dem verloren gegangenen vorhergehenden Blatte gestanden sein mag, und zwar zunächst das Inhaltsverzeichniss, welches fast die erste Spalte der ersten Seite füllt, aber schon mit ‚der lehen uerkoffet‘ abbricht, während dann der Text selbst mit der zweiten Spalte beginnt.

197.

Leipzig, königliche Universitätsbibliothek, Nr. 3513. Auf Papier in Kleinfolio im 15. Jahrhundert von ‚Conradus Tratfelder, briester regenspurger bistumb, an unnser frauen abent alls sy geporen‘ vollendet, früher im Besitze des Hofrathes Prof. Dr. Gustav Haenel zu Leipzig, mit dessen Handschriften durch Legat an den jetzigen Lagerort gelangt. Homeyer Nr. 298.

Auf der Rückseite des ersten weissen Blattes steht: Hie hebt sich an das landtrecht puech des heiligen kunigs Karels, das er gemacht und gesetzt hat nach ratt willen und wissen unsers heiligen vatern pabst Leo, seines leibplichen brueders, und auch der andern kurfursten des heiligen romischen reichs. Auf neuem Blatte beginnt das Landrecht in 349 Artikeln bis zu den Worten des Art. LZ 376 ‚nicht selbdritt ist‘ mit dem roth geschriebenen Schlusse: Hie habent ein endt die landtrecht kayser Karls. Ganz unten steht dann noch der Titel des folgenden Stückes: Hie hebent sich an die gesetz[t]en Lehenrecht kayser Karls. Ihr Schluss nach dem Art. 146 lautet: Hie habent die lehenrecht ein ende. und dits lehenrecht puch ist auf getailt inn vil capitel. die selben capitel die beschaiden die recht aller lay alls dann betzaichent ist mit der rubricken aines yeden capitls.

Nach einer leeren Seite reiht sich zunächst die goldene Bulle in ihrer deutschen Fassung an, in eigenthümlicher Mischung der Landfriede des Kaisers Friedrich II. von Mainz aus dem Jahre 1236 czu sant Marien in mitten augst und des Königs Rudolf von 1281, König Albrechts Friedbrief von 1303, dann der des Kaisers Ludwig des Baiers von Nürnberg 1323 des nagsten sambtztags nach ausgang der osterwochen.

Mit Ausnahme von ihm folgen noch die Verzeichnisse der Artikel und Abschnitte der berührten Bestandtheile.

[Die Witwe Susanna Leisner schenkte im Jahre 1626 ihrem Verwandten J. Hektor Faust zu Aschaffenburg die] Nr. 225.

198.

Leitmeritz, Stadtarchiv, Cod. IV. Auf Papier in Folio in zwei Spalten im Jahre 1485[1] oder um dasselbe vielleicht von dem Stadtschreiber Siegmund in schmuckvoller Ausstattung mit gemalten Anfangsbuchstaben auf den ersten Blättern der einzelnen Bestandtheile und mit rothen Ueberschriften der Artikel gefertigt.

Von Fol. 238—300 findet sich als ‚Práva císarzská' eine böhmische Uebersetzung[2] des Landrechts des sogen. Schwabenspiegels, von Fol. 300—305 des Lehenrechts.

Das Rechtsbuch zerfällt in vier Abtheilungen mit 516 nicht nummerirten Abschnitten. Am Schlusse desselben steht: Ende der alten Kaiserrechte, die gewöhnlich Landrechte heissen, weil die Herren Ritter Städte und Städtchen in der ganzen Christenheit vor Alters sich nach ihnen richteten und in vielen Stücken auch noch richten. Einzelne Stücke dieses alten Rechts halten sie aber nicht mehr, weil nachmals die Kaiser Könige und Fürsten den verschiedenen Ländern besondere Privilegien über diese Rechte hinaus gegeben haben.

Jul. Lippert, Das Recht am alten Schöppenstuhle zu Leitmeritz — vgl. auch die Geschichte dieser Stadt in den Beiträgen zur Geschichte Böhmens, Abth. 3, Band 2 — und seine Denkmäler, in den Mittheilungen des Vereines für Geschichte der Deutschen in Böhmen VI, S. 171, Ziffer 4.

199.

Leitmeritz, Stadtarchiv, Cod. IV. Vgl. die vorhergehende Nr. 198. Lippert a. a. O. VI, S. 172, Ziffer 11.

[1] Dieses Jahr ist am Ende des Lehenrechts bemerkt.

[2] Vgl. im Bande CXVIII, Abh. 10, S. 18—20.

[3] Das vorhergehende Stück ist im Jahre 1600 beendet.

Von Fol. 382—413ᵃ findet sich wieder eine böhmische Uebersetzung des Landrechts unseres Rechtsbuches mit Weglassung des ersten Buches, für welches jedoch leerer Raum blieb, also nach Band CXVIII, Abh. X, S. 19 die böhmische Bearbeitung b. Am Schlusse derselben steht: Und Einige behaupten, dass sich nach ihnen — den Satzungen des sogen. Schwabenspiegels — richten die Herren von der Altstadt Prag. Von Fol. 413—417 folgt wieder das Lehenrecht.

[Georg von Lerchenfeld zu Freising, 1521—1531, besass die] Nr. 243.

[Johann Lessewitz von Liegnitz schrieb im Jahre 1431 die] Nr. 116.

[Goldschmied Jakob Sulzer zu Winterthur? besass als Geschenk seiner Base Susanne Sulzer zu Leutkirch im Jahre 1681 die] Nr. 421.

200.

Liegnitz, Petro-Paulinische Kirchenbibliothek, Nr. 13, nach dem Kataloge Nr. 73, in Folge einer Bemerkung desselben ‚e Curia 1671' stammend. Auf Papier in Folio im 15. Jahrhundert durchlaufend geschrieben, während das Verzeichniss der Artikel in zwei Spalten erscheint, mit rothen Ueberschriften beziehungsweise Zahlen der Artikel, mitteldeutsch, im Ganzen von ausserordentlicher Aehnlichkeit der Einrichtung wie oben Nr. 47, so dass beispielsweise auch auf den gegenüberstehenden Seiten von zwei Blättern immer Keiser recht ∥ libro primo oder I u. s. w. steht, in Holzdeckelband mit früher grünlichem Lederüberzuge, vorne und rückwärts je mit fünf Messingbuckeln und zwei Schliessen. v. Lassberg Nr. 78. Homeyer Nr. 408; in seiner Einleitung zum sächsischen Lehenrechte S. 24 unter Ziffer 55.

Auf Fol. 207 beginnt ‚das Keyserrecht' in vier Büchern von 81, 126, 84 oder nach dem Register 83, 73 Artikeln bis Fol. 366ᶜ.

Hieran schliesst sich von Fol. 367 das in zwei Spalten geschriebene Verzeichniss der Artikel bis Fol. 385.

[Johann Lessewitz von Liegnitz schrieb im Jahre 1431 die] Nr. 116.

[Dem Reichsfreiherrn Johann Christof von Abele von und zu Lilienberg gehörte einmal die] Nr. 203.

201***.

Eine Handschrift des sogen. Schwabenspiegels ‚in dem Vorrathe des Freiherrn v. Limbach, so Rudolf der I. selbst bestärket haben solte, und sehr schön auf Pergamen geschrieben' ist, erwähnt der Reichshofrath Freiherr Heinrich Christian von Senkenberg im §. 14 der Vorrede zu seinem Corpus juris feudalis germanici. v. Lassberg Nr. 79. Homeyer Nr. 410.

[Im Archive der vormaligen Reichsstadt Lindau fanden sich nach dem jetzt im baierischen allgemeinen Reichsarchive hinterliegenden Generalrepertorium über die dortigen Kanzleiakten aus dem letzten Viertel des vorigen Jahrhunderts, von welchen die Buchstaben E—L damals in der ‚oberen Stuben' aufbewahrt gewesen, unter G 5: Urkunden, alte, den Schwabenspiegel betreffend.

Bei meinem Aufenthalte am Bodensee im September des Jahres 1873 waren die hierauf gerichteten Nachforschungen ohne Ergebniss.]

[Dr. Zacharias Prueschenk von Lindenhofen schenkte dem Prof. Dr. Johann Schilter zu Strassburg die] Nr. 134.

[Felix Lindinner zu Bubikon schrieb im Jahre 1787 die] Nrn. 2 und 18.

202.

Linz, öffentliche Bibliothek, Cc V 12, aus der Probstei Suben in Oberösterreich stammend, dessen Bruder Lambert Bogner sich am Schlusse[1] eingezeichnet hat, von Konrad Meyer aus Burghausen auf Papier in Folio am 24. December 1428[2] vollendet. Mone in seinem Anzeiger für Kunde der deutschen Vorzeit VIII (1839) Sp. 32 unter A Ziffer 8. v. Lassberg Nr. 80. Homeyer Nr. 411.

[1] Nach der in der folgenden Note zur Sprache kommenden Bemerkung. Frater Lambertus Pogner, professus in Suben, mit dem Spruche darunter: Sancta Anna succurre mettercia!

[2] Am Schlusse ist schwarz eingetragen: Das ist das lantrechtpuech, das geschriben ist da man czalt von Christi gepuerd m°. cccc° vnd xxviij, an dem heiligen etc.

Vorne auf dem zweiten Blatte beginnt roth: Das leben puech, vnd hat sechs lehenrecht vnd irew gesecztt. Dann folgt in der nächsten Zeile schwarz: [S]wer lehenrecht erkennen well, der volige diez puechs lere. Aller erst schuellen wir merekhen das der herschilt, und dann mit dunklerer Tinte: vnd von sein. Hier bricht die erste Spalte der Seite ab und beginnt auf der Rückseite das Inhaltsverzeichniss zu des Dominikanerbruders Berchtold deutscher Uebersetzung der Summa confessorum des Johann von Freywurg auch aus dem Predigerorden, welche bis Fol. 192 alter rother Zählung reicht. Nach ihrem Schlusse auf der ersten Spalte der Rückseite des Fol. 192 und nach dem Namen wohl des Schreibers ‚Michel Pechrner' folgt roth: Nw sagen wir fürbas von allen lanttrechten. dy sagt vns her nach dy geschriben tauel. Nach einem leeren Blatte und der leeren ersten Seite des nächsten, nicht auf einem neuen Sexterne, sondern auf der Rückseite des sechsten Blattes eines solchen, beginnt auf Fol. 197' neuer Bleistiftbezeichnung das Verzeichniss der Artikel des Landrechts, welches noch die nächsten drei Blätter füllt. Nach der ersten leeren Seite des nächsten Blattes folgt auf dessen zweiter das Landrecht selbst in 295 Artikeln ohne alte Blattzählung auf Fol. 201' neuer Bleistiftbezeichnung. Vom Lehenrechte findet sich keine Spur.

Vgl. Rockinger II, woraus von S. 471—488 und 491—501 in III das Verhältniss zum Drucke LZ und zu v. Maurer's Ausgabe des vermeintlichen Landrechtsbuches des Ruprecht von Freising ersichtlich wird.

203.

Linz, Museum Francisco-Carolinum, Nr. 72, Invent. Nr. 9872. Auf Papier in Folio, zweispaltig, nach einer Bemerkung am Schlusse des auf den sogen. Schwabenspiegel folgenden österreichischen Landrechts Fol. 144 Sp. 2 im Jahre 1415 geschrieben, von Fol. 9'—10' mit Nachrichten über die Marschalche von Reichenau aus den Jahren 1490 bis 1537, auf Fol. 1 oben mit einem Eintrage auf die Frau Sophei von Althan, die Tochter des Joachim Marschalch zu Reichenau, nach einer weiter vorne eingeklebten Vignette einmal dem Reichsfreiherrn Johann Christof von Abele von und zu Lilienberg, edlem Herrn auf Hücking, im Jahre 1670 kaiserlichem

Hofrathe, geheimen Secretäre und Referendarius der inner-österreichischen Lande, zugehörig gewesen, endlich noch mit einem ganz oben auf dem der Vorderdecke aufgeklebten ersten Blatte des Verzeichnisses der Artikel des kaiserlichen Land- und Lehenrechts befindlichen Wappen in rothem Siegellack mit einer strahlenden Sonne und den Buchstaben JNVS um die Helmzier, vom Grafen Karl von Inzaghi dem Museum geschenkt, in einem mit Leder überzogenen und je vorne wie hinten mit fünf Messingbuckeln versehenen Holzbande, auf dessen Vorderseite ein Pergamentstreifen mit der alten Aufschrift aufgeklebt ist: Das allt lanndts vnnd lehen recht puech. 1415. Archiv der Gesellschaft für ältere deutsche Geschichtskunde X, S. 430. Dr. Victor Hasenöhrl, Oesterreichisches Landesrecht im 13. und 14. Jahrhundert, S. 2—4.

Auf dem der Innenseite des Vorderdeckels aufgeklebten Blatte beginnt, wie schon bemerkt, das Verzeichniss der Artikel des Land- wie Lehenrechts bis Fol. 9 Sp. 1 der neueren Bleistiftbezeichnung, welche indessen das auf das erste Blatt folgende Folium übersprungen hat, je unter Angabe der Folien und sogar deren Spalten, auf welchen sie sich im Texte finden. Auf Fol. 11 Sp. 2 beginnt das Landrecht in 385 Artikeln bis Fol. 90 einer alten je oben in der Mitte angebrachten Foliirung beziehungsweise bis Fol. 100 der neueren Bleistiftzählung Sp. 1, woran sich ohne alle Unterbrechung unter der schwarzen Ueberschrift ,Hie hebet sich das lehen recht des puches an' das Lehenrecht in 153 Artikeln bis Fol. 119 der alten rothen oder 135 der neueren Bleistiftzählung Sp. 2 knüpft.

Zu Art. LZ 377 II des Landrechts ist am Rande von einer Hand des 16. Jahrhunderts eine Bemerkung gemacht, welche darauf hindeutet, dass diese Handschrift mit ,herrn von Rottens buch' verglichen worden, wobei sich ergab, dass in ihm verschiedene Artikel gefehlt haben, wie 200, 207, 289, 305, 308, 316, 355, 357, 363 b, 375, 377 II selbst.

204.

Linz, ebendort, Nr. 77, Invent. Nr. 4855. Auf Papier in Schmalhochfolio von Erasmus Reuttor im Jahre 1420 in

Zangberg[1] im ehemaligen oberbaierischen Gerichte Neumarkt geschrieben, früher der Familie Enenkel beziehungsweise Hoheneck[2] angehörig. Mone in seinem Anzeiger für Kunde der deutschen Vorzeit VIII (1839) Sp. 32 unter A Ziffer 9. Archiv a. a. O. X, S. 430. Homeyer Nr. 412. Hasenöhrl a. a. O. S. 3 in der Note 4.

Diese Handschrift besteht aus zehn Sexternen, von deren erstem das erste Blatt verloren, während von dem letzten das letzte Blatt nicht mehr beschrieben ist. Nach dem Verzeichnisse der Artikel[3] beginnt auf der zweiten Seite des nunmehrigen fünften oder ursprünglich sechsten Blattes der Text des Landrechts in 239 Artikeln mit der rothen Ueberschrift ‚Hie hebt sich an das lantrecht puch' bis zum vorletzten Blatte des zehnten Sexternes.

Vgl. hiezu Rockinger II, worin S. 471—488 und 491—501 in V das Verhältniss zum Drucke LZ und zu v. Maurer's Ausgabe des vermeintlichen Landrechtsbuches des Ruprecht von Freising berücksichtigen.

---

[1] Am Schlusse steht schwarz und roth durchstrichen:

Finis adest operis, mercedem posco laboris.

Finitus est iste liber feria tercia post festum purificationis s. Marie in Zangberg per manus Erasmi Hewtter sub anno domini millesimo quadringentesimo anno vicesimo.

Tx mkclik upn dfppthbks ukek prfckam mkchk — verschrieben anstatt dbbks — dbbis.

Hierauf folgt noch roth:

Das puech hat ain end.
Got alle pesshorne weib schend.

[2] Auf einem kleinen der Rückseite des nunmehrigen neuen Vorsetzblattes aufgeklebten Pergamentzettel wohl von der ursprünglichen Decke des Buches steht: 1439 Casper Enenkol zv Albr:

Nach dem Schlusse des Ganzen findet sich die Bemerkung: Johus Hartmannus Enenkel de Albertipergs liber baro Hohoneccius. 1600.

[3] Von ihm beginnt das zweite Blatt des ersten Sexternes mit: Von dreyer hant freyen mit der Folienbezeichnung ij°. Von vog geding ij°. Von den siben herschilten iij°. Diese Folienbezeichnung hört indessen mit Art. 12 auf, von wo an den folgenden keine Zahlen mehr beigefügt sind. Das Verzeichniss selbst läuft fort bis: Wie man chaiserleichen frid swert. Von fridleichen tagen zw himmel. Wie vil ainer seiner freunt auf gericht furen sol.

Hierauf beginnt in einer neuen Zeile mit dem Anfange ‚Hie hebt sich an ein ander recht puch' ein weiteres Artikelverzeichniss, und zwar des nicht mehr folgenden Freisinger Stadtrechtbuches des dortigen Vorsprechen Ruprecht.

205.

Fürstlich Lobkowitz'sche Bibliothek zu Prag. Hanka's Přehled pramenůw prâwních w Čechách, S. 162, Nr. 21. Homeyer Nr. 546.

Böhmische Bearbeitung[1] abc.

[Fürstlich Lobkowitz'sche Bibliothek ebendort. Homeyer Nr. 547?

Böhmische Bearbeitung. Hanka führt a. a. O. S. 162 eine solche Handschrift nicht auf. Vielleicht liegt den beiden auf seinen Mittheilungen beruhenden Nrn. 546 und 547 Homeyer's nichts weiter zu Grunde als nur eine Trennung unserer] Nr. 205.

[Wessel van den Loe hat sich eingezeichnet in der] Nr. 289.

206.

Aus dem britischen Museum in London wird von den Arundel-Manuscripten Nr. 131 mit 201 Blättern als Kaiserrecht eine Handschrift unseres Land- und Lehenrechts mit dem oberbaierischen Landrechte des Kaisers Ludwig und der goldenen Bulle Karls IV., woran sich von Fol. 182—201 sächsische Rechte schliessen, theils auf Pergament und theils auf Papier gefertigt, aus dem 15. Jahrhunderte, im Archive der Gesellschaft für ältere deutsche Geschichtkunde VIII S. 756 aufgeführt. Vgl. Endemann in der Einleitung zu seiner Ausgabe des kleinen Kaiserrechts S. 49 unter Ziffer 5. Homeyer Nr. 414.

[Im britischen Museum zu London sah nach brieflicher Mittheilung vom 5. Dezember 1882 mein inzwischen verewigter Freund Dr. Ignaz Gundermann in München ein kaiserliches Land- und Lehenrecht, auf Papier in Folio, nach einer Einzeichnung mit Tinte oben auf der ersten Seite aus dem Reichsstifte s. Ulrich und Afra in Augsburg stammend, am Einbande mit der gedruckten Aufschrift: Der Schwabenspiegel. Ohne Ort und Jahr.

Der Anfang lautet: In de[m] namen des höchsten Richters Jesu Christi unsers Herrn. Hie hebbet sich an u. s. w.

Zwischen den Fol. CV und CVI sind vier nicht gezählte Blätter.

[1] Vgl. Bd. CXVIII, Abh. X, S. 18—20.

Handelt es sich hier um eine Handschrift oder um einen der alten Foliodrucke unseres Rechtsbuches?]

[Nach London soll jetzt auch verbracht sein die] Nr. 67.

[Lorenz N. oder vielleicht mit besonderer Beziehung auf

,edl und arm
mochtte wol dem tewfl erparm'

Lorenz von N. mag im 15. Jahrhundert der Besitzer gewesen sein von] Nr. 305.

207.

Ein nicht genauer bezeichneter Louber machte seinerzeit dem Prof. Dr. Johann Schilter zu Strassburg das Anerbieten der Mittheilung einer Pergamenthandschrift unseres Lehenrechts, wie Johann Frick in der Vorrede vom September 1727 zum zweiten Bande eben von Schilter's Thesaurus antiquitatum teutonicarum S. 2 bemerkt: illustrissimus Louberius codicem offert juris alemannici feudalis membranaceum, si forte adhuc nonnihil prodesse aut juvare ad curas — libro jam edito — secundas posset. v. Lassberg Nr. 81. Homeyer Nr. 415.

Vielleicht darf man an Christof Jakob Lauber zu Augsburg denken, welcher nach einer anderweiten Nachricht eine Handschrift des Augsburger Stadtrechtes besass. Schilter selbst nämlich bemerkt in der Vorrede zum Glossarium alamannicum im dritten Theile des erwähnten Thesaurus S. 38 Sp. 2—39 Sp. 1, dass ihm diese Handschrift ,vir cl. Chr. Jac. Lauber, Reipublicae Consiliarius celeberrimus' mitgetheilt.

[Da zu der Gesetzgebung des Kaisers Ludwig IV. für sein Heimatland Oberbaiern aus den dreissiger und vierziger Jahren des 14. Jahrhundert der sogen. Schwabenspiegel beigezogen worden ist, sei hier auch auf die Verzeichnisse von Handschriften dieser Landrechte wie des Stadtrechts verwiesen, welche unter ,Oberbaiern' berührt sind.]

[Zu Ludwigsburg in der herzoglich würtembergischen öffentlichen Bibliothek erwähnt Friedrich Christof Jonathan Fischer in seinem Versuche über die Geschichte der teutschen Erbfolge II S. 124 die] Nr. 370.

[Dem Oberappellationsgerichtsrathe Dr. Friedrich Cropp in Luebeck gehörte die] Nr. 336.

208***.

Aus einem alten Verzeichnisse der Handschriften der Threse zu Luebeck kennt man unter der Anführung ‚Hie begynnet dat Kayser Recht‘ mit dem Schlusse ‚Finitum anno domini 1320 per manus fratris Bernhardi in der middeweeken voer unser frouwen elibeltag‘ eine Handschrift wohl unseres Land- und Lehenrechts, niederdeutsch.

Unter Bezugnahme auf ein Schreiben des Karl Heinrich Dreyer von dort vom 24. April 1757, welches diese Nachricht aus ‚einer aufgefundenen alten Designation der auf hiesiger Threse ehedessen befindlich gewesenen Codicum‘ gibt, gedenkt dieser Handschrift, von welcher eben Dreyer vermuthet, dass sie ‚zu Zeiten des unruhigen Consulis Wollenweber‘ abhanden gekommen, der Reichshofrath Heinrich Christian Freiherr v. Senkenberg in der Vorrede zu seinem Corpus juris germanici publici ac privati ex medio aevo I 1, §. 32 mit der Note b, S. 32 33. Endemann in seiner Einleitung zum kleinen Kaiserrechte S. 48 unter Ziffer 37. Homeyer Nr. 418.

209.

Lueneburg, Stadtrathsbibliothek. Auf Papier in Grossfolio mit ausserordentlicher Pracht, insbesondere durchgehends der Initialen, im 14. Jahrhundert in zwei Spalten gefertigt, vielleicht aus einer Klosterbibliothek[1] stammend, wahrscheinlicher aber für Lüneburg selbst gefertigt oder jedenfalls frühzeitig in dessen Besitz,[2] niederdeutsch, in äusserst starke Holzdeckel mit Lederüberzug gebunden, oben und unten an den Ecken mit Messing beschlagen und vorne wie hinten in den vier Ecken wie in der Mitte mit schönen Messingbuckeln,

[1] Wenigstens besagt eine Bemerkung auf der inneren Seite des Vorderdeckels, vielleicht von einem früheren Stadtarchivare, unter Bezugnahme auf die ‚Stelle am Schlusse von Art. LZ I b ‚Auer dit bok seggel van werltlikeme gerichte, vnd dar vnme betet dit bok lantrecht‘ Folgendes: Malo ergo Monachi, antiqui possessores hujus libri, titulum ei adscripserunt: Keyserrecht.

[2] Zwischen den Arabesken auf dem oberen Rande des alsbald zu erwähnenden Bildes sind — wie am unteren Rande die Wappenschilder der sieben Kurfürstenthümer — die des Herzogthums und der Stadt Lüneburg angebracht.

früher auch mit zwei Schliessbändern versehen, auf dem Vorderdeckel aussen mit der gleichzeitigen Aufschrift ‚Keyser recht‘ unter einer rings mit Messingplättchen aufgenagelten durchsichtigen Hornhaut. Kraut, Commentatio de codicibus Luneburgensibus quibus libri juris germanici medio aevo scripti continentur, S. 9—18, woselbst sich von S. 11—14 die Zusammenstellung der Artikel des Landrechts mit den Druckausgaben von Schilter und v. Berger wie jener von der Lahr'schen bei Freiherrn v. Senkenberg findet. Endemann in der Einleitung zu seiner Ausgabe des kleinen Kaiserrechts S. 38 unter Ziffer 18, wozu Rockinger Q S. 420/421, 427—432 zu vergleichen. v. Lassberg Nr. 82. Homeyer Nr. 423.

Nach zwei leeren Blättern folgt auf einem besonderen Quaterne von Fol. 3—10 das Verzeichniss der Artikel des Landrechts. Nach wieder zwei leeren Blättern bildet ein prachtvoll theilweise auf Goldgrund in glänzenden Farben ausgeführtes Bild einer Rechtsverleihung, welche der Kaiser[1] da durch Uebergabe eines mit Schliessen versehenen Buches vornimmt, das Folium 13, und zwar das erste des betreffenden Quaternes, so dass es hienach gleich von Anfang an zu dieser Handschrift bestimmt gewesen, nicht erst später eingefügt worden ist. Mit Fol. 14 beginnt das Landrecht bis Fol. 87. Unmittelbar auf dessen Rückseite schliesst sich das Verzeichniss der Artikel des Lehenrechts und dann dessen Text selbst an bis Fol. 117. In ihm ist durch den Ausriss eines Blattes des zehnten Quaternes eine Lücke entstanden, indem der Text

[1] Er sitzt in einer schön gewölbten Halle mit offenen Eingängen auf beiden Seiten, über welcher links und rechts zwei Thurmhallen ohne Zinnen und in der Mitte ein Thurm mit Zinnen sich erheben, im Kaisermantel mit der Krone auf dem Haupte in dem königlichen Stuhle, in der Rechten das Scepter haltend, umgeben von den zu beiden Seiten stehenden drei geistlichen und vier weltlichen Kurfürsten, von welchen der Herzog von Sachsen als Marschall durch das aufrecht gehaltene Reichsschwert gekennzeichnet ist, und hat die Linke noch auf einem verschlossenen Buch liegen, welches eine vor ihm knieende in weissseidenen reich mit Gold überstickten faltigen Mantel gekleidete schöne Mannsgestalt mit gelocktem Haupthaare mit beiden Händen entgegennimmt, in deren Hintergrunde sich ein vornehmer Jüngling wieder mit gelocktem Haupthaare und eine Reihe ähnlicher männlicher Wesen befinden.

des vorhergehenden mit den Worten bald nach dem Anfange von Art. LZ 112c: ‚der bode schal to deme minnesten van eme hebben ene halue houe to lene, eder dat viff schillinge‘ schliesst, während das folgende Blatt mit den Worten am Schlusse von Art. 115b: ‚[vra]gen vmme len wen sine man‘ beginnt.

Die berührten Verzeichnisse der Artikel des Land- wie Lehenrechts sind bei Weitem ausführlicher als die Ueberschriften des Textes selbst.

Den übrigen Inhalt dieser Handschrift bildet die bekannte Abhandlung von der Herren Geburt vom Sachsenlande, nach welcher sich von derselben Hand in kleinerer Schrift folgende fünf Zeilen theilweise mit roth übergeschriebenen römischen Zahlen:

II VIII XII XXIX
Herschild se twene viff schillinge he by sinen iaren
III XII
Hulde ban westacht desse wiset van tughe lenrecht
Unecht roff duue swo tuch but kempe beschorne.
Spelman vest achte desse wiset van tuge lenrecht
[illegible] I^m III^m XIV^m I^m II^m XV
Uorderen nicht beteren nemen anders gifft were werschap

finden, das Hildesheimer Dienstrecht und Jus litonicum in der Fassung, wie es Freiherr v. Fürth in den Ministerialen Beil. V S. 525—527 mittheilt, das Magdeburger Dienstrecht wie ebendort Beil. IV S. 523 und 524, endlich das kleine Kaiserrecht, wozu Rockinger Q S. 420 421 und 427—432 zu vergleichen.

210.

Lueneburg, ebendort. Auf Pergament in Grossfolio am Ende des 14. Jahrhunderts gefertigt, gleichfalls niederdeutsch. Kraut a. a. O. S. 1—3. Homeyer Nr. 421; in seiner Einleitung zum sächsischen Lehenrechte S. 25 unter Ziffer 57.

In dieser Handschrift des sächsischen Landrechts mit Glosse und des sächsischen Lehenrechts ohne solche finden sich in dem ersteren auch Verweisungen auf das ‚Keyserrecht‘ oder Landrecht des sogen. Schwabenspiegels, beispielsweise zu I Art. 67, zu II Art. 4, und weiter, sodann gleichfalls im Lehenrechte am Rande solche auf das Kaiserlehenrecht oder das Lehenrecht eben wieder des sogen. Schwabenspiegels.

211.

Lueneburg, ebendort. Auf Pergament in Grossfolio im 15. Jahrhundert gefertigt, niederdeutsch. Kraut a. a. O. S. 3—9. Homeyer Nr. 422. Steffenhagen in den Sitzungsberichten der phil.-hist. Classe der Akademie der Wissenschaften zu Wien, Band CVI, S. 200—202.

Diese am Anfange auf der Kehrseite der ersten vier Blätter mit vier blattgrossen farbenprächtigen Bildern von ungewöhnlich schöner Ausführung bei einer Bildfläche von je 30 Centimeter Höhe und 21 Centimeter Breite geschmückte Handschrift des sächsischen Landrechts mit der Glosse Brand's von Tzerstede enthält gleichfalls Verweisungen auf das ‚Keyserlandrecht' wie ‚Keyserrecht' oder das Landrecht des sogen. Schwabenspiegels, nicht aber auf dessen Lehenrecht.

Eine Stelle aus dem ersteren, LZ Art. 286a, ist in der Glosse Brand's von Tzerstede zur Vorrede ‚von der Herren Geburt' nach Steffenhagen a. a. O. S. 226 [§. 12] in ihrem Wortlaute nach zwei besonderen Texten — vgl. auch was bei der Handschrift 235 der Bibliothek der Stadtkirche in Sondershausen bemerkt ist — folgendermassen excerpirt und interpolirt: Dat keyserlandrecht secht ok: In welker stad schepen syn, dat synt gesworene radmanne, de scholen ordele geuen ouer jewelke sake, unde nemand anders, ut keyserrecht ca[pitul]o cc. lxxxvj, uel keyserrecht li[bro] tertio lege lxix § ij.

212.

Lueneburg, ebendort. Auf Pergament in Kleinfolioformat im 15. Jahrhundert gefertigt, gleichfalls niederdeutsch. Kraut a. a. O. S. 18 und 19. Unger in den Göttinger gelehrten Anzeigen vom Jänner 1841 S. 15. v. Lassberg Nr. 83. Homeyer Nr. 424.

Den Inhalt dieser Handschrift bildet ein sogen. Schlüssel des Landrechts.

213.

Lueneburg, ebendort. Von den am Schlusse der eben berührten Handschrift befindlichen zwei Verzeichnissen von Artikeln bezieht sich das erste auf das Landrecht des sogen. Schwabenspiegels.

Kraut a. a. O. S. 19: Claudunt codicem duo indices, unus juris provincialis alemannici, alter speculi saxonici.

[Bei Lüneburg mag hier im Vorübergehen auch noch erinnert sein an die] Nrn. 163, 168, 236.

214***.

Lueneburg, im ehemaligen Michaeliskloster, dann in der Bibliothek der im Jahre 1850 aufgehobenen Ritterakademie dortselbst.

Auf den inneren Seiten der Deckel einer alten Ausgabe des Corpus juris, gedruckt durch François Fradin 1514—1518, in 6 Grossfoliobänden in der Bibliothek des genannten Klosters entdeckte Prof. L. A. Gebhardi in Lüneburg Pergamentbogen alter Handschriften, wovon 8 einer in zwei Spalten zu je 30 Zeilen mit rothen Anfangsbuchstaben der ohne Ueberschriften erscheinenden nur mit rothen römischen Zahlen bezeichneten Artikel im 14. Jahrhundert gefertigten Handschrift des Land- und Lehenrechts in Kleinfolio angehören. Amtmann Wedekind zu Lüneburg machte einen Theil des Fundes in dem Allgemeinen literarischen Anzeiger von 1798, Nr. 86, S. 877/878 bekannt. Prof. Ebers daselbst schrieb alsbald auch den Rest ab, und mit dessen Vorbericht ist sodann das Ganze in Dr. Ernst Spangenberg's Beiträgen zu den teutschen Rechten des Mittelalters u. s. w. S. 216—226 mitgetheilt worden. v. Lassberg Nr. 84. Homeyer Nr. 425.

Es enthält Reste des Landrechts des sogen. Schwabenspiegels in der mit dem Art. LZ 313 abschliessenden Gestalt von den Worten ‚sint se aber ime abegesegit, her ne hat' im Art. 201 c an bis Art. 313 mit dem Schlusse ‚man sol im vordelin eygen un len un alle wertliche ere' in mitteldeutscher Sprache. Nach zwei besonderen Artikeln — 323 und 324 S. 224 — in niederdeutscher Sprache schliesst sich gleichfalls in dieser das sächsische Lehenrecht an.

Sind diese Bruchstücke in dem von Martini im Jahre 1827 in Druck gegebenen Kataloge der Bibliothek der ehemaligen Ritterakademie zu Lüneburg aufgeführt, so vermag ich über den jetzigen Lagerort nur die nachstehende Mittheilung des Stadtbibliothekars daselbst, Direktors a. D. der Realschule Dr. Wilhelm Friedrich Volger, vom 16. November 1873 zu geben: Da die Mehrzahl der Handschriften der Akademie der Göttinger Universitätsbibliothek 1850 zugefallen ist, so kann ich fast mit Gewissheit behaupten, dass die bezeichneten Bruchstücke sich in Göttingen finden. Nach der königlichen Bibliothek in Hannover sind sie meines Wissens — ich besorgte damals die Vertheilung — nicht gekommen.

Die Erkundigungen bei meinem Aufenthalte in Göttingen im Herbste 1875 blieben ohne Erfolg. Aber auch in Eduard Bodemann's Verzeichniss der ‚Handschriften der königlichen öffentlichen Bibliothek zu Hannover' habe ich sie, obwohl daselbst an den verschiedensten Orten Handschriften des Lüneburger Michaelisklosters begegnen, nicht gefunden. An etwaiges Vorhandensein in den unter den Nrn. 848—862 S. 540 erwähnten 15 starken Folianten der Collectaneen des Prof. L. A. Gebhardi wird kaum zu denken sein. Ebenso wenig wohl an ein solches in seiner unter Nr. 976 S. 558 berührten historischen Beschreibung des Klosters und der Ritterakademie zu s. Michaelis in Lüneburg.

[In der Luetzelnaue im Rheingaue stand seinerzeit in amtlichem Gebrauche die] Nr. 8.

[Der Diakon Konrad von Luetzelnheim schrieb im Jahre 1287 zu Freiburg im Breisgaue und Vorstätten in dessen Nähe die] Nr. 89.

214½.

In die Stadtbibliothek von Luzern gelangte nach brieflicher Mittheilung des Vorstandes des fürstlich Fürstenbergschen Archives und der dortigen Hofbibliothek Dr. Baumann zu Donaueschingen vom 25. September 1884 aus dem Besitze des Pfarrers G. Mayer von Oberurnen, der sie in seiner Gegend bei einem Privatmann entdeckte, eine Handschrift des sogen. Schwabenspiegels aus dem Jahre 1426.

Nach einer Zuschrift des Staatsarchivars Dr. Theodor von Liebenau in Luzern vom 16. Oktober 1884 ist sie vor etwa drei Jahren erworben worden, auf Papier gefertigt, und enthält am Schlusse folgende Einzeichnung: Conscripsit et complevit Johannes dictus zum Bach pictor per procurationem patris mei, cuiusdam ydonei civis Lucernensi opidi, nomine Nicolai zum Bache, pictoris ibidem. Facta et impleta et scripta sunt hec in vigilia sancto Mathie apostoli, scilicet VII Kal. mensis Februarii sub anno domini M° CCCC° XXVI°.

[Zu Luzern befand sich in den Neunzigerjahren des 15. Jahrhunderts die] Nr. 1.

[Vom Gymnasialdirektor Wiggert in Magdeburg erhielt Prof. Dr. Gustav Homeyer in Berlin zum Geschenke das Bruchstück der] Nr. 40.

[Insoferne zu den Quellen der IX Bücher Magdeburger Rechts — vgl. Dr. Emil Steffenhagen's Deutsche Rechtsquellen in Preussen vom 13. bis zum 16. Jahrhundert S. 198 bis 200 — der sogen. Schwabenspiegel zählt, mag hier auch der a. a. O. S. 139 bis 143 aufgezählten Handschriften gedacht sein.]

[In der fürstlich Oettingen-Wallerstein'schen Fideicommissbibliothek zu Maihingen unweit Wallerstein befinden sich die] Nrn. 383 und 384.

[Peter von Bacharach, Bürger zu Mainz, schrieb im Jahre 1401 die] Nr. 8.

[Prof. Dr. Franz Josef Bodmann zu Mainz erwarb im Jahre 1795 die] Nr. 55.

[Mit Handschriften der kurfürstlichen Bibliothek von Mainz kamen in die Hofbibliothek zu Aschaffenburg die] Nrn. 8 und 9.

[Die Beziehung des Hieronymus von der Lahr auf Mainz beruht, indem nicht von Mainz, sondern von Wien — vgl. Band CXVIII, Abh. X, S. 15/16 — die Rede ist, auf einem Leseversehen bei der] Nr. 126.

215***.

Gabriel Mair, Bürger und Stadtgerichtsassessor zu Regensburg, besass im Anfange des 17. Jahrhunderts eine Papierhandschrift unseres Land- und Lehenrechts in 529 durchgezählten Artikeln, wovon 378 auf das Landrecht fallen, welche ein Johannes . . . . im Jahre 1475 gefertigt, aus der sich Einträge und das Verzeichniss der Artikel erhalten haben in der Nr. 270.

Vgl. hierüber Rockinger A S. 412/413, 420, 430/431, und insbesondere K im Anhange S. 206—211.

[Aus dem Benediktinerstifte Mallersdorf in Niederbaiern stammen die] Nrn. 249 und 274.

216***.

Für den Ritter Rudeger den Manessen[1] den Aelteren zu Zürich hatte der Schreiber Wild im 13. Jahrhundert eine Pergamenthandschrift in Folio des Buches der Könige alter Ehe, des kaiserlichen Land- und Lehenrechts, und des bekannten Mainzer Landfriedens des Kaisers Friedrich II. vom Jahre 1235 in seiner deutschen Fassung gefertigt.

Nach Einträgen aus ihr in der Nr. 270 schenkte sie ihr Besitzer in den Jahren 1264—1268 dem oberpfälzischen Edelknechte Heinrich von Prückendorf. Dann fand sich in ihr das Wappen des Rathsherrn Urban Trinkl oder Trünkl oder Trunkl von Regensburg aus der ersten Hälfte des 15. Jahrhunderts. Am 7. Februar 1609 gehörte sie einem Herrn A — ob Adler? oder Aichinger? oder wem immer — daselbst, und der Rathsherr Nikomed Schwäbel theilte sie da dem damaligen Besitzer der berührten Nr. 270 zur Einsichtnahme mit. Weitere Spuren über sie sind bis jetzt nicht aufgetaucht. Vgl. Rockinger A S. 413—449; jetzt namentlich die Untersuchung über die Abfassung des kaiserlichen Land- und Lehenrechts in den Abhandlungen der historischen Classe der Akademie der Wissenschaften in München XVIII S. 285—309 und 659 660.

[Aus dem Benediktinerstifte s. Mang zu Füssen in Oberbaiern stammt die] Nr. 384.

[In die Probstei s. Andreas und Mang zu Stadtamhof bei Regensburg gehörte früher die] Nr. 253.

[In das kurpfälzische Archiv zu Mannheim mag seinerzeit gelangt sein die] Nr. 158.

[Aus der kurpfälzischen Bibliothek zu Mannheim, E — nämlich Jurisprudenz — Nr. 15[1] stammt die] Nr. 236.

217***.

Nach der zu Marburg oder früher Marchburg in der Steiermark geschriebenen Vorrede vom 7. August 1531 hat Wolfgang Schallinger dortselbst die in der Nr. 4 aufgeführten Rechte ohne irgend welche Veränderung der alten Vorlagen

---

[1] Vgl. v. Wyss, Beiträge zur Geschichte der Familie Maness, S. 4—10 im Anzeiger für Schweizerische Geschichte 1870, Nr. 2 und 3, S. 21—24, 49—53; Zürich am Ausgange des 13. Jahrhunderts, 1876, S. 28—30.

abgeschrieben. Vgl. Kaltenbaeck's Bericht im Anzeigeblatte zu den Wiener Jahrbüchern der Literatur, Band 115, S. 35—42. Bischoff, Steiermärkisches Landrecht des Mittelalters, S. 21 Nr. 10.

[Rubein von Marchelkofen im ehemaligen niederbaierischen Gerichte Teisbach schrieb im Jahre 1473 die] Nr. 243.

218.

Benediktinerstift Marienberg in Tirol. Nach Mittheilung des P. Basilius Schwitzer von dort aus Meran vom 8. Dezember 1880: Papierhandschrift, im Jahre 1461 ‚per Johannem Rotarii' von Niederndorf[1] in zwei Spalten mit kleiner Schrift gefertigt, in Holzdeckel mit Messingbeschlägen gebunden.

Das Landrecht in 293 Artikeln füllt 78 Blätter, wovon mehrere ausgerissen sind, worauf das Lehenrecht in 142 Artikeln auf 36 Blättern folgt, dem sich noch am Schlusse des Kaisers Ludwig IV. älteres oberbaierisches Landrecht anreiht.

[Nachrichten über die Marschälle von Reichenau aus den Jahren 1499—1537 finden sich in der] Nr. 203.

[Von einem Martin ist im Jahre 1480 geschrieben die] Nr. 97.

[Martin Gollir hat rubricirt die] Nr. 118.

[Von ‚Martinus Ravenspurg scriptor in Kirchheim' ist gefertigt die] Nr. 143.

[Johann Mathas von Rodelshausen schrieb im Jahre 1438 die] Nr. 138.

[Mathes von Straubing, Schreiber zu Enns in Oberösterreich, schrieb 1415 1416 die] Nr. 306.

[Hennerich Maul hat sich im Jahre 1566 eingezeichnet in die] Nr. 119.

[Für Erasm Mäuslein, Pfleger zu Falkenstein, schrieb Pangraz Haselberger im Jahre 1434 die] Nr. 405.

[Der Clöser Rentmeister Kajetan von Mayern stiess auf dem Dachboden des Pichelhofes zu Vordernberg in Steier-

---

[1] Nach der Einzeichnung am Schlusse: Completum est per me Johannem Rotarii de Niderndorff sub anno domini m° cccc° lxi feria 4 ante festum s. Georii.

mark am Anfange der Vierzigerjahre unseres Jahrhunderts auf die] Nr. 153.

[Aus der ehemals Mazarin'schen Bibliothek in Paris stammt die] Nr. 302.

219***.

Die Handschrift des Dr. Sebastian Meichssner, die er im Hinblicke auf die von ihm angewendete Schreibweise als ‚sehr alt vnnd vncorrect' bezeichnet, liegt nach seiner zu Heidelberg am 20. Jänner 1561 geschriebenen Vorrede der in Frankfurt am Main im Jahre 1566 erschienenen Druckausgabe des kaiserlichen Land- und Lehenrechts zu Grunde. v. Lassberg Nr. 85, theilweise mit der folgenden Nummer verwechselt. Homeyer Nr. 439.

220***.

Ausserdem besass Dr. Sebastian Meichssner nach der berührten Vorrede noch eine grosse Handschrift, welche ‚in anno 1472 zu Heydelberg geschriben und zum fleissigsten und ordentlichsten auch von der Teutschen rechten ausz diesem — nämlich dem sogen. Schwabenspiegel — und dem Sachsenspiegel, auch andern Büchern verfasst worden' ist, und welche er mit der Zeit herausgeben wollte. v. Lassberg Nr. 85, theilweise mit der vorhergehenden Nummer verwechselt. Homeyer Nr. 440.

Darf man hier etwa an die nunmehr in der Universitätsbibliothek von Giessen befindliche Handschrift 974 denken, Nr. 111?

[Aus dem Nachlasse des Gymnasialprofessors Johann Joachim Meier zu Göttingen erkaufte Freiherr v. Senkenberg im Oktober 1737 die] Nr. 119.

[Konrad Meier von Burghausen in Oberbaiern schrieb im Jahre 1428 die] Nr. 202.

[Johann Meilinger aus Wasserburg in Oberbaiern schrieb im Jahre 1464 die] Nr. 241.

221***.

Meiningen, herzogliche Bibliothek. Nach gewissen Wahrnehmungen bei der sogleich folgenden Nummer zu schliessen, dürfte jene Handschrift vollständig auch das Buch der Könige alter Ehe und das Landrecht, und zwar wahrscheinlich mit den von Rockinger in F S. 298—300 und 310 wie 318—335 behandelten Zusätzen, noch umfasst haben, letzteres wohl insoferne das eben in Nr. 222 noch erhaltene Lehenrecht der berührten Gruppe angehört.

Das Buch der Könige und das Landrecht füllten 15 Quaterne. Ist die Annahme richtig, dass das Land- und Lehenrecht nach dem Buche der Könige besonders foliirt gewesen, wovon am Anfange des Lehenrechts noch die Zählung von 74 an erübrigt, so würde das Buch der Könige bis über die Mitte des sechsten Quaternes gereicht haben und von da an sich das Landrecht mit den betreffenden Zuthaten bis an den Schluss des fünfzehnten Quaternes beziehungsweise Fol. 73 gereiht haben.

222.

Meiningen, herzogliche Bibliothek, Nr. 40. Auf Pergament in Folio zweispaltig im zweiten Viertel des 14. Jahrhunderts mit rothen Ueberschriften der Artikel und abwechselnd rothen und blauen Anfangsbuchstaben derselben gefertigt, nach einer Bemerkung am oberen Rande der Innenseite des Vorderdeckels ‚aus der Münchner Bibliothek im Jahre 1631' stammend, während auf der Rückseite des jetzt ersten und Titelblattes sich die Einzeichnung des Herzogs Bernhard zu Sachsen findet:

I[n] V[ulneribus] C[hristi] T[riumpho].
B[ernhart] H[ertzog] Z[u] S[achsen].
1678,

in Pappendeckel mit rothem Sammtüberzuge gebunden. B. G. Walch in Meiningen in Johann Georg Meusel's Historisch-literarischem Magazin I S. 122/123. v. Lassberg Nr. 86. Archiv der Gesellschaft für ältere deutsche Geschichtskunde VIII S. 672. Homeyer Nr. 444.

Diese Handschrift ist offenbar nur mehr ein Theil einer Handschrift des (Buches der Könige alter Ehe und des) sogen. Schwabenspiegels, und zwar der das Lehenrecht desselben enthaltende, indem ihre vier Quaterne je auf der letzten Seite unten die ursprünglichen römischen Zahlen 16—19 einschliesslich aufweisen und sich auch noch auf dem ersten Quaterne je oben in der Mitte zwischen den Spaltenlinien eine frühere arabische Folienbezeichnung 74—81 einschliesslich findet.

Das jetzige erste Blatt bildet gewissermassen als Titelblatt ein auf Pergament in Farben ausgeführtes Bild des im kaiserlichen Stuhle sitzenden Reichsoberhauptes mit der Krone, den Scepter in der linken Hand haltend, hinter welchem der Träger des Reichsschwertes steht, während aus der rechten Hand der Herzog von Baiern in knieender Stellung die Fahne des Herzogthums mit den silbernen und blauen Wecken empfängt, hinter welchem vier Gestalten Fahnen ohne Wappen und nur an kürzeren Stangen halten.

Mit dem jetzigen Fol. 2 beginnt unter der rothen Ueberschrift ‚Hie hevet sich an daz Lehen Puch' das Lehenrecht bis Fol. 33' Sp. 1: vnd der heilig geist. amen. Deo gracias.

Die Reihenfolge der Artikel in ihrem Verhältnisse zur Nr. 224, zum Ambraser Codex in Wien, der Nr. 388, zu den Druckausgaben v. Berger's, Schilter's, v. d. Lahr's u. s. w. führt die ‚Harmonie der Kapitel' bei Walch a. a. O. I S. 129—132 in der ersten Spalte vor Augen.

Den Text der Artikel 1—16 einschliesslich hat er ebendort II S. 75—111 und III S. 75—83 mitgetheilt.

223.

Meiningen, ebendaselbst, Nr. 41. Auf Papier in Grossfolio zweispaltig mit rothen Ueberschriften der Artikel und abwechselnd rothen und blauen Anfangsbuchstaben derselben im 15. Jahrhundert gefertigt, in Holzdeckel mit braunem reichgepressten Lederüberzuge gebunden, früher mit je fünf Buckeln und zwei Schliessen versehen. Auf Streifen der zum Verbinden der einzelnen Lagen und Bogen verwendeten Pergamenturkunden des 15. Jahrhunderts erscheint einmal eine Eilsa dicta Vogelerin de Kyppenheim olim in opido Rynöwe dum vixit, dann eine N Vsemberges des Schuhemachers vnd Briden sinre elichen würtin dohter zů Straszburg, u. s. w. v. Lassberg Nr. 87. Archiv a. a. O. VIII S. 672/673. Homeyer Nr. 446.

Die Fol. 1—6' bieten unter der rothen Ueberschrift mit blauer Initiale ‚Hje vohet sich one des buches capitel das da genant ist das keyser reht, vnd saget vns von allen dingen noch dem rehten also sû gesait sint noch dem rehten' das Verzeichniss der 369 Landrechtsartikel. Nach den leeren Blättern 7 und 8 folgt in der Weise, dass auf der ersten Seite des Fol. 9 unter der noch nicht ausgeführten grossen für die ganze Höhe und zwei Drittheile der Breite berechneten Initiale H roth ,erre got himelscher vatter, durch dine milte gûte geschûffe du den menschen mit driualtiger' steht, das Landrecht selbst je unter rother Voranstellung der Zahl der Artikel bis Fol. 119. Nach den leeren Blättern 120—130 beginnt unter der rothen Ueberschrift mit blauer Initiale ,Hje vohet sich an des buches cappitel das da genant ist das lehen reht' mit Fol. 131 das Verzeichniss der 152 Artikel des Lehenrechts bis Fol. 132' Sp. 2, und nach den leeren Blättern 133—141 dieses selbst unter der rothen Ueberschrift ,Hie vohet sich an das Lehen recht, vnd saget gar eigentlich von allen lehen, wie man die enpfohen sol von dem herren, vnd wie der herre sin manne halten sol, vnd wie der man sinen herren halten sol' nach einem vielleicht für ein Bild bestimmten leeren Raume von etwa einer halben Seite mit der grossen roth und blau gefertigten Initiale W, wieder unter rother Vorsetzung der jedesmaligen Artikelzahlen von Fol. 142—185 Sp. 2.

223 $^1/_2$.

Meiningen, ebendaselbst, Nr. 42. Auf Papier in Grossfolio um die Mitte des 15. Jahrhunderts gefertigt, in starkem Holzdeckelbande mit rothem Sammtüberzuge und Goldschnitt, mitteldeutsch. Archiv der Gesellschaft für ältere deutsche Geschichtskunde VIII S. 672. Homeyer Nr. 443.

Aus dem Inhalte dieser Handschrift fällt das am letztgenannten Orte gleich an erster Stelle berührte Abecedarium oder alphabetische Rechtswörterbuch hieher. Es finden sich nämlich nach einer gütigen Mittheilung des Herrn geh. Hofrathes Brückner auf eine desfallsige Anfrage in demselben unter den betreffenden Schlagworten auch die Verweisungen auf unser Landrecht. So beispielsweise gleich unter ,abehauwen' folgendes: Wer dem andern soynir glede eyns abehauwit adir abesneydet, dem sal man das selbe thun. in dem keyser rechte l[ib]r. II ar[t]. XXIX u. s. w.

224.

Meiningen, ebendaselbst, Nr. 44. Auf Papier in Folio zweispaltig — mit Ausnahme der Verzeichnisse der Artikel — mit rothen Ueberschriften und rothen Anfangsbuchstaben derselben im 15. Jahrhundert gefertigt, in diesem und vielleicht am Anfange des folgenden[1] im Besitze des Henne Salmonn und weiter des Ort zum Jungen, wie sodann des Johann zum Jungen, in Holzdeckeln mit rothem Lederüberzuge und früher je mit fünf Buckeln und zwei Schliessen. B. G. Walch in Johann Georg Meusel's Historisch-literarischem Magazin I S. 124. v. Lassberg Nr. 88. Archiv a. a. O. VIII S. 673. Homeyer Nr. 447.

Von Fol. 2—9 reicht das Verzeichniss der 392 Artikel des Landrechts, denen die laufende römische Zahl roth beigesetzt ist. Dieses selbst folgt unter der rothen Ueberschrift ‚Hie hebent sich an das Lantreeht buche, vnd von erste die vorredde‘ von Fol. 10—105' Sp. 2 unter rother Anfügung der Artikelzahlen am Rande. Von Fol. 107—109' schliesst sich das Verzeichniss der 156 Artikel des Lehenrechts, gleichfalls roth gezählt. Dieses selbst folgt unter der rothen Ueberschrift ‚Hie hebent sich ane alle Lehenrechte etc.‘ von Fol. 110—141 Sp. 1 wieder unter Beifügung der rothen Zahlen am Rande, und zwar so, dass hier auch das in dem eben erwähnten Verzeichnisse der Artikel nicht besonders mehr aufgeführte Schlusskapitel mit 157 bezeichnet ist.

Den Schluss der Handschrift bilden, von derselben Hand von Fol. 143 beziehungsweise 144 einspaltig geschrieben, die Sprüche Freidank's.

Die Reihenfolge der Artikel des Lehenrechts in ihrem Verhältnisse zur Nr. 222, zum Ambraser Codex in Wien, der Nr. 388, zu den Druckausgaben v. Berger's, Schilter's, v. d. Lahr's u. s. w. führt die ‚Harmonie der Kapitel‘ bei Walch a. a. O. I S. 129—132 in der letzten Spalte auf.

---

[1] Nach einer Einzeichnung von drei verschiedenen Händen auf der ersten ursprünglich leer gewesenen Seite: Diz buch ist Henne Salmonns etc. Vnd ist nu Orten zu seinem an teil worden, Orten zum Jongen. Vnd furter Johan zum Jungen.

Dem Texte der Artikel des Lehenrechts 1—16 einschliesslich aus der Nr. 222 hat er ebendort II S. 75—111 und III S. 75—83 auch die Abweichungen der jetzigen Nummer beigefügt.

225.

Meiningen, ebendaselbst, Nr. 50. Auf Pergament in Folio zweispaltig um die Mitte des 15. Jahrhunderts[1] gefertigt, niederdeutsch, vielleicht aus Soest oder der Umgegend[2] stammend, durch Schenkung der Susanna Leisner im Jahre 1626 an ihren Verwandten J. Hektor Faust von Aschaffenburg[3] gelangt, in Holzdeckel mit rothem gepressten Lederüberzuge gebunden, früher mit je fünf Buckeln und zwei Schliessen versehen. Homeyer Nr. 442; in seiner Einleitung zum sächsischen Lehenrechte S. 25 unter Ziffer 58.

Nach dem Land- und Lehenrechte des Sachsenspiegels und dem Richtsteige des Landrechts, an dessen Schluss auf Fol. 100' Sp. 2 ‚Deo laus, amen' steht, folgen von der gleichen Hand von Fol. 101—104 Sp. 2 unter rothen Ueberschriften und mit rothen Anfangsbuchstaben 11 Artikel, wovon der letzte ‚von der antworde vmme gût dat dy ghedân is' einem Richtsteige angehört, die übrigen zehn in folgender Weise aus dem Lehenrechte des sogen. Schwabenspiegels gezogen sind:

1. Van tinslene dat eyn here lenet = LZ 125.
2. De romessche koning sternet[4] = LZ 147.
3. Ofte eyn man vorsettet eyn gut = LZ 25.
4. Wor men myt dren mannen tughen sal = LZ 27.

---

[1] Am Schlusse des ersten von anderer Hand geschriebenen deutschen Gedichtes ‚dis ist das Anderlaut' auf Fol. 105' Sp. 1 steht roth: Explicit die Erhardi anno 1455.

[2] Am Schlusse des zweiten deutschen Gedichtes ‚o geselle, nu spare dyn gut' auf Fol. 106' Sp. 1 ist roth die Bemerkung angefügt: Anno etc. 47 Jr nûl stormt man Soyste.

[3] Nach einer schwarz geschriebenen Einzeichnung am unteren Rande der ersten Seite: Ex liberalitate affinis Susannae Leisnerin viduae me possidet 1626 J. Hector Faust von Aschaffenburg.

[4] An den oberen Rand ist von einer Hand des 17. Jahrhunderts bemerkt: Pfalzgraff vicarius des Reichs, Item Richter vborn König.

Der Schluss lautet: Desse ere heuet de palenzgreue van deme Rine dar vmme wante he ouer den konynk richter is.

5. Wan eyn gut vntfeyt zyme heren = LZ 31 und 35 von den Worten der Zeile 7 an: jd en si dat he synes liues vorte, ofte he id dan weder sprokon hadde u. s. w.

6. Ofte eyn nicht gût an synes vorspreken wort = LZ 37 und 41.[1]

7. Ohne Ueberschrift = LZ 85 b c d.

8. Van schilt lene = LZ 98.

9. Ohne Ueberschrift = LZ 99[2] und 112 a von den Worten der Zeile 13 der S. 204 Sp. 2 ‚de here sal ok an de stad dem manne dach gheuen' bis an den Schluss von L 112 b: dessen kore henet de here.

10. Oft eyn nyne lene erue en heuet = LZ 122.

[Ambros Meusel von Wertheim hat sich in den Jahren 1629 und 1630 eingezeichnet in] Nr. 194 195.

[Für Erasm Meusel, Pfleger zu Falkenstein, schrieb Pangraz Haselberger im Jahre 1434 die] Nr. 405.

[Einzeichnungen über Wolfgang Meusel finden sich gleichfalls in der] Nr. 405.

[Konrad Meyer von Burghausen in Oberbaiern vollendete im Jahre 1428 die] Nr. 202.

226***.

Eine alte Handschrift des sogen. Schwabenspiegels ‚zu Michelstadt in dem Erbachischen' erwähnt der Reichshofrath Freiherr Heinrich Christian v. Senkenberg im §. 14 der Vorrede zu seinem Corpus juris feudalis germanici mit dem Anfügen, dass sie alle die seinigen übertraf. v. Lassberg Nr. 89. Homeyer Nr. 450.

227***.

Ausser dieser Handschrift unseres Land- und Lehenrechts führt aus Michelstadt noch einen mit der Nr. 61 verwandten Codex eines umfangreichen alphabetischen Rechtswörterbuches, in Grossfolio gegen den Ausgang des 14. Jahrhunderts wohl auf Papier gefertigt, der Reichshofrath Heinrich Christian

[1] Schluss: Dyt recht hebbet de tweyne heren so dat rike ane konynges is.

[2] Kamerleen heuet ende so de man vade de here wylt id kamer leen is. alse wan eyn here sprekt: ich lene dy vt myner kameren syne mark, myn ofte mer, dar en henet de man syne ghewer an.

Freiherr v. Senkenberg in seinen Visiones diversae de collectionibus legum germanicarum Cap. IV §. 62 S. 108 und in der Vorrede zu seinem Corpus juris germanici publici ac privati ex medio aevo §. 109 mit dem Bemerken bezüglich der Nr. 61 an: et emendatior Micholstadiensis, quo — cum Francofurto abirem — repetito et remisso, postea potiri denuo non licuit. Homeyer Nr. 449, woselbst indessen von einem Richtsteige Landrechts die Rede.

[In die Bodmann-Habel'schen handschriftlichen Sammlungen des Kreisrichters a. D. Wilhelm Conrady auf der Miltenburg oberhalb Miltenberg in Unterfranken, zur Zeit im baierischen allgemeinen Reichsarchive in München, gehört die] Nr. 55.

[Zu Möskirch in Baden ist im Jahre 1425 geschrieben worden die] Nr. 401.

[Aus dem Benediktinerstifte Mondsee im Innviertel kam in die k. k. Hofbibliothek zu Wien die] Nr. 399.

[Vgl. zu dieser Handschrift aus Mondsee auch noch die] Nr. 282.

228***.

In demselben Mondsee befand sich auch nach der Mantissa chronici lunae-lacensis bipartita (München und Innsbruck 1749) S. 405 ein Liber jurium provincialum et feudalium a ss. pontificibus imperatoribus et regibus statutorum, in teutonico, chart. fol.

Ob etwa die jetzt in der k. k. Hofbibliothek zu Wien befindliche Nr. 394?

[Der Gräfin Magdalena von Montfort gehörte in der ersten Hälfte des 16. Jahrhunderts die] Nr. 263.

[Aus der gräflich Montfort'schen Bibliothek zu Hohenems stammt die] Nr. 234.

[Dem Stadtschreiber Joseph Bernhard Bart zu Moosburg in Oberbaiern gehörte im Jahre 1770 die] Nr. 265.

V.

Ueber die dualistischen Zusätze und die Kaiseranreden bei Lactantius.

Nebst Untersuchungen über das Leben des Lactantius und die Entstehungsverhältnisse seiner Prosaschriften.

Von

Dr. Samuel Brandt,
Professor in Heidelberg.

III. Ueber das Leben des Lactantius.

Die spärlichen Notizen, welche über die persönlichen Verhältnisse des Lactanz sowie über seine schriftstellerische Thätigkeit überliefert sind, haben schon sehr oft eine bald längere, bald kürzere Behandlung von Seiten der Herausgeber wie anderer Gelehrter gefunden[1], gleichwohl ist eine erneute

[1] Literatur. Besprechungen des Lactanz und seiner Arbeiten in allgemein geschichtlichen, kirchen- und literargeschichtlichen Werken, sowie gelegentliche Bemerkungen über ihn und seine Schriften, die sich an mancherlei Stellen zerstreut finden, endlich einige Specialarbeiten werden in diesen Untersuchungen, wo es nöthig ist, genannt werden. Hier verzeichne ich folgende Arbeiten zuerst von Herausgebern, deren sehr viele eine Vita des Lactanz vorausschicken: Isaeus (1646) p. XIs.; Baluze zu seiner Ausgabe von De mortibus persecutorum, Miscellanea (1679) II p. 347ss., bei Le Brun-Lenglet II p. 277ss. nach der zweiten Ausgabe (1680) wiedergegeben; Le Nourry in den Dissertationes zu seiner Ausgabe derselben Schrift (1710) p. 103ss., wiederholt in seinem alsbald zu nennenden Apparatus p. 1643ss.; Pfaff in der Dissertatio praeliminaris seiner Ausgabe der Epitome der Institutionen (1712); Heumann in seiner Ausgabe von Lactantii Symposium (1722), Praefatio p. XXVIIIss. und Appendix p. 211ss., und in seiner Gesammtausgabe (1736), Praefatio; Walch, Diatribe de Lactantio eiusdemque stilo, in seiner Ausgabe (1735) p. 1ss.; Le Brun-Lenglet (1748) I p. XIVss. XXs.; Eduardus a S. Xaverio, In omnia L. Caelii Lactantii Firmiani opera dissertationum praeviarum decas prima (1754)

Besprechung dieser Fragen nicht überflüssig. Denn einerseits haben uns die beiden Abhandlungen über die dualistischen Zusätze und über die Kaiseranreden bei Lactanz[1] mehrfach auf Behauptungen über dessen Leben und schriftstellerische Arbeiten geführt, deren Begründung nothwendig ist, dort aber nicht gegeben werden konnte, andererseits herrscht über nicht wenige Fragen noch grosse Unsicherheit oder geradezu ein falsches Urtheil, und gewisse Gesichtspunkte sind für die Untersuchung des Lebens und der literarischen Thätigkeit von Lactanz noch gar nicht aufgestellt worden.

III. Ueber das Leben des Lactantius.

Zunächst muss von den Namen des Lactanz gesprochen werden, und zwar sowohl deshalb, weil über sie vielfach ein solches Schwanken stattfindet, dass z. B. Fritzsche auf der ersten Seite seiner Ausgabe sagen konnte: Quae nomina Lactantio fuerint, aegre dixeris, wie deshalb, weil bis in die neueste Zeit mit dieser Frage die andere nach der Heimat des Schriftstellers in Beziehung gebracht worden ist. Die zeitlich Lactanz nahestehenden Autoren, Hieronymus und Augustin,

und Decas secunda (1767), es sind dies die Prolegomenen zu der Ausgabe von Xaverio, Rom 1754 ff., in 12 Bänden; die beiden ersten Dissertationen über Namen und Herkunft des Lactanz hat Xaverio schon Rom 1751 in dem Apparatus ad novam L. Caelii Firmiani Lactantii operum editionem, der 40 Dissertationen enthalten sollte, aber nach der zweiten abbricht, veröffentlicht; P. H. Jansen, Ausgewählte Schriften des Firmianus Laktantius ... übersetzt (1875) in der Kemptener Bibliothek der Kirchenväter, S. 1 ff., 95 ff. — Bearbeitungen von anderen Gelehrten: Le Nourry, Apparatus ad Bibliothecam Maximam Veterum Patrum II (1715), Dissertatio III, p. 571 sq.; Bertold, Prolegomena zu Laktantius, Metten 1861; Ebert ausser in seiner Geschichte der christlich-lateinischen Literatur[1] (1889) S. 72 ff. und in Herzog's Real-Encyklopädie für protestantische Theologie und Kirche VIII[2] (1881) S. 364 ff., in der Abhandlung über den Verfasser des Buches De mortibus persecutorum, Berichte über die Verhandlungen der Gesellschaft der Wissenschaften zu Leipzig, phil.-hist. Classe, Band 22 (1870), S. 115 ff.; Mecchi, Lattanzio e la sua patria, Fermo 1875; P. Meyer, Quaestionum Lactantianarum particula prima, Jülich 1878.

[1] In diesen Sitzungsberichten 1889, Band CXVIII, Abhandlung VIII und Band CXIX, Abhandlung I

sagen kurz entweder Lactantius oder Firmianus, nur an der noch oft zu nennenden Hauptstelle über Lactanz, bei Hieronymus, De uir. inlustr. c. 80, heisst es: Firmianus qui et Lactantius. Was die massgebenden Handschriften betrifft, so findet sich, um Ueber- oder Unterschriften, die nur einen jener beiden Namen enthalten, hier zu übergehen, in dem Bononiensis (6./7. Jahrh.) in den Unterschriften der Bücher I, II, III, IV, VII der Institutionen L. CAELI FIRMIANI LACTANTI, in dem Parisinus 1663 (9. Jahrh.), der, abgesehen von den dualistischen, den panegyrischen und einigen anderen kleinen Zusätzen, im Grossen und Ganzen eine treue Ueberlieferung gibt, in einer von vielleicht zweiter Hand am Rande zugefügten Ueberschrift des Buches I: CELII FIRMIANI, jedoch von erster Hand am Ende der Bücher I (hier auf Rasur, nicht ganz sicher, ob von 1. Hd.), III, V: L. CAELII (-LI) FIRMIANI, am Ende von IV: CAELI FIRMIANI, in dem aus dem 12. Jahrhundert stammenden Stück des guten Parisinus 1664 unter Buch III: L CAELI firmiani, dazu kommt der Codex von Valencienne 141 (9./10. Jahrh.) der Schrift De opificio dei mit CAELII FIRMIANI LACTANTI.[1] Diesen Namen steht gegenüber die Ueberlieferung des Parisinus 1662 (9. Jahrh.), der unter Buch I: CECILII FIRMIANI hat, ebenso, nur mit der Schreibung CAECILII, über Buch II, am Ende von De ira dei und De opificio dei, endlich unter Buch VII: C(ci)ELI FIRMIANI, ci wohl vom Corrector zugefügt. Allein dieser Codex steht überhaupt an Werth hinter dem Bononiensis, der auch viel älter ist, und dem Parisinus 1663 zurück und trägt viele Spuren der Willkür, der Name Caelius aber konnte leicht in Caecilius geändert werden[2], und zwar viel leichter als um-

[1] Ein zu Anfang von jünger Hand hinzugefügtes Zeichen, welches auf den ersten Blick wie ein ausgemaltes C aussieht, ist nur ein öfter beim Beginn von neuen Abschnitten wiederkehrendes Paragraphenzeichen.

[2] Es gibt nach den Verzeichnissen in dem Supplementum ad Acta Sanctorum der Bollandisten (1875) p. 251 ss. 396 ss., allein fünf Heilige, die Caecilius heissen, und dazu zehn heilige Frauen namens Caecilia, dagegen gibt es nur den einen Heiligen Caelius Sedulius. Auch in Handschriften von Profanschriftstellern ist Caelius sehr häufig in Caecilius verändert worden, viel seltener dagegen Caecilius in Caelius. In dem Apparat der Ausgabe des Nonius von L. Müller ist an 10 Stellen von

gekehrt Caecilius in Caelina. Noch weniger Gewicht als der Parisinus 1662 hat der sehr interpolirte Montepessulanus 241 (10. Jahrh.), in dem unter Buch VI steht: L (am Rande von vielleicht erster Hand zugefügt) CAECILI (so) FIRMIANI LACTANCI, woraus eine von ganz junger Hand dem Buche I gegebene Ueberschrift stammt: L. Caecilii (dies auf Rasur) Firmiani (über der Zeile) Lactantii. Es entscheidet daher die Autorität jener beiden Codices, des Bononiensis und des Parisinus 1663, zumal sie durch den Parisinus 1664 und den Valentianensis wesentlich unterstützt wird, für Caelius als Gentilname. Die Form Caelius oder Coelius ist in den ältesten Ausgaben und noch lange nachher die stehende; erst als die Schrift De mortibus persecutorum bekannt geworden (1679) und Baluze (vgl. dessen Notae bei Le Brun-Lenglet II 280) wegen deren Ueberschrift LVCII · CECILII auch für Lactanz, dem er jene Schrift zuwies, den Namen Caecilius in Anspruch genommen hatte, begann die Verwirrung. Allein es bedarf keines besonderen Beweises, dass die zuletzt genannte Ueberschrift, über die wir in der später folgenden Abhandlung über die literarische Thätigkeit des Lactanz noch handeln werden, für unsere Frage nicht von Belang sein kann.

Wir haben demnach als Namen unseres Autors die herkömmliche römische Verbindung von Praenomen, Nomen, Cognomen in L. Caelius Firmianus, wozu noch Lactantius tritt. Da Hieronymus an der angeführten Stelle diesen Namen mit qui et anfügt, so ist in demselben das sogenannte Signum, eine kurze familiäre Bezeichnung, zu erkennen. Es muss auf diese bekannte Thatsache hier doch noch besonders aufmerksam gemacht werden, damit man nicht, wie es bis in die jüngste Zeit vorkommt, Lactantius vor Firmianus setze.[1]

den 16, an denen Caelius Antipater citirt ist, die Variante Caecilius (Ce-) verzeichnet, auf die 96 Stellen dagegen des Komikers Caecilius kommen nur 6 mit der Variante Caelius (Celius, Caelens). In den sieben Bänden der Keil'schen Grammatiker haben von 27 Stellen 3 Caelius (Coe-, Ce-) für Caecilius, dagegen von 33 Stellen 6 den Namen Caecilius (Ce-) für Caelius. — In jungen Lactanzhandschriften steht oft Caecilius; Beispiele aus den Pariser Codices gibt Lestocq bei Le Brun-Lenglet II p. LVIII sq.

[1] Vgl. über das Signum Marquardt-Mommsen, Handbuch der römischen Alterthümer VII^2, 26.

Da Hieronymus De uir. inlustr. c. 80 sagt, dass Lactanz ein Schüler des Arnobius gewesen, der nach Cap. 79 ‚Siccae apud Africam' Lehrer der Rhetorik war, dass ferner von Lactanz ein ‚Symposium' erhalten sei, ‚quod adulescentulus scripsit Africae' und ein ‚Ὁδοιπορικὸν Africa usque Nicomediam hexametris scriptum uersibus', so war nichts natürlicher, als dass man Lactanz in dem Lande, in dem er als ganz junger Mensch schon war, auch geboren sein liess. Allein in neuester Zeit kommt mehr und mehr die Meinung auf, Lactanz stamme aus Italien, und zwar aus Firmum in Picenum, dem heutigen Fermo.[1] Nach Mecchi S. 5 soll zuerst Niccolo Peranzone in seiner 1524 verfassten, aber erst 1793 durch Giuseppe Colucci veröffentlichten Schrift De laudibus Piceni sive Marchiae Anconitanae[2] von solchen gesprochen haben, welche Fermo für die Heimat des Lactanz hielten. Das älteste Druckwerk, in dem diese Ansicht vertreten wird, sind, wie es scheint, die Magdeburger Centurien, Bd. IV (1560) p. 1075, dagegen hat sich für Afrika als Vaterland des Lactanz zuerst wohl Baronius, Annales eccl. III p. 321 ed. Pagi, erklärt, indem er, der Tendenz seines Werkes entsprechend, jedenfalls sich zur Behandlung auch dieser Frage durch die Angabe der Centuriatoren veranlasst fand. Für Firmum sprechen sich von älteren Gelehrten auch aus z. B. G. J. Vossius, De historicis latinis (1651) p. 192; Cave, Scriptorum eccl. historia litteraria (ed. 1705) p. 102; vornehmlich aber suchte Walch S. 9 ff. diese Annahme zu erweisen. An Baronius wiederum schlossen sich an Le Nourry, Apparatus p. 575 s., und Heumann, Symposium p. XXVIII ss. Gegen letzteren richtete sich dann mit lärmender Polemik und einer Menge der hohlsten Scheingründe, häufig nach Walch, Ed. a S. Xaverio in der zweiten Dissertation, Decas prima, p. 49, und endlich hat der Fermaner Mecchi 1875 in der S. 2 Anm. angeführten, sehr ausführlichen Schrift mit meistens aus Xaverio entnommenen Gründen seiner Vaterstadt den Ruhm vindiciren wollen, Lactanz zu ihren Söhnen zu zählen. Wie schon in älterer Zeit, nach den

[1] Auch von Formiae hat man gefabelt, ja nach Mecchi S. 1 ff. sogar von dem urkundlich Firmian genannten Schloss Sigmundskron bei Bozen.

[2] Ich habe nach dieser Schrift bei mehreren der grössten deutschen Bibliotheken vergebens angefragt.

Angaben bei Xaverio p. 109 und Mecchi S. 5 ff., man sich wohl überwiegend für Firmum entschieden hatte, so scheint auch heutzutage diese Meinung die herrschende zu sein; sie findet sich bei Ebert, Geschichte der christl.-lat. Literatur[2] S. 72 und in Herzog's Encyklopädie VIII[2] S. 364 („wahrscheinlich italischer Herkunft“); Teuffel, Geschichte der römischen Literatur[4] S. 929; Hase, Kirchengeschichte (nach den neueren Auflagen) § 56; bei den Patristikern Alzog (1866) S. 170 und Nirschl (1881) I 368 und Anderen mehr oder minder bestimmt ausgesprochen. Diese Ansicht haben wir nun zu prüfen. Nach ihr soll Firmianus als Cognomen des Lactanz von Firmum abgeleitet sein. Dagegen ist zu sagen, dass Cognomina, die von Ortsnamen der ersten oder zweiten Declination gebildet sind, nie auf -ianus, sondern immer auf -anus ausgehen, und schon Isaeus sagte kurz und richtig: a Firmo Firmanus, non Firmianus fuerat dicendus. Zahlreiche Beispiele für solche Bildungen hat Hübner zusammengestellt, Quaestiones onomatologicae latinae, Ephemeris epigraphica II p. 53 ss.; ferner Schnorr v. Carolsfeld, Das lateinische Suffix ânus, Archiv für lateinische Lexikographie und Grammatik I 178 ff. Solche Cognomina sind ursprünglich nichts anderes als der Einwohnername und haben ganz die gleiche Form wie dieser; so sind die von Ortsnamen auf -um abgeleiteten Beneuentanus, Nomentanus, Tusculanus, Venafranus ebensowohl die Bezeichnung der Einwohner überhaupt wie das Cognomen Einzelner. Für Firmanus als Cognomen, welches von dem Namen der Stadt Firmum herkommt, liegt der Name L. Tarutius Firmanus, in dem Firmanus wohl eher Cognomen als Heimatsname ist, bei Cicero De diuin. II 47, 98 vor; dann gibt es aber das Cognomen Firmanus, von dem Namen der spanischen Colonie Augusta Firma gebildet (Hübner S. 54), wobei es natürlich für das Wort nichts ausmacht, ob es von einem Stamme der ersten oder der zweiten Declination hergeleitet ist. Allein der Beispiele für Firmanus, von Firmum gebildet, bedarf es in einer so klaren Sache nicht. Wie wir aus den Einwohnernamen Asculanus, Paestanus, Pedanus, Toletanus schliessen müssen, dass die entsprechenden, aber nicht nachweisbaren Cognomina ebenso lauteten, so kann ein zu Firmum Geborener oder Wohnhafter, der sein Cognomen nach dieser Stadt hat, nur Firmanus heissen. Dieses ist nun aber auch auf lateinischem Gebiet die einzige Form des Einwohnernamens, so bei Cicero VII Phil. 8, 23. ad Attic. IV 8 b, 3; bei Livius 27, 10, 7. 44, 40, 6; bei dem älteren Plinius III 13 (18); bei dem jüngeren, Epist. VI, 18; endlich in den wenigen vorhandenen Inschriften CIL. IX 5376. 5420. 5860; auch findet sich weder bei Mommsen, CIL. IX p. 508, noch im Onomasticon von De-Vit eine andere lateinische Form. Freilich ist es richtig, was Mecchi S. XI. 38 f. sagt, dass es neben der griechischen Form Φίρμον, Strabo V 4, 2, auch eine andere, Φίρμιον, gab, Ptolemaeus III 1, 52 (45), und dass bei dem einzigen Autor, der den griechischen Einwohnernamen gibt, bei Plutarch, Cato mai. 13, zweimal Φιρμιανοί geschrieben ist; es sind hier die Φιρμιανοί in dem Sinne von Firmana cohors, Liv. 44, 40, 6, gemeint. Auf diese Stelle baut nun Mecchi, abgesehen von anderen nichtigen Grundlagen [1], seinen Satz, Firmianus als Cognomen des Lactanz sei von Firmum herzuleiten. Um nun aber diese Form des Namens weiter zu rechtfertigen, muss er den ganz unwahrscheinlichen Ausweg einschlagen, Lactanz habe sich dieses Cognomen in griechischer Form erst später beigelegt, als er in der griechisch sprechenden Stadt Nicomedien lebte, wie Pomponius sich Atticus genannt habe. Derartige luftige Hypothesen, denen noch die unerwiesene Voraussetzung zu Grunde liegt, es habe im Griechischen nur die eine Form Φιρμιανοί, nicht auch eine andere, Φιρμανοί, gegeben, bedürfen keiner Widerlegung. — Uebrigens ist es ebenso wenig zulässig, Firmianus etwa als ursprüngliches Nomen von dem Stadtnamen Firmum herzuleiten; die Form müsste dann wiederum Firmanus oder Firmanius heissen (Hübner S. 30 ff., 64 ff., ein Beleg für Firmanius S. 67). Das Nomen Firmianus, CIL. XIV 256 360, ist daher nicht von Firmum abgeleitet, sondern aus demselben Cognomen, wie es Lactanz hat, entstanden.

Die richtige Erklärung des Cognomens Firmianus, die schon längst Heumann, Symposium p. XXXII, gegeben hat, ist vielmehr die, dass man es als eine Ableitung von dem zum

[1] Falsch ist die Berufung auf Livius (ohne Stellenangabe) für Firmianus bei Mecchi, S. XI Anm. 1 und S. 39, völlig unsicher, wie Mecchi S. XII selbst zeigt, die Unterschrift eines Bischofs unter den Acten des Laterancoucils vom Jahre 649; Beispiele aus der Renaissancezeit (Mecchi S. XII f.) beweisen aber nichts.

Namen gewordenen Adjectiv Firmus betrachtet. Beispiele solcher Bildungen zeigen die Inschriften in Masse, Flaccus Flaccianus, Florus Florianus, Fuscus Fuscianus, Primus Primianus, Priscus Priscianus, Seuerus Seuerianus, Verus Verianus u. s. w. Das Cognomen Firmus ist nicht selten, in den afrikanischen Inschriften (CIL. VIII), die uns bei Lactanz besonders interessiren, findet es sich etwa fünfzehnmal. Vielleicht trug der Vater des Lactanz dieses Cognomen, wie z. B. in der bei Marquardt-Mommsen, Handbuch der römischen Alterthümer VII², S. 24, Anm. 5 angeführten Inschrift der dritte Sohn eines M. Cosinius Priscus den Namen M. Cosinius Priscianus führt. Vielleicht aber ist es auch eine Weiterbildung des mütterlichen Gentilnamens, wie der Sohn des Flauius Sabinus und der Vespasia Polla den Namen T. Flauius Vespasianus erhielt; als Gentilnamen der Mutter ist dann das überall häufige, auch für Afrika (CIL. VIII 730; 2586 31; 3067; 4981 eine Firmia) bezeugte Firmius vorauszusetzen. Ausserdem aber ist Ableitung von dem Namen anderer Verwandten oder sonst Nahestehender möglich (vgl. Marquardt a. O. S. 25). In der That lässt sich nun auch der Name Firmianus mehrfach nachweisen, in Oberitalien CIL. V 4449 19. 5068. 5633, in Mittelitalien CIL. IX 1038. 1056 M. Tanonius Firmianus; die vorher bezeichneten Beispiele geben nicht wie dieses letzte die drei Namen. Aus Spanien ist der Name CIL. II 4568 überliefert, merkwürdiger Weise ist es aber gerade Afrika, welches die verhältnissmässig meisten Beispiele gibt, in denen Firmianus an dritter Stelle als Cognomen steht. CIL. VIII 7241: L. Caecilius Firmianus, in der Grabschrift eines Fünfundzwanzigjährigen, durch ein Spiel des Zufalls ganz derselbe Name, wie ihn Baluze für Lactanz wollte, jedoch sind die Caecilii in Afrika ausserordentlich häufig; 2569 11: C. Pompeius Firmianus, nach ausdrücklicher Angabe aus Lambaesis, wie auch die vorhergehende Inschrift aus Numidien stammt; aus Mauretanien 8551: Q. Considius Firmianus, in der Grabschrift eines Dreiundzwanzigjährigen. Sollen dies nun etwa doch Leute aus Firmum sein, wie man nach Mecchi den Thatsachen zum Trotz behaupten müsste? Auch ein Bischof der Provinz Numidien Firmianus wird in dem Verzeichniss der bei der Besprechung zu Karthago im Jahre 484 versammelten Bischöfe genannt, in Victor Vitensis ed. Petschenig

p. 119, 6. Es bietet sich uns also eine ganz einfache und völlig sichere Erklärung des Namens Firmianus, während umgekehrt die Herleitung von Firmum allen Thatsachen und Analogien widerspricht. Vielleicht wird meine Widerlegung dieser Ansicht etwas umständlich erscheinen, allein bei der neuerdings auftauchenden Begünstigung italischer Herkunft des Lactanz müssen die einzelnen Gründe und Belege für die hier vertretene Ansicht genau aufgeführt werden.

Da wir hier über die Namen des Lactanz handeln, so möge es uns erlaubt sein, bevor wir die weiteren angeblichen Beweise für Italien als Vaterland desselben untersuchen, noch einen Blick auf die beiden anderen Namen, abgesehen von dem Pränomen, zu werfen. Der Gentilname Caelius (Coelius) ist in afrikanischen Inschriften ein ausserordentlich zahlreich vertretener, der Index des betreffenden Bandes VIII des Corpus gibt für die Form Caelius über hundert, für Coelius fünfzehn Beispiele, die sich aus Band V und VII der Ephemeris epigraphica noch vermehren lassen. Anderseits beschränkt sich das Vorkommen dieses Namens in Firmum nur auf die eine Ziegelinschrift T Coeli, CIL. IX 6078 63, während sonst in Picenum und den übrigen in Band IX des Corpus behandelten mittel- und unteritalischen Landschaften Caelier nicht selten sind. Was den Namen Lactantius anbetrifft, so hat man ihn öfter unserm Autor seiner Beredsamkeit halber gegeben sein lassen, ‚quod quasi alter Liuius eloquentiae lacteo fonte manaret', Isaeus, Praef. p. XI, und in diesem Sinne ihn auch für das Spiel in Epigrammen zum Preise des ‚lacteus Lactantius' benutzt[1]. Der Name ist eine Weiterbildung des allerdings, so viel ich sehe, nicht überlieferten Lactans, dasselbe Verhältniss liegt vor in Constans Constantius, Exsuperans Exsuperantius, Fidens

[1] Vgl. z. B. die Distichen in der Ausgabe von Venedig 1502, mitgetheilt in der Zweibrücker Ausgabe I p. XXI und bei Huenemann, praef. bei Erwähnung jener Ausgabe; andere in der Ausgabe von Gallaeus 1660 p. **4 hinter den Testimonia. Umgekehrt wurde freilich von Antonius Raudensis, dem erbitterten Censor des Lactanz (vgl. Voigt, Die Wiederbelebung des classischen Alterthums[2] 512), der Name in das mir allerdings nicht ganz verständliche Lactensius verdreht, worüber er wieder von Franciscus Philelfus heftig angegriffen wurde; vgl. die Nachweise in der Ausgabe von Le Brun-Lenglet I p. VII s.

Fidentius, Prudens Prudentius, Pudens Pudentius u. s. w.; wie bei Lactantius Lactans, so ist bei ähnlichen Bildungen, Audentius, Augentius, Gaudentius, der Stammname, wie es scheint, nicht überliefert. Lactans leite ich ab von lactare in der intransitiven Bedeutung ‚saugen', die transitive ‚säugen' führt, wie ich meine, zu keinem Verständniss des Namens. Jenes Lactans bedeutet dann ‚saugend, an der Mutter trinkend', und zwar ‚kräftig trinkend', so dass sich für diesen Wunschnamen die Bedeutung ‚gedeihend' ergibt. Namen gleicher Bildung und ähnlicher Bedeutung sind Crescens Crescentius, Florens Florentius, Valens Valentius; die passendste Parallele wäre Pascentius, vorausgesetzt, dass es von pascere als Intransitivum herkommt, doch kann ich auch Pascens nicht nachweisen. Ist es nun aber nicht höchst merkwürdig, dass, um von dem doch sehr zweifelhaften ‚Lactantius' Placidus abzusehen, das einzige sichere Beispiel des Namens wiederum aus Afrika stammt und denselben wiederum als Signum zeigt? Es findet sich in der Ephem. epigr. V p. 382 n. 681 mitgetheilten Grabinschrift aus Numidien, in der es heisst: Seius Clebonianus qui et Lactantius. Einen andern Beleg habe ich in den Indices zum Corpus und zu vielen Profan- und Kirchenschriftstellern nicht finden können, auch das Onomasticon von De-Vit bringt nur diesen. Wenn aber selbst der eine der scillitanischen Märtyrer nicht Lactantius hiesse, wie Baronius, Annal. eccles. II p. 400 (ed. Pagi) in den betreffenden Acten aus dreien seiner Angabe nach sehr alten Handschriften und mit ihm Ruinart, Acta Martyrum (1731) p. 65 (vgl. hier Anm. 8) den Namen gibt, sondern wie Tillemont, Mémoires pour servir à l'histoire ecclés. III p. 134 meint und die Regensburger Ausgabe (1859) von Ruinart's Acta Mart. S. 133 bietet, Lactantius, so wäre es doch eben wieder ein Afrikaner, der diesen Namen trüge.

Nachdem wir gefunden, dass die Namen des Lactanz nicht nur nicht die geringste Stütze für die Vorstellung italischer Herkunft desselben bieten, sondern im Gegentheil unverkennbar auf Afrika weisen, gehen wir zu den weiteren Gründen über, durch die man jene Vorstellung aufrecht erhalten wollte. Schon Ed. a S. Xaverio, Decas prima p. 55 s., dann Mecchi S. 29 ff. haben sich auf jenes bekannte Decret des Papstes Gelasius vom Jahre 495/496 ‚De recipiendis et non recipiendis libris' berufen, in dem auch die Bücher des Lactanz als Apocrypha verworfen werden. Es soll da heissen: Opuscula Lactantii siue Africani siue Firmiani. Lautete die Stelle wirklich so, dann wäre allerdings ein Zeugniss aus alter Zeit vorhanden, welches uns veranlassen müsste, die Möglichkeit, Lactanz habe bei Manchen als Firmaner gegolten, ins Auge zu fassen. Allein Thiel, Epistolae Romanorum Pontificum genuinae (1868) I p. 467, hat nach den besten Handschriften einfach ,Opuscula Lactantii apocrypha' in den Text gesetzt. Da nämlich in dem Decret unmittelbar folgt: Opuscula Africani apocrypha, so haben geringe Handschriften beide Titel in den einen: Opuscula Lactantii siue Africani siue (dies sine fehlt in einigen dieser Handschriften) Firmiani verschmolzen. Dass hier eine offenbare Verderbniss vorliegt, beweist auch der weitere Umstand, dass Papst Hormisdas in der Wiederholung jenes Decrets vom Jahre 520 (Thiel p. 937) ,Opuscula Lactantii apocrypha. Opuscula Africani apocrypha' geschrieben hat.

Aber — so wird weiter geltend gemacht (Ed. a Xaverio, Decas prima p. 115 ss., Mecchi S. 51 ff., Teuffel, Geschichte der römischen Literatur[4] S. 929) — Lactanz muss italischen Ursprungs sein, da er öfter die Römer als ,nostri' den Griechen gegenüberstellt. Solche Stellen, bei den angeführten Gelehrten nicht vollständig aufgezählt, sind: Inst. I 1, 9: ideirco apud Graecos maiore in gloria philosophi quam oratores fuerunt; 5, 11 nach Erwähnung von Orpheus, Homer und Hesiod: nostrorum primus Maro: 13, 12 noster Maro; III 25, 1 summus ille noster Platonis imitator, nämlich Cicero; Epit. 4, 3 nostrorum Seneca Stoicos secutus, nachdem vorher von Thales bis Zeno nur griechische Philosophen genannt waren; De ira dei 11, 8 quod cum uetustissimi Graeciae scriptores . . tum etiam Romani Graecos secuti et imitati docent, quorum praecipue Euhemerus ac noster Ennius . . .; 22, 5 Sibyllas plurimi et maximi auctores tradiderunt, Graecorum Aristo Chius et Apollodorus Erythraeus, nostrorum Varro et Fenestella. Dazu kommen Inst. I 15, 14, die von uns in der Abhandlung über die Kaiserreden S. 24 behandelte Stelle, wo nach Erwähnung der Panegyriken gesagt wird: quod malum a Graecis ortum est, quorum leuitas instructa dicendi facultate et copia incredibile est quantas mendaciorum nebulas excitauerit; 18, 7 sed haec fortasse Graecorum culpa sit, qui res leuissimas pro maximis semper habuerunt; VII 15, 11, wo Lactanz mit Schaudern davon redet (horret animus dicere), dass vor dem Ende aller Dinge auch das römische Reich untergehen werde; und 25, 6 ff., wo er sagt, man müsse Gott bitten, dass diese furchtbare Katastrophe möglichst hinausgeschoben werde. Alle diese Stellen zeigen nun deutlich, dass Lactanz sehr lebhaft als Römer empfindet, allein wo verräth sich in ihnen auch nur die geringste Spur davon, dass er dieses Gefühl gerade als Italer hegt, dass er nicht Afrikaner sein könne? Die geistige und literarische Welt zerfiel damals immer noch in eine römische und griechische Hälfte, und Lactanz gehörte nach Sprache und Bildung zu ersteren, denn Afrika trug damals, wie die Inschriften und die Literatur zeigen, durchweg lateinischen Charakter. Auch war er als lateinischer Rhetor von Diocletian nach Nicomedien berufen worden, wie aus Hieronymus De uir. inlustr. c. 80 hervorgeht, wonach er ‚ob graecam uidelicet ciuitatem' dort Mangel an Zuhörern gehabt haben soll. Vielleicht hatten gewisse Erfahrungen und Beobachtungen in Nicomedien sein Urtheil über die Griechen beeinflusst, wahrscheinlich schliesst er sich aber auch, wenn er Inst. I 15, 14; 18, 7 auf die leuitas der Griechen hinweist, an Cicero an, der nicht nur Tusc. I 1 ss. de orat. I 44, 197 die Römer und Griechen zum Vortheile der ersteren einander gegenüberstellt, sondern auch De fin. II 25, 80 und Ad Quint. fr. I 2, 4 die leuitas der Griechen tadelt, und derart war ja überhaupt das Urtheil der Römer über die Griechen. Die Wärme, mit der Lactanz von dem römischen Reiche spricht, erklärt sich einfach daraus, dass er römischer Bürger war. Darüber braucht, da Caracalla allen Provinzialen das Bürgerrecht gegeben, und gar bei einem Manne, der von Diocletian als öffentlicher Lehrer berufen worden, doch wohl kein Wort verloren zu werden. Alle jene Stellen zeigen also weiter nichts, als dass Lactanz politisch und geistig sich als Römer fühlte, eine Deutung jener Stellen auf italischen Ursprung ist willkürlich.

Endlich glaubt man sich, so Walch p. 14, Ed. a S. Xaverio p. 112 ss., Ebert, Geschichte der christl.-lat. Literatur, S. 73, Nirschl, Patrologie I 368, auf die verhältnissmässig reine Latinität des Lactanz als eine Stütze für dessen italische Herkunft berufen zu können, namentlich wenn man ihn mit Arnobius, der sein Lehrer war (Hieronymus, De uir. inlustr. 80; Epist. LXX 5, tom. I 427 D Vall.), vergleicht. Gewiss besteht ein grosser Unterschied zwischen dem Classicismus, wie man wohl sagen darf, des Lactanz und dem wilden Stil des Arnobius, aber daraus folgt noch keineswegs, dass die höhere Stufe, die Lactanz als Stilist einnimmt, eine glückliche Wirkung Italiens als seines Vaterlandes, wie man will, gewesen sei. Die Sprache des Lactanz hat sich offenbar noch unter ganz anderen Einflüssen als unter dem des Arnobius entwickelt, letzteren nennt Hieronymus wohl nur deshalb als seinen Lehrer, weil er ein bekannter und ebenfalls christlicher Schriftsteller war. Aber neben Arnobius können noch Lehrer ganz anderer Richtung auf ihn gewirkt, vor allem aber muss er sich selbst durch das Studium Ciceros, mit dem er sich so vertraut zeigt, gebildet haben. Anderseits aber war der Stand der Verkehrsprache oder der stilistischen Studien in der zweiten Hälfte des dritten Jahrhunderts gerade in Italien keineswegs ein solcher, dass man die Ausdrucksweise des Lactanz aus diesen Quellen ableiten könnte, viel eher möchte man in ihr eine Verwandtschaft mit der gallischen Redekunst finden. Dazu kommt noch ein anderer Punkt. Dass die Sprache des Lactanz Erscheinungen, welche der Africitas eigen sind, bietet, haben schon Heumann und Buenemann gelegentlich bemerkt, in neuerer Zeit hat Sittl, Die lokalen Verschiedenheiten der lateinischen Sprache (1882) S. 102. 103. 110. 111. 113. 115. 127. 128. 137 auf solche hingewiesen, wie er auch selbst S. 90 sich für Numidien als Heimat des Autors ausspricht; auch einzelne Arbeiten in Wölfflin's Archiv für lateinische Lexikographie und Grammatik finden bei Lactanz Berührungen mit den Afrikanern, z. B. Bd. III 191. 461. IV 394 (vgl. S. 393. 398 f.). Wollte man sagen, diese Eigenthümlichkeiten habe Lactanz erst in Afrika in sein ursprünglich reineres Idiom aufgenommen, so kann man doch mit demselben, wenn nicht mit noch grösserem Rechte erwidern, dass dieses natürliche Einflüsse seiner heimischen afrikanischen Redeweise sind, die sich bei ihm erhalten haben, so sehr er im Allgemeinen auch bemüht war, seinen Stil nach classischen Mustern zu bilden. Wir dürfen daher unbedenklich erklären, dass man kein Recht hat, sich für die behauptete italische Herkunft des Lactanz auf seine Latinität zu berufen.

Die bisher widerlegten Gründe sind die wesentlichsten und anscheinend stärksten, welche man für Italien als Heimat unseres Autors vorgeführt hat. Was Ed. a S. Xaverio und Mecchi sonst vorbringen, verdient keine Widerlegung. Der ganze Ballast von nicht zur Sache gehörigen Citaten, Inschriften, Excursen kann über die Schwäche ihrer Beweisführung nicht täuschen. Das Wort ἁπλοῦς ὁ μῦθος τῆς ἀληθείας ἔφυ gilt auch noch in unserer Zeit, wenn aber Mecchi ein Buch von XXI und 140 Seiten schreiben musste, um die eine von ihm behauptete Thatsache zu beweisen, Lactanz sei ein Firmaner, so muss schon ein so gewaltiger Apparat höchst bedenklich gegen die Wahrheit der Sache machen. Auch Mommsen lehnt in der Bemerkung zu der Inschrift CIL. IX 5860, welche Mecchi S. 80 ff. im Interesse seines Satzes höchst willkürlich behandelt hat, dessen Ansicht ab, indem er sagt: De origine tituli Firmana quae coniecit Mecchius Firmanus Lactantii ciuis sui, ut ait, patronus elegans magis quam felix, consulto praetermisi. Aber welches war denn eigentlich der letzte Grund jener Behauptung? Offenbar nichts anderes als das Streben, der Stadt Fermo, dem Picenerlande und Italien den Ruhm zu verschaffen, dass Lactanz der Ihrige sei. Wenn zuerst Niccolo Peranzone in seiner Schrift De Laudibus Piceni von Solchen gesprochen hat, welche jene Ansicht äusserten, so erkennt man unschwer den Boden, auf dem sie erwachsen ist. Es ist ohne Zweifel eine patriotische Phantasie des romantischen Zeitalters der Renaissance, in dem man in Begeisterung für die wiedergewonnene classische Welt die eigene Stadt oder Landschaft so oft mit dem grossen Alterthume, im vorliegenden Falle auch mit dem christlichen in Verbindung zu setzen suchte. Der Wunsch der Betheiligten, wie den heidnischen, so auch ‚den christlichen Cicero' einen Bürger Italiens nennen zu können, ist begreiflich, aber es ist und bleibt eben nur ein Wunsch.

Wir sehen es demnach als eine Thatsache an, dass Lactanz in Afrika geboren ist. Offenbar stammte er aus heidnischer Familie und trat erst später, wahrscheinlich in Nicomedien, zum Christenthum über. Die heidnische Herkunft beweisen freilich nicht die öfters hierfür geltend gemachten

Stellen Inst. VII 27, 1 abiectis erroribus quibus antea tenebamur, fragilibus seruientes et fragilia concupiscentes, und De ira dei 2, 2 quo (sc. Christo) docente liberati ab errore quo inplicati tenebamur formatique ad ueri dei cultum iustitiam disceremus, da sie, wie schon Le Nourry p. 578 bemerkte, überhaupt auf die frühere nichtchristliche Welt zu beziehen sind, weit mehr dagegen Inst. I 1, 8, wo er sein früheres Lehramt als eine Unterweisung der Jugend ‚non ad uirtutem, sed plane ad argutam malitiam' verurtheilt. Ferner ist es unwahrscheinlich, dass Lactanz als Christ Schüler des Heiden Arnobius war, denn die Studien des Lactanz bei Arnobius müssen, wie die weitere Untersuchung zeigen wird, vor des letzteren um 295 fallenden Uebertritt zum Christenthum liegen. Ein ganz bestimmtes Zeugniss aber dafür, dass Lactanz nicht von Jugend an Christ gewesen, sondern erst in späteren Jahren sich vom alten Glauben dem Christenthum zugewandt hat, liegt meiner Ansicht nach in einer bisher nicht beachteten Stelle von Augustin, De doctrina christiana II 61 (III pars 1, p. 42 F. Maur.). Nachdem hier der Satz dargelegt ist, dass die Christen das Gute, was die heidnische Literatur biete, unbedenklich benutzen dürften, wird die Erzählung des Exodus 11, 2. 12, 35, nach der die Israeliten beim Auszuge aus Aegypten Geräthe aus Gold und Silber und Kleider von den Aegyptern mitgenommen, allegorisch auf diesen Satz gedeutet, obgleich das Bild allerdings ja nicht ganz zutreffend ist. Dann heisst es: nonne aspicimus quanto auro et argento et ueste suffarcinatus exierit de Aegypto Cyprianus doctor suauissimus et martyr beatissimus? quanto Lactantius, quanto Victorinus, Optatus, Hilarius..?[1] Die Stelle lässt mit Sicherheit den Schluss zu, dass Augustin die genannten für solche hielt, die erst später aus dem Heidenthume, in dem sie noch ihre Bildung genossen hatten, zum Christenthume übergetreten seien. Von Cyprian und Hilarius ist dies bekannt, für Optatus von Milevum, über dessen Lebensschicksale man so gut wie nichts

[1] Die ganze Stelle hat mit namentlicher Anführung von Augustin und dessen Schrift Cassiodor wiederholt, De institutione diuinarum litterarum (II p. 551 ed. Garet), er fügt selbst noch Ambrosius, Augustin und Hieronymus hinzu.

weise, erfahren wir es aus dieser Stelle, desgleichen für Victorinus, unter dem hier offenbar Victorinus Petabionensis zu verstehen ist, für Lactanz aber wird uns dasjenige hier in willkommenster Weise bestätigt, was sich uns aus anderen Gründen als das Wahrscheinlichste ergibt. Ganz besonders aber lässt uns, wie schon am Schlusse der Abhandlung über die dualistischen Zusätze gesagt wurde, das antike Element in dem ganzen Wesen und Denken des Lactanz darauf schliessen, dass seine Bildung im classischen Alterthume, nach philosophischer Seite hauptsächlich in stoischen Anschauungen wurzelte. Lactanz bewegt sich mit viel grösserer sachlicher Sicherheit und dialektischer Gewandtheit auf dem Gebiete der alten Philosophie als auf dem des christlichen Lehrinhalts und die Schriften der Römer sind ihm bekannter als die Bibel, deren Stellen, wo er sie verwendet, meistens aus Cyprian's Testimonien abgeschrieben sind[1]. Das eigentlich Christliche steht bei ihm verhältnissmässig im Hintergrunde, die Darlegungen über die Geschichte und Lehre Christi im vierten Buche der Institutionen und die Apokalyptik im siebenten Buche sind nach zum Theil nachweisbaren Vorlagen gearbeitet und machen einen unselbstständigen Eindruck. Die Lehre von der Vorsehung und von dem einen Gotte treten bei ihm fast mehr als Forderung den Heiden gegenüber auf als die specifisch christlichen Dogmen. Dies erkannte schon Hieronymus klar, wenn er sagt (Epist. LVIII 10, tom. I p. 324 B Vall.): Lactantius . . . utinam tam nostra adfirmare potuisset quam facile aliena destruxit. Es kann aber Jemand, der innerlich so völlig im classischen Alterthum lebt, wie Lactanz, in damaliger Zeit von Haus aus nicht Christ gewesen sein.

Was die Familie des Lactanz betrifft, so hat man vielfach geglaubt, die Anrede im Anfange der Epitome ,Pentadi frater' weise auf einen leiblichen Bruder. Diese Deutung, bei der man in Pentadius das Signum dieses Bruders zu sehen hat, ist möglich, aber keineswegs ganz sicher[2], obgleich

[1] Vgl. Rönsch, Zeitschrift für die historische Theologie 1871, S. 531 ff.

[2] Ed. a S. Xaverio in seiner kritiklosen Weise meint, Decas prima p. 137 ff., Pentadius, der leibliche Bruder des Lactanz sei derselbe Pentadius, der von Ammian XIV 11, 21 als Notarius von Constantius II genannt wird, der alsdann XX 8, 19 als Magister officiorum und noch einmal XXII 3, 5 vorkommt. Die erste Stelle führt in das Jahr 354, die letzte in

man sich darauf berufen könnte, dass Lactanz De ira dei 22, 1 die Anrede Donate carissime, 1, 1 das einfache Donate,

---

361. Da Lactanz selbst höchst wahrscheinlich um 340 im höchsten Greisenalter gestorben ist, so ist es nicht glaublich, dass ein Bruder von ihm noch so viele Jahre später ein Hofamt sollte bekleidet haben. Ferner hat Ed. a S. Xaverio diesen Bruder des Lactanz auch in dem Verfasser einiger der unter dem Namen Pentadius in der lateinischen Anthologie überlieferten Gedichte (234. 235. 265—268 Riese) wiederfinden wollen. Burmann zur Anthologie Lib. III Ep. CV (Vol. I p. 558 seiner Ausgabe) stimmt ihm bei, und Wernsdorf, Poetae lat. min. III p. 259, folgt Burmann, allein dies ist eine blosse Vermuthung, die sich durch keine Gründe stützen lässt, wie andererseits, vorausgesetzt, dass es nicht mehrere Dichter des Namens Pentadius sind, jene Identificirung auch nicht geradezu unmöglich ist; die mythologischen Beziehungen in den Gedichten würden nicht dagegen sprechen. Es ist jedoch der Name Pentadius keineswegs so selten, dass man um deswillen den Pentadius der Epitome für den Dichter Pentadius halten müsste. Er findet sich auf einer Inschrift aus Aquileja CIL. V 1695, ferner nach Ed. a S. Xaverio p. 140 auf einer stadtrömischen Inschrift bei Aringhus, Roma subterranea (1659) I p. 344: Pentadius. In pace depositus. XIII. Kal. Mar., sodann hiess so ein Enkel des Arztes Vindicianus, eines Zeitgenossen von Augustinus. Ed. a S. Xaverio führt p. 140 die Adresse eines Briefes dieses Arztes an eben diesen Enkel aus dem Cod. Vatican. 7192 fol. 100: ‚Ad Pentadium nepotem suum' an; vielleicht ist es derselbe Brief, den Peiper, Philologus XXXIII 561, aus einem Wiener Codex herausgegeben hat, dem Teuffel, Geschichte der römischen Literatur[4] S. 1023, noch einen St. Gallensis zufügt; es würde also noch jener Vaticanus hinzukommen. Dass Ed. a S. Xaverio p. 140 es für möglich hält, dass auch noch der Brief der vaticanischen Handschrift sich auf ‚unum eundemque Pentadium, Lactantii fratrem germanum' beziehe, charakterisirt die Art seines wissenschaftlichen Urtheilens; wenn er sich in der Decas secunda p. 21 a. nachträglich darauf beschränkt, letzteren für einen Nachkommen des Lactanz zu erklären, so ist dies nicht weniger willkürlich. Wie der Name Pentadius griechischen Ursprungs ist, so ist er auch auf griechischem Gebiete noch nachweisbar. Nach Brief 29. 127 des Synesius hiess so ein Praefectus Augustalis in Aegypten, wiederum kommt ein Pentadius vor auf einer griechischen Inschrift aus Lyon, CIG. III 6796, und der Frauenname Pentadia bei Photius, Biblioth. cod. 96, und bei Sozomenus 8, 7. Wenn Peiper, der a. O. 561 f. die meisten der angeführten Stellen beibringt, meint: ‚es sind doch wohl alles Glieder derselben Familie', so muss man dies bei einem römischen Gentilnamen griechischen Ursprungs für diese Zeit und auf einem so weiten geographischen Bereich für unmöglich halten. Pentadius ist Cognomen oder Signum, wenn es nicht, wie auf jenem christlichen Grabe, einziger Name war.

und ebenso De opificio dei 1, 1 und 20, 1 Demetriane anwendet und nur in der Epitome den Zusatz frater macht. Es lässt sich aber frater hier auch als freundschaftliche Anrede verstehen[1], und zwar ohne dass man dabei an das christliche Bruderverhältniss zu denken braucht. Auch diese letzte Erklärung ist aufgestellt worden, z. B. von Bähr in Pauly's Real-Encyclopädie V S. 1317, der zwischen der Auffassung ‚frater in Christo' oder ‚College im Lehramt' schwankt. Im Sinne einer solchen collegialischen Anrede ist aber ‚frater' gewiss nicht zu erklären, man müsste sonst annehmen, dass Lactanz zur Zeit, wo er die Epitome schrieb, jedenfalls nach Mitte 313, wiederum ein Lehramt bekleidet hätte, in dem er Collegen hätte haben können. Dies müsste nach seiner später noch zu besprechenden Lehrthätigkeit bei Crispus, dem Sohne Constantins, der Fall gewesen sein. Dass aber Lactanz in die Stellung eines öffentlichen Lehrers, etwa an der Schule zu Trier, sollte zurückgekehrt sein, dafür gibt es nicht nur keinerlei äussere Anhaltspunkte, sondern es widerspricht dies, wenigstens wenn man an ein Lehramt der Rhetorik für ihn denkt, dem verwerfenden Urtheile, welches er selbst Inst. I 1, 8 über seine frühere Thätigkeit als Lehrer der Rhetorik fällt. Nicht haltbarer erscheint jene andere Deutung auf einen Bruder im christlichen Sinne. Dazu passt nämlich der Zusammenhang dieser Anrede ‚Pentadi frater' durchaus nicht, indem mit einem gewissen Humor der Wunsch des Pentadius, Lactanz möge ihm einen Auszug aus den Institutionen schreiben, auf ein sehr wenig geistliches Motiv zurückgeführt wird: horum tibi epitomen fieri, Pentadi frater, desideras, credo ut ad te aliquid scribam tuumque nomen in nostro qualicumque opere celebretur. Der Zug von guter Laune, der in der Zuschiebung dieses Motivs liegt, passt viel weniger zu der Anrede ‚frater in Christo', wie Bähr erklärt, als zu dem Tone, wie er zwischen leiblichen Brüdern oder guten Freunden angeschlagen wird. Auf welches dieser beiden Verhältnisse hier mit frater hingewiesen wird, muss also unentschieden bleiben, obgleich es näher liegt, das erste anzunehmen.

---

[1] Ueber diesen Gebrauch vgl. Friedländer, Darstellungen aus der Sittengeschichte Roms I[4] S. 446.

Nach den schon angeführten Stellen des Hieronymus, De uir. inlustr. 80 und Epist. LXX 5, war Lactanz ein Schüler des Arnobius, der nach De uir. inlustr. 79 zu Sicca Veneria, der bekannten, nahe bei Numidien im proconsularischen Afrika liegenden Stadt, mit glänzendem Erfolge Rhetorik lehrte. Mit Recht hat man sich daher gewundert, dass Lactanz, während er Inst. V 1, 22—24 Minucius Felix (diesen auch I 11, 55), Tertullian und Cyprian als seine Vorgänger in der Vertheidigung des Christenthums nennt, über Arnobius mit Stillschweigen hinweggeht. Isaeus, p. 255 seiner Ausgabe, meinte, Lactanz habe das gleichzeitig mit seinen Institutionen entstandene Buch des Arnobius noch nicht gekannt, allein da erstere jedenfalls nach 303 begonnen, letzteres um 295 abgeschlossen worden ist, so ist bei Lactanz eine Unbekanntschaft mit dem Werke des ihm früher nahestehenden Arnobius schwerlich anzunehmen. Le Nourry p. 623 hielt es auch für möglich, dass, wenn Lactanz in Asien um das in Afrika entstandene Werk des Arnobius gewusst, er vielleicht aus Ehrerbietung gegen seinen alten Lehrer dessen Namen an jener eine Kritik enthaltenden Stelle V 1, 22 nicht habe nennen wollen, an der er mit den einführenden Worten ‚ex iis qui mihi noti sunt' andeutet, dass er von mehr lateinischen Apologeten als nur von jenen dreien Kenntniss habe. Was nun zunächst die Grundfrage betrifft, ob Lactanz das Werk des Arnobius wirklich gekannt, so kann ich kaum zweifeln, dass sie zu bejahen ist, zumal es, wie soeben schon bemerkt, wirklich undenkbar ist, dass Lactanz nach 303 in Nicomedien so von der alten Heimat und den alten Freunden sollte abgeschlossen gewesen sein, dass er das Buch seines ehemaligen Lehrers nicht sollte zu Gesicht bekommen haben. Ferner aber, mag man noch so sehr sich hüten, bei Lactanz da eine Anlehnung an Arnobius anzunehmen, wo auch Minucius Felix oder Tertullian oder Cyprian Aehnlichkeiten mit Lactanz zeigen, mag man in manchen Fällen für die beiden Autoren eine gemeinsame Quelle annehmen, mag man endlich mancherlei einzelne Ausdrücke oder gewisse grammatische Constructionen bei Lactanz als Nachklänge noch aus der Zeit des Studiums unter Arnobius ansehen, so bleiben unter den zahlreichen bei beiden ähnlichen Stellen, die namentlich Le Brun-Lenglet und Buenemann nachweisen, doch immerhin einige derartige, dass man hier eine directe Benützung des Arnobius durch Lactanz wird anzunehmen haben, so z. B. Lact. Inst. IV 15, 6 f. 11 f. und Arnob. I 45. 46. 63 (der Bericht über die Thaten und Wunder Christi, bei Lactanz ausführlicher; Einzelheiten: Lact. § 6 adeo ut membris omnibus capti receptis repente uiribus roborati ipsi lectulos suos reportarent, in quibus fuerant paulo ante delati, und Arnob. p. 30, 3 Reifferscheid: captos membris adsurgere, et iam suos referebant lectos alienis paulo ante ceruicibus lati; Lact. § 7 claudis uero .. currendi dabat facultatem, und Arnob. p. 30, 1: qui claudos currere praecipiebat; Lact. § 11 quod .. redderet .. debilibus integritatem, und Arnob. p. 43, 17: qui debilibus integritatem [restituerat]); Lact. I 11, 17: at enim poetae ista finxerunt, und Arnob. p. 167, 5: sed poetarum, inquiunt, figmenta sunt haec omnia; Lact. VI 2, 13: hic uerus est cultus, in quo mens colentis u. s. w., in Verbindung mit Cap. 1—3, und Cap. 24, 26: hic cultor est uerus dei, cuius sacrificia sunt mansuetudo animi u. s. w., § 28 ad quod sacrificium .. opus est .. iis quae de intimo pectore proferuntur, und Cap. 25, anderseits Arnob. VI 30 f.: cultus uerus in pectore est u. s. w.; Lact. V 9, 14: inpios enim uocant, ipsi scilicet pii (10, 11: qui cum se maxime pios putant, tum maxime fiunt impii) und Arnob. p. 165, 27: quoniam nos impios et inreligiosos uocatis, uos pios contra; ferner Lact. III 3, 2 f. 6. 8 (über die Grenzen des menschlichen Wissens) und Arnob. II 51; Lact. II 14 (in der Lehre von den Dämonen, § 4 mediam quandam naturam gerentes) und Arnob. II 35 (p. 76, 16 Reiff. qualitatis et ipsi sunt mediae). Bemerkenswerth schien es auch schon Hieronymus, dass Lactanz ebenso wie sein Lehrer Arnobius sein apologetisches Werk gerade in sieben Büchern geschrieben hat, Epist. LXX 5: septem libros aduersus gentes Arnobius edidit totidemque discipulus eius Lactantius. Dies ist wohl mehr als ein Zufall. Vielleicht erklärt es sich, ebenso wie das Schweigen über Arnobius bei Lactanz, wenn dieser, wie wir allen Grund haben anzunehmen, das Buch seines früheren Lehrers kannte, auf folgende Weise. Nach der Ansicht des Lactanz — und darin ist er völlig Rhetor — trägt an der Erscheinung, dass das Christenthum so wenig Gläubige findet und so viele Gegner, eine Hauptschuld die stilistisch und dialektisch ungenügende Darstellung desselben, V 1, 18—28; I 1, 10; II 19, 1. 5 f.; III 1, 1 ff. 7: wenn Männer von wissenschaftlicher Bildung und Beredsamkeit sich der Vertheidigung des Christenthums zuwenden würden, so müssten bald die falschen Religionen und die ganze Philosophie verschwinden; Minucius Felix hätte bei seiner Beredsamkeit grösseren Erfolg haben können, wenn er sich ganz dieser Aufgabe gewidmet hätte (V 1, 22), Tertullian dagegen konnte als Apologet nicht hinreichend wirken, weil er ‚in eloquendo parum facilis et minus comptus et multum obscurus fuit‘ (V 1, 23; 4, 3), Cyprian aber habe die Aufgabe insofern nicht richtig angefasst, als er immer wie zu schon Gläubigen gesprochen habe, daher sei seine Beredsamkeit nicht erfolgreich gewesen (V 1, 24—28; 4, 3—7). Wenn demnach nicht einmal diese beiden letzten Lactanz genügten, und zwar Tertullian um stilistischer Mängel willen, wie hätte dann erst sein Urtheil über Arnobius ausfallen müssen! Die polternde, stilistischer Zucht und Ordnung so sehr entbehrende Diction eines so unfeinen Menschen, wie es Arnobius ist, musste Lactanz, welcher der Form der Darstellung eine so viel höhere Sorgfalt widmet, dessen Persönlichkeit auch weit über der des Arnobius steht, geradezu unerträglich sein. Vielleicht hat er auch ihn im Sinne, wenn er von gewissen Apologeten im Vergleich zu Cyprian sagt V 1, 28: quodsi accidit hoc ei cuius eloquentia non insuauis est, quid tandem putemus accidere eis quorum sermo ieiunus est et ingratus? qui neque uim persuadendi neque subtilitatem argumentandi neque ullam prorsus acerbitatem ad reuincendum habere potuerunt, wenngleich ja nicht ‚ieiunus‘, um so mehr aber ‚ingratus‘ auf die Sprache des Arnobius passt. Ich erkläre mir daher jenes Schweigen bei Lactanz über Arnobius aus der Rücksicht auf den früheren Lehrer, den er schonen wollte; er hätte ihn in jener Kritik der früheren Apologeten viel schärfer als die drei Genannten beurtheilen müssen, die ja in der That auch persönlich wie hinsichtlich der Kunst der Darstellung auf einer viel höheren Stufe stehen als Arnobius. Was aber die Zahl von sieben Büchern bei Lactanz betrifft, so hat er sie vielleicht gewählt, um in stillschweigendem Protest sein Werk dem des Arnobius gegenüberzustellen.

Schon frühzeitig muss das stilistische Talent des Lactanz sich in hervorragender Weise geltend gemacht haben. Nach Hieronymus Cap. 80 gab es von ihm ein ‚symposium[1], quod adulescentulus scripsit Africae‘. Unter Diocletian wurde er nach Hieronymus Cap. 80, wozu das eigene Zeugniss Inst. V 2, 2 (ego cum in Bithynia oratorias litteras accitus docerem) kommt, mit einem Grammatiker Flavius nach Nicomedien berufen[2], er, um Rhetorik zu lehren. Jedenfalls hatte er schon vorher in Afrika die Thätigkeit als Lehrer ausgeübt. Die Reise nach dem Orte seiner neuen Wirksamkeit beschrieb Lactanz in einem Gedicht, wie Hieronymus Cap. 80 berichtet: habemus eius . . ὁδοιπορικόν Africa usque Nicomediam hexametris scriptum uersibus. Man erkennt in dieser Berufung das Bemühen Diocletians, die neue Hauptstadt nicht nur äusserlich durch prachtvolle Bauten, sondern auch durch Fürsorge für die geistigen Interessen auf gleiche Höhe mit den anderen Residenzen zu bringen; wie sehr aber die Regenten der diocletianisch-constantinischen Periode auch dem öffentlichen Unterrichte ihre Aufmerksamkeit schenkten, dafür ist die durch Constantius erfolgte Ernennung des Eumenius zum Leiter der Schule in Autun (vgl. dessen Rede pro instaurandis scholis, besonders Cap. 6. 14) ein laut redendes Zeugniss. So besetzte Diocletian die Stelle eines grammaticus latinus in Nicomedien durch Flavius, die eines rhetor latinus durch Lactanz. Hieronymus sagt nun weiter Cap. 80: penuria discipulorum ob graecam uidelicet ciuitatem ad scribendum se contulit, und jedenfalls hat zur Zeit und unter den Wirkungen der diocletianischen Christenverfolgung die öffentliche Lehrthätigkeit des Lactanz ganz aufgehört. Die Anfangsworte des zwischen 303 und 305, höchst wahrscheinlich 304 geschriebenen Buches De opificio dei zeigen uns Lactanz nur mit eigenen Studien und literarischen Arbeiten beschäftigt: quam minime sim quietus

[1] Ueber das Symposium werden wir in der folgenden Untersuchung noch einige Worte sagen.

[2] Es ist eine nicht zu begründende Ausmalung, wenn Möhler, Patrologie (1840) S. 917 von dem Symposium sagt, dass es die Aufmerksamkeit Diocletians auf Lactanz gelenkt und seine Berufung zum Lehrer der Rhetorik nach Nicomedien veranlasst habe; ebenso Nirschl, Patrologie I (1881) S. 308, nur dass er das Symposium immer noch in den Räthseln des Symphosius findet.

etiam in summis necessitatibus, ex hoc libello poteris aestimare, quem ad te . . . Demetriane, perscripsi, ut et cotidianum studium meum noses . . Darnach soll diese Schrift ein Beweis dafür sein, wie wenig er ruhig (quietus), d. h. unthätig ist, und zugleich seine tägliche Beschäftigung bekunden. Er kann also damals sein Lehramt nicht mehr ausgeübt haben. Es hat allen Anschein, dass die Beschäftigung mit schriftstellerischen Arbeiten bei Lactanz erst um diese Zeit beginnt. De opificio dei 20, 2 sagt er: statui enim quam multa potero litteris tradere quae ad uitae beatae statum spectant, et quidem contra philosophos. Es macht dies ganz den Eindruck, als ob Lactanz jetzt erst den Entschluss gefasst, sich der schriftstellerischen Thätigkeit zu widmen, zumal er nicht von irgend welcher früheren literarischen Beschäftigung redet, vielmehr in der gleichen Schrift 1, 2 nur auf frühere mündliche Unterweisung hindeutet. Die von Hieronymus Cap. 80 erwähnte Schrift Grammaticus und die vier Bücher an Probus, welch letztere man in die vorchristliche Zeit des Lactanz gesetzt hat, müssen keineswegs an das Ende der Lehrthätigkeit fallen. Die erstere kann eine Jugendarbeit sein wie das Symposium und die Beschreibung der Reise von Afrika nach Nicomedien, jene vier Bücher sind aber, wie wir noch zeigen werden, sehr möglicher Weise viel später, nach 314, verfasst. Wir werden also annehmen dürfen, dass Lactanz erst nach Beginn der Verfolgung das Katheder mit der Feder vertauscht hat. Allerdings wäre diese Annahme dann kaum möglich, wenn Hieronymus Recht hätte mit seiner Mittheilung, dass der Mangel an Zuhörern in der griechischen Stadt Lactanz die Fortführung seines Lehramtes erschwert oder unmöglich gemacht hätte. Denn der Missstand eines überwiegend aus Griechen bestehenden Auditoriums bestand in Nicomedien ja immer und hätte Lactanz schon längst und von Anfang an in seiner Thätigkeit als Lehrer hemmen müssen. Aber noch mehr zeigt folgender Umstand, dass der Grund, den Hieronymus anführt, nicht richtig sein kann. Alle jungen Leute, die irgendwie unmittelbar oder mittelbar sich der Justiz und Verwaltung widmen und diese Gebiete des öffentlichen Lebens kennen lernen wollten, mussten unbedingt Lateinisch lernen und zwar in Nicomedien nicht weniger als etwa in Trier. Wenn auch schon in der früheren Kaiserzeit im Orient das

Griechische als Gerichtssprache in gewissem Umfange zugelassen wurde, so blieb das Lateinische doch noch lange die officielle Sprache. ‚Diocletian und Constantin erliessen noch auf griechische Vorträge der Parteien im kaiserlichen Gericht lateinische Rechtssprüche‘, in der lateinischen Sprache war ‚die Literatur der classischen Jurisprudenz mit wenigen Ausnahmen und die kaiserlichen Rescripte und Edicte bis in die erste Hälfte des fünften Jahrhunderts verfasst‘[1]. Daher kann es in Nicomedien, der Residenz und Hauptstadt im Osten, unmöglich an jungen Leuten gefehlt haben, welche die lateinische Sprache nothwendig studiren mussten, und es ist undenkbar, dass nur deshalb, weil die Landessprache das Griechische gewesen, der Hörsaal des Lactanz sich geleert habe, so dass er endlich, um nicht vor den blossen Bänken zu reden, sich auf schriftstellerische Arbeiten verlegt habe. Auch wird Diocletian doch wahrlich gewusst haben, weshalb er Lactanz nach Nicomedien berief, und Lactanz wird schon in seiner Eigenschaft als officiell berufener kaiserlicher Rhetor der Gefahr enthoben gewesen sein, vor leeren Bänken zu sprechen. Auch will es uns wenig einleuchten, dass ein solcher Meister der Sprache, zugleich ein solcher Gelehrter und ein so lebendiger, anregender Geist, wie es Lactanz war, in seinen besten Jahren so wenig im Stande gewesen sein sollte ein Auditorium zu fesseln, dass dieses sich nach und nach verloren hätte und damit seine Lehrthätigkeit höchst unrühmlich im Sande verlaufen wäre. Doch betrachten wir die Worte des Hieronymus, die man bisher immer ohne Anstand hingenommen hat, näher. Er sagt: ob graecam u i d e l i c e t ciuitatem. Zeigt nun aber das Wort uidelicet ‚offenbar‘ nicht deutlich genug, dass der Autor hier eine blosse Vermuthung äussert? Wenn uns nun diese Vermuthung aus dem angeführten Grunde durchaus unwahrscheinlich vorkommen muss, so haben wir auch noch eine Aeusserung von Lactanz selbst, welche zeigt, dass er zu Anfang der Verfolgung noch lehrte. Er sagt Inst. V 2, 2: ego cum in Bithynia oratorias litteras accitus d o c e r e m contigissetque ut eodem tempore templum dei euerteretur . . .

---

[1] Bethmann-Hollweg, Der Civilprocess des gemeinen Rechts III (1866) S. 226. 196.

Diese Worte besagen doch wohl, dass er wirklich noch das Lehramt ausübte und sich nicht nur dem Namen nach als Lehrer in Nicomedien aufhielt. Wie kam es nun aber, dass Lactanz sein Amt verlor und sich deshalb auf schriftstellerische Arbeiten verlegte? Die Ursache ist sehr einfach: schon das erste Verfolgungsedict, vom 24. Februar 303, musste ihn treffen. Da nach diesem die Christen jegliche Ehren und Würden verloren (De mort. persec. 13; Euseb. h. e. 8, 2), so ging auch Lactanz seiner Stellung als öffentlicher Lehrer verlustig. Dies wird der wahre Grund gewesen sein, weshalb er, als er die Schrift De opificio dei schrieb, so viel Musse zu literarischen Arbeiten hatte, dass er jetzt den Entschluss fasste, sich ganz denselben zu widmen. An diesen Grund dachte Hieronymus nicht und deshalb gab er statt einer Thatsache nur eine Vermuthung, die dazu noch unhaltbar ist. Wir dürfen auch darauf aufmerksam machen, dass Lactanz sagt, dass er lange Zeit Lehrer gewesen sei, Inst. I 1, 8 professio . . illa oratoria, in qua diu uersati . ., eine Stelle, an der er zugleich, wie schon früher bemerkt, von seinem jetzigen christlichen Standpunkte aus sehr strenge über jene Lehrthätigkeit urtheilt, denn er führt fort: non ad uirtutem, sed plane ad argutam malitiam iuuenes erudiebamus. Uebrigens ist Lactanz, wenn an dieser Stelle § 10 ‚exercitatio illa fictarum litium' im Zusammenhange mit seinem Lehramte erwähnt wird, doch nie selbst als Gerichtsredner aufgetreten: III 13, 12 eloquens numquam fui, quippe qui forum ne attigerim quidem. Wie an letzter Stelle, so spricht er öfter sehr bescheiden von seiner stilistischen Fähigkeit, ebenda § 13 (ab homunculo non diserto); III 1, 1 ff.; 30, 1; de opif. 1, 1 ff. 20, 8, wobei man freilich in Betracht ziehen muss, dass der herkömmliche Brauch der Redner, namentlich in den Einleitungen eine möglichst geringe eigene Vorstellung von ihrer Begabung zur Schau zu tragen, in der damaligen Zeit wohl ganz besonders von den Rhetoren befolgt wurde; so in Rede IV der gallischen Panegyriker Cap. 1. 2; V 1; VII 1; IX 1 u. s. w. Auch ist Lactanz durchwegs von nicht geringer Zuversicht auf den Erfolg seiner Beredsamkeit getragen, und die schon besprochene Kritik des Tertullian und Cyprian lässt dieses Selbstgefühl, zu dem er übrigens berechtigt war, ebenfalls durchblicken. Freilich vergisst er nicht hervorzuheben, dass Gott es sei, der ihm die Kraft der Rede zur Erfüllung seiner Aufgabe verleihe, II 19, 1 (maiestate caelesti suggerente nobis dicendi facultatem), und grösser noch als das Vertrauen auf seine Redekunst ist das auf die Wahrheit seiner Sache III 1, 4 ff.; 13, 12. — Von den Schülern des Lactanz ist uns einer aus dieser Zeit dem Namen nach bekannt, Demetrianus, an den er die Schrift De opificio dei (1, 1 ff. Inst. II 10, 15) und nach Hieronymus Cap. 80 auch zwei Bücher Briefe richtete; vielleicht war auch jener ‚Asclepiades noster', der ihm nach Inst. VII 4, 17 eine Schrift über die Vorsehung widmete und selbst von Lactanz zwei Bücher Briefe zugeeignet erhielt (Hieronymus Cap. 80), einer von ihnen.

In Nicomedien wohl erst hatte sich Lactanz dem Christenthum zugewandt, unter welchen äusseren Einwirkungen oder inneren Erlebnissen wissen wir nicht. Vielleicht waren die von ihm noch in seinen christlichen Schriften so oft als Grundlagen seines philosophischen und theologischen Denkens vorgetragenen stoischen Lehren von der Einheit des göttlichen Wesens und von der Vorsehung Ausgangs- oder Anknüpfungspunkte gewesen. Zur Zeit des Beginnes der diocletianischen Verfolgung hatte er sich jedenfalls innerlich schon und wohl auch äusserlich für den neuen Glauben entschieden. Was die Dauer des Aufenthaltes von Lactanz in Nicomedien betrifft, so kann man sicher annehmen, dass er jedenfalls gegen Ende von 305 sich noch dort befunden hat. Die Schilderung der gegen die Christen angewandten Schreckmittel und Qualen, welche sich Inst. V 11, 9 ff. findet, kann man nur auf die Zeit nach dem letzten Verfolgungsedict des Diocletian, welches befahl, alle Christen zum Opfern zu zwingen, beziehen, also auf die Zeit nach 304. Auch der Inhalt der Capitel 13. 19 ff. führt in diese Zeit, zumal 13, 8; 18, 12; 20, 5 ff. deutlich der Opferzwang bezeichnet wird. Ebert (Ueber den Verfasser des Buches De mort. persec. S. 129) will aus der Inst. V 11, 10 erwähnten Verbrennung eines christlichen Bethauses, welche von Hunziker (Zur Regierung und Christenverfolgung des Kaisers Diocletianus, in Büdingers Untersuchungen zur römischen Kaisergeschichte II 229 f.) frühestens in das Jahr 306 gesetzt wird, schliessen, dass damals Lactanz noch in Nicomedien gewesen sei, aber dieser Beweis ist nicht sicher, da Lactanz nicht sagt, dass dieses Ereigniss sich zugetragen, als er selbst noch in Bithynien gewesen sei. Einen ganz bestimmten Anhaltspunkt dagegen finde ich in Inst. V 11, 15: uidi ego in Bithynia praesidem gaudio mirabiliter elatum tamquam barbarorum gentem aliquam subegisset, quod unus, qui per biennium magna uirtute restiterat, postremo cedere uisus esset. Rechnet man diese vollen zwei Jahre von dem Gebote des allgemeinen Opferzwanges (304) an, so erhält man mindestens das Jahr 306, wollte man aber jenen Christen zu denjenigen Gemeindevorstehern zählen, welche schon 303 gefangen gesetzt wurden und zum Opfern gezwungen werden sollten (Hunziker S. 173), so käme man doch weit in das Jahr 305 hinein. Bei dieser Gelegenheit tritt nun die Frage auf, wie Lactanz sich in dieser Zeit gehalten, um als Christ der Verfolgung nicht zum Opfer zu fallen und doch auch seinen Glauben nicht zu verleugnen. Die Frage ist für die Beurtheilung des Charakters von Lactanz nicht ohne Bedeutung und verlangt eine genauere Beantwortung, als ihr bisher zu Theil geworden. Einigen Aufschluss gibt zunächst die Schrift De opificio dei, die während der diocletianischen Verfolgung, wie später noch zu zeigen sein wird, entstanden (1, 1 f. 7), damals aber keinesfalls veröffentlicht, sondern nur Demetrian überreicht worden ist. In diesem Buche fehlt alles eigentlich Christliche, es hält sich auf dem allgemeinen Standpunkte des Monotheismus und des Vorsehungsglaubens. Lactanz thut dies in absichtlicher Behutsamkeit. Daher redet er von seinen Gesinnungsgenossen nur mit dem unbestimmten Ausdrucke ‚philosophi nostrae sectae quam tuemur' (§ 2), und auch die Mahnung an Demetrian (§ 9): memento et ueri parentis tui et in qua ciuitate nomen dederis et cuius ordinis fueris, ist eine nur vorsichtig andeutende, wie auch die folgenden Worte zeigen: intellegis profecto quid loquar. Ferner gehören hieher die Worte des Schlusscapitels 20, 1: haec ad te, Demetriane, interim paucis et obscurius fortasse quam decuit pro rerum ac temporis necessitate peroraui. Es ist demnach kein Zweifel, dass Lactanz sich um der Verfolgung willen nur vorsichtig äussert, ja nach den letzten Worten hat er das Gefühl, als ob er vielleicht in dieser Schrift sich zu behutsam ausgesprochen hätte. Liegt nun nicht hierin ein gewisses Geständniss, dass er seinem Standpunkte während der Verfolgung nicht ganz treu geblieben, und lassen sich nicht hieraus Folgerungen ziehen, welche die Auffassung seines Charakters ungünstig gestalten müssen? Das erste Verfolgungsedict, vom 24. Februar 303, hatte ihn, wie wir sahen, nur seines Amtes als öffentlicher Lehrer beraubt. Wenn Lactanz die Schrift De opificio dei mit den Worten beginnt: quam minime sim quietus etiam in summis necessitatibus, so kann man darin einen Hinweis auf eine materiell bedrängte Lage erkennen, da er ja seine Bezüge verloren hatte, doch ist es wohl angemessener, hier den Ausdruck des Schmerzes und der Trauer über die Verfolgung anzunehmen. Allein bis zu dem Gebote allgemeinen Opferzwanges, 304, blieben die einzelnen Christen, so weit sie nicht Gemeindehäupter waren, ohne besondere Behelligung und so auch gewiss Lactanz. Aber wie stellte er sich von dieser Zeit an? Man kann nur antworten, dass er sich möglichst zurückgehalten und Alles vermieden haben wird, was die Aufmerksamkeit auf seine Zugehörigkeit zu den Christen hätte lenken können; vielleicht liess man den ruhigen Gelehrten, der sich jetzt auf seine stillen Studien beschränkte, um so bereitwilliger unangefochten, weil er bis zur Verfolgung eine angesehene officielle Persönlichkeit gewesen war. Um nun aber Lactanz nicht ungerecht zu beurtheilen, muss man bedenken, dass nicht alle Christen so strenge dachten wie Tertullian oder Cyprian. Nach den ersten Worten von Tertullians Schrift De fuga in persecutione gab es Christen, welche es für erlaubt hielten, sich vor Verfolgung durch Flucht zu sichern; nach Cap. 6 begründete man dies auch mit Bibelstellen, nach Cap. 11 aber theilten selbst Diakonen, Presbyter und Bischöfe diesen Standpunkt. Auch Lactanz betrachtete diese Ansicht als berechtigt, ja er beruft sich für dieselbe auf die Lehre, die Christus durch sein Beispiel gegeben, Inst. IV 18, 2, welcher ‚accessit cum discipulis suis, non ut uitaret quod necesse erat perpeti ac sustinere, sed ut ostenderet quod ita fieri oporteat in omni persecutione, ne sua quis culpa incidisse uideatur'. Aus diesen Worten darf man schliessen, dass Lactanz, was er vor seinem Gewissen verantworten zu können glaubte, gethan haben wird, um nicht durch seine Schuld ohne Noth die Verfolgung auf sich zu ziehen, zumal er ohne

Zweifel sah, wie Viele nur von einem krankhaften Taumel der Schwärmerei angesteckt oder aus äusserlichen Beweggründen sich zum Märtyrerthume drängten. Allerdings hat es den Anschein, als ob er mehr Vorsicht als Muth bewiesen hätte; allein, um ein Urtheil über ihn zu wagen, müsste man die Verhältnisse im Einzelnen ganz anders kennen, als es uns möglich ist. Wenn er sagt De opificio dei 20, 1: haec .. obscurius fortasse quam decuit pro rerum ac temporis necessitate peroraui, so wird diese Selbstbeurtheilung eher eine zu strenge als eine zu laxe sein. Lactanz hatte Demetrian gegenüber keinerlei Veranlassung oder Nöthigung zu einem Selbstbekenntnisse und fürchtete gewiss nicht, dass man diese Worte zu seinen Ungunsten deuten werde, ebenso wenig wie er eine solche Besorgniss gehabt haben kann, als er jene Stelle IV 18, 2 schrieb. Er sagt allerdings VI 17, 25 f.: uirtus est mortem contemnere .. ut coacti deum relinquere ac fidem prodere mortem suscipere malimus u. s. w.; sic ea quae alii timent, excelsa et insuperabili mente dolorem mortemque calcabimus. haec est uirtus, haec uera constantia, in hoc tuenda et conseruanda solo, ut nullus nos terror, nulla uis a deo possit auertere, allein er selbst kam offenbar nicht in die Lage, dass er gezwungen werden sollte, Gott zu verlassen und den Glauben zu verrathen. Dass Christen durch Schweigen und Vermeiden eines provocirenden Auftretens in der Verfolgung sicher blieben, sehen wir auch aus anderen Beispielen, die Lactanz selbst gibt[1]. Derartige Fälle

[1] Demetrian befindet sich während der Verfolgung nach De opificio dei 1, 5—9 in ganz besonders glücklichen Verhältnissen, so dass Lactanz ihn ermahnt, sich von denselben in seinem Christenthum nicht einschläfern zu lassen; ja die Worte § 4: nam licet te publicae rei necessitas a nostris et iustis operibus auertat, scheinen mit Buenemann auf ein öffentliches Amt gedeutet werden zu müssen. Nach Inst. V 2, 9 hörten Christen ohne Protest die Vorlesung ‚einer Angriffsschrift gegen das Christenthum an; Lactanz sagt unbefangen und ohne ein Wort der Missbilligung: nam si qui nostrorum adfuerunt, quamuis temporis gratia coniuerent. Es waren dies ohne Frage öffentliche Vorlesungen, nach der Sitte jener späteren Zeit. Eine solche muss es auch gewesen sein, bei der Lactanz, wie er V 4, 1 sagt: ‚praesente me ac dolente‘, die Schriften jener beiden Gegner des Christenthums kennen lernte, die den Plan zu seinen Institutionen in ihm hervorriefen. Auch er war hier in die Stellung des stummen Zuhörers gedrängt. — Nach unserer Darlegung ist es übrigens falsch, was der Verfasser einer später

sind gewiss viel häufiger gewesen, als es nach den überlieferten Schilderungen der Verfolgung und der Martyrien den Anschein hat, und dass nicht überall und in allen Fällen die Ausführer der Verfolgungsbefehle in gleicher Weise auftraten, ist allbekannt. Und nennt man etwa Tacitus charakterlos, weil er unter der von ihm doch mit den düstersten Farben geschilderten Regierung des Domitian nicht nur unbehelligt blieb, sondern, ganz anders als Lactanz, sogar noch in der öffentlichen Laufbahn avancirte? Wollte aber Jemand gleichwohl Lactanz Schwäche zum Vorwurf machen, so wird er doch zugeben müssen, dass dieser sich nicht anders hinstellt, als er ist, da er offen jenen Grundsatz IV 18, 2 ausspricht. Wahrhaftigkeit und Ehrlichkeit, die wir bei früherer Gelegenheit (‚Die Kaiseranreden', S. 21 ff.) unbedingt bei ihm annahmen, muss man ihm auch im vorliegenden Falle lassen.

Doch kehren wir jetzt zu unserer chronologischen Frage zurück. Lactanz muss, wie wir fanden, mindestens noch Ende 305 in Nicomedien gewesen sein; anderseits steht fest, dass er beim Niederschreiben des fünften Buches der Institutionen nicht mehr in Nicomedien war. An der Stelle V 2, 2 sagt er: ego cum in Bithynia litteras oratorias accitus docerem .., und 11, 15: uidi ego in Bithynia praesidem gaudio mirabiliter elatum .. (vgl. S. 27), aber so konnte er sich nur ausdrücken, wenn er sich ferne von Nicomedien befand. Nun ist aber das fünfte Buch und überhaupt das ganze Werk vor dem Ende Maximians 310, also spätestens 309 oder Anfang 310, abgeschlossen worden. Den Beweis dafür hat zuerst Ebert (Ueber den Verfasser des Buches De mort. persec. S. 125 ff.) gegeben, Manches hat Meyer (Quaest. Lact. I p. 2 s.) hinzugefügt, der jedoch das Jahr 311 als äussersten Zeitpunkt für die Abfassung annimmt. Es möge uns erlaubt sein, hier, wo die folgende Darlegung ganz auf der Datirung der Institutionen beruht, die Hauptgesichtspunkte kurz anzuführen, obwohl wir sie später noch einmal besprechen werden, indem wir sie dann zugleich auch

---

zu nennenden Schrift, Wehner, sagt, Lactanz sei ein ‚hervorragendes Mitglied der christlichen Gemeinde in Nicomedien gewesen'; derselbe schreibt auch, nachdem er von der Berufung des Lactanz als Lehrer der Beredsamkeit gesprochen: ‚da er aber bald hieran nicht die volle Befähigung in sich fühlte, legte er seine Stelle nieder'!

noch gegen mögliche Einwände werden sichern können. Man hat früher die im fünften Buche besprochene Christenverfolgung meistens für die des Licinius angesehen und demnach die Entstehung der Institutionen in die Zeit um 320 gesetzt. Nun enthält aber das Schlusscapitel 23 von Buch V eine Drohung an die mali principes, die iniustissimi persecutores, des Inhalts, dass Gott sie schon in ihrem zeitlichen Leben und dereinst im ewigen Gerichte strafen werde, indem die zeitliche Strafe als eine Ausrottung bezeichnet wird. Erstlich spricht Lactanz nun hier von mehreren, nicht von einem Verfolger, zweitens würde er jedenfalls eine Hindeutung auf das elende Ende der beiden schlimmsten Verfolger, Maximian und Galerius, gemacht haben, anstatt so unbedingt von der künftigen Rache zu sprechen. In der Epitome 48 (53), 4 f. wird umgekehrt, was für unsere Frage von grosser Wichtigkeit ist, das jener Drohung entsprechend inzwischen nun eingetretene göttliche Strafgericht an sämmtlichen Verfolgern ausdrücklich bezeugt. Wir müssen also annehmen, dass sie, als Lactanz jenes Capitel 23 schrieb, noch lebten. Auch passt die Schilderung der Greuel der Verfolgung, namentlich V 11, 1 ff., nicht auf Licinius, sondern auf Galerius. Zu diesem Grunde kommt noch hinzu, dass Lactanz Inst. V 2 ff. (4, 1), wo er berichtet, dass das Auftreten der beiden, schon von uns (S. 29 Anm. 1) erwähnten literarischen Bekämpfer des Christenthums für ihn der Anlass zu seinen Institutionen gewesen sei, ohne alle Frage auf die Zeit der diocletianischen Verfolgung zurückweist. Er sagt von dem einen derselben 2, 7: ut autem appareret, cuius rei gratia opus illud elaborasset, effusus est in p r i n c i p u m laudes, quorum pietas et prouidentia, ut quidem ipse dicebat, cum in ceteris rebus tum praecipue in defendendis deorum religionibus claruisset; consultum esse tandem rebus humanis u. s. w. Die principes können nur Diocletian und Galerius sein; in der licinianischen Verfolgung wäre die Nennung einer Mehrheit ohne rechten Sinn. Alle Schilderungen und Erörterungen aber, welche in den folgenden Capiteln (9. 11—13. 19 ff.) sich auf die Verfolgung beziehen, schliessen sich an jene Capitel 2 ff. und den in ihnen beschriebenen Anfang des gewaltthätigen Vorgehens gegen die Christen an, der unter jenen principes stattfand; nirgends deutet Lactanz neben der früheren, so viel grausamer wüthenden diocletianisch-galerianischen Verfolgung auf eine spätere, die des Licinius, hin, sondern es ist immer nur jene eine grosse, von der er spricht. Auch kann man sich nimmermehr denken, dass Lactanz, der die Sprache und alle Mittel der Darstellung in so hohem Masse beherrscht, nachdem er im Anfang der Verfolgung, welche jene principes ins Werk setzten, also bald nach 303, den Plan gefasst, in einem grossen Werke die falsche Religion und Philosophie zu bekämpfen, noch um das Jahr 320, wo die licinianische Verfolgung erst zu Blutthaten sich steigerte, an diesem Werke gearbeitet haben sollte, zumal dasselbe im wesentlichen dasjenige wiedergibt und ausführt, was er anderen Autoren, christlichen wie heidnischen, entnommen hatte. Es ist also unmöglich, die Abfassung der Institutionen erst in die licianische Verfolgung zu setzen, sie muss in die Zeit fallen, wo die Verfolger noch lebten, also in die Zeit vor 310. Als Lactanz aber das fünfte Buch schrieb, befand er sich nach den angeführten Stellen V 2, 2 und 11, 5 schon nicht mehr in Bithynien. Alsdann aber entsteht die Frage, wann er diesen seinen Aufenthaltsort verlassen und wohin er sich begeben hat. Hieronymus sagt nun De uir. inl. c. 80 über das äussere Leben unseres Autors noch Folgendes: hic extrema senectute magister Caesaris Crispi filii Constantini in Gallia fuit, qui postea a patre interfectus est, ausserdem in der Chronik ad a. Abr. 2333: Crispus et Constantinus filii Constantini, et Licinius adulescens Licini Augusti filius Constantini ex sorore nepos, Caesares appellantur. quorum Crispum Lactantius latinis litteris erudiuit uir omnium suo tempore eloquentissimus, sed adeo in hac uita pauper, ut plerumque etiam necessariis indiguerit. Sonst liegen uns keine Nachrichten über die weiteren Lebensschicksale des Lactanz vor, von einem andern Aufenthalt desselben nachdem er in Nicomedien gewesen, als dem in Gallien, den Hieronymus bezeugt, weiss weder dieser etwas zu berichten, noch findet sich bei Lactanz selbst eine derartige Andeutung. Wann wird nun Lactanz nach Gallien, genauer gesagt nach Trier, welches bis Ende von 316 Residenz Constantins war, gekommen sein? Crispus wurde 317 Cäsar. Er war damals schon Jüngling (Zosimus II 20, 2), was sich auch daraus ergibt, dass er 318 Consul wurde, mit dieser Würde hat man aber nicht wie bisweilen mit der Cäsarenwürde Kinder bekleidet[1]. Ferner hat er nach dem 321 gehaltenen Panegyricus des Nazarius Cap. 36 schon selbständig die Barbaren, vielleicht die Franken 319, niedergeworfen[2]. Daher ist der Schluss von Tillemont, Histoire des empereurs IV 84, Crispus sei um 300 geboren, gewiss richtig, nur darf man schwerlich unter 300 heruntergehen, sondern wird vielmehr etwas hinaufgehen müssen. Bei der Annahme rund des Jahres 300 als des Geburtsjahres von Crispus liegt es durchaus im Bereiche des Möglichen, dass Lactanz schon im Jahre 308, wenn nicht noch früher von Constantin als Lehrer des Crispus nach Gallien berufen wurde. Eine hier brauchbare Parallele bietet Ausonius in seinem Verhältniss als Lehrer des Gratian. Letzterer war 359 geboren, Ausonius aber trat seine Stellung bei demselben spätestens 368, wahrscheinlich schon vor 367, damals schon sehr angesehen[3], an und lehrte den etwa achtjährigen Prinzen zuerst Grammatik, dann Rhetorik (Ausonius lectori 25 ss.). Aehnliches kann man bei Lactanz annehmen, zumal der Unterricht der Kinder damals überhaupt sehr früh begann[4]. Auch der Oheim des Ausonius Arborius ist vielleicht schon vor 330 Lehrer des damals noch nicht zehnjährigen Constans geworden[5]. Nun war Constantin bis in das Jahr 305, wenn nicht bis in 306 (De mort. persec. 24) am Hofe Diocletians und Galerius' in Nicomedien gewesen, und damals sind offenbar die Beziehungen zwischen ihm und Lactanz angeknüpft worden, die bald gewiss schon zu des letzteren Berufung nach Gallien führten. Constantin, nach seines Vaters Tode (25. Juli 306) Cäsar geworden, wird wohl nicht sogleich in demselben Jahre Lactanz nach Gallien berufen haben, wohl aber kann dies in den folgenden geschehen sein. Nimmt man

[1] Vgl. Mommsen, Römisches Staatsrecht II² 1086.

[2] Wenn der Panegyriker p. 241, 28 (Bährens) in diesem Zusammenhange ‚pueriles annos' des Crispus nennt, so ist dies eine Herabsetzung des Alters, um die Tüchtigkeit des Prinzen desto grösser erscheinen zu lassen.

[3] Ausonius lectori 18 ss.; vgl. Schenkl, Prooem. p. IX und Peiper, Praef. p. LXXXXV ihrer Ausoniusausgaben.

[4] Ausonius im Protrepticus an seinen Enkel sagt Vers 67 ff.: multos lactantibus annis Ipse alui gremioque fouens et murmura soluens Eripui tenerum blandis nutricibus aeuum.

[5] Schenkl a. a. O. p. VII, anders Peiper, p. LXXXXII.

hinzu, dass Constantin bei dem Nebeneinanderbestehen und Rivalisiren mehrerer Regenten sicherlich alle Eile hatte [1], seinen damals einzigen Sohn Crispus, auf dem seine Hoffnung für den Fortbestand der von seinem Vater Constantius gegründeten Dynastie beruhte, nach Abschluss der Erziehung als eine Stütze auch für die Zukunft sich zur Seite zu sehen, dass ferner Lactanz in Nicomedien durch keine Thätigkeit mehr gebunden war, im Gegentheil sich aus den dortigen, unter Galerius für ihn immer peinlicher werdenden Verhältnissen dringend wegsehnen musste, so wird man vollauf berechtigt sein, die Jahre um 308 für die Uebersiedlung des Lactanz nach Gallien anzunehmen [2]. Die Thätigkeit des Lactanz bei Crispus hat jedenfalls im Jahre 317, wo dieser Cäsar wurde, ihr Ende erreicht, vielleicht schon einige Zeit vor diesem Jahre. Wir setzen mit dieser Annahme das Ende der Lehrthätigkeit des Lactanz bei Crispus in die Zeit, in der Andere sie erst beginnen lassen, wie z. B. Le Brun-Lenglet I p. V. Wenn es hier heisst: Eusebius horum temporum scriptor diligentissimus admonet, ex Bithynia in Gallias profectum non fuisse Lactantium nisi anno 317, so kann mit dieser Stelle nur der oben angeführte Vermerk von Hieronymus ad a. Abr. 2333 gemeint sein, in dem nach der Angabe, Crispus sei in diesem Jahre zum Cäsar ernannt worden, die Notiz über Lactanz als dessen Lehrer folgt. Da nun die Ernennung des Crispus zum Cäsar 317 stattfand, so erscheint Le Brun-Lenglet offenbar dieses Jahr zugleich als dasjenige, in welchem Crispus Lactanz zum Lehrer erhielt. Man könnte aber zum Schutze dieser Ansicht auch noch die erste der obigen Stellen des Hieronymus vorbringen: hic extrema senectute magister Caesaris Crispi filii Constantini in Gallia fuit. Indessen kann man bei näherer

[1] Auch bei dem 315,316 geborenen jüngeren Constantin hat der Vater nach dem Panegyricus des Nazarius, Cap. 37, die Erziehung beschleunigt: iam (also 321) maturato studio litteris habilis, iam felix dextera fructuosa subscriptione laetatur.

[2] Man hat öfter für die zeitliche Bestimmung des Verhältnisses von Lactanz zu Constantin die Anreden an den letzteren, die sich Inst. I 1 nach § 12 und VII nach Cap. 26 in einigen Handschriften finden, benützen zu können geglaubt, da aber die Unechtheit derselben in der betreffenden Abhandlung von uns erwiesen ist, so fiel die Berücksichtigung derselben für uns weg.

Betrachtung unmöglich diese Stellen zu jener chronologischen Bestimmung für geeignet halten. An der einen fügt Hieronymus die Notiz über Lactanz als Lehrer von Crispus der Hauptangabe, dass in diesem Jahre die genannten zu Cäsaren erhoben worden sind, doch nur gelegentlich bei, an der andern aber muss man den Zusatz Caesaris für einen ungenauen Ausdruck ansehen. Hieronymus will nur sagen, Lactanz sei Lehrer des Crispus, des späteren Cäsar, gewesen. Wir werden alsbald noch zu zeigen haben, dass die Stelle auch noch einen anderen Irrthum enthält, für unsere vorliegende Frage aber ist Folgendes entscheidend. Es ist doch nie und nimmer denkbar, dass Constantin erst in dem Jahre 317 seinem Sohne den Lactanz zum Lehrer gegeben haben sollte, da jener schon 318 Consul geworden ist und vielleicht 319 die Franken bekämpft hat. Als Consul hat doch wahrlich Crispus nicht mehr unter Leitung von Lactanz literarische Studien gemacht, überhaupt aber war im Jahre 317, wo er etwa siebzehn Jahre alt war, die Zeit der wissenschaftlichen Ausbildung für ihn vorüber, so gut wie für jeden anderen jungen Mann, der nicht gerade Rhetor oder Gelehrter werden wollte oder besonders starke wissenschaftliche Neigungen hatte. Crispus war aber ein Fürstensohn, dem ganz andere Aufgaben bevorstanden, auf dessen möglichst baldige Hilfe in militärischen und politischen Dingen der Vater ohne Zweifel doch rechnete. Und weshalb sollte Constantin so spät erst Lactanz nach Gallien berufen haben, wo dieser doch, wie schon bemerkt, in Folge der Edicte gegen die Christen schon längst unter Diocletian seines Amtes in Nicomedien verlustig gegangen war, vollends da nach Diocletian dort Galerius die Verfolgung noch steigerte? Lactanz war schon lange Zeit vor 317 frei zur Uebernahme des neuen Amtes bei Crispus, und dieser war auch schon eine längere Reihe von Jahren vor diesem Zeitpunkt in dem Alter, wo er unter Lactanz studiren konnte. Ebenso wenig wie das Jahr 317 können wir aber 315, wie Baluze (bei Le Brun-Lenglet II p. 279) willkürlich meint, für richtig halten, auch nicht 312 (so ohne Beweis Bertold S. 10), wo die Institutionen schon in Gallien abgeschlossen waren. In Verbindung mit diesem letzteren Gesichtspunkte ist die von uns vertretene Ansicht zuerst kurz und treffend von Meyer (Quaest. Lact. I p. 6 s.) formulirt worden.

Es bleibt uns nun aber noch ein Punkt in der ersten der beiden oben angeführten Stellen des Hieronymus zu besprechen übrig. Hieronymus sagt, Lactanz sei ‚in extrema senectute‘ Lehrer des Crispus in Gallien gewesen. An dieser Angabe hat man bisher noch nicht Anstoss genommen, allein bei näherer Betrachtung kann sie nicht bestehen bleiben. Es ist an und für sich schon völlig unwahrscheinlich, dass Constantin seinem Sohne, einem ganz jungen Menschen, einen ‚im höchsten Greisenalter‘ Stehenden zum Lehrer gegeben haben sollte. Für die extrema senectus dürfen wir unbedenklich mindestens das siebenzigste Lebensjahr, richtiger noch ein späteres annehmen. Doch bleiben wir bei siebzig Jahren, damit unsere Rechnung desto sicherer wird. Zu dieser inneren Unwahrscheinlichkeit kommen aber noch weitere Schwierigkeiten hinzu. Lactanz war, wie S. 13. 19 besprochen, nach dem doppelten Zeugniss des Hieronymus, De uir. inlustr. c. 80 und Epist. LXX, ein Schüler des Arnobius. Hieronymus gibt nun aber in der Chronik ad a. Abr. 2343 die Notiz: Arnobius rhetor in Africa clarus habetur, dann folgt die Geschichte von der Entstehung seines Werkes, die in Verbindung mit seinem Uebertritt zum Christenthume stand. Da nun aber das Werk des Arnobius um 295 entstanden ist, so kann man zweifeln, ob jenes Jahr des Hieronymus, welches 327 n. Chr. ergibt, das richtige ist für die Blüthe des Arnobius. Daher bemerkt Teuffel, Geschichte der römischen Literatur[4] S. 926, es sei dies wahrscheinlich das Todesjahr des Arnobius. Dass Hieronymus überhaupt mit Unrecht Arnobius mit diesem Jahre 327 in Verbindung bringen sollte, ist, so wenig er mit besonders grosser Sorgfalt die Chronik des Eusebius bearbeitet hat, doch deshalb nicht wahrscheinlich, weil nach den Worten: huc usque historiam scribit Eusebius Pamfili martyris contubernalis. cui nos ista subiecimus, gerade an dieser Stelle seine eigene Fortsetzung derselben beginnt und schwerlich doch sogleich der erste Eintrag völlig falsch ist. Gehen wir also von 327 als dem Todesjahre des Arnobius aus. Im Jahre 310, wie wir in runder Zahl annehmen wollen, wäre nach Hieronymus Lactanz mindestens als Siebenziger Lehrer bei Crispus geworden, er muss aber doch jedenfalls zehn Jahre jünger als sein ehemaliger Lehrer Arnobius gewesen sein, also wäre Arnobius im Jahre 310 achtzig, 327 aber siebenundneunzig Jahre alt gewesen. Diese Zahl von rund hundert Jahren ist aber an sich schon unwahrscheinlich, auch würde ein so hohes Lebensalter des Arnobius doch vielleicht an der einen oder anderen Stelle des Hieronymus um seiner Merkwürdigkeit willen überliefert sein. Aber man könnte trotzdem diese Lebensdauer für möglich halten oder einen Fehler bei Hieronymus annehmen oder die Zahl durch Verschiebungen in der Rechnung auf nahe an neunzig Lebensjahre herabdrücken. Wir geben daher noch einen Beweis, und zwar aus Lactanz selbst. Die Institutionen sind nicht nach 310 geschrieben worden, zu welcher Zeit nach Hieronymus Lactanz schon im Greisenalter gestanden hätte, die Schrift De opificio dei aber wohl 304, damals wäre Lactanz jedenfalls schon beinahe Greis gewesen. Lactanz spricht nun in diesen Werken nirgends wie ein Greis, wenn man auch einzelne Stellen so gedeutet hat. De opificio dei 20, 7 redet er von dem geplanten Werke der Institutionen: magnum uideor polliceri, sed caelesti opus est munere, ut nobis facultas ac tempus ad proposita persequenda tribuatur. quod si uita est optanda sapienti, profecto nullam aliam ob causam uiuere optauerim, quam ut aliquid efficiam quod uita dignum sit . . quo perfecto satis me uixisse arbitrabor et officium hominis implesse. . . Aber in diesen Worten liegt doch keineswegs, wie Meyer (Quaest. Lact. I p. 7) annimmt, die Beziehung auf ein hohes Alter, im Gegentheil wäre Lactanz damals schon Greis gewesen, so würde er gegenüber einer solchen Aufgabe, wie die Institutionen es waren, ganz anders die Unsicherheit seines schon der natürlichen Grenze zueilenden Lebens hervorgehoben haben. So wie er hier spricht, kann recht wohl ein Mann in guten Jahren sprechen, dem angesichts eines grossen Werkes die Frage sich erhebt, ob die Dauer des Lebens ihm die Vollendung desselben erlauben werde. Nicht mehr Beweiskraft kann ich der schon von Betuleius, Praefat. fol. a 4ᵃ seiner Ausgabe (1563), und dann auch von Meyer a. O. benutzten Stelle Inst. I 1, 11 einräumen: nam si quidam maximi oratores professionis suae quasi ueterani decursis operibus actionum suarum postremo se philosophiae tradiderunt eamque sibi requiem laborum iustissimam putauerunt . ., quanto iustius ego me ad illam piam ueram diuinam sapientiam quasi ad portum aliquem tutissimum conferam, in qua omnia dictu prona sunt, auditu suauia, facilia intellectu, honesta susceptu? Die Stelle bezieht sich offenbar auf Cicero und dessen Worte zu Anfang der Tusculanen, noch mehr aber klingt der Anfang des Werkes De oratore durch, selbst in einzelnen Ausdrücken. Lactanz zieht nun aber hier durchaus keine Parallele in Beziehung auf das Alter, sondern nur in Beziehung auf die Thätigkeit. Wie gewisse grosse Redner, nachdem sie diesen Beruf aufgegeben, sich der Philosophie zugewandt haben, so wendet sich auch Lactanz, nachdem sein Lehramt ein Ende gefunden, der Darlegung der göttlichen Weisheit zu. In dem vorhergehenden Stücke hatte er von seiner ‚oratoria professio' gesprochen und nur von einer langen Dauer derselben (in qua diu uersati § 8), keineswegs aber in dem Tone eines arbeits- und berufsmüden Greises geredet, nur mit Bedauern blickt er zurück auf jenes Amt, in dem, wie er sagt, ‚non ad uirtutem, sed plane ad argutam malitiam iuuenes erudiebamus'. Je höher nun aber die göttliche Weisheit steht als die menschliche Philosophie, um so mehr (quanto iustius) darf er sich, nachdem er in Bezug auf seine Thätigkeit als Rhetor ein Veteran wie jene geworden, in diesen sicheren Hafen zurückziehen. Das Bild des Hafens ist ihm nahegelegt durch Cicero, der De or. I 1, 1—3 das Bild der Schifffahrt im Auge hat. Auch zeigt § 12 bei Lactanz, in dem er sich in einem ähnlich wie § 11 gebauten Satze nun auch mit den Rechtslehrern vergleicht, dass es ihm hier nur um eine gemeinsame Beziehung auf die Art der Thätigkeit, nicht um eine Hervorhebung des Alters zu thun ist. Was endlich die Stelle Inst. VII 27, 8 angeht: quanto quisque annis in senectutem uergentibus adpropinquare cernit illum diem quo sit ei ex hac uita demigrandum, cogitet quam purus abscedat . ., non ut faciunt quidam caecis mentibus nixi, qui iam deficientibus corporis uiribus in hoc admonentur instantis ultimae necessitatis, ut cupidius et ardentius hauriendis libidinibus intendant; so kann man zugeben, dass es wenigstens möglich ist, hier eine Hindeutung auf das eigene Lebensalter zu finden. Aber Lactanz sagt doch nur ‚annis in senectutem uergentibus', und so kann ganz gut ein Fünfziger sprechen; dass aber Lactanz gegen 310, wo er diese Stelle geschrieben, fünfzig Jahre alt gewesen, halten wir für sehr möglich. Aber noch weiter. In den Institutionen ist Lactanz noch voll Arbeitskraft und Schaffenslust und hat noch weitere literarische Pläne. Er beabsichtigt nicht nur II 17, 5 die später ausgeführte Schrift De ira dei zu verfassen, sondern nach IV 30, 14 trug er sich noch mit einem anderen Gedanken: postea plenius et uberius contra omnes mendaciorum sectas proprio separatoque opere pugnabimus, also ein ausführliches polemisches Werk der bekannten Art ‚Aduersus omnes haereses'; da Hieronymus über dasselbe schweigt, so ist die Ausführung vielleicht unterblieben. Allein noch in dem nach den Institutionen geschriebenen Buche De ira dei 2, 6 hegt er diesen Plan: quos . . refutabimus postea diligentius, cum respondere ad omnes sectas coeperimus. Ausserdem gedachte er nach Instit. VII 1, 26 ein Werk der von Harnack, Texte und Untersuchungen I 3 (1883) S. 76 ff., besprochenen zahlreichen Gattung ‚Aduersus Iudaeos' zu schreiben: sed erit nobis contra Iudaeos separata materia, in qua illos erroris et sceleris revincemus. Solche Arbeitspläne, sowie die unbedingte Sicherheit, mit der sie dem Publikum mitgetheilt werden, passen nicht zu einem Manne ‚in extrema senectute'. Auch das letztgenannte Werk ist vielleicht nur ein Plan geblieben, doch werden die sonstigen christlichen Schriften des Lactanz, die Hieronymus nennt, wie später gezeigt werden wird, in dessen späterer Zeit entstanden sein. Ueberhaupt aber ist auch die grosse Frische und Lebendigkeit des Geistes und der Sprache, die uns in allen Schriften des Lactanz entgegentritt, ein starker Beweis gegen die Annahme, er sei zur Zeit, wo er die Institutionen schrieb, schon hochbetagt gewesen. Nirgends sehen wir einen müden Greis, nirgends finden sich Rückblicke, Betrachtungen oder Stimmungen, wie sie bei einem am Lebensabend Angelangten unwillkürlich sich einstellen, sondern überall ist er voll Arbeitsfrische, voll Kampfeslust, voll Siegesgewissheit, in einem Grade, dass wir oft einen sanguinischen jungen Mann zu hören vermeinen. Ich glaube aus den angeführten Gründen, dass die Unrichtigkeit der Nachricht bei Hieronymus nicht bezweifelt werden kann. Lactanz wird, als er die Institutionen abschloss (gegen 310), etwa fünfzig Jahre alt gewesen sein und zu dieser Zeit war er auch der Lehrer des Crispus. Hieronymus hat offenbar verschiedene Dinge unrichtig mit einander verbunden. Lactanz war allerdings auch in seinem äussersten Greisenalter in Gallien, aber damals war er schon längst nicht mehr Lehrer des 326 hingerichteten Crispus, diese letzten Lebensjahre waren wohl die Zeit, von der ganz besonders die Worte jener zweiten Stelle des Hieronymus zu verstehen sind: adeo in hac uita pauper, ut plerumque etiam necessariis indiguerit. Man vermuthete, dass diese Dürftigkeit damit in Zusammenhang gestanden hat, dass ihn die Ungnade Constantins in irgend welcher Verbindung mit dem Geschicke des Crispus getroffen. Es ist dies möglich, doch liesse sich ja das Eine oder Andere sagen, was diese Möglichkeit schwächer erscheinen lässt. Halten wir die Angabe des Hieronymus fest, nach der Lactanz jedenfalls bis in das äusserste Greisenalter gelangte, sagen wir bis zu achtzig Jahren, so würde er etwa 260 geboren, 340 gestorben sein, und nehmen wir an, dass sein Lehrer Arnobius zehn Jahre älter war, so wäre dieser 327 im Alter von siebenundsiebzig Jahren gestorben. Etwa in seinem fünfzigsten Lebensjahre, um 308, kam Lactanz nach Gallien; wann er nach Nicomedien berufen worden ist, darüber wird man nur dies sagen können, dass er doch schon eine gewisse Reife erlangt und sich bewährt haben musste, um überhaupt den Ruf in eine so hervorragende Stellung zu erhalten. Früher als in den letzten Jahren vor 290 kann er wohl kaum aus Afrika nach Asien übergesiedelt sein, einige Jahre nach Diocletians Regierungsantritt (284). Aller Wahrscheinlichkeit nach ist Lactanz, nachdem seine Thätigkeit bei Crispus beendigt war, in Trier geblieben und hier gestorben, bei Hieronymus schliesst wenigstens die Mittheilung über sein Leben mit dem Aufenthalt in Gallien. Auf den Aufenthalt in Gallien weist vielleicht auch die Erklärung der Namen Gallier und Galater, die Hieronymus im Commentar zum Galaterbrief, in der Vorrede des zweiten Buches (tom. VII 425 Vall.) aus dem dritten Buche von Lactanz' Briefen an Probus mittheilt. Ferner schrieb Lactanz nach Hieronymus Cap. 80 zwei Bücher Briefe an Severus, in Cap. 111 wird aber genannt ‚Acilius Seuerus in Hispania, de genere illius Seueri ad quem Lactantii duo epistularum scribuntur libri', man wird es daher für natürlich halten, dass auch jener Seuerus ein Spanier war, und für naheliegend, dass diese Verbindung in Zusammenhang mit Lactanz' Aufenthalt in Gallien stand. Er selbst berührt nirgends in den erhaltenen Schriften Dinge, die auf diesen Aufenthalt schliessen lassen, wie er überhaupt über seine persönlichen Verhältnisse sehr wenig mittheilt. Die Schriften, die Lactanz an Freunde gerichtet, an Demetrian, Asclepiades, Probus, Seuerus, wozu die Schrift De ira dei an Donatus kommt, zeigen uns jedoch, dass er auch in seinen späteren Jahren einen Kreis von Persönlichkeiten hatte, die gewiss ebenso warm ihm zugethan waren, wie für ihn seinem ganzen Wesen nach persönlicher Verkehr, Mittheilen, Lehren ein Bedürfniss gewesen ist.

So hat Lactanz die drei Theile der alten Welt durchwandert, seine ersten Jahrzehnte verlebte er in Afrika, die Jahre der besten Kraft theils in Asien, theils schon in Europa, und hier, in Gallien, hat er als hochbetagter Greis sein arbeitsreiches Leben beschlossen.

Einige Bemerkungen, die Sittl in dem nach Einreichung dieser Abhandlung an die kais. Akademie erschienenen Jahresbericht für Alterthumswissenschaft LIX (1889, II), S. 281 über die oben S. 2 Anm. genannte Schrift von P. Meyer macht, veranlassen mich zu einem kurzen Nachtrage. Meyer entscheidet sich nämlich ebenfalls dafür, dass Lactanz wegen der beiden oben S. 24 und 27 genannten Stellen Inst. V 2, 2. 11, 5 im Jahre 311 nicht mehr in Bithynien habe sein können, und benutzt diesen Anhaltspunkt zu einem Schlusse für die Entscheidung der Frage nach dem Verfasser der Schrift De mortibus persecutorum: da nämlich dieser als in Nicomedien lebender Augenzeuge der Ereignisse von 303 bis 313 spricht, so kann er nicht Lactanz sein. In meiner folgenden, fast druckfertigen Abhandlung habe ich anerkannt, dass damit Meyer zuerst einen festen Ausgangspunkt für die Entscheidung jener Frage gefunden, in der vorliegenden Arbeit habe ich absichtlich die Mortes nicht berührt, da ich das Leben des Lactanz nur nach dessen unzweifelhaft echten Schriften darstellen wollte. Sittl sagt nun, der Schluss von Meyer sei unverständlich. ‚Als Lactanz „De mortibus persecutorum“ unter einem toleranten Fürsten an einen befreundeten Glaubensgenossen schrieb, konnte er ungescheut von Nicomedien aus als seinem Aufenthaltsorte sprechen. Aber wenn er sich an die heidnische Welt als Missionär in einer Zeit der Verfolgung wendete, war damit sein Tod besiegelt — wenn man ihn fand. Dass der stille unpraktische professor eloquentiae nicht ohne Noth den Martertod finden wollte, wird man ihm nicht verargen.' Aus diesen Worten muss man schliessen, dass Sittl, der übrigens Meyers Ansicht, dass die Institutionen vor 311 geschrieben sind, zulässt, die Meinung hegt, Lactanz habe das Werk während der Verfolgung, und zwar in Nicomedien veröffentlicht, um sich aber als Urheber desselben zu verbergen, habe er jenen beiden Stellen eine solche Fassung gegeben, als befände sich der Schriftsteller jetzt nicht mehr in Bithynien, sondern anderswo. Allein ich muss diese Deutung des geschätzten Gelehrten für völlig unmöglich halten. Wir sahen, wie behutsam Lactanz in dem wirklich in Nicomedien verfassten Buche De opificio dei sich ausdrückt, um sich nicht als Christen zu verrathen (S. 27), umgekehrt zeigen die Institutionen nicht das Mindeste von einer solchen Vorsicht, im Gegentheil, Lactanz spricht ganz offen von seinem früheren Lehramt I 1, 8. V 2, 2, er nennt den Freund Asclepiades, den Schüler Demetrianus (S. 26): dies hätte er nie und nimmer gethan, wenn er, und gar aus Furcht vor der Verfolgung, seine Persönlichkeit oder seinen Aufenthalt hätte in Dunkel hüllen wollen. Jede Verstecktheit liegt den Institutionen völlig ferne, in den Anfangsworten der Epitome aber blickt er auf die Institutionen in einer Weise zurück, mit der man es nicht vereinen kann, dass er sie aus einem Versteck heraus, ohne sich als Verfasser derselben zu bekennen, in die Welt gesandt haben sollte. Vollends enthält das ganze Werk auch nicht das geringste Anzeichen dafür, dass der Verfasser etwaige Nachspürer durch unrichtige Angaben über sich auf die falsche Fährte hätte leiten wollen. Hätte Lactanz gefürchtet, als Verfasser des Buches zu erscheinen, so würde er jedenfalls dasselbe anonym herausgegeben haben. Und welche Schwierigkeiten musste für Lactanz, falls er aus Furcht seinen Aufenthalt verheimlichen wollte, nicht allein schon das Unternehmen haben, ein so umfangreiches Werk in das Publicum zu bringen, wenn er wirklich in Bithynien sich, wie Sittl sagt, an die heidnische Welt als Missionär in einer Zeit der Verfolgung wandte! Ja, wäre es ein kleiner Tractat, eine Flugschrift, dann könnte man allenfalls an dergleichen denken, aber ein Werk, das aus ‚septem maximis voluminibus' (Epitome, Prooem. 2) bestand? Sittl ist zu seiner Deutung jener Stellen nur dadurch veranlasst worden, dass er Lactanz für den Verfasser der Mortes hält, allein ich werde zeigen, dass dieser jetzt ziemlich allgemeinen Ansicht noch andere Dinge im Wege stehen als jene beiden Stellen, und lasse diesen wie Meyer ihren einfachen und natürlichen Sinn. Lactanz schrieb dieses Stück der Institutionen und schloss das Werk ab in Gallien, als er wirklich nicht mehr in Bithynien war. — Ferner bemerkt Sittl gegen die von Meyer gezogene Consequenz, Lactanz sei schon lange vor des Crispus Ernennung zum Cäsar dessen Lehrer geworden, dass Lactanz recht wohl Crispus den höheren Unterricht in Rhetorik und Philosophie nach dessen Ernennung zum Cäsar habe ertheilen können, ‚als er princeps iuventutis' war. Allein ich kann nicht erkennen, wie dieser letzte Gesichtspunkt für die Frage von Belang sein soll, die Gründe, die oben gegen die Annahme eines so späten Eintritts des Lactanz bei Crispus, wobei man nothwendig in das Consulatsjahr desselben kommt, vorgebracht worden sind, werden dadurch jedenfalls nicht abgeschwächt.

Zu S. 3 f. ist noch der Eintrag in einem Katalog von Bobbio aus dem 10. Jahrhundert: Caelii Firmiani Lactantii de opificio dei (Becker, Catalogi antiqui p. 67 u. 220) hinzuzufügen.

VI.

Patristische Studien.

I.

Zu Tertullian *de spectaculis, de idololatria.*

Von

Dr. Wilhelm v. Hartel,
wirkl. Mitgliede der kais. Akademie der Wissenschaften.

August Reifferscheid, welcher die Herausgabe der Schriften Tertullian's für das Wiener Corpus übernommen hatte, wurde durch seinen frühen, von uns tief beklagten Tod verhindert, dieselbe zum Abschluss zu bringen. Seine Vorarbeiten waren so weit gediehen, dass er den wichtigsten und für eine Anzahl Schriften jetzt uns einzig erhaltenen Codex Agobardinus (A) mit peinlichster Sorgfalt wiederholt verglichen und die adnotatio critica für den ersten Band zusammengestellt hatte, welcher vor Allem jene Tractate Tertullian's, für welche wir andere Handschriften nicht mehr besitzen, bringen sollte. Im Wesentlichen hielt er wohl diesen Band für abgeschlossen, indem er mit dem Druck desselben im Jänner des Jahres 1888 beginnen wollte. Noch wenige Wochen vorher hatte er diese Absicht uns in Erinnerung gebracht, und es war Alles für den Druck bereit, als die Nachricht von seinem plötzlichen Tode eintraf. Eine Prüfung des Nachlasses ergab, dass, was zur Fertigstellung für den Druck noch mangelte und unerlässlich schien, wohl dem Sinne des Herausgebers entsprechend besorgt werden könnte, und ich unterzog mich beruhigt und gerne den Mühen dieser Aufgabe, als Herr Professor G. Wissowa, welchem inzwischen die Herausgabe der weiteren Bände Tertullian's übertragen worden war, sich bereit erklärte, an dem Geschäfte dieser Redaction theilzunehmen. Wir waren aber bemüht, das hinterlassene Werk, so weit dies möglich war, unverändert zum Druck zu bringen, wenngleich hie und da stärkere Eingriffe nicht ganz zu vermeiden waren. Diese trafen weniger die Stellen des Textes, wo die Entscheidung von der Wahl zwischen den Lesarten des Agobardinus (= A), der editio princeps des Gangneius (= B) und ihrer Randbemerkungen (= Bmg) oder etwa des Codex Clementis (= C) abhängt; in den meisten Fällen dieser Art liessen die von Reifferscheid in den kleinen Oehler'schen Text eingetragenen Lesarten und die Anordnung der adnotatio critica keinen Zweifel über das, was er selbst für richtig gehalten hatte. Aber wo über die Ueberlieferung hinauszugehen und nur durch Conjectur zu helfen war, da zeigten oft mehrere mit Fragezeichen vermerkte Versuche, dass er seine Entscheidung weiterer Ueberlegung vorbehalten hatte. Wie das bei einem Autor wie Tertullian und einer Arbeit der Art natürlich ist, hatten zahlreichere Bemerkungen zu schwierigen Ausdrücken oder selteneren Constructionen nur die vorläufige Bedeutung, zu erinnern, dass eine Stelle dunkel sei oder eine Verderbniss vorliegen könne, indem von dem Fortgang der Untersuchung Aufklärung erwartet wurde. Es erwuchs bei der Herausgabe daraus die Pflicht, von solchen Vorschlägen und Bemerkungen nur eine Auswahl mitzutheilen und wohl auch selbst zu versuchen, Manches ins Reine zu bringen. Indem wir uns aber in Bezug auf den Text die grösste Zurückhaltung auferlegten, setzten wir in die adnotatio critica manche eigene Conjectur, die wir damit weiterer Erwägung empfehlen wollten.

In dieser Richtung wird also wohl im Sinne Reifferscheid's das Meiste geordnet sein. Auf die Vorzüge, welche die Ausgabe gewonnen hätte, wenn es ihm gegönnt gewesen wäre, die letzte Hand an sie zu legen, müssen wir verzichten. Möge die gelehrte Welt das in ihr anerkennen und schätzen, was uns bestimmte, dieses Vermächtniss des um unser Unternehmen so verdienten Forschers ohne weiteren Aufschub zu veröffentlichen, und die Ueberzeugung gewinnen, dass durch die genaue Mittheilung der Lesarten des Agobardinus und seiner Defecte der Kritik dieses schwierigen Textes die lang vermisste sichere Grundlage gegeben ist. Wie wenig man sich auf die Angaben früherer Herausgeber verlassen könne, hat Maximilian Klussmann (*Curarum Tertullianearum particulae tres*, Gothae 1887), welchem wir eine mit grosser Akribie veranstaltete Collation der Bücher *ad nationes* nach dem Agobardinus und werthvolle kritische Beiträge verdanken, gezeigt: er sagt p. 5: *nam Gothofredi et Rigaltii tempora non ea erant, ut, quemadmodum aiunt, omnia cum puluisculo excuterent, ne minima quidem neglegerent aut praetermitterent: Oehlerus autem codicem ne uidit quidem et in Baluzii et Hildebrandi collationibus ita acquieuit, ut, cum utramque aequi iuris esse iubeat, neutri confidat et in uariis quas inde excerpsit lectionibus hanc illam subsequi noluerit, qua socordia ardentius nouae illius codicis collationis desiderium moniae dicendum est*[1]. Was von dieser Schrift gilt, die freilich in der Ueberlieferung am meisten gelitten hat, gilt auch von allen anderen, die nur durch den Agobardinus erhalten sind. Ueber den Werth der Reifferscheid'schen Collation äusserte sich aber Ernst Klussmann in seiner Ausgabe der Bücher *de spectaculis* (Rudolphopoli 1876), für welche ihm die Benützung derselben gestattet war, p. 4: *optima certe dos libelluli Augusto Reifferscheidio debetur, nouam dico eamque exactissimam codicis Agobardini collationem . . . quo totius rei agendae fundamento certissimo si caruissem, librum innumeris mendis inquinatissimum recensere animum profecto non induxissem. ut enim res est, restituendorum, quantum fieri possit, ipsius Tertulliani uerborum unica spes in eo libro posita uidetur. codex autem tam misere laesus et margines laterarii magnam partem ita uiolati sunt, ut modo in foliis uersis prima quaeque uersuum uerba modo in foliis rectis extrema plane desiderentur. quae loca quot fere litteris expleantur Reifferscheidius punctis pro modulo lacunae positis significauerat.*[2]

Was innerhalb dieser den ersten Band füllenden Schriften ausser dem Agobardinus von handschriftlichen Zeugnissen noch in Betracht kommt, ist mit Vorsicht zu benützen. So hat Joannes Gangneius, dessen Ausgabe in Paris 1545 erschien und die Baseler Ausgaben um die im Agobardinus stehenden Schriften *de testimonio animae, de anima, de spectaculis, scorpiace,*

[1] Vgl. Ernst Klussmann in Hilgenfeld's Zeitschr. III, p. 82—100, 363—393.

[2] In der Ausgabe sind die verlorenen oder durch das Ueberfahren von späterer Hand vernichteten Buchstaben der ursprünglichen Schrift durch eckige Klammern [ ] eingeschlossen.

de idololatria, *de oratione* (die schwer lesbaren Bücher *ad nationes* liess er bei Seite liegen) vermehrte, ausser diesem vetustissimus codex eine jüngere interpolierte, aber besser lesbare Handschrift zugrunde gelegt, welcher er die drei Schriften *de baptismo, de pudicitia* und *de ieiunio adu. psychicos* allein verdankte. Das hat E. Klussmann erkannt, sowie Gangneius' Verfahren kaum unrichtig beurtheilt, indem er sagt, a. a. O. p. 1: *permulta enim in codice Agobardino omittuntur, quae in altero codice legebantur, ut mutilum et misere laesum in describendo postponeret pleniori et integro. non is est Gangneius, qui suo iudicio et arbitrio multa immutare soleat: quae praesto erant, bona fide reddere solet, ut tamen, quemadmodum dixi, non raro novo quodam contaminationis genere utatur. interpolatus autem sine dubio alter iste codex fuit, ut nisi iis locis, quibus ea quae in Agobardino desiderantur explet, sequendus non sit, ubi in reliquis discrepat, tanti sit aestimandus, quanti in ea re librarii iudicium fuisse uidetur.* Indem wir an zahlreichen Stellen, wo der Agobardinus lückenhaft oder verderbt ist, zu Gangneius unsere Zuflucht nehmen müssen, hat dieser seiner Quelle ein grösseres Ansehen erobert, als sie in Wirklichkeit verdienen mag. Uns wenigstens schien mehr Zurückhaltung geboten, als Reifferscheid beobachten zu sollen meinte. Wie wenig vertrauenswürdig Gangneius selbst sei, hat jüngst K. Schenkl in einem andern Falle unwiderleglich gezeigt (Poet. christ. min., pars I, p. 337 f., p. 437 f.). Wir aber glaubten uns auf die Entfernung nur der klarsten Interpolationen beschränken zu sollen, um uns von der Reifferscheid'schen Recension nicht zu weit entfernen zu müssen. Das Gleiche gilt von den Lesarten, welche Gangneius am Rande seiner Ausgabe verzeichnet hat (Bmg), unter welchen wir bald auf Lesarten des Agobardinus stossen, bald eigene Vermuthungen Gangneius' zu suchen haben.

Ein nicht um Vieles höherer urkundlicher Werth kommt den Lesarten von Sigismund Gelenius zu, welcher fünf Jahre später zu Basel 1550 Tertullian edierte und hiebei sich für einen grossen Theil der Werke und darunter für alle jene, welche Gangneius aus dem Agobardinus zuerst veröffentlicht hatte, einer aus England erhaltenen Handschrift bediente, die er anerkennend preist: *tandem ex ultima Britannia Ioannes Lelandus, vir antiquarius et feliciori dignus ualetudine, communi-*

cauit exemplar in Masburensi coenobio gentis eius uetustissimo repertum, in quo nihil desiderare posses amplius. tanta erat integritas, nisi quod aliqui libri deerant. continebat autem et omnia illa quae accesserant ad postremam editionem Lutetiae: quae si quis cum hac praesenti contulerit, uidebit non uanum esse Gelenium. utinam habuisset codex is etiam reliqua, nihil in hoc scriptore requireretur in posterum. Da Gelenius keine Varianten des Codex ausdrücklich als solche anführt, haben die Lesarten seiner Ausgabe in keinem Falle eine genügende urkundliche Gewähr; denn wir vermögen nicht zu entscheiden, was davon aus dem Codex genommen, was blosse Conjectur sei. Uebertrifft er ja seine Vorgänger und besonders Gangneius weit durch Gelehrsamkeit und Belesenheit auf diesem Gebiete, sowie durch Divinationskraft. Es ist demnach begreiflich, wenn E. Klussmann, was sich ihm aus einer Prüfung der Lesarten in dem Tractat *de spectaculis* ergab, dahin zusammenfasst: *sic quaecunque aut nouauit aut correxit, suo ingenio debuit, ut in hoc quidem libello codicem, quem summis laudibus effert, aut nullum aut nullius pretii fuisse pro certo affirmem.* Ein vorsichtiges Verfahren wird diesen Grundsatz auch für die übrigen gelten lassen müssen.

Auf das Engste schliesst sich an Rigaltius' Ausgabe die des Jakob Pamelius an (Paris 1579), welcher sich um die Erklärung des Tertullian mit Erfolg bemühte, für die Kritik aber nur einen Codex von Belang (Clementis Angli = C) beibrachte, welcher die Bücher *de spectaculis, de praescript. haereticorum, de resurrectione carnis, de monogamia, de ieiunio adu. psychicos, de pudicitia* enthielt. Durch andere Herausgeber erfuhr der kritische Apparat keine wesentliche Erweiterung aus neuentdeckten Handschriften, wenn man von dem Ambrosianus (= D) zu der zweiten Hälfte der Schrift *de oratione* absieht, welchen Reifferscheid nach Muratori (1713) genau verglichen hat; wohl aber wurde er durch eine genauere Durcharbeitung des Agobardinus vermehrt und gesichert. Das geschah zunächst durch Nic. Rigaltius, welcher Tertullian zweimal, in den Jahren 1634 und 1641 edirte und die Verbesserung des Textes wesentlich förderte, und durch Fr. Oehler, welcher den Agobardinus zwar nicht selbst verglich, aber zwei Collationen, eine von Stephan Baluze und eine von Hildebrand angefertigte zur

Verfügung hatte. Wie wenig aber die daraus geschöpften, oft widersprechenden Angaben eine feste Grundlage für die Gestaltung des Textes zu schaffen vermochten, wird jede Seite der neuen Ausgabe darthun. Je mehr demnach die mit peinlicher Genauigkeit ausgeführte Vergleichung des Agobardinus für alle Zukunft ein bleibendes Verdienst der Reifferscheid'schen Ausgabe begründen wird, desto mehr waren wir bemüht, seine Collation mit grösster Vollständigkeit und Genauigkeit mitzutheilen, und es unterzogen sich, nachdem ich das Manuscript der adnotatio critica ergänzt und revidiert hatte, die Herren Professoren Alex. Reifferscheid und G. Wissowa, jener bei der ersten, dieser bei der zweiten Correctur der Mühe einer nochmaligen Vergleichung des Drucks mit Reifferscheid's Manuscript und den von ihm angefertigten Collationen. Zugleich hatte Herr Professor A. Harnack in Berlin die Güte, eine Correctur zu lesen und durch werthvolle Winke und Berichtigungen, namentlich in den Citaten der heiligen Schrift die Arbeit zu unterstützen. Die Schwierigkeit des Textes verlangte eingehende Prüfung zahlreicher Stellen und verpflichtete gewissermassen dort, wo Reifferscheid eine nicht jedem sofort einleuchtende Entscheidung getroffen, für ihn das Wort zu nehmen, noch mehr aber an anderen Stellen, wo von ihm abzuweichen räthlich oder geboten schien, die bestimmenden Gründe zu entwickeln. So entstanden die folgenden Bemerkungen, welche die redactionelle Thätigkeit zum Theil rechtfertigen und Andere zu erfolgreicheren Versuchen anregen mögen. Von den Stellen, welche ich auf Grund meiner Ansicht über den Werth der Lesarten von B und Gelenius anders ediert hätte, habe ich zunächst nur gelegentlich zur Begründung dieser Ansicht Proben geben wollen.

I. De spectaculis.

c. 1, p. 2, 1. Tertullian beschäftigt sich in dem 1. Capitel mit zwei Argumenten, welche die Theilnahme der Christen an den Schauspielen als erlaubt darthun wollen; dieselbe verstosse nicht gegen das göttliche Gebot, und das Verbot bezwecke nur, durch Enthaltung von Vergnügungen zu leichterem Verzicht auf das Leben zu erziehen. Das erste zu widerlegen und zu zeigen, *quemadmodum ista non competant uerae religioni et uero obsequio erga uerum deum*, wird als Aufgabe der weiteren Darlegung hingestellt. Das zweite, aus welchem sich ergiebt, *ut hoc* (d. i. die Enthaltung von solchen Vergnügungen) *consilio potius et humano prospectu, non diuino praescripto definitum existimetur*, wird nicht ganz zurückgewiesen, sondern dieser gute Rath als berechtigt hingestellt. Die Worte lauteten nach Gangneius in A: *quamquam etsi ita esset, tam apto consilio tantae obstinatio disciplinae debebat obsequium.* Mit Recht verschmähte Reifferscheid ausser anderen Vermuthungen zu dieser Stelle auch die E. Klussmann's, der *aperto* für *apto* empfahl und meinte, dass es sich hier um ein unzweifelhaftes Gebot handle, das der Christ nicht auf seine Zweckmässigkeit oder Unzweckmässigkeit zu prüfen, sondern einfach zu befolgen habe: *licebat de iis rebus dubitare, quae uere dubiae erant uel, ut cum ipso Tertulliano loquar (de spect. 3), quae neque significanter neque nominatim denuntiatae erant neque aperte positae uelut non occides, apertis sine ulla dubitatione parendum erat, aptis non erat* (Gratulationsschreiben des Jenenser Gymnasiums, Rudolstadt 1876, S. 6), ein Gedanke, welcher nur dann berechtigt wäre, wenn dieses zweite Argument, wie das erste, durch das Wort Gottes widerlegt werden sollte. Tertullian aber macht das ausdrückliche Zugeständniss, dass es sich dabei um einen menschlicher Ueberlegung entsprungenen Rath, nicht um ein *diuinum praescriptum* handle, und sagt: ‚immerhin, wenn es sich auch so verhielte, einem so zweckmässigen Rathe würde die Strenge der Zucht Gehorsam schuldig sein'. Reifferscheid hat aber das überlieferte *tantae*, welches auf *disciplinae* bezogen, letzteres in müssiger Weise betont — mag man auch mit E. Klussmann in *tantus* die Bedeutung finden, *ut id dicat quod quantum sit nemini dubium esse possit* — in *tantum* verändert und meinte damit wohl einen Ausdruck zu gewinnen, welcher dem Gedanken entspräche: je besser ein solcher Rath, um so grösser ist dann die Pflicht, ihm zu gehorchen. Allein dann wäre nicht *tantum*, sondern *tantundem* oder *in tantum* zu schreiben. Noch weniger aber könnte *tantum* hier passend dieses *consilium* als einen blossen Rath bezeichnen, welcher einer weiteren Stütze entbehre. Offenbar knüpft Tertullian mit diesen Worten an den Anfang dieser Betrachtung an p. 1, 18: *sunt qui existimant Christianos, expeditum morti genus, ad hanc obstinationem abdicatione uoluptatium erudiri, quo facilius uitam contemnant,* und er wird geschrieben haben: *tam apto consilio tanta obstinatio disciplinae debebat obsequium.*

c. 2, p. 2, 21. Ebenso wenig vermag ich hier die von E. Klussmann empfohlene Bedeutung des Wortes *tantus* passend zu finden. Tertullian sagt, dass Viele mehr die Furcht auf das Vergnügen als auf das Leben zu verzichten von dem Christenthum abbringe: *nam mortem etiam stultus ut debitam non extimescit, uoluptatem etiam sapiens ut tantam non contemnit, cum alia non sit et stulto et sapienti uitae gratia quam uoluptas.* Denn die Hervorhebung der Grösse des Vergnügens passt schlecht zu der wenigstens von den Philosophen erwarteten Gleichgiltigkeit gegen dasselbe, während die Unabwendbarkeit des Todes auch die Furchtlosigkeit des Ungebildeten wohl begreifen lässt. Diese Beziehung der Gedanken wird auch durch Oehler's Conjectur *ut datam* verrückt. Reifferscheid hatte die Stelle unentschieden gelassen, indem er mir unverständlich *mutuatam?* vermerkte; ich setzte *ut optatam* ein, das durch den so häufigen Untergang einer Silbe zu *tatam, tantam* wurde (vgl. E. Klussmann a. a. O. p. 16) und die *uoluptas* als Ziel des Wunsches bezeichnet, dessen Erreichung beglückt. Nicht minder leicht und passend wäre aber auch *optandam*.

p. 2, 27. *sed quia non penitus deum norunt nisi naturali iure, non etiam familiari, de longinquo, non de proximo, necesse est ignorent, qualiter administrari aut iubeat aut prohibeat quae instituit.* So ediert man seit Gelenius die Stelle, während

Gangneius *aut iuberet aut prohiberet*, der Agobardinus blosses *iubeat* bietet. Der Mangel an urkundlicher Gewähr der Lesarten B, wo über A kein Zweifel obwaltet, mindert auch unser Vertrauen zu Gelenius, der, was er in B fand, nur grammatisch einrichtete. Der Gedanke lässt sicherlich nichts vermissen, wenn wir mit A lesen: *qualiter administrari iubeat quae instituit*, zumal in dem unmittelbar folgenden *simul quae uis sit aemuli ex aduerso adulterandis usibus diuinae conditionis* ein Aequivalent für das aufzugebende *prohibeat* enthalten ist. — So ist auch vielleicht in den nächsten Worten p. 3, 5 in engeren Anschluss an A zu lesen: *non ergo hoc solum respiciendum est, a quo omnia sint instituta, sed a quo conuersa. ita enim apparebit, cui usui (cui usui sint* Rigaltius, *cuius ui sint* B, *cuiusuis* A) *instituta, si appareat, cui non.* Die Auslassung der Copula in indirecten Fragesätzen und sonst ist charakteristisch für den Stil dieses Schriftstellers. Vgl. c. 6, p. 8, 14 *sed de idololatria nihil differt apud nos, sub quo nomine et titulo, dum ad eosdem spiritus peruenitt*, ad nat. I, c. 4, p. 64, 17 *nemini subuenit, ne ideo bonus quis et prudens, quia Christianus, aut ideo Christianus, quia prudens et bonus;* ib. c. 14, p. 84, 22 *neque interest qua forma, dum deformia simulacra curemus;* ib. c. 17, p. 89, 4 *hoc loco Romana gens uiderit in quibus indomitas et extraneas nationes;* ib. II, c. 1, p. 93, 15 *prouocans conscientiam uestram, an uere dei, ut uultis, an falso, ut scire non uultis.* Vgl. Patrist. Stud. II zu ad nat. c. 1, p. 59, 11.

p. 3, 19. *ipse homo, omnium flagitiorum auctor, non tantum opus dei, uerum etiam imago est.* E. Klussmann hatte mit seiner Bemerkung *actor scripsi cum C* (= cod. Clementis): *auctor enim omnium flagitiorum ex sententia Tertulliani diabolus est, actor homo* Reifferscheid überzeugt. Harnack erhob dagegen berechtigten Einspruch, denn die urkundliche Autorität ist so gut wie keine. *actor* wird man in einer solchen Verbindung vergeblich suchen, hingegen ist *auctor* ein bei Tertullian beliebtes Wort, das ebenso den Teufel als Urheber des Bösen, als den Vollbringer oder Veranstalter von irgend etwas bezeichnet. Vgl. p. 6, 16 *tum artes quibus auctoribus deputantur;* p. 13, 2 *oderis, Christiane, quorum (ludorum) auctores non potes non odisse;* p. 22, 22 *ipsi auctores (actores* A) *et administratores spectaculorum;* ad nat. II, c. 9, p. 112, 24 *urbium auctores;* ib.

c. 5, p. 104, 7 *et ita recte in ceteris agitis auctorem considerantes* (es geht voraus l. 2 *certum enim est quodcunque fit ei adscribendum, non per quod fit, sed a quo fit*).

p. 3, 11. Ohne hinreichenden Grund verdächtigte Reifferscheid die Ueberlieferung: *uides homicidium ferro ueneno magicis deuinctionibus perfici: tam ferrum dei res est quam herbae quam angeli*, indem er für *angeli anelli* vorschlägt. Aber es passt durchaus zu Tertullian's Anschauungen, die bösen Engel als die mitwirkenden Helfer bei Verhexungen zu denken, *siquidem*, wie es de cultu fem. I, c. 2 heisst, *et metallorum opera nudauerant et herbarum ingenia traduxerant et incantationum uires prouulgauerant et omnem curiositatem usque ad stellarum interpretationem designauerant*, zu welcher Stelle Rigaltius Enoch's Worte aus Synkellos p. 10 citirt: ὁ δὲ ἑνδέκατος Φάρμαρος ἐδίδαξε φαρμακείας ἐπαοιδίας, σοφίας καὶ ἐπαοιδῶν λυτήρια κτλ. Dass mit *angeli* die bösen Geister, die *angeli diaboli* (6, 11) gemeint sind, ist aus dem Zusammenhange so klar, dass eine nähere Bestimmung, etwa *quam (nequam) angeli*, so leicht sich ihr Ausfall erklärte, entbehrlich wird. Ebenso heisst es p. 9, 18 *uenefica eis utique negotium gessit, quorum sacerdos erat, daemoniis et angelis scilicet.*

p. 4, 3. *nam si omnem malignitatem et si etiam malitiam excogitatam deus exactor innocentiae odit, indubitate quaecumque condidit non in exitum operum constat condidisse quae damnat.* Die von Reifferscheid in den Text gesetzte Vermuthung *etiam* entspricht dem Gedanken bestens: ‚wenn Gott jede Schlechtigkeit und sogar die böse Absicht hasst', nur weicht sie stark ab von dem, was Gangneius noch deutlich im Agobardinus gelesen zu haben scheint: *si tantam*. Deshalb möchte ich schreiben: *et si cunctam malitiam et cogitatam* (oder *et excogitatam*). Ob man nun *cunctam* billigt oder Klussmann's *omnem* vorzieht, jedenfalls empfiehlt sich ein solches Attribut, weil *si omnem malignitatem* vorausgeht; *et* aber ist fast unentbehrlich.

c. 3, p. 5, 21. Um den Besuch der Schauspiele als von Gott verboten erscheinen zu lassen, wird Psalm 1, 1 *felix uir qui non abiit in concilium impiorum* etc. in doppelter Richtung durch Interpretation erweitert — denn *late semper scriptura divina dividitur, ubicumque secundum praesentis rei sensum etiam disciplina munitur, ut hic quoque non sit aliena vox a spectaculorum interdictione* —, indem die negative Fassung durch die positive ersetzt und der Satz verallgemeinert wird: *itaque e contrario ,infelix qui in quodcumque concilium impiorum abierit . . .' generaliter dictum intellegamus.* Damit ist seine Anwendung auf die Schauspiele evident; denn *cum quid* ⟨*t*⟩*aliter* (*aliter* AB), *etiam* (*etiam* om. A) *specialiter interpretari capit. nam et specialiter quaedam pronuntiata generaliter sapiunt;* es ist demnach *omne spectaculum concilium impiorum a genere ad speciem.* In diesem Zusammenhange hat das überlieferte *aliter* so wenig eine Stelle als das von Reifferscheid eingesetzte *aliud*, welches sowohl grammatisch anstössig ist, wenn es so viel als *cum quid aliud, tum hoc etiam*, ,wenn irgend ein Satz, so lässt dieser eine Anwendung auf besondere Fälle zu', bedeuten soll, als sachlich Bedenken erregt; denn warum sollte gerade dieser allgemein formulirte Gedanke eine Anwendung im Besonderen gestatten? Wir erwarten eine Behauptung ohne Einschränkung schon um des Folgenden willen; deshalb war mit Ergänzung eines Buchstaben *taliter* zu schreiben, was sich mit Wissowa's Vermuthung *generaliter* dem Sinne nach deckt. Auch p. 73, 28 und 85, 10 begegnet der gleiche Fehler.

c. 4, p. 6, 7. Durch die Taufe hat der Christ dem Teufel, seiner Pracht und seinen Engeln entsagt und damit auch den Schauspielen; denn der Teufel und seine Pracht zeigen sich in der Idololatrie, und aus dieser entspringt jeder unreine und böse Geist, was Tertullian hier nicht weiter verfolgen will: *ex qua (idololatria) omnis immundus et nequam spiritus ut ita dixerim, quia nec diutius de hoc.* Diese Breviloquenz erregte E. Klussmann's Bedenken, und er bemerkte, dass die Formel *ut ita dixerim* hier nicht wie sonst angewendet sei *ad excusandam dictionis aliquam insolentiam aut periculum*, und dass *nec* vor *diutius* eine Beziehung vermissen lasse: *namque de nulla re supra ita dixerat, ut nec de hac re se amplius et diligentius dicturum esse liceret scribere.* Sieht man schärfer hin, so ist das Letztere nicht richtig; denn auch die

Behauptung, dass wir durch den Taufakt bezeugen *renuntiasse nos diabolo et pompae et angelis eius*, wird hier mit diesen wenigen Worten hingestellt, um erst c. 24 erwiesen zu werden, wie die Bedeutung dieses Gelöbnisses durch die kurze Frage erledigt wird: *quid erit summum atque praecipuum, in quo diabolus et pompae et angeli eius censeantur quam idololatria, ex qua omnis immundus et nequam spiritus?* Was aber *ut ita dixerim* betrifft, so steht dasselbe wie das griechische ὡς εἰπεῖν bei allgemeinen Begriffen, wie ad nat. II, c. 2, p. 96, 8 *Epicurei otiosum et inexercitum et, ut ita dixerim, neminem (deum exponunt)*, womit sich vergleichen lässt de anima c. 18, p. 327, 3 *segressus potissimum ab oculis et auribus et, quod dicendum sit, a toto corpore*. Endlich ist auch die Breviloquenz *quia nec diutius de hoc* (sc. *dicam*) Tertullian ganz geläufig; fast jede Seite bietet Belege. Vgl. c. 5, p. 7, 4 *nihil iam de causa vocabuli* (sc. *dicam*), *cum rei causa idololatria sit*; c. 8, p. 10, 20 *proinde si Capitolium, si Serapeum sacrificator uel adorator intrauero, a deo excidam, quemadmodum circum uel theatrum* (sc. *si intrauero, excidam*); ad nat. I, c. 4, p. 64, 13 *quo more etiam nobis soletis* (sc. *dicere*); ib. c. 6, p. 66, 19 *uerbi gratia homicidam, adulterum lege* (sc. *dicam*); ib. c. 11, p. 80, 24 *nam, ut quidam* (sc. *dixit*), *somniastis*; ib. c. 12, p. 83, 12 *at* (*ad* Havercamp) *manifesta iam* (sc. *dicam*); ib. c. 19, p. 91, 6 *hucusque opinor horrenda obstinationum Christianorum*; ib. II, c. 4, p. 101, 14 *sed quid ego cum argumentationibus physiologicis?* ib. c. 15, p. 127, 16 *differo de his quos in oraculis colitis* (sc. *dicere*). Wir werden demnach Reifferscheid Recht geben, wenn er E. Klussmann's Annahme einer doppelten Lücke vor und nach *ut ita dixerim quia* verwarf.

c. 5. Nachdem Tertullian im 4. Capitel eine Disposition des Stoffes für den ersten Theil der Schrift gegeben: *commemorabimus origines singulorum, quibus incunabulis in saeculo adoleuerint, exinde titulos quorundam, quibus nominibus nuncupentur, exinde apparatus, quibus superstitionibus instruantur, tum loca, quibus praesidibus dicentur, tum artes, quibus auctoribus deputentur*, handelt er c. 5 über den Ursprung der Schauspiele, c. 6 über ihre Titel und Namen, c. 7 über den Apparat, c. 8

über die Oertlichkeiten, c. 9 über die verschiedenen Spiele. Der erste Punkt p. 6, 20 beginnt mit den Worten, welche nicht ohne Aenderung verständlich sind. E. Klussmann stellte sie in folgender Weise her: *de originibus ut secretioribus ex* (*et* AB) *ignotis penes plures nostrorum actis* (*artis* A, *altius* B, *non altius* Junius) *nec aliunde investigandum fuit quam de instrumentis ethnicalium litterarum*, und rechtfertigt diese Herstellung p. 35: *origines spectaculorum secretiores dicuntur et christianae fidei hominibus fere ignotae; itaque ad ethnicas litteras recurrendum esse, ut quae fuerint appareat. utut enim de corrupta codicis A lectione statueris, secretae origines eae erunt, quae christianis quidem non pateant. itaque non altius in eas inquirendum, sed ex iis fontibus, ad quos christiani accedere fere non solebant, earum notitia petenda erat.* Die *origines rei scenicae* sind aber nicht blos für Christen *secretiores*, sondern an sich in tieferes Dunkel gehüllt, und dass Tertullian *ex ignotis penes plures nostrorum actis* dieselben erhellt haben sollte, ist um so auffälliger, wenn er eine eingehendere Darstellung nicht gab und nur *de instrumentis ethnicalium litterarum*, d. i. mit Benützung geläufiger Handbücher, wie das Folgende zeigt, einige Angaben machte. Tertullian will offenbar zwei Punkte seiner Darstellung rechtfertigen, erstens ihre Kürze, indem die *origines secretiores* sind, und die Heranziehung profaner Quellen, indem dieselben *apud plures nostrorum ignotae* sind, und so wird mit Ergänzung eines Buchstabens zu schreiben sein: *arti⟨u⟩s nec aliunde investigandum fuit.* Eine knappere Erörterung wird auch sonst durch *artius* bezeichnet; so führt Oehler's Index aus de resurr. carnis c. 17 die Phrase *artius dicere* an (dass de exh. cast. c. 2 *arte et impresse recogitandum esse* stehe, ist ein Irrthum, indem *alte* überliefert und passend ist). Zu *artius* kann man aus dem Vorhergehenden *commemorabimus* oder *dicemus* ergänzen, oder es wird auch nichts im Wege stehen, *artius* mit *nec aliunde* zu verbinden. Die Erforschung der Ursprünge musste sich in engeren Grenzen, und zwar innerhalb der profanen Literatur halten, wo darüber nur etwas zu finden war.

c. 7, p. 8, 22 sq. Die Stelle über die scenischen und circensischen Spielen gemeinsame *pompa* hat zu mannigfachen

Missverständnissen Anlass gegeben: *perinde apparatus communes habeant necesse est de reatu generali idololatriae conditricis suae. sed circensium paulo pompatior suggestus, quibus proprie hoc nomen, pompa praecedens, quorum sit in semetipsa probans de simulacrorum serie, de imaginum agmine, de curribus, de tensis, de armamaxis, de sedibus, de coronis, de exuuiis.* E. Klussmann hielt die Worte für lückenhaft: *desideratur certe . . . principale sententiae uerbum aut praedicatum*, welches er hinter *exuuiis* vermisste, Gelenius aber durch Conjectur gewann: *praecedit.* H. Kellner wirft die Sätze bunt durcheinander und interpretiert falsch: „jedoch ist in den circensischen Spielen das vorangehende Gepränge, welchem der Name Pomp eigen ist, noch um etwas pomphafter. Bei ihnen sind gegen ihren Charakter beweisend: die lange Reihe der Götterbilder, die Schaar der Ahnenbilder u. s. w.' Hält man fest, dass es Tertullian um den *communis apparatus* der beiden Arten von Spielen zu thun ist, wie denn in der That die *pompa*, wenn auch ein hauptsächlicher Bestandtheil der *ludi circenses*, doch auch für die *ludi magni* und *Romani*, für die *Apollinares, Megalenses* und *Augustales* ausdrücklich oder indirect bezeugt wird (Marquardt, R. StV. III, 487, A. 8), so ermangelt der Satz weder der Construction, indem *pompa praecedens* als Apposition den *pompatior suggestus* näher ausführt, oder vielmehr, indem *pompa* zu dem vorausgehenden, *praecedens* zu dem folgenden Satz bezogen wird (= *quibus proprie hoc nomen pompa, quae dum praecedit, quorum sit probat)*, noch eines befriedigenden Sinnes: ‚pomphafter aber ist die Zurüstung der circensischen Spiele, für welche diese Bezeichnung *pompa* eigentlich gilt, welche, indem sie vorausgeht, an sich schon (d. i. aus der Art ihrer Zusammenstellung) erkennen lässt, zu welchen Spielen sie gehört, nämlich an der Reihe der Götterbilder u. s. w.'

p. 9, 6. Es macht keinen Unterschied, wenn in den Provinzen die Spiele mit geringerer Pracht wegen der geringeren Mittel derselben gefeiert werden; ihr verbrecherischer Ursprung ist der gleiche: *nam et riuulus tenuis ex suo fonte et surculus modicus ex sua fronde qualitatem originis continet. uiderit ambitio siue frugalitas eius ** sit. deum offendit qualiscumque pompa circi.* So edierte Reifferscheid die ihm lückenhaft erscheinende Stelle, indem ihm ebenso wenig E. Klussmann's Aenderung *frugalitas* *eius. scilicet deum,* wobei *eius* auf das folgende *pompa* bezogen werden soll, wie Oehler's *eius, si deum* gefallen konnte. Indessen, so schwer scheinen die Worte nicht verdorben zu sein, indem mit der Wandlung eines *s* in *c* zu helfen ist: *uiderit ambitio siue frugalitas cuius sit, deum offendit qualiscumque pompa circi:* es ist gleichgiltig, zu welchem Spiel (oder zu welcher *pompa*) reiche oder bescheidenere Ausrüstung gehöre, Gott verletzt jeder Aufzug. Ueber die einer Concessivpartikel gleichkommenden Verbalformen *uiderit uiderint* vgl. für Tertullian Oehler zu de corona c. 13 (p. 450), für Cyprian den Index meiner Ausgabe p. 458. Ein indirecter Fragesatz wie hier hängt davon ab: de idol. c. 7, p. 36, 22 *uiderit* (*uiderint* Reifferscheid) *iam, an per similitudinem dictum sit;* ib. c. 11, p. 41, 20 *uiderint si eaedem merces — usui sunt;* de pallio c. 6 *uiderit nunc philosophia quid prosit;* apol. c. 25 *uiderit Cybele, si urbem Romam adamauit. — etsi pauca simulacra,* fährt er fort, *circumferat, in uno idololatria est; etsi unam tensam trahat, Iouis tamen plaustrum est; quaeuis idololatria sordide instructa uel modice, locuples et splendida est censu criminis sui.* E. Klussmann wollte hier die beiden in der Provinz üblichen Arten gegenüber der Pracht des römischen Circus hervorgehoben wissen *(duo enim genera apparatuum in prouincia esse notum erat, aut exiguos et tenues esse aut insigniores et magis conspicuos)* und schrieb: *idololatria, uel sordide instructa uel modice, locuples et splendida est censu criminis sui,* ohne ausdrücklich zu sagen, wie er das Wort *censu* auffasst. Vielleicht verstand er es wie Kellner, welcher folgenden Sinn darin findet: ‚Auch die ärmlich auftretende Idololatrie hat in ihrer Art einen Reichthum, Census, nämlich an Verbrechen, und in dieser Hinsicht ist sie der pomphaft auftretenden gleich.' Indem er aber erklärt: *utrosque (apparatus) non minus damnandos dicit quam splendidissimam et locupletissimam pompam in circo romano; utrumque enim genus eodem idololatriae crimine teneri,* scheint er doch vielmehr *sordide instructa uel modice* und *locuples et splendida* als Apposition zu *quaeuis idololatria* zu nehmen und *est censu criminis sui* auf beide Arten bezogen zu haben. Dann aber kann *censu* nur in der auch sonst bei Tertullian gewöhnlichen Bedeutung ‚Ursprung, Ausgangspunkt' stehen, in welcher es selbst mit *origo* verbunden erscheint, wie de corona c. 13 (p. 452 Oehler) *usque adhuc proprietatem istius habitus ex originis censu et ex superstitionis usu idolis uindicamus;* ad nat. I, c. 12 *nec diutius super isto argumentandum est, quando naturali praescriptione omne omnino genus censum ad originem refert; quanto genus censetur origine, tanto origo conuenitur in genere;* apol. c. 7 *census istius disciplinae, ut iam edidimus, a Tiberio est;* c. 10 *ante Saturnum deus penes uos nemo est, ab illo census totius uel potioris et notioris diuinitatis.* Wenn man nun erwägt, dass Tertullian wie in den anderen Abschnitten so auch hier mit diesen Worten in den Gedanken zu Anfang des Capitels zurücklenkt *(apparatus communes habeant necesse est de reatu generali idololatriae conditricis suae)*, und dass der Parallelismus der Glieder *sordide instructa uel modice — locuples et splendida* die gleiche syntaktische Beziehung verlangt, wird man nicht anstehen, *quaeuis* als Subject und *idololatria* als Prädicat zu fassen: jede *pompa*, mag sie kärglich und bescheiden, reich und glänzend sein, erweist sich als Idololatrie durch die Sünde, aus der sie entspringt. Die Stellung von *est* ist kaum solcher Auffassung entgegen, indem *est* in prägnantem Sinne für *exstat, demonstratur* steht; es hätte auch heissen können: *quaeuis idololatria censetur in crimine suo.* Gleichwohl würde, wenn wir *e* für *est* schrieben, der Ausdruck gefälliger. An einer ganz ähnlichen Stelle findet sich in: de corona c. 13 *et in omnibus istis idololatriae* (sc. *sunt*) *in solo quoque (quaeque?) censu coronarum quibus omnia ista redimita sunt.* In gleich prägnanter Bedeutung, welche die Herausgeber ohne Grund anzweifeln, und mit einem Ablativ verbunden, steht *est* de idol. c. 23, p. 56, 26, wo von Contracten mit der Schwurformel die Rede ist, durch deren Unterzeichnung die Christen das Verbrechen der Verleugnung Gottes begehen: *et est* (*et es* Gelenius, *et haeres* Latinius, *egisti* Oehler) *tam facto quam cogitatu.*

c. 8, p. 9, 17. Die Spiele des Circus, welcher dem Sol heilig ist, werden auf die Tochter des Sonnengottes zurückgeführt. *qui spectaculum a Circa [habent] Soli patri suo, ut uolunt, editum affirmant, ab ea et circi appellationem argumentantur. plane uenifica eis utique negotium gessit hoc nomine, quorum sacerdos erat, daemoniis et angelis scilicet.* Reifferscheid hat nach Junius' Vorgang *habent* getilgt, das sich allerdings leicht aus dem unmittelbar vorausgehenden Satz *(quem in aperto habent)* einschleichen konnte. Der Fehler wäre dann älter als unsere Handschriften, denn auch Isidorus Orig. XVIII 25 las in seiner Handschrift *habent*. Wie es scheint, nahm man an der Verbindung *a Circa habent* Anstoss. Aber diese findet sich z. B. c. 13, p. 15, 4: *necesse est quicquid dignitatis nomine administratur communicet etiam maculas eius, a qua habet causas;* de an. c. 1, p. 300, 15 *a deo discas quod a deo habeas*. Dieses *habent* kommt demnach der Bedeutung von *acceperunt* nahe. Indem wir aber *habent* schützen, bleibt *Soli patri suo, ut uolunt, editum affirmant* Hauptsatz, was für den Anschluss des folgenden *plane uenefica eis utique negotium gessit* nothwendig ist. E. Klussmann liess zwar *habent* stehen, tastete aber *hoc nomine* an, das ihm unerklärlich schien: *quo nomine? ueneficae? at uenefica quidem Circe non nominabatur;* er verlangt *horum nomine* und versteht *horum nomine* als *daemoniorum impulsu et instigatione;* aber *eis—horum nomine* ist eine mehr als harte Ausdrucksweise. Ich kann Reifferscheid's Verfahren, der Klussmann's Conjectur nicht erwähnte, nur billigen. Tertullian will über die Meinung, dass Circe zuerst die Spiele gestiftet habe, nicht urtheilen; aber das steht ihm sicher: die Zauberin hat dadurch *hoc nomine* (d. i. durch die Veranstaltung der diesen Namen tragenden Spiele) jenen dienen wollen, deren Priesterin sie war, den Dämonen und bösen Engeln.

c. 10, p. 12. *itaque Pompeius magnus, solo theatro suo minor, cum illam arcem* (*arcem* B, *sortem* ABmg) *omnium turpitudinum exstruxisset, ueritus quandoque memoriae suae censoriam animaduersionem Veneris aedem superposuit.* Dass Gangneius *arcem* nicht seiner Handschrift verdankt, sondern kühn wie sonst aus blosser Vermuthung in den Text gesetzt, hat M. Haupt richtig erkannt (Opusc. III, 350). Trotzdem verschmähte Reifferscheid seine scharfsinnige Conjectur *cortem* und behielt *arcem*, vielleicht weil sonst die Form *cors* im Agobardinus nicht wiederkehrt oder weil er die Phrase *cohortem exstruere* bedenklich fand. Ich möchte sie nicht anzuzweifeln wagen, wenn nicht eine andere Vermuthung bei der nicht seltenen Vertauschung der Tenuis und Media im Agobardinus noch um etwas näher läge, nämlich *sordem*. Den seltenen Singular dieses Wortes hat Cicero ad Att. I 16 *apud sordem urbis et faecem multo melius (sumus)*.

p. 13, 2. Die auf Stimme, Melodie, Instrumenten und Texten beruhenden Spiele haben zu Vorständen (*mancipes*) Götter wie Apollo, Minerva, Mercur, die Musen. *oderis, Christiane, quorum auctores non potes non odisse. iam nunc volumus suggerere de artibus et de his, quorum auctorum* (*auctores* B) *in nominibus execramur*. E. Klussmann hält die Worte in dieser vom Agobardinus gebotenen Fassung für unverständlich; *quorum auctorum* könne Tertullian nicht geschrieben haben, *ut ipsam de qua dicit rem reticeat*. Daher er *quae earum auctorum* vermuthet mit der Erklärung: *se ea allaturum promittit, quas, utpote a diis ethnicis profecta, Christiani execrentur*. Reifferscheid nahm aus B *quorum auctores*, eine handgreifliche Verbesserung des Gangneius, auf, wohl um den gleichen Bedenken zu begegnen. Beide fassten also *his* als Neutrum, ohne dass man erkennen könnte, was unter diesen Dingen neben den *artes* gemeint sei. Nehmen wir *his* als Masculinum, so lehrt die folgende Darstellung sofort, welche mit diesen Künsten in Verbindung stehende Wesen gemeint sind, bei deren Namen der fromme Christ sich bekreuzt. Es sind die schlimmen Geister und Dämonen, welche hinter den Urhebern scenischer Spiele stecken und durch sie für ihre eigene Ehrung sorgen. Dieser Zusammenhang ist so klar, dass die ursprüngliche Lesart nur *quorum in nominibus execramur* gewesen sein kann. Der erklärende Zusatz sollte die dunkle Stelle aufhellen. Das absolut gebrauchte *execrari* findet sich nicht selten.

p. 13, 18. Auch hier, wo die Dämonen als Erinner der Schauspiele näher beleuchtet werden, *quibus hominem a deo avocarent et suo honori obligarent*, dürfte die Lesart des Agobardinus eine Erklärung gestatten: *neque enim ab aliis procuratum fuisset quod ad illos perventurum esset nec per alios tunc homines elidissent quam per ipsos, in quorum nominibus et imaginibus et historiis fallaciam consecrationis sibi negotium acturae* (*acturae* A, *acturi* Rigaltius, *facturae* E. Klussmann) *constituerunt*. Wenigstens ist mir *acturae* oder das von Reifferscheid aufgenommene *acturi* verständlicher als *facturae*, wodurch die *consecratio* nach Klussmann's Deutung als *daemonibus operosa futura* bezeichnet werden soll. Das ist aber ein absonderlicher, sonst nirgends auch nur durchschimmernder Gedanke, dass den Dämonen ihre Consecration ohne solche Helfershelfer Schwierigkeiten gemacht hätte. Die Phrase *negotium alicui agere* bedeutet für Jemanden thätig sein, ihm dienen, wie z. B. adu. Marc. IV 29 *saluo et illo, quod in quantum timendum creatorem ingerit, in tantum illi negotium agens creatoris est* und de anima c. 1, p. 300, 1 *negotium nauare socio.* Cicero hat Verr. III 149 *quem — tuum negotium agere loquebantur,* pro Mil. 47 *cur non meum quoque agam negotium?* aber weit häufiger *negotium gerere,* wie auch Tertullian von ähnlicher Hilfeleistung p. 9, 16 *plane uenefica eis utique negotium gessit hoc nomine, quorum sacerdos erat.* Und in dieser Bedeutung sind die Worte nicht unpassend, wie Klussmann meinte. Die *consecratio* wird, weil sie in täuschender Weise von den Dämonen unter anderem Namen, scheinbar für andere eingerichtet wird, als *fallax,* aber zugleich als eine *sibi* (d. i. den Dämonen) *profutura* bezeichnet; so heisst es l. 11: *daemonas ab initio prospicientes sibi inter cetera idololatriae etiam spectaculorum inquinamenta, quibus hominem — suo honori obligarent, eius modi quoque artium ingenia inspirasse,* und c. 13 *quae faciunt daemoniis faciunt consistentibus scilicet in consecrationibus idolorum, siue mortuorum siue, ut putant, deorum.*

c. 11, p. 13, 23. Die Wettkämpfe gelten den Göttern oder Todten, daher die Titel: *Olympia Ioui, quae sunt Romae Capitolina, item Herculi Nemea, Neptuno Isthmia, ceteri mortuarii agones.* Wenn irgendwo, so liegt es hier klar vor, dass diese Lesart des Agobardinus aus Unverstand entstellt wurde, indem B *mortuarii uarii,* Bmg C *mortuorum uarii* bieten; weil die singuläre Bildung *mortuarius* Befremden erregte, verwässerte man sie lieber durch den Zusatz *uarii,* denn ihre Verschiedenheit zu betonen, war hier keine Veranlassung. Wer diese wuchernden Bildungen auf *-arius* überschaut, wie sie Rönsch, It. und Vulg., S. 131 f. zu Hauf gebracht, wird ein *mortuarius,* dessen Existenz zudem die romanischen Sprachen verbürgen, für Tertullian nicht aufgeben wollen.

p. 14, 13. *nam olim, quoniam animas defunctorum humano sanguine propitiari creditum erat, captiuos uel . . . . tus seruos mercati in exsequiis immolabant.* B füllt die Lücke im Agobardinus durch *uel malo ingenio seruos* aus, was sich durch den noch sichtbaren Rest *tus* in A als blosse Vermuthung zu erkennen giebt. Die von Reifferscheid selbst bestätigte Grösse der Lücke, die nach Möglichkeit zu berücksichtigen ist, spricht gegen seine eigene Vermuthung *male ingeniatos.* Rigaltius' *mali status* wird der Lücke und dem in A erhaltenen *tus* gerecht, aber es ist doch ein auffälliger Ausdruck für geringwerthige Sclaven, von denen hier allein die Rede sein durfte. Ich möchte vorschlagen: *uel maculatos seruos.*

c. 15, p. 16, 18 wird sich in Erinnerung an eine ähnliche (oben zu p. 2, 21) besprochene Verwechslung leicht herstellen lassen: *ceterum rettulimus supra de locorum condicione, quod non per semetipsa nos inquinent, sed per ea quae illic geruntur, per quae, simul inquinamentum combiberunt, tunc et totum (et tantum* A, *et* B, *iterum* E. Klussmann, *etiam* Reifferscheid) *in alteros respuunt;* denn *et totum* bringt das nicht leicht zu vermissende Object und verstärkt passend den Gedanken. — Grössere Schwierigkeiten bieten die sich unmittelbar anschliessenden Worte: *uiderit ergo, ut diximus, principalis titulus, idololatria; reliquas ipsarum rerum qualitates contra ut dei omnes feramus* (so E. Klussmann, *contra dī oñs feramus* A, *contrarias omnes feramus dei* B, *contrariis omnes feramus* Gelenius, *contrariis conferamus* Latinius, *contrarias omnes feramus dei* Oehler). *deus praecepit spiritum sanctum, utpote pro naturae suae bono tenerum et delicatum, tranquillitate et lenitate et quiete et pace tractare, non furore, non bile, non ira, non dolore inquietare. huiusmodi cum* (so Klussmann, *huic modicum* A Bmg, *huic quomodo cum* B) *spectaculis poterit conuenire?* Ich brauche mich mit einer näheren Betrachtung der zu dieser schwierigen Stelle gemachten Conjecturen und ihrer gewaltsamen Deutungen nicht aufzuhalten. Ein Blick in Oehler's Commentar kann das rechtfertigen. Beachtenswerth ist nur E. Klussmann's Versuch, welcher, von der Lesart A ausgehend, die leichte Aenderung *contra ut dei omnes* vorschlug, die auch Reifferscheid billigte. Klussmann erkennt hier ein Zurückgreifen auf den im 2. Capitel entwickelten Einwand, dass, da die Dinge, welche beim

Schauspiel in Frage kommen, wie Pferd, Löwe, Körperkraft, Anmuth der Stimme, die Bauten und ihr Material von Gott geschaffen *(dei res sunt)* und nicht sündhaft sind *(ut omnia boni auctoris)*, auch der Besuch der Spiele nicht sündhaft sein könne: *iam hoc loco omnia uitanda esse absoluit quae in spectaculis idololatriae seruiant, reliqua et rerum ipsarum qualitates, i. e. res a deo profectas needum ad impios usus ab hominibus peruersas a Christianis ferenda esse,* und gewinnt die Begründung dafür, indem er schreibt: *ut dei omnes* ‚weil sie alle von Gott herrühren, wollen wir sie uns gefallen lassen'. Bei dieser Erklärung bleibt es unverständlich, weshalb Tertullian jene indifferenten Stoffe und Aeusserlichkeiten, *ex quibus spectacula instruuntur* (p. 2, 8), *reliquas ipsarum rerum qualitates* nennt, dass dieselben hier als frei von idololatrischer Befleckung erscheinen sollen, nachdem er im 2. Capitel das Gegentheil dargethan (vgl. p. 3, 3 *non ergo hoc solum respiciendum est, a quo omnia sint instituta, sed a quo conuersa*). Schlimmer ist es, dass eine derartige Aufforderung, ohne jede Veranlassung eingestreut, den strengen Zusammenhang zerreisst und keinen Uebergang zu der folgenden Erörterung gestattet, welche aus der Beschaffenheit der Stoffe, die in den Spielen dargestellt werden, und den durch sie erregten Leidenschaften ihre Unerlaubtheit herleitet. Dieselbe gliedert sich aber genau der Disposition des Ganzen an, deren Uebergänge von dem einen Punkt zum andern Tertullian deutlich hervortreten lässt. Nachdem er im 1. und 2. Capitel die Scheingründe der Heiden für die Erlaubtheit der Spiele abgethan, kommt er zu dem, was ihm Hauptsache ist, zu den Einwänden der Christen (c. 3 *conuertamur magis ad nostrorum detractatus*), unter welchen als der erste und wichtigste der erscheint, *quod non significanter neque nominatim denuntietur seruis dei abstinentia eiusmodi.* Darauf wird im 3. Capitel, Psalm 1, 1, im 4. Capitel das Gelöbniss der Taufe angeführt, durch welches sich die Christen von dem Teufel und seinen Werken losgesagt haben; damit haben sie den Schauspielen entsagt, *quae diabolo et pompae et angelis eius sint mancipata, scilicet per* i d o l o l a t r i a m. Um dies zu beweisen, sollen die *origines, tituli, apparatus, loca, artes* derselben näher betrachtet werden; *si quid ex his non ad idolum pertinuerit, id neque ad idololatriam neque ad nostram eie-*

rationem (bei der Taufe) *pertinebit* (p. 4, 12). Diese Betrachtung reicht von c. 5 bis c. 13 und wird hier ausdrücklich als abgeschlossen bezeichnet: *satis, opinor, impleuimus ordinem, quot et quibus modis spectacula idololatriam committant, de originibus, de titulis, de apparatibus, de locis, de artificio.* Mit c. 14 werden wir von dieser in breiter Ausführung entwickelten Digression zu dem im 3. Capitel eingeschlagenen Wege der Betrachtung zurückgeführt. *nunc interposito nomine (nomine* Ursinus, *nosse ne* AB, *noscimine* Klussmann) *idololatriae, quod solum subiectum sufficere debet ad abdicationem spectaculorum, alia iam ratione tractemus ex abundanti, propter eos maxime qui sibi blandiuntur quod non nominatim abstinentia ista praescripta sit.* Ursinus hat unzweifelhaft richtig *nomine* hergestellt; *nomen* steht hier wie de idolol. c. 1, p. 30, 19 *et utique ergo hominem admissa fraus maximi criminis nomen,* gleichbedeutend mit *titulus,* welchen Ausdruck er einige Zeilen später gebraucht (p. 16, 19 *uiderit principalis titulus, idololatria),* und bezieht sich auf den Abschnitt der Schrift von c. 5 bis 13, welcher durch *interposito* deutlich als eine Digression bezeichnet wird. Es beruht auf einem Verkennen dieser Verhältnisse, wenn Reifferscheid *interim seposito* (oder *posito*) vorschlug, oder Klussmann *nomine* verdächtigte und dafür ein neues Wort *noscimine* empfahl. Im weiteren wird nach der Methode des 3. Capitels *(cum quid generaliter, etiam specialiter interpretari capit)* im 14. Capitel zunächst aus der Verdammung der sündhaften Begierden und Vergnügungen *(concupiscentiae et uoluptates)* in der heiligen Schrift auf die Verdammung der Schauspiele geschlossen; im 15. ist es das Gebot der Ruhe und Leidenschaftslosigkeit *(deus praecepit spiritum sanctum, utpote pro naturae suae bono tenerum et delicatum, tranquillitate et lenitate et quiete et pace tractare, non furore non bile non ira non dolore inquietare),* gegen welches jener sündigt, der die Schauspiele besucht; den Uebergang vermittelt eine Zurückweisung auf das über die Orte der Schauspiele c. 8 Gesagte, die nicht an sich beflecken, *sed per ea quae illic geruntur.* Insofern nun das Schauspiel schon durch den Ort der Aufführung mit Idololatrie behaftet wird, das gilt als abgethan, wie schon im Eingang des 14. Capitels vermerkt wurde: hier aber sind die übrigen Eigenschaften der Handlungen selbst, die dargestellt werden, unter dem Gesichtspunkt zu untersuchen, ob sie mit dem genannten Gebote im Einklang stehen oder nicht. Muss dies der Sinn der fraglichen Worte sein, dann wird die Stelle dadurch, dass wir *homines* für *oñis* in A schreiben, verständlich: *uiderit ergo, ut diximus, principalis titulus, idololatria; reliquas ipsarum rerum qualitates contra dei homines feramus* d. h. wir wollen die übrigen Eigenschaften gegenüber den Dienern Gottes und ihren Pflichten erwägen (vgl. *contra* p. 190, 17). Es wäre leicht, für *feramus* eine gewöhnlichere Wendung wie *disseramus* oder *conferamus* vorzuschlagen, aber ich möchte das seltenere Tertullian nicht absprechen. Der Ausdruck aber *dei homines* drängte sich Tertullian auf durch die Stelle, auf welche er in den folgenden Worten anspielt, Ephes. 4, 30, wo der Apostel seine Aufforderung, den neuen Menschen anzuziehen, den Menschen Gottes, des weiteren ausführt. *huiusmodi* aber, wie hier Klussmann treffend hergestellt hat (*huiusmodi cum spectaculis poterit conuenire?*) kann nicht besser umschrieben werden als durch *hominibus dei* und verlangt fast im Vorausgehenden eine Setzung des Begriffes, den wir durch Conjectur gewonnen haben. Es ist nur ein anderer Ausdruck dafür, wenn es p. 18, 18 heisst: *si quid horum, quibus circus furit, alicubi competit sanctis, etiam in circo licebit, si uero nusquam, ideo nec in circo*, und c. 24, p. 24, 9, wo diese ganze Betrachtung zum Abschluss gelangt: *quot adhuc modis probabimus nihil ex his quae spectaculis deputantur placitum deo esse aut congruens seruo dei, quod deo placitum non sit!* wo allerdings Reifferscheid's Schreibung und Interpunction *esse! aut congruens – non sit?* diese Rückbeziehung verdeckt; auch das Futurum *probabimus* oder *perorabimus* (B) ist hier passender, als was er für *sperabimus* in A herstellte, *probauimus*. Denn die Frage ‚auf welche Arten sollen wir weiter beweisen?' bedeutet, dass das bisher Bewiesene genügen kann.

In weiterer Ausführung dieses Gedankens heisst es p. 17, 7: *nam et si qui modeste et probe spectaculis fruitur pro dignitatis uel aetatis uel etiam naturae suae condicione, non tamen immobilis animi est* (so D, *tam enī mobili animi et* A, *tamen immobili animo est* C) *et* (add. Klussmann, om ABC, *uel* Reifferscheid) *sine tacita spiritus passione*. Die von Klussmann empfohlene Schreibung *est et* fordert, wie er richtig bemerkte, der Gedanke: *non immobilem, non sine animi affectione ne eum quidem esse, qui honestate seruata spectaculis interest Tertullianus affirmat;* aber *est* hat keine urkundliche Gewähr und man erhält den gleichen Sinn und begreift die Interpolation, wenn man nach A mit Aenderung eines Buchstabens Tertullian die ihm eigenthümliche Kürze lässt: *non tamen immobili animo et sine tacita spiritus passione* (sc. *fruitur*).

c. 16, p. 18, 13. Die Affecte der Zuschauer im Theater werden durch fremdes Glück und Unglück hervorgerufen. *quicquid optant, quicquid abominantur, extraneum ab iis est; ita et amor apud illos otiosus et odium iniustum. an forsitan sine causa amare liceat quam sine causa odisse?* Dies könnte nach dem Sprachgebrauch Tertullian's nur bedeuten *magis* oder *potius amare quam odisse*, indem bei ihm nicht selten *quam* in diesem prägnanten Sinn bei Verben des Vorziehens und sonst sich findet; vgl. de pudic. c. 2, p. 122, 30 *idem misericordiae praelator quam sacrificii*; de orat. c. 7, p. 185, 23 *quia uult* (*mauult* Leopoldus) *eam (paenitentiam) quam mortem peccatoris;* de pudic. c. 18, p. 260, 25 *secundum illam clementiam dei quae uult* (so ist zu schreiben, *qua ei uult* B, *quae mauult* Gelenius und Reifferscheid, *qui mauult* Ursinus) *peccatoris paenitentiam quam mortem;* ad nat. 1, c. 4, p. 64, 22 *mirari quam assequi norunt;* ib. 8, p. 72, 2 *fidem uestram uanitatibus quam ueritatibus deditam demonstrare gestimus;* de baptismo c. 20, p. 218, 5 *nihilo minus uentris et gulae meminerat quam dei;* de ieiun. adu. psych. c. 17, p. 297, 26 *saginatior christianus ursis et leonibus forte quam deo erit necessarius* (*necessarior* Reifferscheid). Ein solcher Gedanke ist aber hier unangemessen; Tertullian will nicht sagen, dass es eher gestattet sei, ohne Grund zu lieben als ohne Grund zu hassen, sondern wohl vielmehr, dass das eine ebenso wenig gerechtfertigt sei als das andere, also: *an forsitan sine causa amare liceat quia sine causa odisse?* In der Insinuation, dass es wohl für gestattet gelten könne, ohne Grund zu hassen, liegt etwas von bitterer Ironie; denn dass die Christen ohne Grund gehasst werden und diesen gegenüber die natürliche Ordnung der Dinge verkehrt sei, ist eine häufig wiederkehrende Klage. Ich halte um dieses Nebengedankens willen *quia* für richtiger als *an forsitan (tam)* oder *an forsitan (quam) sine causa amare liceat quam* zu schreiben; beides, *tam—quam* und das gleichbedeutende *quam—quam*, kommt sonst gleich häufig vor. Uebrigens ist die Verwechslung von *quia* und *quam*, wie zwischen den einsilbigen Formen des Relativpronomens einer der häufigsten Fehler in A und B.

c. 17, p. 18, 19. Mit diesem Capitel geht Tertullian daran, zu erörtern, inwiefern die Spiele gegen das Gebot der Schamhaftigkeit verstossen: *similiter pudicitiam* (*nec inpudicitiam* A, *impudicitiam* B) *amare* (*amoliri* B) *iubemur*, welche so von E. Klussmann hergestellt wurden, indem er die Silben *nec in*, welche sich in A aus den unmittelbar vorhergehenden Worten *nec in circo* einschlichen, tilgte. Reifferscheid verschmähte diese evidente Verbesserung. Ich erwähne dies nur, um sein allzu grosses Vertrauen zu B, das allein sein Verfahren erklärt, an diesem Beispiele zu zeigen. — Hingegen vermag ich Klussmann in der Behandlung der folgenden Worte, welche die Schamlosigkeit scenischer Aufführungen schildern, nicht zu folgen, wenngleich er in der Hauptsache Reifferscheid's Zustimmung erlangte: *ita summa gratia eius (theatri) de spurcitia plurimum concinnata est, quam Atellanus gesticulatur, quam mimus etiam per muliebres* ⟨*res*⟩ *praesentat* (*res repraesentat* Reifferscheid, *repraesentat* AB), ⟨*sensum*⟩ *sexus et* (*sexum* B) *pudoris exterminans, ut facilius domi quam in scaena* (*in scaena* Gelenius, *scaenae* B) *erubescant* (*quam in scaena erubescant* om. A). Denn die Unflätigkeit hat sicherlich nicht der Mimus allein *per muliebres res* dargestellt, und die Wirkung *(sensum sexus exterminans)* ist eine auffällige, wenn von Frauen nicht die Rede ist, auf welche wir doch *sexus* nur beziehen können. Gelenius hatte längst das Richtige gefunden: *quam mimus etiam per mulieres repraesentat;* denn die Darstellung weiblicher Rollen durch Frauen war gerade für den Mimus eigenthümlich (vgl. Grysar in den Sitzungsber. der Wiener Akademie XII, 271 und Friedländer, Sittengesch. II³, 395). Damit entfällt aber auch die Nothwendigkeit, *sexum* hinzuzufügen, indem *mulieres* zu *exterminans* zu ergänzen oder vielleicht *sexus et pudoris exterminus* zu schreiben ist (vgl. ad nat. I, c. 8, p. 74, 23 *exules uocis humanae*, de idolol. c. 13, p. 44, 29 *extraneus ab omni uanitate;*

Cyprian, ep. 52, 1, p. 616, 16 *cathedrae extorris* und *exterminus* ib. A 293, 86). Jetzt endlich versteht man erst, wer die sind, welche *facilius domi quam in scaena erubescant*. Diese Worte allein mussten errathen lassen, dass es sich um Frauen auf der Bühne handelt. Das Wort *mimus* aber kann ebenso gut von der Gattung des Spieles, wie vom Schauspieler, neben welchem Frauen auftraten, gesagt sein.

p. 19, 24. Auch hier edierte Reifferscheid nach E. Klussmann: *quodsi sunt* (*quod sint* AB, *quodsi* Ursinus) *tragoediae et comoediae scelerum et libidinum actrices* (so Ursinus, *auctrices* AB) *cruentae et lasciuae, impiae et prodigae, nullius rei aut atrocis aut uilis commemoratio melior est: quod in facto reicitur, etiam in dicto non est recipiendum*, nur dass er durch seine Vermuthung *melior ipsa re est* auf die Dunkelheit der Stelle hinwies. Indem aber der vorausgehende Satz die Verwerflichkeit der dramatischen Dichtung aus der Verwerflichkeit der profanen Literatur überhaupt begründet (*si et doctrinam saecularis litteraturae ut stultitiae apud deum deputatam aspernamur, satis praescribitur nobis et de illis speciebus spectaculorum*), kann unmöglich das, was in diesem über die Stoffe und ihre Darstellung gesagt ist, als eine Folge durch *quodsi* abgeleitet werden. Unlogisch wie diese Verknüpfung ist aber auch das Verhältniss des Vordersatzes ‚wenn die Tragödien und Komödien als scenische Darstellungen von Verbrechen und Leidenschaften blutig und ausgelassen sind' zu dem Nachsatz, welcher offenbar eine Bemerkung über die Art und Weise der Mittheilung oder Darstellung der dramatischen Stoffe enthält, indem die Worte *nullius rei aut atrocis aut uilis commemoratione melior* doch nichts anderes bedeuten können als *nulla res aut atrox aut uilis commemoratione uel actione melior fit*. An dieser Bedeutung würde sich nichts ändern, wenn man unter Ablehnung der sich von selbst aufdrängenden Ergänzung *quam per se ipsa est* den Genitivus *nullius rei* als comparativen fasste, für welchen Gebrauch sich bei Tertullian überdiess nur schwache Spuren nachweisen lassen. Wir finden apolog. c. 40 (p. 268, 1 Oehl.) *memorat et Plato maiorem Asiae uel Africae terram Atlantico mari ereptam*, aber ad nat. I, c. 9, p. 73, 19 *quam Plato memorat maiorem Asia aut Africa in Atlantico mari mersam*; de carne Christi c. 3 (p. 430, 1 Oehl.) *quod enim angelis inferioribus dei licuit*

— *hoc tu potentiori deo auferes?* (vgl. Rönsch, It. und Vulg.[2], S. 435). Die Sätze sind also aus dieser Verbindung auszulösen. Wenn nun aber in dem zweiten von der Darstellung dramatischer Stoffe die Rede ist, so werden im ersten diese Stoffe oder die Tragödie und Komödie als Erfinderinnen *(auctrices)* derselben charakterisirt worden sein, sowie in dem Schlusssatz *(quod in facto reicitur, etiam in dicto non est recipiendum)* Stoff und Darstellung auseinander gehalten werden. Der Sinn der Worte wäre demnach: Insofern die Tragödien und Komödien verbrecherische und leidenschaftliche Handlungen schaffen, sind sie wie diese Handlungen blutig und ausgelassen, ruchlos und locker; die Mittheilung *(commemoratio)* keiner Handlung von solcher Beschaffenheit, d. i. einer tragischen oder komischen *(atrocis aut uilis)*, ist besser, d. i. weniger grausam oder weniger ausgelassen; was als Handlung verwerflich ist, soll auch als Darstellung nicht aufgenommen werden. Diesem Sinne entspricht die Ueberlieferung, wenn wir nur *sint* in *sunt* ändern und interpungieren: *quod sunt tragoediae et comoediae scelerum et libidinum auctrices, cruentae et lasciuae, impiae et prodigae* (sc. *sunt*). *nullius rei aut atrocis aut uilis commemoratio melior est. quod in facto* etc. Solch asyndetische Nebeneinanderstellung der Sätze liebt Tertullian besonders am Schluss seiner Betrachtungen.

c. 19, p. 20, 27 hat Reifferscheid mit Unrecht an der Ueberlieferung gezweifelt: *etiam qui damnantur ad ludum, quale est ut de leuiore delicto in homicidas emendatione proficiant?* indem er *in homicidiis* vorschlug. Tertullian sagt: sie werden durch die Strafe (*emendatione*, vgl. apol. c. 46) von geringeren Verbrechern zu Mördern. So gebraucht die heil. Schrift *in* z. B. in der Gen. 1, 27 *crescite et in multitudinem proficite* (de anima c. 27, p. 345, 20); Tert. ad nat. I, c. 12, p. 83, 1 *arbor exsurgit in ramos, in comam, in speciem sui generis;* de pudic. c. 20, p. 268, 12 *in Abrahae filios fiunt;* de anima c. 9, p. 311, 24 *factus esset homo in animam uiuam* (vgl. c. 11, p. 315, 19) und noch kühner ad nat. II, c. 15, p. 127, 12 *quos in sidera sepelistis (= post mortem sidera fecistis) et audaciter deis ministratis.* Ebenso steht *ad* bei Ennodius 424, 2 *nequaquam ad cursum (fluminis) proficis liquoris impendio,* 433, 5 *qui tot plenus dotibus ad ecclesiae fastigia creuit*, 392, 26 *ad centenos fructus adsurgere* und ähnliche Verwendungen von *ad* in dem Index meiner Ausgabe p. 636.

c. 21, p. 22, 3. Die Worte, in welchen das züchtige und sittliche Verhalten der Menschen im gewöhnlichen Leben ihrem zügellosen und unmenschlichen Benehmen bei den Spielen entgegengestellt wird, sind meines Erachtens bis auf ein leichtes noch zu behebendes Versehen richtig überliefert und von weiteren Verbesserungen freizuhalten: *sic ergo euenit, ut qui in publico uix necessitate uesicae tunicam leuet, idem in circo aliter non aestuet* (so ist statt *exuet* der Handschrift zu schreiben, *exuat* Ursinus, *exsultet* Gelenius, *exuet* Reifferscheid und Klussmann), *nisi totum pudorem in faciem omnium intendit* . . . . , (l. 13) *immo qui propter homicidae poenam probandam ad spectaculum uenint* (*non ueniat* Klussmann), *idem gladiatorem ad homicidium flagellis et uirgis compellat inuitum, et qui insigniori* (*indigniori* Klussmann) *cuique homicidae leonem poscit, idem gladiatori atroci petat* (so B, *sperat* ABmg, *expetat* Klussmann) *rudem et pilleum praemium conferat, illum* (*alium* Reifferscheid und Klussmann) *uero confectum etiam oris spectaculo repetat, libentius recognoscens de proximo quem uoluit* (*noluit* Ursinus) *occidere de longinquo, tanto durior, si non noluit* (*non uoluit* Reifferscheid, *noluit* B, *uoluit* Ursinus). Was zur Erklärung oder Verbesserung des überlieferten *exuet* beigebracht wurde, verdient nicht widerlegt zu werden. Tertullian will offenbar einer zwingenden Veranlassung (*necessitate uesicae*) eine nichtige gegenüberstellen: die blosse Hitze (*aestuare*) im Circus veranlasst schon zu unzüchtiger Entblössung. — Um zu beweisen, dass die Heiden *malum et bonum pro arbitrio et libidine interpretantur* (p. 22, 1), und mit Rücksicht auf den Einwurf der Heiden: *bonum est cum puniuntur nocentes* (p. 20, 15), womit die Vorgänge im Amphitheater gerechtfertigt werden, deckt er den Widerspruch auf, wenn man aus solcher Absicht dahin geht, um die verdiente Strafe eines Menschenmörders zu sehen und dort den Gladiator wider seinen Willen zum Menschenmord zwingt. Daher ist *non ueniat* ganz und gar unpassend. Weit bestechender auf den ersten Blick ist Klussmann's *in*-

digniori; denn, wie er zur Widerlegung der überlieferten Lesart sagt, *insigniorem enim homicidam debitas poenas luere quis non uelit?* Das aber bedeutet *insigniori cuique* nicht, sondern es ist damit jeder Mörder gemeint, dessen That mehr vor den Thaten anderer Mörder hervorsticht und diese schwerste Art der Bestrafung zu rechtfertigen scheint. Dagegen wäre *indigniori cuique* jeder, welcher eine solche Bestrafung weniger verdiente als andere, die unter erschwerenderen Umständen gemordet haben, und damit käme eine ganz falsche Beziehung in den Gedanken, welcher etwa *cuique etiam indigniori*, ‚jedem, selbst dem, der es weniger verdiente', aber nicht *indigniori cuique* vertrüge. — Nur von demselben Verbrecher, der zum Kampf mit dem Löwen verurtheilt worden war, ist im Folgenden die Rede, daher nur *illum*, nicht *alium* richtig sein kann: an den Todesqualen dieses will er sich weiden und ihn in der Nähe sehen, den er doch von ferne sterben sehen wollte, oder, setzt Tertullian mit der ihm eigenthümlichen Schärfe hinzu, er ist, wenn er dies nicht wollte, wenn dies nicht seine ursprüngliche Absicht war, sondern es ihm auch auf diese Augenweide ankam, nur um so grausamer zu nennen. Hingegen liesse *si non ualuit* nur eine gekünstelte und schwächliche Erklärung zu: ‚wenn sein Wunsch nicht in Erfüllung ging'. Endlich möchte ich selbst in den Worten: *idem gladiatori atroci sperat rudem et pilleum praemium conferat* die Autorität des Agobardinus vertheidigen und weder *petat* noch *expetat* vorziehen, wenngleich Klussmann bemerkt: *expetat ut scriberem et res ipsa et qui subsequitur coniunctiuus conferat postulabant*, sondern *speret* schreiben. Denn darin liegt eine passende Steigerung; das *sperare gladiatori rudem* (für den Gladiator) ist der stille Wunsch, das *conferre pilleum* seine Erfüllung.

c. 22, p. 22, 24. Das verkehrte Gebahren der Menschen wird weiter beleuchtet durch das Verhältniss zu den Künstlern, die bald Gegenstand des Enthusiasmus, bald der Verachtung sind: *etenim ipsi auctores* (*actores* A) *et administratores spectaculorum quadrigarios scaenicos xysticos arenarios illos amantissimos, quibus uiri animas, feminae autem illis* (so Lipsius, *aut illi* AB) *etiam corpora sua substernunt, propter quos in ea* (*se in ea* Reifferscheid) *committunt quae* (so Gelenius, *quia* AB) *reprehendunt, ex eadem arte, qua magnifaciunt, deponunt et deminuunt, immo manifeste damnant ignominia et capitis minutione.* Oehler scheint die durch Lipsius hergestellten Worte zu verstehen, kann aber durch seine Erklärung nur verwirren; Klussmann gesteht offen: *quid id quod in libris est aut illi uel quod Lipsio placuit autem illis sibi uelit nescio. equidem nihil sani commentus sum.* Auch Reifferscheid war gleicher Ansicht, wie seine Fragezeichen andeuteten. Lipsius' Aenderung aber ist leicht und die Sache, um die es sich handelt, derb und deutlich genug gesagt. Den Commentar kann Juvenal's sechste Satire liefern. Mann und Weib schwärmen für sie, die Frauen noch mehr als das, sie geben sich ihnen preis *(etiam corpora sua substernunt).* In schwächlicher Weise hinkt aber dieser Beschuldigung der Satz nach: aus Liebe zu ihnen thun sie, was sie tadeln *(propter quos in ea committunt quae reprehendunt),* der in A fehlt, vielleicht mit Recht. Selbst wenn man *crimina* für *in ea* schriebe, bliebe er kraftlos.

p. 23, 8. *quale iudicium, ut ob ea quis offuscetur, per quas promeretur? immo quanta confessio mala ....! quarum actores, cum acceptissimi sint, sine nota non sunt.* So steht die Stelle mit vier erloschenen Buchstaben in A, welche B durch *malae rei* ausfüllte; sie leidet aber wie das einer Beziehung entbehrende *quarum* zeigt, an einem weiteren Gebrechen, welches durch die Ergänzungen Oehler's *malarum rerum quarum,* E. Klussmann's *malarum artium quarum,* die Schreibungen Ursinus' *(malae rei) cuius,* Scaliger's *qua tum,* Reifferscheid's *quoniam* nicht überzeugend behoben ist. Wenn B in so genauer Weise Lücken füllt, verdient er allerdings Beachtung, aber doch keine unbedingte. Und hier erweckt der Genetiv schon Misstrauen — auch bei *quale iudicium* fehlt ein solcher —, indem man vielmehr das Subject vermisst, welches mit dem vorausgehenden *ut ob ea quis offuscetur* respondiert, also *mala fama.* Was folgt, schliesst sich durch eine leichte Aenderung relativ oder als dritte Frage an: *quare actores — sine nota non sunt?*

c. 23, p. 24, 3. *ceterum cum in lege praescribit (deus) maledictum esse qui muliebribus uestietur, quid de pantomimo iudicabit, qui etiam muliebribus ea ... ur?* So A. Die mannigfachen Versuche, das so trefflich die Lücke füllende Verbum, welches B bietet, nämlich *curatur*, durch ein anderes zu ersetzen, wie *utatur* (Ursinus), *scurratur* (de Lagarde), *calceatur* (E. Klussmann), *curuatur* (Reifferscheid) sind missglückt; denn zwischen ‚weibliche Kleider tragen‘ und ‚solche gebrauchen‘ oder ‚unter solchen sich krümmen‘ oder ‚weibliche Schuhe anthun‘ oder selbst ‚in weiblichen Kleidern schmarotzen‘ ist kein solcher Gegensatz, dass das zweite das Gericht Gottes mehr herausfordern sollte als das erstere. Das erweckt kein ungünstiges Vorurtheil für *curatur*, was Gangneius zu seiner Zeit noch in A gelesen oder aus der andern mit A nahe verwandten Handschrift entnommen haben kann. Einer Conjectur sieht es wenigstens nicht gleich. Unter diesen Umständen fühlt man sich zu dem Versuche einer Erklärung ermuthigt. Wie wenn Tertullian die Worte des Deuter. 22, 5 οὐδὲ μὴ ἐνδύσηται ἀνὴρ στολὴν γυναικείαν nicht ohne Absicht durch *muliebribus uestiretur* entsprechend allerdings seiner lateinischen Bibelübersetzung (vgl. de idolol. c. 16 *maledictus enim omnis qui muliebribus induitur*) wiedergegeben hätte um dieselbe Ergänzung, welche dieser Ausdruck unzweideutig darbietet *(muliebribus uestibus)*, für den zweiten an die Hand zu geben: *muliebribus curis curatur*. Es ist bekannt, welche peinliche Pflege die Pantomimen ihrem Körper angedeihen liessen, um ihren Bewegungen Geschmeidigkeit und Anmuth zu verleihen. Toilettekünste jeglicher Art unterstützten ihre Kunst, die sie ebenso aus dem reichlichen Vorrathe des Boudoirs eleganter Damen entlehnten wie selbständig ausbildeten (vgl. Friedländer, Sittengesch. II[5] 415 f.). *cura* (= θεραπεία) und *curare* ist aber der bezeichnende Ausdruck für das Schmücken und Putzen des Körpers und besonders der Haare; vgl. Phaedrus II 2, 7 *capillos homini legere coepere inuicem. qui se putaret fingi* (*pingi* codd.) *cura mulierum, caluus repente factus est;* Hor. ep. I 1, 94 *curatus inaequali tonsore capillos;* Valerius Flaccus Arg. VIII, 237 *tum nouus impleuit uultus honor, ac sua flauis reddita cura comis;* auch Tertull. de paenit. c. 12 (p. 664 Oehl.) *capilli incuria horrorem leoninum praeferente.* Mehr Beispiele bietet Gronov, Obseruat. I 98 ed. Fr. Vgl. auch Plaut. Men. 895 und 897 *cum cura curare* und G. Landgraf, Acta sem. Erl. II, S. 29 f.

p. 24, 6 kommt Tertullian auf die tadelnswerthen Vorgänge in der Arena zu sprechen: *taceo de illo, qui hominem leoni prae se opponit, ne parum sit homicida quam qui eundem postmodum iugulat.* Rigaltius denkt an den Fall, dass man gegen Gladiatoren wohl auch Löwen losgelassen und dass gelegentlich eines solchen Kampfes ein Gladiator seinen Kameraden durch geschicktes Manövrieren in die todbringende Gefahr zu locken wusste, nachdem dieser aber Sieger geblieben, denselben in einem neuen Gange, den das Volk verlangte, tödtete: *hac ratione primus ille Tertulliano dicitur ,non parum homicida', hoc est iterum homicida, nempe iam semel, cum hominem leoni prae se opposuit, iterum uero, cum eundem ipsum, cuius se corpore texerat, postmodum iugulauit.* Diese Erklärung, welche die Streichung von *quam* verlangt, verwirft E. Klussmann mit Recht; er denkt sich als Subject von *opponit*, worauf schon *hominem* führen muss, nicht einen Gladiator, sondern irgend einen, der sich seines Gegners zu entledigen sucht, indem er ihn zum Kampfe in der Arena zwingt, und erhält, indem er *parum* in *perinde* ändert, den Sinn: *leoni enim hominem aduersarium opponi dicit, ne is qui miserum ad bestias damnauerat, eodem modo interfecisse uideatur, quo is, qui eundem absolutum (postmodum) trucidet.* Wie sich Klussmann mit *prae se* abfindet, das gerade Rigaltius an den Gladiator denken liess, welcher einen andern vor sich hin dem Löwen entgegentreibt, sagt er nicht. Der Gedanke aber, dass derjenige in gleicher Weise als Mörder anzusehen sei, der seinen Mitmenschen in solche Gefahr bringt, mag er sie auch glücklich bestehen, wie jener, welcher denselben bei anderer Gelegenheit *(postmodum)* tödtet, ist mit einer Modification allerdings annehmbarer als jene Vorstellung eines sonst nirgends bezeugten Vorganges, den sich Rigaltius für diese Stelle ausgeklügelt hat. Man darf aber nicht an einen Richter oder sonst Jemanden denken, *qui miserum ad bestias damnauerat*, weil in diesem Zusammenhange nur von den *auctores et administratores spectaculorum* (c. 22, p. 22, 22) und, nachdem über die *quadrigarii, scaenici* und *xystici* bereits gehandelt ist, nur mehr von den *arenarii*, d. i. also von den Thierkämpfern und Gladiatoren die Rede sein kann, und es bedarf der Veränderung keines Buchstaben, indem *ne—sit* nicht als Absichtssatz, sondern als Fragesatz zu nehmen ist und selbst das auffällige *prae se*, so leicht sich dafür die Schreibung *praedae* darböte, eine

Erklärung gestattet. *qui hominem leoni prae se opponit* ist der Veranstalter von Thierhetzen, welcher ein menschliches Wesen — *hominem* ist gesagt, und nicht *uenatorem* oder *bestiarium*, um das Mitleidlose und Empörende einer solchen Handlung hervorzuheben — einem Löwen — *leoni prae se*, d. i. *quem prae se habeat* — entgegenstellt, und dieser ist, wenn er auch nicht selbst tödtet, doch ein Mörder; denn, um einen Gedanken Tertullian's aus ad nat. c. 5, p. 104, 1 zu wiederholen, *certum enim est quodcunque fit ei adscribendum, non per quod fit, sed a quo fit, quia is est caput facti qui et ut fiat et per quod fiat instituit.* Er ist nicht weniger Mörder als der Gladiator, welcher dasselbe Wesen *(eundem)*, d. i. einen Menschen oder eben denselben Menschen, der später etwa, wenn er heil aus dem Kampfe mit dem Löwen hervorging, als Gladiator in der Arena kämpfte, tödtet. In beiden Fällen handelt es sich um Menschenmord. Das drückt Tertullian aber durch den Fragesatz aus: ich will nicht untersuchen, ob *(ne)* jener weniger Menschenmörder sei als dieser. Dieser Gebrauch der Partikel *ne* ist bei Tertullian sehr häufig, so im 1. Buch der Schrift ad nationes c. 4, p. 64, 17 *nemini subuenit, ne ideo bonus quis et prudens, quia Christianus, aut ideo Christianus, quia prudens et bonus;* c. 7, p. 67, 22 *ut nemo recogitet, ne primum illud os mendacia seminauerit* und noch dreimal. Was aber die Verbindung *leoni prae se* (einem Löwen vis à vis) betrifft, so ist weder das Reflexivum noch diese selbst zu hart, um nicht Tertullian zugetraut werden zu können. Er geht in der attributiven Verwendung einzelner Casus oder präpositioneller Fügungen sehr weit, wodurch nicht selten eine gewisse Dunkelheit erzeugt wird. Fälle der Art werden wir noch öfter zu untersuchen haben; hier sei vorläufig nur auf einige wenige verwiesen: de orat. c. 6, p. 185, 2 *ita petendo panem quotidianum perpetuitatem postulamus in Christo et indiuiduitatem a corpore eius;* ad nat. I, c. 6, p. 66, 19 *uerbi gratia homicidam, adulterum lege* (*sacrilegum* Reifferscheid, *lege punitis* oder *arcetis* Wissowa); ib. c. 11, p. 81, 13 *Iudaeos refert uastis in locis aquae inopia laborantes onagris, qui de pastu aquam petituri aestimabantur, indicibus fontibus* (*fontis* Oehler und Reifferscheid) *usos esse* (d. i. *indicibus ad fontes inueniendos aptis*); ib. c. 16, p. 87, 10 *cum infantes uestros alienae misericordiae exponitis aut in adoptionem melioribus parentibus* (*emancipatis* add. M. Klussmann), ib. I. 19 *publicatae libidines sine* (*fiunt* add. Reifferscheid) *statiuo uel ambulatorio titulo*; ad nat. II, c. 9, p. 112, 19 *illa filia patris in carcere fame defecti uberibus suis educatrix*; ib. c. 12, p. 118, 6 (*interpretantur Saturnum*) *tempus esse et ideo Caelum et Terram parentes ut et ipsos origini nullos* (*originis nullius* Reifferscheid); Apolog. c. 7 (p. 136) *dicimur sceleratissimi de sacramento infanticidii et pabulo inde et post conuiuium incesto*; ib. c. 47 (p. 288, 2): *Epicurei* (*deum asseuerant*) *otiosum et inexercitum et ut ita dixerim neminem humanis rebus*; de orat. c. 22, 18 *nostra lex ampliata atque suppleta defenderet sibi adiectionem* (i. e. *adiectionem sibi factam*); ad nat. I, c. 17, p. 89, 5 *nos tamen de nostris* (i. e. *qui de nostris estis*) *aduersus nostros* (*Caesares*) *conspiratis*.

c. 24, p. 24, 15. Auch diese nicht weniger angezweifelte Stelle erledigt sich mit der Erkenntniss der richtigen Construction in einfacher Weise. Durch die Taufe (*in signaculo fidei*), sagt Tertullian, den im 4. Capitel angesponnenen Gedanken wieder aufnehmend, schwören wir den Teufel und seine Macht ab und dürfen an nichts von dem, was des Teufels ist, theilnehmen. Dafür bringt er einen Beweis von Seite der Heiden bei: *ceterum si nos* (*si nos* A, *nonne* B, *sic nos* Reifferscheid) *eieramus et rescindimus signaculum rescindendo testationem eius, numquid ergo superest, ut ab ipsis ethnicis responsum flagitemus? illi nobis iam renuntient, an liceat Christianis spectaculo uti. atquin hinc uel maxime intellegunt factum Christianum, de repudio spectaculorum.* Reifferscheid's Conjectur zerreisst das feste Gefüge des Satzes und sondert ein Glied *ceterum sic nos eieramus — eius* ab, welches für sich gestellt nach *quod eieramus, neque facto neque dicto neque uisu neque conspectu participare debemus* überflüssig ist, was nur deutlicher wird, wenn wir *sic* (= *participando*) aus diesen Worten erklären. Das Gleiche gilt von *nonne*, einer unverkennbaren Conjectur des Gangneius, welche aber Verständniss der mit *si* eingeleiteten Satzform zu verrathen scheint. Die dem Gedanken entsprechende Form des ersten Satzes hätte aber dann etwa sein müssen: wissen wir nicht selbst, dass wir das Taufgelöbniss brechen? Sollen wir uns darüber bei den Heiden aufklären lassen? E. Klussmann nimmt vor *num-*

quid eine grössere Lücke an, ohne zu sagen, was in ihr gestanden haben könne. Fassen wir *si* als Fragepartikel, so schwindet jede Schwierigkeit, und es heisst der Satz: ‚sollen wir uns demnach noch von den Heiden eine Antwort geben lassen, ob wir abschwören und ob wir das Gelübniss der Taufe aufheben, indem wir es zu bezeugen unterlassen? Diese aber bestätigen das Verbot, indem sie an der Enthaltung von den Spielen zumeist erkennen, dass Einer Christ geworden'. *illi nobis iam renuntient, an liceat Christianis spectaculo uti. atquin hinc uel maxime intelligunt factum Christianum, de repudio spectaculorum.* Die Partikel *si* leitet aber bei Tertullian häufig einen indirecten Fragesatz ein und dieser hat dann regelmässig den Indicativ. Vgl. ad nat. c. 7, p. 70, 24 *uolo enim scire, si per talia scelera adire parati estis quemadmodum nos*, p. 71, 7 *cupio respondeas, si tanti facis* (*facias* Gothofredus) *aeternitatem*; c. 10, p. 80, 14 *singula ista quaeque adhuc inuestigare quis possit, si honorem inquietant diuinitatis, si maiestatis fastigium adsolant*; c. 16, p. 87, 7 *respicite —, si desunt populi* und andere Stellen dieses Bandes. Den Indicativ haben auch die von Oehler, ad martyr. c. 2, p. 7 g zusammengetragenen Fälle bis auf Apolog. c. 21 (p. 206, 4) *quaerite ergo si uera sit ista diuinitas Christi*, wo aber ausser dem Fuldensis alle Handschriften *est* bieten, und Stellen wie Apol. c. 8 (p. 141) *cupio respondeas si tanti aeternitas*, wo also der Indicativ zu ergänzen. Demnach ist Apolog. c. 23, p. 213, 8 *non dicetis, si oculi uestri et aures permiserint uobis* zu beurtheilen und ad nat. II, c. 13, p. 122, 13 *sane quae posterior opinio est, discuti debet, si deus reminiscentia meritorum diuinitatem tribuerit*, nicht mit Oehler *tribuerit*, sondern *tribuit* zu ergänzen. Besonders häufig findet sich ein solcher Fragesatz mit *si* nach *uiderit, uiderint*, wie die zu der Stelle c. 7, p. 9, 6 genannten Sammlungen zeigen.

c. 25, p. 25, 10. *sed tragoedo uociferante exclamationes ille alicuius prophetae retractabit et inter effeminati tib . . . modos psalmum secum comminiscetur, et cum athletae agent, ille dicturus est repercutiendum non esse.* Um die Lücke in A auszufüllen, wurde vorgeschlagen: *effeminati tibicinis* (E. Klussmann), *effeminati histrionis* (Rigaltius), *effeminati ludii* (von mir). Doch wir erwarten neben dem Tragöden und Athleten eine bestimmtere Bezeichnung des Mimus. Was Bmg überliefert *liberi*, füllt die Lücke und bietet, was wir verlangen, wenn wir nur schreiben: *inter effeminati Liberi modos*. Tertullian dachte wohl dabei an einen durch besondere Obscönität ausgezeichneten Mimus, in welchem der weibische Gott agierte. Dazu kommt, dass Tertullian erst kurz vorher c. 23, p. 23, 18 auf dieselbe pantomimische Rolle hingewiesen hatte: *placebit et ille, qui uoltus suos nouacula mutat, infidelis erga faciem suam, quam non contentus Saturno et Isidi et Libero proximam facere insuper contumeliis alaparum sic obicit, tamquam de praecepto domini ludat?* (Vgl. c. 10, p. 12, 25 *quae priuata et propria sunt scaenae, de gestu et corporis flexu mollitiae Veneris et Liberi immolant, illi per sexum, illi per luxum dissolutis*).

c. 28, p. 27, 1. Das Angenehme in den Spielen ist Zuthat des Teufels, um die Seelen zu vergiften: *saginentur eiusmodi dulcibus conuiuae sui: et loca et tempora et inuitator ipsorum est. nostrae caenae, nostrae nuptiae nondum sunt.* Die Worte können nur bedeuten was unpassend oder nichtssagend ist: den Gästen des Teufels gehören Zeit und Ort und Wirth. Dass aber Ort und Zeit der Spiele des Teufels sind, ist früher gezeigt worden. Also ist mit Ergänzung von *sua*, welches hinter *sui* leicht ausfiel, zu schreiben: *saginentur eiusmodi dulcibus conuiuae sui; ⟨sua⟩ et loca et tempora, et inuitator ipsorum est.* Der freiere Gebrauch des Possessivpronomens *suus*, sowie der des Reflexivums überhaupt ist nicht selten. Vgl. die früher besprochene Stelle c. 8 *qui spectaculum primum a Circa habent, soli patri suo, ut uolunt, editum affirmant;* ib. c. 6, p. 6, 2 *aquam ingressi Christianam fidem in legis suae uerba profitemur;* de idolol. c. 14, p. 47, 6, wo die Feiertage der Heiden und Christen ihrer Zahl nach verglichen werden, *habes non dicam suos (= ethnicorum) dies tantum, sed et plures* (so Ciacconius, B hat *tuos*, A *tamen*. Latinius will *duos*, Wissowa *tantos*); ad nat. I, c. 4, p. 63, 24 *philosophis patet libertas transgrediendi a uobis in sectam et auctorem et suum (= eius i. e. auctoris) nomen;* ib. c. 11, p. 81, 18 *uos totos asinos colitis cum sua Epona et omnia iumenta et pecora et bestias, quas perinde cum suis praesepibus consecratis.* Daher auch *suus* als Synonymum für *proprius* verwendet wird: de idolol. c. 13, p. 14, 8 *de spectaculis autem et uoluptatibus eiusmodi suum iam uolumen impleuimus;* ad nat. I, c. 12, p. 81, 25 *sicut uestrum humana figura est, ita nostrum sua propria;* ib. II, c. 13, p. 121, 6 *sed enim manifestis uis sua adsistit* (Vgl. meinen Index zu Cypr. S. 455).

c. 29, p. 27, 28. Der Christ hat andere Vergnügungen, an denen er sich erbauen kann, wie die Versöhnung mit Gott, die Offenbarung der Wahrheit, den Sieg über die Lust und den Teufel: *haec uoluptates, haec spectacula Christianorum sancta perpetua gratuita; in his tibi circenses ludos interpretare, cursus saeculi intuere, tempora labentia* (*computa* add. E. Klussmann), *spatia* (*peracta* add. Reifferscheid) *dinumera, metas consummationis expecta.* Klussmann und Reifferscheid waren bemüht, die Symmetrie der Glieder in verschiedener Weise herzustellen. Mir scheint kein so schwerer Fehler vorzuliegen, indem ich in *dinumera* den Irrthum erblicke, *tempora labentia, spatia innumera.* Denn darauf kommt es Tertullian und noch deutlicher dem Verfasser der Cyprian beigelegten, nach dem Tertullianischen Muster bearbeiteten Schrift de spectaculis (c. 9 und 10) an, zu zeigen, dass der Christ reichlichere Gelegenheiten zur Freude in seinem Leben finde. Wie hier mehr Wettrennen, so gleich später mehr Ringkämpfe.

p. 28, 7: *uis et pugilatus et luctatus? praesto sunt, non parua, et multa.* So schreibt Reifferscheid nach Oehler's Vorgang, während D *parua sed multa*, Ursinus *pauca sed multa* Rigaltius *pauca simul*, E. Klussmann *paruum sunt multa* vorschlugen. Denn auch, was B hat, ist blosse Vermuthung, bis auf die Ergänzung der beiden Buchstaben, die heute in A nicht mehr erkennbar sind. Ich möchte Reifferscheid nicht tadeln, dass er unter diesen Oehler's Conjectur bevorzugte, obwohl Klussmann sie für schlechter hielt als die von Gangneius, *quasi uero Tertullianus uirtutum cum uitiis in uita humana certamina parua esse dixerit uel dicere potuerit.* Das thut er nicht; denn die Litotes ist ihm sehr geläufig und *non parua et multa* bedeutet soviel als *magna et multa.* Aber Reifferscheid durfte die Lesart des Agobardinus nicht aufgeben, welche ohne

Anstoss und rhetorisch viel wirksamer ist, wenn man nur interpungiert: *praesto sunt non parua, sunt multa.*

c. 30, p. 28, 20. Weit grösser sind die Freuden, welche den Christen im Jenseits erwarten: *quae tunc spectaculi latitudo! quid admirer? quid rideam! ubi gaudeam, ubi exultem, tot spectans reges, qui in caelum recepti nuntiabantur, cum Ioue ipso et ipsis suis testibus in imis tenebris congemescentes? item praesides persecutores dominici nominis saeuioribus quam ipsi flammis saeuierunt insultantes contra Christianos liquescentes?* So edirte Reifferscheid die Stelle, stark abweichend wie seine Vorgänger von der Ueberlieferung. Es schreiben nämlich:

A: *scli flammis saeuferunt insultantibus contra christianos*
B: *saeuioribus quam ipsi flammis saeuierunt insultantibus contra christianos* (*christianis* C)
Rigaltius: *saeuioribus quam ipsi contra Christianos saeuierunt flammis insultantibus*
Klussmann: *saeuioribus quam ipsi saeculi flammis saeuierunt insultantibus contra Christianos.*

Dass die Lesart des A *saeculi* die vollste Gewähr der Echtheit biete, hat Klussmann allein erkannt, aber indem er dieselbe mit der Lesart von B contaminierte, diese Einsicht nicht genützt; denn *saeculi* ist neben *quam ipsi saeuierunt* überflüssig, indem die Verfolger doch nur irdische Flammen in Anwendung bringen konnten. Dabei wollte er das nachschleppende Participium *insultantibus* nicht fahren lassen, das allein durch die kühne Umstellung der Worte, welche Rigaltius vornahm, oder durch Reifferscheid's Aenderung *insultantes* erträglicher wird. Die Worte *quam ipsi* tragen zu deutlich die Mache eines Interpolators, also wohl des Gangneius an sich, welcher mit den überlieferten Worten nichts anzufangen wusste; hingegen werden wir das sichtlich verderbte *saeuferunt* mit *saeuioribus* (SAEVIORIB) gerne vertauschen. Es bedarf dann zu vollkommener Herstellung der Worte nur noch der Lesart *christianis*, welche C bestätigt: *item praesides persecutores dominici nominis saeculi flammis saeuioribus, insultantibus contra Christianis, liquescentes.* Die Verfolger werden durch wüthendere Flammen, als die irdischen sind, verzehrt, während die

Christen ihrerseits *(contra)* sich dessen freuen. Dieser neue durch *insultantibus contra Christianis* gewonnene Zug ist nach den vorausgehenden Aeusserungen *quid rideam! ubi gaudeam, ubi exultem?* fast nothwendig. Ueber den freieren Gebrauch des comparativen Ablativs vgl. Kühner § 225, 5, 12 (S. 976).

II. De idololatria.

c. 2, p. 32, 6. Idololatrie begeht nicht blos, wer den Götzen opfert, so wenig nur der ein Mörder ist, welcher Blut vergiesst, sondern nach Johannes auch derjenige, welcher seinen Bruder hasst: *alioqui in modico consisteret et diaboli ingenium de malitia et dei dominium de disciplina, qua nos aduersus diaboli altitudines (latitudines* Ursinus) *munit, si in his tantum delictis iudicaremur, quae etiam nationes decreuerunt uindicanda.* Reifferscheid hat Ursinus' Conjectur *latitudines* in den Text gesetzt. Ob mit Recht? Allerdings gebraucht Tertullian das Wort *latitudo* in der Bedeutung ‚weites Gebiet' in sonst ungewöhnlichen Verbindungen, wie de spectac. c. 30, p. 28, 20 *quae tunc spectaculi latitudo!* de idolol. c. 2, p. 31, 21 *quot modis nobis praecauenda sit idololatriae latitudo;* ad nat. II, c. 9 (p. 369 Oehl.) *alia iam nobis ineunda est humani erroris latitudo, immo silua caedenda.* Der Plural steht hingegen wenig sicher de idolol. c. 7, p. 37, 9 *scit et pictor et marmorarius et aerarius et quicumque caelator latitudines suas et utique multo faciliores,* wo wir vielmehr einen Ausdruck wie ‚Mittel und Wege sich zu verhalten', also wie ich vermuthete *alitudines,* erwarten. Deshalb möchte ich *altitudines* hier nicht verwerfen, womit die Ränke und Schliche des Teufels bezeichnet werden. So ist c. 2 zwar von der *idololatriae latitudo* die Rede, dieselbe wird aber durch die Worte: *multifariam seruos dei non tantum ignorata, sed etiam dissimulata subuertit,* als eine *alta* charakterisiert.

c. 3, p. 33, 1. εἶδος *graece formam sonat; ab eo per diminutionem* εἴδωλον *deductum aeque apud nos formulam fecit.* Reifferscheid nahm an dieser sinnlosen Verbindung mit Recht Anstoss und schrieb, indem er nach *deductum* interpungierte:

aeque apud nos forma (*formulam fecit*, wobei *forma* als Subject recht auffällig bleibt, indem man eher *aeque apud nos formula factum* erwarten möchte. Das, was den Uebergang von *forma* zu *formula* macht, ist die *diminutio*; daher wohl *quae* oder *aeque* (*quae*) zu schreiben. Aehnlich steht in A p. 37, 24 *equae* für *quae*; der Fehler ist alt und fand sich bereits in der von Isidor, Orig. VIII 13, benützten Handschrift, die nicht zu den besten gehörte; er hat nach der editio princ. *eque apud nos*, nach dem Guelpherb. *atque*, nach anderen *eaque*.

c. 4, p. 34, 6. Dafür, dass sowohl die Verehrer als die Erzeuger von Götzenbildern verdammt sind, werden mehrere Stellen der Schrift angeführt. Im Anschluss an die Stelle aus Esaias 44, 8 sq. heisst es darauf: *et deinceps tota illa pronuntiatio quam artifices quam cultores detestatur, cuius clausula est: cognoscite quod cinis sit cor illorum et terra et nemo animam suam liberare possit. ubi aeque David et factores. tales fiant, inquit, qui faciunt ea.* Hier nahm Reifferscheid unter Beibehaltung der üblichen Interpunction vor *ubi* eine tiefere Störung oder eine Lücke an. Nach meiner Ansicht ist die Stelle unversehrt überliefert, wenn man nur richtig die Sätze verbindet und der bei Tertullian so häufigen Ellipsen gedenkt: *ubi aeque David et factores* (sc. *detestatur*), *tales fiant, inquit* etc. Höchstens könnte man, da es sich um Anführung einer weiteren Schriftstelle, Ps. 115, 8, handelt, den Ausfall eines *et* zwischen *possit* und *ubi* zugestehen.

c. 5, p. 35, 9. Den Einwurf der Götzendiener, dass auch Moses in der Wüste eine Schlange aus Erz formen liess, weist Tertullian mit der vorbildlichen Bedeutung dieses Zeichens zurück: *si quis autem dissimulat illam effigiem aerei serpentis suspensi in modum figuram designasse dominicae crucis — siue quae alia figurae istius expositio dignioribus reuelata est, dummodo apostolus affirmet omnia tunc figurate populo accidisse. bene, quod idem deus et lege uetuit similitudinem fieri et extraordinario praecepto serpentis similitudinem interdixit.* Diese schwierige Stelle hat Reifferscheid dadurch, dass er mit *bene* einen neuen Satz beginnen liess, in einfachster Weise ins Reine gebracht. Der vorausgehende Satz entbehrt nun freilich der Apodosis, aber diese ergänzt sich bei der gedrängten Ausdrucksweise des Autors leicht: wenn Jemand in Abrede stellt, dass jenes Bild das Kreuz des Herrn bedeutet habe oder aber, wenn Würdigeren eine andere Bedeutung jenes Bildes enthüllt worden ist, so mag das sein, wenn man nur an der Versicherung des Apostels festhält, dass Alles, was damals geschah, für das Volk eine sinnbildliche Bedeutung hatte. Mit *bene* oder *plane* wird, wie hier, öfter ein neuer Gedanke eingeleitet. Mit dieser Form der Anreihung *si — dummodo — bene* sind die Satzverbindungen *uiderit (uiderint) si (dum) — certe (nam)* zu vergleichen (vgl. oben zu de spect. c. 7), wie de idolol. c. 11, p. 41, 20 *uiderint si eaedem merces — etiam hominibus ad pigmenta medicinalia, nobis quoque insuper ad solacia sepulturae usui sunt. certe cum pompae, cum sacerdotia — instruuntur, quid aliud quam procurator idolorum demonstraris?* ad nat. II, c. 6: *uiderint igitur humanae doctrinae patrocinia quae coniectandi artificio sapientiam mentiuntur et ueritatem. nam alias natura sic est, ut qui melius dixerit hic uerius dixisse uideatur;* ib. I, c. 1, p. 81, 26 *uiderint liniamenta, dum una sit qualitas; uiderit forma, dum ipsum sit dei corpus.*

c. 6, p. 36, 8. Der Verfertiger von Götzenbildern wird apostrophiert: *plus es illis quam sacerdos, cum per te habeant sacerdotem: diligentia tua numen illorum est. negas te quod facis colere? sed illi non negant, quibus hanc saginatiorem et auratiorem et maiorem hostiam caedis, salutem tuam, tota die.* (c. 7) *Ad hanc partem zelus fidei perorabit ingemens.* So Reifferscheid, was die Interpunction betrifft, unzweifelhaft richtig, indem *tota die*, mit der Vulgata zu dem folgenden Satz und Capitel gezogen, mindestens müssig ist; bedeutungsvoll hingegen ist es, wenn es von dem Verfertiger von Götzenbildern heisst, dass er den Göttern ein fetteres, goldgeschmückteres und grösseres Opfer, als sein Werk ist, darbringe, nämlich sein eigenes Heil, und zwar Tag für Tag, indem das Bild ja Tag für Tag Gegenstand der durch ihn ermöglichten Verehrung ist. Der Ausdruck *tota die* für *omnibus diebus* ist in der lateinischen Uebersetzung der heil. Schrift, sowie im Vulgärlatein *totus* für *omnis*, gebräuchlich (vgl. Rönsch, Itala u. Vulg.[2] S. 338). Dass derselbe auch den Heiden ihre Priester gebe, ist von diesem Gesichtspunkte aus nicht minder begreiflich, indem ja der Götzenpriester ohne seine Götzen nicht möglich ist; dass er ihnen aber auch das *numen* schaffe, damit ist zu viel gesagt, wenn wir uns unter *numen* den Inbegriff ihres Glaubens denken sollen, zu wenig, wenn *numen* nur die im Bilde dargestellte Gottheit bedeuten sollte. Nun ist aber *numen* die Lesart von B, der Agob. hat *nomen*, und das ist richtig; von dem Götzenbilde empfängt der Priester oder der ganze Cult Bedeutung und Namen, wie ja das einfache *nomen* bei Tertullian häufig für *nomen Christianum* steht. So erscheinen *nomen* und *honor* verbunden: p. 39, 30 *ipsam primam noui discipuli stipem Mineruae et honori et nomini consecrat*, p. 40, 2 *quaestus nominibus et honoribus idolorum nuncupatus*. — Es wird geklagt, dass die Christen, welche den Heiden ihre Bilder arbeiten, wenn sie vor ihren Gott treten (p. 36, 16), *attollere ad deum patrem manus, matres idolorum, his manibus adorare, quae foris aduersus deum adorantur* (*adornantur* Junius, *operantur* Wissowa), d. h. dass sie ihre Hände, welche die Götzen gebildet, erheben, mit den Händen zu Gott dem Vater beten, deren Werk draussen (von den Heiden) gegen Gott verehrt wird. Die unbedenkliche Annahme der doppelten Bedeutung von *manus* überhebt der Nothwendigkeit, die Ueberlieferung zu verlassen, und erhält uns die wirkungsvolle Wiederholung desselben Verbums. Zu der Apposition *matres idolorum* vgl. Apolog. c. 12 (p. 160, 17) *(simulacrorum) materias sorores esse uasculorum*.

c. 8, p. 37, 1. Es ist den Christen verboten, überhaupt etwas herzustellen, was dem heidnischen Cult dient: *nec enim differt, an extruas uel exornes, si templum, si aram, si aediculam eius instruxeris, si bratteam expresseris aut insignia aut etiam do(n)mum fabricaueris*. Man sieht, dass bedeutenderen Gegenständen *templum ara aedicula* unbedeutendere *brattea insignia* angereiht werden: auf *aut etiam* ‚oder auch nur' kann also nicht *domum*, welches zur ersten Gruppe gehören müsste, folgen, wohl aber *donum* ‚oder auch nur ein Weihgeschenk'. Reifferscheid verbürgt, dass die drei letzten Buchstaben im Agob. jetzt unlesbar sind, demnach auch desto leichter von Gangneius, der *domum* bietet, *m* statt *n* verlesen werden konnte.

p. 37, 28. Tertullian schliesst die Betrachtungen dieses Capitels, nachdem er noch davor gewarnt, dass der Künstler nicht einen an sich unverfänglichen Gegenstand, welcher bei dem heidnischen Cult Verwendung finden könne, wissentlich herstelle: *quod si concesserimus et non remediis tam usitatis egerimus, non puto nos a contagio idololatriae uacare, quorum manus non ignorantium in officio uel in honore et usu daemoniorum deprehenduntur.* Indem ich diese Worte auf die vorausgehende Mahnung bezog, liess ich mich verleiten, auf dem von Reifferscheid eingeschlagenen Wege, welcher *iam* (so schon Latinius für *tam*) *usi paenitentiae egerimus* vorschlug, von der Ueberlieferung abzuweichen, und stellte nur mit engerem Anschluss an dieselbe *iam usi satis egerimus* her. Doch von einer Sühne ist sonst nicht die Rede, und die Worte der Handschrift bieten keine Schwierigkeit, wenn wir *agere* im Sinne von *uiuere* fassen, wie es oft steht, z. B. de anima c. 31, p. 351, 20 *sed et Pyrrhus fallendis piscibus agebat, Pythagoras contra nec edendis, ut animalibus abstinens;* de pudic. c. 1, p. 219, 18 *quae non apud deum egisset;* Apolog. c. 1 (p. 113, 6) *scit se peregrinam in terris agere;* vgl. die Indices zu Cyprian S. 411 und zu Commodian S. 198. Die erlaubten Mittel des Erwerbs, die *remedia tam usitata,* durch die der christliche Künstler sein Leben fristen soll, sind früher aufgezählt.

c. 10, p. 39, 28. Auch die Beschäftigung der Schulmeister und Professoren ist nicht frei von der Sünde der Idololatrie: *quis ludi magister sine tabula VII idolorum Quinquatria tamen frequentabit?* So schreibt Reifferscheid, und Oehler glaubt diese Fassung erklären zu können: *nullus magister tabulam septem idolorum non habet, qui Quinquatria frequentare seque in censu et numero ludimagistrorum haberi uult,* ohne dass dadurch der Zusammenhang zwischen dem Besitz oder Gebrauch des heidnischen Wochencalenders und dem Besuche der Quinquatrien und der Sinn von *tamen* deutlicher würden. Aber nur dieses *tamen* käme zu seinem Recht, wenn wir mit Latinius und Jos. Scaliger *tamen non* oder mit Fr. Junius *nos Quinquatria* lesen wollten. Offenbar sind hier zwei Sätze durch falsche Interpunction verbunden, welche in einen Frage- und einen Behauptungssatz aufzulösen sind: *quis ludi magister sine tabula VII idolorum* (*sc. est*)? *Quinquatria tamen frequentabit*, d. i. Jeder benützt die heidnische Wochentafel und besucht als Mitglied der Zunft wenigstens das Zunftfest. *tamen* kommt also einem *certe* nahe, wie nach Dombart's Bemerkungen öfter bei Commodian (Ind. S. 245) und zweimal in der Verbindung *si tamen* Instr. I 32, 10, Apol. 664, welche wir auch bei Tertullian de spect. c. 19, p. 20, 24 finden: *melius ergo est nescire cum mali puniuntur, ne sciam et cum boni pereunt, si tamen bonum sapiunt* (*sapio* Reifferscheid), wo keine Aenderung erforderlich ist; denn der letzte Satz kommt einem *dummodo boni sint* gleich und drückt, was die Fortsetzung *certe quidem gladiatores innocentes in ludum ueneunt* bestätigt, einen Zweifel aus, ob es darunter wirklich solche gebe, *qui bonum sapiant*. Einen besseren Beleg noch für ein solches *tamen* werden wir durch die Erklärung de idolol. c. 23, p. 57, 1 gewinnen. — Auch die unmittelbar anschliessenden Worte scheinen anders interpungiert werden zu sollen; allerdings leiden sie überdies an einem kleinen Fehler, der manche Heilungsversuche hervorrief. Reifferscheid edierte: *ipsam primam noui discipuli stipem Mineruae et honori et nomini consecrat, ut, etsi non profanatus alicui idolo uerbotenus de idolothyto esse* (= *iobizω*) *dicatur, pro idololatra uitetur. quid! minus est inquinamenti? eoque* (*eo quem* AB) *praestat quaestus et nominibus et honoribus idolo nuncupatus?* Das kann wohl heissen: ‚ist weniger Befleckung dabei? ist um dieses Minus der dem Götzen geweihte Erwerb und die dadurch begangene Idololatrie besser als die wirkliche?‘ und ist verständlicher als was andere, welche aus *quid* bis *nuncupatus!* einen Fragesatz bilden, für *eoque* lesen, wie Gelenius *quod*, Pamelius *eo quod*, Oehler *eo quam*. Letzterer übersetzt und erklärt: ‚Was ist darum weniger Besudlung dabei, als der in Namen und Verehrung (*non solum nomine sed etiam facto*, h. e. *honoribus*) dem Götzen geweihte Erwerb (in Wirklichkeit) zu Wege bringt? *eo*, *scil. quod non profanatus alicui idolo uerbotenus de idolothyto esse dicatur*‘. Dieselbe gekünstelte Erklärung von *eo* erheischt auch Reifferscheid's Lesung, ohne die in den Worten *nominibus et honoribus idolo* liegende Schwierigkeit zu beseitigen, welche Oehler's Uebersetzungsversuch so recht zur Anschauung bringt. Mir scheint die deutlichste Spur eines Verderbnisses *idolo* an sich zu tragen, das aus der Construction des Satzes herausfällt. Schreibt man dafür *idoli* oder *idolorum*, so bedarf es kaum mehr einer weiteren Aenderung — denn *eo* kann nach Analogie der von Roensch, Ital. und Vulg.[2] S. 275, gesammelten Beispiele ein vulgärer Dativ sein, der bei Tertullian allerdings bis auf das zweifelhafte *alio* p. 42, 10 weitere Stützen nicht zu haben scheint — ,um das von AB Gebotene zu verstehen: *quid? minus est inquinamenti eo (= ei), quem praestat quaestus et nominibus et honoribus idolo(rum) nuncupatus?* Zu *quem praestat* ist *idololatram* aus dem vorausgehenden Satz zu ergänzen. ,Wie, ist jener weniger befleckt, welchen der dem Namen und der Ehre der Götzen geweihte Erwerb zum Götzendiener macht?' Vgl. de spect. c. 17, p. 19, 16 *cur, quae ore prolata communicant hominem, ea per aures et oculos admissa, non uideantur hominem communicare, cum spiritui appareant aures et oculi nec possit mundus praestari cuius apparitores inquinantur?* ad nat. II, c. 5, p. 102, 19 *quo (elementorum temperamento) habitatio ista mundi circulorum condicionibus foederata praestatur;* scorpiace c. 9, p. 164, 20 *si diem dixeris, lucis rem ostendisti, quae diem praestat;* Cypr. de pudic. c. 2, p. 14, 21 *ubi ecclesia — uirgo praestetur.*

c. 9, p. 38, 28. Das Verdienst, das die Weisen des Morgenlandes um Christus sich erworben haben, können die Astrologen von heute nicht für sich in Anspruch nehmen. Die Weisheit jener hat mit Christus aufgehört; sie sind von Gott selbst auf eine neue Bahn und zur wahren Lehre geführt worden: *quod igitur isdem magis somnium sine dubio ex dei uoluntate suggessit, ut irent in sua, sed alia, non qua uenerant, uia, id est, ne pristina secta sua incederent, non, ne illos Herodes persequeretur, qui nec persecutus est, etiam ignorans alia uia digressos, quoniam et qua uenerant ignorabat, adeo uiam sectam (sectam Iunius, rectam AB) et disciplinam intellegere debemus. itaque magis praeceptum, ut exinde aliter incederent.* Diese Interpunction verdunkelt den Sinn der Stelle und macht das

Wort *secta* zum Gegenstand einer Erklärung, die hier nicht am Platze ist und um so wunderlicher wäre, als der Satz *ne pristina secta incederent* vorausgeht, welcher als eine durch *id est* auf *alia* zu beziehende Umschreibung dann nur *ne uiam pristinam suam secarent* bedeuten könnte. Die Sache würde nicht besser, wenn wir das zweite *sectam* wie das erste als Participium von *secare* verstünden, ‚daher müssen wir den gemachten Weg auch als Lehre verstehen,' weil *et* dabei falsch, *adeo* an der Spitze des Hauptsatzes auffällig und wie in dem anderen Falle *ne pristina secta sua incederent* nach *alia non qua uenerant uia* eine ganz läppische Ausführung wäre. Wenn Tertullian durch *non ne illos Herodes persequeretur* sagt, was der Traum nicht bezweckte, wird er auch gesagt haben, was seine Absicht war. Das fehlt in der vorliegenden Fassung. Daher ist *id est* Hauptsatz und zu schreiben: *id est, ne* ⟨*in*⟩ *pristina secta sua incederent*. ‚Das will sagen, sie sollten nicht in ihrer alten Lehre als Astrologen wandeln'. Mit *adeo uiam rectam* — diese Lesart ist nicht aufzugeben — *et disciplinam intellegere debemus* beginnt ein neuer Satz: ‚daher müssen wir (unter dem neuen Weg, den sie betreten sollten) den wahren Weg und Glauben verstehen'.

c. 10, p. 40, 16. Tertullian gesteht zu, dass die profane Literatur ein nothwendiges Bildungsmittel und selbst für den Betrieb der *studia diuina* unerlässlich sei: *uideamus igitur necessitatem litteratoriae eruditionis, respiciamus ex parte eam admitti non posse, ex parte uitari*. Reifferscheid tilgte *non*. Allein dieser Satz fasst das Vorausgehende zusammen: dieser Unterricht kann im Hinblick auf die Gefahren der Idololatrie nicht zugelassen, aber in Anbetracht der Nothwendigkeit allgemeiner Bildung doch nicht vermieden werden. Es ist demnach *non posse* zu *uitari* zu ergänzen. Man mag das hart finden, aber der Grad der Härte bleibt derselbe, wenn wir bei Reifferscheid's Lesung *posse* ergänzen. Das aber müssen wir, wenn wir nicht in *uitari* die Bedeutung von *uitandam esse* legen wollen, die dieser Infinitiv nicht hat. — An diesen Gedanken schliesst sich die weitere Ausführung, dass es zulässiger sei, die profane Literatur zu lernen als sie zu lehren: *fideles magis discere quam docere litteras capit; diuersa est enim ratio discendi et docendi.* Der Unterricht über Götterlehre befleckt vielfach den Lehrer: *at cum fidelis haec discit, si iam sapit quid* (*quid* Oehler und Reifferscheid, *qui* AB) *sit, neque recipit neque admittit, multo magis, si nondum* (*nondum* AB, *dudum* Rigaltius und Reifferscheid) *sapit. aut ubi coeperit sapere, prius sapiat oportet quod prius didicit id est de deo et fide. proinde illa respuet nec recipiet et erit tam tutus, quam qui sciens uenenum ab ignaro accipit nec bibit.* Die übliche Interpunction verdunkelt den klaren Gedanken und liess zudem Rigaltius' Conjectur *dudum* für *nondum* Billigung finden, welche den scharfen Gegensatz *si iam sapit* und *si nondum sapit*, der allein passend ist, aufhebt. Der Satz aber *aut ubi coeperit discere prius sapiat oportet quod prius didicit id est de deo et fide* enthält dann geradezu etwas Verkehrtes, und vergeblich suchte hier Scaliger durch seinen gewaltsamen Vorschlag *prius sapit quod prius didicit* zu helfen; denn er kann wegen des Zusatzes *id est de deo et fide* nicht, was sonst nahe läge, begründen wollen, dass es für jenen *qui coeperit sapere* besonders gefährlich sei, in die heidnische Literatur eingeführt zu werden und heidnische Ansichten in sich aufzunehmen. Man erwartete vielmehr: *prius didicerit quod prius sapiat oportet.* Offenbar sind die Sätze so zu verbinden und zu erklären: *at cum fidelis haec discit, si iam sapit quid sit, neque recipit neque admittit, multo magis* (sc. *neque recipit neque admittit*), *si nondum sapit aut ubi coeperit sapere. prius sapiat oportet quod prius didicit.* Eine ähnliche Ergänzung fordern die Worte c. 12, p. 43, 25: *didicit non respicere uitam, quanto magis* (sc. *non respicere*) *uictum*, wie denn keine Ellipse häufiger ist als die bei *quanto magis.* Vgl. de spectac. c. 3, p. 5, 10 *si enim tunc pauculos Iudaeos impiorum concilium uocauit, quanto magis tantum conuentum ethnici populi?* ib. c. 23, p. 23, 24 *qui omnem similitudinem uetat fieri, quanto magis imaginis suae;* ad nat. II, c. 8, p. 108, 12 *cum illi — excidant probationi ueras diuinitatis, quanto magis illi?* Der Sinn ist also: der gläubige Christ darf sich lernend mit heidnischer Literatur beschäftigen, indem er das Verwerfliche und Sündhafte an ihr entweder klar erkannt hat oder noch nicht erkannt hat oder zu erkennen angefangen hat. In keinem dieser drei Fälle setzt er sich einer Gefahr aus oder lädt eine Schuld auf sich. Denn als *fidelis* muss er früher ein

Bewusstsein von dem haben, was er früher gelernt hat, d. i. von Gott und seinem Glauben: *proinde illa respuet nec recipiet et erit tam tutus, quam qui sciens uenenum ab ignaro accipit nec bibit.* Warum aber in diesem Vergleich *ab ignaro?* Wozu dieser Zug, hinter welchem man etwas suchen müsste und doch nichts findet? Wer sieht nicht, dass dafür *aut ignarus* gefordert wird? *sciens* ist der Christ, *si iam sapit quid sit*, hingegen *ignarus* der Christ, *si nondum sapit aut ubi coeperit sapere.* Der *sciens* und der *ignarus* lassen sich das Gift zwar geben, nehmen es aber nicht in sich auf. Der ursprüngliche Fehler, dürfte sich aber auf einen Buchstaben beschränkt haben, indem *an* zu *ab*, wie p. 74, 9 *an aliud* zu *abaliud*, wurde und dann nothwendig *ignaro* nach sich zog. Ich vermag allerdings *sciens uenenum an ignarus* nicht durch ein gleiches Beispiel zu belegen; allein es finden sich stärkere Ellipsen der Art als die hier anzunehmende: *nihil refert sciens an ignarus;* so z. B. ad nat. II, c. 7, p. 107, 5 *ridendum an irascendum sit* (erg. *nescio*), *tales deos credi quales homines esse non debeant;* de baptismo c. 6, p. 206, 15 *non* (erg. *dico*) *quod in aquis spiritum sanctum consequamur, sed in aqua emundati sub angelo spiritui sancto praeparamur.*

c. 11, p. 41, 9. Begierde und Lüge sind die Wurzel, aus welcher der Waarenhandel entspringt, und insoweit er von jenen nicht frei ist, berührt er sich nach den Worten des Apostels mit der Idololatrie. Die diesen Gedanken entwickelnden Worte sind nach meiner Ansicht mit einem kleinen Fehler überliefert, sonst aber verständlich, wenn sie richtig interpungiert werden: *De generationibus si cetera delictorum recogitemus, inprimis cupiditatem radicem omnium malorum, qua quidam irretiti circa fidem naufragium sunt passi, cum bis et idololatria ab eodem apostolo dicta sit cupiditas, tum mendacium cupiditatis ministrum (taceo de periurio, quando ne iurare quidem licet), (nec) negotiatio seruo dei apta est. ceterum si cupiditas abscedat, quae est causa adquirendi, cessante causa adquirendi non erit necessitas negotiandi.* Reifferscheid und andere hielten den Anfang des Satzes für verdorben; er vermuthet *de generalibus rationibus*, Latinius *de grauioribus*, Heraldus *de negotiationibus*,

Ursinus *de negotiatione uero.* Ferner werden von den Herausgebern die beiden Sätze als Fragesätze gefasst: *negotiatio seruo dei apta est? ceterum si cupiditas abscedat, quae est causa adquirendi?* Jede dieser Conjecturen ist schlechter und dunkler als die überlieferte Lesart. Von den beiden Fragen aber lässt die erste, ohne jede ihren Sinn andeutende Partikel eingeführt, sich in ihrer richtigen Beantwortung nur errathen, die zweite, an sich klar, erfährt eine weitschweifige Ausführung (*cessante— negotiandi*). Der Autor sagt: wenn wir die noch übrigen sündhaften Handlungen nach ihren Ursprüngen und Motiven (= *secundum generationes*) erwägen, wenn wir vor Allem erwägen, dass die Begierde die Wurzel alles Bösen, dann dass die Lüge die Dienerin der Begierde sei — der Meineid kann übergangen werden, da den Christen auch nur zu schwören verboten ist —, so ist selbst Handelserwerb dem Diener Gottes nicht angemessen; aber es wird auch, wenn die Begierde entfällt, welche das Motiv des Erwerbens ist, ein zwingender Grund Handel zu treiben nicht vorhanden sein. Das von mir eingesetzte *nec* wird aber auch durch das vorausgehende *cetera delictorum* empfohlen; denn es wird von Tertullian aus der Zahl der noch nicht erörterten Delicte nur eines mehr, die *negotiatio*, herausgegriffen und näher untersucht. — Mag auch manche Art des Handels, von Begierde und Lüge frei sein (*sit nunc aliqua iustitia quaestus secura de cupiditatis et mendacii obseruatione*), jedenfalls ist der Handel mit Sachen, welche dem heidnischen Cult dienen, verbrecherisch p. 41, 20: *uiderint, si eaedem merces, tura dico et cetera peregrinitatis* (*ad* add. Ursinus, Reifferscheid) *sacrificium idolorum etiam hominibus ad pigmenta medicinalia, nobis quoque insuper ad solacia sepulturae usui sunt, certe cum pompae, cum sacerdotia, cum sacrificia — instruuntur, quid aliud quam procurator idolorum demonstraris?* Oehler übersetzt diese Worte so: ‚Mögen sie zusehen (wie sie sich vertheidigen) wenn dieselben Waaren, ich meine Weihrauch und anderes der Fremde als Opfer der Götzen auch den Menschen als heilsame Spezerei, uns (Christen) auch noch überdies zu Leistungen des Begräbnisses dient'. Auch hier liess die unrichtige Interpunction Oehler zu einem so schiefen Gedanken gelangen, der zudem verkehrt und unklar ausgedrückt wäre. Interpungieren wir: *uiderint, si eaedem merces*

— *tura dico et cetera peregrinationis, sacrificium idolorum (= quae idolis sacrificari solent) — etiam hominibus ad pigmenta medicinalia, nobis quoque insuper ad solacia sepulturae usui sunt*, so ist der Sinn: es mögen immerhin dieselben Waaren, Weihrauch und andere Gegenstände aus der Fremde, welche man beim Opfer darbringt, auch den Menschen zur Anfertigung von Heilmitteln, uns Christen aber auch zur Besorgung des Begräbnisses dienen, also auch eine unschuldige Verwendung gestatten: sicherlich erscheinst du, wenn Festzüge und andere gottesdientliche Feiern aus welcher Veranlassung immer veranstaltet werden, als Geschäftsmann im Dienste der Idole. Denn, wie es zum Schluss dieser Betrachtung heisst, p. 42, 26, *nulla igitur ars, nulla professio, nulla negotiatio, quae quid aut instruendis aut formandis idolis administrat, carere poterit titulo idololatriae.* Wäre *ad sacrificium* überliefert, so wäre es vielleicht zu halten, obwohl dadurch die Beziehung der zusammengehörigen Glieder *ad pigmenta* und *ad solacia* etwas verdunkelt würde; aber *sacrificium idolorum* ist, als Apposition zu *tura et cetera peregrinationis* gestellt, um vieles wirkungsvoller. Und solche rhetorisch wirksame Verwendung der Apposition liebt Tertullian. Vgl. die früher besprochene Stelle c. 7, p. 36, 14 *Christianum attollere ad deum patrem manus, matrem idolorum;* ib. c. 18, p. 51, 26 *poterit et pueris praetexta concedi et puellis stola, natiuitatis insignia, non potestatis;* ad nat. I, c. 18, p. 90, 9 *tormenta mulier Attica fatigauit tyranno negans, postremo ne cederet corpus et sexus, linguam suam pastam expuit, totum eradicatae confessionis ministerium;* Apolog. c. 5 (p. 131, 7) *temptauerat et Domitianus, portio Neronis de crudelitate;* ib. c. 7 (p. 139, 3) *fama, nomen incerti, locum non habet ubi certum est;* c. 30 (p. 234, 1) *offero ei orationem, non grana turis, Arabicae arboris lacrimas;* c. 35 (p. 247, 2) *qui nunc scelestarum partium socii aut plausores reuelantur, post uindemiam parricidarum racematio superstes.*

c. 14, p. 46, 15. *ubi est commercium uitae, quod apostolus concedit, ibi peccare, quod nemo permittit.* Reifferscheid nimmt vor *peccare* eine Lücke an; aber der Ausdruck ist vollständig: wo es Lebensverkehr gibt, welchen der Apostel einräumt, da giebt es Gelegenheit zur Sünde, die Niemand gestattet. Es ist also *est* zu ergänzen; solche Verbindungen wie *est peccare* = *peccari potest* sind aber bei Tertullian nicht selten; vgl. de orat. c. 25, p. 197, 17 *quas (horas) sollemniores in scripturis inuenire est*; de testim. animae c. 5, p. 140, 24 *in te est aestimare de eo quae in te est*; de corona c. 10 (p. 439 Oehler) *per haec enim floribus frui est* und Oehler zu ad nat. II, c. 8, p. 364 b; Beispiele für *scire est* bei M. Klussmann curarum Tert. p. 60.

c. 18, p. 51, 21. In Babylon und Aegypten wurde der Purpur als Auszeichnung den Freunden der Könige verliehen, ohne dass der damit Ausgezeichnete eine gottesdienstliche Handlung zu verrichten hatte: *simplex igitur purpura illa nec iam dignitatis* (erg. *sacerdotalis*) *erat, sed ingenuitatis apud barbaros insigne; quodammodo* (*quemadmodum* Pamelius) *enim et Ioseph, qui seruus fuerat, et Daniel, qui per captiuitatem statum uerterat, ciuitatem Babyloniam et Aegyptiam sunt consecuti per habitum barbaricae ingenuitatis. sic penes nos quoque fideles, si necesse fuerit, poterit et pueris praetexta concedi et puellis stola, natiuitatis insignia, non potestatis.* Durch die von Reifferscheid u. a. aufgenommene Conjectur *quemadmodum*, welche den letzten Satz mit dem vorausgehenden zu verbinden zwingt (*quemadmodum — sunt consecuti —, sic penes nos — poterit*), wird der Gang der Betrachtung gestört; denn die Erlaubniss, die Prätexta und Stola zu tragen, ist kein Beweis dafür, dass auch Daniel und Josef das ihnen verliehene Abzeichen tragen durften. Wohl aber wird daraus, dass sie gewissermassen (*quodammodo*) durch dieses aus Unfreien zu Bürgern wurden, ohne sich durch das Tragen desselben zu beflecken, gefolgert (*sic penes nos quoque*), dass Gleiches auch den *fideles* gestattet sein wird. Zuerst war festzustellen, inwieweit das Vorbild von David und Josef, auf welches man sich berief (p. 52, 8 *qui de Ioseph et Daniel argumentaris*), etwas beweisen könne, und das liess sich nicht in einem vergleichenden Nebensatz so nebenbei abthun. Die folgenden Worte sind durch einen Fehler entstellt und so zu verbessern: *ceterum purpura uel cetera insignia dignitatum, et potestatum inserta* (*insertae* AB) *dignitati et potestatibus idololatriae ab initio dicata, habent pro-*

4*

famationis suae maculam. Was *insertae dignitati (idololatriae)* sein sollte, ist mir unverständlich. Durch *inserta* erhalten wir aber zwei Merkmale der Befleckung, welche an den übrigen Abzeichen haftet; sie dienen zur Auszeichnung sowohl heidnischer Würden wie auch der Priesterämter *(potestatibus idololatriae).* Auf das erstere war aber im Eingange dieses Capitels bereits hingewiesen worden, indem die Abzeichen als *insignia dignitatis* verpönt erscheinen.

p. 52, 10. Aber auch jenes Vorbild von Josef und David erfährt noch eine Beschränkung, indem nicht immer Altes und Neues vergleichbar ist: *nam illi etiam condicione serui erant, tu uero seruus nullius, in quantum solius Christi.* So schreibt man mit B; A lässt *seruus* aus und bietet *inquilinatum* für *in quantum.* Dahinter ist nichts weiter zu suchen, indem solcher bedeutungsloser Silbeneinschub gar nicht selten in A ist; vgl. p. 32, 26 *fi[gu]lo*, 64, 27 *sedu[ti]litatis*, 68, 10 *dis[ci]p[l]icere*, 77, 5 *stip[it]ibus*, 78, 5 *quot[un]usquisque*, 81, 8 *sangu[in]is*, 84, 13 *po[te]st*, 92, 1 *reci[pi]pro[uo]catione.* Die Ellipse von *seruus* macht aber die Rede kräftiger.

c. 20, p. 54, 11 ist in der Stelle aus Exod. 23, 13: *nomen aliorum deorum ne commemoremini* (καὶ ὄνομα θεῶν ἑτέρων οὐκ ἀναμνησθήσεσθε) *neque audiatur de tuo ore*, das Verbum *commemoremini*, wofür Reifferscheid *comminiscamini* einsetzen wollte, richtig überliefert. Dasselbe steht für *meminisse* nicht selten (vgl. Roensch a. a. O. S. 353), mit Accusativ u. a. Baruch 3, 23 *neque commemorati sunt semitas.*

c. 22, p. 55, 24. *si cui dedero eleemosynam uel aliquid praestitero beneficii, et ille mihi deos suos uel coloniae genium propitios imprecetur, iam oblatio mea uel operatio idolorum honor erit, per quae* (*quem per* Reifferscheid) *benedictionis gratiam compensat.* Es ist kein Grund die Lesart von B — A fehlt uns für die letzten Capitel dieser Schrift — anzutasten. Die Danksagung erfolgt durch die Nennung der *idola*, welche auf diese Weise eine Anerkennung und Ehrung empfangen. Im Gegentheil müsste die Phrase *quem (honorem) compensant* für *pronuntiat* oder ein ähnliches Verbum auffällig erscheinen. — Ebenso muss ich in den folgenden Zeilen (29 sq.) die Ueberlieferung vertheidigen: *si deus uidet, quoniam propter ipsum feci, pariter uidet, quoniam propter ipsum fecisse me nolui ostendere, et* (*et contra* Reifferscheid) *praeceptum eius idolothytum quodammodo feci.* Derjenige, welcher von mir eine Wohlthat empfängt, soll wissen, dass ich dies um Gotteswillen thue und seinem Gebote dadurch nachkomme. Thue ich das nicht oder nehme ich eine heidnische Danksagung entgegen, dann habe ich sein Gebot gewissermassen zu einem Götzenopfer gemacht.

c. 23, p. 56, 10. Gegen jene Christen, welche beim Abschluss eines beeideten Schuldvertrages nicht geschworen zu haben vorgaben, weil sie die Eidesformel nicht aussprachen, sondern nur unterschrieben, wird bemerkt: *pecuniam de ethnicis mutuantes sub pignoribus fiduciati iurati cauent et se negant* (so Gelenius, *necant* B); *se scire nolunt scilicet tempus persecutionis et locus tribunalis et persona praesidis.* Die versuchten Erklärungen der dunklen Worte vermögen nicht zu befriedigen. Was Oehler nach Rigaltius' Vorgang in ihnen findet: *negant illi se iuratos cauisse. quasi uero, inquit tempore persecutionis iudiciarius hoc scire uelint tribunal et praeses, utrum ille in quem persecutio de pecunia reddenda instituta est, cum caueret, iurasse sibi conscius esse uelit necne. siue iurauerit siue iurasse se neget, non curant,* kann man nicht ohne Gewaltsamkeit daraus entnehmen. Das Subject *tempus persecutionis*, dem ein Bewusstsein zugeschrieben wird, muss sich dabei die Verwandlung in einen Ablativus der Zeit gefallen lassen, das auffällige *scilicet* wird umgangen, die beispiellose Construction und Phrase *se scire nolunt* für einfaches *sciunt* hingenommen. Man begreift, dass Gelenius *se* tilgte, das ich durch die Schreibung *sed* nicht glücklicher zu retten suchte; dass Reifferscheid zu einem weit radicaleren Eingriff sich entschloss *se sciri nolunt, scitur tempus.* Ich glaube jetzt der Stelle durch ein milderes Mittel aufhelfen zu können: *iurati cauent, etsi negant se scire; nolunt scilicet,* d. h. sie schliessen den Vertrag unter Eid, obgleich sie leugnen es mit Bewusstsein zu thun; das (= *iurari*) verlangt nämlich so die Zeit der gerichtlichen Verfolgung, der Gerichtshof und der Richter, indem eine Verfolgung von Contracten ohne eine auf diese drei Punkte sich beziehende Eidesformel nicht als gesichert gelten kann. Dieser Einwand, welcher das *iurati cauent* entschuldigen soll, wird kurz abgethan: *praescribit Christus non esse iurandum;* ausführlich wird auf den zweiten *etsi negant se scire* eingegangen l. 14: *hic ego naturam et conscientiam aduoco: naturam, quia nihil potest manus scribere, etiamsi lingua in dictando cessat immobilis et quieta, quod non anima dictauerit; quamquam et ipsi linguae anima dictauerit aut a se conceptum aut ab alio traditum.* Mit dem Satz *quamquam* weiss ich nichts anzufangen und kenne auch keinen befriedigenden Erklärungsversuch. Der klare Sinn lässt aber leicht eine sichere Verbesserung finden. Die Hand vermag nichts zu schreiben, wenn auch die Zunge, welche sonst zwischen der Seele und Hand vermittelt, ruht, was nicht die Seele dictiert. Wenn auch die Hand nur schreibt, so ist es doch wie wenn die Seele der Zunge selbst dictierte. Es wird demnach *tamquam* für *quamquam* zu schreiben sein. — Alle Einwände sind nichtig l. 25: *cauisti igitur, quod in cor tuum plane ascendit, quod neque ignorasse te contendere potes neque noluisse. nam cum caueres, scisti, cum scires, utique uoluisti; et est* (*et es* Gelenius, *et haeres* Latinius, *egisti* Oehler) *tam facto quam cogitatu.* Die prägnante Bedeutung von *est* (vgl. die Bemerkungen zu de spect. c. 7, p. 9, 10 *quaeuis idololatria est census criminis sui*) ist hier durchaus am Platze und um vieles passender, als die gemachten Conjecturen. Zu *est* ist dasselbe als Subject zu denken, das als Object in den vorangehenden Sätzen fungiert, also der Inhalt des Vertrages. Dieser besteht ebenso durch deine Rechtshandlung *(facto)*, wie durch deine Rechtsabsicht *(cogitatu)*. — Es heisst weiter: *nec potes leuiore crimine maius excludere, ut dicas falsum plane effici cauendo quod non facis, tamen (facis, tamen* Gelenius, *facit tamen* B) *non negaui, quia non iuraui. quin immo* (*quin immo* Reifferscheid, *immo* Gelenius, *quoniam* B), *etsi nihil tale fecisses, sic tamen diceréris deierare, fecisse si consenseris.* Oehler hat die Stelle nicht verstanden, wenn er erklärt: *leuius crimen est iurare, maius negare dominum Christum*, und macht auch keinen Versuch dem dunklen *tamen* Licht zu geben. Das leichtere Verbrechen ist offenbar das *scribere*, das schwerere das *iurare* oder das *iuratum cauere*, wie auch die Entschuldigung früher lautete l. 13: *scripsi, inquit, sed nihil dixi.* Auf die Worte: ‚Du kannst auch nicht durch das Eingeständniss des leichteren Verbrechens das schwerere entkräften, indem du sagst, dieses werde hinfällig, weil du es bei der Abschliessung des Vertrages nicht begehst' antwortet der Angeklagte: ‚das mag sein, wenigstens aber habe ich nicht geleugnet, weil ich nicht geschworen habe.' Diese Zwischenrede macht es unmöglich, das überlieferte *quoniam* zu halten, welches sich nur unmittelbar an *quod non facis* oder etwa an *quod non facis (et dicis)* ‚*non negaui, quia non iuraui*' anschliessen könnte. In *quoniam* dürfte aber nicht *quia immo*, sondern *quinam?* stecken. Was aber *tamen* betrifft, so haben wir zu c. 10, p. 39, 28 *quin ludi magister sine tabula VII idolorum? Quinquatria tamen frequentabit* die hier angenommene Bedeutung festgestellt.

p. 57, 4 ist mit Aenderung eines Buchstabens zu lesen: *at enim Zacharias temporali uocis orbatione multatus cum animo conlocutus linguam irritam transit; nam* (*eam* B, *cum* Oehler, *iam* Reifferscheid, om. Gelenius) *manibus suis a corde dictat et nomen filii sine ore pronuntiat.*

c. 24, p. 57, 25. *spiritus sanctus consultantibus tunc apostolis uinculum et iugum nobis relaxauit, ut idololatriae deuitandae uacaremus. haec erit lex nostra, quo expedita hoc plenius administranda, propria Christianorum, per quam ab ethnicis agnoscimur.* Wie Tertullian *quam* für *potius (magis) quam* gebraucht, ebenso *tanto — quanto*, wie z. B. ad nat. I, c. 7, p. 68, 15 *quanto enim proni ad militiam, tanto ad mali fidem oportuni estis;* ib. c. 12, p. 83, 8 *quantoque genus censetur origine, tanto origo conuenitur in genere;* ib. II, c. 9, p. 112, 2 *quod telum quantum uulgare atque caninum, tanto ignobile uulnus;* ib. c. 12, p. 116, 15 *quanto diffusa res est, tanto substringenda nobis est* (vgl. Gothofredus, notae p. 86 und Oehler, de testimon. animae c. 1, p. 401). Nach der Analogie dieser Fälle könnte auch *quo expedita* gerechtfertigt erscheinen, wenn nicht Tertullian mit *eo* gerade *quod* correspondieren liesse: ad nat. I, c. 7, p. 69, 13 *quod* (*quo* Gothofredus) *plures, hoc pluribus odiosi;* ib. c. 10, p. 76, 18 *sment quidem tolerabiliora eiusmodi contumaciae sacrilegia, nisi quod eo iam contumeliosiora quod modica*; ib. c. 15, p. 85, 15 *atquin hoc asperius, quod frigore et fame aut bestiis obicitis aut longiore in aquis morte summergitis.* Auch derartige Sätze begegnen nicht selten, wie ad nat. I, c. 4, p. 64, 11 *apud uos eo minus sapiens, quia deos abnuens.*

p. 58, 4. *uiderimus* (*uidebimus* Reifferscheid) *enim si secundum arcae typum et coruus et miluus et lupus et canis et serpens in ecclesia erit; certe idololatres in arcae typo non habetur.* Mit Unrecht hat Reifferscheid *uiderimus* angezweifelt, wenn auch bei Tertullian und Cyprian, wie früher gezeigt wurde, nur die beiden Formen *uiderit* und *uiderint* fast ausschliesslich in diesen formelhaften Verbindungen vorkommen. Aber wir finden doch auch *uiderimus* in unverkennbar concessiver Bedeutung ad nat. I, c. 7, p. 70, 23: *uiderimus de fide istorum, dum suo loco digeruntur; interim credite quemadmodum nos* (d. h. mag es wie immer mit dem Glauben dieser stehen), sowie bei Cyprian einmal *uideris*: p. 425, 2 *uideris quam sis eis insidiosus, nullius magis quam tuae salutis inimicus es.*

VII.

Berichte über die Untersuchung von Handschriften des sogenannten Schwabenspiegels.

Von

Dr. Ludwig Ritter von Rockinger.

XII.

Die alphabetischen Nachweise über die Handschriften wie Handschriftenreste des kaiserlichen Land- und Lehenrechts haben im Bande CXVIII, Abh. X, S. 25—70, im Bande CXIX, Abh. VIII, S. 1—64 und Abh. X, S. 1—62, im Bande CXX, Abh. IV, S. 1—46 bis zu dem in München befindlichen reichen Schatze Aufnahme gefunden. Da eine Zerstückelung dieses sich nicht empfehlen wollte, bildet seine Berücksichtigung den Hauptinhalt des gegenwärtigen Berichtes, welcher dann noch den Rest des Buchstabens M einschliesst.

Was gerade von den Handschriften und Bruchstücken von solchen in München die auf der königl. Hof- und Staatsbibliothek anlangt, kann bei denjenigen welche sich bereits bis zum Jahre 1840 daselbst befanden eine nur kurze Fassung genügen, da Freiherr v. Lassberg sich hierüber in dem seiner Ausgabe des sogenannten Schwabenspiegels vorangestellten Verzeichnisse auf Grund von ausführlichen Mittheilungen unseres Schmeller zum Theil weitläufig verbreitet hat, wie aus den je an den betreffenden Orten angeführten Nummern jenes Verzeichnisses ersichtlich ist.

220**.

München, Bibliothek der historischen Classe der königl. Akademie der Wissenschaften. Zwei Bruchstücke einer sehr schönen Pergamenthandschrift des sogen. Schwabenspiegels aus der ersten Hälfte des 14. Jahrhunderts in Folio, zweispaltig in je 37 Zeilen gefertigt, mit rothen Ueberschriften der Artikel und rothen Anfangsbuchstaben derselben, von einem Büchereinbande in Dillingen abgelöst, vom Domprobste Dr. Anton v. Steichele zu Augsburg[1] im Sommer des Jahres 1875 dem Akademiker Dr. Ludwig Rockinger geschenkt, und von diesem vor einiger Zeit dem jetzigen Aufenthaltsorte zugewiesen.

Die Bruchstücke gehören dem Lehenrechte an. Das eine Blatt, der Schluss der achtzehnten Lage der Handschrift, enthält die zweite Hälfte des Art. LZ 64 von den Worten ‚gewer hant an dem gůte vnd ez mit ein ander onphangen habent, vnd stirbet der vater, si tretent an des vater stat' angefangen, 65, 66, 67, 68, 69. Der Rest des anderen Blattes, etwa ein Viertel umfassend, in zwei Theile zerschnitten, so dass von der zweiten Spalte äusserst wenig erhalten ist, bietet den Schluss von Art. LZ 142 ohne den Satz von dem Thorwartel mit 143a und 144b als einen Artikel, Reste von 146, von 147a und b, endlich von 148b und ohne Scheidung eines besonderen Artikels 149a.

230**.

München, ebendort. Zwei Blätter einer Pergamenthandschrift unseres Rechtsbuches aus der ersten Hälfte des 14. Jahrhunderts in Quart, zweispaltig in je 28 Zeilen mit rothen Ueberschriften der Artikel und leeren Räumen für deren Anfangsbuchstaben, wovon das eine ganz und das andere oben wie am Seitenrande beschnitten, am 7. Juli 1868 von Prof. Dr. v. Zahn in Graz, jetzt Landesarchivar der Steiermark dem Akademiker Dr. Ludwig Rockinger geschenkt, und von diesem vor einiger Zeit der Bibliothek seiner Classe zugestellt.

Das letztere Blatt enthält das Vorwort des Landrechts LZ von den Worten gegen den Schluss ‚daz ist auch von got billeich vnt reht, swer den gebot' angefangen, mit einem kleinen Ausfalle gegen das Ende von c und einem dergleichen gegen den Schluss von e, bis an das Ende von g: der ainz vnt zwaintzich iar alt ist, der sol daz vogttaidinch suchen in dem pistum da

[1] Als Erzbischof von München-Freising am 9. Oktober 1889 zu München verstorben.

er inne ist gesezzen oder in dem geribte da er gût inne. Das vollständige Blatt gibt vom Art. 6 = LZ 5a noch die Schlussworte: seinen prûdern oder swestern. Dann folgen ganz Art. 7 = LZ 5b, 8 = LZ 5c, 9 = LZ 6 und 7, endlich 10 = LZ 8 bis zu den Worten: pei ainem andern manne, weder der man noch daz weip gelten niht des.

231**.

München, ebendaselbst. Oben zugeschnittenes Doppelblatt mit noch 30—32 Zeilen einer Pergamenthandschrift des sogen. Schwabenspiegels aus dem Ende des 14. oder Anfang des 15. Jahrhunderts in Folio, zweispaltig mit rothen Ueberschriften der Artikel und leer gelassenen Räumen für deren Anfangsbuchstaben, wovon das eine Blatt nur mehr eine Spalte enthält, früher als Einband eines Taufbuches irgendwo — vielleicht in der Steiermark — benützt, am 13. Juni 1868 wieder von dem nunmehrigen Landesarchivar Prof. Dr. v. Zahn in Graz dem Berichterstatter geschenkt und von diesem vor einiger Zeit wieder der Bibliothek seiner Classe überwiesen.

Den Inhalt bilden die Art. 149 = LZ 214, 150 = LZ 215, 152 = LZ 220, 153 = LZ 221, 154 = LZ 222, 155 = LZ 223 und 224, 156 = LZ 225 und 226 des Landrechts.

232***.

München, ebendort. Eine Abschrift der Nr. 256 stellte der Abt Maurus des Benediktinerstiftes Asbach in Niederbaiern in der ersten Hälfte der Sechzigerjahre des vorigen Jahrhunderts der historischen Classe der jüngst gestifteten Akademie der Wissenschaften, deren Ehrenmitglied er gewesen, zur Verfügung. Vgl. die Vorrede zu den Monumenta Asbacensia im Bande V der Monumenta boica S. 103.

Vielleicht liegt sie dem Abdrucke des Max Prokop Freiherrn von Freyberg-Eisenberg in seiner Sammlung historischer Schriften und Urkunden IV S. 505—718 zu Grunde, welcher vom 7. Dezember 1829 bis 29. März 1842 Secretär der historischen Classe und von da weg bis in den Februar 1848 Präsident der Akademie der Wissenschaften gewesen.

[In die Fideicommissbibliothek des gräflichen Hauses v. Arco-Valley zu München gehört die] Nr. 7.

[Dem Augustinerconvente zu München gehörte seit dem Jahre 1616 die] Nr. 275.

[In Brissel's Buch- und Antiquariatshandlung zu München erwarb der Buchhändler und Antiquar Edwin Tross zu Paris die] Nr. 292.

[Oberbibliothekar Hofrath Heinrich Föringer zu München vertauschte an die Hof- und Staatsbibliothek daselbst die] Nr. 270.

[Aus der Bibliothek des Conventes der Franziskaner zu München stammt die] Nr. 276.

[Aus dem königlichen geheimen Hausarchive in München ist seinerzeit in das baierische allgemeine Reichsarchiv abgegeben worden die] Nr. 281.

233.

München, königliches geheimes Hausarchiv, früher in dessen Bibliothek Nr. 652, jetzt in der Handschriftensammlung, in Holzdeckel mit rothem Lederüberzuge mit ursprünglich je fünf Beschlägen und mit zwei Schliessen, wovon schon lange der Vorderdeckel abhanden gekommen, nach einer Einzeichnung des 16. Jahrhunderts auf dem ersten Blatte des ersten leeren Quinternes dem Doctor beider Rechte M. Johann Gabler[1] zugehörig gewesen. Auf Papier in Folio zweispaltig von Konrad Welker im Jahre 1454 beziehungsweise 1458[2] geschrieben, mit rothen Ueberschriften der Artikel und rothen Anfangsbuchstaben derselben. Prof. Dr. Johann Michael Söltl, Ludwig der Strenge, Herzog von Baiern, Pfalzgraf bei Rhein, S. 115, woselbst diese Handschrift in den Anfang des 16. Jahrhunderts gesetzt ist.

Das Landrecht zerfällt in der gewissermassen systematischen Eintheilung, wovon Rockinger in P handelt, in zwei Bücher, woran sich als das dritte das Lehenrecht anreiht.

[1] Er hat unter seinem Namen noch bemerkt: Summum jus summa saepe injuria est. Terent. in And. Cic. in off. et l. si servum 91 § sequitur ff de verb. oblig.

Nach dem altbaierischen Pflichtbuche aus dem 16. Jahrhundert im allgemeinen Reichsarchive in München Fol. 17' hat er am 25. August 1567 den Rathseid geschworen.

[2] Nach der rothen Schlussbemerkung: Explicit liber per manus Conradus Welker. Anno domini millesimo quinquagesimo — jetzt stand: quarto, welches Wort radirt und in der Mitte durchstrichen ist — octavo etc.

Nach der lateinischen je mit freier deutscher Uebersetzung begleiteten Vorrede ‚Quid est fides? respondetur: fides est substantia id est fundamentum' u. s. w. folgt das Artikelverzeichniss des ersten Buches von der Uebertragung des Weltreiches nach Rom bis zum Artikel von der guten Gewohnheit. Nach einer kurzen wieder lateinischen und deutschen Einleitung über die Justitia und deren drei Hauptvorschriften aus den Institutionen folgt der Text selbst unter der rothen Ueberschrift ‚Hie hebt sich an daz recht als es die pebst künig vnd keyser gemacht vnd bestet haben vnd als ir puch sagen' von Fol. 1—31' gleichzeitiger rother römischer Zählung. Nach dem Artikelverzeichnisse des zweiten Buches von den Eigenschaften der Richter bis zur Zauberei unter neuer solcher Zählung von Fol. 1—39 der Text desselben. Endlich nach dem Artikelverzeichnisse des Lehenrechts dieses selbst, wieder mit besonderer Bezeichnung der Folien 1—18.

[Aus der alten herzoglichen beziehungsweise kurfürstlichen Bibliothek in München wurden im Jahre 1631 zur Auswanderung nach Meiningen gezwungen die] Nrn. 221 und 222.

234.

München, königliche Hof- und Staatsbibliothek, Cod. germ. 21. Auf Pergament in Folio zweispaltig in der ersten Hälfte des 14. Jahrhunderts mit rothen Ueberschriften der Artikel und abwechselnd rothen wie blauen Anfangsbuchstaben derselben gefertigt, nach einer Einzeichnung auf der Innenseite des Hinterdeckels[1] im 15. Jahrhundert im Besitze eines Grafen Konrad von Kirchberg, nach einer aus dem 16. Jahrhundert am oberen Rande des zweiten Blattes ‚Bibl. Embs' aus der besonders durch die beiden Handschriften der Nibelungendichtung (C) in Donaueschingen und (A) hier genugsam bekannten Bibliothek zu Hohenems stammend, im ersten Jahrzehnte unseres Jahrhunderts an den Hofrath Professor M. Schuster in Prag gelangt, von welchem die Hof- und Staatsbibliothek hier sie gegen Ueberlassung von Druckwerken erworben hat,

[1] Das bvch hvn ich gar vs gelernot bis an ain ent.
Got vns sin segen send.
Es ist war werlich.
Conrar graf zv Kirchberg.

in Holzdeckel mit rosarothem vielfach abgerissenen Lederüberzuge gebunden. Schmeller in den Münchener gelehrten Anzeigen IV (1837) Nr. 30, Sp. 249. v. Lassberg Nr. 90. Homeyer Nr. 453.

Von Fol. 1'—8' Sp. 1 reicht das Verzeichniss der 197 Artikel des Lehenrechts und der 439 des Landrechts. Mit Fol. 9 beginnt unter der rothen Ueberschrift ‚Hie hebet sich an daz Lehen pvech' dieses bis Fol. 37' Sp. 1. Ganz unten auf dessen Spalte 2 bilden die vier rothen Zeilen: ‚Hie hebt sich an das lant reht puech, wie man umbe ein igelich sache richten sol swie di gtan sei' den Uebergang zum Landrechte von Fol. 38—125 Sp. 2, woselbst der lange Artikel LZ 377 II schliesst, worauf noch roth bemerkt ist: Hie get daz lantrechte puech auz. amen. amen. Den einzelnen Artikeln sowohl des Lehen- als auch des Landrechts ist jedesmal die laufende Zahl gleich nach der Ueberschrift roth beigefügt.

235.

München, ebendort, Cod. germ. 23, aus der alten herzoglichen (Manuscr. Teutsch. St. 3 N. 18 B) beziehungsweise kurfürstlichen (mit der Signatur 119, später 159) Bibliothek stammend, auf Pergament in Folio wohl im ersten Viertel des 14. Jahrhunderts mit rothen Ueberschriften der Artikel gefertigt, welchen jedesmal von der gleichen Hand roth die betreffende Zahl beigesetzt ist, und mit abwechselnd rothen wie blauen Anfangsbuchstaben derselben, in Holzdeckel mit gelbem reich gepresstem Lederüberzuge gebunden. Joh. Christof Freih. v. Aretin, Beiträge zur Geschichte und Literatur vorzüglich aus den Schätzen der pfalzbaierischen Centralbibliothek zu München, I Stück 3, S. 94, Nr. 159. Schmeller a. a. O. Sp. 249. v. Lassberg Nr. 91. Homeyer Nr. 454.

Auf ein Verzeichniss der Artikel des Land- und Lehenrechts mit je rother Beifügung der Zahlen von Fol. 1—6 Sp. 1 folgt von Fol. 6 Sp. 2 bis 101' Sp. 2 unter der rothen Ueberschrift ‚Ditz ist daz laut rech puch' das Landrecht in 368 Artikeln, woran sich unmittelbar unter der rothen Ueberschrift ‚Daz ist daz lehen puech' bis Fol. 128' Sp. 1 das Lehenrecht in 127 Artikeln schliesst.

Daran reiht sich ohne Unterbrechung unter der rothen Ueberschrift ‚Daz sint chunich Rûdolfes saecze di er saczte czu Wirczpurch czu dem concilio' der Reichslandfriede von unser Frauen Abend des Jahres 1287 bis Fol. 135 Sp. 2.

Vgl. Rockinger L, woselbst S. 523—547—557 in I das Verhältniss zum Drucke LZ veranschaulichen.

236.

München, ebendort, Cod. germ. 52. Auf Pergament in Quart zweispaltig im 14. Jahrhundert ohne Ueberschriften der Artikel lediglich mit rother römischer Zählung derselben von wenigstens zwei Händen gefertigt, wovon die erste vom Beginne des Landrechts auf Fol. 5' Sp. 1 bis in die Mitte des Art. 89 auf Fol. 30' Sp. 1 reicht, woselbst mitten im Satze die zweite das Landrecht bis an den Schluss fortsetzt, während das Lehenrecht weit kleiner und zierlicher vielleicht von der letztberührten Hand geschrieben ist, niedersächsisch, aus der kurpfälzischen Bibliothek zu Mannheim[1] stammend, in neuerem Pappendeckelbande, Ruck und Eck in braunem Leder. Mittermaier, Lehrbuch des deutschen Privatrechts S. 66. Schmeller a. a. O. Sp. 249. v. Lassberg Nr. 92. Homeyer Nr. 456. Rockinger X S. 66.

Von Fol. 1—5 Sp. 2 findet sich unter den schwarzen Ueberschriften ‚Hir beghinnet sek dat registrum to dem keyser rechte' und ‚Hir beginnet dat registrum to dem lenrechte' das Verzeichniss der Artikel des Landrechts und der des Lehenrechts, je mit rother Anfügung ihrer Zahlen. Mit der zweiten Seite des Fol. 5 beginnt das Landrecht in 355 Artikeln bis Fol. 83' Sp. 2, woselbst der lange Art. LZ 377 II schliesst. Von der zweiten Seite des Fol. 84—103' Sp. 2 reicht das Lehenrecht in 147 Artikeln.

Von anderer Hand folgen sodann noch bis an den Anfang des Fol. 104 Sp. 1 Bestimmungen aus dem ‚Jûnebôrger recht'.

237.

München, ebendort, Cod. germ. 53. Auf Pergament in Quart zweispaltig wohl nicht weit im 14. Jahrhundert in Quin-

---

[1] Vgl. Band CVII S. 66.

ternen gefertigt, welche je auf der zweiten Seite des letzten Blattes schwarz mit den römischen kleinen Buchstaben von a angefangen bezeichnet sind, und von deren nunmehr letztem das letzte Blatt ausgeschnitten ist, mit grösseren farbigen Initialen H und S beim Beginne des Land- und Lehenrechts, mit rothen Ueberschriften der Artikel, deren Text selbst abwechselnd mit rothen und mehr ins Grünliche hinüber gefärbt blauen Anfangsbuchstaben beginnt. Schmeller a. a. O. Sp. 250. v. Lassberg Nr. 93. Homeyer Nr. 457.

Diese Handschrift fängt ohne ein Verzeichniss der Artikel, welches vielleicht, wie es den Anschein hat, auf einem nicht besonders gezählt gewesenen Quinterne vorangegangen, aber jetzt ausgeschnitten ist, sogleich unter der rothen Ueberschrift: ‚Hie hebt sich an daz lantreht půch, vnd dar nah van lehe[n]reht mercht' mit dem Landrechte an von Fol. 1 Sp. 1—118 Sp. 1, an deren Schluss sich die rothe Ueberschrift ‚Hie hebt sich an daz Lehen puche' findet, welches unmittelbar auf Sp. 2 beginnt, und mit den Worten in LZ Art. 78b ‚disc chlage so diche so des mannes chlage an einen andern herren chvmt' auf Fol. 139' Sp. 2 abbricht.

Rockinger II S. 465/466, woselbst dann das Verhältniss zum Drucke LZ und zu v. Maurer's Ausgabe des vermeintlichen Landrechtsbuches des Ruprecht von Freising in der Spalte 1 S. 471—488—491—501 hervortritt.

238^aa.

München, ebendort, Cod. germ. 196. Drei Pergamentdoppelblätter, vormals Umschläge von Rechnungen — aus den Jahren 1653, 1655, 1657 — der dem Hochstifte Regensburg zugehörig gewesenen Pflege Wörth, wovon das erste Geschenk des Grafen Hugo von Walderdorff auf Hautzenstein bei Regensburg, während die beiden letzten schon früher aus dem Besitze des Dr. Karl Roth[1] zu München käuflich erworben worden waren, in zwei Spalten zu je 30 und 32 Zeilen in Folio mit rothen Ueberschriften der Artikel und rothen Anfangsbuchstaben derselben in der ersten Hälfte des 14. Jahrhunderts gefertigt. Rockinger S S. 448—452.

[1] Vgl. Dr. Hyacinth Holland in der ‚Allgemeinen deutschen Biographie' XXIX S. 338/339.

Das erste enthält ein Bruchstück aus dem Buche der Könige alter Ehe. Vgl. Rockinger a. a. O. S. 449—452.

Die beiden anderen — in Dr. Karl Roth's Denkmälern der deutschen Sprache vom 8. bis zum 14. Jahrhundert S. 96 bis 102 abgedruckt — enthalten Stücke aus dem Lehenrechte, nämlich die Art. LZ (49 b) + 50 a, 50 b + 51, 52, 53, 54 a in zwei Artikeln, 54 b desgleichen, 55, 56 + (57): dann (75), 76, 77 + 78 + 79, 80, 81 + 82, 83, 84, 85 a + 85 b.

Vergleicht man hiezu noch die aus der nämlichen Handschrift stammenden Reste der Nr. 378, so enthielt sie mit dem Buche der Könige alter Ehe unser Land- und Lehenrecht.

Die erwähnten Stücke aus dem Lehenrechte sind wohl dieselben, über welche Dr. Karl Roth in Mone's Anzeiger für Kunde der deutschen Vorzeit 1837 Sp. 112 unter III die Mittheilung machte: ‚Sechzehn Foliospalten, jede von 30 Zeilen, auf gelbem schmutzigen Pergament mit grosser Schrift des 14. Jahrhunderts fand ich auf Buchdeckeln und habe sie abgelöst.'

239.

München, ebendort, Cod. germ. 207. Auf Papier in Grossfolioformat zweispaltig im 15. Jahrhundert mit rothen Ueberschriften und rothen wie im Land- und Lehenrechte abwechselnd rothen und blauen Anfangsbuchstaben der Artikel gefertigt, theilweise am Rande beschädigt und neuerdings ausgebessert, aus der kurfürstlichen Bibliothek stammend, in neuem Pappendeckelbande, Ruck und Eck in braunem Leder. Am oberen Rande der Spalte 2 des ersten Blattes steht schwarz: Nr. 18 a. v. Aretin a. a. O. I Stück 3, S. 96, Nr. 309. Schmeller a. a. O. Sp. 250. v. Lassberg Nr. 94. Homeyer Nr. 458.

Mit Fol. 1 beginnt unter der rothen Ueberschrift ‚Hye hebt sich an der kunig puch nach lenng ganntz vnd gerecht vnd ganntzlich nach dem text gemacht' das Buch der Könige alter Ehe bis Fol. 31' Sp. 2.

Das Fol. 32 füllt der ‚Pawm der sipsal vnd frewntschafft' in Bild und Erklärung; das Fol. 33 der ‚Pawm der nifftlschafft' ebenso.

Mit Fol. 34 beginnt unter der rothen Ueberschrift ‚Hie hebt sich an des heiligen kunges Karels lanntrech puch vnd kayserliche recht gantz vnd gerecht vnd gut bewärt' nach einem vielleicht für ein Bild bestimmten leeren Raume von nicht ganz der halben Seite das Landrecht bis Fol. 96 Sp. 1. Auf dessen Spalte 2 folgt unter der rothen Ueberschrift ‚Hie hebet sich an des heiligen kayser Karols leben recht puch gerecht vnd gantz' das Lehenrecht, welches mit dem Fol. 108' Sp. 2 im Art. LZ 95 mit den Worten ‚ich gib ew das recht das dise lewt all an mein lewt stat sein. so der' abbricht.

Vgl. Rockinger K, woselbst unter VI S. 182—190 das Verhältniss zum Drucke LZ und zu der Ausgabe v. Berger's ersichtlich wird.

240.

München, ebendort, Cod. germ. 216. Auf Papier in Folio zweispaltig von dem, wie es den Anschein hat, etwas unstäten Deutschenschulmeister Christof Huber zu Dingolfing Eckenfelden und Landshut in den Jahren 1475—1477[1] fast ganz mit rothen Ueberschriften der Artikel und rothen Anfangsbuchstaben derselben gefertigt, mit Nachträgen, nach einer Einzeichnung am Beginne des oberbaierischen Land- und Stadtrechts des Kaisers Ludwig im Jahre 1733 im Besitze des Chorherrn Georg Parzner zu s. Veit in Freising, in Holzdeckel mit rothem Lederüberzuge gebunden, früher mit je fünf Eck- und Mittelbeschlägen und zwei Schliessen versehen. Schmeller a. a. O. Sp. 250. v. Lassberg Nr. 95. Homeyer Nr. 459.

Nach dem bemerkten oberbaierischen Land- und Stadtrechte beginnt auf Fol. 78 das Landrecht des sogen. Schwabenspiegels in 365 Artikeln unter einem roh gemalten Bilde des in einem Stuhle sitzenden Kaisers, der in der Rechten das Schwert hält, in der Linken ein Wappen mit dem doppelköpfigen goldenen Reichsadler auf schwarzem Grunde, der im

---

[1] Am Schlusse des sogen. Schwabenspiegels ist die Jahrzahl 1475 schwarz bemerkt. Am Schlusse des oberbaierischen Land- und Stadtrechtes steht roth: an dem jar des sechs vnd sibenzigisten an sambcztag vor Oculi der heiligen vasten Jesus. Auf der Innenseite des Hinterdeckels ist roth eingetragen: Anno domini tausendt vierhundert vnd jn dem sechs vnd sibenzigisten jar an sand Lorenczen tag des heiligen marterers sind die kaiserlichen recht vnd land rel ze Bairen auch lehenrech mit sambt der stat recht von Munichen vollent worden zw Dingelfing teutscher schuelmaister. Am Schlusse einer deutschen Rhetorik wie einer Zusammenstellung deutscher Synonyma endlich steht die Jahrzahl 1477.

Herzschilde die baierischen Wecken geführt haben dürfte, bis Fol. 138 Sp. 1. Auf dessen Spalte 2, deren obere Hälfte wohl wieder für ein Bild bestimmt gewesen, folgt unter der rothen Ueberschrift ‚Hie hebent sy an die lehen recht gar guet vnd gantz' das Lehenrecht, gegen dessen Ende die Ueberschriften nicht mehr eingesetzt sind, wie auch die rothen Anfangsbuchstaben fehlen, in 84 Artikeln bis Fol. 150' Sp. 2.

241.

München, ebendort, Cod. germ. 223. Auf Papier in Folio in den Jahren 1464 und 1465 von Hans Meilinger aus Wasserburg[1] mit rothen Ueberschriften der Artikel und fast durchgehends rothen Anfangsbuchstaben derselben gefertigt, im Jahre 1790 in der Bibliothek von Tegernsee, in Holzdeckel mit gepresstem braunem Lederüberzuge gebunden. Schmeller a. a. O. Sp. 250. v. Lassberg Nr. 96. Homeyer Nr. 460.

[1] Auf dem Blatte vor dem Landrechte steht roth: Anno domini nostri Jesu Christi millesimo quadringentesimo sexagesimo quarto jn aduentu eius feria 2ª post festum Lucie virginis jncepi hunc librum. Links und rechts davon steht der Name: Johannes Meylinger.

Nach dem Landrechte sodann ist bemerkt:

Hye hat das kayserliche lanndrechtpuech ain ende.
Das vnns got alle zeytte sein götlichew gnad sende.

Anno domini 1465 feria 4ta ante Inuocauit seu dominica in albis.

Herr Hanns Meylinger,
ein herr än als genär.
Hat er aber nicht wolgeschriben,
so hat er doch dy müessigen weil verdriben etc.

Am Schlusse des Lehenrechtes findet sich nach den rothen Versen:

Hye hat das puech ein ende.
Das vns got allen sein genad sende,

schwarz und roth unterstrichen Folgendes:

Das puech hat geschriben
vnd hat dy weil vertriben
ain herr än als genär,
wolt got das also wär,
mit namen her Hanns Meylinger
ze Wasserburg jn der stat.
Vnd ist verpracht
an mittwochen vor Letare
vnd nach sand Benedicten tag jm lxv jare.

Auf S. 33 beginnt unter der rothen Ueberschrift ‚Das register des kayserlichen lanndrecht puech' das Verzeichniss der 378 Artikel des Landrechts mit rother Voranstellung der Zahlen bis S. 4 Sp. 2, und zwar ist nach Art. LZ 338 ‚der in der kirchen stiit' roth eingeschaltet: Die recht saczt pabst Leo vnd der künig Karel sein prueder zu ainem concily ze Rome, vnd auch anderew recht vil die ymmer mer von dem capitel das da sagt von den keczeren vnd hernach an das landt recht puech stent geschriben etc. Nach vier leeren Blättern folgt von S. 53—233 Sp. 2 das Landrecht, nach dessen Art. 338 wieder roth bemerkt ist: Item die recht saczt babst Leo vnd der künig Karel sein prueder zu ainem concily ze Rome, vnd ander recht vil dye ymmermer von dem capitel das da sagt von den keczeron vnez hernach an das lannd recht puech stent geschriben. Von S. 235 bis zur ersten Zeile von S. 239 Sp. 1 reiht sich unter der rothen Ueberschrift ‚Hie hebt sich an das register der lechenrecht' das Verzeichniss der 151 Artikel des Lehenrechts wieder mit rother Voranstellung der Zahlen, und dieses selbst unter der rothen Ueberschrift ‚Hye hebt sich an das Lechenrecht puech' von S. 243—312 Sp. 1.

Von S. 325—510 Sp. 2 folgt noch das oberbaierische Landrecht des Kaisers Ludwig und das Stadtrechtsbuch von Wasserburg.

Endlich schliesst von S. 513–681, von anderer Hand[1] sehr schön geschrieben, unter dem rothen Titel: ‚Hie hebt sich an das recht puech Belial genannt zu latein, das auszogen ist aus dem decretal geistlicher recht, als diez buech hernach geschriben durch die capittel auch durch die frag seiner bedeutung ytzlichs auslegt vnd ains dem anderen eben geleich fragt vnd antwort' der deutsche Belial.

242.

München, ebendort, Cod. germ. 228. Auf Papier in Folio durchlaufend — mit Ausnahme des zweispaltig ge-

[1] Nach dem Schlusse auf S. 681 Sp. 1 ist in Sp. 2 roth bemerkt: Anno dominj m°. cccc°. lxv^to nonagesima die may et die mercury mensis supradictj finitus est liber iste per Laurentium Erlichmann in opidulo Rosenhaim pro tempore ibidem existen[tem].

schriebenen Verzeichnisses der Artikel — mit rothen Ueberschriften und rothen Anfangsbuchstaben derselben im Jahre 1465[1] gefertigt, nach einer Einzeichnung auf dem jetzigen Fol. 1 im Jahre 1596 ‚Residentiae societatis Jesu Ebersperga*e*' zugehörig gewesen, in Holzdeckel mit blauem gepressten Lederüberzuge gebunden, an den vier Ecken des Vorder- wie Hinterdeckels mit Messing beschlagen, früher mit je fünf Buckeln und zwei Schliessen. v. Aretin a. a. O. I Stück 3, S. 93, Nr. 143. Schmeller a. a. O. Sp. 250. v. Lassberg Nr. 97. Homeyer Nr. 461.

Von Fol. 1—7' Sp. 1 findet sich das Verzeichniss der Artikel des Land- und Lehenrechts mit rother Beifügung der je oben auf der ersten Seite eines Blattes roth angebrachten Folienzahlen des Textes. Von Fol. 9—111' oder alt 1—103' reicht das ohne besondere Ueberschrift beginnende Landrecht in 380 Artikeln. Nach dem roth geschriebenen Uebergange ‚Hie hat das lantrechtpůch ain ende, vnd hebt sich an das lehenpůch, da alle lehenrecht sind geschriben die da gůt sind zewissenn' schliesst sich von Fol. 112—149' oder alt 1—38' das Lehenrecht in 152 Artikeln.

243.

München, ebendort. Cod. germ. 236. Auf Papier in Folio zweispaltig — mit Ausnahme des Verzeichnisses der Artikel, welches durchlaufend geschrieben ist — von Rubein von Marchlkofen im ehemaligen niederbaierischen Gerichte Teisbach im Jahre 1473 gefertigt, nach einer Menge von Einzeichnungen im letzten Viertel des 15. und am Anfange des 16. Jahrhunderts dem Richter zu Straubing und zu Aiterhofen bei Straubing Pangraz Krappner[2] zum Gigelberg, und nach

[1] Nach der schwarzen Schlussbemerkung: Finitum anno dominj millesimo quadragentesimo sexagesimo quinto, feria tercia post diem sancti Johannis ante portam latinam. In nomine dominj amen.

[2] Eine Urkunde vom Mittwoche nach dem Tage des Apostels Jakob 1491 siegelte Pangratz Krappmer zum Gigelperg, vntterrichter zue Strauhing. Auch ist eine von ihm und dem Burggrafen zu Augsburg Wernher Witzler besiegelte Urkunde über die Verleihung des domkapitlisch augsburgischen Unterprobstelamtes in Straubing vom Freitage nach dem Pfingsttage 1494 vorhanden, in welcher er als Pangratz Krabmer zum Gigelberg vnnd derzeyt vonhäffig zu Straubing erscheint. Weiter

solchen auf Fol. 268 und 269 aus den Jahren 1521—1531 dem Georg von Lerchenfeld, der im Jahre 1520 als Landrichter zu Kranzberg[1] bei Freising erscheint, gehörig gewesen, im Jahre 1696 im Besitze des Fürstbischofs Johann Franz von Freising aus dem Geschlechte der Egkher, Freiherrn v. Kapfing, in Holzdeckel mit gelbem reich gepresstem Lederüberzuge gebunden, früher mit zwei Schliessen. Docen in des Freiherrn v. Aretin Beiträgen a. a. O. IX S. 1119/1120. Schmeller a. a. O. Sp. 254. v. Maurer, das Stadt- und Landrechtsbuch Ruprechts von Freysing, in der Einleitung S. 40—49, mit einer Schriftprobe auf der Tafel in VI. Homeyer Nr. 462. Rockinger II S. 470.

Von Fol. 3—5 findet sich unter der rothen Ueberschrift ‚Hie hebt sich an das register vber das erst rechtpuech maister Rueprechts von Freysing vorsprech, vnd sagt zum ersten wie got der herr dj menschenn in driualltiger wirdichait beschaffenn hat, zum anderenn mal das wir fridtlichs lebenn sullenn habenn, darnach‘ u. s. w. das Verzeichiss der Artikel des Landrechts des sogen. Schwabenspiegels mit schwarzer Anfügung der je oben zwischen den Spaltenlinien in der Mitte angebrachten schwarzen römischen Zahlen der Blätter des Textes, von Fol. 6—54 Sp. 2 oder alt 1—49 Sp. 2 unter der rothen Ueberschrift ‚Das erst rechtpuech‘ das Landrecht selbst in 210 Artikeln mit der rothen Schlussbemerkung: Hier hat ein enndt das erst tail des lanntrechtpuechs. nu hebt sich an das annder tail. zum erstenn daz register.

Von Fol. 55—56 reicht dann das Verzeichniss der Artikel des Freisinger Stadtrechts des Vorsprechen Ruprecht, welches selbst unter der rothen Ueberschrift ‚Hie hebt sich an das annder

finden wir in einer Urkunde vom Samstage der ersten Fastenwoche des Jahres 1503 unter den Sieglern Pangratzen Krapmer zw Ougelperg, brobstrichter zw Straubing. Mit dem Jahre 1505 hören seine Aufzeichnungen in unserer Handschrift auf.

Bereits im Jahre 1482 hatte er von einem Ottenhofer, vielleicht dem Georg Ottenhofer von Ottenhofen in Oberbaiern, der urkundlich als Hofmarkrichter in Ebersberg in den Jahren 1484 und 1487 erscheint, auch die Nr. 7 erkauft.

[1] Nach den berührten Einzeichnungen ist er es am Lichtmesstage des Jahres 1529 geworden. Nach dem altbaierischen Pflichtbuche im allgemeinen Reichsarchive in München hat er den Banneid am Dienstage nach Nikolaus dieses Jahres geschworen.

rechtpuech von Fol. 56'—76 Sp. 2 folgt, woselbst sich am Schlusse die rothe Bemerkung findet: Hie habennt ein ennd dj zwai rechtpüecher maister Rueprechts vorsprechenn zue Freysing.

Vgl. Rockinger II, worin S. 471—488 und 491—501 in VII das Verhältniss zum Drucke LZ und zu v. Maurer's Ausgabe des vermeintlichen Landrechtsbuches des Ruprecht von Freising zur Anschauung bringen.

Von Fol. 77—123 Sp. 2 folgt die goldene Bulle Kaiser Karls IV. vom Jahre 1356 deutsch, und die übrigen Reichsgesetze und anderen Rechtsbestimmungen, von anderer weniger schönen Hand.

244.

München, ebendort, Cod. germ. 264. Auf Papier in Folio zweispaltig mit rothen Ueberschriften der Artikel und rothen Anfangsbuchstaben derselben im 15. Jahrhundert gefertigt, im Jahre 1596 ‚Residentiae societatis Jesu Eberspergae' angehörig gewesen, in Holzdeckel mit rothem Lederüberzuge gebunden, auf dessen Vorderseite ein weisser Papierzettel mit dem schwarzen Titel ‚Lant Recht Puech' aufgeklebt ist, früher mit je fünf Buckeln und mit zwei Schliessen. Es scheint, dass am Anfange und am Ende eine Lage ausgeschnitten ist. v. Aretin a. a. O. I Stück 3, S. 93/94, Nr. 144. Schmeller a. a. O. Sp. 250. v. Lassberg Nr. 98. Homeyer Nr. 463.

Die Fol. 1—4' Sp. 1 füllt unter der rothen Ueberschrift ‚Hie ist cze merkchen, wie man ein yegleich capitil dratt vinde jn disem püche nach der zal' das Verzeichniss der Artikel des Land- und Lehenrechts. Daran schliesst sich von Fol. 4' Sp. 2 unter der rothen Ueberschrift ‚Hie hebt sich an das lantrecht püch, vnde lernt wie man richten sol etc.' das Landrecht in 303 Artikeln bis Fol. 77 Sp. 2. Nach dem roth geschriebenen Uebergange ‚Hie hat das lantrecht püch ein ende, vnd hebt sich an das lehen püch, da alle lehen recht sind geschriben die nucze und güt sind ze wissen' beginnt das Lehenrecht selbst in 152 Artikeln auf Fol. 77' und schliesst auf Fol. 107 Sp. 1 mit der rothen Bemerkung:

Hie hat das püch ein ende.
Got behüt den schreiber der es geschriben hat vnd sein hende allczeit froleichen.
Nach pacasch.

Nach dem Art. LZ 338 ‚der in der kirchen ieht stilt‘ findet sich roth die bekannte Stelle: Dise recht saezt der babst Leo vnd der Chwnig — im Verzeichnisse der Artikel heisst es: vnd chwnig Karl — sein brûder ze einem concilij eze Rôme, vnd ander recht vil dew ymmer mer stend von dem capitel das da sagt da vor von den checzern huncz her nach an das lehen pûch.

245.

München, ebendort, Cod. germ. 287. Auf Papier in Folio zweispaltig mit rothen Ueberschriften der Artikel und rothen Anfangsbuchstaben derselben nach einer rothen Bemerkung am Schlusse auf Fol. 488' und 489 Sp. 1 im Jahre 1419 gefertigt, aus der alten herzoglichen (Manuscr. Teutsch St. 3 N. 7) beziehungsweise kurfürstlichen (Sign. 104) Bibliothek stammend, in Holzdeckeleinbande mit rothem Lederüberzuge, früher mit je fünf Buckeln und mit zwei Schliessen. v. Aretin a. a. O. I Stück 3, S. 93, Nr. 124. Schmeller a. a. O. Sp. 250. v. Lassberg Nr. 99. Homeyer Nr. 465.

Die Fol. 1—60' Sp. 1 enthalten das Buch der Könige alter Ehe, woran sich bis Fol. 143' Sp. 2 das der neuen bis Konrad III. schliesst, beide daraus von Prof. Dr. H. F. Massmann in des Dr. v. Daniels Land und Lehenrechtbuch Sp. 33—224 abgedruckt.

Von Fol. 144 an folgt das Land- und Lehenrecht, ersteres in der Gestalt der alten Drucke in der Weise, dass jedem der einzelnen Abschnitte das Verzeichniss der Artikel ganz roth geschrieben vorangestellt ist. Das ‚lantrecht bûch‘ reicht bis Fol. 228' oder richtig 328' Sp. 1, woran sich ‚das edel vnd das rechte lehenbûch‘ bis Fol. 288 oder richtig 388 Sp. 2 reiht.

Den Schluss bildet auf Fol. 388' und 389 oder richtig 488' und 489 als ‚ain registrum aller registrum‘ roth geschrieben ein Verzeichniss der Hauptstücke[1] mit Beifügung der

[1] Es lautet unter Weglassung der Folien:
Hie hebt sich an das kûnig bûch.
Hie hebt sich an das bûch der kûnig machabeorum.
Hie sol man hôren wa sich dy rich an dem aller ersten an huben.
Hie hebt sich an das lantrecht bûch.

alten je oben auf der ersten Seite eines Blattes in der Mitte roth bemerkten Folien des Textes.

246***.

Zu München, ebendort, befand sich nach Freih. von Aretin a. a. O. I Stück 3, S. 86 unter Nr. 18b — vgl. zu Nr. 18a oben Nr. 239 — ein mangelhaftes Königs- und Rechtsbuch in der Gestalt der vorigen Nr. 245. Homeyer Nr. 466.

[München, ebendort, Cod. germ. 320. Auf Papier in Folio im Jahre 1441 gefertigt, aus dem Benediktinerkloster Tegernsee hieher gelangt. Docen in des Freiherrn v. Aretin Beiträgen a. a. O. IX S. 1113—1115. Schmeller a. a. O. Sp. 254. v. Maurer, das Stadt- und Landrechtsbuch Ruprechts von Freysing, in der Einleitung S. 19—25. Homeyer Nr. 468.

Diese Handschrift hat in das Freisinger Stadtrecht des Vorsprechers Ruprecht von dort auf Fol. 179, 180 zwischen die Art. 104 und 105 den Artikel des kaiserlichen Landrechts LZ 319 I eingeschoben. Vgl. v. Maurer a. a. O. S. 358 in der Note 21.]

247.

München, ebendort, Cod. germ. 335, aus der alten herzoglichen beziehungsweise kurfürstlichen Bibliothek stammend, auf Papier in Folio im Jahre 1435 vielleicht zu Wien[1] oder

Wie man richter wellen sol.
Disz wort sprach got selb wider Moyses vf dem berg genant Synay.
Nv vahen wir wider an. von dem der nachtes korn stilt.
Dis ist von halmsûchung.
Wie wit des künigen strassen sûllen sin.
Dem frömden korn verstolen wirt.
Von der sippezale.
Was ain man ainem wibe ze morgen gab geben mag.
Den der richter ierret das er sin gût nit verkoffen mag.
Wie man wild lagen sol.
Von der e.
Von vogt dinge.
Von drier hand frier lüte.
Von Insigeln.
Hie hebt sich an das edel lehen recht bûch.

[1] Wie sich einmal schon aus dem übrigen Inhalte schliessen lässt, vorzugsweise österreichischen und Wiener Rechten, wie vielleicht insbesondere aus einer von der gleichen Hand zwischen die Hauptüberschrift

nach einer Vorlage von da durchlaufend gefertigt. Schmeller a. a. O. Sp. 250. v. Lassberg Nr. 100. Homeyer Nr. 469. Dr. Heinrich Maria Schuster, das Wiener Stadtrechts- oder Weichbildbuch, S. 10/11 unter C'd. Rockinger L S. 522.

Auf ein von Fol. 80—85' der alten Zählung reichendes Verzeichniss der Artikel folgt von Fol. 86—154' das Landrecht in 368 nicht nummerirten Artikeln, sodann auf ein von Fol. 155—157 stehendes Verzeichniss der Artikel bis Fol. 175 das Lehenrecht in 127 wieder nicht nummerirten Artikeln.

Vgl. Rockinger L, woraus von S. 523—547—557 in II das Verhältniss zum Drucke LZ hervorgeht.

248.

München, ebendort, Cod. germ. 507. Auf Papier in Grossfolioformat zweispaltig mit rothen Ueberschriften und häufig auch roth eingesetzten Belegstellen aus den deutschen Rechtsbüchern und den fremden Rechten im Jahre 1458 von Friedrich Grünbeck in Beilngries[1] in Mittelfranken gefertigt, aus der kurfürstlichen Bibliothek, in Holzdeckel mit reichgepresstem gelben Lederüberzuge gebunden, früher mit zwei Schliessen, wovon jetzt eine fehlt. v. Aretin a. a. O. I Stück 3, S. 85/86, Nr. 5b. Schmeller a. a. O. Sp. 255. v. Lassberg Nr. 101. Homeyer Nr. 470; in seiner Einleitung zum Richtsteige Landrechts S. 17 unter Ziffer 56.

Abgesehen von den uns nicht berührenden Stücken[2] liegt hier eine umfangreiche alphabetische Arbeit aus dem

‚Lechen recht' und den Anfang desselben auf Fol. 157 der alten Bezeichnung eingetragenen Bemerkung:

Anno etc. XXXV° an sand Gillgen abent da schenkcht man wein in der purkch ze Wyenn, vnd da derdruckt der per ain diern.

[1] Nach einer Einzeichnung auf Fol. 447' Sp. 2 roth:

Completum est opus istud per me Fridericum Grünpecken ze Peylngriess anno domini M° CCCC° lviij° ju die Januarij martiris et sociorum eius.

[2] Es sind in Kürze folgende:

Von Fol. 449—449' Sp. 1 eine Art lateinischer und deutscher Modus legendi in jure unter der rothen Bezeichnung: Hye leret man ain ausrichtung der puchstaben, wer sy versteen well, der auch sy albye nach geschriben.

Von Fol. 449' Sp. 1—463 Sp. 2 ‚dy guldein pull' Kaiser Karls IV. vom Jahre 1356 mit einem Verzeichnisse ihrer 23 Capitel.

Sachsenspiegel, dem sogen. Schwabenspiegel, dem römischen und kanonischen Rechte u. s. w. in folgender Weise vor.

Auf Fol. 1 beginnt unter der rothen Ueberschrift ‚Das ist das register vber das recht puch, do vindet man ynnen vber all sach vnd matori mancherlay nach auszweisung der czal vnd nach dem ABC' das Verzeichniss der Hauptabschnitte mit ihren Unterabtheilungen je unter rother Anführung der Folien mit den auf ihnen zum Behuf der leichteren Auffindung bemerkten Buchstaben von Acht bis zum Zehent bis Fol. 26 Sp. 1.

Auf Fol. 27, nach alter Zählung Fol. 1, beginnt die Vorrede des sogen. Schwabenspiegels LZ a—g einschliesslich; daran reihen sich aus der Praefatio rhythmica des Sachsenspiegels die ersten 12 Strophen beziehungsweise 96 Verse, in Homeyer's Ausgabe S. 123—127; weiter der Prolog desselben, bei Homeyer S. 136/137; der Textus prologi, ebendort S. 138; anderes, was Freiherr v. Lassberg a. a. O. S. 63 verzeichnet. Dann folgt das alphabetische Werk selbst mit dem Artikel Acht u. s. w. von Fol. 33 = 7 der alten Zählung bis zu den Zehenten und schliesslich der Zauberei auf Fol. 447 = alt 420. Eine längere Zusammenstellung hierüber hat v. Lassberg a. a. O. 63/64 mitgetheilt.

249.

München, ebendort, Cod. germ. 510, aus dem Benediktinerstifte Mallersdorf in Niederbaiern stammend, auf Papier in Folio zweispaltig mit rothen Ueberschriften der Artikel und rothen Anfangsbuchstaben derselben nach einer Bemerkung am Schlusse ‚an dem viii tag des anmbtztag Margrete' des

Von Fol. 463' Sp. 1—467' Sp. 1 die ‚Karolina' von ‚Kostnics, anno a natiuitate domini M° CCCC° xvij°, ij° nonas septembris, apostolica sede vacante'.

Von Fol. 467' Sp. 1 ‚Kayser Fridrichs gesecze' bis Fol. 495' Sp. 1.

Von Fol. 496—521' Sp. 2 unter der rothen Ueberschrift ‚liber talis haisst das puch von dem richter vnd von dem clager vnd von dem antwurter' der Richtsteig Landrechts.

Nach noch anderem bildet den Schluss aus dem Jahre 1467: des Bischofs Johann von Eichstätt Gerichtsordnung von Fol. 630'—635' Sp. 1, und Verwandtschaftstafeln mit Erklärung.

Jahres 1461 vollendet. Schmeller a. a. O. Sp. 250. v. Lassberg Nr. 102. Homeyer Nr. 471. Rockinger II S. 467.

Unter der rothen Ueberschrift ‚Hie hebent sich an dy kayserliche recht' findet sich das Landrecht von Fol. 1 Sp. 1—119 Sp. 2, woran sich unter der schwarzen Ueberschrift ‚Hie hebent sich an dy leben recht' von Fol. 120 Sp. 1—167' Sp. 1 das Lehenrecht reiht.

Vgl. Rockinger II, woselbst S. 471—488—491—501 in IV das Verhältniss zum Drucke LZ und zu v. Maurer's Ausgabe des vermeintlichen Landrechtsbuches des Ruprecht von Freising veranschaulichen.

250.

München, ebendort, Cod. germ. 513. Auf Papier in zwei Spalten — mit Ausnahme des Verzeichnisses der Artikel, welches durchlaufend geschrieben ist — im Jahre 1436[1] gefertigt, in Holzdeckel mit rothem gepressten Lederüberzuge gebunden, früher vorne wie rückwärts mit vier Eckbeschlägen und einer Mittelverzierung, ausserdem mit zwei Schliessen versehen, nach einer Einzeichnung auf der inneren Seite des Hinterdeckels am 16. Dezember 1581 dem baierischen Regimentsrathe Kaspar Rueland zu Landshut gehörig, der diese Handschrift in seinem 85. Lebensjahre am 5. Mai 1598 dem baierischen Kanzler Dr. Joachim v. Donnersberg[2] daselbst schenkte, dann im Besitze des fürstbischöflich Augsburg'schen geheimen Rathes und Kammerdirektors Johann Leonhard von Behr, aus dessen Bibliothek sie nach einem Vermerke auf der inneren Seite des Vorderdeckels vom 2. Oktober 1784 käuflich der reichsstädtisch Augsburg'sche Rathsconsulent Dr. Johann Heinrich Prieser erwarb, im Catalogus codicum manuscriptorum qui extant in bibliotheca Prieseriana vom Jahre 1803 S. 4 unter Nr. 10 aufgeführt. Schmeller a. a. O. Sp. 250 und 254. v. Lassberg Nr. 103. v. Maurer, das Stadt- und das Land-

[1] In dem Schlussversen des Rechtsbuches des Ruprecht von Freising auf Fol. 320' Sp. 2 lautet die hieher bezügliche Stelle:

Da man zalt von Cristi gepurt, das ist war,
viertzehenhundert vnd darnach in dem sechs vnd dreyssigisten iar.

[2] Vgl. Karl Theodor Heigel in der ‚Allgemeinen deutschen Biographie' V S. 337/338.

rechtsbuch Ruprechts von Freising, in der Einleitung S. 25—40, mit einer Schriftprobe auf der Tafel in V. Homeyer Nr. 472.

Von Fol. 197—202 Verzeichniss der ‚capittel vnd artickeln der weltlichen rechten wie man ein yegelich recht richten sol' je mit Angabe der Folien ihres Textes. Nach 7 leeren Blättern das Landrecht in 230 Artikeln von Fol. 203—273' Sp. 2 oder 1—70' Sp. 2 alter rother je oben in der Mitte angebrachter römischer Zählung. An seinem Schlusse steht in schwarzer Tinte, roth unterstrichen:

Hie hat das decret ein ennd.
Got allen kummer von uns wennd.

Vgl. des Näheren hierüber Rockinger in L, woraus von S. 471 bis 488 und 491—501 in VI das Verhältniss zum Drucke LZ und zu v. Maurer's Ausgabe des vermeintlichen Landrechtsbuches des Ruprecht von Freising hervorgeht.

Sowohl zum Artikelverzeichnisse als auch zum Texte hat Dr. Prieser am Rande die entsprechenden Zahlen der Artikel der Druckausgabe des Jus provinciale alemannicum von Scherz im zweiten Bande von Schilter's Thesaurus antiquitatum teutonicarum beigemerkt.

Dann folgt noch von Fol. 274—320' Sp. 2 beziehungsweise 1—46 Sp. 2 der rothen römischen Bezeichnung das Stadtrechtsbuch des Vorsprechen Ruprecht von Freising.

251.

München, ebendort, Cod. germ. 552. Auf Papier in Folio durchlaufend — mit Ausnahme der in zwei Spalten geschriebenen Verzeichnisse der Artikel — mit rothen Ueberschriften und rothen Anfangsbuchstaben derselben im 15. Jahrhundert gefertigt, aus dem Heiligkreuzkloster zu Augsburg stammend, in Holzdeckel mit braunem theilweise mit Gold gepresstem Lederüberzuge gebunden, früher je mit Beschlägen an den Ecken und in der Mitte des Vorder- wie Hinterdeckels und mit zwei Schliessen versehen. Schmeller a. a. O. Sp. 250. v. Lassberg Nr. 104. Homeyer Nr. 474.

Die Fol. 1—7' enthalten die Verzeichnisse der Artikel des Ganzen, sind aber nicht mehr vollständig.

Von Fol. 8—48 findet sich das Buch der Könige alter Ehe. An dessen Schlusse steht roth der Uebergang:

Hye hat der künig püch ain ennde.
Got vns sein gnade mit frewden sennde.
Vnd hebt sich an kaysers Karls lanndsrecht püch. amen.

Auf Fol. 48' ist ‚der salig kaiser Karl‘ in Farben auf dem Throne abgebildet, die Krone auf dem Haupte, den Reichsapfel in der Linken, das Scepter in der Rechten, mit einem zu den Füssen hingestreckten Löwen. Mit Fol. 49 beginnt unter der rothen Ueberschrift ‚Hie hebt sich an des saligen kaysers Karls recht puch‘ das Landrecht bis Fol. 122'. Nach dem rothen Uebergange ‚Hie hebt sich an das Lechen recht pûch‘ folgt dieses von Fol. 123—150'. Daran schliessen sich — vgl. Rockinger K S. 175/176 — die bekannten ‚Articuli generales‘ bis an das Ende der ersten Seite des Fol. 151.

Nach einem leicht mit der Feder hingeworfenen Bilde des auf dem Throne sitzenden von den Kurfürsten umgebenen Kaisers auf Fol. 151' beginnt auf Fol. 152 die goldene Bulle Karls IV. mit früheren Reichsgesetzen[1] bis zum Jahre 1356, wie beispielsweise in der Nr. 254 oder 260, bis Fol. 178.

Nach einem in Farben ausgeführten Bilde des zu Gericht sitzenden Königs Salomon, welchem Moses und Belial ihre Streitschriften darreichen, beginnt von Fol. 179 die deutsche Bearbeitung des sogen. Belial bis Fol. 234', nicht mehr vollständig.

Vgl. Rockinger K, woraus von S. 182—190 in III das Verhältniss zum Drucke LZ und zur Ausgabe v. Berger's hervorgeht.

252.

München, ebendort, Cod. germ. 553. Auf Papier in Folio zweispaltig mit rothen Ueberschriften der Artikel und rothen Anfangsbuchstaben derselben in der ersten Hälfte des 15. Jahrhunderts gefertigt, in Holzdeckel mit rothem Lederüberzuge gebunden, früher mit je fünf Buckeln und mit zwei Schliessen versehen. Schmeller a. a. O. Sp. 250. v. Lassberg Nr. 105. Homeyer Nr. 475. Rockinger F S. 302.

Von Fol. 1 reicht unter der rothen Ueberschrift ‚Hie hebt sich an das Lant Recht pûch‘ das Landrecht bis Fol. 83 Sp. 1, woran sich ‚ein gût herren lere‘ — vgl. Rockinger in

[1] Vgl. v. Lassberg Nr. 101 unter E und F.

F S. 289 bis 300 — bis Fol. 83' Sp. 2 schliesst. Mit Fol. 84 beginnen unter dem rothen Titel ‚Das sind auch lantrecht‘ die auch sonst — beispielsweise in den Nummern 102, 172, 189, 264, 265 — mehrfach erscheinenden Anhangsartikel — vgl. Rockinger in F S. 310 und 318 bis 335 — bis Fol. 89' Sp. 2. Von Fol. 90 folgt ‚das Lehen Recht büch‘ bis Fol. 122' Sp. 2.

253.

München, ebendort, Cod. germ. 554. Auf Papier in Folio durchlaufend ohne Ueberschriften der Artikel mit rothen Anfangsbuchstaben derselben im 15. Jahrhundert gefertigt, aus der Probstei s. Andreas und Mang zu Stadtamhof bei Regensburg stammend, in Holzdeckel mit rothem Lederüberzuge gebunden, früher mit zwei Schliessen. Schmeller a. a. O. Sp. 250. v. Lassberg Nr. 106. Homeyer Nr. 476.

Von Fol. 1—97' reicht das Landrecht. Nach einem leeren nicht gezählten Blatte folgt von Fol. 98 bis an das Ende der ersten Seite des Fol. 109 das Lehenrecht, welches da im Art. LZ 42c mitten im Satze mit den Worten ‚vnd biutet der herre dem man sein gut, er sol es zehant‘ abbricht.

254.

München, ebendort, Cod. germ. 555. Auf Papier in Folio durchlaufend — mit Ausnahme des vorne stehenden zweispaltig geschriebenen Verzeichnisses der Artikel — in der ersten Hälfte des 15. Jahrhunderts mit rothen Ueberschriften und rothen Anfangsbuchstaben der Artikel gefertigt, in Holzdeckel mit schmutziggelbem Lederüberzuge gebunden, früher mit je fünf Buckeln und mit zwei Schliessen versehen. Schmeller a. a. O. Sp. 250. v. Lassberg Nr. 107. Homeyer Nr. 477.

Die Fol. 1—5' Sp. 2 enthalten das Verzeichniss der Artikel des Buches der Könige alter Ehe und des Land- wie Lehenrechts.

Nach drei leeren Blättern beginnt von Fol. 6—55' das Buch der Könige alter Ehe. Von Fol. 56 folgt ‚künig Karls Lanndrechtpüch‘ bis Fol. 141'. Nach der leeren ersten Seite des nächsten nicht gezählten Blattes beginnt auf der zweiten ‚kayser Karels Lehennrecht püch‘ bis Fol. 175. Daran schliessen sich — vgl. Rockinger K S. 175/176 — die ‚Articuli generales' bis gegen das Ende des Fol. 175'.

Von Fol. 176—210 steht die goldene Bulle mit früheren Reichsgesetzen[1] bis zum Jahre 1356, wie beispielsweise in der Nr. 251 oder 260, und von Fol. 211'—212 Kunig Alfunsus Gericht.

Vgl. Rockinger K, worin S. 182—190 in II das Verhältniss zum Drucke LZ und zu der Ausgabe v. Berger's zur Anschauung bringen.

255.

München, ebendort, Cod. germ. 556, früher in der Bibliothek des Benediktinerstiftes s. Ulrich und Afra zu Augsburg, auf Papier in Folio zweispaltig im Jahre 1429[2] gefertigt, in Holzdeckelband mit gelbem Schafleder überzogen, früher je vorne und hinten mit fünf Buckeln und mit zwei Schliessen versehen. Der Innenseite des Hinterdeckels ist eine Urkunde des Rathes von Augsburg über die Ungeldsbefreiung der Weinschenkenzunft daselbst vom Gilgentage des Jahres 1397 aufgeklebt. Schmeller a. a. O. Sp. 250. v. Lassberg Nr. 108. Homeyer Nr. 478.

Auf Fol. 1—9' Sp. 2 findet sich ein Inhaltsverzeichniss in fünf Distinctionen, wie gleich anfangs roth bemerkt ist, ut illud quod queritur eo cicius poterit jnveniri. Auf Fol. 10 nach den roth geschriebenen Versen:

> Der almächtige got von hymelreich
> vns söliche syun vnd wiczz verleych
> gerichten nach disem kaiserlichen büch,
> damit wir lon vnd nit den flüch
> verdienen vnd ewige sälikayt.
> Des helff vns sein götlich weyshayt. amen.

und unter der rothen Randbemerkung ‚primo von des büchs anefang jn gaistlicher lore' folgt das Landrecht in 369 Ar-

---

[1] Wie gleich von dem Tage zu Mainz im Jahre 1356, dann des Kaisers Friedrich II. von dem Tage zu Mainz im Jahre 1236, der Urkunde des Königs Rudolf über die am Jakobstage zu Nürnberg in der Schotten Münster erfolgte Beschwörung des Landfriedens vom Jahre 1281, König Albrechts Satzung in dem gebotenen Hofe zu Nürnberg, Kaiser Ludwigs des Baiers Landfriedenssatzung zu Nürnberg vom Samstage nach Ausgang der Osterwoche des Jahres 1323.

[2] Fol. 121 Sp. 1: Anno domini m° cccc° xxviiij^mo feria 5ta ante pascam scilicet jn ebdomada passionis eiusdem domini nostri Jesu Christi finitus est liber iste etc. Pro quo laudetur deus in eternum. Explicit.

tikeln bis Fol. 101' Sp. 2. Von Fol. 102—121 Sp. 1 das Lehenrecht von Art. 370—453. Ihre Ueberschriften sind von der gleichen Hand wie der Text roth, während die Initialen, mit Ausnahme des ersten H am Beginne der Vorrede, theils einfach roth und einfach blau, theils gemischt sind.

256.

München, ebendort, Cod. germ. 557, aus dem Kloster Asbach in Niederbaiern stammend, auf Papier in Folio im 15. Jahrhundert zweispaltig gefertigt. Am 4. Juli 1764 richtete über sie der Akademiker Christian Friedrich Pfeffel von Kriegelstein ein Schreiben an den Reichshofrath Heinrich Christian Freiherrn v. Senkenberg, welches auch von diesem bald darauf im Anhange I zu seinen Visiones diversae de collectionibus legum germanicarum S. 186—188 veröffentlicht worden ist, und in der zur Feier des Namenesfestes des Kurfürsten Max Josef III. von der Akademie der Wissenschaften in demselben Jahre gehaltenen Sitzung handelte er in seiner Rede ‚von dem ehemaligen rechtlichen Gebrauch des Schwabenspiegels in Baiern' ausführlicher hievon. Schmeller a. a. O. Sp. 250. v. Lassberg Nr. 109. Homeyer Nr. 470. Rockinger L S. 522 523.

Auf ein das Land- und Lehenrecht umfassendes Verzeichniss der Artikel folgt das Landrecht von Fol. 1' Sp. 1—65 beziehungsweise nach der mit dem Lehenrechte neu beginnenden Zählung Fol. 1 Sp. 1 in 385 Artikeln, woran sich unmittelbar das Lehenrecht bis Fol. 21 Sp. 1 in 169 Artikeln reiht.

Einen Abdruck dieses Textes, aber nicht nach dieser Handschrift, sondern nach einer jungen Abschrift, vielleicht Nr. 232 oder etwa auch Nr. 258 oder 259, hat Freiherr v. Freyberg in seiner Sammlung historischer Urkunden und Schriften IV S. 505—718 veranstaltet. Vgl. hiezu Schmeller in den Münchner gelehrten Anzeigen 1837 Sp. 246 wie 249—254; Rockinger L, worin S. 523—547—557 in IV das Verhältniss zum Drucke LZ zur Anschauung bringen.

Eine Abschrift der gegenwärtigen Nr. 256 stellte seinerzeit Abt Maurus von Asbach der baierischen Akademie der Wissenschaften zur Verfügung. Vgl. oben die Nr. 232.

257.

München, ebendort, Cod. germ. 558. Auf Papier in Folio zweispaltig im Jahre 1462 von Othmar von Gossau[1] bei s. Gallen in dieser Schweizer Mundart gefertigt, aus der Bibliothek der Jesuiten zu Augsburg. Schmeller a. a. O. Sp. 250. v. Lassberg Nr. 110. Homeyer Nr. 480.

Das Landrecht umfasst in dieser Handschrift von Fol. 1 Sp. 1—74' Sp. 1 nur 358 Artikel, worauf unmittelbar das Lehenrecht bis Fol. 94' Sp. 2 in 125 Artikeln folgt.

Vgl. hiezu Rockinger L, woraus von S. 523—547—557 in III das Verhältniss zum Drucke LZ zu ersehen.

258.

München, ebendort, Cod. germ. 916, auf Papier in Folio im Jahre 1782 von dem Hofbibliotheksekretär Josef Kramer durchlaufend gefertigt. v. Aretin a. a. O. I Stück 3, S. 86/87, Nr. 36. Schmeller a. a. O. Sp. 251. v. Lassberg Nr. 111. Homeyer Nr. 481.

Abschrift der Nr. 256. Rockinger L S. 521, 555—557.

259.

München, ebendort, Cod. germ. 916[a], wieder auf Papier in Folio gegen Ende des 18. Jahrhunderts durchlaufend gefertigt. Schmeller a. a. O. Sp. 251. v. Lassberg Nr. 112. Homeyer Nr. 482.

Zweite Abschrift der Nr. 256. Rockinger L S. 521, 555—557.

[1] Nach dem unmittelbar auf das Lehenrecht folgenden Landfrieden des Königs Rudolf vom Jahre 1287 ist auf Fol. 100 bemerkt:

Der dis büches geschriben hat
Otmar Gossow, des nam hie stat,
für den bittent och ir alle,
das im genad erwerb Sanigalle

von dem allmaechtigen gott, das er zu sinem ende mitt sinem hailgen wirdigen fronlichnam werd gespiset. amen.

An sant Gregorius tag nach der geburt Christi thusent vierhundert vnd im zwai vnd sechtzigisten jar ze mittag ward dis büch vsgeschriben.

260.

München, ebendort, Cod. germ. 1139. Auf Papier in Folio durchlaufend — mit Ausnahme der zweispaltig geschriebenen Verzeichnisse der Artikel — mit rothen Ueberschriften der Artikel und mit rothen und grünen wie anfangs auch blauen Anfangsbuchstaben derselben im dritten Viertel des 15. Jahrhunderts gefertigt, aus dem Prämonstratenserstifte Schäftlarn stammend, in Holzdeckel mit rothem Lederüberzuge gebunden, früher mit je fünf Buckeln und mit zwei Schliessen.

Von Fol. 1—8' Sp. 2 finden sich die Verzeichnisse der Artikel des Ganzen.

Mit Fol. 9 beginnt das Buch der Könige alter Ehe bis Fol. 61'.

Das Pergamentblatt 62 bietet auf der zweiten Seite das in Farben ausgeführte Bild des Kaisers auf dem Throne, die Krone auf dem Haupte, in der Linken den goldenen Reichsapfel, mit der Rechten einem zu den Stufen des Stuhles knieenden Herrn in grünem unten mit Pelz verbrämtem Gewande die Fahne von Baiern-Pfalz hinreichend, während gegenüber eine geharnischte Figur kniet, welche in beiden Händen ein grüngebundenes Buch mit fünf Goldbuckeln hält.

Auf Fol. 63 beginnt ‚kayser Karels Lanndtrecht buche' in 350 Artikeln bis Fol. 159'. Von Fol. 160 folgt ‚das Lehenrecht puch' in 145 Artikeln bis Fol. 194', woran sich die ‚Articuli generales' bis Fol. 195' reihen.

Von Fol. 196—231' begegnet die goldene Bulle mit früheren Reichsgesetzen bis zum Jahre 1356 u. s. w. wie in den Nrn. 251, 254.

Vgl. Rockinger K, woraus von S. 182—190 in IV das Verhältniss zum Drucke LZ und zu der Ausgabe v. Berger's zu ersehen.

261.

München, ebendort, Cod. germ. 2148. Auf Papier in grossem Folioformate durchlaufend — mit Ausnahme der Verzeichnisse der Artikel, welche zweispaltig geschrieben sind — mit rothen Ueberschriften und rothen Anfangsbuchstaben der Artikel im 15. Jahrhundert gefertigt, nach einer Einzeichnung am unteren Rande des ersten Blattes im Jahre 1568 dem

‚Hanns Schilher Secretarius zu st. Haymeran jn Regenspurg' gehörig gewesen, nach einer anderen am oberen Rande daselbst am 31. Mai 1636 von dem ‚Joann. Georg. Treuttwein[1] capitaneus' besessen, von Johann Georg Lory[2] nach seiner Commentatio I de origine et progressu iuris Boici civilis antiqui S. 49/50 in der Note unter Nr. III im Jahre 1747 oder am Anfange des folgenden in der Bibliothek des berühmten Wiguläus Xaver Alois Freiherrn v. Kreittmayr[3] zu München gesehen, in starkem Pappendeckelbande mit braunem Lederüberzuge und Goldpressung am Rücken. Schmeller a. a. O. Sp. 251. v. Lassberg Nr. 113. Homeyer Nr. 485.

Die Fol. 1—11' enthalten die Verzeichnisse der Artikel des ganzen Werkes, dessen Inhalt unter der rothen Ueberschrift ‚In dem gegnburtigen volumen oder puech sindt geschriben vier hauppt puecher von den rechten, vnd mit nam' gleich an der Spitze folgendermassen bezeichnet ist:

von erst das lanndtrecht puech, dar jnne die gemain lanndtrecht begriffen sind als die aus den kaiserlichen rechten vnd annderer geschrift geezogn sindt;

das annder puech ist das lehen puech;

das dritt ist das laundrecht puech als es in der herren von Münichn oberlanndt gehalltn wirdt;

das vierd sindt dy statrechten zu München.

Von Fol. 1—73 Sp. 1 der alten je oben in der Mitte der ersten Seite eines Blattes roth angebrachten römischen Zählung reicht das Landrecht des sogen. Schwabenspiegels. Von Fol. 73'—102' Sp. 1 dessen Lehenrecht. Die Fol. 103—107' Sp. 2 sodann bieten noch die Anhangsartikel, wovon Rockinger F S. 310 und 318—335 handelt.

Nach einem leeren Blatte folgt von Fol. 109—152 Sp. 1 Kaiser Ludwigs oberbaierisches Landrecht vom Jahre 1346,

[1] Vielleicht gelangte an ihn diese Handschrift aus dem Besitze des Dr. L. Treytwein, welcher in einer Urkunde des Chorstiftes in Straubing vom 15. Mai 1509 als der Rechte Doctor, fürstbischöflich Regensburg'scher Rath, domkapitlischer Syndicus, auch damals Notariatsverwalter u. s. w. erscheint.

[2] Vgl. v. Eisenhart in der ‚Allgemeinen deutschen Biographie' XIX, S. 183—195.

[3] Vgl. v. Eisenhart a. a. O. XVII, S. 102—115.

von Fol. 152'—177 Sp. 1 dessen oberbaierisches Stadtrecht beziehungsweise das Stadtrecht von München.

262.

München, ebendort, Cod. germ. 3897. Auf Papier in Folio im Jahre 1428 von Oswald Holer[1] gefertigt, mit Ausnahme des zweispaltig geschriebenen Inhaltsverzeichnisses in durchlaufenden Zeilen, in Holzdeckeln mit gepresstem weissen Lederüberzuge und mit zwei Schliessen versehen, früher in die Bibliothek des Klosters Frauenzell, Cella s. Mariae, zwischen Brennberg und Wörth in der Oberpfalz gehörig, nach einer Einzeichnung aus dem Jahre 1838 im Besitze eines Dr. Karl Widmann zu Regensburg.

Von Fol. 119—125' Sp. 2 steht das Register über die folgenden Bestandtheile. Fol. 126—171 oder 1—46 einer alten gleichzeitigen schwarzen Zählung in der Mitte des oberen Randes enthalten das Buch der Könige alter Ehe. Fol. 172—256' beziehungsweise 47—131' des heiligen Königs Karl Landrechtsbuch. Fol. 256'—286' beziehungsweise 131—162' Kaiser Karls Lehenrechtsbuch. Fol. 162' und 163 die sogenannten Articuli generales. Fol. 288—303 beziehungsweise 164—179 die goldene Bulle Karls IV., und sodann bis Fol. 318 beziehungsweise 194 den Mainzer Landfrieden und andere Reichsgesetze bis 1323. Die Ueberschriften der Artikel dieser Stücke sind roth, die Initialen derselben gleichfalls, nur die grösseren am Beginne der einzelnen Stücke blau.

Vgl. Rockinger K, worin S. 182—190—206 in I das Verhältniss zum Drucke LZ und zur Ausgabe v. Berger's berücksichtigen.

263.

München, ebendort, Cod. germ. 3944. Auf Papier in Folio zweispaltig im Jahre 1424 beziehungsweise 1425 auf Veranlassung des Laudenbacher Stiftsherrn Konrad ab dem

[1] Fol. 318': Explicit liber per manus Oswaldj Holer brixinensis dyocesis, tunc temporis scriptor dominorum de Starckemberg necnon domini Johannis vom Tor zu Horenstain, anno domini millesimo quadringentesimo vigesimo octavo, in crastino sancti Martini.

Werde für Rudolf und Johann N[1] geschrieben, im 16. Jahrhundert nach einer Einzeichnung auf der inneren Seite des Hinterdeckels im Besitze der Gräfin Magdalena zu Montfort,[2] geborenen Gräfin von Oettingen, die auch ihren Lieblingsspruch ‚Timete deum' über den Namen gesetzt hat, in Holzdeckel mit ursprünglich rothem, noch oben und unten sichtbarem, jetzt gelbem Lederüberzuge gebunden, früher mit zwei Schliessbändern. Dem Vorderdeckel[3] ist aussen ein alter Pergamentstreifen mit Aufschrift aufgeklebt, von dessen erster Zeile jetzt nur mehr eine in die zweite herabreichende rothe Schlinge mit rothem Ausgange in der Mitte, als ob es der Rest eines G gewesen wäre, sichtbar ist, und schwarz: jn tutsch.

Die erste Hälfte des ersten Sexterns füllt ein Verzeichniss der Artikel des Ganzen mit Verweisung auf die im

[1] Nach der unmittelbar an das Lehenrecht geknüpften unter der rothen Aufschrift ‚vom stifter dis bůchs' beginnenden Schlussbemerkung: Ich Cůnrat ab dem Werde, tůmherre ze Lutenbach, tůn kunt allen den die dis bůch sehent oder hörent lesen, das ich es hies dar vmb schriben: wer sich nit verrichten wol könde von menger sache, der höre gern dis bůch lesen, won es bewerot alle die sache die man bedarff zů weltlichem gericht.

Finito libro sit laus et gloria Cristo. amen.

Dis bůch wart volbracht do man zalt von gottes gebúrt tusent vierhundert zweinzig vnd vier — dieses Wort ist roth durchstrichen, und darüber ein rothes v gesetzt — für Rudolffen vnd Hansen. Die letzten drei Worte sind roth geschrieben.

Explicunt jura.

Vgl. Rockinger A in den dort angeführten Abhandlungen der historischen Classe der Akademie der Wissenschaften in München XVIII S. 662 663.

[2] Nach der Stammtafel der Grafen von Montfort zu Tettnang älterer Linie in der Geschichte der Grafen von Montfort und von Werdenberg von Dr. J. N. v. Vanotti war sie die Gemahlin Ulrichs VI. Im Jahre 1520 erscheint sie urkundlich als Witwe, und starb am Freitage in der Osterwoche des Jahres 1525.

[3] Auf seiner Innenseite ist ein Stück eines auch noch den ersten Sextern mit einem kleinen Streifen umhüllenden Pergamentauftrages des Officialen der Constanzer Curie an den Pfarrer in Seckingen in einer Streitsache des Canonikers Ulrich von Grieschem zu Rheinfelden als Klägers und eines Schultheissen Nikolaus de Rinfelden wie seines Sohnes Nikolaus als Beklagter, diese beiden wegen Contumacie als excommunicirt zu erklären, aufgeklebt. Datum in Nuwenburg, feria sexta post fes(tum) beati Jacobi apostoli proxima, indictione secunda.

Texte selbst je oben in der Mitte schwarz angebrachten römischen Zahlen. Mit der zweiten Hälfte des Sexterns beginnt ‚der Küng bůch' alter Ehe von Fol. 1—55' Sp. 2, deren beide letzte Zeilen ‚Hie hept sich an dz lant recht pǔch ane dz recht' den Uebergang zum Landrechte in 378 Artikeln von Fol. 56—116' Sp. 1 und 116' Sp. 1—149' Sp. 1 mit dem Schlusse nach Art. LZ 219 ‚Hie ist das lantrecht bůch vz' und der rothen Ueberschrift ‚Hye vahet an dz edel bůch genant von lehen reht' vor Art. LZ 220 bilden. Mit Fol. 149' Sp. 2 beginnt unter der rothen Ueberschrift ‚Hie hept an das edel lehen bůch, vnd ist das drit stuck von rechten lehen' das Lehenrecht in 153 Artikeln bis Fol. 181' Sp. 1.

264.

München, ebendort, Cod. germ. 3967. Auf Papier in Folio zweispaltig mit je am oberen Rande in der Mitte angebrachter rother römischer Blattzählung mit rothen Ueberschriften der Artikel und rothen Anfangsbuchstaben derselben von „Joannes die czeit kyrchner czu Weyesclstorff' im Jahre 1444[1] gefertigt, früher als C. XCII im Reichsstifte s. Emmeram in Regensburg, von woher dem Reichshofrathe Heinrich Christian Freiherrn v. Senkenberg die in seinen Visiones diversae de collectionibus legum germanicarum im Anhange I S. 188 bis 190 mitgetheilte Beschreibung zuging, in Holzdeckel mit starkem weissen Lederüberzuge, der vorne andere Pressung als hinten hat, über den Rücken bis je in die Mitte des Vorder- wie Hinterdeckels. v. Lassberg Nr. 25, 130 im zweiten Absatze. Homeyer Nr. 486. Rockinger F S. 301.

---

[1] Am Schlusse des Lehenrechts Fol. 192' Sp. 2 ist Folgendes schwarz und [was in Klammern gesetzt ist] roth bemerkt:

Hie hat dicz buch ein ent.
Got vns seinen gotlichen segen sent.
Explicit, expliciunt.
Sprach dy katz czu dem hunt:
dy fladen sein dir vngesunt.

[Anno domini etc.] Noch Crist geburt tawsent vierhundert vnd darnach yn dem viervndvierczisten jar, an sand Peters abent genant kethen feyer, so hat man das buch genut amen. [das loue]

[Von mir Johannes die czeyt kyrchner czu Weyeselstorf geben. Et cetera plintschuch.]

Die Blätter 1—68' Sp. 2 füllt unter der rothen Ueberschrift ‚Hyhe hebt sich das Lantrecht buch an' das Landrecht, woran sich unmittelbar unter der rothen Ueberschrift ‚daz sint auch lantrecht. ob der herre eyn kyrchen leyht' bis Fol. 73' Sp. 1 die Zusatzartikel reihen, wovon Rockinger F S. 318—335 handelt, und dann bis Fol. 74 Sp. 2 die obendort S. 298—300 erwähnte gute Herren Lehre. Den Schluss dieser Spalte bildet der Uebergang zum Lehenrecht: Hye hebet sich daz Lehen buch an, mit den gleichfalls roth geschriebenen Versen:

Amen. solamen:
si deficit fenum, tunc accipe stramen.

Von Fol. 74' endlich bis 102' Sp. 2 reicht das Lehenrecht selbst.

Nach einem leeren Blatte folgt von Fol. 104—146 einer neuen Blattzählung eine böhmische Chronik in deutscher Sprache. Vgl. Bernhard J. Docen im Archive der Gesellschaft für ältere deutsche Geschichtkunde III unter Ziffer V S. 349—351.

Das Verhältniss unseres Land- und Lehenrechts zum Drucke LZ veranschaulicht Rockinger a. a. O. S. 302—315 in II 318—335.

265.

München, ebendort, Cod. germ. 4929. Auf Papier — mit Ausnahme des Pergamentbogens, welcher die erste Lage umfasst — in Folio in der ersten Hälfte des 15. Jahrhunderts zweispaltig mit rothen Ueberschriften der Artikel und rothen Anfangsbuchstaben derselben gefertigt, nach einer Einzeichnung auf der Innenseite des Vorderdeckels im Jahre 1770 dem Stadtschreiber Jos. Bernhard Parth von Moosburg gehörig gewesen, in Holzdeckel mit rothem Lederüberzuge mit theilweise noch erhaltenen kleinen Messingbuckeln, früher auch mit zwei Schliessen. Rockinger F S. 298—300.

Von Fol. 1 reicht ‚das Lant Recht pūch' bis Fol. 63' Sp. 1, woran sich bis Fol. 64 Sp. 1 ‚ein gut herren lere' reiht, worauf mit Sp. 2 unter der rothen Ueberschrift ‚Das sind auch landtrecht' die Anhangsartikel, von welchen Rockinger in F S. 310 und 318—335 handelt, bis Fol. 68 Sp. 2 folgen. Mit dessen zweiter Seite beginnt das ‚Lehenrecht puch' bis Fol. 93' Sp. 1.

Vgl. Rockinger F, woraus sich in der Spalte I S. 302—315—318 das Verhältniss zum Drucke LZ ergibt.

266.

München, ebendort, Cod. germ. 4979. Auf Papier in Folio durchlaufend im 15. Jahrhundert mit rothen Ueberschriften der Artikel und rothen Anfangsbuchstaben derselben gefertigt, in neuem Pappendeckelbande mit Ueberzug von marmorirtem Papiere, vielleicht nur mehr ein Theil einer grösseren Handschrift.

Auf Fol. 3 beginnt unter der rothen Ueberschrift ‚Hie hebt sich an daz landrecht püch, vnd lert wie man ain ygleich sach richten sol' das Landrecht in 377 Artikeln bis Fol. 86', woran sich die rothe Ueberschrift ‚Hie hebt sich an das lechen püech. Von Lechen recht' knüpft, welches in 90 Artikeln von Fol. 87—101' reicht. Am Schlusse steht schwarz: Hie hat daz püech ein ende der statrecht vnd landtrecht vnd auch lechenrecht. an sandt Thorotheetag geendet ist.

Es scheint, dass noch ein Artikelverzeichniss beabsichtigt gewesen. Wenigstens beginnt in der ersten Spalte des Fol. 102 unter der rothen Ueberschrift ‚Hie hebt sich an daz register des lantrech püech' ein solches, das aber nur mehr den Anfang ‚Ber in dem pann vnd in der aicht ist vber die gesecztea zeit j. Von dreyer hant frey lawtten j' enthält.

267**.

München, ebendort, Cod. germ. 5250/6 (a). Zwei Pergamentdoppelblätter in Quart, zweispaltig im 13. Jahrhundert mit rothen Ueberschriften der Artikel und abwechselnd rothen wie blauen Anfangsbuchstaben derselben geschrieben, je 29 Zeilen auf der Seite, aber auf dem zweiten Blatte mehr zusammengedrängt.

Das eine Blatt enthält die zweite Hälfte des Art. LZ 86a des Landrechts von den Worten ‚chan er daz, so hat er di rehten wisheit. ob er daz ubel lat vnd tut das gut' angefangen, und den Anfang von 87 a. Das zweite 101 bald nach dem Anfange von den Worten ‚fur, man verachtet in niht. vmb dehein chlage' an, 102, 103 bis zu den Worten: sines amptes reht niht. ein rihter sol ein rihter sin.

268**.

München, ebendort, Cod. germ. 5250/6 (b). Zwei Pergamentblätter, die inneren einer Lage, zweispaltig zu je 32 Zeilen um die Mitte des 14. Jahrhunderts mit rothen Ueberschriften der Artikel und rothen Anfangsbuchstaben derselben gefertigt, aus Regensburg oder dessen Umgebung stammend, woselbst sie als Bucheinband zu dienen hatten, daher die Vorderseite des ersten und die Rückseite des zweiten sehr gebräunt und theilweise abgerieben sind, vom Oberlieutenant Schuegraf daselbst im Jahre 1851 abgelöst, dann im Besitze des Dr. Karl Roth[1] zu München, der sie später um 30 Kreuzer abliess. Vgl. seine kleinen Beiträge zur Sprach- Geschichts- und Ortsforschung II (Heft 6, 2. Aufl.), S. 47 unter d.

Sie enthalten aus dem Lehenrechte noch 5 Zeilen vom Schlusse des Art. L 48, dann Art. 49 a und b, 50 a und b, 51 a und b, 52 + 53, 54 a und b, 55 + 56 + 57, endlich noch 6 Zeilen von Art. 58 bis zu den Worten: daz mag im niht geschaden.

269**.

München, ebendort, Cod. germ. 5250/6 (c). Ein Pergamentdoppelblatt in Folio, durchlaufend in je 42 oder 43 Zeilen in der ersten Hälfte des 14. Jahrhunderts mit rothen Ueberschriften der Artikel und rothen Anfangsbuchstaben derselben gefertigt, mit einer alten Zählung XX und XXIII in der Mitte des oberen Randes, im Jahre 1631 Bucheinband, aus Regensburg von Maurus Gandershofer, der es wohl von dem dortigen Assessor am städtischen Handelsgerichte, Krüner, erhalten, am 14. September 1842 an Dr. Karl Roth[1] zu München überbracht, welcher es später um 54 Kreuzer käuflich abliess. Vgl. a. a. O. Heft 6 (2. Aufl.), Anhang S. I—IX, woselbst sie abgedruckt sind.

Sie enthalten aus dem Landrechte: LZ (Vorw. e), Vorw. f + g, Vorw. h, Art. 1 a + (1 b), 2, (3); (15), 16, 17, 18 + 19 + 20, 21, (22).

269½**.

München, ebendort, Cod. germ. 5250/6 (d), von den Deckeln des Duplum 969 in Quart abgelöst. Bruchstücke einer

[1] Vgl. Dr. Hyacinth Holland in der ‚Allgemeinen deutschen Biographie' XXIX S. 338/339.

Handschrift auf Papier in Folio, durchlaufend, mit rothen Ueberschriften der Artikel und rothen Anfangsbuchstaben derselben, aus dem 15. Jahrhundert.

Sie enthalten folgende Artikel des Landrechts in der Gestalt der von Johann August v. Berger herausgegebenen Nr. 405: LZ 33,[1] 34,[2] 35 (36 als zwei Artikel),[3] 37, 38, 39, 40, (42). (148),[4] 149,[5] 150, 155*, 27.

270.

München, ebendort, Cod. germ. 5335. Auf Papier in Folio durchlaufend — mit Ausnahme des in zwei Spalten geschriebenen Inhaltsverzeichnisses — wohl erst im letzten Viertel des 15. Jahrhunderts gefertigt, in helles, aussen schön geglättetes Schweinsleder in der Weise gebunden, dass über ihren Rücken ein mit dunkelbraunem Leder überzogenes Holzblatt befestigt ist, welches gegen oben und unten ein Lederknöpfchen zeigt, während das Schweinsleder der hinteren Seite noch zum Umschlage über das der vorderen bis zur Mitte reicht und gegen oben wie unten mit feingedrehten Spagatschnürchen — von deren oberem die Enden schon seit längerer Zeit abgerissen zu sein scheinen — behufs besseren Verschlusses ohne Zweifel zum Einhängen in die beiden Lederknöpfchen am Rücken versehen ist. Am Anfange des 17. Jahrhunderts trug der Besitzer dieser Handschrift — ob Dr. Johann Diemer? oder Dr. Paul Dinsbeck? oder Dr. Michael Pühelmair? oder wer immer — zu Regensburg[6] in sie Verweisungen auf das sächsische Land-

[1] Mit der Ueberschrift: Von gericht vmb ain gut.

[2] Wie der man des weibs mayster ist.

[3] Der erste schliesst in LZ 36b: selb drit das er den sinns von jm emphieng. oder er pring es fur mit poten der jme antwurt. so hat er sein gut pehabt.

[4] Von LZ 148c an: ein sullen komen, also das du ainem yeglichen als vil gebst als er dort het. do sass Moyses vnd Eleasar ulder vnd ander weys lawte, vnd nam auch u. s. w.

[5] Mit dem Schlusse: dem mann geben. vnd ist er dannoch auf dem gut. Wenn sich ain yeglich gellt oder sinns ergangen hat, das sayt dies püche hernach.

[6] In dem Vortrage in der historischen Classe der Akademie der Wissenschaften zu München vom 9. November 1867 habe ich S. 421 auf den Dr. Paul Dinsbek hingewiesen.

Im Hinblicke auf zwei im baierischen Reichsarchive hinterliegende Testamente der Doctoren beider Rechte Johann Diemer und Michael Pühelmair liesse sich wohl auch an diese denken.

recht[1] wie Bemerkungen aus der Nr. 215 und insbesondere der Nr. 216 ein. Am 25. April 1833 erwarb sie von dem fürstlich Freising'schen Hofrathe Franz von Paula Hoheneicher[2] zu Werdenfels beziehungsweise Garmisch und Partenkirchen, später an der Hof- und Staatsbibliothek zu München, um drei Kronenthaler der Hofrath und Oberbibliothekar Heinrich Föringer[3] zu München, aus dessen Besitz sie in den Siebzigerjahren an

Der letztere bestimmte am 8. Februar 1590 in einem Alter von 69 — on eins sechtzig — Jahren in seinem mit eigener Hand geschriebenen und mit seinem angebornen Insiegel bekräftigten letzten Willen für seinen Sohn Benignus ausser Anderem, darunter aus seinem Silbergeschirre die grosse ,verguldte scheybern, welche ihm vor Jaren samentlich die Erbarn frey vnd Reichstett auf gehaltenem Reichstag anno etc. 76 alhie verehrt vnd geschenckht' hatten, folgendes: Dieweil mein Sohn, Dr. Benignus Pühelmair, meines beruffs vnnd studij Juridicae facultatis ist, vnd aber mit vberflüssigen Puechern der notturft nach noch nit fursehen, das solchem nach die andern meine khinder vnd erben oder Eniglhlein demselben meinem Sohn Dr. Benigno alle vnnd jede meine buecher so er zuuor nit hat in Juridica facultate sollen zu einem voraus vnd vortheil volgen lassen, des vertrauens, was vnd souil er sollicher buecher zuuorhin hat das er dieselben verners nit solt noch werdt der billigkheit nach anbegeren, sonder dieselben neben vnd sambt andern meinen vbrigen puechern so wol in Theologia alss artibus vnd historijs in gleiche theilung zwischen inen samentlichen freundtlich vnd billich khumen lassen u. s. w. Mag in der Sammlung dieser juristischen Werke unsere Handschrift gewesen sein, keinesfalls können die im Februar 1609 in sie gemachten Einträge aus der Nr. 216 von Dr. Michael Pühelmair stammen, da die Eröffnung des berührten Testamentes bereits am 3. August 1590 stattfand, sondern müssten dann von dem erwähnten Dr. Benignus Pühelmair herrühren.

Mehr spricht wohl für Dr. Johann Diemer. Er verfügte in seinem von ihm unterzeichneten letzten Willen vom 10. März 1612: Meinem Sohn Abrahamb, der Rechten Doctor, verschaff vnd vermache Ich zu einem Voraus alle mit meinen selb aignen Handen geschribne sambt den Gedruckhten durch mich selb Glossirten Buecheren. Doch hergegen soll er die ihenige Authores Juris die er selb zuuor bereit bekommen in gemeine Erbschafft eintzuwerfen schuldig sein u. s. w. Die Unterzeichnung des Testamentes dürfte nicht gegen die Möglichkeit der Gleichheit der Schrift in den Einträgen in unserer Nr. 270 sprechen.

[1] Vgl. Rockinger a. a. O. in der Note zu S. 11—13.

[2] Vgl. über ihn Kunstmann's Nachruf im siebenten Rechenschaftsberichte des historischen Vereins von Oberbaiern, S. 60—77.

[3] Vgl. die Lebensskizze desselben von Dr. Christian Häutle im Rechenschaftsberichte des historischen Vereins von Oberbaiern für die Jahre 1879 und 1880, S. 127—212.

ihren jetzigen Lagerort gelangte. Homeyer Nr. 191. Rockinger A S. 408—436; K S. 179.

Hienach bildet den Inhalt zunächst das Verzeichniss der Artikel des Buches der Könige alter Ehe wie des Land- und Lehenrechts, dann diese drei Stücke selbst in der Weise, dass am Schlusse des Landrechts die sogenannten Articuli generales, worüber Rockinger K S. 175/176 zu vergleichen, stehen.

Das Verhältniss des Land- und Lehenrechts zum Drucke LZ wie v. Berger's ist bei Rockinger K S. 182—191 in Spalte V und S. 190—206 ersichtlich.

[München, ebendort, Cod. germ. 5715 = unten der] Nr. 282.

[München, ebendort, Cod. germ. 5716 = unten der] Nr. 273.

271.

München, ebendort, Cod. germ. 5922. Auf Papier durchlaufend ohne Ueberschriften nur mit rother je in der Mitte angebrachter Zählung der Artikel mit rothen Anfangsbuchstaben derselben im 15. Jahrhundert gefertigt, nach Einzeichnungen auf der ersten Seite im Jahre 1612 einem Jakob Khnaupp[1] gehörig gewesen, am 1. September 1632 im Besitze des ‚Frater Angelus Weinman ordinis s. Francisci zu Regensburg, dann in der Bibliothek des Minoritenconventes daselbst, endlich aus der dortigen Stadtbibliothek im Jahre 1876 hieher gelangt, in starkem Holzdeckelband ohne Ueberzug, oben am Rücken mit einer Papieraufschrift: Liber Quodlibet, welche Bezeichnung[2] sich auch von neuerer Hand oben am ersten Blatte der Handschrift selbst nach dem Vermerke Khnaupp's findet. Auf einem dem Hinterdeckel innen aufgeklebten Stücke einer Pergamenturkunde des 15. Jahrhunderts, welches sich noch um die letzte Lage schlingt, ist noch zu lesen: dorzü sol ir yegleicher ainen erbern mon geben. vnd sol Peter Haller,

[1] Von ihm ist auf dem ersten Blatte am oberen Rande bemerkt: Sum ex libris Georgij Jacobi Khnauppen. Anno 1612.

Sodann am unteren: Hoc tempore Fratri Angelo Weinman Ordinis s. Francisci. Anno 1632, primo die septembris.

[2] Vgl. Prof. Dr. Johann Friedrich Schulte, Geschichte der Quellen und Literatur des canonischen Rechts II, S. 160.

burger zü Nürnberg ain gemainer sein .... da sol ez bey beleiben. vnd wann sy bayderseytt den vorgenanten Haller darumb pittent, so u. s. w.

Den Inhalt bildet die Gestalt des kaiserlichen Land- und Lehenrechts, wovon Rockinger in P handelt. Die ersten drei Blätter füllt der Eingang, theils lateinisch, theils deutsch, welcher von S. 2 bis in die ersten sechs Zeilen der S. 6 das Verzeichniss des ersten Theiles des Landrechts in sich schliesst. Dann folgt dieser selbst bis Fol. 24'. An das Verzeichniss seines zweiten Theiles auf zwei Blättern und der ersten Seite des dritten reiht sich dessen Text von der zweiten Seite bis Fol. 62' unter dem schwarzen Schlusse in rother Einfassung: Hie hat das ander teil des pûches ein end. Die nächsten zwei Blätter enthalten das ‚Register des dritten Teil des buchs' und von Fol. 65—83' diesen selbst, nämlich das Lehenrecht, an dessen Ende schwarz steht: Et sic est finis illius libri. Deo gracias.

272.

München, ebendort, Cod. germ. 5923. Auf Papier in Folio zweispaltig von Christof Vetter in Höchstadt im Jahre 1459[1] gefertigt, früher im Convente der unbeschuhten Carmeliten zu Regensburg, dann in der Stadtbibliothek daselbst, von welcher er im Jahre 1876 hieher gelangte, in Holzdeckel mit braunem gepressten Lederüberzuge gebunden, früher vorne und hinten mit je fünf Buckeln oder anderen Verzierungen versehen, mit zwei Messingschliessen, über dem Rücken einmal mit braunem Papier überpappt und jetzt mit weisser Oelfarbe überstrichen und mit der schwarzen Aufschrift daselbst: De Hochenstratt Landrecht der Layen 1492 MS.

Voran geht auf 25 Folien ohne Blatt- oder Seitenzählung ein Verzeichniss der Artikel des Land- und Lehenrechts unter der rothen Ueberschrift ‚Ditz ist ain lant recht bûche der layen. wa von der man lesen wil, dz sûche er an dirr taffeln vnder dem numero hin' je mit Beziehung auf die

[1] Nach der rothen Schlussbemerkung auf Fol. 177 Sp. 2: Et sic est finis istius libri per me Cristofferum Vetter de Hochenstat nacionis de Vrach. Et finitus est iste liber jn die sancti Leodegary sub anno jncarnacionis 1459 etc.

oben in der Mitte mit arabischen Zahlen bezeichneten Folien des Textes. Das Landrecht reicht von Fol. 1–123 Sp. 2, das Lehenrecht von Fol. 126—170 Sp. 2.

Von Fol. 123' bis nicht ganz zur zweiten Hälfte der zweiten Spalte des Fol. 124 findet sich das Gedicht ‚Es was syn rich sündig man' u. s. w. mit dem Schlusse: Hie ist ditz bispil usaz. da sol ain yetlich man an gedencken. vnd was er gott enthaisse güter dinge, das sol er laisten. Vgl. den Abdruck aus der Nr. 85 in der Ausgabe des Freiherrn v. Lassberg S. 18–19 in der Note. Deutschenspiegel Art. 29c in der Ausgabe Ficker's S. 49—52.

Von Fol. 124 bis nicht ganz zu einem Drittel der zweiten Spalte des Fol. 125' folgen die Artikel 32,[1] 36,[2] 38[3] des Deutschenspiegels.

Von Fol. 171—176 Sp. 1 findet sich ein interessanter Aufsatz über die weltlichen und geistlichen Gerichte des Hochstiftes Wirzburg wie über das bambergische Rottbach und das Landgericht zu Nürnberg mit einer besonderen Anspielung auf das kaiserliche oder Reichsgericht zu Rothenburg an der Tauber am Schlusse.

Unmittelbar hieran reihen sich von Fol. 176 Sp. 1—177 Sp. 2 Judeneide.

Einen besonderen Reiz verleihen dieser Handschrift auch noch Hinweise auf ihren eigenen Inhalt und Beziehungen zu demselben, dann Verzeichnungen von diesen und jenen Abweichungen anderer Codices, weiter theilweise sozusagen Vorschläge zu Aenderungen der Fassung, wohl in der Vorlage als

[1] Unter der rothen Ueberschrift: Ob man oder frow on geschefte stirbet oder on erben.

[2] In zwei Artikeln. Der erste unter der nicht wie sonst rothen, sondern nur roth eingefassten — schwarzen Ueberschrift ‚Erbe' lautet: Alle tütsche land oder lüte mügen sich vernemen an jr erbe inner dryssig jaren, on der künig der das riche baut vnd die Swaben etc. Dann folgt unter der rothen Ueberschrift ‚Von des richs vnd der Swaben erbe' weiter: Das riche vnd die Swaben enmügen sich nymmer u. s. w. bis: den Swaben geben, die nerdienten mit jr frömkeit, die wir hernach wol sagen.

[3] Unter der rothen Ueberschrift: Von vngebornen erben, als da ain wib kind trayt nach jrs mannes tod.

Randbemerkungen befindlich gewesen, hier aber gleich unmittelbar an den je treffenden Stellen dem Texte selbst einverleibt.

Was das erste anlangt, bestehen die zum Theile zahlreichen Hinweise auf ihren Inhalt und Beziehungen zu demselben entweder

a) lediglich in der ganz allgemeinen Bezeichnung ‚numero isto' ohne eine weitere desfallsige Angabe, für welche allerdings sozusagen regelmässig ein gewisser Raum leer gelassen ist, in welchen wohl seinerzeit die je treffende Zahl noch eingesetzt werden sollte oder jedenfalls leicht eingesetzt werden konnte. So beispielsweise auf Fol. 16' Sp. 1 = LZ 34 am Schlusse: wann als das büche hie uor seit numero isto. Fol. 52' Sp. 1 = LZ 149 nach dessen Schlusse: ob er dannoch uff dem gůte ist wann sich ain yetliche gelt oder zins ergangen habe, daz seit dis bůche hie uor numero isto etc. Fol. 95 Sp. 2 = LZ 308 S. 131 Sp. 2: vnder yetlichem byschoue vnd abbt vnd abtissin die gefürstet sind hand die dienstman sünderliche recht. da uon mag man jr aller recht nit wol vnderschaiden, als auch vorn jnn dem bůche numero isto berü[r]t ist. danne yetlicher habe u. s. w. Fol. 115' Sp. 2 = LZ 374 I am Anfange: jn sins uatters pflege ist, on die süne die wir hie uor geschriben hān numero isto, das ist des uatters mit rechte. Oder

b) sie beziehen sich auf nichts weiter als auf ein Blatt der Handschrift. So bei der Einschiebung des Artikels ‚Von totlibe vnd wie brüder' zwischen LZ 25 und 26: Totlib ist als du an dem nachuolgenden blat vindest. Fol. 38' Sp. 1 = LZ 106a: Wer in als vil achte kummet als da obnen geschriben an dem naechsten blat stet, der ist yetlichem richter. Fol. 127' Sp. 1/2 = LZ Lehenrecht 7: das er jm hulde tůe vnd swere als do vörn folio precedenti gesprochen ist. Oder

c) sie enthalten eine Anführung bestimmter Zahlen. So auf Fol. 9 Sp. 1 nach dem Schlusse von LZ 14: vnd da uon den lüten gelten. das ist da uon das es der brůder erarbait haut. ist weder uatter noch můter noch swester da, so nemen es die nesten erben. ayn ietlich mensche ist erbe biss es gerechnen mag an die sibenden sippe, als och das büche hie uor numero 5 saget. Fol. 12 Sp. 1 2 = LZ 22 am Anfange: wil ers ym sicher machen, er sol jm schrifft dar über geben, ain hantuest, als hernach uon dem libding numero xij geschriben stet. Fol. 58' Sp. 1 = LZ 172: an den höhern richter. das sollen sy tůn als hie uor numero isto xxx gesprochen ist. Fol. 62' Sp. 2 = LZ 254 am Schlusse: vnd wert er sich, das stet jn dem selben recht als hie uor numero isto lxiiiiii geschriben stett etc. Oder

d) sie bieten eine ganz unzweideutige Anspielung auf diesen oder jenen Artikel. So auf Fol. 8 Sp. 1 = LZ 10: Vnd stirbet ayn man, so ist man den erben wol schuldig was man jm gelte[n] solte, daz man behaben mag als e recht ist, ut supra: mit welchem etc. Fol. 43' Sp. 2 = LZ 123b: wen man zů künig welt, der sol sin recht wolbehalten han, recht als hie uor numero isto geschriben stet von den richtern: in welicher achte die sullent sin [so man] die kieset, jn der selben achte söllen ouch sin die künige so man sie küset. Fol. 49' Sp. 2 = LZ 142 gegen das Ende: vnd also uellet der dienstman usaz dem sechsten jn den sibenden. das sagt vns das lehenbůch wol her nach numero isto: welliche recht die habent die jn dem sibenden herschilt sind etc. Fol. 90' Sp. 2 = LZ 288 a am Schlusse: mit siben mannen uolkumner lüte. hie uor ist wol gesprochen numero isto, wer gezüg müge sin oder nit. Fol. 95 Sp. 1 = LZ 307 a gegen das Ende: er sol ouch faren für sinen lüttpriester, vnd sol des rate ouch haben etc. der sol jm raten als an dem bůche geschriben staut uon dem aide da obnen. Dann sind

e) beachtenswerth ganz bestimmte Hindeutungen auf Artikel, welche erst später folgen. So findet sich in dem Artikel welcher = LZ 291, 292, 317 I, 318, auf Fol. 92 Sp. 1 noch: Und ist das ayn frie frow jren aigen man zů jr layt etc. *stat retro*[1] *numero isto x.* — Es ensol ouch kain fremder man fremds wib rügen. *stat eciam retro*[2] *numero supra dicto.* — Es mag ain man sin wib wol riegen, vnd ain wib etc. *stat retro*[3] *prenotato numero.* — Vnd ist das ain cristen man by ainer jüdin litt. *stat prenotato loco.*[4] — Vnd wil ain frier man sich

---

[1] Nämlich auf Fol. 101' Sp. 1 nach dem Art. LZ 318. Er entspricht hier dem Art. 319.

[2] Auf Fol. 101' Sp. 2. Er entspricht dem Art. LZ 319.

[3] Ebendort, entsprechend dem Art. LZ 321.

[4] Auf Fol. 101' Sp. 1 und Fol. 102 Sp. 1. Er entspricht dem Art. LZ 322.

selber an ain kirchen geben. *stat prenotato loco.*[1] — Welcher fryer man sin gůt also an ayn gotzhuusz git etc. *prenotato loco*[2] *stat.* — Im Lehenrechte knüpft sich ohne Ueberschrift und ohne rothen Anfangsbuchstaben, aber in neuer Zeile auf Fol. 127' Sp. 2 an den Art. LZ 7 an: Vnd haut ain man gůt zů lehen von aym herren das sein aigen ist, vnd wirt jm jn des richs dinste gebotten, der man sol dem herren dyenen da uon als ob er es uon dem riche hette. vnd solt man von dem riche *stat retro*[3] *numero etc.*

f) Abgesehen von diesen Erscheinungen stossen wir nicht selten auf die Anführung anderer gleichbedeutender Ausdrücke, meist mit ‚vel' oder ‚seu' bemerkt. So auf Fol. 6 Sp. 1 beim Art. LZ 3a gegen das Ende: nagel möge. wer nun sippzale recht vnd endhafft raiten vnd zelen wil, der sol sy also raiten als hie geschriben stet. vnd welliche kind *uel sippschafft* sich zwischen dem houbt u. s. w. — Fol. 8 Sp. 2. LZ 11b: freuelt an dem richter *uel gerichte* oder sinen fronbotten. — Fol. 37 Sp. 2. LZ 103: vnser her Jesus Christus botte dem rate *uel juden* also gůt rede. — Fol. 46 Sp. 2. LZ 132b: Der kunig sol kain uanlehen *oder nunlehen* jn siner u. s. w. — Fol. 74 Sp. 2. LZ 225: vnd ist das ain man *uel ain diep* ainem man git dieplich gůt, vnd jener u. s. w. — Fol. 75 Sp. 2. LZ 229: vnd git er mir sin arbait *seu habe* dar an, oder ain phenning dar uff, vnd das belibet u. s. w. — Fol. 81' Sp. 1. LZ 253b: da sol man jn nordern uon gerichtes halben *seu non gerichtes wegen.* — Fol. 87 Sp. 1. LZ 266: des sol man jm frist *seu fryde* geben dry uierzehen necht. — Fol. 90 Sp. 2. LZ 285: sy haben vnrecht vrtail gegeben *seu funden*, das sol man sy beclagen uor dem hoheren gerichte *vel richter*, daz ist der von dem u. s. w. — Fol. 96' Sp. 2. LZ 308 am Schlusse: hand die herren es mit gewonhait dar zů bracht, daz sy es für recht halten *vel wellent han* etc. — Fol. 99' Sp. 1. LZ 317 bald nach dem Beginne: der sol sin gůt wol anvangen *vel anuallen* mit

[1] Auf Fol. 102 Sp. 1 und 2, entsprechend dem Art. LZ 323a.

[2] Auf Fol. 102 Sp. 2 bis Fol. 102' Sp. 2. Er entspricht dem Art. LZ 323b.

[3] Nämlich auf Fol. 162' Sp. 2 bis 163 Sp. 1, entsprechend dem Art. LZ 129, mit dem Schlusse: da uon ze dienen den dyenst als dits bůche seyt hie uor numero isto. Dann in neuer Zeile: Wie die hern vnd wenne als dem künig dienen süllen, das sagt dits bůch predicto numero etc.

des richters vrlowb. — Fol. 101' Sp. 2. LZ 320 am Schlusse: vnd ouch sin hochgesind mag sie ouch riegen mit jm *vel mit rechte* etc. — Fol. 109' Sp. 2. LZ 358: allen herren die lantte-geding *vel lantteding* sullen gebietten uff dem lande, das sy es u. s. w. — Ebendort: ob sie zû tagen komen sint, zû uier vnd zwaintzig jaron *vel xxi jar*. als ain herre u. s. w. — Fol. 115' Sp. 1. LZ 370 am Schlusse: hutt vnd hare abslahen an der scharlott *vel an der schreiat* by dem hochsten etc.

g) Hier und dort begegnen auch nähere Erklärungen oder Erläuterungen. So auf Fol. 21' Sp. 1 beim Art. LZ 47 am Schlusse: die erbent ir möge wol, *scilicet patres*, ob sy zû e kinden sint gemacht, als hie obnen geredt ist etc. — Fol. 21' Sp. 1. LZ 48: ob man die selben rowbs oder diepstal ander-stund, *id est anderweit*, zihet. — Fol. 109' Sp. 2. LZ 358: er sin lantteding gebotten habe. als er, *scilicet ipse dominus*, dann dar kummet, so sol er sinen fronbotten frögen, ob er das lantte-ding also gebotten habe als er jn hiessz. da sol er u. s. w. — Hier mag auch noch eine Stelle aus Fol. 17 Sp. 1 zu LZ 36a angeführt sein: so belibent brieff ymmer stete. ditz das haissent hant uesten. *nota hant uest ist als uil gesprochen als lang uest, dar vmb das ain töter gezüg dar an als uil hilffet als ain leben-diger*. vnd hilffet ayn töter gezüg dar an als uil als ain leben-diger. wer ouch von layen u. s. w. Manchmal auch

h) scheint es gewissermassen auf eine Art Verbesserung des Textes abgesehen, häufig durch ‚vel sic' eingeleitet. So auf Fol. 34' S. 2 beim Art. LZ 93: wer zû dem dinge nit komen sy zû der zitt, *vel sic: zû rechter ding zitt*, ob er jm wotten solle. — Fol. 41 Sp. 1. LZ 114a: da sol der richter sin botten, *vel unum nuncium*, zû geben, das die hören wer an der vrtail volköme nor dem künige. — Fol. 70' Sp. 1. LZ 207a: kummet des andern gewer nit, der haut verloren. vnd koment sy baide mit jren gewerens, so sullen sy kummen für den richter, vnd richten vmb die gworn. *vel sic: vnd die gweren mit ain ander rechten*. vnd wollichs gwer u. s. w. — Fol. 78' Sp. 1. LZ 243 nach dem Schlusse: Wir sprechen, das kainer richter gar sol nemen den lib vmb gwild noch vmb gefügel noch vmb vische. *et hoc in alijs uerbis: vmb vische vnd vmb uogel vnd vmb gwild verwurrket nyemant sin lib gar*. — Fol. 86' Sp. 1. LZ 264: an jn gebrechen müge durch die starcke ueste vnd burge [die sie] hand vnd durch die warhafften lüte die sie hand. *vel sic: durch die warhafften lüt die alle zitt by den fursten sullen sin. vel sic: durch die warhafften lüte die die fürsten alzit sullen füren.* des ist doch nit recht. — Fol. 88' Sp. 1. LZ 276e: dem mussent sy antworten. *vel sic: das ist da von das sie von dem rechte sint geschaiden vnd von der gemaind der cristenhait vor gaistlichem gerichte vnd vor weltlichem. vel sic: das ist da von das sie gesetzt sint von dem rechte der cristenhait vor gaistlichem gerichte vnd weltlichem.* vnd ist er in jr sim, es ist u. s. w. — Fol. 89 Sp. 2. LZ 281: das der acker vor gericht behabt sy, vnd er das wärs wais das der richter sin botten dar uff geschicket vnd genem habe geantwürte mit gerichte, *vel sic: vnd jenem daruff fryde gebannen,* so verluset er u. s. w. — Fol. 94 Sp. 1. LZ 304c: gebristet jm it, des sol jm der richter wer von genes güt. *vel sic: gebristet it, er sol jnn base verpfenden.* vnd sint die by ain ander u. s. w. — Fol. 100' Sp. 1. LZ 317 S. 140 Sp. 2: vnd kumpt es an den dem der dieb oder der rowber das güt da von ersten gab, *vel dem der dieb oder der rowber syn güt haut genommen,* vnd hand die dieb oder die rowber nit gütes u. s. w.

Sozusagen als eine Auswahl auch aus anderen Codices unseres Rechtsbuches finden sich unter der Angabe ‚alter' oder ‚alii' oder ‚aliqui' Anführungen aus solchen. So auf Fol. 10' Sp. 1 und 2 bei Art. LZ 18: sim wibe zü morgengabe gegeben müge. *alij addunt: on siner erben erlowp. vnd haut der man nit erben die das ertrich an höre, wes daz gerichte denn sy, dem tu die frowe das selbe. vel hec verba. etc. vnd sol also rümen daz man das güt icht bösere. sie sol es aber e die erben an bietten nach frummer lüt chur was dar uff ist. vnd was die jr haissent geben, das sol sie nemen. vnd haut der man nit erben die daz ertrich an höre, wes daz gericht dann sy, dem thw die frow das selbe.* des morgens an dem bette, oder so er mit jr zü tisch geet, oder u. s. w. — Fol. 15' Sp. 2 LZ 30: vnd wellichs er der synes berette mit sin zwayen vingeren, oder selb dritte; *aliqui habent: ob er sy statt haut;* so sol man jm u. s. w. — Fol. 21 Sp. 2. LZ 45: es versprechent dann die erben ynner jar vnd tage, als mit gezugen recht ist. *aliqui habent: das es ir rechtes erbe sulle sin.* vnd versument sy das, sy mügent u. s. w. — Fol. 25 Sp. 2. LZ 63 am Schlusse und

64 am Anfange: da sullen sy dem kinde uon gelten, oder dem der die erben an claget. vnd gebrist an dem gute, die erben sullen nit gelten von kaynem jren aygen gůt. *vere omnes alij libri hic sic habent: das ist der kinds recht die vnder fünff vud zwaintzig jaren sind.* nu sprechen wir uon den die hän bisz sy zů fünff vnd zwaintzig jaren köment. was die getůn mit jren pflegeren, das sol u. s. w. — Fol. 74 Sp. 2 LZ 225: e an dem vierden tag, wil er, so haut ern für syn diep. *alij addunt, et bene: also ob er jn dar vmb gefragt vnd er sy gelönet haut.* vnd beclagt er jn uor gericht, er můsz u. s. w. — Fol. 79' Sp. 2 LZ 247 b gegen den Schluss: was er enpfangen haut. des kindes gůt sol er ainen pfenning nit behaben das er enpfangen haut. da mit bůsset er. *aliqui addunt: das er es mit vnrechter zichtigung haut uertriben.* lauffet es aber hin durch u. s. w. — Fol. 83 Sp. 1. L 256: so sol sie zwo biderbe frowen besenden. die sullen sie beschen an jr haimlichen statt. vnd sagent die by jr tawffe, *alter liber habet: by jr aide*, das sy lebendiges u. s. w. — Fol. 84' Sp. 1. LZ 260 gegen Ende: slecht ouch ain cristen ain juden, *alij habent: ze tod*, man richtet uber jn als er ain cristen erslagen hette. — Fol. 95 Sp. 1. LZ 307 a gegen den Schluss. wes der man swert da er sinen lib, *alij addunt: [oder] sin gůt*, mit mag ledigen, vnd er anders u. s. w. — Fol. 113 Sp. 1. LZ 367 am Schlusse: das man sie also lebendig solt brennen. *jtem aliqui habent: lebendig begraben.*

Insbesondere findet sich eine Anzahl solcher Anführungen aus einer als ‚antiquus liber' bezeichneten Handschrift. So auf Fol. 15' Sp. 1 beim Art. LZ 29: Wellich man uon ritterlicher art nit ist, *antiquus habet: der haut des herschiltes nit,* vnd des herschiltes nit haut, der erbet doch u. s. w. — Fol. 17 Sp. 2. LZ 36 b: des sol er jn über zügen selb dritte biderber lüte die das sachen das er den zins uon jm enpfieng; *antiquus liber addit: vnd jm sines rechtes jach;* oder der botte den er jm zů schinbotten gab: *antiquus liber habet hie: da mite haut er sin libding behabet;* so haut er sin gůt behabt. vnd ist das[1] ayn man, *antiquus liber: libding*, gůt gewinnet zů zwaien liben oder zů aim, vnd benennet u. s. w. — Fol. 17' Sp. 2. LZ 36 i: wil er das gůt on werden, man sol es den herren uon erste en-

[1] In der Handschrift steht: es

bietten. vnd wil er also uil dar vmb geben als ander lüte, so gebe man yms. *antiquus liber habet: vnd man sols dem herren nit neher geben wann als aim andern. jtem: lauget der herre das es jm nit an gebotten sy, des sol man jn über eügen selb dritte die es wäre wissent das jm an gebotten sy.* wil er des nit, so gebe ers wem er wolle, sin recht, u. s. w. — Fol. 19' Sp. 1. 2. LZ 42: man sol aynen galgen richten zů der lantstrasse, vnd sol jn dar an henecken. *antiquus liber addit: ander rouber sol man enthopten. so die straussrouber den straussroub genement,* ist das sy gerüwet das sy den straussroub genomen hand, vnd gebent sy u. s. w. — Fol. 22' Sp. 1. LZ 55: vnd haut ander pfleger, wider der willen tůt er es ouch wol. *antiquus liber addit: vnd behebt sin lantrecht wol.* also ob sy jr flaisch zů ain ander hand gemischet. vnd ist das nit u. s. w. — Fol. 22' Sp. 1. 2. LZ 55: vnd nymet sy ain man wider jr uatter vnd můter vnd jr fründe willen, die e ist stete. *antiquus addit: als hie oben gesprochen ist.* wil man es dem jungling u. s. w. — Fol. 25 Sp. 1. LZ 63: vnd tůt er it das jn nit gůt ist, als sie zů iren tagen kummen sint, *antiquus addit: zů vierzechen jaren,* sy sprechent jn wol u. s. w. — Fol. 27 Sp. 1. LZ 68 b: in weltlichen rechte die můter jn der selben wile ist, in dem sint ouch die kind. *antiquus liber addit [h]ic: man sol dem kinde ye das weger geben an der statt.* wir haben von der schrifft, das nieman u. s. w. — Fol. 58' Sp. 1. LZ 172: es sol jr yetlicher uff aim bancke sytzen. *antiquus liber habet: sedes.* vnd vrtail vinden uber ayn yetliche sache. — Fol. 60 61. LZ 177: haut das kind manslacht getan oder wunden, man sol jm da wider nicht tůn, wann ain kind das vnder vierzehen jaren ist das enmag sinen lip noch sins lips ain tail uerwürcken. *antiquus liber habet sic hic: haut das kind die wunden getan, man sol jm dar wider tůn als dar vor gesprochen ist. vnd wil es gůt geben so es uber vierzehen jar kummet, das sol man nemen also ob es die schulde venders vierzehen jaren tette.* ein kind das siben jar u. s. w. — Fol. 62 Sp. 1 ist nach LZ 180 bemerkt: *Item antiquus liber habet hic eciam illud capitulum etc. Wer ain man geuangen hat, der můz antwurten sinem herren, ob er sin dienstman ist oder sin aigen, vnd sin wybe vnd sin kinden, vnd sinen mågen, ob sy jn uor gerichtes beclagent die wile er jn siner gefangnuss ist* etc. — Fol. 82 Sp. 1. LZ 253 b gegen Ende: vnd haut ayn ritter, *antiquus liber habet: richter*, ain huse jn der statt, vnd ist er der stat ze hilffe gewesen u. s. w. — Fol. 82 Sp. 1 und 2. LZ 253 c: haut man aber den rowb nachgefolget bisz fur die burg, so sol man syn ayde nit nemen. *antiquus liber addit hic: sünder die süllen bereden selb dritte*, das es also sy. die uerlegent dem bürgk herren ain zügen. — Fol. 97 Sp. 1. LZ 310: aym tagwerckor zwen fulbin hantschůhe, *antiquus liber habet: wullin*, vnd ain mistgabel. — Fol. 98 Sp. 2 LZ 313a: ditz gerichte sol man tün uber herren vnd über arm lütt. *antiquus liber habet: amptlüt.* dis beweren wir u. s. w. — Wieder der ‚antiquus liber' begegnet sodann in Verbindung mit ‚speculum' auch auf Fol. 21' Sp. 2 beim Art. LZ 49: dem uertailt man sin erbe, *antiquus liber et speculum habent: ere*,[1] vnd ouch sin leben recht.

Ist in den bisherigen Andeutungen schon von mannigfachen meist nur kleineren Fassungsverschiedenheiten die Rede, so lassen sich auch einige grössere solche bemerkbar machen. Etwa auf Fol. 12 Sp. 1 und 2 beim Art. LZ 22 am Anfange: er sol im schrifft dar über geben, ain hantuest, als hernach uon dem libding numero xij geschriben stet.

uel sic:

Wil er im das sicher machen, er sol jm des ain hantfest geben mit des byschoffs oder ayns layen fürsten oder ains closters oder ainer stete oder der stete herren oder des lantrichters jnsigel.

Nota super ibi scriptum notabile enum:

Es haben etliche stette das recht vnd gůt gewonhait: wann jr burger ayner dem anderen ein huse oder ander ligent gůt zu pfand für schulde jnn weil setzen, so setzt er jm die schuld als ain zins wz dem huse etc. et hoc tenent Gamundie.

oder er sol für sin richter faren oder für sin herren, vnd sol die zů gezüge nemen, vnd ander die da by jm sind. wil er es aber jm u. s. w.

Auf Fol. 14 Sp. 1 und 2. LZ 26 am Anfange: Wa zwen man geborn sind zů ayner totlibe, da sol der elter tailen, der junger sol welen. wa die süne zů jren jaren nit komen sind, da sol der aller eltest brůder sins uatters swert nemen ze tot-

[1] In der Handschrift steht: habent erbe, worauf ein durchstrichenes p folgt, ere. Hat es vielleicht heissen sollen: ere pro erbe?

libe, vnd sol der kinde vogt sin vntz das sy zů jren jaren komen sind: so sol er es denn den kinden wider geben, vnd alles jr gůt, er enkunne es jn den brechen wa ers gethan habe, oder ob es uon vngelucke uerloren sy on sin schulde. *vel sic: wa die süne zů jren jaren nit kummen sint, jr eltester ebenbürtig swertmag nymet die totlib eyne, vnd ist der kind uogt dar an vntz sy zů jren jaren kumen sin: so sol er es jn wider geben.* er ist ouch der wytwen fürmunt etc. *et in litera*, die wile sy u. s. w.

Auf Fol. 18 Sp. 1. LZ 37: daz můsz er tůn mit rechte mit anderm gůt, oder er sol jm geben das jm liber ist. *vel sic: vnd stirbet der die libdinge gelihen haut, vnd laut er gůt hinder jm, were das erbt der sol denn den jr lipding usz der hant ist gangen gelten vnd als geben als es wert. ditz ist recht, wan man sol nyeman betriegen.* vnd ist der tot der die lipdinge hin gelihen haut, vnd hät er gůt hinder jm gelan, wer das erbt *oder haut geerbet*, on leben, der sol den lüten jren schaden nach rechte gelten. hette es der herre u. s. w.

Auf Fol. 19' Sp. 2. LZ 42 gegen das Ende: uerworffen uon aller gezugschaft die die diser vntät schuldig sind die hie uor genennet ist. *vel sic: wirt er anderweit vmb strässroub begriffen beclagt, vnd mag man schub noch gezüg nit eber jn gehaben, so sol man sin recht nit nemen als ayns anderen hidermans. man sol jm dry wal* etc. vnd spricht man sy anderweit an vmb die selben vntät, *scilicet straszröb*, vnd mag man sy nit uber komen vnd uberzügen mit dem schübe, so richtet man sy als diczt bůch saget. mag man sy so nit überzügen noch überkomen, so sol man jren ayd u. s. w.

Auf Fol. 58' Sp. 1. L 172: dem die vrtail funden ist ze nütze, der lat sy nit abe so sy erfunden wirt. *vel sic et bene: so sy furbas gezogen wirt.* sie enmag ouch der richter noch der sy funden haut nit abe gelaussen one jenes willen dem sy ze nütze funden ist.

Auf Fol. 69' Sp. 1 und 2. LZ 204 gegen den Schluss: er můsz büssen, on den todslag, als ob er die wunden selbs hett getan etc. *vel sic: tůt das gwild den todslag, der man sol mit pfenningen bussen als man by dem höchsten ain wunden büssen sol, dem clager vnd dem richter.* tůt das gwilde den tottslag, der man sol büssen etc. *prius habetur.* wer aber die horen macht als sy sollen sin, so u. s. w.

Auf Fol. 76 Sp. 2. LZ 235: vnd spricht ain man dar an on gerichte, vnd uert zů vnd vnder windet sich des gůtz on gerichte, das haissen wir rowb etc. *vel sic et clarius: ob er dar uff ich nimmet, das sol man uber jn richten als hie uor da obnen jn dem nechsten vrtail stet.* ob er dar uff icht nymmet, daz sol man richten uber jn als vber jenen den wir da obnen nanten. nymet er aber nichts dar uff, so haut er doch u. s. w.

Auf Fol. 84 Sp. 1. LZ 260 gegen das Ende: ditz ist aber nur recht wa ain jude freuelt. slecht ouch ain cristen ain juden, *alij habent: ze tod*, man richtet vber jn als er ain cristen erslagen hette. das ist dar vmb gesetzt, das sy der kunige Jn fryde haut genomen. *vel sic: slecht ain cristen ain juden, man richtet uber jn als uber ainen cristen.* vnd leuget aber der cristen, des můsz man jn vber zugen u. s. w.

Auf Fol. 86' Sp. 1 folgt nach LZ 264, wovon bereits oben S. 43, 44 die Rede gewesen, noch folgendes: *Item daz capitel mit anderen worten also. Man sagt das fürsten vnd burge fride sullen haben den man an jnnen gebrechen müge. das ist uon den uerkoufften lüten die allezit mit den fürsten sullen faren. des ist doch nit. sy sind halt billich jn dem fryde, wann sy sullen den luten gůten fryde machen etc.*

Auf Fol. 96 Sp. 1 und 2. LZ 308 S. 132 Sp. 2: semliche lüte, da Jacoben der segen wart, da uon weren sine geswistergit sin aigen. noch envinden wir jn der alten schriffte yt, das yeman des andern aigen were. *vel sic: wir vinden ouch jn unserm lantrechte, das sych nyeman ze aigen gegeben mag, wider reden es ain müge, als hie uornen numero isto (x) wol ouch beru̇[r]t ist.*[1] wir haben vrkundes mer, got geschůff u. s. w.

Eine eigenthümliche Einschiebung endlich bietet uns Fol. 21 Sp. 1 und 2 zwischen dem Art. LZ 45: ob sy uor mauls da mit nit hand getan das recht waz. das eygen dem kunglichen gwalte.

Wie es die erben uersprechen mügen etc.

Zihen es die erben nit uasz der künglichen gewalt bynnen jar vnd tag [mit] irme ayde, sy uerliessent das mit jme. es be-

[1] Nämlich auf Fol. 91' Sp. 2 = LZ 292. Vnd wil onch sich ain frie ze aigen ge[be]n, das uersprechen sin mâg wol baide uon vatter vnd von můter. vnd als sie es ainste wider redent, so mag er sich nymmer me ze aigen geben.

neme jn dan chafft nott, das sy fürkommen mügen. die chafft nott sol man aber bewisen als nott ist etc.

Aber uersprechen etc.

Sie sullen es uasz zihen mit lantrichters brieffen, vnd da mit zů houe varen, vnd sweren das er vüt vnd tüt vnschuldig sy an synes vatter brüche, vnd daz er des vater richs achte nit me uerschulden wölle, das jme gott also helffe vnd alle sin hailigen. so behabet er das gůt etc.

Aber uersprechen.

Es uersprechen dann die erben ynner jar vnd tage u. s. w. mit dem Schlusse: es letze sie dann chafft nott das er nit für komen mügen. die chafften not sol man bewisen als recht ist.

273 ª.

München, ebendort, Cod. germ. 5716. Diese Handschrift, auf Papier in kleinem Quartformate von einer sauberen Hand des 15. Jahrhunderts in durchlaufenden Zeilen gefertigt, aus dem Augustiner-Chorherrenstifte Herren-Chiemsee stammend, dann im königl. allgemeinen Reichsarchive, in dessen Uebergabeverzeichnisse an den jetzigen Standort Nr. 500, hat zahlreiche Lücken, die übrigens zur Zeit ihres Einbindens — sie hat noch einen alten, mit dunkelrothem Leder überzogenen Holzdeckelband, vorne und hinten mit je fünf kleinen an den Ecken und in der Mitte angebrachten Messingbuckeln versehen — bereits vorhanden gewesen, indem die Reste des letzten Sexternes gerade wie die noch vorfindlichen Ueberbleibsel des ersten in ein hier den Vorsatz und dort den Nachsatz der ganzen Handschrift bildendes Pergamentblatt gefügt sind. Rockinger B S. 195—198.

Auf das Verzeichniss der Artikel folgt das Landrecht bis zu den Worten des Art. LZ 313 ‚man sol in nicht enphahen, vnd sol in nicht hören' etwas nach der Mitte der ersten Seite des Blattes 124. Sogleich mit der nächsten Zeile beginnt das Lehenrecht bis zum Schlusse des Absatzes a des Art. LZ 51 S. 187 Sp. 2.

Das Verhältniss der Artikel gegenüber dem Drucke LZ ergibt sich aus der Mittheilung Rockinger's a. a. O. S. 198 218—233. Den Wortlaut in den im Bande CXVIII, Abh. X,

S. 20/21 in der Note 1 aufgezählten Probestellen theilt Haiser ‚Zur Genealogie der Schwabenspiegel-Handschriften‘ II, unter B a 3 mit.

274.

München, königl. Hof- und Staatsbibliothek, Cod. lat. 8153. Auf Papier in Quart mit rothen Ueberschriften und rothen Anfangsbuchstaben der Artikel im 15. Jahrhundert gefertigt, aus dem Benediktinerstifte Mallersdorf in Niederbaiern stammend, in Holzdeckel gebunden, über deren Rücken bis in die Mitte der Vorder- wie Hinterseite ein gelber gepresster Lederbucheinband mit der schwarz aufgedruckten Signatur SRR 1613 gezogen ist. Homeyer Nr. 489. Vgl. oben in der Nr. 6 die Verweisungen auf Schmeller und Rockinger D.

Von Fol. 82—150′ findet sich die aus der Nr. 171 im Jahre 1356 hergestellte lateinische Bearbeitung des sogen. Schwabenspiegels vom Bruder Oswald aus dem Benediktinerstifte Anhausen an der Brenz in Würtemberg. Vgl. oben Nr. 6. Nach dem ‚Prologus in librum judiciorum provincialium‘ beginnt das Landrecht selbst auf Fol. 82′—138. Nach dem Prologus secundi libri auf Fol. 138′ und etwas über die Mitte von Fol. 139 folgt das Lehenrecht selbst bis Fol. 150′. Am Schlusse steht schwarz: Expliciunt jura provincialia.

Daran ist noch folgender Absatz geknüpft: Idcirco sit pax legenti, salus audienti, benediccio scribenti, eterna vita intelligenti, laus Deo patri omnipotenti cum filio spirituque sancto regnanti in secula seculorum. amen.

275.

Zu München, ebendort, im Cod. lat. 8378, seit dem Jahre 1606 der Bibliothek des Conventes des Eremitenordens des heil. Vaters Augustin zu München angehörig gewesen, finden sich auf der zweiten Seite des vorletzten Blattes 304 von einer Hand aus der Mitte der ersten Hälfte des 15. Jahrhunderts unter anderen deutschen und lateinischen Einzeichnungen nach den auf ein ‚Bein hues‘ gerichteten Versen:

Got richt nauch dem rechten.
Ille ligent die herren bi den knechten
all her nauch. vnd merkend da bi,

wer herr oder knecht si.
Herr, gib in die ewigen rûw.
Daz ewig liecht lucht in dar zû.

die vierzehn Enterbungsgründe des Art. LZ 15 des Landrechts des sogen. Schwabenspiegels: Ain kind mag ain vetterlich erb verwurken in fiertzehner lay wiss nauch koyserlichen rechten. Des ersten ob ain sun sinem vatter sin u. s. w. mit dem Schlusse: Datum Nûrenberge, xij die mensis aprilis anno domini M° CCCC xxvj°.

276.

München, ebendort, Cod. lat. 8882. Auf Papier in Folio zweispaltig, von Fol. 213—253' Sp. 1 mit schwarzen Ueberschriften aber ohne Anfangsbuchstaben der Artikel im 15. Jahrhundert gefertigt, aus dem Convente der Franziskaner zu München stammend, in Holzdeckel mit braunem Lederüberzuge gebunden, früher mit je fünf Buckeln und mit zwei Schliessen. Homeyer Nr. 488. Vgl. oben in der Nr. 6 die Verweisungen auf Schmeller und Rockinger D.

Von Fol. 213—250' Sp. 1 findet sich das in Nr. 274 berührte Werk des Bruders Oswald — hier ,Osward' geschrieben — von Brenz-Anhausen mit einer Menge erläuternder Randbemerkungen. Nach dem ,Prologus in libro iudiciorum prouincialium id est lantrecht bůch' folgt dieser ,liber prouincialium iudiciorum id est Lantrecht bůch' selbst von Fol. 213 Sp. 2 —243 Sp. 1. Mit dessen Sp. 2 beginnt der Prologus secundi libri bis Fol. 243' Sp. 1. Von dessen Sp. 2 bis in die ersten Zeilen des Fol. 249 Sp. 2 das Lehenrecht selbst, ohne den bei Nr. 274 bemerkten Schluss.

Hieran reiht sich von Fol. 249' Sp. 1 —250' Sp. 1 das Verzeichniss der Artikel des Land- wie Lehenrechts, und dann von Fol. 250' Sp. 2 —253' Sp. 1 ein alphabetisch eingerichtetes Inhaltsverzeichniss mit Verweisungen auf die ganz unten am Rande der ersten Seite jeden Blattes angebrachten schwarzen arabischen Zahlen mit deren zur leichteren Auffindung beigesetzten Abtheilungsbuchstaben.

277.

München, ebendort, Cod. lat. 11775. Auf Papier in Quart durchlaufend je abwechselnd mit blassrothen und den sonst gewöhnlichen rothen Ueberschriften und Anfangsbuchstaben der Artikel im 15. Jahrhundert gefertigt, aus dem Chorherrenstifte s. Salvator zu Polling in Oberbaiern stammend, in Pappendeckelband mit schwarzem Papierüberzuge, früher mit zwei Schliessen. Homeyer Nr. 487. Vgl. oben in der Nr. 6 die Verweisungen auf Schmeller und Rockinger D.

Diese Handschrift enthält das in den Nrn. 274 und 276 berührte Werk des Bruders Oswald von Brenz-Anhausen. Drei vorgebundene Blätter enthalten ein von einer späteren Hand des 15. Jahrhunderts, welche auch die ganze Handschrift durchfoliirt hat, geschriebenes Verzeichniss der Artikel mit Angabe der treffenden Blätter des Textes. Von Fol. 4 folgt nach der Vorrede der ‚Liber provincialium judiciorum id est Lantrechtpuch' bis Fol. 71, an dessen Schlusse roth steht: Explicit libellus de judicys prouincialium jurium, et dicitur wlgari modo lantrechtpuch. Mit Fol. 71' beginnt unter der rothen Ueberschrift ‚Sequitur liber feodorum' die Vorrede des Lehenrechts und dieses selbst bis Fol. 86', ohne den bei Nr. 274 bemerkten Schluss.

[In der Bibliothek des berühmten Wiguläus Freiherrn v. Kreittmayr zu München sah im Jahre 1747 oder 1748 Johann Georg Lory nach seiner Commentatio I de origine et processu juris boici civilis antiqui § 43 Note c unter III die] Nr. 261.

[München, königliches allgemeines Reichsarchiv. Aus seinen Beständen sind an die königliche Hof- und Staatsbibliothek abgegeben worden die] Nrn. 273 und 282.

278.

München, königliches allgemeines Reichsarchiv, unter dem Bestande ‚Landrecht' Nr. 2, auf Pergament in Grossfolio durchlaufend in der zweiten Hälfte des 14. Jahrhunderts gefertigt, in starke Holzdeckel gebunden, welche mit rothem Leder überzogen und auf dem Vorder- wie Hinterdeckel je an den vier Ecken und in der Mitte mit zierlich gearbeiteten dicken Messingbeschlägen gegen die zu grosse Abnützung des Einbandes geschützt sind, früher mit zwei Lederschliessen versehen, von welchen jetzt eine weggerissen, wohl seinerzeit in der Stadt Forchheim[1] in Gebrauch gestanden.

Auf drei Quaternen, von deren erstem das erste Blatt leer gelassen, von deren letztem zwei Drittel des vorletzten Blattes und das letzte ausgeschnitten sind, findet sich ein alphabetisches Inhaltsverzeichniss über das Land- und Lehenrecht unter der rothen Ueberschrift: Das ist das register des rechtes buchs, beginnend mit: Abseczen mag man kunige vnde fursten cclxxxxij, schliessend mit: Zwir mag man gesworen gelteren ain jar zusprechen cclxxxij.

Von dem nächsten Quaterne an, von dessen erstem Blatte die erste Seite leer gelassen ist, bis S. 184 einer neueren Bleistiftzählung, folgt das Landrecht, woran sich von S. 186 bis 264 das Lehenrecht reiht.

Das Landrecht beginnt ohne besondere Ueberschrift und ohne die Initiale II, für welche beide aber der Raum leer gelassen ist, sogleich mit der bekannten Vorrede. Die Ueberschriften der Artikel sind roth je mit ihrer betreffenden Zahl bis S. 178 eingesetzt, und hören von S. 179 an mit der für den Art. 366 auf, während im angeführten Inhaltsverzeichnisse für die noch folgenden die betreffende Zahl regelmässig angefügt ist. Die rothen Anfangsbuchstaben der Artikel selbst lassen bereits mit LZ 4 aus.

Das Lehenrecht hat weder Ueberschriften der Artikel, noch rothe Anfangsbuchstaben des Textes von diesen, sondern nur — wie im Landrechte von S. 179 ab — die hiefür leer gelassenen Räume.

Man hat es hier, wie bereits seinerzeit bemerkt worden ist, mit einer Abschrift des sogen. Schwabenspiegels der Nr. 16 zu thun.

[1] Die beiden letzten Blätter, S. 266—269, füllen von der Hand des ‚Heinricus Hell de Nuronberga notarius' die recht die ein zentgrefe zu der stat vnd zu dem gerichte zu Vorcheim, vnd auch die recht dy die stat zu Vorcheim zu dem czentgreuen, zu dem gerichte der zent, vnd en der marck hin wider hat.

Au ihrem Schlusse ist Folgendes bemerkt: Disse abgeschribne rechte sind gar von alten vnd vil langen joren herkomen, jn einem anderen buche beschriben gewest. Vnd dorumb das sich dasselbig buch vor alter abgenuczt vnd georgert hat, sein sulche vorgeschribne recht von worten zu worten auss dem selben alten abgenuczten buch jn diss buch geschriben worden.

279**.

München, ebendort, früher Umschlag einer ‚Pollicey Ordnung der Statt Höchstett, erneüert im Jar 1582' im Archive vom nahegelegenen Neuburg an der Donau, Pergamentdoppelblatt in Kleinfolio aus dem 14. Jahrhundert in zwei Spalten zu 35—37 Zeilen mit rothen Ueberschriften der Artikel und rothen Anfangsbuchstaben derselben. Vgl. Dr. Karl Roth's kleine Beiträge zur deutschen Sprach- Geschichts- und Ortsforschung IV (Heft 20) S. 219/220.

Das Bruchstück fällt in das Lehenrecht, und enthält dessen Art. LZ 26—41, in dessen Absatz b es mit den Worten ‚die leigen bedurfen' abbricht. Es ist von Roth a. a. O. S. 210—219 mitgetheilt.

Da die beiden Blätter von der ursprünglichen Hand mit den römischen Zahlen V und VI versehen sind, hat diese Handschrift entweder das Landrecht nicht enthalten, oder es ging ihm — wie in der Nr. 234 — das Lehenrecht voran.

279½.

München, ebendort. Zwei Pergamentdoppelblätter in Folio zweispaltig im 14. Jahrhundert mit rothen Ueberschriften der Artikel und abwechselnd rothen wie blauen Anfangsbuchstaben derselben gefertigt, mit einer Bemerkung am unteren Rande der letzten Seite ‚Vonn mir Lucasz mairr v. K.' aus dem Jahre 1555, dann als Einbanddecken von Protokollen und Lehenbüchern des Marktes und der Probstei Pfeffenhausen[1] im alten niederbaierischen Gerichte Rottenburg aus den Jahren 1597—1608 verwendet, am 18. Oktober 1888 von dem königlichen Kreisarchive in der Trausnitz zu Landshut eingesendet.

Sie enthalten unter einer an den betreffenden Orten bei den Ueberschriften der Artikel von derselben Hand besonders beigefügten Zählung von ‚Kapiteln' die Art. LZ des Landrechts 361, 362,[2] 363a, 363b, 364, 365, 366,[3] 367, 368, 369,

[1] Das erste Blatt hat die Aufschrift: Peffenhausser Prothocol in Grundherrlichen sachen de anno 1607. 1608.

Das zweite am obern Rande: Lehenfahl büch Peffenhausen von 1599 biss 1606; am unteren: Lehenbüech Marckhts vnnd Brobstei Peffenhausen 1597 biss 1606.

[2] Der sich des Reichs gutz vnderwindet ze vnrecht. lxxxxj Capitl.

[3] Der den herrnden pawen verdirbt. lxxxxij Capitl.

370, 374 ohne das letzte Wort; die Art. des Lehenrechts (51), 52, 53, 54, 55,[1] 56, 57, 58, 59, 60, (61) ungefähr zur Hälfte, die Schlussworte von (150b), 151a, 151b, 152, 153a, 153b,[2] 154,[3] 159 mit dem Schlusse: genad, das wir das recht also minnen in diser werlt vnd das vnrecht also chrenchen, das wir das ewig reich besiczen. des helf vns der vater vnd der sun vnd der heilig gaist vnd vnser liebe fraw Maria vnd alles himelisch her. amen.

Unmittelbar daran schliesst sich unter der noch in derselben Zeile beginnenden rothen Ueberschrift ‚Hie hebent sich an die recht vnd die gesacz der stat ze Pazzaw, als si der ernwirdig vnd hochgeporn pischolf Wernhart gemacht vnd gesaczt hat, als di hernach geschriben stent' in anderthalb Spalten der Anfang des bekannten Passauer Stadtrechts oder auch Bernhardinischen Stadtbriefs vom 2. Juli 1299, do von Christes geburd worn tusent jar driuhundert jar ân ein halbez an unser Vrowen tag der erern, mehrfach gedruckt, wie aus dem sogen. [Otto von] Lonsdorf'schen Codex des Hochstiftes in den Monum. boica XXVIII, Th. 2, S. 511—515, aus dem Originale im Stadtarchive von Passau in Dr. Alexander Erhard's Geschichte dieser Stadt I S. 106—114.

280.

München, ebendort, nach einer Verzeichnung im Repertorium des Archives oder der geheimen Registratur zu Sulzbach in der Oberpfalz von 1707 1708 Fol. 487 unter den ‚Landes- und Stadtordnungen, Freiheiten und Polizeisachen' Nr. 24. Auf Papier in Folio in zwei Spalten mit rothen Ueberschriften der Artikel und rothen Anfangsbuchstaben derselben im Jahre 1472 gefertigt, in neuem Pappendeckelbande. Diese Handschrift ist am Anfange wie am Schlusse mangelhaft, und zwar wohl bereits seit länger, indem die Foliirung von 1—23, dem ersten Blatte einer Chronik, woselbst sie aufhört, von der Hand des seinerzeitigen pfälzischen Archivars Georg Gottfried Roth ist.

Jetzt beginnt die Handschrift im Art. LZ 8 des Lehenrechts mit den Worten: [De]hem. Ein ytlich man sol dem

---

[1] Ob ein lehen eins herren eigen ist. xilj Capitl.

[2] Von widersagen. xxxj capitel.

[3] Dieser Artikel schliesst schon: er mag auch dheinen vorsprechen nemen swie nider er ist, das ist donon das er des herschiltes nicht enhat.

reich dyenen mit u. s. w. Es schliesst am Ende von Fol. 22' mit den Worten: Hie hat daz lechen rech pûch ein ende. Got vnez sein gnad send.

Sogleich auf Fol. 23 folgt unter der rothen Ueberschrift ‚Cronica' mit dem Beginne ‚Hye hebt sich an die Cronica, vnd sagt gar aygenlich von den kaysseren vnd kunigen, wie lange ytlicher geregnyert hat in seinem reiche' eine für Gmund verfasste kurze Chronik[1] hauptsächlich von (Julius Cäsar und Augustus, beziehungsweise) Pipin und Karl dem Grossen bis auf König Ruprecht von der Pfalz.[2] An ihrem Schlusse steht roth: Hie hat sich daz puch Cronica ein ende. Got wel vns sein gotliche gnad senden. Tausent CCCClxxii. Petrus Hersperger.

Auf der zweiten Seite des Schlussblattes dieser Chronik steht das Verzeichniss der Artikel über ‚daz lehen recht puch vnd sagt gar eygenlich wie man lehen leyhen sol' auf drei und einer halben Seite, durchlaufend geschrieben. Das letzte Blatt dieses Quinternes ist leer.

Von dem nun auf einem neuen Sexterne beginnenden Landrechte ist das erste Blatt bis auf eine am Anfange stehende grössere rothe Initiale A leer. Die folgenden vier und die erste Seite des nächsten füllt das Verzeichniss der Artikel, durchlaufend geschrieben, mit den rothen Zahlen derselben, mit dem Schlusse: Daz reigister dez lantrech pûchs hat ein end: Maria, die sey bey vnserm end. Auf dem folgenden Blatte beginnt das Landrecht selbst unter der rothen Ueberschrift: Hye hebt sich an daz kayse[r]lich recht pucht als es die bâbst kayser vnd auch der kung gemacht vnd bestetigût haben vnd als auch yrew pucher sagend. Es gehört der Familie an, wovon Rockinger in P handelt. Die erste wieder rothe Ueberschrift lautet: Hye sagt daz pûch dz ersten wo sich daz romische reich von ersten erhaben habe. Den Schluss bildet Art. LZ 377 II: Daz ist uon der e, was ein menschen behaben oder gescheiden mag. Daran schliesst sich endlich

[1] Sie beginnt: In gotes namen, amen. Disse Cronica ist gemacht meinen heren von Gmund augspurger pistums auff das aller kurczes vmb daz man von langer rede wegen nicht vrdrucze werde dar Jnnen zû lessen u. s. w.

[2] Der Schluss lautet: Er het auch geren den pishoff von Menczo gestraffet; aber es starb der kunig zû balde.

roth: Hye hat das lantrecht pûch ein ende. Anno domini m° cccc° lxxii, ipsa feria secunda rogacionum per me Petrum Herrneperger cappelanum in Bolsingen. Et presens liber pertinet Cristoffero de Lacu.

Auf dem nächsten Blatte folgt, wieder von derselben Hand, die bekannte deutsche ‚Ord[n]ung eines yglichen rechtes' mit der Anweisung ‚wie man die höffe verleihen sol' ohne ihren Schluss.

Soweit es sich um das Land- und Lehenrecht handelt, hat sich eine Abschrift in Quart im Jahre 1863 der Berichterstatter gefertigt.

281.

München, ebendort, in Schweinsleder geheftet, auf der Vorderdecke mit einer alten Papiernummer 224, nach einem Vermerke des früheren Reichsarchivars v. Samet auf einem besonderen vorliegenden Blatte: aus dem königlichen Hausarchive respect. der Verlassenschaft des sel. Herrn Geh. Raths v. Krenner[1] Nr. 9. Ein auf Papier in Folio zu Ingolstadt von Johann Gentzinger aus Neuburg an der Donau am 11. November 1446 aus den Aktenstücken der herzoglichen und städtischen Kanzlei angelegtes Urkundenmusterbuch oder wie er selbst es bezeichnet ‚Form von etlichen briefen vnd geschrifften nach der herrn von Bayrn gewonhaitt' vom zweiten Jahrzehnt des 15. Jahrhunderts bis in das bemerkte Jahr, mit weiteren Einträgen aus den Jahren 1447 und 1448 wie noch anderen späteren Einschaltungen. Johann Nepomuk Gottfried v. Krenner, Anleitung zu dem näheren Kenntnisse der baierischen Landtage des Mittelalters, S. 202—211 in der Note. Rockinger, die Folgen der Theilungen Baierns für seine Landesgesetzgebung im Mittelalter, in den Abhandlungen der historischen Classe der Akademie der Wissenschaften XI, Abth. 2, S. 160—162.

Diesem Werke sind neun gleichfalls von Johann Gentzinger geschriebene, je oben in der Mitte der Vorderseite von einer Hand des 15. 16. Jahrhunderts arabisch foliirte Blätter vorgebunden, deren erste sechs und letzte drei je eine Lage bilden, von deren zweiter das Schlussblatt nunmehr ausge-

[1] Vgl. v. Oefele in der ‚Allgemeinen deutschen Biographie' XVII, S. 123, 124.

schnitten ist. Sie enthalten eine wohl im Jahre 1439 gemachte Aufzeichnung einer Reihe von Artikeln über rechtliche Gegenstände aus dem bekannten Mainzer Landfrieden vom Jahre 1235, dem kleinen Kaiserrechte, dem sogen. Schwabenspiegel, und anderem.

Der Inhalt der ersten sechs Blätter ist von Rockinger a. a. O. im Anhange S. 173—178 mitgetheilt.

Den der noch folgenden drei Blätter auf nicht so weissem Papiere bilden die Art. LZ 15, 55, 186, 354 des sogen. Schwabenspiegels in der Fassung wie folgt.

Mit wie ain kindt seins vatter vnd seiner můter erb verwurckt, stet im landrechtpůch.

Es mag ain kindt seins vatter vnd seiner můter erb verwurcken mit xiiij dingen.

Das ain ist. Ob ain sun bey seins vatter weib ligt süntlich mit wissen, die des suns stůff můter ist, die sein vatter elich oder lediclich hat oder hat gehabt, damit hat er verworcht alles das erb das er von vatter oder von můter warttendt ist. Das erczugen wir mit Dauit in der kunig půch, do der schon Absolon bey seins vatter frundin lag sundtlich mit wissent. Damit verworcht er seins vatter huld vnd sein erb.

Das ander ist. Ob ain sun sein vater fächt vnd in ein slůsst wider recht, vnd stirbt er in der vancknusz, der sun hat auch sein erb verlorn.

Das dritt, ob ain sun seinen vatter an spricht vmb so getane ding die dem vatter an den leib gent, es sey dann ain sach dauon das lannd verderben möcht oder da der furst von verderben mocht des das landt ist.

Mit disen drein dingen verwurckt sich ain vatter gen seinem sun, das er bey seinem lebendigen leib von seinem gůt schaiden můsz. Vnd trit der sun an des vatter stat, so sol er dem vatter sein notdurfft geben vnd nach den ern vnd er gelebt hat.

Das vierd, ob ain sun seinen vatter an das wang geslagen hat, oder wie er in geuarlichen geslagen hat.

Das funfft, ob er in ser vnd innderlich gescholten hat, wann got selbs also spricht in den zehen gepoten: ere vater vnd můter, so lengest du dein leben auf ertrich. Seit nu ain kindt sein lanckleben damit verwurckt ob es den vater vnrecht an reit, so hat es auch sein erb mit recht verworcht ob es vatter oder muter schillt oder slecht.

Das sechst, ob ain sun auf sein vatter klagt er hab im so getanc dinck getan die dem vatter grossen schaden tůn möchten an ere oder an gůt oder an dem leib, vnd er in des nit vber zugen mag.

Das sibent, ob der sun ain dieb oder sunst ain pöszwicht mit sogetanem leben da ain yeglich man sein recht mit verluset, oder ob er wissentlich mit den selben leuten wonet die das selb leben an in habent.

Das acht ist, ob ain sun sein vatter geirrt hat so er an dem tott pott leit vnd gern seiner sel hail schůffe, oder ob er sunst siech leit vnd des vorcht hat er sterbe. vnd slůsst der sun zue, vnd lat die pfarrer noch die brůder noch anders niemand zů im mit dem er seiner sel ding schaffen sollt durch seiner sel hail, der hat damit sein erb verworcht.

Das newnt ist, ob der sun zu ainem spilman wirt wider des vatter willen, das er gůt fur ere nimpt vnd der vatter ain ere man ist gewesen das er nie gůt fur ere nam oder nimpt.

Das zehent ist, ob ain sun seins vater burg nit werden wil vmb zeitlich gelt.

Das ainlift, ob der sun den vater von vancknuss nit losen wil vnd er es wol getůn mag.

Das zwelfft, ob ain vatter vnsinnig wirt von siechtumb oder von welhen sachen das ist, vnd das in der sun in der vnsinne nit bewart.

Das drewzehent, ob ain sun seinem vatter sein gůt mer dann halbs vertůt mit vnfůre.

Das xiiij, ob ain tochter vngeraten wirt das sy man zu ir leit on irs vatter willen die weil sy vnder zwainczig iarn ist. Kompt aber sy vber zwainczig iar, so mag sy ir ere wol verwurcken, ir erb aber nicht. Das ist dauon, wann man ir vnder zwainczig iarn sollt geholffen haben.

Wenn jungling weib genemen mugen.

Wenn ain jungling ze vierczehen iarn kompt, so nimpt er wol ain elich weib on seins vatter willen. Vnd hat er ander pfleger, wider der willen tut er es auch wol. Also ob sy bey einander sind gelegen, der jungling vnd die junckfraw. Vnd ist des nicht geschehen, so mag man sy wol sundern. So die junckfraw kompt zu irn tagen, das ist ze zwelff iarn, vnd nimpt sy ainen man wider ir vatter vnd ander ir frunde willen, die ee ist stat. Wil man sein dem junglingen nit gelauben, so sol er sein alter erczeugen als vor geschriben stott.

Nota. Vnser herr hat die ee selber geheiligt geseczt vnd gepoten zu hallten durch Moysen als er spricht in dem sechsten pot: du sollt nicht ee prechen. Matheus vj^{to}: du sollt nicht eprechen. Matheus xviiij capitulo: du sollt nicht eeprechen. Matheus vj^{to}, Marcy vij^{o}: ir habt gehort das gesprochen ist zu den alten: du sollt nit eeprechen oder vnkeusch treiben. Aber ich sag ew das ain yedlicher der da sicht ain weib vnd ir begert der hat vnkeusch mit ihr verpracht in seinem herczen. Luce xvj^{o}: welher sein weib lat vnd ain andre haim furt, der sendet das eeprechen auf sy. Vnd ob das weib irn man lassen wil vnd ain andern nimpt, die wirt ain hůrerin.

Nu stet geschriben in dem landrechten wie ain vatter sein sun von im sundern sol.

Der vatter sol sein sun von jm sundern als er funffvndzwainczig jar alt ist mit als vil guez als er gelaisten mag also das im das merer tail beleib. Vnd tut er des nicht gern, der sun nottet ins mit recht wol mit seinem richter. Vnd hat der vatter nit wann ain kindt, er geit im mit recht nit wann das funfft tail seins gůts. Vnd hat er mer kindt dann ains, so tailt er mit recht das im drew tail beleibent, vnd den kinden die zway tail.

Stet in dem landrechten, ob ain vater seine kindt enterben wil.

Vnd wil ain vater sein sůn oder sein töchter durch sein posen willen seins gůcz enterben, vnd wil daruber hantt vesst machen, das mag mit recht nicht gesein. Sy brechent im die landtvesst wol mit recht, sun vnd tochter, wann sy es nit verburckt habent. Habent sy es aber verwurckt, so tůt es der vatter wol mit recht.

Sind aber die kindt nit zu irn tagen komen so der vatter das geschäfft tůt, das enschadet den kinden nicht. Als der jungling kompt ze xiiij iarn, vnd die magd ze xij iarn, so versprechent sy ir gût. Vnd ist der vatter tot ze den iarn so sy zu irn tagen koment, in welhem gericht das gût ligt das sy da an klagent, der selb richter sol sy irs gûcz gewaltig machen.

282.

München, ebendort in der Handschriftensammlung Nr. 206a gewesen, jetzt in der Hof- und Staatsbibliothek Cod. germ. 5715, aus dem Nachlasse des Benediktinerpaters Sebastian (Nikolaus) Günthner[1] in Tegernsee und Akademikers in München. Vier geheftete Lagen, beziehungsweise 17 Blätter, Papier in Quart, ohne Umschlag, von einer Hand des vorigen Jahrhunderts.

Unter der Ueberschrift ,Ordo capitulorum speculi suevici de anno 1447 ex bibliotheca Lunaelacensi, pro ducibus Bavariae superioris scripti' ein Verzeichniss der Ueberschriften der Artikel mit den Anfängen und dem Schlusse derselben aus der Nr. 399. Nur der Artikel ,Welich den kunig welln sullen' etc. ist ausserdem noch auf einem besonderen Blatte ganz eingelegt.

Auf der letzten sonst leeren Seite ist die Handschrift als in Quart mit der Signatur 466 des Klosters Mondsee in Oberösterreich bemerkt.

Auch in dem aus dem Benediktinerstifte Tegernsee stammenden Cod. germ. 223 — oben Nr. 225 — findet sich auf S. 324 ,ex codice speculi allemanici Mondseensi saec. XV, cui titulus: Königs Carl Rechtbuch etc. Sig. 466 in 4' der Anfang des Erlasses des Herzogs Ludwig wegen unbilliger Weisung und Zeugschaft, der sich die Leute in den Gerichten verfangen haben, eingetragen.

283***.

Zu München, ebendort, befand sich bis in das Jahr 1833 eine Handschrift des kaiserlichen Land- und Lehenrechts, worüber nähere Kunde mangelt.

Es stellte nämlich am 20. Juni 1833 das Präsidium der Regierung des damaligen Rezatkreises das Ansuchen, zur Aufklärung geschichtlicher Nachrichten über die seinerzeitige Reichsstadt Rothenburg an der Tauber — wahrscheinlich für

[1] Vgl. v. Oefele in der ,Allgemeinen deutschen Biographie' X, S. 178.

den Behuf der Studien des Professor Dr. Heinrich Wilhelm Bensen[1] hierüber — ein im baierischen allgemeinen Reichsarchive vermuthetes ‚Rothenburger Land- und Lehenrecht aus dem 14. Jahrhunderte' mitgetheilt zu erhalten. Bei dem Mangel irgend welcher Anhaltspunkte wurde nur vermuthungsweise ‚ein altes Rechtbuch' dahin übermittelt. Der wirklich im Repertorium des ehemaligen Rothenburger Archives gleich unter Tit. I ‚Generalien, Rechts-, Gerichts- und Urfehdenbücher' unter Ziffer 2 aufgeführte ‚alte Codex mscr. des Land- und Lehenrechts' kann das freilich nicht gewesen sein, da dieser nie in das Reichsarchiv gelangt ist, sondern im Kreisarchive für Mittelfranken hinterliegt, unten die Nr. 294. Auch äusserte sich gerade Bensen selbst am 22. September 1833 nach seiner Einsichtnahme der Handschrift aus dem Reichsarchive:

> Ob das Landrechtsbuch sich auf Rothenburg direct bezog, scheint mir sehr zweifelhaft. Der Verfasser, Oswald Mezger, wird hier nirgends genannt, auch finden sich keine genauen Beziehungen auf Rothenburger Statuten.
>
> Es scheint mir daher eines von den Landrechtsbüchern, die irgend ein rechtskundiger Mann nach dem Muster des Schwabenspiegels zur Benützung und Berathung der Schöppen zusammenschrieb, ohne dass man annehmen dürfte, die einzelnen Gesetze seien stets rechtskräftig gewesen.

Die Nachforschungen der Regierung von Mittelfranken, auf verschiedene Zuschriften des Reichsarchives vom 4. Juli 1866, 10. April 1867, 19. Juni 1868, zuletzt 19. Mai 1884 veranstaltet, haben nicht zu dem Ergebnisse des Wiederhabhaftwerdens geführt. Die fragliche Handschrift soll sich weder bei der Regierung selbst noch auch in der Bibliothek des historischen Vereines von Mittelfranken zu Ansbach haben auffinden lassen.

[Der geh. Haus- und Staatsarchivar, jetzt Direktor des baierischen allgemeinen Reichsarchives, Prof. Dr. Ludwig v. Rockinger in München schenkte der Bibliothek der historischen Classe der Akademie der Wissenschaften daselbst die] Nrn. 229—231 einschliesslich.

[1] Vgl. v. Wegele in der ‚Allgemeinen deutschen Biographie' II, S. 341/342.

[Dr. Karl Roth in München besass die] Nr. 238 wie die Nrn. 268 und 269.

284.

München, Stadtarchiv, Cod. Nr. 14. Diese ebenso schöne als ausserordentlich werthvolle Handschrift, auf Pergament in Folio nach mehrfachen Anzeichen wohl eigens für das Stadtgericht von München vor dem sogen. Rudolfinum[1] oder dem berühmten Freiheitsbriefe des Herzogs Rudolf vom 19. Juni 1294 durchlaufend mit rothen Ueberschriften der Artikel und abwechselnd rothen wie blauen Anfangsbuchstaben derselben gefertigt, mit einem besonderen lateinisch gefassten alphabetischen Verzeichnisse der Hauptgegenstände ohne Zweifel von einem der Münchner Stadtrichter oder Stadtschreiber versehen, auch in amtlichen Aufzeichnungen um das Jahr 1315[2] benützt und aller Wahrscheinlichkeit nach sodann bei der Abfassung des oberbaierischen Stadtrechts des Kaisers Ludwig in der Mitte der Dreissigerjahre des 14. Jahrhunderts beigezogen, besteht aus dreizehn je am unteren Rande der Rückseite des Schlussblattes einer Lage mit schwarzen römischen Zahlen bezeichneten Quaternen, von deren erstem das erste Blatt dem Vorderdeckel innen aufgeklebt ist, wie von dem letzten das Schlussblatt dem Hinterdeckel. Der Einband besteht aus sehr starken Holzdeckeln, welche mit jetzt gelbbraunem Leder überzogen und auf dem vorderen noch mit drei und auf dem hinteren mit vier Eisenbuckeln versehen sind, während weiter das zum völligen Einschlagen der Handschrift selbst bestimmte, am

[1] Aus den Originalurkunden des Stadtarchives mitgetheilt in dem Urkundenbuche zu des Bürgermeisters und Stadtoberrichters Michael v. Bergmann ‚beurkundeter Geschichte' von München Nr. 14 S. 9—12, in den Monum. boica XXXV Th. 2 Nr. 12 S. 14—19, in den Quellen zur baierischen und deutschen Geschichte VI Nr. 197 S. 44—52.

[2] In den dahin fallenden Theil der Reste von Stadtrathsbeschlüssen allgemeiner Geltung, als Consules bezeichnet, und Zunftsatzungen bis in die Mitte des 14. Jahrhunderts im jetzigen Cod. 7 des Stadtarchives — vgl. Franz Auer's Stadtrecht von München u. s. w. in der Einleitung S. 57 unter Ziffer 40, des Freiherrn Ludwig v. der Pfordten Studien zu Kaiser Ludwigs oberbaierischem Stadt- und Landrechte S. 48.49 unter Ziffer 26 — sind zwei Artikel des Landrechts unserer Handschrift nicht allein wortwörtlich eingeschrieben, sondern sind ihnen auch sogar die römischen Zahlen beigesetzt, welche sie in der Handschrift haben.

unteren Rande angebrachte freie gelbe Leder noch ganz wie am hinteren Seitenrande wenigstens noch theilweise vorhanden, das am oberen Rande ursprünglich vorhanden gewesene aber jetzt mangelt, aber die vier zum festen Verschliessen auf allen Seiten angebrachten rothen Lederbänder — je eines oben und unten, zwei an der Seite — mit Messingbeschlägen noch erübrigen. Vgl. Lorenz v. Westenrieder's ‚akademische Rede über das Rechtbuch des Ruperts von Freysing' 1802 S. 10. v. Lassberg Nr. 115. Homeyer Nr. 491.

Nach einem leeren nicht gezählten Blatte beginnt mit einem äusserst niedlich ausgeführten Bildchen in der Initiale H das Landrecht, von dessen Art. 107 ‚wa man den knne kiesen sol' nicht ganz die erste Hälfte Westenrieder a. a. O. S. 31/32 mittheilt, von Fol. 1 bis in die fünfte Zeile des Fol. 84 neuerer Bleistiftzählung. Der Schluss lautet da in der vierten und fünften Zeile theils roth und theils schwarz, wovon die rothen Worte hier in Klammern stehen:

(Hie hat das[1] lantreht) buch ein ende.
(Got) vns (sinen) segen (sende).
amen.

In dem leer gewesenen Raume dieser Seite ist der im Texte fehlende Artikel ‚Swer unreht gůt kouset, wie der mit dem gewaren sol' = Art. LZ 57 von anderer Hand beigeschrieben. Auf der Rückseite beginnt unter der zierlichen auf Goldgrund ausgeführten Initiale S das Lehenrecht, welches sich bis Fol. 121' fortsetzt. Der Anfang des Artikels ‚Von vngeberde in lehen rehte' ist von Westenrieder unter der falschen Zahl 458 anstatt 464 a. a. O. S. 32 mitgetheilt, der Schlussartikel 489 ganz S. 44. An den Rand der einzelnen Artikel sowohl des Land- als auch des Lehenrechts sind die laufenden Zahlen römisch ohne Ausscheidung beider Theile von 1—489 schwarz mit feinen rothen Strichen bemerkt, so dass hievon 335 auf das Landrecht treffen, wobei der nachgesetzte Art. LZ 57 — anfänglich gezählt, aber dann doch wieder ausgelassen — nicht mitgerechnet ist.

Von Fol. 122 an schliesst sich in je drei Spalten ein eng geschriebenes lateinisches alphabetisches Verzeichniss

[1] Dieses ursprünglich ausgelassene Wörtchen ist schwarz übergeschrieben.

der Hauptbetreffe mit jedesmaliger Beifügung der vorhin bemerkten an den Rand gesetzten Artikelzahlen bis gegen den Schluss der zweiten Spalte des Fol. 124 an.

Einen Einblick in die Artikelfolge des Ganzen gibt die Verzeichnung Westenrieder's a. a. O. S. 37—41—44.

Eine vollständige Abschrift in Folio hat sich im Jahre 1864 der Berichterstatter gefertigt.

[Für das Stadtrecht von München, welcher Stadt Kaiser Ludwig IV. an erster Stelle sein vorhin berührtes oberbaierisches Stadtrecht zufertigen liess, sei hier auf die Verzeichnisse von Handschriften desselben verwiesen, welche unter ‚Oberbaiern' berührt sind.]

285.

München, Bibliothek der Ludwig-Maximilians-Universität, Cod. mscr. 204, aus der Universitätsbibliothek zu Ingolstadt nach Landshut und von da hieher gelangt, von einer zierlichen Hand des 14. Jahrhunderts auf sehr gutem Papier in Kleinfolio zweispaltig mit rothen Ueberschriften der Artikel und — die Initiale des Judeneides auf Fol. 40' wie die Hauptinitiale des Lehenrechts auf Fol. 59' sind roth und blau — mit rothen Anfangsbuchstaben derselben, je am unteren Rande der Vorderseiten der Blätter von gleichzeitiger Hand mit grossen rothen römischen Zahlen bis 79 einschliesslich versehen, in neuerem Pappendeckeleinbande mit Rücken von rothem Glanzpapiere, auf welchem oben ‚Lehen-Recht' und unten Z mit einer Zahl steht, wie es den Anschein hat, 300. Ignaz Dominik Schmid capell. ad s. Catherinae sacellum academ. in seinem Kataloge der Handschriften der Universitätsbibliothek von Ingolstadt, jetzt in der Universitätsbibliothek zu München Mscr. 387, auf Fol. 25 unter Nr. 388.

Die ersten Blätter fehlen, so dass jetzt das Landrecht von 371 Artikeln erst mit den Worten ‚dem der do gelten sol, er hat sein gût behabt' des Art. LZ 5b beginnt bis Fol. 56' Sp. 1, woselbst noch gross geschrieben der Uebergang ‚Hie hebt sicch an daz lehenbûch, daz aweh chûnich Karel gemachet hat. Chrûgelfut' zum Lehenrecht[1] steht, welches dann in 217 Artikeln von Sp. 2 bis Fol. 79 Sp. 2 folgt. Am Schlusse steht:

[1] Vgl. hiezu auch oben die Nr. 29.

Finivi totum.
Infunde, da michi potum
et commedere.

[München, ebendort, Cod. mscr. 205, auf Papier in Folio zweispaltig im 15. Jahrhundert gefertigt, in Holzdeckeln mit braunem gepressten Lederüberzuge. Das in dieser Handschrift nach vorausgehendem Verzeichnisse der Artikel auf den Fol. 138' Sp. 2—145' Sp. 2 folgende ‚Lantrecht von deme pabiste vnd von dem keyser' von Fol. 146—195' ist nicht das Landrecht des sogen. Schwabenspiegels, sondern das des Sachsenspiegels in 351 roth gezählten Artikeln mit rothen Ueberschriften, wovon die Art. 349 und 350 = Homeyer's Zählung III 91, worauf noch ohne Ueberschrift, auch im Verzeichnisse der Artikel nicht erwähnt, als 351 schliesst: Wjrt ein man geladen der do suchtende siech ist also daz her czu dinge nicht komen enmak, dye weile daz her also kranc ist, mag her vorboten syne seuche, vnd bleibet ane buse vnd ane gewette. wil abir iener der en geladen hat u. s. f.]

286.

München, ebendort, Cod. mscr. 206, vielleicht ursprünglich in Ingolstadt[1] gefertigt, aus der Universitätsbibliothek daselbst nach Landshut gelangt, im Jahre 1409 auf Papier in zwei Spalten von einem Paulus[2] geschrieben, in Holzdeckel-

[1] Aus den Pergamentstreifen welche vom Buchbinder in der Mitte der einzelnen Papierlagen zu deren Befestigung eingeheftet wurden, sind Reste einer Urkunde vom 30. Oktober 1406 zu erkennen, und zwar ausgestellt in opido nostro Ingolstat eystetensis diocesis, nostro sub secreto.

[2] Am Schlusse des Ganzen lesen wir roth:

<table>
<tr><td>Mor</td><td rowspan="2">} te {</td><td>super</td><td rowspan="2">} norum {</td><td>scrip</td><td rowspan="2">} tor {</td><td>li</td><td rowspan="2">} bri {</td><td>poci</td><td rowspan="2">} atur.</td></tr>
<tr><td>Hor</td><td>malig</td><td>rap</td><td>li</td><td>mori</td></tr>
</table>

Explicit liber per manus Pawli etc.

Finitus est in vigilia sancti Thome appostoli anno domini M° quadringentesimo nono.

Si caput est currit,
sibi iunge ventrem: volabit.
Adde pedem, commede,
et sine ventre bibe.

band mit gelbem Schweinsleder überzogen, auf der Vorder- wie Rückseite mit je fünf Messingbuckeln und mit einer Schliesse. Schmid a. a. O. auf Fol. 25' unter Nr. 413.

Von Fol. 1—5 Sp. 2 Verzeichniss der Artikel des Land- und Lehenrechts, an dessen Schlusse roth steht: Hie hebt sich an daz lantrecht püch, vnd lert wie man richten süll. Von Fol. 5'—76 Sp. 2 beziehungsweise Fol. 1—71 der alten rothen je oben in der Mitte angebrachten römischen Bezeichnung das Landrecht, nach welchem roth bemerkt ist: Hie hat das lantrechtpüch ein end: vnd hebt sich an das lehen püch, da elle lehen recht sind geschriben die nutz vnd gut sint zc wissen. Von Fol. 76' Sp. 1—101 Sp. 2 beziehungsweise 1—25 das Lehenrecht.

287.

München, ebendort, Cod. mscr. 487, nach einer unter der verklebten inneren Seite des Vorderdeckels zum Vorschein gekommenen Einzeichnung[1] früher dem Georg Rebhahn von Augsburg gehörig, aus der Universitätsbibliothek zu Ingolstadt nach Landshut gelangt, auf sehr gutem Papiere im Jahre 1379[2] in zwei Spalten gefertigt, mit einem erst im 15. Jahrhundert geschriebenen jetzt vorangebundenen Artikelverzeichnisse versehen, in Holzdeckelband mit rothem Lederüberzuge, früher je mit fünf Buckeln und mit zwei Schliessen, über den Rücken mit der Aufschrift: Lant- Lehen- Ehehaft- vnd andere Rechten der stat Augspurg, anno 1379. Schmid a. a. O. auf Fol. 25' unter Nr. 414. Lory commentatio I de origine et processu juris boici civilis antiqui § 43 Note e unter IV. v. Lassberg Nr. 14. Homeyer Nr. 490.

Fol. 1—7 Sp. 1 Verzeichniss der Artikel des Land- und Lehenrechts, wie bemerkt aus dem 15. Jahrhunderte, wahrscheinlich erst nach Verlust des ursprünglichen nachträglich eingefügt. Fol. 8—99 Sp. 2 oder 1—92 der alten je oben in der Mitte roth angebrachten römischen Zählung das Landrecht. Fol. 99'—117' Sp. 2 das Lehenrecht, dessen letztes Blatt, wie es scheint, zu Verlust gegangen, während der auf

[1] Item das büch ist Jorgen Rephon von Augspurg.

[2] Am Schlusse steht roth: Anno domini $M^{o}c^{o}c^{o}c^{o}$ lxxix finitus est iste liber. Deo laus et gloria Christo etc.

demselben noch befindlich gewesene Schluss des Textes in zwei Zeilen von späterer Hand an das Ende der Sp. 2 des Fol. 117' gesetzt ist.

Dann folgen noch von der ursprünglichen Hand nach einem Register von Fol. 118—124 Sp. 2 die ‚ehaftin vnd aelliů recht die disiů stat — nämlich Augsburg — von ir herscheft her hat bracht' von Fol. 125—233 Sp. 1 beziehungsweise der alten rothen römischen Bezeichnung 1 100 Sp. 1.

288**.

München, ebendort. Zwei Bruchstücke einer schönen Pergamenthandschrift des 14. Jahrhunderts in Folio, von Prof. Dr. Konrad Hofmann gefunden. Vgl. den Bericht der Sitzung der philosophisch-philologischen Classe der Akademie der Wissenschaften vom 13. Mai 1865 S. 315 und 316.

Der kleine Längenstreifen enthält ein Stück vom Schlusse des Art. LZ 348 und vom Anfange des Art. 349 des Landrechts, und sodann vom Schlusse des Art. 353 und vom Anfange des Art. 354 ohne die Einschiebung aus der Hunkofer-schen Handschrift.

Das oben abgeschnittene Folioblatt gehört dem Lehenrechte an und umfasst Stücke der Art. LZ 8—12 einschliesslich.

289.

Münster, akademische Paulinerbibliothek, Nr. 29. Auf Pergament in Folio in zwei Spalten wohl im Jahre 1449 geschrieben, niederrheinisch, nach einer Einzeichnung auf dem ersten leeren Blatte von einer Hand des 15. oder 16. Jahrhunderts ‚Wessell van den Loe' gehörig gewesen. Endemann in seiner Einleitung zum kleinen Kaiserrechte S. 46/47 unter Ziffer 32. Homeyer Nr. 494; in seiner Einleitung zum Richtsteige Landrechts S. 18 unter Ziffer 59. Rockinger Q S. 422 bis 426, 436—441.

Von dem Inhalte dieser Handschrift[1] berührt uns das auf dem ersten Quaterne nach einem drei Blätter füllenden Ver-

[1] Vgl. Steffenhagen in den Sitzungsberichten der phil.-hist. Classe der kais. Akademie der Wissenschaften in Wien, Bd. CXIV, S. 318/319 in Ziffer 64.

zeichnisse der Artikel des Landrechts des sogen. Schwabenspiegels am folgenden unter ringsherumlaufenden farbigen — wohl erst später angebrachten — Randverzierungen mit der gleichfalls bunten Initiale B beginnende Landrecht bis auf die Rückseite des ersten Blattes des neunten Quaterns (m) Sp. 1 Zeile 8.

Dasselbe — in 381 oder 382 Artikeln — leidet an einer wohl durch falsche Lage der Bogen der Stammhandschrift hervorgerufenen theilweisen Störung der richtigen Reihenfolge der Artikel von LZ 174 an bis 197, welche sich auch in anderen mehr oder weniger hieher einschlagenden Handschriften findet. Vgl. Rockinger a. a. O. S. 443—449.

[Der kurpfälzische Landschreiber Erasmus Munch zu Heidelberg hat Familienaufzeichnungen aus den Jahren 1464 bis 1467 gesetzt in die] Nr. 164.

[Professor P. Martin Kiem, Conventual des vormaligen Benediktinerstiftes Muri, besitzt die] Nr. 185.

VIII.

Studien zur vergleichenden Culturgeschichte,

vorzüglich nach arabischen Quellen

von

Alfred Freiherrn v. Kremer,

wirkl. Mitglied der kaiserl. Akademie der Wissenschaften.

III. und IV.

III.

Götter und Geister im arabischen Volksglauben.

Der alten Götterverehrung hat der Islam ein Ende gemacht, und zwar so gründlich, dass die Nachrichten hierüber äusserst spärlich sind. Im Glauben und im Geiste des Volkes aber, in seinen Bräuchen und Gewohnheiten hat sich dennoch viel mehr davon erhalten, als man bisher vermuthet hatte.

Das Volk hat ein zähes Gedächtniss in solchen Dingen und es gibt keine unvermittelten Sprünge in der Culturgeschichte, sondern Alles, was ist, steht bewusst oder unbewusst unter dem Einflusse dessen, was früher gewesen.

Nicht blos die Geistesthätigkeit jedes Einzelnen trägt den Stempel seiner Ahnen, sondern auch die Völker in ihrer Gesammtheit werden, ohne es zu ahnen und oft ohne sich hierüber Rechenschaft geben zu können, in ihrem Denken, Thun und Empfinden von der Erbschaft der Vergangenheit vielfach und oft mit unwiderstehlicher Macht beherrscht.

Im Vorhergehenden[1] sind ein paar solcher Vermächtnisse besprochen worden; denn die Ansichten über die Heiligkeit des Brotes und Salzes, über Blut und Seele sind uralte Schöpfungen des Volksgeistes, die noch bis in die Gegenwart sich erhalten und noch immer ihre Macht nicht ganz verloren

[1] I und II dieser Studien.

haben. Bei der folgenden Untersuchung über die religiösen Ideen der Araber, über ihre Götter- und Geisterwelt, wird es sich zeigen, dass auch hier, trotz Islam und Koran, Vieles noch Geltung hat, was in die frühesten Zeiten des Heidenthums oder, wie die Araber sagen, in die Epoche der Unwissenheit zurückreicht.[1]

Das, was wir an Nachrichten hierüber besitzen, ist freilich sehr mangelhaft; denn, wie dies jeder neuen Religion eigen ist, so suchte auch der Islam die Spuren des Früheren nach Möglichkeit zu vertilgen. Glücklicher Weise ist dies nicht vollständig gelungen. Manche Bruchstücke haben sich erhalten, welche, mit Vorsicht geprüft und geordnet, immerhin ein Bild des Culturzustandes jener Zeit zu entwerfen gestatten.

So berichtet ein zum Islam bekehrter Heide wie folgt über die gottesdienstlichen Gewohnheiten des Heidenthums:

[1] Professor J. Wellhausen hat in seinen Skizzen und Vorarbeiten, III. Heft, Reste des arabischen Heidenthums, Berlin 1887, vieles hierauf Bezügliche zusammengestellt, hiebei aber die grossen Traditionssammlungen nicht benützt. Daher einige Lücken und Unrichtigkeiten dieser im Ganzen vortrefflichen Arbeit. Wellhausen's Urtheil über den Werth des Kitâb al'aṣnâm von Ibn al-Kalby kann ich nur mit Vorbehalt theilen. Diese Quelle ist die reichste, aber nicht die reinste. Ibn al-Kalby, sowie sein Vater Kalby, geniessen keinen guten Ruf. Letzterer wird als ganz unverlässlich in seinen Traditionen bezeichnet. (Ibn Ḥazm Korṭoby: Almilal walniḥal. Manuscript der Hofbibliothek, fol. 191 verso; dann Ḍahaby: 'Ibar, zum Jahre 146; dasselbe Urtheil gibt Ḳâdy 'Ijâḍ im Sifâ II, ḳism 3, bâb 1 ab und zwar in den schärfsten Ausdrücken.) Mit seinem Sohn, Ibn al-Kalby, steht es nicht besser. Schon der gewiss gut unterrichtete Verfasser des Agâny (IX, 19, 20) weist ihm eine grobe Unwahrheit nach und nennt ihn einen Lügner, was aber doch nicht hindert, dass er ihn öfters citirt. Er ist eben der Einzige, welcher ausführliche Nachrichten über das arabische Alterthum gibt. Diesem Beispiele müssen auch wir folgen, und das verwerthen, was er gibt; aber mit Vorsicht. Das Kitâb al'aṣnâm halte ich für echt, obgleich Ibn Challikân, welcher die beiden Kalby's sehr hochstellt (Nr. 644, 786), es in dem Verzeichnisse der Schriften nicht anführt. Man vergleiche übrigens noch: Agâny XIX, 58, 86, 98, 127, 131, 163; XX, 7, 23, 132, 144, 145, 160. — Ein massvoller Skepticismus ist bei wissenschaftlicher Forschung unentbehrlich. Auch die Arbeiten der Vorgänger darf man nicht ganz unbeachtet lassen. Hätte W. dies gethan, so würde es ihm nicht passirt sein das Gedicht Zohair, 20, für echt zu halten. Vgl. Wellhausen: Reste etc. S. 196, 202, dazu Kremer: Culturgeschichte II, 368, Note und Ahlwardt: Bemerkungen über die Echtheit etc. S. 64.

‚Wir beteten die Steine an; fanden wir einen besseren, so warfen wir den alten weg und nahmen den andern; fanden wir keinen passenden Stein, so nahmen wir ein Häufchen Erde, brachten ein Schaf und molken die Milch darauf, dann verrichteten wir, die Stelle umschreitend, unsere Andacht (ṭofnâ bihi).‘[1]

Es liegt hier etwas absichtliche Entstellung des Heidenthums vor, denn man liebte es, den früheren Cultus als möglichst kindisch und einfältig darzustellen, aber die Thatsache der Steinverehrung, sowie der Darbringung von Milchlibationen ist gewiss richtig.

Ein anderer alter Erzähler gedenkt einer heidnischen Cultstelle in 'Oṭaidâ', wo auch eine grosse, bei den periodischen Wallfahrten stark besuchte Messe abgehalten ward, und er setzt hinzu: ‚Dort standen Felsblöcke, um welche die Andächtigen feierlichen Umzug hielten und zu denen sie pilgerten.‘[2]

Nach alten Ueberlieferungen verehrten die Araber vor dem Islam verschiedene Götter, die Einen beteten die Sonne, die Anderen den Mond und die Idole an.[3]

Verschiedene Stämme hatten ihre eigenen Idole (ṭawâgyt), so die Stämme Gohainah und 'Aslam; in jedem Stamme eines: sie wendeten sich an dieselben bei Entscheidung von Streitigkeiten.[4]

Solche Stammesgottheiten werden bei verschiedenen Stämmen namhaft gemacht. Ausser diesen gab es noch Idole, die von ganzen Gruppen von Stämmen verehrt wurden und denen eigene Cultstellen geweiht waren, zu welchen gewallfahrtet wurde.

Die ältesten sind zweifellos die Götter der Steinzeit: Steine oder Felsblöcke. Die angesehensten hierunter sind folgende:

Allât und Al'ozzâ. Die Erstgenannte ward in dem Städtchen Ṭâïf in einem unförmlichen Steinblock verehrt, der noch jetzt an Ort und Stelle gezeigt wird.[5] Ihrem Culte huldigte

[1] Bochâry: Kitâb olmaġâzy: bâb wafdi bany ḥanyfah.

[2] Jâkût: III, 705; Sprenger: Alte Geographie von Arabien 355, 356

[3] Bochâry: Kitâb ol' adân: bâb faḍl il-sogud.

[4] l. l. Kitâb tafsyr il-Ḳor'ân: Surat olnisâ'. Nach einer anderen Tradition wird auch noch der Stamm Hilâl Ibn 'Âmir Ibn Ṣa'ṣa'ah genannt. So 'Askalâny im Fatḥ ol-bâry zu dieser Stelle.

[5] Ch. Doughty: Travels in Arabia deserta II, 516. Es ist ein Granitblock von ungefähr 20 engl. Fuss Länge.

besonders der Taḳyf-Stamm. Nach aller Wahrscheinlichkeit ist der Name Allât identisch mit der Alilat des Herodot, welche er mit der griechischen Urania vergleicht. Sie wird gewöhnlich bei Heiden zusammen mit Al'ozzâ genannt.

Diese ist die Kaukabta der Syrer, welche von ihnen mit der Aphrodite und Astarte verglichen wird. Der gewöhnliche Schwur der Mekkaner war: bei Allât und Al'ozzâ. Sie hatte mehrere Cultstellen, von denen die zu Nachlah und Boss genannt werden.[1] Man verehrte sie in einem Felsblock. In Ṭâyf zeigt man sie in einem solchen, der an 20 englische Fuss lang ist, von demselben grauen Granit wie Allât.[2] Die Echtheit bezweifle ich.

Beide Namen lassen keinen sichern Schluss zu und Allât bedeutet die Göttin und bezieht sich vielleicht auf die Sonne,[3] Al'ozzâ bedeutet: die Erhabenste und bezieht sich vermuthlich auf den Morgenstern.

Die dritte grosse Steingottheit heisst Almanât. Sie ward gleichfalls in einem Felsblock verehrt, der auf dem Hügel Mosballal lag, dicht bei dem Dorfe Ḳodaid, das nicht weit von Mekka entfernt ist. Der Stamm Hoḏail, sowie die Bewohner von Jatrib (Medyna) sollen ihrem Culte besonders ergeben gewesen sein. Man hat in ihr die Schicksalsgöttin erkennen wollen und soweit solche blos auf etymologische Gründe gestützte Behauptungen überhaupt zulässig sind, scheint dies wahrscheinlich.[4]

Dies sind die drei grossen Göttinnen der Ḥigâz-Stämme. Beschränkter war der Kreis einiger anderer Götzensteine.

Fals hiess ein rother Fels in der Mitte des sonst schwarzen Berges 'Agâ' im Lande des Ṭajji'-Stammes; Sa'd war der Name eines hohen Felsriffes in der Nähe der Seeküste bei Gidda;

[1] Nach Jâkut ist Boss nicht Ortsname, sondern bedeutet so viel als Tempel. Mo'gam III, S. 665, Z. 16. Wellhausen: Reste u. s. w. S. 33 ff.

[2] Doughty: II, 515.

[3] Baethgen: Beiträge zur semitischen Religionsgeschichte. Berlin 1888, S. 99 ff. sieht in Allât die Mondgöttin. Wellhausen, S. 29 und 36 ff.

[4] Hiefür tritt Th. Nöldeke ein. Die Wörter: manijjah, manna, die offenbar von derselben Wurzel stammen, sprechen hiefür. Die Araber wollen den Namen von der Wurzel mnj = 'araḳa, effundere ableiten und mit dem Vergiessen des Blutes der Opferthiere erklären. Sarḥ almowaṭṭa'i II, 219; Kitâb alhagg: gâmi' alḥa'j.

Galsad hiess ein weisser Steinblock, der irgendwo in Ḥaḍramaut verehrt ward. Schliesslich sei noch Ḏulchalaṣah genannt, ein weisser Quarzblock, worauf eine Art Krone gearbeitet gewesen sein soll; bei Tabâlah, sieben Tagreisen von Mekka, schon auf südarabischem Gebiete und also schon in eine andere Culturzone gehörig. Es stand dort ein Tempel, der denselben Namen führte und später auch die südarabische Kaaba genannt ward. Allein der Charakter des Idols ist zweifelhaft, denn die Nachricht, dass der Stein theilweise bearbeitet war, widerspricht der alten Anschauung, dass über einen Götterstein kein Eisen sollte fahren. Das Heiligthum stand im Gebiete des Chaṯ'am-Stammes. Auf Mohammeds Befehl ward der Tempel verbrannt und der Stein zertrümmert. Der Götzenstein selbst oder ein Stück davon diente später als Thorschwelle der Moschee von Tabâlah. Das Idol hatte besonders der Verehrung der Weiber der beiden Stämme Daus und Chaṯ'am sich zu erfreuen, welche dahinströmten, sei es um ihre Wünsche der Gottheit vorzutragen, sei es um den Tempelfesten beizuwohnen.[1]

[1] Jâḳut II, 462 Z. 23 und 463 Z. 20. Die Worte: taṣṭakko 'aljâto nisâ'i bany dausin 'alâ ḏulchalaṣah — und in anderer Lesart: taṣṭafiḳu . . . . ḥauls . . . . können verschieden aufgefasst werden: ‚die Hinterbacken der Weiber von Daus stiessen zusammen auf dem (Steine) Ḏulchalaṣah oder: . . . . zitterten, bebten um den (Stein) Dulchalaṣah. Erstere Lesart lässt vermuthen, dass sie an dem Steine sich rieben oder sich darauf setzten. Eine ganz ähnliche Sitte, die noch in Persien besteht, bespricht Dr. Polak in seinem ausgezeichneten Buche: Persien etc. Leipzig 1865, I, S. 222: Die heirathslustigen Mädchen und Wittwen knacken mit dem Gesässe auf den zwölf Stufen einer Moschee in Isfahan je eine Nuss auf und singen dabei eine Strophe um ihrem Wunsche Ausdruck zu geben. Gibt man aber der Lesart taṣṭafiḳo den Vorzug, so könnte man schliessen, dass die Weiber um den heiligen Stein tanzten. Mein verehrter Freund Dr. Sprenger aber theilt mir brieflich mit, dass dieselbe Tradition im Taisyr sich findet mit der Lesart: taḍṭariḅo. Er combinirt mit dieser Stelle die Verse S. 462, Z. 10, wo 'onbuba zu fassen wäre als euphemistisch gebraucht für farg = valva, worauf allerdings das Verbum jo'âligo passt, so dass der Vers bedeuten würde: ‚Die Banu 'Omâmah (die Schirmvögte des Tempels) wurden in Walijjah hingeschlachtet, allesammen, als jeder von ihnen gerade auf einem Weibe lag'. Es scheint also dass der Dienst der Dulchalaṣah nicht die Sittlichkeit förderte. Vgl. Baethgen: Beitr S. 106, Wellhausen: Reste S. 42.

Endlich gehört in die Reihe dieser Götzensteine der noch heute verehrte, sogenannte schwarze Stein der Kaaba; der eigentliche Nationalfetisch der Mekkaner und der umwohnenden Stämme. Erst später kam Hobal hinzu, dessen Bild in dem Gemache der Kaaba, unmittelbar über dem Erdloche stand, in welches die dem Tempel gespendeten Weihgeschenke geworfen wurden. Hobal war in Menschengestalt dargestellt und vor ihm pflegten die Loospfeile gezogen zu werden. Schwer ist es jedoch den innern Widerspruch zu erklären, welcher darin liegt, dass neben dem heiligen, schwarzen Stein, dem Nationalfetisch, noch ein offenbar jüngerer Gott in Menschengestalt in der Kaaba sich findet. Mir scheint nur folgende Erklärung möglich: nämlich, dass Hobal die bildliche Darstellung derselben Gottheit war, für deren Sitz man den schwarzen Stein hielt. Dieser war anfangs der alleinige Gegenstand der Verehrung, später gesellte sich hiezu die ihres Bildes. Der Islam entfernte letzteres und stellte die ausschliessliche Verehrung des Fetischsteines wieder her. Ein besonderes Ansehen über die Mauern der Stadt hinaus hatte Hobal ohnehin nicht genossen. Selbst die Mekkaner schworen nicht bei Hobal und nur in der Schlacht von 'Oḥod ist ihr Feldruf: Hobal hoch! Nach einer vereinzelten Nachricht (Ibn Hišam, S. 51) soll Hobal aus Syrien importirt worden sein.

Noch eines Steines haben wir zu gedenken, der zwar schon ausserhalb des eigentlichen, echtarabischen Gebietes liegt, aber trotzdem vollkommen arabisches Gepräge zeigt.

Es ist dies der Steingott Dusares. Das Heiligthum desselben stand in Petra, der Hauptstadt der Nabatäer im Sinaï-Gebiete. Dort sah man in einem reich ausgeschmückten Tempel einen unbehauenen Steinblock auf goldener Unterlage, der mit dem Blute der Opferthiere begossen ward. In diesem Steine verehrte man den Gott Dusares, d. i. Dionysos.[1]

Aber auch im alten Bostra in der Hauranitis, einer schon früh von Arabern besiedelten Landschaft ward Dusares verehrt, und gewiss fehlte auch der heilige Stein nicht.[2]

---

[1] Wellhausen: Reste etc. S. 45 ff.

[2] Näheres über die weite Verbreitung des Dusares-Cultus bei Baethgen: Beiträge zur semitischen Religionsgeschichte. Berlin 1888. S. 92 ff.

Diese Verehrung von Steinen, die man als Götterbehausungen ansah, ist weitverbreitet und uralt. Bei den verschiedensten Völkern ist sie zu beobachten: bei den alten Ureinwohnern Indiens, bei den amerikanischen Rassen (Dakota), auf den westindischen Inseln des Stillen Oceans (Fidschi, Hebriden) und an vielen anderen Orten.[1] Es mag bei den wilden Stämmen der Stein, als das Härteste und Unvergänglichste, als der Stoff, der ihnen zu Waffen und Werkzeugen diente, Bewunderung erweckt und vielleicht Verehrung auf sich gezogen haben; oder es mögen gewisse Steine als vom Himmel herabgefallene Donnerkeile abergläubische Furcht den Menschen eingeflösst haben, da sie dieselben als ein Geschenk höherer Wesen betrachteten.

So erwiesen die Orchomenier den Steinen grosse Ehrfurcht, indem sie sagten dieselben seien dem Eteokles vom Himmel herab gefallen.[2] Die Pharaeer (in Achaia) verehrten viereckige Steine, deren jedem sie den Namen eines Gottes beilegten.[3] In Hyettos war ein Tempel des Herakles, worin der Gott ganz nach alter Sitte durch einen rohen (unbehauenen) Stein dargestellt war.[4] Auf Euboea stand ein Steinblock zu Ehren der Artemis. Vor dem Tempel von Delphi sah man einen Stein, auf den die Leute täglich Oel gossen und an jedem Festtage rohe Wolle legten.[5] Der Spötter Lucian macht sich lustig über einen frömmelnden römischen Würdenträger, welcher, sobald er einen mit Oel bestrichenen oder bekränzten Stein sah, sofort davor andächtig sich verbeugt und sein Gebet verrichtet.[6]

Bei den Ursemiten scheint dieser Steincultus die früheste Aeusserung der religiösen Idee gewesen zu sein. So errichtete Jacob des Morgens von dem Steine, auf dem sein Haupt nachtüber geruht hatte, ein Denkmal, goss Oel darüber und nannte dieselbige Stelle Bethel d. i. Gotteshaus (Genes. 28, 18). In späterer Zeit that man dasselbe, doch weniger einfach: so baut Josua dem Ewigen, dem Gotte Israels, einen Altar auf: dem Berge 'Ebal .... einen Altar von unbehauenen Steinen, über

[1] Tylor: Anfänger der Cultur II, 161. Lubbock. [2] Pausanias IX, 38.
[3] l. l. VII, 22, 4. [4] l. l. IX, 24, 3. [5] l. l. X, 24, 6.
[6] Lucian: Alexander von Abonoteichos 30. Weitere Beispiele bei Tylor: II, 166.

die kein Eisen gefahren war (Jos. 8, 30, 31). Diese Stelle ist desshalb beachtenswerth, weil ausdrücklich gesagt wird, dass kein Eisen zur Bearbeitung der Steine gedient hatte. Das hätte sie nämlich entweiht; denn der Cultus bewahrte als merkwürdigen Atavismus die Heilighaltung des rohen Steines und die Scheu vor dem Eisen; desshalb blieb auch bei gewissen rituellen Handlungen das Eisen ausgeschlossen und war dabei nur der Gebrauch von Steinmessern gestattet (Jos. 5; 2, 3, 7). Denn das Eisen sah man offenbar als eine Neuerung an, die der Cultus von sich wies. Aus demselben Grunde waren auch im alten Aegypten für gewisse rituelle Verrichtungen nur Steinmesser gestattet.[1]

Auch die Phönicier hatten ihre heiligen Steine, die sie Βαιτύλια nennen und von denen Sanchuniathon sagt, dass sie vom Himmelsgott beseelte Steine seien. Diese Baetylien entsprechen in Sinn und Wort dem Betholsteine Jacobs. Es wohnt ihnen ein Gott oder ein Geist. Denselben Ausdruck finden wir bei den alten Südarabern, die ja im Alterthum mit den Phöniciern in lebhaftem Verkehr gestanden sein müssen. Man findet nämlich dort angeblich als Ueberreste aus der Zeit der ältesten Bewohner (tasm, gadys) sogenannte: Betyle (batyl) d. i. viereckige, thurmähnliche Bauwerke, offenbar Cultstätten der Vorzeit.[2]

Es ist gestattet hieraus den Schluss zu ziehen, dass in ältester Zeit auch in Südarabien dieselbe Verehrung heiliger Steine herrschte, wie bei den nordarabischen Stämmen noch in geschichtlicher Zeit. Erst später gestaltete sich der südarabische Cultus in Folge einer ganz anderen Culturentwicklung zum Bilderdienst. Die nordarabischen Stämme aber blieben dem alten rohen Aberglauben der Vorzeit treu, welcher in der Verehrung der Steine und dem Dienste von Fetischen und Hausgöttern bestand.

Ich finde im modernen Orient einen Brauch, der nach meiner Ansicht ein Rest jener Steinzeit ist. Es besteht nämlich in Syrien und Aegypten die Volkssitte, dass Reisende zum Zeichen ihres Besuches oder ihres, wenn auch nur ganz kurzen

---

[1] Herodot II, 86. Bei Einbalsamirung der Leichen.

[2] Hamdâny ed. D. H. Müller, S. 140. Auch Jâkut I, 490.

Aufenthaltes an irgend einer Stelle ein paar Steine in Form einer kleinen Pyramide zusammenlegen. Solche Steinhäufchen sieht man überall an den Hauptverkehrsstrassen und Wallfahrtsorten. Das Volk nennt sie shâhid, d. i. Zeuge; denn sie zeugen dafür, dass Jemand an dem Orte sich aufgehalten hat. Dieser Brauch ersetzt im Oriente die europäische Unsitte, durch Einschreibung des Namens überall sich verewigen zu wollen. Der Araber lässt seinen namenlosen shâhid zurück und zieht des Weges.

Ausser den Stammesgöttern hatte in Mekka fast jede Familie ihre Hausgötter.[1] Sie mögen sich nicht viel unterschieden haben von den Fetischen der Wilden; vermuthlich waren sie rohe Figuren aus Stein oder Holz, wie der Hausfetisch des 'Abbâs Ibn Mirdâs, den er, als er ihm sein Vertrauen entzogen hatte, ruhig verbrannte. In Mekka muss eine förmliche Industrie bestanden haben, die mit der Verfertigung und dem Verkaufe von solchen Idolen sich beschäftigte.[2]

Auch gewissen Bergen und Hügeln scheint man Verehrung gezollt und sie, als den Göttern geweiht, besucht zu haben. Mit Sicherheit lässt sich leider nur wenig sagen. Den Berg 'Atwah, auf welchem der Tempel Rijâm sich befand, kann man kaum hiezu rechnen, da er schon auf südarabischem Gebiete liegt und also einer andern Culturzone angehört. Dasselbe gilt auch von dem Hügel Madḥig, auf welchem der Tempel Ḏulchalaṣah stand, das gemeinsame Heiligthum der Sippe von Stämmen, welche den Namen Madḥig führen, sei es nun, dass der Hügel nach ihnen benannt ward, oder sie von jenem die Benennung erhielten. Der Berg Sha'bân bietet ein gutes Beispiel für solchen Namenstausch; denn von ihm soll der Stamm Sha'bân den Namen erhalten haben.[3]

Dass man die Berge als etwas Ewiges, Unveränderliches mit Staunen und Ehrfurcht ansah, scheint zweifellos und entspricht auch ganz der ältesten, einfachen Naturauffassung. Für solche Eindrücke war der Volksgeist sehr empfänglich und der alte Dichter Labyd drückt dies aus, wenn er die Berge als

---

[1] Ibn Hishâm, S. 303. [2] Wellhausen: Mohammed in Medina, S. 350.

[3] Wüstenfeld: Register zu den genealog. Tabellen, siehe: Madḥig und Sha'bân.

die Ewigen (alchawâlid — Mo'allakah v. 10, od. Arnold, auch in dem Dywân S. 108, v. 5) bezeichnet.

Ziemlich klar tritt der Charakter einer heiligen Andachtsstelle hervor bei der Anhöhe 'Alâl;[1] weniger bei dem Mekka in nächster Nachbarschaft überragenden Berg Abu Kobais, dem eine legendenhafte Bedeutung zukommt.[2] Von ihm soll der schwarze Stein der Kaaba stammen. In einem alten Gedichte zum Lobe von Mekka werden als heilige Stellen, ausser Marwah und Safâ, noch angeführt die Berge: Taur, Tabyr und Hirâ'. Von diesen verdanken der erste und letzte, wie es scheint, vorzüglich der mohammedanischen Legende ihre Berühmtheit, aber Tabyr wird schon im Heidenthume genannt, wo die Pilger mit dem Rufe: ‚ashrik Tabyr kaimâ neghyr' ihren Rückmarsch nach Minâ antraten.[3]

Der Name Tabyr ist zweifellos eine altsemitische Bezeichnung für einen vereinzelt emporragenden Bergkegel und entspricht ganz dem hebräischen tabur (טַבּוּר): Nabel; ein solcher Berg ward als Nabel des Landes angesehen[4] und galt im hohen Alterthum als Göttersitz, wie ‚der Berg des Nordens, wo die Götter tagen'. (Jesaia, 14, 13.)

Jedenfalls erhellt aus dem Gesagten, dass eine grosse Geneigtheit bestand, Berge und Hügel zu personificiren und als heilige Stätten zu betrachten, wo man den Himmlischen näher sei.

---

[1] Wellhausen: Reste u. s. w. S. 76; Jâkut: 'Alâl; die Aussprache so nach Gauhary. Jetzt heisst die Anhöhe Gabal alrahmah (Berge der Erbarmung) und gilt noch immer als heilige Stelle. Näheres bei Burton: Pilgrimage to Elmedina and Mekka III, 257.

[2] Mosâmarât: Ibn al'araby. Kairo 1282. I, S. 290 (Cap. dikro mâ kyla 'alâ lisân ilharâmaini). Der Name Abu Kobais wird dadurch erklärt, dass ein Mann dieses Namens auf dem Berge gewohnt haben soll. Natürlich ist dies spätere Erfindung.

[3] Erglänze, o Tabyr, auf dass wir hinabziehen (nach Mekka).

[4] Vermuthlich hängt hiemit auch der Name des Berges Thabor zusammen, den wir in der griechischen Umschreibung Ἰταβύριον oder Ἀταβύριον finden und selbst auch Rhodos in der Form Atabyris (Pindar Olymp. VII, 78), auf welchem ein Tempel des Zeus Atabyrios stand. Diod. Sic. V, 59; Strabo, XIV, 655. Vgl. Baudissin: Studien zur semitischen Religionsgeschichte II, 248 ff.

Ganz bestimmt tritt der rituelle und religiöse Gedanke bei den zwei Hügeln Ṣafâ und Marwah im Stadtbezirke von Mekka hervor.

Dass beide schon vor dem Islam als heilige Stätten betrachtet wurden, erhellt aus den Traditionen mit voller Sicherheit. Nach einer sehr gut verbürgten Nachricht[1] waren Marwah und Ṣafâ zwei Cultstätten des Heidenthums, die man deshalb, als der Islam siegte, meiden zu sollen glaubte. Die Bewohner von Medyna (Aus und Chazrag) hatten, als sie noch Heiden waren, die Gewohnheit, zur Göttin Almanât auf dem Hügel Moshallal zu pilgern. Nachdem sie aber die Andacht bei der Almanât verrichtet hatten, pflegte man sich zu den beiden Hügeln Ṣafâ und Marwah zu begeben, um dort zu beten. Nach anderen Berichten hingegen[2] hielt man es nicht für recht, wenn man zur Almanât gepilgert war, noch Ṣafâ und Marwah zu besuchen. Als nun der Islam kam, entstanden Zweifel darüber, ob man, wie früher im Heidenthum, noch die beiden Hügel besuchen dürfe oder nicht. Um diesen Bedenken ein Ende zu machen, verkündete der Prophet folgenden Koranvers (Sur. 2, 153): ‚Fürwahr die Ṣafâ und die Marwah sind Cultusstätten Gottes, und wer zur Kaaba pilgert oder die kleine Wallfahrt ('omrah) verrichtet, dem ist es keine Sünde, wenn er sie verehrt.' — Aber nach einer anderen Lesart lautet der letzte Theil: ‚wenn er sie nicht verehrt.'

Ich lasse hier den Text der Tradition folgen: Mâlik 'an Hiśam ibn 'Orwah 'an 'abyhi 'innaho ḳâla ḳolto li'âyśata 'omm ilmu'minyna wa 'anâ jaumaïdin ḥadyt olsanni 'ara'aïti ḳaulallâhi tabâraka wa ta'âlâ 'inn alṣafâ walmarwata min śa'âïrillâhi faman ḥagg albaita 'aw-i'tamara falâ gonâha 'alaihi 'an jaṭṭawwafa bihimâ famâ 'alâlragoli śai'on 'in lâ jaṭṭawwafa bihimâ faḳâlat 'âyśato kallâlan kana kamâ taḳulo lakânat falâ gonâha 'alaihi 'an lâ jaṭṭawwafa bihimâ.

Man sieht also, dass der Prophet keineswegs ein besonderes Gewicht darauf legt, dass man die alten Cultorte be-

---

[1] Bei Bochâry und Moslim.

[2] Tradition bei Moslim.

suche, aber untersagen will er es auch nicht, da es sich offenbar um eine alte, eingewurzelte, volksthümliche Sitte handelte.[1]

Es sollen später auf den zwei Anhöhen die ehernen Bildnisse der Isâf und Nâïlah aufgestellt worden sein, die aber nach dem Siege der neuen Religion umgestürzt und herabgeworfen wurden.[2]

Aus dem Vorhergehenden ergibt sich, dass der sogenannte Höhendienst, die Verehrung von Bergen und Anhöhen, die man für Sitze der Götter hielt, und wo man opferte und räucherte, nicht blos in der ältesten Form des hebräischen Cultus erscheint, sondern bei den Arabern sich noch bis in weit spätere Zeiten behauptet hat.

Auch manche Oase, die durch Palmenreichthum und Wasserfülle sich auszeichnete, galt als den Göttern geweiht. Diodor erzählt uns von einem solchen heiligen Hain, wo auch ein Altar aus hartem Steine stand, bedeckt mit alten, unverständlichen Schriftzeichen. Den Dienst dieses Heiligthums besorgten ein Mann und eine Frau, die für Lebzeiten die Priesterwürde bekleideten. Alle fünf Jahre fanden Festversammlungen statt, zu denen die Bewohner der Umgebung von weither zusammenströmten und im Heiligthume des Gottes Festhekatomben von wohlgenährten Kameelen opferten.[3]

Aber auch der Baumcultus, der bei den Hebräern, wie bei so vielen anderen alten Völkern sehr verbreitet war, bestand bei den arabischen Stämmen. So verehrte man in der Entfernung weniger Meilen von Mekka einen alten Samorah-Baum (Mimosa) als Sitz der Göttin Al'ozzâ, die wir früher unter den Steingottheiten aufgeführt haben. Unter der Benennung ‚dhât 'anwât' d. i. die Spendenbehangene, ist ein anderer heiliger Baum bekannt und in der Landschaft Negrân stand eine Palme, der man Weihgeschenke darbrachte. Und noch bis in die Gegenwart haben sich deutliche Reste dieses uralten

---

[1] Alles nach der wichtigen Stelle im Šarḥ almowaṭṭa'. Kairo 1280, B. II, S. 218 (gâmi' olsa'j). Auch nach Bochâry ist der Besuch der beiden Hügel nicht geboten, sondern nur eine aus dem Heidenthum herübergenommene Sitte (Boch.: Kitâbo tafsyr olḳor'ân zu Sur. 2).

[2] So im Šarḥ olmowaṭṭa' nach Baihaḳy und Nasâ'y.

[3] Diod. Sic. III, 42, 43; Strabo XVI, 4, 18 (776, 777). Vgl. Wellhausen, S. 47.

Baumcultus erhalten. Jetzt bezeichnet der Araber solche Bäume als „von Geistern bewohnt". Sie nicht ehren oder gar beschädigen bringt Unglück. Ein wohlhabender Tuâly, der übermüthiger Weise einen solchen Baum in Gaww in Brand steckte, ging bald darauf mit der ganzen Familie elend zu Grund. So berichtet neuestens der treffliche Ch. Doughty.[1] Solche Bäume nennt man manhal (pl. manâhil); meistens sind sie in der Wüste, theils Bäume, theils auch vereinzelte Sträucher. Kommen die Beduinen auf ihren Wanderungen vorbei, so pflegt ein Kranker ein Schaf daselbst zu opfern oder eine Gais, mit deren Blut er den Baum und den Boden besprengt; das Fleisch theilt er unter seine Freunde aus, lässt aber auch einen Theil zurück an den Aesten oder Zweigen hängend. Dann legt sich der Kranke nieder um zu schlafen, in der Erwartung, dass die Melâïkah (die Engel) auf ihn im Traume herabsteigen und ihm die Gesundheit bringen würden. Sollte aber ein Gesunder es wagen daselbst zu schlafen, so würde er als gebrochener Mann aufwachen. Im Gaww sind zwei Manâhil, das eine ist ein Sarḥah-Strauch und das andere eine immergrüne Eiche (richtig wohl Terebinthe boṭm oder ṯirwah). Die Geisterbäume sind behangen mit alten Fetzen und bunten Lappen, Glasperlen und ähnlichem Plunder.[2] Solche Bäume sind auch in Aegypten und Syrien ausserordentlich häufig anzutreffen. Ich nenne nur den Baum ‚omm alsharâmyṭ' auf der Insel Rôdaḥ bei Kairo.

So finden wir wieder ein Stück uralter heidnischer Sitte noch in voller Lebenskraft: denn diese Verehrung heiliger Bäume ist altsemitisch und war schon bei den Hebräern üblich. Man begrub geliebte Todte am Fusse oder im Schatten derselben, man opferte den Göttern daselbst und hielt auch Volksversammlungen ab.

Die arabischen Beduinenstämme haben uns also, wie auch hier wieder ganz deutlich sich zeigt, die älteste und ursprünglichste Form der religiösen Gewohnheiten der semitischen Vorzeit fast unverändert erhalten in der Verehrung von Steinen, Bergen, Hainen und Bäumen, die man von Göttern oder Geistern

[1] Doughty: Travels etc. I. 449.
[2] Doughty I. S. 448—450. Vgl. Balâdory ed. de Goeje. S. 322, Z. 20.

bewohnt glaubte und desshalb verehrte. Doch im Verlauf der Zeiten, in Folge der höheren Culturentwicklung, des zunehmenden Verkehres mit fremden Völkern, entstanden neue Anschauungen, Mythen und Göttersagen und hiemit zogen auch neue Göttergestalten ein, die sich theils durch ihre Form, theils durch ihren Namen und Cult als entlehnt und dem arabischen Geiste fremd zu erkennen geben.

Die Araber der geschichtlichen Zeit haben dies noch recht gut gefühlt und führen unter der Bezeichnung ‚Götter der Zeitgenossen Noah's' eine Anzahl solcher vor, die zwar allerdings durchaus nicht vorsündfluthlicher Natur, aber allerdings fremdartige, nicht nordarabische Götter sind, und auch gewiss einer weit späteren Epoche angehören als die alten Steingottheiten.

Die arabische Sagengeschichte erzählt, dass die Zeitgenossen Noah's aus Holz geschnitzte Götterbilder hatten. Als nun die Sündflut kam, schwemmte das Wasser sie fort und schliesslich blieben sie am Gestade des Meeres in der Nähe von Gidda liegen. Dort fand man sie auf und die das Tihâmat (Tiefland) bewohnenden Stämme, zu denen diese Bildnisse gelangten, so berichtet die Legende, hätten sie angebetet.

Die Namen dieser vorsündfluthlichen Götter sind wie folgt: Wadd, Sowâ', Jaghuṯ, Ja'uḳ und Nasr.

Wadd hatte sein Bild in Dumat algandal und er war angeblich als männliche Gestalt dargestellt in Ober- und Unterkleid, mit umgehängtem Schwerte, Bogen und Pfeilköcher, einen Speer mit Fahne haltend.[1]

Sowâ' ward besonders vom Hoḏailstamm verehrt und stand in Rohâṭ im Gebiete vom Janbo', nicht fern von Medyna.

Jaghut befand sich auf dem Hügel Madḥig in Jemen und ward von den Madḥigstämmen verehrt, die bei diesem Hügel zum gemeinsamen Schutze sich verbündeten. Auch die Einwohner der südarabischen Stadt Gorash huldigten dem Jaghut, so dass er als Localgott dieser Stadt (Jaghuṯ Gorash) bezeichnet wird.[2] Sein Cult war weit verbreitet im Süden, wie im Norden.[3]

[1] Aber diese Einzelnheiten scheinen spätere Zugabe zu sein.
[2] Ibn Hišâm, S. 52. [3] Vgl. Wellhausen: Reste u. s. w. S. 17 ff.

Ja'uk ward ebenso, wie sein Vorgänger in Südarabien verehrt, von den Chaiwân, einem Zweige des Hamdânstammes und deren Nachbarn und zwar war seine eigentliche Cultstätte im Dorfe Chaiwân.[1]

Nasr ist gleichfalls südarabisch, war Stammesgötze der Himjaren und sein Name kommt wirklich auf himjarischen Inschriften vor. Näheres über die Art seiner bildlichen Darstellung ist nicht bekannt.

Ueber diese Götter ist eine Aeusserung des Ibn 'Abbâs erhalten, die ich hier folgen lasse: „Die Idole, welche von den Zeitgenossen Noah's verehrt wurden, verbreiteten sich später unter den Arabern, und zwar hatte der Stamm Kalb den Götzen Wadd in Dumat algandal, Sowâ' gehörte dem Stamm Hodail, Jaghut dem Stamme Ghatyf in Gauf (andere Lesart Gorf), Ja'uk dem Stamme Hamdân, Nasr aber dem Stamme Himjar (und zwar) den Nachkommen des Dulkalâ'. Es waren alle diese, deren Namen oben angeführt wurden, gottesfürchtige Männer von den Zeitgenossen Noah's. Als sie aber starben, da verleitete der Satan ihre Stammesangehörigen auf den Orten, wo jene sich aufzuhalten pflegten, Denkmale aufzustellen und dieselben nach ihnen zu benennen. Sie thaten es, aber ohne sie anzubeten. Jedoch als diese gestorben waren und die Weisheit geschwunden war, da wurden sie angebetet."[2]

Hiezu lässt sich noch Einiges aus alten Quellen nachtragen:[3] Die genannten fünf Götzen werden als Kinder des Seth, des Sohnes Adams, bezeichnet (nach Sohaily im Werke: ta'ryf). Nach 'Orwah Ibn Zobair sind sie leibliche Söhne Adams, dasselbe versichert auch 'Omar Ibn Shabbah (im Kitâb Makkah), nach einer guten Quelle (Ka'b alkorazy). Nach Ibn Ishak ward Wadd in Dumat algandal von dem Stamme Kalb Ibn Wabrah Ibn Kodâ'ah verehrt; Sowâ' stand in Rohât in

---

[1] So nach Fâkihy und Ibn Ishak im Fath olbâry fy sarh ilbochâry. Kairo 1301, B. X, S. 612.

[2] Bochâry: Kitâbo tafsyr ilkor'ân: zu Surah 71, 22. Wellhausen: Reste u. s. w. S. 11 ff.

[3] Ich schöpfe aus dem Werke Hadj olsâry lifath ilbâry fy sarh ilbochâry von Ibn Hagar al'askalâny (st. 852 H.), Kairo 1301, XIV Bände.

Ḥigâz in der Küstengegend, Jaghuṯ gehörte dem Morâdstamme, dann dem Stamme Ghaṭyf Ibn Morâd.[1]

So viel erhellt hieraus, dass diese Götter in Menschengestalt verehrt wurden, sonst würde man sie gewiss nicht als Kinder oder Enkel Adams bezeichnet haben. Ihre Namen sind echt semitisch; aber das Nordarabische reicht nicht aus, um sie alle zu erklären: Jaghut bedeutet: er hilft, er rettet, also Retter, Helfer (σωτήρ); Ja'uḳ: er hält zurück, er wendet ab, also Schützer, Abwehrer (ἀμύντωρ); Wadd und Sowâ' bleiben unklar. Hingegen ist Nasr das Sternbild des Geiers, und zwar, wie auch bei den Nordarabern das Sternbild zweifach ist, nämlich der aufgehende und untergehende Geier, so finden wir es auch auf sabäischen Inschriften in der doppelten Form des Geiers des Ostens und des Geiers des Westens.[2]

Fassen wir nun zusammen, so lässt sich mit Sicherheit sagen, dass Jaghuṯ und Ja'uḳ dem südarabischen Culturgebiete angehören. Von Wadd ist dasselbe kaum zu bezweifeln, denn die Kalbiten in Dumat algandal waren eine südarabische Colonie; der Ort selbst liegt an einer grossen von Süden nach Norden führenden Handelsstrasse: es herrschte daselbst bis in die Zeit Mohammeds eine kinditische Familie und die Kindah sind zweifellos südarabischen Ursprungs. Wadd muss also eine südarabische Gottheit sein, wofür auch das häufige Vorkommen auf sabäischen Inschriften den Beweis liefert.[3]

Ueber Sowâ' lässt sich nur so viel sagen, dass auch hier fremdländischer, und zwar südarabischer Ursprung wahrscheinlich ist, da das Idol nahe an der Seeküste stand, also wohl von aussen zur See hergekommen war.[4]

Nasr ist zweifellos südarabisch.

Nach dem Gesagten ist es in hohem Grade wahrscheinlich, dass alle diese Götter südarabische Importwaare sind, die,

---

[1] Ein alter Vers bei Ibn Hišâm S. 52 zeigt, dass Wadd weiblich gedacht ward.

[2] Vgl. Baethgen: Beiträge zur semitischen Religionsgeschichte. Berlin 1888. S. 128.

[3] Vgl. Epigraphische Denkmäler aus Arabien, von D. H. Müller, Denkschriften der kais. Akademie der Wissenschaften in Wien, 1889, S. 5, 19. Baethgen: Beitr. S. 124 ff.

[4] Wellhausen, S. 16.

sei es durch die Handelskarawanen, sei es durch Ansiedler oder Schiffsleute aus dem höher civilisirten Jemen, zu den nordarabischen Stämmen gelangten.

Nebst diesen zwei Gruppen — 1. Götter der Vorzeit, in Steinen, Bergen und Bäumen verehrt und 2. Götzenbilder, aus fremder Cultur entlehnt — sind in den Schriften der Philologen und Chronisten, noch mehr aber in alten Inschriften zahlreiche Namen arabischer Götter erhalten, über deren Bedeutung wir nur sehr wenig wissen.[1] Vieles davon mag gleichfalls fremden Ursprungs und von den arabischen Stämmen nur angenommen worden sein, oder auch blos eine ganz locale Geltung bei dem einen oder andern Stamme erlangt haben. Um nur ein Beispiel anzuführen, nennen wir den Götzen Moḥarriḳ (d. i. Verbrenner), welcher von den Bakr Ibn Wâïl und den anderen Raby'ah-Stämmen verehrt worden sein soll: jedes Lager, d. i. jede Unterabtheilung des Stammes, musste ihm jährlich einen Knaben abliefern, der, wie es scheint, verbrannt wurde. Nun ist es aber zweifellos, dass schon in sehr früher Zeit ein beträchtlicher Theil der Raby'ah-Stämme aus dem Hochlande (Negd) auswanderte gegen Norden und in Mesopotamien seine Wohnsitze nahm.[2] Da mögen sie denn mit vielem anderen auch fremde Götter angenommen haben, denn es darf nicht unbemerkt bleiben, dass Brandopfer eigentlich bei den Arabern nicht üblich sind. Ein solcher fremder Gott ist offenbar Moḥarriḳ. Der Stammgott der Bakr Ibn Wâïl, die mit den Raby'ah in engem Zusammenhange standen und auch in Mesopotamien sich angesiedelt hatten, hiess 'Awâl oder 'Owâl.[3] Gewiss findet sich viel Uraltes und Echtarabisches unter diesen Götternamen. So ist z. B. der Name Manâf sicher alt und echt. Unter den Ḳoraishiten, sowie den Hodail kommt der Name 'Abd Manâf, d. i. Knecht des (Gottes) Manâf vor. Was für ein Gott das war, erfahren wir aber nirgends. Wahrscheinlich ist er den alten Steingöttern beizuzählen und mag

[1] Wellhausen: Reste etc. hat die Wichtigsten zusammengestellt.

[2] Strabo bezeichnet sie mit dem Namen Rhambaeer. Ihr König führt den echtarabischen Namen Alchaedamus. Strabo XVI, 2, 10 (753).

[3] Wüstenfeld: Register, S. 110. Nach Agâny XX, 23 verehrten die Ijâd, später auch die Bakr Ibn Wâïl, den Gott Dul-Ka'baim (nach Ibn alkalby).

einen hochragenden Felsen bezeichnet haben. Wenigstens spricht hiefür die Etymologie.[1] Aber diese bietet keine volle Sicherheit.

Schliesslich ist noch ein Wort zu sagen über die Verehrung der Sonne, des Mondes und der Gestirne. Eine hierauf bezügliche Tradition ist bereits früher (S. 4) angeführt worden. Es scheint in der That keinem Zweifel zu unterliegen, dass denselben eine gewisse Verehrung erwiesen wurde, was aber einen gleichzeitigen Cult von localen Gottheiten durchaus nicht ausschliesst. Der Eigenname 'Abd Shams, d. i. Knecht des Sonnengottes, spricht deutlich genug. Auch in Südarabien war der Sonnencult zuhause und findet in den sabäischen Inschriften seine Bestätigung.[2]

Nach den Lexikographen führte die Sonne den Namen al'ilâhah, d. i. die Göttin. Ueber die Verehrung des Mondes liegt nichts Näheres vor. Hingegen brachte man dem Morgensterne Opfer dar.[3] Und der Cultus der Al'ozzâ hängt ebenfalls mit dem Sterndienste zusammen. Dasselbe gilt von der südarabischen Gottheit Nasr.

Ich halte diesen Cult für sehr alt, und gewiss ist er nicht jünger als der von heiligen Steinen und Bäumen. Bei einem Nomaden- und Hirtenvolk ist es ganz natürlich, dass es den Himmelskörpern seine besondere Aufmerksamkeit zuwendete und deren Gunst durch Opfer zu gewinnen suchte. Man glaubte, dass der Einfluss gewisser Sterne Regen bringe — für den Nomaden und seine Herden die grösste Wohlthat.

Mohammed tadelt diesen Aberglauben mit grosser Strenge, indem er sagte: ‚Wer da spricht: wir erhielten Regen durch die Gnade Allahs, der ist ein gläubiger Anhänger von mir und ein Ungläubiger für die Gestirne; aber wenn einer spricht: das Gestirn so und so hat uns Regen gebracht, der ist ein Ungläubiger für mich, aber ein Gläubiger für die Gestirne.'[4]

---

[1] Nsf, hoch sein, emporragen.

[2] Mordtmann und Müller: Sabäische Denkmäler, in den Denkschriften der Wiener Akademie, 1883, S. 55 ff. Baethgen: Beitr., S. 88.

[3] Wellhausen: Reste etc. S. 37, 173.

[4] Bochâry: Kitâb almagâzy. bâbo gazâtil-hodaibijah.

Man hat auch geglaubt, bei den alten Arabern Spuren der Verehrung heiliger Thiere nachweisen zu können.

Um diese Behauptung zu stützen, werden verschiedene Beweise vorgeführt. Wir wollen sie in Kürze prüfen.

Vorerst wird hervorgehoben, dass zahlreiche Stämme nach Thieren den Namen führen; so haben wir Stammesnamen, wie folgende: Löwen, Panther, Hunde, Schlangen, Eidechsen u. s. w. Man wollte nun in diesen Thieren, nach deren Namen die arabischen Stämme sich Kinder des Löwen, des Panthers (banu 'asad, banu namir) u. s. w. nannten, den Totem dieser Stämme erkennen. Mit diesem Worte bezeichnen bekanntlich die nordamerikanischen Indianer ein Thier (Bär, Wolf, Fuchs, Biber u. s. w.), von dem sie glauben, dass es mit ihrem Stamme in einem gewissen, geheimnissvollen Zusammenhange, in einer Art Wahlverwandtschaft stehe. Wenn der Bär der Totem eines Stammes ist, so betrachtet sich der ganze Stamm als ein Bärenstamm; die Mitglieder dieses Stammes glauben, dass der Bär mit ihnen in verwandtschaftlichem Verhältnisse stehe und enthalten sich desshalb den Bären, als ihren Totem, zu tödten oder sein Fleisch zu essen. Das Totemthier ist gewissermassen geheiligt und wird oft als göttlich verehrt.[1] Alle Jene, deren Totem dasselbe Thier ist, betrachten sich als verwandt und zum selben Stamme gehörig.

Dieselbe Idee soll nun auch für die arabischen Stämme gelten, und zwar wird als Beweis hiefür auf die Thiernamen verwiesen, welche für ganze arabische Stämme sowohl, als auch für einzelne Personen äusserst häufig vorkommen. Ich werde später an geeigneter Stelle zeigen, dass diese Benennung der Personen nach Thieren durchaus nichts mit den Totems zu thun hat, sondern auf sehr natürliche Weise sich erklären lässt. Ich will schon hier darauf die Aufmerksamkeit des Lesers lenken, dass solche Thiernamen im primitiven Völkerleben auch auf ganz anderen Gebieten sich finden, wo von Totem und ähnlichen indianischen Eigenthümlichkeiten keine Rede sein kann. In der alten nordischen Sage kommen Benennungen nach Thieren sehr oft vor; da finden wir Eigennamen wie:

[1] Robertson Smith: Kinship and marriage in early Arabia. Cambridge 1885. S. 186 ff.

der Eber, der Widder, der Wolf, der Bär, der Hund, der Aar, der Rabe, der Habicht.[1] Dass aber gleichzeitig ein Cultus dieser Thiere hiemit verbunden gewesen sei, ist im Widerspruch mit der ganzen skandinavischen Denkart. Es wäre das gerade so irrig, als wollte man behaupten, dass alle Deutschen, die den Familiennamen: Bär, Fuchs, Wolf, Habicht, Adler, Hahn u. dgl. tragen, ursprünglich einem Totem-Stamme angehörten.

Der Beweis aus den Thiernamen ist also entschieden unstatthaft.

Aber die alten Araber sollen gewissen Thieren eine besondere Verehrung erwiesen haben. Wenn dies durch zweifellose Thatsachen dargethan werden könnte, so würde die Totem-Theorie hiedurch allerdings noch nicht bewiesen, aber doch annehmbarer gemacht.

Welche Gründe werden nun vorgebracht, um bei den Arabern einen Thiercultus oder doch die Verehrung von einigen Gottheiten in Thiergestalt zu beweisen?

Man versichert uns, der Löwe sei in Gestalt eines Löwengottes verehrt worden.[2] Dass dies wirklich der Fall war, soll durch häufige Verwendung des Löwennamens zur Bezeichnung von verschiedenen arabischen Stämmen wahrscheinlich gemacht werden. Es ist nun richtig, dass ein arabischer Stamm den Namen 'asad (Löwe) führt, dass andere denselben Namen mit kleinen Aenderungen ('asd, 'azd) oder gleichbedeutende Namen führen, aber nach dem oben Gesagten genügt dies keineswegs, um die Totem-Theorie zu stützen.

Das hat wohl auch der gelehrte Vertheidiger derselben gefühlt, und desshalb führt er noch ein vermeintlich entscheidendes Argument vor: es wird nämlich dafür, dass der Gott Jaghuṯ in Löwengestalt verehrt worden sei, der gelehrte Zamachshary citirt, der in seinem Commentar zum Koran (zu Surah 71, 23) in der That obige Nachricht über den Gott Jaghuṯ überliefert. Aber welches Gewicht soll man dieser Angabe beilegen, wenn man weiss, dass der genannte Autor diese Mittheilung ohne Bezeichnung verlässlicher Quellen

[1] Weinhold: Altnordisches Leben. S. 272. Berlin 1856.

[2] Robertson Smith, S. 192.

macht, und dass ausserdem viel ältere Nachrichten vorliegen, welche von der Löwengestalt des Jaghuṯ nicht blos nichts wissen, sondern geradezu das Gegentheil beweisen, indem sie auf das unzweifelhafteste darthun, dass Jaghuṯ in Menschengestalt dargestellt wurde.[1]

Zur weiteren Bekräftigung seiner Hypothese fürt Robertson Smith noch den Namen 'Abd ol'asad, Sklave des Löwen (Gottes), an; jedoch dieser Eigenname, der nur äusserst selten vorkommt, braucht durchaus nicht so aufgefasst zu werden, sondern hat nach aller Wahrscheinlichkeit die Bedeutung ‚Sklave des (Stammes) al'asad oder al'asd.'[2]

Die ‚weitverbreitete Verehrung des Löwengottes', von der Robertson Smith spricht,[3] ist also in Wirklichkeit vollkommen unhaltbar und ohne jede thatsächliche Begründung.

Auf eben so schwachen Füssen stehen die weiteren Beweise für die Heiligkeit anderer Thiere.

Der Steinbock (badan) soll auch ein Totem-Thier sein, weil ein Stamm sich darnach benannte, und demgemäss soll der Steinbock verehrt worden sein. Als Beweis hiefür wird auf eine Nachricht bei Arrian (Anal. VII, 20, Strabo XV, 3, 2) hingewiesen, die gar nichts Anderes besagt, als dass auf einer 120 Stadien von der Euphratmündung entfernt liegenden Insel ein Tempel der Artemis stehe, und dass daselbst Ziegen und Hirsche sich aufhalten, die der Göttin geweiht sind, also frei sich herumtreiben und von keinem Jäger getödtet, sondern nur der Göttin geopfert werden dürfen.

Ebenso schlecht steht es mit der Verehrung des Kameeles, und wenn Robertson Smith sagt, dass es in gewissen Culten (in certain worships) ein heiliges Thier war: ‚dafür gäbe es viele Beweise' — so ist er diese schuldig geblieben. Die einzige Stelle, wo von der Verehrung eines schwarzen Kameels die Rede ist,[4] muss als zweifelhaft angesehen werden und findet nirgends eine Bestätigung.

---

[1] Vgl. oben S. 18.

[2] Vgl. den Namen 'Abd bany-lḥasḥâs, ein Spitzname des Dichters Soḥaim. Vgl. Aġâny XX, 2; dann auch die Redensart: 'abd aswad libany-l'asad. 'Iḳd alfaryd von 'Abd rabbih. Kairo 1293. II, S. 51.

[3] Kinship and mariage etc. S. 193.

[4] Aġâny: XVI, 48. 29.

Man wird also den Thiercultus bei den Arabern als unbegründet zurückweisen müssen. Hiemit fällt natürlich auch der Totemismus; über die abergläubische Scheu, mit welcher man gewisse Thiere betrachtete, über die Mythen und Fabeln, zu denen sie den Anlass gaben, werden wir später sprechen, und auch da wird es sich wieder zeigen, wie von einem eigentlichen Thiercultus bei den Arabern keine Rede sein kann.

Eine Bemerkung drängt sich uns noch auf, bevor wir diese altarabische Götterwelt verlassen. Die zahlreichen Namen von Göttern gehört durchaus nicht ein und derselben Epoche an, sondern sie wechselten im Laufe der Zeiten; alte wurden verdrängt und durch neue ersetzt, oder der eine Volksstamm wendete sich einem neuen Gegenstande der Verehrung zu, während der andere im früheren Glauben verharrte. Ausländische Einflüsse machten sich geltend, brachten neue Vorstellungen oder verbanden sich mit alten, volksthümlichen Bildern und erzeugten neue Zwitterschöpfungen. Jedoch immer blieb ein gutes Stück alter, volksthümlicher Religion erhalten. So reicht die Verehrung der grossen Göttinnen des Steincultus, Allât, Al'ozzâ und Almanât, wohl in eine sehr ferne Zeit zurück; desgleichen vermuthlich auch der Gestirndienst, die Verehrung heiliger Bäume, Berge und Haine.

Aber zahlreiche andere Gottheiten erlagen und verschwanden: so finden wir auf demselben Hügel Madḥig, wo Dulchalaṣah in alter Zeit gestanden hatte, später das südarabische Idol Jaghuṯ, und dieselben Stämme, welche früher den ersteren verehrt hatten, strömten nun zum Bilde seines Nachfolgers. Als Idol des Stammes Bakr Ibn Wâïl wird einmal Moḥarriḳ genannt, dann 'Owal ('Awâl) und an dritter Stelle Dulka'bain, falls nicht in den Berichten selbst ein Irrthum sich eingeschlichen hat, kann man demnach annehmen, dass der Stamm seinen Gott mehrmals gewechselt hat.

Die Verehrung der Götter war einfach und von barbarischer Rohheit. An den heiligen Stellen verrichtete man gewöhnlich durch uralte Sitte geregelte Ceremonien, man versammelte sich daselbst, stellte sich im Kreise herum auf, umwandelte in gemessenem Schritte mehrmals die heilige Stelle (ṭawâf), schlachtete Opferthiere und begoss mit dem strömenden Blute den heiligen Stein. Zum Schlusse schor man sich das Haar.[1]

Dieser Cultus hat sich bis heutigen Tages in der Kaaba noch in allem Wesentlichen unverändert erhalten, mit einigen äusserlichen, formellen Aenderungen, die Mohammed vorschrieb.

So verrichtete man im Heidenthum die übliche Umwandlung der Kaaba gänzlich unbekleidet, oder wer zahlen konnte, lieh sich von der Tempelbruderschaft der Koraishiten (Ḥoms) gegen Bezahlung Kleider aus.[2] Jetzt ist nach Mohammeds Satzung das Pilgergewand (iḥrâm) an die Stelle dieser alten Uebung getreten. Die Haare bestrich man in alter Zeit mit Gummiwasser und gestaltete sie auf diese Art zu einer festen, zusammenhängenden Masse (talbyd), welche das Haupt gegen die Sonnenstrahlen schützte und gegen das Ungeziefer verwahrte,[3] denn der Wallfahrter musste während der ganzen Zeit des mekkanischen Festes unbedeckten Hauptes bleiben.

Der Zug nach 'Arafât, der im Laufschritt stattfindende weitere Marsch nach Mozdalifah, das Steinwerfen bei der Gamrah, die grosse Opferschlächterei bei Minâ und endlich die Haarschur, dann die Sitte nach Besuch der Kaaba, bei den zwei Hügeln Ṣafâ' und Marwah zu beten — das Alles sind rein heidnische Gebräuche, die der Islam einfach mit kleinen Abweichungen beibehalten hat.

Die Schlachtung der Opferthiere erfolgt ganz nach alter heidnischer Sitte, indem die Halsschlagadern des Thieres durchschnitten wurden, wie dies auch bei den Hebräern und Griechen geschah, so dass das Blut reichlich herausströmt, wobei statt des Namens der heidnischen Gottheit nun nach Mohammeds Gebot

[1] Gänzlich verschieden von den Gebräuchen des Heidenthums ist hingegen das von Mohammed eingeführte Gebet mit seinen Prosternationen, welches wahrscheinlich eine Nachahmung der religiösen Andachtsübungen der Manichäer oder der christlichen Secten des Ostjordanlandes ist. Ich habe an anderem Orte hierüber gesprochen (Culturgeschichtliche Streifzüge auf dem Gebiete des Islams IX, Note 3) und füge hier nur noch die Bemerkung bei, dass nach Ġazzâly (Iḥjâ' III, 433; Kitâb ḏamm Ikibr) die Prosternation (sogud) und die Verbeugung (rokn') als eine des freien Mannes unwürdige Demüthigung von den heidnischen Arabern angesehen ward. Vgl. Balâdory S. 97.

[2] Bochâry: Kitâb olḥagg: bâb olwoḳuf bi'arafah.

[3] Mowaṭṭa': II, 245; Kitâb olḥagg: altalbyd.

der Name Allah ausgesprochen wird, um es der Gottheit zu weihen. Ebenso ist es heidnische Sitte, die der Islam nicht abgeschafft hat, die Opferthiere, die zur Schlachtstätte getrieben werden, mit einer Binde am Halse zu schmücken, um sie gegen den bösen Blick zu schützen, oder ihnen zu demselben Zwecke zwei alte Sandalen anzuhängen.[1] Nur die Sitte, ihnen blutige Striemen auf beiden Seiten mit dem Schwerte aufzuritzen, um sie als Opfer zu zeichnen, hat Mohammed abgeschafft, nicht etwa aus Humanitätsrücksichten, sondern weil er die Thiere nicht durch das Blut wollte verunreinigt und entweiht sehen.

Die ganze grossartige Opferschlächterei, wo alljährlich auf der Ebene von Minâ viele tausend Hammel und Schafe abgeschlachtet werden, ist echt heidnisch, im Islam eigentlich zwecklos und ohne jede innere Berechtigung. Denn die blutigen Opfer hatten nur einen Sinn in der alten, heidnischen Zeit, wo man die Göttersteine mit Blut begoss und den Göttern nichts Wohlgefälligeres und Leckereres darbringen zu können vermeinte als den Lebenssaft: das Blut. Aber seitdem diese alten blutdürstigen Götter der Urzeit gestürzt worden waren und an ihre Stelle Allah anerkannt wurde, hatte dieser alte Brauch jede Berechtigung verloren. Im Gegensatze zum Heidenthum hatte der arabische Prophet das Blut für verunreinigend erklärt. Der Gottesbegriff des Islams ist entschieden unter christlichem Einfluss entstanden:[2] Gott ist ‚der Barmherzige' (raḥmân) und ist nicht lüstern nach Blut, seine Tempel und Altäre dürfen nicht mit Blut beschmutzt werden, weil es dieselben verunreinigen würde.

Und dennoch opferte man ganz in alter Weise fort. So gross ist die Macht der alten Gewohnheit, dass nicht blos die alten, heidnischen Opfer dem neuen Gotte dargebracht wurden, sondern dass sogar das blutige Opfer als eine fromme, gottgefällige Handlung zu gelten nicht aufhörte. Hieran änderte es nichts, wenn man diesen Widerspruch dadurch abzuschwächen glaubte, indem das Fleisch der Opfer zu Speisen der Armen verwendet ward. Der innere Gegensatz bleibt nichtsdestoweniger gleich unvermittelt und unversöhnlich.

---

[1] l. l. II, S. 175. 226; Kitâb elḥagg.

[2] Sprenger: Das Leben Mohammed's II, S. 181 ff. 202.

Nichts hat mehr als diese Sitte der blutigen Opfer zur Verwilderung des Volksgeistes beigetragen. Nichts kennzeichnet deutlicher den Islam als eine barbarische Religion, die ganz und gar dem rohen Gottesdienste der ältesten Zeit entspricht. Nichts hat mehr den Hang zum Blutvergiessen wach erhalten, als diese religiöse Vorschrift der blutigen Opfer. Ja so sehr hat sich die Gewöhnung daran im Volksgeiste eingewurzelt, dass es in allen mohammedanischen Ländern allgemeine Sitte ist, bei jedem, selbst dem geringfügigsten Anlasse ein Lamm oder einen Hammel als Opfer zu schlachten. Man schlachtet zur Sühne für ein Vergehen, man opfert, um ein Gelübde zu erfüllen, oder um ein nicht eingehaltenes zu sühnen, zum Danke für Rettung aus einer Gefahr und so fort bei anderen unzähligen Anlässen. Dabei hat sich der alte Gedanke, dass man der Gottheit opfert, gänzlich verflüchtigt. Man schlachtet das Lamm oder den Hammel und verzehrt das Fleisch mit den Verwandten und Freunden. Jeder bemittelte Mohammedaner hat in seinem Leben so und so vielen Thieren die Gurgel abgeschnitten, und man kann daher mit Recht sagen, dass die blutigen Opfer den Islam zu der allerrohesten unter den grossen Religionen stempeln.

Eine andere echt heidnische Einführung besteht im Islam unverändert fort. Es ist die Unverletzlichkeit des Weichbildes von Mekka. Gerade so wie im Alterthum um den Tempel sich ein ausgedehntes Weihgebiet, ein Temenos, erstreckte, wo die dem Heiligthume gespendeten Thiere sich aufhielten und von niemand behelligt werden durften, so hat der Tempel von Mekka noch bis heute sein die Stadt sammt ihrem Weichbild umfassendes Weihgebiet, wo, mit Ausnahme einiger schädlicher Thiere, kein Wild getödtet, kein Baum gefällt, keine Pflanze geknickt werden darf. Die mohammedanischen Theologen haben in ihrem bigotten Rigorismus in der Erläuterung und Entwicklung dieses Grundsatzes das Aeusserste geleistet: nicht einmal eine Laus im Haare darf der Pilger im Weihgebiete von Mekka tödten (Damyry) ohne sich einer Sünde schuldig zu machen. Zur Busse für solche Vergehen ist ein ganzer Tarif aufgestellt worden, worin genau bestimmt ist, ob man einen Hammel oder ein Schaf zur Sühne schlachten müsse, wie viele Arme man mit Almosen zu betheilen oder zu speisen, wie lange man zu fasten habe u. s. w.

Noch mehr Ueberreste des alten Heidenthums aber haben sich im Glauben, in den Sitten und Gewohnheiten des alltäglichen Lebens erhalten.

Besonders ist es der Glauben an Geister und Dämonen, der in die ältesten Zeiten zurückreicht und noch immer fortlebt.

An erster Stelle ist des Geisterglaubens zu gedenken, der eigentlich mit den alten Volksideen und mit dem heidnischen Cultus so innig zusammenhängt, dass er sich gar nicht davon trennen lässt.

Ueberall sah man Geister, aber besonders stellte man sich dichte Wälder, mit üppigem Baum- und Pflanzenwuchs bedeckte und hiedurch unzugänglich gemachte Sumpfgegenden oder auch wilde, einsame Gebirge, wohin nur selten ein Wanderer den Fuss setzt, als Aufenthaltsorte und Wohnstätten der Geister vor. In einer alten, volksthümlichen Erzählung heisst es, dass zwei der angesehensten Männer von Mekka von den Geistern getödtet worden seien, weil sie den Hain von Ḳorajjah[1] in Brand gesteckt und daselbst den Boden zu bebauen sich erkühnt hatten. Die Geschichte wird folgendermassen erzählt: ‚Sie zogen an Ḳorajjah vorüber: aber dort, wo jetzt Ḳorajjah steht, war damals ein dichter Wald, so undurchdringlich, dass man nicht daran denken konnte, hineinzugelangen. Sie fassten desshalb den Entschluss, ihn in Brand zu stecken, um den auf diese Art ausgerodeten Grund zu bebauen. Sie legten denn Feuer an, und wie die Flammen hoch empor loderten, hörte man in dem Dickicht mächtiges Gejammer und Geheul, dann flogen weisse Schlangen daraus empor, die vor dem Brande sich zu retten suchten.'

Bald darauf — so fügt der alte, gläubige Erzähler hinzu — starben Beide. Das Volk schrieb ihr rasches Ende der Rache der Geister zu; wir werden, minder poetisch, aber gewiss richtiger, hierin eine Wirkung der Malaria und der an jenen Orten herrschenden Fieber sehen.[2]

Die Vorstellung, dass die Schlangen dämonisch seien, dass Geister sich oft in Schlangengestalt zeigen, ja dass die

[1] Ueber diesen Ort vgl. Sprenger: Alte Geographie von Arabien, S. 237.
[2] Aghány VI, 92.

Schlangen Genien seien, ist bei den Arabern, wie bei vielen andern Völkern, sehr verbreitet.

So galt auch der Berg Ḍila' als Aufenthaltsort der Genien. Es waren eigentlich zwei Berge, die durch ein breites Thal getrennt waren. Sie lagen in der Nähe des alten Weihgebietes von Ḍarijjah, das später als Staatsgehege diente.[1] Und zwar behauptete man, dass der eine Berg von Genien bewohnt werde, die den Islam angenommen hätten und den Menschen befreundet seien, während die Bewohner des andern Berges ungläubig geblieben und den Menschen feindlich gesinnt seien.[2] Zwischen den gläubigen und ungläubigen Genien bestand grosse Feindschaft. Ein Beduine will Zeuge eines Kampfes zwischen den beiden Parteien gewesen sein. Seine Erzählung lautet: er sei an einem heissen Tage in dem Thale zwischen den beiden Bergen gewesen; da habe er sich plötzlich von dichten Staubwolken umgeben gesehen, die vor und hinter ihm sich einherwälzten, obgleich vollkommene Windstille herrschte; aus diesen seien dann heftige Windstösse losgebrochen, die gegeneinander stürmten und miteinander rangen; nach einer Weile verzog sich der Staub, die Windstösse wurden schwächer und wichen zurück, zuerst in der Richtung des Berges der ungläubigen Genien, dann in der entgegengesetzten Richtung. Er begab sich nun an die Stelle, wo er den Staub am dichtesten sich tummeln und den Wind am heftigsten hatte wüthen gesehen, und da fand er den Boden bedeckt mit todten und halbtodten Schlangen. Das waren die ungläubigen im Kampfe gebliebenen Ginnen.[3]

Das ist echte, altarabische Volksdichtung. Der Prophet fand sich nicht veranlasst, dieser Ansicht entgegenzutreten, denn er theilte sie selbst. Desshalb verbot er es ausdrücklich,

---

[1] Ḥimâ Ḍarijjah: es war in alter Zeit einer Gottheit geweiht.

[2] Es erinnert diese Sage an den Doppelberg 'Ebal und Garizim, von welchem man annehmen muss, dass er ebenfalls als Wohnstätte der Geister angesehen wurde und zwar von guten und bösen; denn nach der biblischen Erzählung sollen auf Moses Befehl bei Eintritt in Kanaan auf dem Garizim Segenssprüche, auf dem 'Ebal aber schreckliche Flüche und Verwünschungen ausgesprochen werden (Deut. 11, 30; 27, 11—13; vgl. Jos. 8, 33).

[3] Jâkût: Mo'gam voce: ḍila'.

die Hausschlangen zu tödten, denn sie seien Geister, Genien und unter ihnen gebe es viele, die sich zur wahren Religion bekannt und den Islam angenommen hätten.[1]

In einer alten Tradition wird folgender Vorfall erzählt: Ein junger Mann, der erst kurz verheiratet war, kehrte mit Erlaubniss des Propheten von einem Kriegszuge nach Medyna zurück, um sein Weib zu begrüssen. Er fand sie zwischen der Thür ihres Gemaches mit erschreckter Miene, und wie er hineintritt, sieht er auf ihrem Bette zusammengeringelt eine Schlange liegen. Ergrimmt durchbohrt er sie mit seinem Speere, den er mit der Schlange darauf im Hofraum in die Erde pflanzte. In Todeszuckungen wand sich die Schlange bis sie verschied, aber gleichzeitig stürzte der junge Mann todt zu Boden.[2]

Der Vorfall ward dem Propheten berichtet, der dazu sagte: ‚In der Stadt sind Ginnen, die den Islam angenommen haben. Seht ihr sie (in Schlangengestalt), so gewähret ihnen drei Tage Frist: zeigt sich nachher wieder etwas von ihnen, so tödtet es, denn es ist dann der Satan.[3]

Der dämonische Charakter der Schlange wird also durchaus anerkannt und nur der Unterschied zwischen guten und bösen Geistern gemacht, die in Schlangengestalt erscheinen. Die Auffassung der Hausschlange als eines guten, schützenden Wesens findet sich auch in dem alten, deutschen Volksglauben von der Hausschlange oder Hausotter. Sie wird fast in allen deutschen Gauen von der Schweiz bis nach Niederdeutschland gerne gesehen, man darf sie nicht tödten, sonst widerfährt dem Hause grosses Unglück; wo man die Hausotter schlecht behandelt, flieht jeder Segen den Haushalt.[4]

Ueberhaupt herrschte bei den Urarabern so gut, wie bei andern Völkern, der feste Glauben, dass der Mensch von Geistern umgeben sei, sowohl von gutgesinnten, die ihm helfen,

[1] Mowaṭṭa' IV, 207—209. Baudissin: Studien zur semitischen Religionsgeschichte I, 279.

[2] Th. Nöldeke: Zeitschrift für Völkerpsychol. von Lazarus und Steinthal 1860, I, S. 412 ff.

[3] Śarḥ-ol-mowaṭṭa' IV, 207—209 mâ gâ'afy ḳatl ilḥajjât.

[4] J. Lippert: Christenthum, Volksglaube und Volksbrauch. Berlin 1882. S. 493.

als von bösen, die ihm schaden wollen. Die letzteren hielt man für zahlreicher.

Am Allerseelentage wirft der deutsche Bauer für die Seelen Speisestücke auf den Herd und sprengt ihnen Milch.[1] Auch der alte arabische Volksglaube lässt die Geister lüstern nach Milch sein, die sie gerne naschen, wenn sie in unbedeckten Gefässen stehen gelassen wird.[2]

Auch gewisse Naturerscheinungen fasste man im Sinne des Geisterglaubens auf; so sah man die Sand- und Wasserhosen als Geister an.[3]

Schon lange vor dem Islam entstanden aus diesem Geisterglauben gewisse Naturmythen. Das beste Beispiel hiefür ist der altarabische Name, womit der Regenbogen bezeichnet wird, nämlich: ḳaus ḳozaḥ, d. i. der Bogen des Ḳozaḥ. Nun ist es aber sehr wahrscheinlich, dass Ḳozaḥ der Name desselben Gottes sei, den man auf den Inschriften in der griechischen Umschreibung Κοζε findet. Es ward also die Naturerscheinung mit der Aeusserung einer höheren Macht in Zusammenhang gesetzt, die man in dem Gotte Ḳozaḥ sich darstellte.[4]

Ein anderes Beispiel der Personificirung von Naturgewalten und Elementarerscheinung ist das Wort ṣâ'iḳah, womit das Strafgericht des Himmels in Gestalt eines zerschmetternden Donnerkeils bezeichnet wird. Das Wort kann seiner Wurzel nach ursprünglich nur die Bedeutung: ‚die Donnerin' gehabt haben, denn es ist eine Participialform von einem Verbum gebildet, das im Hebräischen und auch im Arabischen: dröhnen, tosen, schreien bedeutet; davon übertragen vom Donnern: mit Krachen einschlagen, zerschmettern; und in der Participialform ṣâ'iḳah ‚die Zerschmetterin', also vielleicht in

[1] l. l. S. 665 ff. [2] Arab. Lexica: voce ḥdr.

[3] Tyler: I, 288, 289. Der Name für Staubsäule ist zauba'ah und ein Dämon, oder ein ganzes Geschlecht von Dämonen wird so genannt.

[4] Tuch: Zeitschrift d. D. M. G. III, 193 ff. Ich habe lange gezweifelt, ob nicht statt ḳaus ḳozaḥ zu erklären als Bogen des Wolkengottes Ḳozaḥ, es einfach aufzufassen sei als Wolkenbogen, ḳaus ḳaza', denn ḳaza' heisst Wolke, also: Wolkenbogen. Hiefür scheint zu sprechen, dass ḳaus ḳazy' in den Wörterbüchern gleichgesetzt ist mit ḳaus ḳozaḥ. Die griechische Form Κοζε entspräche am besten dem arabischen ḳazy', doch mit der Vocalisation ḳozai'. Aber diese Form lässt sich in der Literatur nicht nachweisen.

der ältesten Auffassung eine Göttin, die den vernichtenden Donnerkeil schleudert.[1] Es sind dies alles Personificationen von Naturgewalten, die selbstständig handelnd eingeführt werden, ganz so wie Ḳozaḥ, der Regengott, entschieden persönlich gedacht wurde.

Ebenso entspringen ganz den Eindrücken des Naturlebens und der Wüstenscenerie unzählige andere Geister- und Spukgestalten. Besonders ist es der nächtliche Zug durch die Wüste, wobei dem unsichern Mondschein, oder dem noch trügerischeren Sternlicht, die unheimlichen Schatten der Felsen und Sträucher, das unerklärbare Geräusch der Thierwelt, das Rauschen des Windes, zu den Fabeln von den Ghulen, den Wüstendämonen, den weiblichen Wüstengeistern (sa'lâ), den Elfen, den Irrwischen (koṭrob) u. s. w. Anlass gaben.

Diese Phantasiegestalten verdienen deshalb hervorgehoben und beachtet zu werden, weil sie fast alle in uralte, vorislamische Zeit zurückreichen und ein sehr oft benütztes Thema der alten, vormohammedanischen Dichter sind.[2] Aber noch bis heute wirken diese alten Vorstellungen von einer äusserst zahlreichen und mannigfach gegliederten Geisterwelt im Volke lebendig fort.[3]

Mit besonderer Vorliebe werden die Geister als Hüter verborgener Schätze gedacht. So erzählen die Beduinen, dass auf dem Howârah-Felsen, welcher in der Ebene von Medâïn die Landmarke bildet, unter einer Steinplatte ein grosser

[1] Das Verbum ṣa'ḳ in der IV. Form und der Bedeutung ‚mit dem Donnerkeil vernichten', kommt schon in einer minäischen Inschrift von 'Ôlah vor. Vgl. D. H. Müller: Epigraphische Denkmäler etc. S. 40. Im Koran hat das Wort die mythische Bedeutung ganz verloren und bedeutet nur mehr Donnerkeil, zündender Blitzstrahl. Aber für den ursprünglichen Sinn finden sich bei den alten Lexikographen ein Beleg, indem eine Erklärung gegeben wird, dass ṣâ'iḳah den Engel bezeichne, welcher die Wolken treibt und alles worauf er stösst verbrennt (Lane: Lexicon). Auch in manchen andern Wörtern dürften Reste ursprünglicher Mythenbildung stecken, aber mit Wahrscheinlichkeit lässt sich nichts Bestimmteres darüber sagen. Ich führe beispielsweise das Wort śa'ûb Tod an, und manun, das dieselbe Bedeutung hat. Ersteres bedeutet eigentlich ‚der Trennende' und das zweite vielleicht soviel als ‚Geschick, Verhängniss'.

[2] Vgl. Culturgeschichte II, S. 256 ff., 344.

[3] Vgl. Spitta: Contes arabes. Leide 1883.

Schatz liege, der von einem 'Afryt bewacht wird. Wenn aber der Schatz gehoben würde, so müsste grosses Unheil über die Menschen kommen; die Könige der Erde würden miteinander Krieg führen und die Beduinenstämme sich gegenseitig im Kampfe aufreiben.[1] In Gery'eh, eine Tagreise nördlich von Tebuk soll nach dem Volksglauben ebenfalls ein Schatz liegen; ein Beduine erzählte darüber wie folgt: in der Nähe (des Dorfes) ist ein Sandsteinkliff und darin ein Thorweg eingehauen, der in einen Corridor führt, mit Kammern auf beiden Seiten. Aber hinter dem Thor, das von einem Schwarzen mit gezogenem Schwerte bewacht ist, liegt ein grosser Schatz: alle Freitage rollen die Goldstücke heraus und rollen auf dem Boden der Wüste herum bis zum Sonnenuntergang.[2]

Man sieht an diesem Beispiele wie die Volksphantasie nur einer ganz einfachen äusseren Unterlage bedarf, um durch ihre Thätigkeit die Sache auszumalen und auf der nüchternen, dürren realen Thatsache eines alten Felsengrabes ein ideales Luftschloss aufzubauen. Und dieser Glauben an Schätze und hütende Geister ist überall im Orient verbreitet.

Als ich in Beirut die Stelle als General-Consul für Syrien bekleidete, kam ein kleiner Gutsbesitzer aus Hamâna, einer ungefähr acht Stunden von Beirut in dem gleichnamigen höchst malerischen Felsenthal gelegenen Ortschaft, zu mir und bot mir antike Münzen zum Kauf an; es war nichts Werthvolles darunter; trotzdem nahm ich die ganze Partie, um mit dem Mann in Verbindung zu treten. Es lag in seinem ganzen Wesen etwas Geheimnissvolles, das mich anzog und die Neugierde erregte. Bald wurden wir bekannter, und da sah ich, dass er an der fixen Idee litt, er sei grossen Schätzen auf der Spur, und um sie zu heben, bedürfe er der Beihilfe eines Europäers, der die Zeichen richtig zu deuten verstünde, die er gefunden habe.

Ein Hirt aus seinem Dorfe, so erzählte er mir, trieb täglich seine Kühe in ein entferntes einsames Felsenthal. Da fiel es ihm auf, dass seine Herde immer in dem Thal um ein Stück mehr zähle; aber bei der Heimkehr fand er wieder nur die

[1] Doughty: Travels in Arabia Deserta I, 170 ff.
[2] L. l. I, 497.

frühere Anzahl. Da passte er denn recht auf und sah nun, dass, wenn er gegen Sonnenuntergang mit der Herde nach Hause zog, eine schöne Kuh sich absonderte und seitwärts wendete. Er folgte ihr über unwegsame Felspfade bis zu einer Höhle; dort ging die Kuh hinein, und als er auch sie betrat, sah er plötzlich vor sich eine Frauengestalt, die vor ihm durch eine eiserne Pforte in die Felswand hineinschritt. Wie er ihr aber nacheilen wollte, schloss sich die Thüre.

Diese Pforte, meinte der brave Mann aus Hamâna, habe er selbst gesehen, und er sei bereit, sie mir zu zeigen, wenn ich ihm behilflich sein wollte, die darin verborgenen Schätze zu heben. Ein Weib aus seinem Dorfe sei, so erzählte er weiter, zufällig dort vorbeigekommen und habe die Thüre offen gefunden: drinnen aber standen grosse Körbe, gefüllt mit Goldstücken; das kleine Kind, welches sie auf dem Arme trug, langte nach den blanken, glänzenden Münzen und holte eine Handvoll davon heraus; aber als das Weib auch zugreifen wollte, schloss sich sofort das Eisenthor.

Auch an anderen Orten, sagte er, habe er sichere Anzeichen gefunden, Inschriften, in den Stein gemeisselte Gestalten und Zeichen; doch um die Schätze zu heben, müsste man diese Zeichen zu entziffern verstehen, und das sei nur ein Franke im Stande.

Mir flössten diese Angaben wenig Vertrauen ein, und ich hegte starken Zweifel an der Zurechnungsfähigkeit des Mannes. Doch kam er zuletzt mit einer Nachricht, die mehr Aufmerksamkeit verdiente. Auf seinem eigenen Grundstücke, etwas abseits vom Dorfe, hatte er beim Durchwühlen der Erde ein altes Grabmal gefunden, in geringer Tiefe; eine schwere Marmortafel deckte es zu, und darauf stand eine Inschrift mit goldenen Lettern. Das schien nun allerdings recht viel versprechend, obwohl die Goldlettern etwas bedenklich waren. Schon machte ich den Plan eines Rittes nach Hamâna und träumte von der Entdeckung des Grabmales irgend eines phönicischen Rentiers, der hier in der ländlichen Einsamkeit das Zeitliche gesegnet hatte und sammt seinen Schätzen und mit einer langen phönicischen Grabinschrift daselbst beigesetzt worden war — da nöthigten mich unerwartete Umstände zur raschen Abreise nach der Heimat, und ich musste scheiden von dem schönen Gebirgslande es dem Manne von Hamâna überlassend, seine Schätze selbst zu heben.

Aber das eigentliche Land des Geisterglaubens und der Schatzmythen ist Aegypten. Dort erschien in Kairo vor einigen Jahren ein Volksbüchlein, das zum häuslichen Gebrauche bestimmt ist und nicht nur vorschreibt, wie man sich den Hausgeistern gegenüber zu verhalten habe, sondern auch, welche Amulete, welche Zaubersprüche anzuwenden seien, um sich gegen jeden Geisterspuk zu schützen.[1]

Ich glaube am besten zu thun, wenn ich hier einige Auszüge folgen lasse.

Vor Allem, heisst es, muss man sich in Acht nehmen bei Passirung eines gegen Osten gelegenen Thorweges,[2] dass man nicht auf eines der Kinder der Geister tritt, denn in diesem Falle thun sie Einem leicht etwas Böses an. Am besten schützt man sich dagegen durch einen Talisman. Wenn ein Kind gähnt oder niest, so ist dies dadurch verursacht, dass ein Ginny (ein Geist) es angehaucht hat, oder dass das Kind von einer Ḳarynah gestreift worden ist.

Wenn eine Frau aus Versehen oder Unachtsamkeit einen Stein in ein unbewohntes Gemach wirft,[3] sich darin wäscht oder gar einen Speisetisch der Ginnen umstösst und ein Ginny ertappt sie dabei, so wirft er ihr drei Steinchen nach: das erste auf den Kopf, das zweite auf den Rücken, das dritte auf die Beine; das bringt ihr Abspannung, Kopfweh und Herzbeklemmung. Das Mittel dagegen ist, dass man die sieben Ṭabaṭyl-Worte auf sieben Sykomorenblätter schreibt, jedes Wort auf ein Blatt; dann rollt man sie zusammen und verscharrt sie unter dem Thorwege. Ausserdem schreibe man ihr ein Amulet, das sie am Halse trage. Man kann aber auch folgendermassen verfahren: die Worte werden auf sieben grüne Sykomorenblätter geschrieben, ein Blatt wird, nachdem es beschrieben ist, in 1½ Roṭl Salz gelegt und dann (mit diesem)

[1] Es führt den Titel: Kitâb alḥarf bilḥakym Harmas. Lithographie aus Castelli's Druckerei (ohne Angabe des Jahres).

[2] 'Alahab sharḳijjah S. 2, 11, 23.

[3] Vgl. Tylor: Anfänge der Cultur I, S. 116.

unter der Hausthorschwelle vergraben, während mit den anderen Blättern die Patientin sich räuchert.[1]

Für die Amulette schreibt man verschiedene Koranstücke auf (Sur. 7, 30, dann den Vers Sur. 2, 256).

Die Ginnen halten sich mit Vorliebe an dunklen, einsamen Orten auf, unter den Thorwegen, zwischen Gräbern, in einem Backofen (Tannur).[2] Geht man mit einem Kinde an einer solchen Stelle vorbei, so ist es leicht möglich, dass ein Ginny es anbläst; dann weint das Kind, verliert seine Farbe und beginnt zu kränkeln (S. 26). Desshalb soll man nie einen solchen Ort betreten, ohne vorher laut auszurufen: dastur! (d. i. mit Verlaub), damit die Ginnen es nicht übel nehmen.

Wird ein Kind durch die Berührung eines Ginny krank, so lässt man es reines Salz lecken (S. 11). Wenn jemand zu einem Wasser geht, um sich darin zu reinigen, und er vergisst den Namen Gottes auszusprechen, besonders wenn es Sonntag ist, so schlägt ihn der Geist des Wassers mit einem Leibesschaden (S. 12).[3]

Besonders ist es ein weiblicher Geist, eine böse Fee, die den Beinamen die ‚Kindermutter (omm-alṣibjân)‘ führt, welche leicht den Kindern schadet durch Berührung oder Anhauchung (S. 14). Der Glauben an diese Fee ist aber nicht etwa blos auf Aegypten beschränkt, sondern auch in Mekka ist die ‚Kindermutter‘ der Schrecken der Familien, sie ist dort gleichfalls unter dem Namen omm alṣibjân bekannt, wird aber auch Ḳarynah, d. i. Seele genannt. Sie stiftet im Hause gar manches Unheil, sie ist Schuld daran, wenn die Mutter nicht genug Milch für ihren Säugling hat.[4] Neu ist dieser Aberglaube keinenfalls, denn schon bei einem älteren Schriftsteller (Damyry) wird dieser Unholdin gedacht, und unter derselben Benennung. Er meint, es sei darunter eine Art Hausgeist (tâbiʻah min alginn)

---

[1] Die Ṭahsyl-Worte sind nichts anderes als die siebenmalige Wiederholung mit kleinen Veränderungen des Zauberwortes haṣ = haṣyl, S. 3.

[2] Im deutschen Volksaberglauben ist der Aufenthalt der Hausgeister der Herd. Wuttke, S. 229 (Nr. 409).

[3] Die Nennung des Sonntags deutet auf christlichen Ursprung. Der Geist des Wassers wird Ṭawwâf almâʼ genannt.

[4] Snouck Hurgronje: Mekka II, 124.

zu verstehen. Eine klare Vorstellung hievon konnte man sich, wie leicht begreiflich, nicht machen und einige meinten daher die Eule hierunter zu verstehen, die denselben Beinamen ‚Kindermutter' führt. Es wird sogar eine Erzählung angeführt, dass schon der Prophet gelehrt hätte, wie man es zu machen habe, um ein neugebornes Kind gegen die Bosheiten der Unholdin zu feien. Natürlich war das Mittel eine fromme Formel.[1]

Der oben angedeutete Zusammenhang mit der Eule legt es nahe, in dem omm-alṣibjân eine Form des alten Hexenglaubens zu sehen. Schon bei Ovid in den Fasti (VI, 131 ff.) werden die Eulen (striges) genannt, welche dem neugebornen Kinde das Blut aussaugen.[2] Diese Strix ist die italienische strega (Hexe). Die Ginnen zeigen sich oft in Gestalt von Hunden oder Katzen, und wirft man ihnen, um sie zu verscheuchen, einen Stein nach, so wissen sie sich zu rächen durch allerlei Schabernack, den sie zufügen.[3] Desswegen sieht man auf den Bazaren orientalischer Städte, wie die Kaufleute, welche in ihren Buden sitzend ihr Mahl verzehren, ab und zu den Hunden oder Katzen, die sich dort aufhalten, einen Bissen zuwerfen; denn diese Thiere könnten Ginnen sein, die man sich nicht zu Feinden machen darf.

Diese abergläubischen Vorstellungen sind aber nicht etwa vereinzelt, sondern sie sind auf dem ganzen Gebiete der mohammedanischen und arabischen Culturwelt verbreitet.

Häuser, die von Gespenstern bewohnt sind, nennt man ‚maskun'.[4] Gewöhnlich ist es, ganz so wie im europäischen Volksglauben, ein Schatz, den der Geist zu bewachen hat und an den er gebannt ist, so dass er erst, wenn er gehoben ist, zur Ruhe kommen kann.[5]

In Ḥâïl, der Hauptstadt von Negd, herrschen ganz dieselben Ideen über die Ginnen. Die Abl-alard, die Geister, die unter der Erde wohnen, machen die Leute krank und die

---

[1] Damyry: Ḥajât alḥaiwân, Artikel: burah.

[2] Vgl. Gubernatis: Die Thiere in der indogermanischen Mythologie, S. 497 (Deutsche Ausgabe). Auch Hopf: Thierorakel und Orakelthiere. Stuttgart 1888. S. 103.

[3] Kitâb alḥarf, S. 17 bis hieher nach diesem Büchlein.

[4] Snouck Hurgronje: Mekka II, 128.

[5] 1001 Nacht, Lane II, S. 618.

Besessenen schlagen sich selbst oder fallen schäumend zur Erde. Geisteraustreiben ist daher ein Handwerk wie ein anderes. Man meint fest ihnen mit Beschwörungsformeln beikommen zu können. Lange Zeit hindurch unbewohnt gebliebene Räume hält man, wie in Aegypten, für Aufenthaltsstätten der Geister. Viele behaupten, sie mit eigenen Augen gesehen zu haben in ihren fremdartigen und grauenhaften Gestalten. Allgemein ist die Sitte, zum Schutze gegen die Ginnen sich Talismane und fromme Sprüche (ḥigâb) schreiben zu lassen, die man als Amulete trägt.[1]

In Mekka herrscht die Sitte, wenn in einem Hause eine Erkrankung stattfindet, durch Räucherung mit Mastix oder ähnlichen stark riechenden Stoffen den Versuch zu machen, die bösen Geister auszutreiben. Wirkt dies nicht, so muss ein frommer Gottesgelehrter, der selbst den Teufel nicht fürchtet, herhalten, welcher aber nicht wie bei uns, mit Weihwasser dem Bösen zusetzt, sondern einen Talisman schreibt, der gewöhnlich in ein paar Koransbrocken oder einem Zauberspruch besteht; das hiemit beschriebene Papier wird verbrannt und der Kranke muss die Asche in Wasser aufgelöst trinken.[2] Oder die talismanische auf Papier oder ein Teller geschriebene Formel wird abgewaschen und das Spülwasser dem Patienten eingegeben.

Starke Gerüche hielt man immer für sehr geeignet, Geister zu vertreiben: die Logik des Aberglaubens ist in diesem Falle sehr leicht zu errathen. Gerüche wirken unsichtbar, aber trotzdem sehr empfindlich; also müssten sie auch, so folgerte man, auf die Geister, die gleichfalls unsichtbar sind, ihre angenehme oder unangenehme Einwirkung geltend machen. Man glaubte also durch recht starke, unangenehme Gerüche sie verscheuchen zu können. Dass dieser Gedanke uralt ist, dafür fehlt es nicht an Beweisen: so empfiehlt schon Serenus Samonicus als Schutzmittel gegen die strix atra, welche die Kinder bedrängt — sie ist also identisch mit der früher besprochenen omm-alṣibjân — Knoblauch, dessen durchdringender Geruch sie vertreibe.[3]

---

[1] Doughty II, 2, 3.

[2] Snouck Hurgronje: Mekka II, S. 121.

[3] Gubernatis: Die Thiere etc., S. 497, der hier wieder seine Quelle anzuführen vergisst.

Auch gegen Schwefeldampf halten die Geister nicht Stand.[1] Aber selbst den Orangenduft vertragen sie nicht: so glaubte man steif und fest, dass die Ginnen ein Zimmer, worin eine Orange sich befindet, nicht betreten.[2]

Ebenso wie durch starke Gerüche werden sie vertrieben durch lautes Geräusch, das ja auch unsichtbar wirkt und deshalb wie der Geruch die Geister trifft. Das unangenehmste und stärkste Geräusch ist das durch Metall hervorgebrachte: deshalb gilt Eisen als ein probates Mittel gegen die Geister, die davor grosse Furcht haben.[3] So verscheucht auch im europäischen Volksglauben Eisen die Feen und Elfen.[4] Schon im griechischen Alterthum hielt man dafür, dass die Geister die Flucht ergreifen, wenn sie das Geräusch von Erz und Eisen hören. Der Spötter Lucian macht auf das leichtfertige Mädchen Chrysis den Witz, dass sie, statt wie die Geister vor dem Geräusch des Metalles zu entfliehen, sofort sich einstelle, wenn sie irgendwo Silberstücke klingen höre.[5]

Bei den Arabern galt schon in alter Zeit Eisen oder Stahl als nützliches Amulet, und ein alter Literat (Ta'âliby st. 429 oder 430 H.) sagt: Vier Dinge sind gut für Ringe: der Rubin, wegen des innern Werthes, der Türkis, als Glück bedeutend, der Karneol, weil vom Propheten empfohlen, und das chinesische Eisen (Stahl) als Amulet (ḥirz).[6]

Aber wenn die Geister trotz alledem zu lästig wurden und mit den gewöhnlichen Mitteln sich nicht verscheuchen liessen, musste der Pfaffe helfen und mit Gebeten und Verwünschungsformeln den Geistern den Standpunkt klar machen.

1 Doughty II, 191.

2 Damyry: I, 212; Artikel: ginn.

3 Lane: 1001 Nacht, I, S. 31. Deshalb legte man der Leiche, wenn man sie aufbahrte, ein Messer und etwas Salz auf die Brust. Hiedurch glaubte man dämonische Einflüsse fernzuhalten. Vgl. 1001 Nacht, IV, 171 (ed. Habicht).

4 Tylor: Anfänge der Cultur I, S. 140. Ob er Recht habe, wenn er dies so erklären will, dass Feen und Elfen deshalb das Eisen scheuen, weil sie selbst Geschöpfe der Steinzeit seien, lasse ich unerörtert.

5 Lucian: Philopseudes, 14, 16.

6 Bard alakbâd fyl'a'dâd, Ausgabe von Constantinopel, 1301, S. 129. Der Name des Türkises ist glückbedeutend, weil fyruzeh, Türkis, zugleich ‚glücklich, erfolgreich' bedeutet.

Ein Bewohner von Bagdad kam einst zu dem im Geruche besonderer Heiligkeit stehenden Scheich 'Abdalḳâdir Gylâny, der noch jetzt in hohem Ansehen steht, und flehte ihn um seinen Beistand an, denn ein Ginny habe ihm seine Tochter, ein jungfräuliches Mädchen, von der Terrasse seines Hauses entführt. Der Heilige gab ihm hierauf folgende Belehrung: er möge noch dieselbe Nacht auf die Ruinenstätte von Karch[1] sich begeben, am fünften Schutthügel auf die Erde sich setzen, dann mit den Worten: Im Namen Gottes und im Auftrage 'Abdalḳâdirs! — einen Kreis um sich ziehen; dann würden um Mitternacht die Geister in Schaaren dort vorüberziehen in ihren verschiedenen grauenhaften Gestalten; aber er möge darob nicht in Furcht gerathen; gegen Tagesgrauen erst würde der König der Geister, umgeben von einer Schaar seiner Trabanten, vorüberkommen und ihn um sein Begehren fragen; dem solle er dann antworten: der Scheich 'Abdalḳâdir habe ihn gesendet und zugleich solle er die Geschichte seiner Tochter erzählen.

Er that, wie ihm der heilige Mann aufgetragen hatte. Da sah er die Schaaren der Geister nacheinander vorbeiziehen, ohne dass jedoch einer den Kreis betrat, in welchem er sass. So ging es fort, bis der Geisterkönig kam, hoch zu Ross und umgeben von seinem Gefolge. Vor dem Kreise hielt er an und frug: Was ist dein Begehr, o Menschenkind? — Der aber antwortete, wie der heilige Scheich ihm befohlen hatte. Da stieg der König ab, küsste zur Ehre des Heiligen die Erde und liess sich ausserhalb des Kreises nieder. Dann hörte er die Geschichte des Mädchenraubes an und als er sie bis zu Ende vernommen hatte, befahl er den Schuldigen sofort herbeizuschaffen. Alsbald war er gefunden und zusammen mit dem Mädchen herbeigeführt. Wesshalb, sprach der König zu ihm, hast du das Mädchen geraubt, trotz des Schutzes des Heiligen? — Sie hat mich zur Liebe entzündet! lautete die Antwort. Da stellte der König das Mädchen dem Vater zurück und liess den Verbrecher sofort hinrichten.[2]

[1] Vorstadt von Bagdad.

[2] Damyry: I, 211, voce: ginn. Wie verbreitet und volksthümlich solche Sagen sind, zeigt eine Vergleichung der obigen Erzählung mit der bei Doughty II, 188—189.

So lautete diese Geistergeschichte, die in manchen an die Sage von dem nächtlichen Heereszuge erinnert, obgleich an einen inneren Zusammenhang nicht zu denken ist. Jedenfalls ersehen wir aus der Erzählung, dass wir es mit Geistern zu thun haben, die gute Rechtgläubige sind, denn bekanntlich versicherte der arabische Prophet oft, dass ein grosser Theil der Ginnen sich zur wahren Religion bekehrt und ihn als Gottgesandten anerkannt habe. Dies waren die gläubigen Ginnen, während die anderen als Ungläubige und Feinde des Menschengeschlechtes galten. Diese sind es, die nicht blos den Menschen in jeder Weise nachstellen, sondern die sogar an den Pforten des Himmels zu horchen sich erkühnen, um die göttlichen Geheimnisse zu erlauschen, wo sie von den Engeln ertappt werden, welche sie mit feurigen Sternen beschmeissen und in die Flucht schlagen.

So sagte ein Dichter:

Wie ein Stern, der einen 'Afryt lauschend ertappt
Und mit flammender Garbe ihm folgt und versengt,
Dem Reiter gleich, dem der Sturm den Turban gelöst,
Den er nachschleppt, als von dannen er sprengt.

wa kaukabin 'abṣara-l'afryta mostariḳâ
lilsam'i fankaḍḍa jodny chalfaho lahabah
kafârisin ḥalla 'i'ṣâron 'imâmatuho
fagarrahû kolluhû min chalfihi 'adubah.[1]

Diese bösen Geister sind aber sehr verschieden von den altarabischen Dämonen, und man merkt es ihnen an, dass sie christlicher oder jüdischer Herkunft sind: denn die ersteren kümmerten sich, wie die alten Heiden selbst, wenig um den Himmel und seine Geheimnisse. Es ist auch in der That der Gedanke aus fremder Quelle geschöpft: die an den Pforten des Himmels lauschenden Geister sind nichts anderes als die angeli desertores oder proditores, welche nach der bei den Kirchenlehrern öfters uns begegnenden jüdischen Vorstellung die göttliche Wahrheit diebisch und verrätherisch an die Menschen gebracht haben sollen. Es ist dies der Gedanke, den Clemens Alexandrinus vertritt, wenn er von dem dämonischen Ursprung der Philosophie spricht, denn sie sei nicht

[1] Maḳḳary, Bulak, II, S. 662.

gesandt vom Herrn, sondern gestohlen worden, indem die griechischen Philosophen sich die Wahrheiten, die sie lehren, aus den Propheten der Hebräer genommen und sich angeeignet hätten. Clemens denkt sich als unmittelbaren Vorsteher des Volkes Gottes den Logos, als die Vorsteher der übrigen Völker aber unter dem Logos stehende geringere Engel, welche nach der gewöhnlichen Ansicht als abgefallene Geister oder Dämonen gelten.[1]

Diese Eindringlinge in den Kreis des arabischen Volksglaubens sind leicht daran zu erkennen, dass sie gewöhnlich mit dem Namen: shaiṭân bezeichnet werden, der aus den jüdischen Glaubensvorstellungen stammt. Für den Mohammedaner ist jeder böse Dämon ein shaiṭân. Dass dieser Begriff schon geraume Zeit vor Mohammed durch die zahlreichen jüdischen Niederlassungen in Arabien daselbst verbreitet worden war, dürfte keinem Zweifel unterliegen.[2] Es war dies allerdings ein höchst überflüssiger Einfuhrsartikel, denn die arabische Sprache hat genug eigene Worte, um dasselbe auszudrücken, aber schliesslich kam das Fremdwort in arabisirter Form in den allgemeinen Gebrauch,[3] und zwar bei dem Propheten und im Koran für ungläubige Dämonen, im Gegensatze zu den Engeln und gläubigen Ginnen.

Hingegen ist es ein allerdings sehr fragliches Verdienst des Gottgesandten von Mekka, aus dem christlichen Ideenkreise den echten Teufel, den Diabolus, in der Form Iblys, des Höllenfürsten, in den Koran und in die Glaubenslehre des Islams eingeführt zu haben.[4]

Es gab also nun ausser den altarabischen Dämonen und Geistern, die im Volksglauben und in der Dichtung ihre alte Stelle behaupteten, noch eine andere Classe von gläubigen

[1] Baur: Vorlesungen über die christl. Dogmengeschichte. Leipzig, 1865. I, 225 ff.

[2] Eine volksthümliche Benennung desjenigen, der ein schiefes, verzerrtes Gesicht oder eine Hasenscharte hat, war nach Gâhiẓ ,der Geohrfeigte des Satans' Laṭym alšaiṭân. Ta'âliby: Laṭâif alma'ârif ed. de Jong, S. 26.

[3] An der Echtheit der Banu Shaiṭân, die Wellhausen gelten lässt, kann ich nicht glauben.

[4] Das Wort erscheint im Koran immer ohne Artikel als Eigenname, während shaiṭân als generischer Name den Artikel annimmt.

Ginnen, welche mit der neuen Religion ihren Einzug hielten. Es ist eine sehr bunte und äusserst gemischte, wenn man aber auf den Stammbaum sieht, sehr feine Gesellschaft. Ausser Iblys und den Shaiṭâns haben aber nur wenige dieser neuen, unarabischen Gestalten grössere Verbreitung gefunden. Ich will nur des Erzengels Gabriel gedenken, der dem Propheten seine Inspirationen bringt, dann 'Izrâ'yls, des Todesengels, aber selbst dieser ist nicht hoffähig geworden und fand keine namentliche Erwähnung im Koran, die nur dem Gabriel in der Form Gibryl zu Theil geworden ist.

Die meisten andern Schöpfungen dieser Art haben aber kaum eine über die Räume der theologischen Schulen hinaus sich erstreckende Verbreitung erlangt und sind nie recht volksthümlich geworden.

Hingegen sind zwei Engelpaare zu grösserer Berühmtheit gelangt. Ich nenne zuerst Monkar und Nakyr, welche den Verstorbenen im Grabe einem Verhöre unterziehen und es ihm je nach Verdienst leicht oder schwer machen. Diese Idee ist dem Talmud entlehnt, der selbst wieder hier unter dem Einfluss des Parsismus steht.[1] Das freundliche Gegenstück hiezu sind die beiden Schutzengel, die jeden Menschen alle Tage seines Lebens hindurch begleiten und seine Thaten verzeichnen; desshalb auch die beiden ‚Behüter' oder ‚Aufbewahrer' (ḥafiẓani) genannt.[2] Nach dem Koran jedoch ist die Zahl nicht bestimmt und wird nur von mehreren gesprochen.[3]

Diese Idee ist christlichen Ursprunges. Zuerst ist sie bei Hermas zu finden. Er spricht von zwei Genien, welche den Menschen durchs Leben begleiten, von welchen der eine gut, der andere böse sei. Mit besonderer Vorliebe hing Origenes an der Lehre von den Schutzengeln. Aber sie wurde von der im Jahre 541 Chr. in Constantinopel abgehaltenen Synode verdammt.[4]

Sehr oft geschieht der Schutzengel Erwähnung in der arabischen Literatur, so bei Abul-'alâ Ma'arry:

[1] Wahl: Koran, S. 525. Vgl. Buxtorf: Lexik. Talmud, voce [illegible]. Z. d. D. M. G. XXI, S. 564.

[2] Vgl. Koran, Sur. 82, V. 10, 11.

[3] Nach den Commentaren sollen es sieben sein. Wahl: Koran, S. 465.

[4] Baur: Vorlesungen über christl. Dogmengeschichte I, 1. S. 550, I, 2, S. 20.

‚Mich ängstigt der Gedanke an die letzte Abrechnung und mich bethört die Hoffnung, dass bis dahin noch lange sei. Und zu meiner Rechten, sowie zu meiner Linken sitzt mir als Begleiter ein treuer Beschützer (ḥâfizon ḳa'ydo).‘[1]

In der Todesstunde erst sollen sich die beiden Engel in ihrer sichtbaren Gestalt zeigen. Hat der Mensch Gutes gethan, so beloben sie ihn, während sie im entgegengesetzten Falle ihm seine Sünden vorwerfen.[2] Nach dem Mystiker Ibn al'araby sind diese zwei Engel Tag und Nacht beschäftigt, des Menschen Worte und Handlungen aufzuzeichnen.[3] Und in dem Shifâ' des Ḳâḍy 'Ijâḍ, einem sehr angesehenen Werke, wird eine von 'Abdallah Ibn Mas'ud hergeleitete Ueberlieferung angeführt, laut welcher der Prophet gesagt haben soll: Jedem von euch hat Gott einen guten und einen bösen spiritus familiaris (ḳarynatan min alginnî wa ḳarynatan min almalâïkah) beigesellt.

Ein gläubiger Mohammedaner, welcher einer schweren Versuchung glücklich entronnen ist, betet morgens beim Erwachen wie folgt: ‚O Herrgott, du weisst, dass mir diese Nacht verflossen ist, ohne dass ich etwas Böses gethan, und ohne dass die Schutzengel mir eine Sünde eingeschrieben haben.‘[4]

Alles das geht wohl zurück auf die Koranverse, Sur. 82, 10 ff.: ‚Wahrlich über euch (sind gesetzt) Behüter, edle Schreiber; sie wissen, was ihr thut.‘[4]

Auch im Judenthum findet sich dieselbe Idee.[5]

Aber dieser Glauben an schützende Geister, die den Menschen umgeben, während böse Dämonen ihm nachstellen und ihn zu bethören suchen, geht noch viel weiter in die Vorzeit zurück. Schon bei ganz wilden und rohen Stämmen findet man diese Ideen im Keime. Ueberall wittern sie Geister und Gespenster, die bald sie schützen, bald bedrohen. Dass man sie nicht mit den Augen sehen, nicht mit den Händen

[1] Ma'arry: Dywân, Reim 'ydo. Wellhausen, S. 192, bespricht das Wort ḳa'yd und bezieht sich in Betreff der Schutzengel auf Korân, Sur. 50, 6, wo der Druckfehler 6 zu berichtigen ist in 16.

[2] Gazâly: 'Iḥjâ IV, S. 578; Kitâb ḏikr almaut.

[3] Ša'rány: Aljawâḳyt walgawâhir II, 64, 209.

[4] Tazjyn al'aswâḳ, MS. der Hofbibliothek, fol. 167.

[5] Jost: Gesch. d. Judenthums II, 106.

greifen konnte, erschütterte nicht im mindesten den blinden Glauben. Im Gegentheile: man fand sogar Mittel, ihre Anwesenheit zu beweisen. Nach dem Talmud sind wir überall umgeben von Teufeln und Dämonen, und um sich von ihrem Dasein zu überzeugen, braucht man nur Asche neben dem Bett auszustreuen. Am Morgen finde man dann in der Asche die Spuren der Geister in der Form von Hühnertritten.[1]

Schon im arabischen Alterthum war der Glaube an Geisterscheinungen sehr verbreitet. Man erzählte sich von gewissen Menschen, dass sie einen Geist, einen spiritus familiaris, zum Begleiter hätten; ein solcher Geist hiess tâbi', Begleiter, und der, dem er beigesellt war: matbu', begleitet; erschien ihm nur ab und zu ein Geist, so hiess man diesen âtin d. i. Besucher, eigentlich: einen Kommer; oder: ra'yij, das auch für eine Traumgestalt gilt. Hört man aber nur einen Ruf oder eine Stimme, so nannte man einen solchen Geist: hâtif, d. i. Rufer. Für alle diese verschiedenen Arten von Erscheinungen sind die Beispiele in der alten arabischen Literatur äusserst häufig.

Mit diesem allgemeinen Glauben an Geister hängt die Lehre von den guten Geistern, den Schutzengeln, zusammen, daher ist dieselbe Idee nachzuweisen bei den verschiedensten Völkern; von den rohesten bis zu den gebildetsten, von den Araucanern, den Negern, den Mongolen, bis zu dem griechischen Dichter Menander, der jedem Menschen einen guten Genius zuerkennt, und zum Dämon des Sokrates. Man sah in ihnen gewissermassen die zweite Seele des Menschen; desshalb führt der Genius im Arabischen geradezu den Namen karynah oder Doppelseele.

Neben dem guten Dämon konnte natürlich der böse nicht fehlen; so sagt der Kakodaimon des Brutus zu ihm: bei Philippi sehen wir uns wieder: ich bin dein böser Geist.

Von dieser Idee bis zu den christlichen Schutzengeln des Hermas und Origines ist kein weiter Sprung; und wenn nach einem Ausspruche Mohammeds ein himmlischer Geist (malak) und ein böser Dämon (ginny) jeden Menschen begleiten, so ist das im Grunde genau dasselbe.

[1] Tylor II, 199, Talmud, Tractat Berachot.

Schliesslich müssen wir noch des Todesengels gedenken, der die Phantasie der Rechtgläubigen lebhaft beschäftigte. Diese aus der jüdischen Sage entlehnte Gestalt hat man zu einer fast mythenhaften Figur ausgebildet. Der Anblick des Todesengels wird als überaus grauenhaft geschildert.[1] Nach den Einen ist er ein schwarzer Mann mit struppigem Haar und schwarzem Gewande, welchem aus Mund und Nase Flammen und Rauch hervorsprühen. In solch furchtbarer Erscheinung zeige er sich aber nur den Bösen, während er den Frommen als schöner Jüngling nahe.

Das alte arabische Heidenthum kannte solche Anschauungen nicht, denn es lebte nur im Genusse der Gegenwart und in der Erinnerung der Vergangenheit. Für abstracte, metaphysische Speculationen hatte es wenig Sinn, desshalb ist auch der ganze Mythenkranz, der den Todesengel umgibt, als Entlehnung aus fremdem Culturkreise anzusehen.

Hingegen ist der mit dem Geisterglauben so enge verknüpfte Begriff von Hexen und Zauberern viel älter und lässt sich dessen Vorkommen schon lange vor Mohammed und dem Islam kaum bezweifeln. Sobald man von der Wirklichkeit von Geistern und übernatürlichen Wesen überzeugt war, konnte sich auch leicht die Ansicht verbreiten, dass gewisse Menschen es verstünden mit denselben sich in Verkehr zu setzen und deren Beistand und Unterstützung zu gewinnen. Dass dem so war und dass man an Zauberer und Hexen glaubte, dafür bietet schon das classische Alterthum zahllose Beweise. Während aber später im Islam die Zauberer die Hauptrolle spielen, sind es in der alten arabischen Dichtung besonders die Hexen, die Zauberinnen, welche mehr in den Vordergrund treten. Es ist schwer zu sagen, wesshalb den Weibern dieser Vorrang zuerkannt wird. Aber es scheint mir, dass die Erklärung hiefür ziemlich nahe liegt. Bei allen wilden Völkern verblüht die Frau ausserordentlich schnell, und sowie die Jugendzeit vorüber ist und das Alter seine Rechte geltend macht, wird das Weib abschreckend hässlich. Die rohe Behandlung alter Weiber bei den wilden Völkern macht sie bösartig, rachsüchtig und

[1] Gazzâly: Iḥjâ IV, 574—579. Geschichte der herrschenden Ideen des Islams, S. 271.

zänkisch. Die Greisin wird auf diese Art bald zur wahren Megäre, zur Hexe. Nur die Cultur veredelt das Weib und umgibt es selbst im höheren Alter noch mit Anmuth und Würde.

Bei den Naturvölkern musste also von selbst mit dem Bilde des alten Weibes der Begriff des Hässlichen, Verabscheuenswerthen sich verbinden und hieraus ging im Volksgeiste die Hexe, die Zauberin hervor.

In den alten arabischen Gedichten ist von Hexen die Rede, welche die Waffen verzaubern und unbrauchbar machen, indem sie darauf blasen oder hauchen.[1] Auch im Koran wird dieses Blasen der Hexen erwähnt und noch beigefügt, dass sie Knoten knüpfen und auf diese blasen (Sur. 113). Desshalb werden sie als Knotenbläserinnen besonders bezeichnet.[2]

Durch dieses Anhauchen glaubte man eine besondere Wirkung zu erzielen. Daher wird auch von den Ginnen, den Hausgeistern, und besonders der Unholdin omm-alçibjân, welche die kleinen Kinder krank macht, immer der Ausdruck ‚anhauchen, anblasen' gebraucht (S. 33), wenn man sagen will sie hätten jemand behext oder mit Siechthum geschlagen. Und diese Bemerkung gibt auch den Anhaltspunkt zur Erklärung dieses sonderbaren Brauches, der aus einer Beobachtung des Thierlebens sich ergibt. Die Thiere, und besonders die wilden, pflegen nämlich, wenn sie geschreckt sind oder den Angriff eines Feindes erwarten, zu schnauben. So thut das Pferd, welches sich vor einem Gegenstand scheut, die Katze, die plötzlich einem Hunde gegenüber sich befindet, pfaucht ihn an, ebenso auch der Löwe, der Panther, die Wildkatze und zahlreiche andere Thiere. Dieses Schnauben oder Pfauchen ist nichts anderes als eine Art des Anhauchens oder Anblasens und zugleich der Ausdruck des Zornes oder der Furcht vor einem Feinde. Man kann hiemit gewisse unwillkürliche Bewegungen des Menschen im Zustande der Erregung vergleichen, wie das Rollen der Augen, das Zähneknirschen, das Ballen der Fäuste, die unter dem Eindrucke der Gereiztheit sich

[1] Wellhausen, S. 140.

[2] Auch gewisse Kunststücke machten sie; so nahmen sie einen Palmzweig, legten ihn ins Wasser und er ging unter. Dann erhob die Hexe die Hand und er schwamm auf der Oberfläche. Ajâny IV, 48, 3. 6. Vgl. auch VIII, 53.

unwillkürlich einstellen. Bei den Menschen im wilden Zustande mögen ähnliche Aeusserungen einer heftigen Gemüthserregung noch viel schärfer und mannigfaltiger hervorgetreten sein als in dem gegenwärtigen mehr oder weniger civilisirten Zustande. Hiezu könnte man auch das Pfauchen rechnen. Neben dieser stark darwinistischen Erklärung ist aber noch eine andere zulässig, die ich für mindestens ebenso gut halte. Es ist dies folgende: die wilden Menschen gingen, wie bei so vielen anderen, so auch in diesem Falle, bei den Thieren in die Lehre: sie beobachteten bei ihnen dieses Anpfauchen gegen den Feind und schrieben demselben eine besondere Wirkung zu und ahmten es nach.[1]

Ist diese Erklärung richtig, wie ich kaum bezweifle, so zeigt die arabische Hexe, welche ihre Feinde anpfaucht und auf die Zauberknoten bläst, die sie geknüpft hat, einen besonders alterthümlichen, archaistischen Charakter: denn sie hat uns einen sehr merkwürdigen Zug aus der vorhistorischen unbewussten Mimik des wilden Menschen erhalten.

Schon desshalb verdient die arabische Hexe besondere Beachtung.

Was nun ihre Wirksamkeit und Macht anbelangt, so ist dieselbe eine sehr mannigfaltige und wie sich von selbst versteht, meistens bösartige, doch nicht immer und in allen Fällen.

Besonders verstehen die Hexen sich darauf, die Zukunft zu verkünden. Manches alte Weib, das von dem Islam als

---

[1] Es hat sich dieser eigenthümliche Brauch im Islam erhalten. Bei dem Lesen des Korans halten einige Gelehrte das Pusten oder Blasen (nafl) nach rechts und links (um die Dämonen zu verscheuchen) für zulässig. Der Prophet selbst ging so weit, es zu empfehlen, indem er sagte: wenn Jemand im Traum etwas Widerwärtiges sieht, so blase er beim Erwachen dreimal und rufe Gott an, dass er ihn davor behüte. Bochâry: Kitâb alṭibb: Cap. Bâb alnafl. Man vergleiche hiezu den Commentar des 'Asḳalâny: Hadj alsâry lifath albâry fy s'arh Bochâry X, S. 177, 178. Hieher gehört wohl auch die in der katholischen Kirche bei gewissen Ceremonien übliche Anhauchung des Gläubigen durch den Priester und hieraus wieder erklärt sich die im deutschen Volksaberglauben vorkommende Idee, dass das Anhauchen mit gleichzeitigen geheimnissvollen Worten, besonders bei Kindern, eine heilende und schützende Wirkung habe (Würtemberg). Wuttke: Deutscher Volksaberglauben, S. 80 (Nr. 121).

Orakelpriesterin eines Götzen galt, mag daher später zur einfachen Hexe gestempelt worden sein.

Ich will nur ein Beispiel aus heidnischer Zeit hier anführen. Es ist dies die Begegnung des südarabischen Heldenkönigs As'ad Kâmil mit den drei Hexen. Derselbe erwacht auf dem Berge Alnum aus tiefem Schlaf. Da sieht er drei Weiber, die eine reicht ihm einen Becher mit Blut gefüllt. Er leert ihn. Dann ruft ihn die zweite an und auf ihr Geheiss schwingt er sich auf den Rücken einer Hyäne. Diese aber wirft ihn ab. Da kommt die jüngste der drei, pflegt ihn und versucht es schliesslich, ihn zur Minne zu entflammen. Aber er besteht auch diese Probe. Da sprechen die drei Hexen zu ihm: ‚O As'ad! dich soll der Sieg begleiten in Allem, was du beginnest!'[1]

Hier in dieser alten Sage ist die Hexe noch vorwiegend Wahrsagerin, aber später, unter dem Einflusse des Islams wird sie bösartiger; sie unterrichtet Leute in der Zauberkunst, bringt sie aber hiedurch um ihre ewige Seligkeit. Folgende Erzählung ist hiefür höchst bezeichnend:

Ein Weib, das von ihrem Manne verlassen worden war, geht zu einer Hexe und bittet sie, ihr zu helfen. Diese erklärt sich bereit, ihr Anliegen zu gewähren, wenn sie thun werde, was sie ihr anbefehle. Dies verspricht sie. Die Hexe holt sie nun des Nachts ab; die beiden besteigen zwei schwarze Hunde, welche die Hexe mitgebracht. Sie reiten in Sturmeseile durch die Nacht, bis sie nach der Stadt Babel gelangen. Das Erste, was sie da sehen, sind zwei an den Füssen aufgehangene Männer.[2] Diese richteten an sie die Frage, was sie hier zu suchen gekommen seien. Das Weib entgegnete, sie

---

[1] Kremer: Ueber die südarabische Sage, S. 79, 80. Der Ritt auf einer Hyäne bedeutet im Traume die Erlangung der Herrschaft. Vgl. Damyry sub voce: ḍabo'; und Artemidor: Oneirocritica II, 120, 273.

[2] Es sind dies die beiden gefallenen Engel Ḥârut und Mârut, die im Korân (2, 96) genannt werden, von welchen daselbst erzählt wird, dass sie die Zauberei kannten und sie an Jene mittheilten, welche freiwillig hiezu bereit sich fanden. Hiefür wurden sie in Babel eingekerkert. Nach de Lagarde: Gesammelte Abhandlungen, S. 15, womit man vergleiche: Spiegel: Eranische Alterthumskunde II, 40 entsprechen die Namen Hârut und Mârut, den beiden Genien der Peblewy-Sage: Ameretât und Haurvatât. Ueber ihre Zauberkünste lese man Bochâry: Kitâb alṭibb: bâb alsiḥr.

wolle die Zauberei lernen. Beide warnten sie darauf, dem Glauben nicht zu entsagen. Allein sie bestand auf ihrem Vorhaben. Da sagten die beiden gefallenen Engel zu ihr: Geh' zu jenem Backofen und pisse hinein![1]

Dies versuchte sie zweimal, aber immer, wenn sie wollte, kam sie ein geheimes Grauen an.[2] Sie kehrte zurück und jene frugen sie, ob sie etwas gesehen habe und als sie es verneinte, sagten sie zu ihr, sie habe nicht gethan, was ihr befohlen war. Beide ermahnten sie nochmals von ihrem Vorhaben abzulassen. Aber sie weigert sich, geht das dritte Mal zum Backofen und pisst hinein.

Da kam es ihr vor, als ob ein in Eisen gekleideter Reitersmann aus ihr hervorginge, der sich zum Himmel emporschwang, bis er ihren Augen entschwand.

Sie eilte zurück zu den zwei Engeln und erzählt ihnen, was sie gesehen; die aber sagen zu ihr: Der Reitersmann, den du gesehen, das war dein Glauben ('ymân), welcher dich verlassen hat!

Da wandte sie sich verzweifelt zur Hexe, welche ihr zur Herreise behilflich gewesen war, und sagte ihr: Bei Gott! nichts haben sie mich gelehrt und nichts mir mitgetheilt! Die alte Hexe jedoch sagt ihr: Du brauchst jetzt nur etwas zu wünschen und es geht in Erfüllung; nimm diesen Weizen, säe ihn und sage dann: sprosse! und er wird sofort sprossen. Und so geschah es auch. Dann sagte sie: Treibe Aehren! und es geschah. Hierauf sprach sie: Aehren entkörnt euch! und es geschah. Dann liess sie die Aehren zu Mehl werden und das Mehl zu Brot.

Das Weib sah das alles, ohne jedoch eine Freude daran zu haben und sie bereute, was sie gethan (denn sie hatte ihr Seelenheil, ihren Glauben, verloren).[3]

Es fehlt in dieser Geschichte, die spätestens aus dem 11. Jahrhundert unserer Zeitrechnung stammt,[4] kein einziges

[1] Man vergleiche hiemit das über die Verehrung des Brotes Gesagte. Abhandlung I.

[2] Sie war sich nämlich bewusst, einen schweren Frevel zu begehen.

[3] 'Arâïs d. l. Ḳiṣaṣ el'anbijâ von Ta'laby; Cairo, 1282, S. 54, 55, Cap. Ḳiṣṣat Hârut wa Mârut.

[4] Der Verfasser starb um 430 H. (1039 Chr.). Aber er schöpft aus viel älteren Quellen.

der bezeichnenden Merkmale des Hexenbildes, wie es im europäischen Volksglauben allmälig zur stehenden, allgemein giltigen Formel geworden ist: das Reiten durch die Nacht auf einem schwarzen (also dem Bösen geweihten) Thiere, das Vollbringen einer frevlerischen Handlung — in unserem Falle die Verunreinigung des Ofens, worin das Brot gebacken wird — dann der Verzicht auf das Seelenheil (also im europäischen Sinn die Hingabe an den Teufel) und schliesslich die hiedurch erlangte Zauberkraft.

Diese auffallende Familienähnlichkeit zwischen morgenländischen und europäischen Hexen nimmt später noch mehr zu. So finden wir in den Erzählungen der 1001 Nacht die Hexen folgendermassen vorgeführt: ‚Ich lag noch zwischen Schlaf und Wachen, da sah ich vier Weiber: die eine ritt auf einem Besen, die zweite auf einer Amphore, die dritte auf einer Ofenschaufel, die vierte auf einem schwarzen Hund.'[1]

Hier haben wir das leibhaftige Conterfei der europäischen Hexe, auf ihrem Lieblingsgaule: dem Besen, reitend.

Deshalb werden bei den Maifeuern, um die Hexen auszutreiben, im Erzgebirge ebenso wie im Voigtlande in Deutschböhmen, wie auch in Tirol durch angezündete Besen und andere Feuer die Hexen ausgetrieben. Auch die Tschechen verbrennen getheerte Besen.[2]

Also überall fällt das Leibross der Hexen, der Besen, zum Opfer des unschuldigen Autodafé's. Er ist gewissermassen ein Fetisch, mit dem Hexe in Zusammenhang steht. Der Besen hat daher eine gewisse, geheimnissvolle Bedeutung; er steht ja am Feuerherd, dem Sitze der Hausgeister oder der Seelen,[3] mit dem Besen fegt man aber auch die ungelegenen Seelen aus dem Hause.[4] So ist es in katholischen Gegenden, sobald die Charwoche endet und zum ersten Male wieder die Glocken läuten, Brauch der Hausfrauen, sofort die Besen zu erfassen und alles auszufegen, insbesondere aber unter den Betten alles hervorzukehren: denn in der Charwoche haben

[1] 1001 Nacht, ed. Habicht, XII, S. 304. Vgl. Spitta: Contes Arabes, S. 141 (XI, 7).

[2] J. Lippert: Christenthum, Volksglaube etc., S. 632. Wuttke §. 89.

[3] Lippert: l. l. S. 569.

[4] ibid.

nach katholischem Aberglauben die Geister den freiesten Spielraum: diese müssen schleunigst entfernt, also hinausgefegt werden.[1] Aus demselben Grunde, um nicht behext zu werden, lassen im Waldeck'schen junge Eheleute bei ihrem Eingang in das Haus Axt und Besen über die Schwelle legen.[2]

Merkwürdiger Weise begegnet man ähnlichen Beispielen auch im Oriente. Wenn Jemand von der Familie abreist und man fegt hinter ihm mit dem Besen, so kehrt er nicht mehr zurück. Dies ist ägyptischer Volksglaube.[3] Und eine ägyptische Hausregel, die ich aber nicht erklären kann, ist, dass der Besen angebrannt sein müsse, wenn man bei Nacht ausfegt.[4] Auch in Goethe's Zauberlehrling spielt der Besen eine gewisse geisterhafte Rolle, die sich erst dann ganz deutlich als Rest eines antiken Aberglaubens erkennen lässt, wenn man die Quelle kennt, aus welcher Goethe den Stoff zu seinem Gedichte genommen hat, nämlich die Geschichte, welche Lucian im Philopseudes (35) erzählt, wo von einem Zauberer berichtet wird, der durch eine magische Formel den Besen zuerst zu einer Sclavin macht, welche die häuslichen Geschäfte besorgt, und sie dann wieder durch eine andere Formel zum Besen werden lässt.[5]

Man mag aus diesen Beispielen ersehen, dass der Zusammenhang zwischen der Hexe und dem Besen durchaus

---

[1] J. Lippert: Christenthum, Volksglaube etc. S. 465, 615.

[2] l. l. S. 393.

[3] Ḳaljuby: Nawâdir, ed. Nassau Lees, Calcutta 1856. S. 186.

[4] l. l.

[5] Ein ähnlicher Aberglaube, wie der hinsichtlich des Auskehrens mit dem Besen hinter Einem, der das Haus verlässt, ist folgender: wird hinter Einem, der abreist, ein Wasserkrug zerbrochen, so kehrt er nicht mehr zurück (Ḳaljuby: Nawâdir, S. 186). Ganz dieser Idee entspricht es, wenn die brandenburgischen Bauern hinter dem Sarge, vor der Thür des Hauses, einen Eimer Wasser ausgiessen, um den Geist zu verhindern, in das Haus zurückzukehren. Tylor: Anf. d. Cultur II, 26. Etwas Aehnliches kommt auch bei den Persern vor: tritt Jemand eine grosse Reise an, so wird hinter ihm, bei seinem Ausgang aus dem Hause, Wasser gesprengt und zugleich ein Spiegel vorgehalten, wodurch man ihm Gesundheit und eine glückliche Reise anzuwünschen glaubt (H. Brugsch: Aus dem Orient. Berlin, 1864. II, S. 97). Durch das Vorhalten des Spiegels fängt man sein Bild und hält es fest und vermeint auf diese Art seine glückliche Rückkehr zu sichern.

nicht zufällig, sondern auf ähnliche Ideen zurückzuführen ist, die bei verschiedenen Völkern herrschen.

Eine nicht minder hervorragende Stellung im Volksaberglauben nehmen die Zauberer ein. An ihre Macht hat man von jeher geglaubt, und der Prophet selbst zögerte nicht, als Ursachen seiner öfters ihn quälenden krankhaften Zustände eine Bezauberung zu vermuthen.

Besonders scheint es, dass im Jahre 624 Ch. vorübergehende Geistesstörungen bei ihm auftraten, die sowohl er als seine Frauen für die Folge einer ihm angethanen Behexung ansahen.[1] Er bildete sich oft ein, Dinge gethan zu haben, ohne dass es wirklich der Fall war. Dabei hatte er Träume und Sinnestäuschungen; hievon hat Bochâry in seiner grossen Traditionssammlung ein sehr beachtenswerthes Beispiel aufgenommen. Es soll 'Âïshah, die bevorzugte Frau Mohammeds, erzählt haben, dass er einst, als er bei ihr war, wiederholt Gott angerufen und ihr dann gesagt habe, es seien soeben zwei Männer zu ihm gekommen und der eine sei ihm beim Haupte, der andere zu den Füssen gesessen, und da habe der eine zum andern gesagt: Was fehlt dem Mann? Der andere aber antwortete: Er ist behext! Und wer that es? fragte der. Jener antwortete: Labyd Ibn al'a'ṣam hat es gethan. Und auf welche Art? Durch einen Kamm, ein (Stückchen) Werg und den Bast der Fruchtkapsel einer Dattelpalme. — Und wo sind sie (versteckt)? — In dem Brunnen Darwân.

Mohammed begab sich dann selbst zu dem bezeichneten Brunnen und liess ihn zuschütten. Als er zurückkam, sagte er zu 'Âïshah: ‚Das Wasser war so (roth), als wäre es ein Hennaabsud, und die Kronen der Dattelpalmen (die um den Brunnen standen) schienen mir, als seien sie Köpfe von bösen Dämonen.'[2]

Man ersieht hieraus ganz deutlich, dass er noch unter dem Eindrucke des heftigen Schreckens stand, den er wegen der vermeintlichen Bezauberung empfand.

Dass in der Zeit des Heidenthums man ähnlich fühlte, ist nicht zu bezweifeln. Der Kâhin, der Priester, der zugleich oft die Orakelsprüche verkündete, war zugleich Heilkünstler

[1] Sprenger: D. Leben Moh. III, S. 60.

[2] Bochâry: Kitâb alṭibb: bâb alsiḥr.

und Zauberer. Es erhellt dies schon daraus, dass heilen, ärztlich behandeln und bezaubern in der alten Sprache durch dasselbe Wort (ṭabba) bezeichnet werden. Als nun der Islam kam, verschwand der heidnische Priester, der Orakelmann, und nur der Zauberer blieb zurück. Aber selbst bis in unsere Zeiten herrscht ungeschwächt im Oriente der Glauben an die Zauberei und ihre Wirksamkeit.[1]

Fast ebenso verbreitet ist eine andere Vorstellung, die noch zu besprechen übrig bleibt und in dem Geiste des Volkes feste Wurzeln gefasst hat. Es ist die Mythe von den Werwölfen, deren Ursprung nach allem Anschein in das höchste Alterthum, in vorgeschichtliche Zeit zurückreicht. Sie findet sich im Morgenlande ebenso wie in Europa bei den germanischen Völkern, aber auch bei den romanischen und slavischen.

Es beruht diese Idee auf der Ansicht, dass die Seele etwas vom Körper Unabhängiges sei, das auch ohne denselben fortbestehen könne.[2] Dieser Gedanke verbindet sich dann mit einer gleichfalls dem wilden Menschen sehr einleuchtenden Voraussetzung, dass die Seele des Menschen in den Körper von Thieren fahren oder einen solchen Körper annehmen, ja auch unter Beibehaltung des menschlichen Leibes die Eigenschaften von Thieren annehmen könne.

Bei gewissen Stämmen Indiens, nicht arischer Herkunft, also alten, vor der Einwanderung der Arier angesiedelten Ureinwohnern herrscht der Glaube, dass gewisse Menschen zu Tigern werden, und zwar könne dies auf zweifache Weise geschehen: entweder behalten sie die Menschengestalt, werden aber wild wie Tiger, oder sie verwandeln sich wirklich für einige Zeit in Tiger. Ebenso glaubt man, dass Zauberer die Fähigkeit besitzen, in Tiger sich zu verwandeln, und dass sie in dieser Gestalt auf Raub ausgehen. Auch bei den Abiponern kommt derselbe Gedanke vor. Bei den afrikanischen Negerstämmen zweifelt man nicht, dass Menschen in Hyänen sich verwandeln. In der Kanuri-Sprache von Bornu wird aus ‚bultu' Hyäne ein eigenes Thatwort ‚bultungin' in eine Hyäne sich verwandeln, gebildet. Die in Abessynien wohnenden Buda, ein

[1] Näheres hierüber in meiner Culturgeschichte II, S. 253 ff.

[2] Vgl. II, Blut und Seele S. 33.

Pariastamm, der als Eisenarbeiter und Töpfer seinen Erwerb sucht, soll die Gabe des bösen Blickes und zugleich die Fähigkeit besitzen, sich in Hyänen zu verwandeln.[1] Im Ashangolande meint man, dass Menschen in Leoparden sich verwandeln können. Auch im klassischen Alterthum fehlt es nicht an Beispielen: so erzählt Petronius Arbiter die Geschichte eines ‚versipellis', eines Menschen, der sich verwandeln kann, der als Wolf verwundet ward und als Mensch dieselbe Wunde zeigt. Die Griechen hatten ein eigenes Wort für einen solchen Menschen und nannten ihn λυκάνθρωπος.

Es soll dieser Volksaberglauben bei den Griechen durch die Menschenopfer veranlasst worden sein, die bei dem Feste des lykäischen Zeus gefeiert wurden und angeblich bis ins zweite christliche Jahrhundert sich erhielten. Im Volke fabelte man, es würden die zerschnittenen Stücke des Opfers von den Opfernden gekostet, und wer von dem Menschenfleisch gekostet habe, der würde in einen Wolf verwandelt und müsse als solcher flüchtig hin und her irren, und erst, wenn er durch zehn Jahre sich des Menschenfleisches enthalten habe, erhalte er seine frühere Gestalt wieder.[2]

Unter den europäischen Völkern war derselbe Glaube an in Wölfe verzauberte Menschen allgemein.

Bei dem Saho-Volk in Nordostafrika begegnen wir gleichfalls dem Werwolf.[3] Es ist hier die Mutter, die ihre Kinder auffrisst, eine Wendung, die auch sonst nicht selten ist in alten Märchen. Wie volksthümlich dieser Aberglauben war, geht daraus hervor, dass man noch immer denselben lebendig in der Phantasie des Volkes findet.

In Beirut redet man mit Schrecken von einem Thiere, das man shyb nennt, und welches ein Zwitterding zwischen Wolf und Leopard sein soll.[4] Ich halte es für die dortige Form des Werwolfs. Denn Seetzen[5] führt unter dem Namen Shybeh gleichfalls ein Thier an, das er als fabelhaft bezeichnet und mit der

---

[1] Tylor: Anf. der Cultur I, 305 ff.

[2] Schoemann: Griech. Alterthümer II, 221; Pausan. VIII, 2, 6

[3] Reinisch: Saho-Sprache I, 167.

[4] Burkhardt: Syria S. 534.

[5] Seetzen: Reisen in Syrien, Palästina u. s. w., herausgegeben von Prof. Kruse. Berlin 1854, I, S. 273

‚Sa'luah' (lies: sa'lowwah) oder Ginnijjeh gleich setzt. Ein Berichterstatter Seetzen's wollte auf einer Reise durch das Bergland Sharâh das schreckliche Wesen gesehen haben. Nach seiner Beschreibung schien es eine wirkliche Person; er sah nur einen von struppigem Haar starrenden Kopf, ungeheure, aufgesperrte Augen und lange, schlaff herabhängende Brüste. Sein Pferd erschrak heftig wie er selbst bei dem Anblicke. Eilig ritt er von dannen, und als er später einem Araber (Beduinen) begegnete, dem er sein Abenteuer erzählte, sagte ihm dieser, das sei die Shybeh gewesen.

Seetzen nennt noch ein anderes angeblich fabelhaftes Thier, nämlich: Kelb mes'ur, das wie ein Wolf sein soll, und das von Leichen sich nährt. Wenn ein Mensch von ihm gebissen werde, so belle er und wolle alle beissen; schliesslich sterbe er. Hiezu bemerkt Seetzen: ‚Dies scheint ein toller Wolf zu sein,' unser Werwolf.

Auch Ch. Doughty, der letzte und hervorragendste Erforscher Arabiens, hat dort von der Sa'lewwah, d. i. (altarabisch) sa'lâ, erzählen gehört. Er schildert sie wie folgt: this salewwa is like a woman, only she has hoof-feet as the ass.[1]

Hiemit stimmt das Bild der Shybeh vollständig überein. Es zeigt sich also, dass diese ebenso wie die Sa'lowwah identisch ist mit der in der arabischen Märchenwelt oft genannten Ghule.

Diese Unholdin ist ein Weib, in welchem die gespenstische und menschliche Natur nicht genau sich unterscheiden lässt, es hat Menschengestalt, kann aber natürlich auch die eines reissenden Thieres annehmen; es ist lüstern nach Menschenfleisch und ist demnach eine Art Werwolf.

Im Geiste des Volkes ist die Ghule ein hässliches, altes Weib mit lange herabhängenden, schlaffen Brüsten. Der letzte charakteristische Zug erscheint auch in den neuesten ägyptischen Volksmärchen, wo es heisst: ‚und die Brüste hingen so

[1] Doughty: Travels etc. I, S. 54. Die Eselsfüsse gibt auch Damyry als bezeichnend für die Ghule. Ḥajât al-ḥaiwân II, S. 214: sub voce gul gegen Ende des Artikels. Vgl. Maçoudi: Prairies d'or ed. Barbier de Meynard III. 315.

schlaff herab, dass die Ghule, um in ihrer Arbeit nicht behindert zu sein, sie über die Achsel warf.[1]

In den Märchen der 1001 Nacht zeigt sich die Ghule als schöne, junge Frau, die erst in der Nacht, nachdem sie ihrem Gatten einen Schlaftrunk beigebracht hat, ihre wirkliche Gestalt annimmt; oder sie erscheint dem einsamen Reitersmann in der Wüste als ein junges Mädchen, das weinend am Wege sitzt und ihn flehentlich bittet, sie mitzunehmen. Er lässt sie mitleidig hinter sich aufsitzen und erkennt sie erst später als Menschenfresserin.

Beachtenswerth ist es, dass in einem Punkte die arabische und die europäische Sage übereinstimmen. Nämlich, wenn die Hexe oder der Werwolf verwundet worden sind, und sie kehren in ihre menschliche Gestalt und frühere Lebensweise zurück, so erkennt man sie an der Wunde.[2]

So sehen wir eine Volksmythe der arabischen Vorzeit fortleben bis in unsere Tage, und zwar im Ganzen mit nicht wesentlichen Veränderungen: ein neuer Beweis, mit welcher Zähigkeit das Volk an gewissen einmal aufgenommenen und gewohnheitsmässig fortgepflanzten Einbildungen festhält. Ghule und Sa'lowwah sind entschieden heidnische, nicht mohammedanische Gestalten, und trotzdem nehmen sie in der Phantasie des Wüstenbewohners unbedingt einen viel grösseren Platz ein, als der durch den Islam erst popularisirte Teufel und alle anderen mythischen Bilder, die der Koran aus seinen trüben, jüdischen und judenchristlichen Quellen schöpfte und den alten, heidnischen Bildern der Volkssage entgegen zu setzen versuchte.[3]

Mit dem Glauben an Geister und Gespenster hängt der Manen- oder Todtencultus enge zusammen. Denn beide beruhen auf der Vorstellung, dass es unsichtbare Wesen, Seelen ohne Körper gebe, die mit dem Menschen in vielfachen Beziehungen stehen. Wenn man schon die Seele des Verstorbenen als einen Vogel sich dachte, der erst zur Ruhe komme, wenn sein Rachedurst gelöscht sei, so konnte man gewiss mit dem Gedanken vertraut werden, dass die Ruhe des Todten von der

[1] Spitta: Contes arabes, S. 132.

[2] 1001 Nacht ed. Habicht XII, S. 305, 306; Wuttke: Deutscher Volksaberglauben S. 118 (§. 185).

[3] Vgl. meine Culturgeschichte II, 258 ff.

Erfüllung gewisser ihm zu erweisender Dienste und Ehrenbezeugungen abhängig sei, dass man nur auf diese Art gegen seinen Zorn und seine Rache Sicherheit finden könne. Es wird also wohl richtig sein, wenn erzählt wird, dass die alten Araber in der Zeit des Heidenthums auf den Gräbern ihrer Lieben Kameele schlachteten. Auch Pferdeopfer werden erwähnt, aber dagegen spricht die Thatsache, dass diese im Alterthume in Arabien ganz fehlten, und als sie dahin verpflanzt worden waren, gewiss zu theuer und zu selten waren, um öfters zu solchem Zwecke verwendet zu werden. Es dürften also meistens Kameele, Schafe oder Ziegen geschlachtet worden sein.

Noch jetzt ist es nicht ungewöhnlich, dass der Beduine am Jahrestage des Todes seines Grossvaters ein Opferthier schlachtet.[1] Jetzt wird es verzehrt, im Alterthum aber scheint es von vermöglichen Leuten mittelst Durchhauung der Sehne am Hinterfusse gelähmt ('akr) und dann auf dem Grab gelassen worden zu sein. Hiemit ist nicht zu verwechseln der Brauch, eine Kameelstute (balijjah) am Grabe anzubinden und dort ohne Frass und Trank langsam verschmachten zu lassen.[2]

Von dem Dichter Zijâd al'agam wird ein Bruchstück angeführt, wo er zu Ehren eines Verstorbenen sagt:

Zieh ich an seinem Grabe vorbei, so schlachte ich ihm ('a'karo lahu)
Und besprenge des Grabes Seiten mit dem Blute.[3]

Das ist echt arabisch und stimmt ganz zu dem früher über das Besprengen der heiligen Steine mit dem Opferblute Gesagten.

Ganz in demselben Sinne sagt ein Dichter, auf den Tod des Ḥosain, des Enkels des Propheten, anspielend:

Und wenn es sich ziemt, o Sohn des Propheten, am Grab eines Edlen zu schlachten Rosse und Kameele,
So ist dein Grab es werth, dass ringsum edle Männer und herrliche Frauen geopfert würden.[4]

Es ist daher kaum zu bezweifeln, dass bei der Bestattung manches alten Häuptlings ausser dem Blut der Kameele auch

[1] Doughty: I, 452.
[2] Vgl. den Vers des Ṭirimmaḥ bei Lane: Lexikon ad vocem.
[3] Iṣfahány: Moḥâḍarât. II, 307.
[4] Iṣfahány: l. l. II, 307.

das von Sclaven und Sclavinnen in die Grube hinab geflossen sein mag. Alles richtete sich natürlich auch hier nach Stand und Vermögen. Jedem ward von den Hinterbliebenen, je nach ihren Mitteln, der Tribut der Liebe und Verehrung entrichtet und alles gethan, um ihnen die dunkle Ruhestätte angenehm zu machen. So hielten es schon im Alterthume die Aegypter, die ihren Todten nicht bloss Einrichtungsgegenstände, Schmucksachen, Spielzeug u. s. w., sondern sogar Unterhaltungsschriften mitgaben.[1]

Bei den Griechen und Römern war dies auch der Fall. Lucian sagt: wie Viele haben nicht Pferde und Buhlerinnen oder Mundschenken mitgetödtet: dann Kleider oder Schmucksachen mitverbrannt oder mitbegraben, als wenn die Todten davon einen Nutzen oder Gewinn hätten.[2] Noch bezeichnender ist eine Stelle im Philopseudes,[3] wo die verstorbene Gattin erscheint und ihrem Gatten Vorwürfe darüber macht, dass er die eine ihrer goldgestickten Sandalen nicht verbrannt und somit ihr nicht mitgegeben habe. — Der auf der Insel der Kirke verunglückte Gefährte des Odysseus erscheint diesem als Schatten im Hades und ersucht ihn, seine Rüstung und Waffen zu verbrennen (damit er im Hades doch seines Wehrschmuckes sich erfreuen könne).[4] Beim Tode des Hephaestion lässt Alexander auf dem Scheiterhaufen ausser den Waffen auch das bei den Persern hochgeschätzte Gewand mitverbrennen.[5] Bei der Leichenfeier Caesars legten die Spielleute und Schauspieler die Gewänder ab, die sie von früheren Triumphzügen her hatten und warfen sie zerrissen in die Flammen; ebenso die Veteranen ihre Waffen, die Matronen die Schmuckgegenstände, sowie die goldenen Kapseln und Prätexten ihrer Kinder.[6] — Bei den Germanen wurden die Waffen, oft auch das Ross des Kriegers mit ihm verbrannt.[7]

[1] Eine solche auf einer Sandsteinplatte geschriebene, die man in einem ägyptischen Grabe fand, hat neuestens G. Maspero bekannt gemacht. Mémoires de l'Institut d'Égypte. Caire 1889, II, S. 1 ff.

[2] Lucian: de luctu. 14. [3] Lucian: Philop. 27.

[4] Odyssée XI, 60—78.

[5] Aelian: Var. Hist. VII, 8.

[6] Sueton: Caesar 84.

[7] Tacitus: Germania 27.

Auch im alten Scandinavien wird das Ross des todten Kriegers ihm ins Grab mitgegeben.[1]

Ganz so hielten es auch die alten Araber. So zerbrechen die Weiber über dem Grabe des in der Schlacht Gefallenen den Kessel und seine Schüssel,[2] eine Sitte, die uns beweist, dass auch bei ihnen der Glaube herrschte, man könne dem Todten beliebige Gegenstände, die ihm angenehm oder nützlich waren, in das Schattenreich nachsenden, indem man sie tödtet, d. i. zerbricht oder vernichtet. Das ist die Ansicht der wilden Völker, welche den Menschenopfern am Grabe, sowie allen Todtenopfern zu Grunde liegt.[3]

Der arme Beduine, dem man Kessel und Schüssel nachsendet, der König, dem man Rosse, Sclaven und Beischläferinnen hinschlachtet, geben Zeugniss von demselben Gedanken der liebevollen Opferwilligkeit und Freigebigkeit zum Besten des Todten.

Die arabischen Beduinen konnten nicht so viel Verschwendung und Luxus entfalten wie die alten Culturvölker. Aber sie zeigten doch dieselbe gute Absicht, indem sie die Grube, wo ihre Theuren ruhen sollten, mit dem wohlriechenden Gestrüppe 'idchir auspolsterten und mit ḥarmal die Leiche bedeckten, damit der Todte weich liegen und die Erde ihn nicht drücken möge.[4] Und der Brauch, über dem Grabe Kameele zu schlachten und das Fleisch an Arme zu vertheilen, hat sich auch im Islam erhalten.[5]

Man glaubte, dass eine solche Handlung dem Todten im Jenseits zum Vortheil gereiche. Es ist dies im Grunde ge-

---

[1] Weinhold: Altnordisches Leben, S. 495.

[2] Ḥamâsah, S. 173, Z. 12. Der Vorfall gehört in die Zeit des Chalifen 'Otmân. Die Redensart: horyḳa gafnatoho, d. i. seine Schüssel ward ausgeleert (vgl. Lane: Lexicon), deutet darauf, dass man auch Speiseopfer darbrachte, indem man das Gefäss auf dem Grabe ausleerte.

[3] Tylor. I, 451—454.

[4] Wâḳidy ed. Kremer, S. 260, 271, 301. Bochâry: alganâïz: bâb ol'idchir walḥaiyâ fylḳabr.

[5] Damyry I, 219 voce: gazar. 'Amr Ibn al'âṣi sagt vor seinem Tode: ‚wenn ihr mich begrabt, so schüttet über mir die Erde auf und bleibt um mein Grab herum stehen, bis die Kameele geschlachtet sind und ihr Fleisch vertheilt ist'.

nommen derselbe Gedanke, den Lucian verspottet,[1] der aber noch immer in einem grossen Theile der Welt seine Herrschaft nicht eingebüsst hat, dass gewisse wohlthätige oder rituelle Handlungen dem Verstorbenen im jenseitigen Leben zum besonderen Nutzen gereichen.

Eines der gewöhnlichsten Geschenke an die Verstorbenen war im Alterthume die Libation, das Trankopfer. Es war dem arabischen Heidenthum nicht ganz unbekannt,[2] aber dennoch wohl nur mehr in den städtischen, von der höheren Cultur der Nachbarländer angekränkelten Kreisen.

Ganz vollkommen entspricht es der antiken Denkart, dass man die Gräber ehrte und heilig hielt, dass man sie besuchte und dabei der darin Ruhenden gedachte, ja dass man an diese Grüsse und Ansprachen richtete. Eine alte Sitte war es auch auf die Grabhügel ein paar Palmreiser zu stecken, um das Grab zu beschatten,[3] und der Prophet selbst missbilligte diese Sitte nicht. Es wird nämlich in der Tradition von ihm erzählt, dass er einst an zwei Gräbern vorbeiging und da gesagt habe: ‚in diesen zwei Gräbern liegen zwei, die gestraft werden, aber nicht wegen schwerer Schuld: der eine trieb Ohrenbläserei, der andere aber bedeckte sich nicht, wenn er Wasser liess'. Dann nahm er einen frischen Palmreiser, brach ihn entzwei, und steckte ein Stück auf jedes der beiden Gräber, indem er sagte: vielleicht wird ihnen Erleichterung zu Theil, so lange die Reiser nicht vertrocknet sind'.[4]

Dem frischen Zweige wird also eine gewisse, wohlthätige Wirkung zugeschrieben.

Aber auch Zelte schlug man auf über den Gräbern, um sie zu beschatten. Der spätere Islam missbilligte es, aber trotzdem hat sich die Sitte bis jetzt erhalten. Im heidnischen Cultus war überhaupt die Verehrung der Gräber so allgemein, dass Mohammed sich bestimmt fand, so lange der Islam noch

[1] De luctu 9.

[2] Wellhausen, S. 161, 162. Im 'Al'iḳd alfaryd wird erzählt, dass ein Mann aus dem Stamme 'Abdolḳais auf den Gräbern seiner Kinder Trankspenden darbrachte. 'Iḳd II. S. 61, Kitâb oljatymah (nasab Raby'ah Ibn Nizâr).

[3] Bochâry: alganâïz: bâb olgarydi 'alâlḳabr.

[4] Bochâry l. l. und auch bâbo 'adâb ilḳabr.

keine rechten Wurzeln gefasst hatte, den Gräberbesuch ganz zu untersagen, erst später gestattete er ihn.[1] Später gestaltete sich allmälig der Gräberbesuch und besonders der Besuch des Prophetengrabes zu einer Art von religiösen Pflicht.[2] Eine andere heidnische Sitte suchte Mohammed ganz zu unterdrücken, indem er die Todtenklage, das Zerreissen der Kleider und ähnliche leidenschaftliche Aeusserungen des Schmerzes als heidnische Sitte streng verbot.[3]

Aber die Widerstandskraft der menschlichen Natur und die Macht der Gewohnheit waren stärker als sein Wort. Der alte Brauch erhielt sich nahezu unverändert.

So ist ein gutes Stück alten Heidenthums herübergetragen worden bis in unsere Zeiten.

Die wiederholten Verbote blieben gänzlich wirkungslos. So verbot ein ägyptischer Statthalter (Mozâḥim Ibn Châḳân um das Jahr 253 H.) die Sitte bei Todesfällen und Leichenbegängnissen die Kleider zu zerreissen, das Gesicht zu schwärzen und den Bart zu scheeren;[4] aber ohne besonderen Erfolg. Man blieb dabei zum Zeichen des oft nicht einmal echten Schmerzes, die Gewänder zu zerfetzen, und selbst Thüren und Wände der Wohngemächer mit schwarzer Farbe zu beschmieren,[5] ja man ging in der Unsitte sogar so weit, dass man die sämmtliche Hauseinrichtung, Geschirr, Vasen u. s. w. zertrümmerte und das Sterbehaus förmlich verwüstete.[6]

Ein neuerer Reisender erzählt, dass in Ṣan'â, in Jemen, bei dem Tode des Hausherrn es üblich sei durch drei Tage alle Teppiche, Strohmatten, Pölster, Matrazen und sonstigen Einrichtungsstücke seines Wohngemaches umzustürzen.[7] Und ganz dieselbe Sitte herrscht in Kairo.[8]

Es liegt nahe diese Gebräuche in Verbindung zu setzen mit der in vielen Ländern bestehenden Scheu vor der Seele

[1] Mowaṭṭa' II, 349. Cap. iddichâr loḥûm il-'aḍâḥy.
[2] Iḥjâ II, 285; IV, 608. Šifâ II, 86.
[3] Bochâry: alganâïz.
[4] Abulmaḥâsin Ibn Ṭagrybardy Annales ed. Juynboll I, S. 773.
[5] Hamadâny: Kasâïl S. 689.
[6] 1001 Nacht ed. Habicht IV, S. 378. Kremer: Culturgeschichte II, 251.
[7] Manzoni: Elyemen. Roma 1884, S. 214.
[8] Lane: Manners and customs etc. II, S. 309, Cap. XV.

oder dem Geiste des Verstorbenen. Man will nicht, dass sie im Hause bleibe, denn ihr Ort ist bei der Ruhestätte des Leichnams: desshalb werden die Fenster und Thüren geöffnet (Deutschland, Siebenbürgen), man stürzt alle Töpfe um, damit die Seele sich nicht darinnen verberge (Thüringen), man weht die Seele mit Tüchern zum Fenster hinaus (Erzgebirge) u. s. w. Aber auch das Zurückkehren ins Haus soll ihr abgeschnitten werden: man kehrt und fegt hinter dem Sarge, wenn er hinausgetragen wird (Nord- und Mitteldeutschland); oder man schüttet Wasser aus hinter dem Sarge (Mark Brandenburg, Ostpreussen, Franken, Thüringen, Oberpfalz, Baiern, Waldeck); kein Stück der Wirthschaft bleibt ungerückt und ungefegt, es wird gewissermassen das ganze Haus umgestürzt.[1]

Trotz all dieser Uebereinstimmungen kann ich mich doch nicht entschliessen dieselben mit den arabischen Trauerbräuchen in Verbindung zu bringen. Die Aehnlichkeit ist allerdings sehr gross, aber ein eigentlicher Seelencultus, eine höher ausgebildete Manenverehrung, wie sie bei der arischen Völkergruppe besteht und bei den Griechen und Römern am deutlichsten hervortritt, lässt sich bei den Arabern und wie ich glaube, bei den Semiten überhaupt nicht sicher nachweisen, und aus diesem Grunde halte ich die Ausschreitungen in den Trauerbezeugungen, namentlich das Umstürzen und Zerstören der Hauseinrichtung, für spätere, vermuthlich mit dem zunehmenden Luxus und der Verfeinerung des Lebens in den arabischen Ländern, besonders in den grossen Städten verbreitete Unsitte.

[1] Lippert: Christenthum u. s. w., S. 386 ff.

IV.

Allerlei Aberglauben.

Allgemein bei ganz verschiedenen Völkern verbreitet und bis in die Gegenwart noch bestehend ist die Ansicht, dass gewisse Menschen durch ihren Blick schaden können. Es ist dies der böse Blick. Bei den Semiten bestand dieser Aberglauben schon im Alterthume, obgleich erst in den talmudischen Schriften davon ausdrücklich die Rede ist; bei Griechen und Römern war er allbekannt.[1] Der Syrer Heliodor, in seinem Romane ‚Aethiopica' gibt sich die Mühe den bösen Blick durch eine wissenschaftliche Theorie erklären zu wollen. Er thut dies in ganz orientalischer Weise: ‚Wenn Jemand das Schöne mit Neid ansieht, meint er, so erfüllt er die Luft um sich mit schädlicher Beschaffenheit und schleudert einen Gifthauch auf jene, die sein Blick trifft, und derselbe dringe wegen seiner Feinheit bis zu den Knochen und dem Marke'.

Diese Erklärung von der Wirkung des bösen Blickes ist nicht gut zu begreifen, wenn man nicht die Theorie des Sehens kennt, auf der sie beruht. Dieselbe muss sehr alt sein, obgleich ich nur einen arabischen Schriftsteller anführen kann, welcher, wahrscheinlich nach den Schriften der griechischen Naturforscher davon spricht. In seiner Abhandlung über die Optik erklärt Ibn alhaitam das Sehen auf wissenschaftliche Weise, fügt aber ausdrücklich hinzu, dass nach Ansicht der früheren Mathematiker vom Auge der Sehstrahl ausgehe und dadurch, dass er den Gegenstand trifft und gewissermassen ihn beleuchtet, die Wahrnehmung vermittle.[2] Es ist dies gerade das Entgegengesetzte der naturwissenschaftlichen Theorie. Aber gewiss hätte eine so irrige Ansicht nicht die im Alterthum allein herrschende werden können, wenn nicht der im Oriente weitverbreitete Glauben an den bösen Blick schon im

[1] Plut. quaest. symp. V, 7. Plin. Hist. Nat. VII, 2; Gellius IX, 4, 8. Vgl. Jahn: Ueber den Aberglauben des bösen Blickes; in den Berichten der Sächsischen Gesellschaft der Wissenschaften 1855, S. 28 ff.

[2] Vgl. Baarmann: Ibn alhaitam. Z. d. D. M. G. XXXVI, S. 195 ff. Besonders S. 213. Auch die indische Theorie des Sehens stimmt ganz hiemit überein, wie mir Hofrath Bühler mittheilt.

voraus eine unbefangene, auf den Thatsachen beruhende Erkenntniss des wahren Sachverhaltes erschwert hätte. Man war nämlich fest überzeugt, dass das Auge gewisser Leute eine gewisse, geheimnissvolle Kraft besitze und hiedurch allen jenen Gegenständen, die deren Blick anzogen und fesselten, Unheil und Verderben bringe. Man war fest überzeugt, dass der Gesichtsstrahl, der aus dem Auge auf einen solchen Gegenstand schiesse, denselben zu vernichten im Stande sei. Es ist dies die Fabel vom Basiliskenblick ins gewöhnliche Leben übertragen.

So wird erzählt, dass besonders schöne Männer, wenn sie die grossen Handelsmessen der Araber besuchten, nur mit verhülltem Antlitze sich zeigten, weil sie besorgten, die Blicke der Weiber auf sich zu ziehen und hiedurch geschädigt zu werden.[1] Hingegen hatten Jene nichts zu besorgen, deren Anblick abstossend wirkte oder die durch irgend ein Mittel sich dagegen verwahrten, ja sogar absichtlich sich entstellten. So heisst es in einem alten Gedichte:[2]

Sie macht sich auf die Wange ein Tüpfelchen mit schwarzer Schminke
aus Furcht vor dem bösen Blick.

Aus demselben Grunde wird in Aegypten bei den Bauernhochzeiten auf die Braut Salz gestreut und ihr Gesicht schwarz und roth betupft.[3]

Der Grund war immer derselbe: ‚von dem bösen Blick bleibt das unversehrt, was Widerwillen erregt, aber es schädigt jene Gestalten, welche es zur Liebe reizen.'[4] Desshalb wurden schöne Knaben eingesperrt gehalten und durften nicht früher öffentlich sich zeigen, als bis ihnen der Bart wuchs.[5] Aus demselben Grunde hängt man Kindern gerne Halsketten um, die aus aneinander gereihten kleinen, weissen Muscheln (wada') gemacht sind; ebenso schmückt man mit solchen Muscheln die Kopfhalfter der Reitthiere, zum Schutze gegen den bösen Blick nicht weniger als zum Schmucke. Ein alter Dichter nennt ein

---

[1] Aġâny VI, 33.

[2] Von Abul'atâhijah, Aġâny XIV, S. 57.

[3] Kremer: Aegypten I, 59.

[4] Ma'arry: Saḳṭ alzand, Ausgabe von Kairo I, 36.

[5] 1001 Nacht, Lane II, 235. Geschichte des 'Aly Abulšâmât.

Götterbild ‚das muschelbehängte' (dât olwada').[1] Dass dieser Brauch ein sehr alter ist, scheint kaum zu bezweifeln, und schon der Prophet soll gesagt haben: ‚Wer eine Wada'muschel sich anhängt, dem neigt Gott sich nicht zu'[2] — man ta'allaka wada'atan falâ wada' allâho laho —. Den Kameelen pflegte man auch aus demselben Grunde aus Sehnen oder Darmsaiten geflochtene Halsringe anzulegen, was der Prophet als heidnische Sitte verbot.[3] Und noch jetzt ist es allgemeine Sitte in Syrien und Aegypten, den Pferden den Hauer eines Wildschweines umzuhängen.

Als Schutzmittel gegen den Blick empfahl man die Anwendung von Amuleten, welche man um den Hals trug.[4] Ausdrücklich empfahl Mohammed gewisse Beschwörungsformeln.[5] In späterer Zeit galten für solche Fälle als besonders wirksam gewisse Stücke des Korans (Sur. 109 und 112).[6]

Verstärkte Wirkung gewinnt der böse Blick, je höher die Begierde oder der Neid gesteigert wird, der in dem Blicke seinen Ausdruck findet. Desshalb gilt die Regel, wenn die Mahlzeit aufgetragen ist, die Diener, ebenso auch die Hunde und Katzen, welche jeden Bissen mit gierigem Auge verfolgen, aus dem Speisesaale zu entfernen, oder schon vorher sie abzufüttern, bis sie gesättigt sind. Man bezieht hierauf einen Ausspruch des Propheten, der da lautet: ‚Wer da isst, während ein Geschöpf mit gierigen Augen zusieht, den wird ein Siechthum treffen, gegen das es keine Arznei gibt.'[7]

Enge zusammenhängend mit diesem Aberglauben ist der von der unheilvollen, Unglück bedeutenden Natur gewisser Menschen: es ist dies gleichfalls eine alte volksthümliche Anschauung, die schon den Römern sehr geläufig war und im Oriente, wie auch in Italien und anderen südeuropäischen Ländern, noch immer sehr verbreitet ist. Die Italiener nennen einen solchen Menschen: jettatore d. i. Unglücks-

[1] Tâgul'arus sub voce: wd'.

[2] l. l.

[3] Mowaṭṭa' IV, 148: mâ gâ'a fy naz' ilma'âliḳ walgaras min al'onoḳ.

[4] Kâmil des Mobarrad ed. Wright S. 329, 330.

[5] Mowaṭṭa' IV, 152.

[6] Saḥḥ alzand I, S. 37.

[7] Maṭâli' olbodur, Kairo 1300, II, S. 39, Cap. 30.

mensch, Pechvogel. Wer mit ihm zusammentrifft oder nur ihm begegnet, der kann sich darauf gefasst machen, dass ihm in kürzester Frist etwas Widerwärtiges zustosse. Ein solcher Mensch wird als ein unheilvoller bezeichnet.[1] Ein gutes Beispiel bietet der geschwätzige Barbier in der Geschichte der 1001 Nacht, der aus lauter Fürsorge für seinen Kunden denselben von einer Unannehmlichkeit in die andere stürzt.[2] Einem solchen Unglücksvogel zu begegnen, besonders des Morgens, war ein sehr bedenkliches Anzeichen von nahem Unglück: so erzählt ein Literat, dass ein Perserkönig, als er zur Jagd auszog, am Wege einen Mann von hässlichem und besonders abstossendem Aeussern traf, und da er diese Begegnung als schlechtes Vorzeichen ansah, in Zorn gerieth und mit einer tüchtigen Tracht Prügel fortjagen liess. Aber die Jagd fiel gegen alles Erwarten günstig aus. Auf dem Rückwege begegnete derselbe Mann wieder dem Könige und stellte ihn nun zur Rede, wesshalb er ihn so schnöde behandelt habe. Jener aber entgegnete: es sei einfach desshalb geschehen, weil er nach allgemeinem Vorurtheil als Unglück bedeutend es betrachtet habe, ihm am Morgen zu begegnen; denn dieser Glaube sei ja eine bekannte Sache.[3]

Auch die Begegnung am frühen Morgen mit einem hässlichen alten Weibe, einem alten Eunuchen oder einem Einäugigen gilt für bedenklich.[4]

Die Italiener haben ein Mittel, sich gegen eine solche Influenza zu schützen: man schliesst nämlich die Hand und streckt den Zeigefinger und den kleinen Finger gerade aus. Das bricht, so glaubt man, den Zauber.

Schicksalswinke und Vorzeichen sind derjenige Gegenstand, der eine fast noch grössere Bedeutung im Volksglauben beanspruchen kann. Auch reichen diese Ideen gegen

[1] Maś'ûm. Vgl. Aghâny XI, 160, Z. 9: auch altarabisch našyḥ, in der späteren Sprache: manḥûs oder manḥûs olka'b.

[2] 1001 Nacht ed. Habicht II, S. 212.

[3] Fâkihat olcholafâ. Mosul, S. 357, Cap. 8.

[4] So hält auch der Bergmann in Cornwallis es für unglücklich, wenn er bei der Einfahrt in den Schacht ein altes Weib oder ein Kaninchen sieht. Tylor I, 120. Einem Eunuchen begegnen galt auch bei den Griechen als unglückliches Vorzeichen. Lucian XXXV. Eunuch 6.

ferne Zeiten zurück, die weit älter sind als der Islam. Denn schon in der heidnischen Zeit galt der Vogelflug als Zeichen von Glück oder Unglück ganz im Sinne des altrömischen Auguriums. Desshalb war der gewöhnliche Wunsch, den man den Neuvermählten darbrachte: ‚mit Heil und Kindersegen und glücklichem Augurium (birrafa'i walbanyn walṭâïr almaḥmûd)': so sagte man auch zu einem, dem man Erfolg wünschte: ‚Ziehe hin unter glücklichem Vogelzeichen' ('alaṭṭâïr ilmaimun).[1]

Man meinte die Zukunft aus den Bewegungen der Vögel deuten zu können, ihr rascher Flug verkündete Glück und Erfolg, der langsame das Gegentheil;[2] dann aber auch die Richtung des Fluges, nach rechts oder links bedeutete Gutes oder Schlechtes: daher das Wort Vogel (ṭâïr) selbst in übertragener Bedeutung für Glück oder Unglück gebraucht wird.[3] Auch der Schrei der Vögel galt als wichtig, das Krächzen des Raben verkündete nahes Unheil,[4] auch seine Bewegungen hatten ihren verborgenen Sinn: wenn ein Rabe die Erde ausscharrte, so sah man hierin ein höchst ernstes Zeichen.[5]

Je allgemeiner im Heidenthum dieser Glauben an Zeichen war, desto entschiedener sprach sich der Stifter des Islams gegen die Augurien aus und verdammte sie als heidnische Sitte. Aber der alte Aberglauben bestand dennoch fort. Als 'Aly am Morgen des Tages, an dem er die Todeswunde erhielt, das Haus verliess, schrieen ihm die Enten entgegen und hörten nicht auf, so dass man sie fortjagen musste. Man betrachtete dies als ein Unglücksomen.[6]

Nicht blos die Vogelzeichen, auch die Bewegungen anderer Thiere galten als Schicksalswinke. Gazellen, die von links nach rechts laufen, gelten als ein böses Omen.[7] Für un-

---

[1] Aghány XVII, S. 53, Z. 9. Das Wort ṭâïr, Vogel, kommt in übertragenem Sinne im Koran vor in der Bedeutung von: Schicksalsloos, Bestimmung. Koran 7, 128—17, 14, — 27, 48—36, 18.
[2] Kâmil des Mobarrad, S. 181, Z. 11.
[3] Tâg al'arus s. v.
[4] Aghány XI, S. 45; Ḥamâsah, S. 103; Culturgesch. II, 252.
[5] Aghány VIII, S. 41. Die Kunst, solche Auspicien zu deuten, hiess Zagr und der Stamm Lihb erfreute sich hierin eines grossen Rufes.
[6] Ibn Atyr III, S. 326.
[7] Aghány VIII, S. 41, Maçoudi: III, 341

glücklich hielt man es, wenn ein Vogel, eine Gazelle oder ein anderes Wild gerade entgegen kam (nâṭih, nâṭyḥ, 'âṭis, kâbiḥ, vgl. Lexica). Ebenso galt es für bedeutungsvoll, ob das Wild einem die rechte oder linke Seite zukehrte (sâniḥ, bâriḥ) oder ob es von rückwärts herankam (ḳa'yd): also wie der deutsche Ausdruck lautet: der Angang des Thieres war das Entscheidende.

Schon im griechischen Alterthum finden wir ganz übereinstimmende Ideen:

> Während er also sprach, da flog ihm ein Habicht zur Rechten.
>
> Odyss. XV, 524.

> . . . . Und dennoch flogen im Weggeh'n glückliche Vögel
> Ihm rechtsher . . . .
>
> Odyss. XXIV, 311.

> . . . . doch ihnen erschien von der Linken ein Vogel.
>
> Odyss. XX, 242.

Jedenfalls war der Vogelflug stets das Massgebende und Hauptsächliche, denn für alle ähnliche Zeichendeutung, sei es nun aus dem Vogelfluge, sei es aus den Bewegungen anderer Thiere, gilt derselbe Ausdruck: augurium (arabisch: ṭijarah), ganz so wie auch im Lateinischen das Wort nicht blos von dem Vogelflug, sondern auch von anderen als Schicksalswinke angesehenen Thiererscheinungen angewendet wird. So betrachtet es Plautus als ein besonders günstiges Zeichen (auspicium), dass er beim Verlassen des Hauses ein Wiesel sah, welches eine Maus mit Ausnahme der Beine fortschleppte.[1]

Zweifellos ist es jedoch, dass der Glauben an die Bedeutung der Vogelzeichen der ältere und verbreitetere ist.[2] Denn wir treffen ihn bei den verschiedensten Völkern, bei den Maori (Australien: Eule, unglücklich; Habicht, glücklich), ebenso bei den Kalmücken, bei den Alt-Calabar-Negern (Königsreiher) u. s. w. Ebenso gilt bei vielen Völkern dieselbe Ansicht wie bei den Arabern, dass die Richtung des Vogelfluges das Entscheidende sei; fliegt er rechts vorbei, so ist das Zeichen gut,

[1] Plautus: Stich. III, 2, 6.

[2] Eine sehr vollständige Zusammenstellung der Augurien in allen Welttheilen — denn fast bei allen wilden Völkern sind sie nachweisbar — gibt das Buch: Thierorakel und Orakelthiere in alter und neuer Zeit, von Dr. L. Hopf. Stuttgart, 1888.

wenn links, so gilt es bei den meisten Völkern als böse.[1] Die linke Seite ist überhaupt bei den Morgenländern unglücklich im Gegensatze zur rechten. Mit dem linken Fuss zuerst aufstehen gilt als unglückliches Omen, bei den Arabern geradeso wie noch jetzt bei uns und ebenso das Anziehen des Schuhes zuerst auf den linken Fuss.[2] Es ist daher die Regel, dass man die Schwelle der Moschee stets mit dem rechten Fusse voran zu überschreiten habe.[3]

Ein anderes sehr allgemein verbreitetes Mittel, die Beschlüsse des Geschickes im Voraus und sicherer zu erfahren, als dies durch das Verständniss und die Auslegung der Augurien geschehen konnte, glaubte man in den Loosen und den Loosorakeln zu finden.

Ob dieses Loosen echt arabische Sitte oder eine fremde Entlehnung sei, lässt sich nicht entscheiden. Schon im zoroastrischen Gesetze war es in gewissen Fällen gestattet.[4] Bei den alten Hebräern war es ebenso gebräuchlich wie bei den Griechen und Römern, ja auch bei den alten Germanen (Tacitus, Germ. 10).

Die Araber bedienten sich hiebei der Pfeile, die aus einem Köcher gezogen wurden, deren jeder seine bestimmte Bedeutung hatte. Dieses Loosorakel hatte, wie es scheint, einen gewissen heiligen Charakter, denn man befrug die Loose in der Kaaba und wohl auch in anderen Tempeln. Hievon machte man Gebrauch bei Entscheidung über Krieg und Frieden, bei Beutevertheilung und sonstigen schwierigen Fällen oder Streitigkeiten.[5] Später ward dieses Loosen zu einer Art Gesellschaftsspiel, indem man über die Vertheilung eines Ka-

[1] Tylor: Anfänge der Cultur I, 120, 121.

[2] Meine Culturgeschichte II, 256. Vgl. Iḥjâ' IV, 117; Byrany: Chronologie S. 249, Z. 4; Tylor I, 85; Wuttke, S. 131 (204).

[3] Schon bei den Griechen herrschte dasselbe Vorurtheil hinsichtlich der unglücklichen Bedeutung der linken Seite. Bei Artemidor, Oneirocritica III, 24 heisst es: Im Traume die Kleider von links oder sonst auf eine ungewöhnliche Weise umwerfen, bedeutet, dass man Spott und Hohn zu erwarten habe. Dann 25: Linkshändig schreiben bedeutet (im Traume), dass man etwas Verschmitztes thut.

[4] The book of Arda-Viraf ed. Haug, S. 148, 149.

[5] Freitag: Einleitung in das Studium der arabischen Sprache, S. 154, 170. Wellhausen: Reste u. s. w., S. 127.

meeles spielte, oder, besonders in Zeiten von Hungersnoth, Kameele verlooste, die der verlierende Theil an die Armen zu vergeben hatte.[1] Im Koran (Sur. II, 216) wird es ausdrücklich als heidnische Sitte verboten mit den Worten: ‚Sie befragen dich über den Wein und das Loosspiel. Sprich: In beiden ist ein grosser Frevel und auch ein Vortheil für das Volk, aber ihr Frevel ist grösser als der Nutzen.'

Für andere alte Gewohnheiten war der Prophet nachsichtiger. So gestattet er ausdrücklich die Beachtung der mit dem Namen fa'l bezeichneten Omina, und er selbst hielt darauf.[2] Manche verstehen unter der Bezeichnung fa'l ein günstiges, glückliches Omen im Gegensatze zu dem unglücklichen: ṭijarah. Da dieses Wort der Ausdruck für das altarabische Augurium aus dem Vogelfluge ist, während das Wort fa'l eher den Eindruck eines Fremdwortes macht, so dürfte dieses als eine jüngere Idee, vielleicht von den Fremden entlehnt, anzusehen sein.[3] Dafür spricht auch die Unbestimmtheit des Sinnes dieses Wortes, das zwar gewöhnlich ein günstiges, aber auch manchmal ein ungünstiges Omen bedeutet. Im Allgemeinen kann man sagen, dass mit dem Worte fa'l die Schlussfolgerung bezeichnet wird, die jemand aus einer ganz zufälligen, oft ganz unwichtigen, aber mit seinem Gedankengang in einem gewissen inneren Zusammenhange stehenden Erscheinung zieht. Ein Kranker hört auf der Strasse einen, der sâlim (incolumis) ruft. Nun ist sâlim ein sehr gewöhnlicher Eigenname, aber da die Bedeutung zugleich: heil, unversehrt ist, so sieht der Kranke hierin ein fa'l für seine baldige Genesung.

Mit dem Laufe der Zeit brachte man ein gewisses System in diese abergläubischen Ideen und verschaffte sich solche Zukunftswinke, sobald man sie nur wünschte. Der Koran ward nun als Orakelbuch benützt, indem man, wenn es galt, einen wichtigeren Entschluss zu fassen, das Buch auf Gerade wohl

[1] Landberg: Primeurs arabes I, S. 39.

[2] Ibn Hišâm, S. 659.

[3] Im Koran kommt das Wort nicht vor. Auch Gaubary weiss hiefür keinen Vers eines alten Dichters, sondern nur solcher nach dem Islam anzuführen. Das äthiopische fâlê ist offenbar entlehnt aus dem Arabischen.

aufschlug und den nächstbesten Vers, den das Auge traf, las; sein Inhalt galt dann als entscheidend für oder gegen (tafâ'ul).[1]

Diese Art, das Schicksal zu befragen, ist noch jetzt in mohammedanischen Ländern sehr üblich und man hat dafür einen eigenen Ausdruck (istichârah).

Schliesslich ist noch besonders der Träume zu gedenken, in denen man mehr als in allen anderen den Wink und das Walten höherer Mächte zu erkennen vermeinte. Wie alle anderen alten Völker, so legten auch die Araber den Erscheinungen, die im Schlafe sich einstellen, eine besonders hohe Bedeutung bei. Wenn man ein Orakel von einer Gottheit holen wollte, so pflegte man im Tempel zu schlafen und im Traume offenbarte sich der Rathschlag der Gottheit; gerade so wie bei den griechischen Orakelstätten in Asklepios zu Epidauros, des Kalchas und Podaleirios in Apulien am Vorgebirge Garganus und so auch an anderen Orten. Man pflegte sich in diesen Heiligthümern auf dem Felle des Opferthieres zum Schlafe niederzulegen und erwartete so die Heilung vom Siechthum oder die Erleuchtung durch einen Traum.

Bei den Arabern finden wir eine ganz ähnliche Sitte, denn in der südarabischen Höhle Ḥaud Ḳowwir, offenbar einer alten Cultstätte, musste man zuerst eine schwarze Ziege schlachten, sich mit den Eingeweiden und dem Blute beschmieren und dann in das Fell gewickelt zum Schlafe niederlegen, nachdem man vorher den Wunsch, welchen man hegte, im Geiste festgestellt hatte.[2]

Solche heidnische Dinge vertrug der Islam nicht für die Länge und suchte sie zu verdrängen, was in der That zum grossen Theile gelang, wenn auch Reste des alten Aberglaubens noch nachzuweisen sind.[3] Dass früher aber solche Bräuche in verschiedenen Orten herrschten, ist nicht zu bezweifeln. Doch hinderte auch die neue Religion es nicht, dass man den Träumen eine sehr grosse Bedeutung zuschrieb. Die ersten prophetischen Erleuchtungen des Propheten von Mekka sollen

[1] Vgl. Ġorar alchaṣâ'iṣ u. s. w. S. 63, Cap. II, Abschnitt 2.

[2] Culturgeschichte II, S. 203; Jâḳut II, 357.

[3] Vgl. III, S. 60.

im Traume ihm zu Theil geworden sein. Desshalb that er auch den Ausspruch: ‚Der Traum ist der vierzigste Theil der Prophetie.‘[1] Träume kommen von Gott, war die allgemeine Ansicht,[2] wie Homer sie von Zeus (Ilias I, v. 64) entstammen lässt. Nur machten die Araber hiezu den Vorbehalt, dass schlechte, wollüstige Träume (ḥolm) vom Satan hervorgerufen werden. In solchem Falle war es Regel für jeden Mohammedaner, auf die linke Seite auszuspucken und mit einem frommen Spruche an Gott sich zu wenden,[3] oder dreimal links zu hauchen, um die Dämonen zu verscheuchen.[4]

Wie aber im Traume jene Gedanken sich gewöhnlich einstellen, mit denen man sich im wachen Zustande befasst, so war es auch äusserst häufig, dass der Prophet frommen Leuten im Traume erschien, und solchen Träumen schrieb man, wie leicht begreiflich, eine besondere Wichtigkeit zu und hütete sich, daran zu zweifeln.[5]

Ueberhaupt entfernte man sich durchaus nicht von der antiken Auffassung der Träume als Aeusserungen höherer Mächte.

Im Heidenthum mag die geschäftsmässige Traumdeutung besonders von den Kâhins, den Priestern der verschiedenen Götter, geübt worden sein; Mohammed trat hierin ganz in ihre Fussstapfen und pflegte gern die Träume seiner Freunde und Anhänger zu erklären. Sein Verfahren hiebei war, soweit wir es beurtheilen können, von kindlicher Einfachheit im Vergleich zu den späteren manchmal äusserst spitzfindigen und gekünstelten Erklärungen. So träumte er einmal, dass ihm eine Schale Milch gereicht worden sei, und als er sie austrank, fühlte er sich erfrischt wie nie zuvor. Diesen Traum deutete er folgendermassen: die Milch, welche er zu sich nahm und die ihn mit einem solchen Gefühl des Behagens erfüllt habe, sei die Erkenntniss (ʿilm).[6] Ein anderes Mal schien es ihm im Schlafe, als würden die Menschen ihm vorgeführt und sie

[1] Bochâry: bâb olta'byr.
[2] l. l. bâb olru'jâ min allâh.
[3] l. l. bâb olru'jâ' ṣṣâliḥah.
[4] l. l. bâbo man ra'alnabijja.
[5] l. l.
[6] Bochâry: bâb olta'byr: Cap. bâb ollaban, Cap. bâb olḳadaḥ fylnaum.

waren in Hemden gekleidet, die den Einen bis zu den Brustwarzen reichten, den Andern nicht einmal so weit: dann aber kam 'Omar vorbei und sein Hemd war so lang, dass er es nachschleppte. Er deutete den Traum so, dass er sagte, das Hemd sei die Frömmigkeit (dyn).[1] Die Fussfessel im Traume deutete er als die Standhaftigkeit und Ausdauer.[2] Zwei goldene Armketten, die ihm angelegt werden, welche aber verschwinden, sobald er sie anhaucht, bezog er auf die Erscheinung zweier ihm Concurrenz machender Gegenpropheten ('Ansy und Moseilimah).[3] Ein schwarzes Weib mit zerzaustem Haar, das aus Medyna nach dem Dorfe Mahja'ah geht, erklärte er für die Seuche, welche Medyna verlässt, um in jenem Orte aufzutreten.[4]

Mit solcher Traumauslegung beschäftigte sich Mohammed gern, und er pflegte nach dem gemeinsamen Morgengebete seine Freunde zu fragen, was sie geträumt hätten, und liess sie ihre Träume erzählen.[5]

Im vollen Gegensatze zu dieser bildlichen und symbolischen Auffassung der Träume steht eine andere, nicht lange nachher zur Geltung gelangte Auslegung, deren Grundsatz der ist: dass der Traum durch das Gegentheil dessen, was man sieht, zu erklären sei, dass also gerade das Gegentheil des Geträumten der Wirklichkeit entspreche. Diesem Gedanken gibt der Dichter Ausdruck, indem er sagt: ‚Vielleicht ist die Welt nichts anderes als ein Traum, der durch das Gegentheil dessen, was wir empfinden, zu erklären ist.'[6]

Ueberraschend ist es, eine so gekünstelte Auslegung wie diese auch bei verschiedenen wilden Stämmen zu finden, so bei den Kamtschadalen, den Sulu und anderen niederen Rassen, nicht minder aber auch in den europäischen Traumbüchern.[7] Bei uns in Oesterreich, wo Traumbücher bei der noch immer ungenügend gebildeten und zum Theile sogar noch im mittelalterlichen Aberglauben gefangen gehaltenen Landbevölkerung sehr

---

[1] Bochâry: Cap. alkamyṣ fylmanâm.

[2] l. l. Cap. alkaid fylmanâm.

[3] l. l. Cap. idâ ṭâr alšai' fylmanâm; alnafch fylmanâm.

[4] l. l. Cap. almar'at-alsauda'.

[5] l. l. Cap. ta'byr alru'jâ ba'd ṣalât alṣobḥ.

[6] Abul'alâ' Ma'arry: Lozûm. Reim: baro.

[7] Tylor: Anfänge der Cultur I, 121 ff.

verbreitet sind, pflegt man noch immer dieselbe Methode der Deutung der Träume a contrario zur Anwendung zu bringen. So glaubt man, das Abbrennen des Hauses im Traume bedeute Glück, Weinen im Traume zeige auf Freude u. dgl. m.

Es wäre ein vergebliches Bemühen, alle diese Widersprüche aufklären und die Arbeit des menschlichen Geistes in all die verwickelten Irrgänge des Aberglaubens verfolgen zu wollen, um den ursprünglichen Grund dieser Albernheiten zu erforschen. Bei den Arabern können wir nur eines mit Sicherheit nachweisen: nämlich, dass die symbolische Erklärung die ursprüngliche ist und dass jene a contrario die spätere, wahrscheinlich fremdländische ist. Es scheint, dass die Schrift des Artemidoros über die Träume, mit welcher die Araber durch Uebersetzungen bekannt wurden, hiefür die Quelle ist. Auch persische Traumbücher mögen mitgeholfen haben; wenigstens das Buch des Persers Gâmâsp über die Traumdeutung scheint fast ebenso grosses Ansehen genossen zu haben wie die Schrift des Artemidoros,[1] von welcher wir arabische Auszüge daraus finden, die mit dem griechischen Texte sehr gut übereinstimmen.[2]

All diese verschiedenen Zeichen zu deuten, besonders jene, deren Verständniss schwieriger war, wie dies bei Träumen oft der Fall sein musste, war Aufgabe erfahrener Männer. Diese mussten wohl zunächst in jener Classe gefunden werden, die für besonders berufen galt, die Zukunft zu erforschen, sei es, dass sie sich durch näheren Verkehr mit den Göttern auszeichnete, sei es durch grössere Erfahrung in den überirdischen Dingen. Hiezu waren also an erster Stelle die Kâhins, die Priester der verschiedenen Götter, berufen. Der arabische Kâhin ist das Urbild des späteren hebräischen Kôhen.[3] In der

[1] Vgl. Fihrist ed. Flügel S. 255. Vgl. Z. d. D. M. Ges. XVII, S. 227: über die Literatur der Oneirokritik.

[2] So bei Damyry (Ḥajât alḥaiwân, Artikel: choffâš): der arabische Text lautet: (Die Fledermaus) . . . . Artemidoros sagt: sieht man sie im Traume, so bedeutet das Stillstand der Geschäfte u. s. w. Vgl. Artem. III, 45. Ebenso stimmen Artem. III, 11 und Dam. II, 423, Artikel: horr, dann Dam. II, 100, Artikel: ṭâwus, und Artem. IV, 56, dann Artem. II, 20 und Dam. I, 261, Artikel: ḥida'ah.

[3] Die beiden Wörter sind identisch und ursprünglich bedeuteten sie gewiss auch dasselbe: den Fetischmann, Geisterbeschwörer und Wahrsager

ältesten, vorgeschichtlichen Zeit, wo Araber und Hebräer noch in derselben Uncultur lebten, wo ihre religiösen Uebungen in der Verehrung gottbeseelter Steine, heiliger Bäume bestand, wo sie Menschenopfer brachten und das Blut auf die heiligen Steine gossen, waren die Kâhins gewiss bei den Einen und bei den Andern nur Wärter der heiligen Stellen, sie mögen die Opferceremonien geleitet, die Orakelsprechung vermittelt, Schicksalswinke und Zeichen gedeutet, die Weihgeschenke entgegengenommen und behütet, auch Streitigkeiten geschlichtet und bei Eidesschwüren oder Bündnissen die Vermittler gemacht haben. Dass sie bei Heiraten die priesterliche Weihe ertheilt hätten, ist gänzlich ausgeschlossen, denn hiebei war im arabischen Alterthum keine religiöse oder priesterliche Mitwirkung üblich.[1] Aber die Stämme Israels traten bald in eine höhere Culturepoche ein: die Berührung mit den höher gebildeten Nachbarvölkern, mit den Aegyptern vorerst, dann mit den Syrern und Babyloniern, rissen sie aus der alten Rohheit des Nomadenlebens und förderten eine selbstständige nationale Cultur. Hiemit gestaltete sich auch der alte Kâhin zum Priester um und es entstand ein förmlicher Priesterstand, der bald die herrschende Classe war, die Führung des Volkes übernahm und schliesslich eine Theokratie gründete, die den Staat ins Verderben stürzte. Bei den Arabern aber blieb alles unverändert, der alte Cult der heiligen Steine bestand fort und auch die Kâhins blieben, was sie von Anfang gewesen, sie waren: Wahrsager und Orakelpriester.

Im Laufe der Zeiten ward aus dem alten Fetischmann ein berufsmässiger Prophet. Die von Vater auf Sohn übertragenen Erfahrungen, die hiedurch gewonnene geschäftsmässige Fertigkeit im Rechtsprechen, im Wahrsagen, im Zeichendeuten und Traumauslegen verschaffte Einzelnen grösseren Ruf zuerst unter den zunächstwohnenden, allmälig auch bei entfernteren Stämmen. Immer aber ist das Bild des altarabischen Kâhin, wie es in den alten Sagen gegeben wird, ungleich wilder, archaistischer geformt als das des hebräischen Kôhen, des geschulten Tempelpriesters.

[1] Wellhausen, S. 135, behauptet ohne genügende Beweise das Gegentheil. Vgl. Agâny XIX, 121. (Heirat ohne priesterliche Weihe.)

An Orakelstätten, wo der Kâhin nicht blos als Dolmetsch der Gottheit waltete, sondern zugleich Recht sprach und Streitigkeiten schlichtete, fehlte es nicht. Eine Anzahl Stämme werden genannt, die solche hatten. Dass die Priester dabei ihre Taxen und Sporteln einhoben, ist zweifellos. Darauf zielt auch wohl das alte Sprichwort: ‚Was der Dieb übergelassen, das nahm der Wahrsager.‘[1]

Bevor wir hier weiterschreiten, müssen wir einer Classe von Tempeldienern gedenken, die man bisher als die eigentlichen Priester ansah, was zu dem Irrthume führte, dass man den Kâhin nicht als Priester, sondern nur als Seher gelten lassen wollte.[2] Es ist das Wort sâdin, das die Person, und sidânah, welches das Amt bezeichnet. Beide stehen immer in Beziehung mit einem Tempel oder einer heiligen Stätte. Nach den ältesten Lexikographen ist der sâdin eines Tempels derjenige, welcher die Aufgabe hat, den Eintritt zu gestatten oder zu verwehren, der den Tempel bewacht oder behütet und nicht blos den Tempel, sondern auch irgend eine andere heilige Stelle. So ist schon früher gesagt worden,[3] dass das heilige Feuer (nâr alhulah) seine eigenen Sâdins hatte. Dieses Amt, die sidânah, war in gewissen Geschlechtern erblich, dieselben galten als Eigenthümer des Heiligthums, meist sind es adelige, hochangesehene Leute aus dem vornehmsten Theile des Stammes, Nachkommen des Stifters, welche dieses Ehrenamt bekleiden.[4] Sie sind aber nicht Priester, sondern Schirmvögte, Schutzpatrone des Heiligthums. Am deutlichsten zeigt sich dies in dem Bericht des Ibn alkalby[5] über das Heiligthum des Tajji-Stammes, wo

[1] Meid. II, S. 127.

[2] Wellh., S. 132.

[3] Abhandlung I.

[4] Wellh., S. 129. So ist der Stammvater des Geschlechtes der Sâdins des Idoles Wadd zugleich der Stifter des Tempels und führt davon den bezeichnenden Namen: 'Âmir alagdâr, d. i. der Mauererbauer; so ist der Stammvater der Sâdins des Idoles Fals ein Mann Namens Haulân und von demselben wird ausdrücklich berichtet, dass er der Erste war, der diesen Cult begründete. Vgl. Wüstenfeld: Register S. 205, 66; Jâkut: III, 612, Z. 15.

[5] Der gewiss eine seiner verlässlichsten Erzählungen ist, denn Kalby stützt sich hier auf die Berichte der ‚alten Herren‘ des Ṭajji'-Stammes und Fals war dessen Nationalheiligthum. Vgl. Aġâny XIX, 127

der Sâdin, d. i. der Schirmvogt die Rechte des Tempels vertheidigt, nicht der Priester.[1] Deshalb nennt auch ein alter Dichter, von der Kaaba sprechend, dieselbe ‚die wohlbeschirmte (mosaddanah)'.[2] Und in der That, diesem Tempel fehlte es nicht an Schirmvögten. Das edle Geschlecht, das, nach seinen Urahnen, den Namen 'Abd aldâr, d. i. Diener des Tempels' führte, hatte seit unvordenklichen Zeiten das Recht der Sidânah oder Ḥigâbah des heiligen Hauses, in ihrem Besitze befand sich der Schlüssel und die Nachkommen desselben Geschlechtes üben bis zum heutigen Tage dasselbe Recht aus. Von keinem der Mitglieder wird je berichtet, dass eine priesterliche Würde hiemit verbunden war, aber wohl waren sie alle Schirmvögte, Schutzherren des mekkanischen Heiligthums nach altererbtem Rechte, das auch Mohammed anerkannte.[3]

Das soeben Gesagte genügt, um den Unterschied zwischen den Priestern (kâhin) und den Schirmvögten (sâdin) deutlich zu machen.

Aber nicht blos Kâhine, deren Weisheit und Wahrsagekunst in hohem Ansehen stand, gab es, sondern auch Priesterinnen (kâhinah), welchen oft nicht geringere Ehrfurcht gezollt wurde. Die Wahrsagerin Zarkâ' von der Landschaft Jamâmah warnte ihr Volk drei Tage vorher vor dem Anmarsch des feindlichen Heeres;[4] eine andere Zarkâ', Tochter des Zohair, war die Wahrsagerin der Ḳoḍâ'ah-Stämme;[5] Saudâ', Tochter des Zohraḥ Ibn Kilâb, war die Kâhinah der Ḳoraishiten.[6]

[1] Wellh., S. 48, übersetzt natürlich sâdin mit Priester und verwischt hiedurch den Sinn.

[2] Ḥamâsah, S. 646, Z. 4 v. u.

[3] Ibn Ḳotaibah K. alma'ârif S. 24. Vgl. hiezu Ibn Hishâm S. 80, woraus man sieht, dass mit dem Patronat auch das Recht eine Fahne zu führen, verbunden war: ein deutliches Zeichen, dass der Patron verpflichtet war, auch mit den Waffen die Rechte des Heiligthums zu vertreten. Im 'Iḳd alfaryd II, S. 15 (Kitâb aljatymah) findet sich ein langes Citat aus Ibn alkalby, woraus Folgendes hervorgehoben zu werden verdient: die Nachkommen des 'Abdaldâr hatten das Recht, die Fahne (des Tempels) zu führen, dann kam ihnen die Sidânah (das Patronat) und die Ḥigâbah (die Tempelhut) zu. Auch das Rathhaus (dâr alnadwah) soll in der Obhut derselben Familie gewesen sein.

[4] Meid. Prov. Ar. ed. Freytag I, S. 192.

[5] Agâny XI, 161.

[6] Damyry: II, 432, Artikel warḳâ', nach Sohaily

Eine charakteristische Eigenthümlichkeit dieser Seher und Seherinnen ist es, dass sie, bevor der prophetische Geist ihnen die Zunge löste, in einen ekstatischen Zustand geriethen (Takahhana kâhinohom, Aghâny VIII, 66)[1] und dann ihre Aussprüche in gereimter Prosa und in gewählter, räthselhafter Rede verkündeten. Dieser eigenthümliche, prophetische Styl war so allgemein bekannt, dass die Ḳoraishiten, als Mohammed seinen Koran stückweise zu verkündigen begann, sofort ihn einen Kâhin nannten, denn er hatte seine Verzückungen und seine gereimte Rede war ganz im Style der altarabischen Wahrsager.[2] Uebrigens war der Glauben an Wahrsager, Seher und Zauberer so allgemein und so unerschütterlich, dass Mohammed selbst nicht daran zweifelte. Nach mehreren übereinstimmenden Berichten that er folgenden Ausspruch: ‚Die Wahrsager sind nichts werth (laisu bisai'in).‘[3] Aber als man entgegnete, dass sie doch manchmal auch die Wahrheit sprächen, sagte er: ‚Ein solches Wort der Wahrheit erhalten sie von ihrem (dienstbaren) Dämon; aber hiemit vermengen sie hundert Lügen.‘[3]

Er glaubte selbst an Wahrsagung und Sehergabe. Das zeigt sich sehr deutlich in seinem Verhalten gegenüber einem von ekstatischen Anfällen heimgesuchten, ungefähr zwölf Jahre alten Judenknaben, namens Ibn Ṣajjâd. Er sucht ihn auf, lässt sich in ein Gespräch mit ihm ein, vermeidet es, ihm zu widersprechen, und befragt ihn über die Art seiner Visionen. Ein anderes Mal, als der Knabe gerade in solchem Zustande sich befindet, schleicht er, hinter den Stämmen der Palmen sich versteckend, heran, um etwas von des Knaben Worten zu vernehmen, bevor dieser ihn gesehen habe. Und als dessen Mutter ihn weckt und der Knabe zu sprechen aufhört, macht ihr Mohammed Vorwürfe darüber, dass sie ihm die Gelegenheit genommen habe, der Rede des Knaben zu lauschen.[4]

---

[1] Wellh., S. 131 hat diesen Ausdruck nicht gut verstanden.

[2] Sprenger: Das Leben Moh. II, 89.

[3] Bochâry: kitâb ola'dab. Cap. ḳaul olragol: laisa bisai', dann: vorletztes Capitel des kitâb oltanbyd.

[4] Sprenger: l. l. III, S. 31. Bochâry: kitâb ola'dab: Cap. ḳaul olragoli lilragoli-chsa'.

Der alte heidnische Glauben an die Gabe der Wahrsagung bestand also so kräftig fort, dass der Stifter der neuen Religion es nicht über sich brachte, dagegen aufzutreten, obgleich er in dem nervenkranken Judenknaben einen Concurrenten erkannt haben mochte.

Niesen und Gähnen. Zu jenen Zeichen, von denen man den Schluss auf bevorstehendes Glück oder Unglück ziehen zu können glaubte, rechnete man auch das Niesen und Gähnen.

Es gehört zu den grössten Seltsamkeiten, welche die vergleichende Culturgeschichte verzeichnet, dass der mit dem Niesen und Gähnen verbundene Aberglauben eine so allgemeine Verbreitung hat. Wir finden ihn bei den Sulu, in Guinea, in Alt-Calabar in Afrika, dann bei den polynesischen Stämmen (Neuseeland, Samoa, Tonga-Inseln), bei den Indianern Floridas; ja auch bei den Griechen, die, wie Aristoteles sagt, das Niesen als etwas Gottgesandtes betrachteten. In der Odyssee XVII, 541 heisst es:

Sprach's und Telemachos nieste mit Macht, dass rings vom Getöse
Furchtbar hallte das Haus. Da lächelte Penelopeia,
Wandte sich flugs zu Eumaeos und sprach die geflügelten Worte:
Gehe mir schnell und rufe den Fremdling, dass er hieher kommt;
Hörtest du, wie mein Sohn zu jeglichem Worte geniest hat?

Xenophon hält eine Ansprache an das Heer, um demselben neuen Muth einzuflössen. Da niest Einer und die Soldaten, dies hörend, verehrten die Gottheit.[1]

Dieselbe Idee herrscht bei den Römern und sogar der schreckliche Tiberius versäumt nicht, wenn jemand nieste, ‚zur Genesung‘ zu sagen. Dasselbe gilt bei den Hindus, den Israeliten, den alten Deutschen, den Franzosen, Engländern, Spaniern und Italienern.[2] Wir finden dieselbe Gewohnheit im modernen Aegypten,[3] ebenso wie auch bei den alten Arabern. Vom Propheten wird erzählt, dass er gesagt habe: ‚Gott liebt

[1] Anab. III. 2, 8. Auch bei den Persern galt das Niesen als etwas Wichtiges und pflegte man dabei ein Gebet zu sprechen. Spiegel: Eranische Alterthumskunde III, 691.

[2] Tylor: I, 100 ff., wo man die Quellen nachsehe.

[3] Lane: Manners and customs I, 282.

das Niesen und missbilligt das Gähnen.[2] Es galt durchaus als Regel der guten Sitte, zum Niesen Glück zu wünschen.[1]

Das Gähnen aber kommt vom Teufel, und desshalb soll man nach Möglichkeit es unterdrücken; denn wenn einer im Gähnen hu! macht, so lacht der Satan.[2] Die Regel ist, dass man beim Niesen Gottlob sagt, und wenn ein anderer niest ihm antwortet mit: Gott erbarme sich deiner!

Für das Gähnen lautet die Vorschrift: wenn man gähnt, so bedecke man den Mund mit der Hand. Der Prophet soll gesagt haben: kommt einem das Gähnen, so suche er es zu unterdrücken.[3]

Wenn man die grosse Verbreitung dieser Sitte beachtet, und zwar bei Völkern, unter denen von einer wechselseitigen Entlehnung nicht die Rede sein kann, so kommt man zu dem Schlusse, dass dieselbe Gewohnheit aus denselben uralten abergläubischen Vorurtheilen entsprungen sind, die bei den primitiven Menschen aus den gleichen Gedanken hervorgehen mussten. Das Niesen wie das Gähnen sind unwillkürliche Acte, und diese Wahrnehmung mochte zu der Ansicht führen, es seien dies Aeusserungen des im Körper wohnenden Geistes, des Lebensprincipes, der Seele. Nun haben wir aber früher gesehen, wie selbstständig die Urmenschen die Thätigkeit der Seele sich dachten: sie konnte den Körper verlassen, wie im Schlafe; sie konnte in andere Körper übergehen und auch wieder in den alten zurückkehren. Bei dem Schlafenden oder Ohnmächtigen ist oft das Niesen die erste Aeusserung des wiederkehrenden Lebens; desshalb galt es als Thätigkeit des Lebensgeistes, der Seele, für etwas Glückliches, Gottgesandtes, Göttliches, wie die Griechen sagen. Das Gähnen zeigt das Gegentheil: es legte den Gedanken nahe, dass die Seele entweichen wolle, oder dass etwa ein anderer, böser Geist in den Körper fahren wolle; desshalb die bezeichnende Vorschrift, den Mund zu schliessen oder doch die Hand vorzuhalten.

---

[1] Ibn Wâḍiḥ ed. Houtsma II, S. 115, dann Bardol'akbâd fyl'a'dâd S. 130. Vgl. Ḥamâsah S. 196, v. 1, woraus erhellt, dass schon im Alterthum man zum Niesen sich Glück wünschte.

[2] Bochâry: kitâb al'adab: bâb mâ jostaḥabb min al'oṭâs, und nächstfolgende Tradition.

[3] l. l. zweitfolgende Tradition.

Diese Erklärung, welche sich im Wesentlichen mit der von Tylor (I, S. 103) gegebenen deckt, ist die einzige, wie mir scheint, welche diese sonderbare Sitte hinreichend erklärt.

Die Hungerschlange (ṣafar). Es ist eine Beobachtung, die bei vielen wilden Völkern sich machen lässt, dass sie, wenn eine Wunde oder Krankheit ihnen Schmerzen verursacht, die Ursache ihres Leidens nicht in sich, sondern unabhängig von sich suchen und einen unsichtbaren Feind dafür verantwortlich machen. Wenn ein Australier erkrankt, was selten genug vorkommt, da die Meisten an Verwundungen zu Grunde gehen, so schreibt er sein Leiden einem Feinde zu; es ist das ganz dasselbe wie der Aberglauben des deutschen Bauern, welcher, wenn er nach reichlicher, schwerer Abendkost unruhig schläft und böse Träume hat, einen Kobold, den Alp dafür verantwortlich macht. Der nomadisirende Araber nun hatte nicht häufig Gelegenheit, an Ueberfüllung des Magens zu leiden, obwohl er auch den garstigen Dämon incubus (kâbus) kennt;[1] viel häufiger hingegen kam es vor, dass er mit hungrigem Magen auf den harten Boden zur Nachtruhe sich hinstrecken musste. In solchem Falle pflegte er den Hungerriemen enger zu schnallen, um den nagenden Hunger zu bekämpfen, aber dieses Mittel reicht bekanntlich nicht lange aus. So bildete sich denn die Vorstellung: der im Leibe nagende Schmerz des Hungers werde durch eine Schlange verursacht, die im Körper sich befinde und an den Rippen nage. Nur wenn man ihr Nahrung zuführe, lasse sie ab.

Diese Vorstellung ist ganz primitiv und würde in ihrer kindischen Einfachheit jedem Wilden einleuchten.[2] Aber sie ist auch aus dem Grunde besonders beachtenswerth, weil sie deutlich zeigt, wie wilde Menschen denken und wie sie Mythen schaffen, als Erklärung für ganz natürliche Vorgänge.

In der Traditionssammlung des Mâlik findet sich ein Ausspruch des Propheten, welcher gegen verschiedene abergläubische Ideen sich richtet und folgendermassen überliefert wird: ‚Es gibt keine Uebertragung (von Krankheiten), keinen Seelenvogel (hâm), und keine Hungerschlange (ṣafar).‘[3]

---

[1] Es scheint kein echt arabisches Wort zu sein.

[2] Vgl. Lubbock: Les origines de la civilisation, S. 216, Chap. V.

[3] Mowaṭṭa IV, 161, kitâb elǵâmi', Cap. 'ijâdat elmaryd waṭṭijarah.

Es soll damit gesagt werden, dass die neue Religion diese alten, aus der heidnischen Zeit stammenden Vorurtheile nicht anerkenne. Die Erklärer haben obigen Ausspruch verschieden gedeutet: die Uebertragung bezieht sich nach ihrer Ansicht auf die verschiedenen ansteckenden Krankheiten, wie Aussatz (baraṣ, godâm), Pocken (godsâ), Ophthalmie u. dgl. Das Wort ṣafar erklären Einige nicht durch Hungerschlange, sondern beziehen es auf den Monat Ṣafar, der vor dem Islam, infolge Verschiebung der Festzeiten (nasî), an die Stelle des Moḥarram gesetzt worden sein soll, doch die Mehrzahl der Gelehrten hält Ṣafar hier für die Bezeichnung der Hungerschlange.

Das Regengebet. Zu den alten heidnischen Gebräuchen, welche in die neue Religion herüberkamen, ist auch der, Gebet um Regen, zu zählen. Bei Nomaden und Hirtenstämmen ist andauernde Dürre ein grosses Unglück. Nichts ist natürlicher, als dass in solchem Falle das Volk von den Priestern oder Häuptlingen Abhilfe verlangt, und wenn diese ausbleibt, sie hiefür verantwortlich macht. Das ganz in alter Rohheit verbliebene Kunâma-Völkchen in Ostafrika hat nur ein geistliches Oberhaupt, den Regenherrn, der die Aufgabe hat, in Zeiten der Trockenheit Regen zu machen. Bleiben aber seine Gebete oder Beschwörungsformeln erfolglos, so wird er gesteinigt. Auch bei anderen Völkern begegnet man Aehnlichem. Der mythische König von Schweden, Domaldi, büsste dreijährigen Misswachs mit dem Leben. Denn nachdem die Opfer von Ochsen, dann von gemeinen Menschen die Götter nicht erweicht hatten, traten die Häuptlinge in Upsal zusammen und beschlossen, dass der Edelste ihres Volkes, der König, zur Sühne sterben müsse.[1]

Bei den Arabern hat sich eine Sitte erhalten, welche ganz an diese primitive Logik der Naturvölker, dass der Fürst für öffentliche Unglücksfälle verantwortlich sei, erinnert. Es ist dies das Regengebet, welches nicht blos von Mohammed selbst, sondern auch von seinen Nachfolgern verrichtet ward,

---

[1] Weinhold: Altnord. Leben, S. 77. Bei den Arkadiern war es der Priester des Lykäischen Zeus, der bei anhaltender Trockenheit um Regen betete. Pausan. VIII, 38, 4.

denn, wie Bochâry sich ausdrückt: ‚Das Volk pflegte das Staatsoberhaupt (imâm) zu bitten, um Regen zu flehen, wenn anhaltende Trockenheit herrschte.‘[1]

Mohammed selbst unterzog sich mehrmals dieser Ceremonie, und zwar mit den von Altersher bestehenden Gebräuchen. Das Bemerkenswertheste ist es, dass er hiebei, offenbar alten Gewohnheiten folgend, stehend mit erhobenen Armen, ganz im Sinne der altarabischen Orakelpriester (kâhin), ein Gebet in kurzen parallelen Sätzen vortrug, in welches herkömmliche, uralte Formeln eingeflochten waren, und zum Schlusse sein Obergewand umkehrte, indem er zugleich sich umdrehte, offenbar um durch diese Handlung anzudeuten, dass das Wetter sich ebenso ändern möge. Er betete mit den folgenden Worten: ‚O Gott! tränke deine Knechte und dein Vieh und breite deine Gnade über deine Knechte und belebe aufs Neue dein todtes Land!‘ — Als aber der Regen zu lange dauerte, betete er: ‚O Gott! um uns, aber nicht über uns! O Gott! über die Anhöhen und Berge, sowie über die Hügel und Thäler und die Standplätze der Bäume.‘[2]

Es war massgebende Sitte, dass der Vorsteher der Gemeinde, der Fürst (imâm), wenn er angegangen wurde, das Regengebet zu verrichten, die Bitte nicht zurückweisen durfte.[3]

Omar pflegte, als er Chalife war, den Oheim des Propheten zu bitten, das Regengebet zu verrichten, indem man offenbar von dem Gebete eines nahen Verwandten des Propheten besondere Wirksamkeit erwartete.

In Persien soll dieser Brauch noch immer in Kraft sich erhalten haben, indem bei grosser Dürre der Schah, begleitet von den Grossen seines Reiches, baarfuss zum Berge Elburs sich begibt, dort einige uralte Ceremonien verrichtet und den Regen beschwört.[4]

[1] Bochâry: kitâb al'ydain: Cap. su'âl alnâs lil'imâm alistisķâ'.

[2] Bochâry, l. l. Mowaţţa' I. 314, Cap. al'amal fyllistisķâ'.

[3] l. l.

[4] H. Brugsch: Aus dem Orient. Berlin 1861, II 99. Dr. Pollak, einer der besten Kenner Persiens, der lange in Teheran lebte, kennt diese Sitte nicht. Und geborne Teheraner versichern, dass das Regengebet nie vom Schah selbst, sondern von den Mollas verrichtet wird. Brugsch scheint also schlecht unterrichtet gewesen zu sein.

Auch bei Sonnen- oder Mondesfinsterniss pflegt man durch Gebete die vermeintliche Gefahr zu beschwören, aber es findet sich dafür kein besonderes Ceremoniel vor; dass aber trotzdem die Sitte sehr alt sei, ist kaum zu bezweifeln. Mohammed bekämpfte nur den alten Volksglauben, dass Sonnen- oder Mondesfinsterniss mit dem Todesfalle irgend eines Menschen in Zusammenhang zu bringen sei, und er spricht die Ansicht aus, dass Gott solche Erscheinungen sende, um den Menschen einen heilsamen Schrecken einzuflössen.[1]

Es beweist dies nur, dass man in alter Zeit diese himmlischen Erscheinungen mit derselben abergläubischen Furcht betrachtete wie so viele andere Völker.

Die bisher besprochenen Bräuche und Vorurtheile sind entweder solche, die bei den verschiedensten alten Völkern gleich verbreitet sind, ohne dass man sie als entlehnt bezeichnen kann, oder sie sind dem arabischen Volke eigenthümlich und müssen als originelle Schöpfungen des Volksgeistes angesehen werden. Nun aber kommen wir zu einer Reihe von abergläubischen Ideen, welche durchaus nicht auf arabischem Boden entstanden, sondern aus fremden Culturgebieten in das arabische Volksthum verpflanzt worden sind. Es sind dies ausländische Pfropfreiser, welche mit einem nicht immer gleich günstigen Erfolge auf den heimischen Baum aufgesetzt worden sind und in manchen Fällen so innig mit demselben verwachsen, dass das Fremdartige sich kaum noch erkennen lässt; während in anderen Fällen eine nur äusserliche Verbindung sich vollzog, so dass das Fremde von dem Arabischen auf den ersten Blick unterschieden werden kann. Auch darf man die Sage keineswegs so auffassen, als hätte jede fremde Idee, die man entlehnte, sofort allgemeine Geltung bei der ganzen mit dem Islam zu so unermesslicher Verbreitung gelangten arabischen Rasse gefunden: im Gegentheil: die meisten Beispiele zeigen einen localen Charakter und nur in den selteneren Fällen kommt es vor, dass die eine oder andere Idee in weiteren Kreisen Geltung erlangt und durch die Aufnahme in die Literatur gewissermassen das Bürgerrecht erhält.

[1] Bochâry: Kit. alkusuf.

Die Adonis-Klage.[1] In der Chronik des Ibn'atyr (X, 28) findet sich unter den Ereignissen des Jahres 456 H. die Nachricht, dass im Monate Raby' I. dieses Jahres in den Provinzen 'Irâk, Chuzistân und vielen anderen Gegenden eine Anzahl Kurden auf einer Jagdpartie in der Wüste schwarze Zelte gesehen und in denselben Todtenklage und Wehgeschrei vernommen hätten, mit dem Rufe: ‚Gestorben ist Saiduk, der König der Geister! und wo immer eine Gegend ist, deren Volk nicht für ihn die Todtenklage veranstaltet, das wird vernichtet und sollen die Bewohner getödtet werden!'

Dieser Warnung Folge leistend, zogen allenthalben die Weiber auf die Friedhöfe, zerschlugen sich die Gesichter, stimmten Klagegeschrei an und liessen die Haare fliegen. Aber auch viele Männer aus den unteren Classen zogen hinaus und thaten desgleichen.

Hiezu fügt der Chronist noch folgende Bemerkung: ‚Aehnliches kam in unseren Tagen in Mosul und den benachbarten Gegenden bis nach 'Irak hin und sogar in anderen Landschaften vor. Die Ursache war, dass (im Jahre 600)[2] eine schmerzhafte Halskrankheit herrschte, an der viele Menschen starben. Es verlautete damals, dass eine Dämonenfrau ihren Sohn 'Onkud verloren habe; und wer ihm zu Ehren nicht eine Trauerfeierlichkeit beginge, den träfe die Krankheit. So kam es, dass viele dies thaten. Sie sangen dabei: O Omm 'Onkud! sei uns nicht gram, wir wussten nicht, dass 'Onkud ums Leben kam! — Die Weiber pflegten bei diesem Anlass sich das Gesicht zu zerschlagen und ebenso that der Pöbel.'

So erzählt unser Chronist, ohne weitere Bemerkungen beizufügen. Wir können in dieser volksthümlichen Todtenfeier kaum etwas Anderes sehen als eine in der Erinnerung der untersten Volksclassen bestehende uralte Gewohnheit einer allgemeinen, öffentlichen Todtenklage, wie sie im Alterthume, sei es nun dem Adonis (Tammuz) oder irgend einer andern mythischen Person zu Ehren, jährlich abgehalten zu werden pflegte. Der Islam unterdrückte dieses heidnische Fest, aber bei gewissen äusseren Anlässen brach die alte Sitte wieder

[1] Vgl. Z. d. D. M. Ges. XVII, S. 397.
[2] Nur in einer Handschrift.

hervor. Der alte heidnische Aberglaube wird im Stillen fortbestanden haben, bis der Eintritt einer grossen Seuche, die das Volk der Vernachlässigung der alten Sitte zuschrieb, diese offene Kundgebung in einem so weiten Ländergebiete zur Folge hatte.

Was den Namen Saiduk betrifft, so ist zu beachten, dass dieser Eigenname in der Umgegend von Wâsiṭ vorkommt.[1]

Wir sehen also in dieser Feier die letzten Nachklänge eines alten, heidnischen, periodischen Trauerfestes.

In dieselbe Reihe von Ueberresten antiken Aberglaubens gehört wohl auch die in 'Irâḳ vorkommende volksthümliche Ansicht, dass ein Käfer, der einem zufliegt, Glück bringe.[2] Man denkt hiebei zunächst an den bei den alten Aegyptern als heilig und schutzbringend geltenden Scarabaeus.

In Aegypten hängen die Bauernweiber den Kindern gern einen solchen Todtenkäfer um den Hals als Schutz gegen den bösen Blick.

Auch die Sage von dem Meergreis (shaich olbaḥr) gehört hieher, die wie es scheint, an der syrischen Küste volksthümlich war. Man behauptete nämlich, dass daselbst von Zeit zu Zeit ein Wesen sich sehen lasse in Gestalt eines Menschen mit langem weissem Barte. Das Volk nennt ihn den Meergreis und so oft man ihn erblicke sei dies für das Volk ein freudiges Ereigniss, denn es deute einen reichen Erntesegen an.[3]

Es ist schwer zu sagen, ob wir in dieser Gestalt einen Seegott vor uns haben, also den Poseidon, in seinem milden Character als Schirmer und Förderer der Saatenfülle, als Gott der weiten Thalgründe, sowie der Flüsse und Quellen und des daher entspriessenden Segens[4] oder den phönicischen Melikertes-Palaemon.[5] Vielleicht ist es auch das Vorbild des Abdallah vom Meere, dessen Geschichte wir aus den Märchen der

[1] Ta'âliby: Kitâb el'y'gâz wal'ygâz S. 38 führt einen Dichter dieses Namens an.

[2] Jbn Challikân Nr. 231. Biographie des Ga'far Harmaky, Slane I, 305.

[3] Damyry I, 49: insân elmâ'.

[4] Preller: Griech. Mythologie I, 365.

[5] l. l. S. 377. Nach Hesychius ward in Sidon ein θαλάσσιος Ζεύς verehrt. Baudissin: Stud. z. semit. Religionsgesch. II 178.

1001 Nacht kennen,[1] welches uns hier entgegentritt. Jedenfalls zeigt sich der mythische Ursprung der Sage in voller Deutlichkeit.

Mehr auf litterarischer Ueberlieferung als auf volksthümlichen Vorstellungen beruht das, was die Araber zweifellos nach griechischen Quellen vom Delphine erzählen: dass er Menschen rette, die in Gefahr seien zu ertrinken,[2] und nicht mehr Werth hat das, was von dem Basilisken berichtet wird, dessen Blick allein schon tödtet;[3] oder vom Salamander, dem die Flamme nicht einmal die Federn versengen kann.[4]

Es ist sehr viel ähnliches aus der griechischen in die arabische Literatur gelangt, ohne dass es eigentlich volksthümlich ward. Das meiste blieb auf die literarischen Kreise beschränkt und diente höchstens zur Vermehrung des Anecdoten- und Märchenschatzes.

So finden wir in den Erzählungen der 1001 Nacht nicht nur Entlehnungen, die auf die Odyssee zurückgehen — Sindbads Abenteuer bei dem einäugigen Riesen (Cyclopen) — sondern sogar solche Stoffe, wie die Erzählung von den Kranichen des Ibycus, diese allerdings stark umgearbeitet, aber doch noch zu erkennen.[5]

Aus fremder, und wie kaum zu bezweifeln, nicht arabischer Quelle, entspringt ein sehr eigenthümliches und vorzüglich in 'Irâk verbreitetes Vorurtheil: es ist dies der Glauben, dass Rindfleisch zu geniessen äusserst schädlich sei. Es werden zur Rechtfertigung verschiedene, angebliche Aussprüche des Propheten angeführt; so soll er gesagt haben: ‚Butter und Milch der Kühe sind Arznei; aber ihr Fleisch enthält den Krankheitsstoff'. Oder nach anderer Ueberlieferung: ihre Milch ist Heil, ihre Butter Arznei und ihr Fleisch Krankheit. — Oder: ‚trinkt Kuhmilch und geniesset die Butter, aber hütet euch vor dem Fleische: denn die ersten zwei bringen Heil, das letztere aber Krankheit.[6]

[1] Habicht XI, S. 13.
[2] Damyry I, 381: dolfyn.
[3] l. l. II, 106: ḏultoffatain.
[4] Ibn alfaḳyh, S. 207.
[5] 1001 Nacht ed. Habicht XI, 396; auch bei Damyry I, 257: ḥagal.
[6] Damyry I, 170: Albaḳar ol'ahly.

Es machen aber all diese angeblichen Aussprüche des Propheten den Eindruck, erst nachträglich erfunden worden zu sein, um das herrschende Vorurtheil zu bekräftigen. Dass ein solches bestand ist zweifellos; so sagt der gelehrte Arzt Bachtyschu' zum Chalifen Ma'mun: Iss kein Rindfleisch, denn bei Gott, wenn ich auf der Strasse daran vorbeireite, so bedecke ich das Auge und noch dazu das Auge meines Pferdes, weil es so ausserordentlich schädlich ist (min shiddat madarratihi).[1]

Es wird von dem alten Weisen Ibn Kaldah ein ähnlicher Ausspruch angeführt, der gesagt haben soll, als man ihn um die besten Fleischarten befrug: ‚das Fleisch des jungen Hammels (ḍa'n); des Zickleins; aber das eingesalzene Dörrfleisch (alḳadyd almâliḥ) bringt dem, der es verzehrt, Verderben; man hüte sich auch vor Kameel- und Rindfleisch.'[2]

Ḥaggâg, der energische Statthalter von 'Irâḳ, ging sogar soweit, das Schlachten von Kühen geradezu mit Verbot zu belegen.[3] Wahrscheinlich aber hatte diese Verordnung keinen sanitären, sondern einen fiscalischen Zweck: es sollte nämlich die Vermehrung dieser für den Ackerbau so nützlichen Thiere gefördert werden.

Uebrigens besteht die Abneigung gegen Rindfleisch noch immer im Oriente: die Hauptnahrung ist Hammel- oder Lamm- und Ziegenfleisch. Das Rindfleisch gilt als schwer und unverdaulich. Ob aber nicht hiebei gewisse abergläubische Vorurtheile im Spiele sind, lässt sich nicht mehr mit Sicherheit ermitteln.

Bei den Persern ist das Schlachten der Kühe und der Genuss ihres Fleisches noch immer verpönt. Es wird als Grund hiefür die Schädlichkeit des Rindfleisches angegeben.[4]

---

[1] Tadkirat Ibn Ḥamdun, meine Handschrift, jetzt im British Museum I, fol. 215.

[2] Maṭâli' 'olbodur fy manâzil âlsorur. II 102, Cap. 35.

[3] Byruny: India, S. 277, Z. 13.

[4] H. Brugsch in seinem Buche: Aus dem Orient, S. 103, meint, dass der Abscheu der Parsis gegen den Genuss des Rindfleisches eine Folge der religiösen Vorschriften des zoroastrischen Glaubens sei; allein so viel mir bekannt ist, findet sich ein Verbot des Schlachtens der Rinder und

Nicht minder sonderbar und noch schwerer zu erklären ist ein anderes uraltes Vorurtheil, das die Linnenstoffe und Linnenkleider zum Gegenstande hat und selbstverständlich in den Ländern der Flachscultur, ʿIrâḳ und Aegypten, verbreitet ist: es ist der Glauben, dass der Mondschein für Linnenstoffe und Leinwand äusserst schädlich sei. Anspielungen hierauf sind bei Dichtern nicht selten, so z. B. in folgenden Versen: ‚Du siehst wie die Linnengewänder, welche das Licht des Vollmondes bescheint, dadurch zu Grunde gerichtet werden'. — Und ein anderer Poet sagt von einem schönen Knaben, den er mit dem Monde vergleicht: ‚Wundert euch nicht darüber, wie schnell sein Hemde in Stücke geht, denn es ist zusammengeheftelt über einen Mond'.

Hiezu bemerkt Damyry: ‚dieser Verse bedient man sich zum Beweise dafür, dass das Mondlicht die Linnengewänder vermorschen macht; wie in der That die erfahrensten Gelehrten behaupten und zwar soll dies besonders der Fall sein, wenn man die Gewänder ins Wasser legt; bei der Conjunction der Sonne und des Mondes soll die Vermorschung sehr rasch erfolgen; die Vereinigung der beiden Himmelslichter findet statt vom 25.—30. des Monats.[1] Ebenso sagt auch Avicenna in seinem Lehrgedichte:

‚Wasche nicht deine Linnenkleider
Und stelle damit nicht den Fischen nach
Bei der Vereinigung der beiden
Himmelslichter vermorschen sie.'

Schon bei einem weit älteren Autor treffen wir denselben Glauben; er sagt (zum Tadel des Mondes): er hat zehn Fehler: er kürzt das Leben, er beeinträchtigt die Gottesfurcht, er macht den Hauszins fällig, er zieht die Farben aus (den Stoffen), er macht die Linnenstoffe morsch, er verräth den Verliebten, er bringt die Todesstunde näher, wärmt das Wasser, verdirbt das Fleisch und leitet den Dieb auf den Weg.[2]

---

des Genusses ihres Fleisches nirgends in den altpersischen Religionsurkunden.

[1] Damyry II, S. 9; voce ṣolâl.

[2] Ṯaʿâliby: Bard elakbâd etc. S. 140.

Bei der Aufzählung der Pflanzen, die unter dem Einflusse des Mondes stehen, wird ausdrücklich der Flachs (kattân) genannt und bei Angabe der Räucherungen, welche zu abergläubischen Zwecken den Gestirnen dargebracht zu werden pflegten, wird für den Mond Flachs bestimmt.[1] Da aber die in dem eben angeführten Werke enthaltenen auf den Einfluss der Gestirne bezüglichen Stellen aus der sogenannten ‚Nabatä'ischen Landwirthschaft' stammen, welche hiebei nur 'Irâḳ und Babylonien im Auge hat, so werden wir wohl die eigenthümliche Verbindung zwischen Mond und Flachs auf irgend welche alte babylonische Bauernmythe zurückführen müssen, in welcher der Mond als das den Flachs beherrschende Gestirn dargestellt wird, welches dessen Duft als Räucherwerk liebt und desshalb auch aus Flachs hergestellte Gewänder, die dem Mondlichte ausgesetzt werden, gewissermassen aufzehrt und ihnen das Mark aussaugt, so dass sie rasch zerfallen und vermodern.

Merkwürdig ist es aber, dass man im Aberglauben des deutschen Volkes ähnliche Ideen findet: im Mondschein darf man nicht spinnen, denn solches Garn hält nicht; man darf kein Geräth im Mondschein stehen lassen, sonst geht es bald entzwei — so glauben die Bauern in der Oberpfalz.[2]

Man könnte auch so die Sache erklären, dass die Flachspflanze ein Kind des Sonnenscheins und des Tages ist, also der Mond und die Nacht ihr schädlich seien, aber mit solchen Auslegungen ist nicht viel gewonnen. Denn solche alte, halbmythenhafte Vorstellungen lassen sich nicht immer mit Sicherheit bis zu ihrem Ursprunge verfolgen; man muss sie ebenso nehmen, wie sie sind, ohne viel daran herumzudeuten.

Ganz in dieselbe Reihe gehören einige ägyptische Volksbräuche, die ich hier folgen lasse.

‚In der Nacht in den Spiegel schauen bringt Unglück und wenn eine Frau es thut, so heiratet ihr Mann bald eine zweite'.[3]

[1] Kitâr olazhâr fyllail walnahâr von Ibn Manzur, dem Verfasser der Lisân al'arab. Ausgabe von Constantinopel 1298. Gawâib-Druckerei, S. 158, 166.

[2] Wuttke: Deutscher Volksaberglauben S. 131 (Nr. 203).

[3] Ḳaljuby: Nawâdir ed. Nassau Lees S. 166.

Denselben Glauben finden wir bei uns wieder: ‚des Nachts darf man nicht im Spiegel sich besehen, sonst sieht Einem ein garstig Gesicht (Schlesien) oder der Teufel (Mosel, Tirol, etc.) daraus entgegen und man verliert das Spiegelbild (Schlesien).[1]

In Persien ist es Sitte, wenn jemand aus seinem Hause abreist, ihm einen Spiegel vorzuhalten. Indem man das Bild auffängt glaubt man die glückliche Heimkehr zu sichern.[2] Hiemit stimmt der deutsche Volksbrauch überein, neugekauften Hühnern, um zu verhindern, dass sie sich verlaufen, einen Spiegel vorzuhalten, indem man ihnen ins Ohr sagt: ‚Putte, komm wieder' (Mark); überhaupt: Thiere, die man im Hause halten will, lässt man dreimal in den Spiegel sehen (Wetterau).[3]

Der Grundgedanke ist in allen diesen Fällen noch leicht zu erkennen: er geht aus denselben Voraussetzungen hervor. ‚Die Nacht ist keines Menschen Freund'; so lautet eine alte deutsche Redensart, welche das Gefühl des Grauens ausdrückt, womit das nächtliche Dunkel die Menschen erfüllt. Der Spiegel aber macht jedem Ungebildeten, der das natürliche Princip, auf welchem er beruht, nicht kennt, den Eindruck eines zauberhaften Blendwerkes. Die Verbindung beider Ideen führt zum Schluss, dass man bei Nacht nicht in den Spiegel blicken solle.

Eine andere ägyptische Volksregel ist: ‚man flicke nicht sein Gewand, solange man es anhat: denn das bedeute (baldigen) Tod.'[4]

Im deutschen Volksglauben gilt die Regel: ‚man darf sich die Kleider nicht auf dem Leibe flicken, sonst verunreinigt man sich als Leiche (Mecklenburg), oder man erleidet einen schweren Tod (Mark)' u. s. w.[5]

Der Zusammenhang lässt sich hier nur mehr errathen; er mag so zu erklären sein: in alter Zeit nähte man den Todten in sein Laken ein: die Kleider sich am Leibe nähen, bedeutet also sein Leichenlaken sich selber nähen.

[1] Wuttke: S. 132 (Nr. 205).
[2] S. oben.
[3] Wuttke: S. 115 (237) und S. 182 (317).
[4] L. l.
[5] Wuttke: S. 133 (207).

Vieles aber bleibt unverständlich, so die zwei folgenden gleichfalls bei Ḳaljuby (S. 186) vorkommenden ägyptischen Volksregeln: ‚Springt ein Funken aus dem Feuer, so sagt man: ein zürnender (montaḳim) oder nach anderer Lesart moḳym, (d. i. verweilender) Gast.‘

‚Gibt Jemand sein Taschentuch einem andern, damit er darin sein Gesicht abwische, so spuckt er früher hinein, damit es nicht Unglück bringe.‘

Das meiste in solchen alten abergläubischen Sittenregeln und Bräuchen bleibt uns unverständlich, auch ist nicht alles gleich alt, sondern das eine mag aus uralten Zeiten stammen, das andere ist verhältnissmässig neu. Doch ab und zu kann man den ursprünglichen Sinn noch immer erkennen. Ich will als Beispiel ein paar solcher ägyptischer Sprüche anführen: ‚Sechs Dinge verursachen, dass man arm wird: 1) zu fegen (das Haus) mit Lumpen (statt des Besens), 2) auf der Hand essen, 3) sich in die Hand schneuzen bei Verrichtung der Nothdurft, 4) auf einen Herd zu pissen, 5) die Fingernägel mit den Zähnen abnagen, 6) mit Hölzchen die Ohren sich reinigen.‘ [1]

Das alles scheint nichts anderes zu sein, als gemeine Albernheiten. Aber dennoch zeigen Nummer 1 und 4, dass ihnen ein sehr alter Aberglauben zu Grunde liegt: denn, wie schon früher hervorgehoben worden ist (S. 49 f.), verknüpfen sich mit dem Besen und dem Herde heidnische Ideen aus einer längst entschwundenen und vergessenen Vorzeit.[2]

---

[1] Ḳaljuby, S. 188.

[2] Ich stelle hier nur Einiges aus dem deutschen Volksglauben zusammen: Vor die Thüren wird ein alter Besen gelegt, um die Geister abzuhalten (Ostpreussen, Lausitz, Wuttke: 17); die Hexen reiten auf Besen zum Blocksberg (24, 146); bei Vertreibung einer Viehbehexung wird der Besen nach allen Seiten geschwungen (Thüringen, 146); kreuzweis über die Thürschwelle gelegte Besen erschweren den Hexen den Zutritt (222, Franken, Hessen, Tirol); um das Vieh gegen Schaden zu sichern, lässt man es über eine vor die Stallthür gelegte Axt oder einen Besen hinwegschreiten (Ostpreussen, Hessen, Schlesien, 233); wenn man seine Wohnung wechselt, so muss man zuerst in die neue Wohnung Salz, Brot und einen alten Besen tragen, so hat man immer das tägliche Brot (Mark, 306) u. s. w. bei Wuttke: Deutscher Volksaberglaube. Eine ebenso wichtige Stelle wie der Besen nimmt auch der Herd im Aberglauben ein: Nimmt man eine neue Magd und will man, dass sie

So leben alte, reine Gedanken selbst in der schmutzigen Gesellschaft modernen Pöbelwitzes fort und man braucht nur mit kundigem Blicke zu suchen, um auch zu finden.

---

dem Hause treu bleibe, dann muss man sie dreimal um den Herd jagen (Mark, 307); auch Thiere, die man im Hause halten will, treibt man dreimal um den Herd und reibt sie an der Feuermauer (Sachsen, 317). Der gewöhnliche Aufenthaltsort der Hausgeister ist der Herd (407). Alles nach Wuttke.

IX.

Die Apologie der Heilkunst,

eine griechische Sophistenrede des fünften vorchristlichen Jahrhunderts,

bearbeitet, übersetzt, erläutert und eingeleitet

von

Theodor Gomperz,
wirkl. Mitgliede der kais. Akademie der Wissenschaften.

Vorwort.

Das Schwergewicht der vorliegenden Arbeit ruht in dem Bemühen, das Schriftdenkmal, welches ihren Gegenstand bildet, nach Form und Inhalt möglichst vollständig und allseitig zu kennzeichnen und zu beleuchten. Sollte dieser Versuch annähernd gelungen sein, so würde die Beurtheilung und Würdigung der Literaturgattung, deren einziger Ueberrest die Schrift ‚von der Kunst' ist, nicht mehr jeder haltbaren Grundlage entbehren.

Was die Autorschaft des Büchleins betrifft, so fand ich bald, dass viele Indicien nach einer Richtung hinweisen, kein einziges nach einer anderen, und wollte ich mich lange Zeit damit begnügen, diese Thatsache und den aus ihr erwachsenden Grad von Wahrscheinlichkeit zu constatiren. Später glaubte ich noch einen Schritt weiter gehen zu können. Da ich in diesem Theil meiner Untersuchung vielfach controverse Fragen zu berühren nicht umhin konnte, so rechne ich hier keineswegs auf allgemeine und noch weniger auf sofortige Zustimmung. Auch bedauere ich, aus demselben Grunde manche Weitläufigkeit der Erörterung nicht haben vermeiden zu können. Desgleichen hat die Nothwendigkeit, einige das Corpus Hippocraticum betreffende Fragen, zumal die dialektologischen und die auf die handschriftliche Textesgrundlage bezüglichen, bei diesem Anlass zu behandeln, den Umfang der Arbeit übermässig angeschwellt.

Die deutsche Uebersetzung, welche ich dem Originaltext gegenüberstelle, soll vornehmlich dazu dienen, den rednerischen Charakter der Schrift ersichtlich zu machen. Demgemäss habe ich dort, wo ich buchstäbliche Genauigkeit mit treuer Wiedergabe des Tons und der stilistischen Farbe nicht zu vereinigen wusste, lieber die erstere als die letztere geopfert.

In Betreff des Commentars musste es der Verfasser, wenn er nicht unerträglicher Breite verfallen wollte, dem Takt der Leser anheimgeben, die Abzweckung mancher darin enthaltener Bemerkungen und Parallelen zu erkennen. Sie werden hoffentlich zu unterscheiden wissen, in welchen Fällen seine Ausführungen die in der Einleitung vorgebrachten Beweisgründe betreffs der Abfassungszeit, der Stileigenthümlichkeit und der Autorschaft der Schrift zu verstärken bestimmt sind, in welchen anderen sie etwaigen Einwürfen gegen jene Schlussfolgerungen vorbeugen oder begegnen sollen, wo endlich auf Thatsachen hingewiesen wird, die mit den gewonnenen Ergebnissen lediglich wohl vereinbar sind, ohne dass sie, mindestens jede für sich genommen, ihre Festigkeit zu erhöhen oder zu ihrer Sicherung beizutragen vermöchten.

Einleitung.

In der ärztlichen Schriftensammlung, welche unter dem Namen des Hippokrates umläuft, befindet sich ein Stück, welches an culturgeschichtlicher Bedeutung hinter wenigen Bestandtheilen der Sammlung zurücksteht, an literarischem Interesse die meisten derselben, wenn nicht alle, überragt. Man sollte erwarten, dass die Gesammtheit der Sprachkundigen mit diesem Büchlein wohl vertraut, dass die aus ihm zu schöpfende Belehrung längst ein Gemeingut der Gebildeten geworden sei. Doch die eine wie die andere dieser Erwartungen wird vollständig getäuscht. Für alle Zwecke der Erforschung und Erkenntniss des Alterthums ist die Schrift ‚von der Kunst' fast so wenig vorhanden, als ruhte sie bis zur Stunde in einem ägyptischen Grabe oder in einer noch unerschlossenen herculanischen Rolle. Dieses Schriftchen, den einzigen nicht trümmerhaft überlieferten Ueberrest einer einst durch zahlreiche und bedeutende Denkmale vertretenen Literaturgattung, ans Licht zu ziehen, den verwahrlosten Text desselben zu reinigen und zu berichtigen, es, wenn irgend möglich, seinem wirklichen Urheber zurückzugeben und eine Reihe von (wie ich meine) zugleich sicheren und belangreichen Schlüssen aus ihm abzuleiten, — dies ist die Aufgabe der nachfolgenden Blätter.

Die erste Wahrnehmung, welche sich dem denkenden Leser dieser Apologie der Heilkunst aufdrängt, ist die, dass uns in ihr nicht sowohl eine Schrift im eigentlichen Sinne als eine zu mündlichem Vortrage bestimmte Rede vor Augen liegt. Dies lehrt die Form der Darstellung in unzweideutiger Weise, und zu allem Ueberfluss sagt es uns der Verfasser selbst an einer Stelle, an welcher er uns noch Anderes und Wichtigeres mittheilt. Ich meine den Schluss-Satz des Werkchens, welcher ‚die jetzt gesprochene **Rede**' den ‚**Thaten** der Kunstverständigen' gegenüberstellt, die ihrerseits ‚das Reden keineswegs verachten'. Es ist dies eine ungemein fein pointirte Wendung, mittelst welcher der Autor — man möchte sagen, mit einer höflichen Abschiedsverbeugung — den Aerzten unter seinen Zuhörern seine Verehrung bezeigt (auch für den gesammten Hörerkreis, der von der ‚Menge' scharf unterschieden wird, fällt ein Compliment ab) und gleichzeitig ihre Hochachtung für sich in Anspruch nimmt, für sich und seinen Stand, den der Schriftsteller und Redner, der den ärztlichen Praktikern als ein gleichberechtigter Factor gegenübertritt. Er sagt uns somit so deutlich, als er es zu thun vermochte, dass er zwar ein Freund und Anwalt der Aerzte, aber selber kein Arzt sei. Freilich sagt er uns auch damit kaum etwas Neues. Denn zu den hervorstechendsten Charakterzügen unseres Büchleins gehören einige Merkmale, welche jedes für sich genommen und zumal in ihrer Vereinigung in Betreff jenes Sachverhaltes keinen Zweifel übrig lassen. Es sind dies: die ungemein durchgearbeitete Kunstform des Werkes, welche uns noch vielfach beschäftigen wird und die in den ärztlichen Schriften der hippokratischen Sammlung so wenig als in der medicinischen Literatur überhaupt ihresgleichen hat; — der Trieb zum Allgemeinen, welcher den Autor jeden Anlass ergreifen, ja begierigst aufsuchen lässt, um aus dem engen Rahmen seines unmittelbaren Themas hinauszutreten und Aussprüche sowie Erörterungen der allerallgemeinsten Art in wahrhaft verschwenderischer Fülle auszustreuen (über Erkenntnissprincipien, über Sprachentstehung, über Kunst und Zufall, über Causalität, über Naturanlage und Bildungsmittel, über die Gewerbe und ihr Verhältniss zu den Arbeits-Stoffen und Mitteln); — endlich und hauptsächlich die Bezugnahme auf (zwei oder mehr) sonstige Schriften desselben Verfassers, welche erkenntnisstheoretischen Fragen und einer Vertheidigung der übrigen Künste und Gewerbe gegen ihre Angreifer gewidmet und somit nichts weniger als ärztliche Fachschriften gewesen sind (3 und 9).

Doch nicht nur was unser Autor nicht war, auch was er war, vermögen wir jetzt zuversichtlich auszusprechen. Ist doch der Verein von Eigenschaften, welcher sich uns für die Schrift ‚von der Kunst' als charakteristisch erwiesen hat, zugleich das entscheidende Kennzeichen einer schriftstellerischen Gattung von scharf ausgeprägter Eigenart, von welcher wir bisher freilich fast nur mittelbare Kunde besassen. Denn jene Männer, welche uns — in einer bestimmten Phase der griechischen Geistesentwicklung — als Vertreter nicht eines besonderen Einzelwissens, sondern der allgemeinen Bildung begegnen, welche mit einem Fusse in der Rhetorik und mit dem andern in der Philosophie stehen, die zugleich Sprachkünstler und Weltweise, Virtuosen des Wortes und Vorkämpfer der Aufklärung, halb Wissenschaftslehrer und halb Journalisten sind, — wir nennen sie Sophisten. Solch ein Sophist oder ‚Weisheitsmeister' ist der Verfasser der Schrift, die uns beschäftigt. Und zwar ein Sophist von der streitbaren Art, — ein dialektischer Kämpe, der in der Polemik wie in seinem eigensten Elemente lebt und athmet, der des Gedanken- und Redekampfes so gewohnt ist, dass ihn ‚der Gegner' auf Schritt und Tritt, man möchte sagen, wie der Schatten den Körper, begleitet, und dass er kaum einen Satz aufzustellen vermag, ohne dass der dazu gehörige Gegen-Satz sich wie von selbst ihm in die Feder drängt (vgl. 4 und 5). Dass ferner nicht einer der Geringsten, sondern jedenfalls ein nambafterer Repräsentant der Gattung vor uns steht, dies darf man bei einem Manne, an dessen Klugheit und taktischem Geschick zu zweifeln im übrigen so wenig Grund vorhanden ist, nicht ohne Wahrscheinlichkeit aus dem überaus starken Selbstgefühl entnehmen, welches er sofort im Eingang seiner Rede so unverholen und so nachdrücklich an den Tag legt (1 fin. διὰ σοφίην. ᾗ πεπαίδευται).[1]

Wir gelangen zu der Frage nach der Abfassungszeit der Schrift, einer Frage, welche in Ermanglung ausreichender äusserer Zeugnisse[2] aus inneren Gründen zu entscheiden ist. Und hier empfiehlt es sich — um nicht all die zahlreichen Einzelheiten vorwegzunehmen, die im Commentar eine geeignetere Stelle finden — mit einigen Stichproben zu beginnen.

In 11 begegnet uns der Satz: ‚Denn was dem Gesicht der Augen entflieht, das wird durch das Gesicht des Geistes bewältigt' (ὅσα γὰρ τὴν τῶν ὀμμάτων ὄψιν ἐκφεύγει, ταῦτα τῇ τῆς γνώμης ὄψει κεκράτηται). Der Vergleich, welcher in diesen Worten enthalten ist, kehrt in den Ueberresten der griechischen Literatur nicht gerade selten wieder. Dabei mag der Umstand zunächst nicht gar viel zu besagen scheinen, dass bei den grossentheils späten Schriftstellern, deren hiehergehörige

Aussprüche mir aufgestossen und in Erinnerung geblieben sind, das Wort γνώμη sich durchweg durch ein anderes, zumeist durch ψυχή, ersetzt findet. Allein nicht als bedeutungslos kann die Thatsache gelten, dass dies auch schon bei Plato, und zwar an nicht weniger als an vier Stellen, geschehen ist.[1] Ich sage schon, weil es eine, dereinst von Bernays reichlich, wenn auch freilich nicht erschöpfend beleuchtete Eigenheit der alten Sprache ist, dass γνώμη in ihr ‚die absolut gefasste Intelligenz‘ und nicht nur — ‚wie im späteren Griechisch‘ — ‚die von Jemandem gehegte Ansicht und Gesinnung‘ bedeutet.[2] Es mag dies als eine erste Mahnung gelten, unserem Schriftchen ein nicht unerhebliches Alter zuzusprechen. Dieselbe wird durch die Wahrnehmung verstärkt, dass diese Wortanwendung eine mit Rücksicht auf den geringen Umfang des Buches geradezu häufige zu nennen ist. So heisst es auch 7 von den Aerzten, deren Zustand mit jenem ihrer Patienten verglichen wird: οἱ μὲν γὰρ ὑγιαινούσῃ γνώμῃ μεθ' ὑγιαίνοντος σώματος ἐγχειρέουσι (‚denn diese gehen gesunden Geistes mit gesundem Körper daran‘) — so dass das in Rede stehende Wort den Gegensatz, wie oben zu einem leiblichen Organe, so diesmal zum Leib überhaupt bildet. Am nächsten steht dieser Wendung eine Phrase des Kritias (bei Galen XVIII, 2, 656): γιγνώσκουσιν οἱ ἄνθρωποι, εἴ τις μὲν ὑγιαίνει τῇ γνώμῃ und desgleichen (ebendort) ein Bruchstück des Sophisten Antiphon: πᾶσι γὰρ ἀνθρώποις ἡ γνώμη τοῦ σώματος ἡγεῖται καὶ εἰς ὑγίειαν καὶ νόσον καὶ εἰς τὰ ἄλλα πάντα.

Ungleich bemerkenswerther ist jedoch die dritte Stelle, welche uns in dem zweiten, einer metaphysischen Erörterung gewidmeten Paragraph unserer Schrift aufstösst: εἰ γὰρ δή ἐστί γ' ἰδεῖν τὰ μὴ ἐόντα ὥσπερ τὰ ἐόντα, οὐκ οἶδ' ὅπως ἄν τις αὐτὰ νομίσειε μὴ ἐόντα, ἅ γε εἴη καὶ ὀφθαλμοῖσιν ἰδεῖν καὶ γνώμῃ νῶσαι ὡς ἔστιν (‚denn wenn das Nicht-Seiende zu sehen ist wie das Seiende, so weiss ich nicht, wie man es für nicht-seiend halten kann, — was doch mit Augen zu schauen ist und mit dem Geist zu erkennen als ein Seiendes‘), womit man sofort vergleichen mag jenes durch die Ueberlieferung arg entstellte, aber in dem für unseren Zweck belangreichsten Theile unversehrte Bruchstück aus dem ersten Buch der ‚Wahrheit‘ des Sophisten Antiphon, welches ich nach Bernays (Rhein. Mus. 9, 256 = Ges. Abhandl. I, 87—88) und Sauppe (De Antiphonte sophista p. 10) einst also zu ordnen versucht habe (Beiträge zur Kritik u. Erkl., I, 44): ἑνί τε λόγῳ ταυταδὶ γνώσει, ἐν δὲ οὐδὲν αὐτῶν (καθ' ἑαυτό)· οὔτε ὧν ὄψει ὁρᾷ μακρότητα οὔτε ἂν γνώμῃ γιγνώσκοι ὁ μάκρ' ἄττα γιγνώσκων. Und nicht viel anders drückte sich Kritias aus, welcher — so sagt uns Galen a. a. O., dem auch das zweite antiphontische Bruchstück verdankt wird — ἐν τῷ πρώτῳ Ἀφορισμῷ τάδε γράφει· μήτε ἃ τῷ ἄλλῳ σώματι αἰσθάνεται μήτε ἃ τῇ γνώμῃ γιγνώσκει, und der auch sonst (nach eben diesem Gewährsmann) das fragliche Wort in derselben, gleichwie in einer anderen Schrift unablässig im Gegensatz zu den Sinneswahrnehmungen (ἀντιδιαιρῶν ταῖς αἰσθήσεσι) gebraucht hat. Allen diesen Aeusserungen ist nicht mehr bloss die ständige Anwendung des Wortes γνώμη, und zwar in erkenntnisstheoretischen Erörterungen gemein, eine Verwendung, welche den bezüglichen Schriften Plato's (um von Aristoteles zu schweigen) bereits völlig fremd geworden ist; was sie noch enger verbindet, ist nicht so sehr die Gegenüberstellung der Sinne und des Intellects als dasjenige, was hierzu den immer wiederkehrenden Anlass bietet: die fortwährende Nebeneinanderstellung oder Coordinirung von Sinneswerkzeugen und Sinneswahrnehmungen einerseits, dem Geist und der Geisteserkenntniss andererseits. Hier tritt uns somit neben einer gemeinsamen Phase des Sprachgebrauchs auch eine bestimmte Entwicklungsstufe des speculativen Denkens gegenüber. Wir mögen die Eigenart derselben richtig oder unrichtig erfassen, wenn wir sie als einen ersten Versuch des Sichlosringens von der alten, ja uranfänglichen Identificirung jener zwei Sphären bezeichnen,[1] ohne dass doch über die specifische Natur der eigentlich intellectuellen Verrichtungen — des Abstrahirens, des Urtheilens u. s. w. — noch irgendwelche Klarheit gewonnen war, so dass alle Erkenntnissprocesse nur als Unterarten der einen Anschauung erschienen. Doch dem sei wie ihm wolle, jedenfalls weisen diese auffallenden Uebereinstimmungen der Ausdrucks- wie der Denkweise unser Bemühen um zeitliche Fixirung der Schrift ‚von der Kunst' in engere und engere Grenzen. Wir werden nunmehr ihren Verfasser mit höchster Wahrscheinlichkeit unter den Zeitgenossen des Kritias und Antiphon, d. h. zum mindesten in den letzten Jahrzehnten des 5. Jahrhunderts zu suchen haben. Und dazu wären wir auch dann befugt, wenn unserer Schlussfolgerung nicht aus dem weiteren Verlauf jenes ontologischen Abschnittes die schlagendste und überraschendste Bekräftigung erwüchse. Sogleich die nächsten Worte nämlich, in welchen der Autor seinen metaphysischen Haupttrumpf ausspielt, lauten wie folgt:

> ἀλλ' ὅπως μὴ οὐκ ᾖ τοῦτο τοιοῦτον· ἀλλὰ τὰ μὲν ἐόντα αἰεὶ ὁρᾶταί τε καὶ γινώσκεται, τὰ δὲ μὴ ἐόντα οὔτε ὁρᾶται οὔτε γινώσκεται.
>
> (‚Aber es wird dem wohl nicht so sein; sondern das Seiende wird immer geschaut und erkannt, das Nicht-Seiende aber wird weder geschaut noch erkannt.')

Ich nenne diesen Satz den metaphysischen Haupttrumpf unseres Autors, weil er den Abschluss der principiellen Erörterung bildet — enthält doch das weiter Folgende nur mehr die Anwendung dieses Grundsatzes auf das vorliegende Specialthema — und weil der Urheber dieser Darlegung ihr so grosses Gewicht beimisst, dass er den Leser, der über die verhandelte Frage ‚aus dem Gesagten noch nicht völlig im Klaren ist', auf andere ‚Reden' verweist, aus welchen er genauere Belehrung zu schöpfen vermag (περὶ μὲν οὖν τούτων εἴ γέ τις μὴ ἱκανῶς ἐκ τῶν εἰρημένων συνίησιν, ἐν ἄλλοισιν ἂν λόγοισιν σαφέστερον διδαχθείη). Nun ist aber dieser mit so starker Emphase verkündete erkenntnisstheoretische Kernsatz das directe Widerspiel der Lehre eines namhaften Denkers des 5. Jahrhunderts. Es ist kein Anderer als Melissos von Samos, der in seiner Bestreitung der Realität der Aussenwelt aus der weitausgesponnenen Beweisführung[1] die abschliessende Summe zieht mit den Worten:

> ὥστε συμβαίνει μήτε ὁρᾶν τὰ ἐόντα μήτε γινώσκειν.

Dass diese zwei Sätze, die Verneinung des Eleaten und die ihr rundweg widersprechende Bejahung unseres Anonymus einem und demselben Zeitalter angehören und schwerlich auch nur durch wenige Jahrzehnte getrennt sind, dies wird Niemand bestreiten, der sich der durchgängig allgemeinen Geschichtserfahrung erinnert, vermöge welcher die grossen speculativen Controversen von Generation zu Generation zum mindesten ihr Wortgewand wechseln; noch weniger derjenige, welcher aus der Gleichartigkeit der Form die Gemeinsamkeit des Ausgangs- und fundamentalen Standpunktes herauszulesen versteht, eine ‚Gleichheit in der Verschiedenheit', auf die wir bereits in Kürze hingewiesen haben, und welche die Zergliederung des metaphysischen Abschnittes noch um vieles deutlicher und sicherer wird hervortreten lassen. Dass es aber auch an einem directen polemischen Bezug der beiden einander schnurstracks entgegenstehenden Thesen nicht mangelt — wobei vermöge der grösseren Weite der Behauptung, des stärkeren Nachdrucks derselben und der minder ungesuchten Art ihrer Anknüpfung die polemische Absicht auf Seiten unseres kampfgewohnten Dialektikers zu suchen sein wird —, dies dürfte schon von vornherein als nicht wenig wahrscheinlich gelten. Der Gewissheit würde diese Wahrscheinlichkeit um ein Beträchtliches näher gebracht, wenn es sich im Fortgang unserer Untersuchung zeigen sollte, dass die zwei feindlichen Sätze als eigentliche Haupt- und Grundlehren ihrer Urheber galten, vielleicht sogar als Losungsworte und Abzeichen streitender Parteien auch in den weiteren Kreisen der Gebildeten jener Zeit berühmt und berufen, vielbefehdet und vielgefeiert waren.

Wir wenden uns zur Betrachtung der sprachlichen und stilistischen Eigenart des Büchleins. Wobei unser Hauptabsehen auf zweierlei gerichtet ist. Gelingt es nämlich alle die Punkte der Uebereinstimmung festzustellen, welche die vorliegende Schrift mit den Erzeugnissen eines bestimmten Zeitalters und Literaturkreises verknüpfen, so ist ein Prüfstein gewonnen für die Erprobung der Richtigkeit der bisher erzielten Ergebnisse. Vermögen wir es aber die Züge der Verschiedenheit auszumitteln, welche ihr individuelles Sondergepräge ausmachen, so ist zu einer billigen Würdigung und Beurtheilung derselben ein sicherer Grund gelegt. Der letztere Theil des Unternehmens ist so schwierig als der erstere leicht ist. Denn die Zugehörigkeit dieses Literaturproduktes zu einem Kreis verwandter Erscheinungen ist auch in formaler Beziehung aufs deutlichste erkennbar, während der anspruchsvollere Versuch, der Einzelerscheinung den ihr gebührenden Platz inmitten ihrer Sippe anzuweisen, zunächst an der Spärlichkeit des uns zu Gebote stehenden Vergleichungsmaterials zu scheitern droht.

Wer mit einem Blicke die Stufe erkennen will, welche die Rede ‚von der Kunst' in der Entwicklung des griechischen Prosastiles einnimmt, der lese vorerst irgend einen beliebigen

Absatz derselben und unverweilt darauf das erste beste Blatt in den Schriften des Plato oder Isokrates. Er wird sofort die weite Kluft ermessen, welche unsere Rede von den Werken jener Meister scheidet. Von dem sichersten Kennzeichen vollendeter Stilreife, von der ‚grossen, vollen rhythmischen Periode'[1] ist bei unserem Autor so gut als keine Spur zu finden. Kaum jemals ballen sich Worte und Satzglieder zu einer mächtigen, innerlich reich gegliederten Masse zusammen, deren zwei Hälften als Vorder- und als Nachsatz — gleichgewogenen Halbkugeln vergleichbar — einander entsprechen und sich wechselseitig bedingen. Mit der minder üppig entfalteten lysianischen Beredsamkeit zeigt unser Anonymus gelegentliche Berührungen (vgl. 7 und Comment. dazu). Im reichsten Masse weist sein Werk jedoch die Kennzeichen des ‚alten' oder archaischen ‚Stiles' auf, wie der vielleicht genialste Literaturforscher des 19. Jahrhunderts — Karl Otfried Müller — dieselben in wenigen aber markigen Strichen mit unübertroffener Meisterschaft gezeichnet hat.[2] Fast jeder Satz seiner hieher gehörigen Darlegung gleichwie der weiteren Ausführungen, welche Blass in seinem lehrreichen Buche hinzufügt, passt auf unser Schriftwerk, als wäre er im Hinblick auf dasselbe geschrieben. Will man das innerste Wesen des frühesten Prosa-Kunststils mit einem Wort bezeichnen, so darf dieses vielleicht dahin lauten, dass das Ganze der Theile noch nicht Herr geworden war. Diese Theile: jeder Begriff, jeder Ausdruck, jedes Satzglied tritt mit einer Kraft und Wucht, einer Frische und Lebendigkeit hervor, welche einer späteren Zeit nicht mehr eigen sein konnte, in welcher das Einzelne einem gewaltigen Kunstbau als architektonisches Glied sich einzufügen bestimmt war. Daher hier wie bei Antiphon und Thukydides jene äusserste ‚Schärfe im Wortgebrauche, jene Neigung, die Wörter in einer ungemein sinnschweren Bedeutung' anzuwenden,[3] jenes Streben, jeden Gedanken durch Hinzufügung seines Gegensatzes wie das Licht durch den Schatten zu steigern und gleichsam in erhabener Arbeit hervorzutreiben.[4] Anders freilich fällt die Vergleichung aus, sobald wir Art und Mass der in Anwendung kommenden Zier- und Ausdrucksmittel (Figuren) gleichwie Tempo und Rhythmus der Rede — kurz die Frage der Zugehörigkeit zu einer oder der andern Stilgattung (im qualitativen, nicht im historischen Sinne — der genera dicendi) ins Auge fassen. Dann heben sich, falls ich nicht irre, von dem Untergrund der gemeinsamen Zeitfarbe tiefgreifende Unterschiede ab. Zunächst aber thut es Noth, das Einzelne zu durchmustern — in einlässlicher, wenngleich nicht in erschöpfender Weise. Genügt es doch vorerst die Hauptzüge des Bildes festzustellen, dessen genauere Ausführung dem Commentar überlassen bleiben mag.

Wir beginnen mit dem Element der Rede, mit dem Wort. Hier überrascht uns zuvörderst die Thatsache, dass unsere Schrift mehrere Worte enthält, welche die übrigen Denkmäler der griechischen Literatur überhaupt nicht oder nur ganz vereinzelt darbieten, wie καταγγελίη und αἰσχροεπεῖν, während andere in der griechischen Prosa entweder (zum mindesten vor der Kaiserzeit) ganz und gar oder doch in der hier beliebten übertragenen Bedeutung unheimisch sind; in die erste dieser Kategorien gehört κάματος, in die letztere βλαστάνειν und βλάστημα. Davon ist κάματος darum ungemein vielsagend, weil die nicht immer leicht zu ziehende Grenze zwischen ‚ionisch' und ‚poetisch' hier durch den Umstand mit Sicherheit gezogen wird, dass der allen Gattungen der Poesie geläufige Ausdruck auch den ionischen Prosawerken und darunter selbst jenen der hippokratischen Sammlung (auch im Sinne von Krankheit!) im Uebrigen völlig fremd zu sein scheint. Für den metaphorischen Gebrauch von βλαστάνειν aber weiss ich nur einen prosaischen Beleg anzuführen, jenes Bruchstück des Protagoras, welches erst vor wenigen Jahren aus der syrischen Uebersetzung des Pseudo-Plutarch περὶ ἀσκήσεως bekannt ward: ‚Nicht sprosst Bildung in der Seele, wenn man nicht zu grosser Tiefe kommt' (Rhein. Mus. 27, 526), was doch kaum anders gelautet haben kann als: οὐ βλαστάνει παιδείη ἐν τῇ ψυχῇ κτλ. Füge ich noch die Bemerkung hinzu, dass in eben den ersten drei Paragraphen, welchen die angeführten Beispiele insgesammt entlehnt sind, auch das überaus seltene ἐπιθύμημα begegnet, gleichwie δείκνυμι in der ungewöhnlichen und poetischen Bedeutung von ‚entdecken' und endlich auch der meines Wissens nahezu unerhörte Plural προδρό-τητας,[1] so dürfte wohl der Beweis dafür erbracht sein, dass das Streben nach Schönheit und Erlesenheit des Ausdrucks die Wortwahl unseres Autors nicht wenig beeinflusst hat. Er bewegt sich hierbei in denselben Bahnen wie Protagoras und Gorgias.[2]

Was die Art des Satzbaues betrifft, so bedarf es keines Beweises, dass die von Aristoteles sogenannte ‚anreihende Diction‘ (die εἰρομένη λέξις) in unserer Schrift die weitaus vorherrschende ist. Der zweite Paragraph kann geradezu als ein typisches Beispiel derselben gelten. Die Ansätze zu kunstvollerer Periodenbildung erheben sich wohl nirgends über das Mass, welches uns bei Antiphon begegnet[1], bleiben aber in der Regel hinter diesem gleichwie hinter dem, was Thukydides hierin geleistet hat, weit zurück. Ungemein häufig ist jene Art der Anknüpfung eines Satzes an den vorangehenden, welche mittelst der Wiederholung eines in diesem enthaltenen bedeutungsvollen Wortes erfolgt (vgl. z. B. 9 z. E.) — eine Auskunft, welche zugleich der Unbeholfenheit entspringt und dem Nachdruck dient und aus dem einen wie aus dem andern Grunde zu den bezeichnenden Merkmalen der ältesten uns erhaltenen Prosawerke, so des herodoteischen, der Reden Antiphons und der Schrift ‚vom Staate der Athener‘ gehört. Damit hängt es zusammen, dass unser Autor jene Ersatzmittel, welche die Sprache in den Fürwörtern und in zusammenfassenden Ausdrücken von der Art eines ‚desgleichen‘, ‚und zwar‘ u. s. w. darbietet, nur verhältnissmässig selten anwendet und es vorzieht, Verba und Nomina ohne jede solche Abschwächung des Ausdrucks zu wiederholen. Die dadurch bewirkte häufige Wiederkehr derselben Worte und Wortstämme fiel seinen Lesern offenbar ebenso wenig lästig wie jenen der soeben genannten Schriftsteller oder auch des Anaxagoras oder des Diogenes von Apollonia.[2] Doch scheint der Sophist, der nach rhetorischer Wirkung strebt und seine Lehren mit dogmatischer Emphase einschärfen und einprägen will, das Mass des Zeitüblichen um Einiges überschritten und das, was ursprünglich nur ein Ergebniss der Ungelenkheit war, zu einem Kunstmittel erhoben zu haben. Uns macht hier und anderwärts leicht den Eindruck ausschweifender Uebertreibung, was für die Zeitgenossen nur um eine (dem Laienauge vielleicht kaum erkennbare) Linie über das Mass des Gewöhnlichen hervorragte.

Eine andere Eigenthümlichkeit unserer Schrift ist eine gewisse steife, abgezirkelte Regelmässigkeit, welche an die Stilweise archaischer Bildwerke, wie z. B. der Aegineten, erinnert. Diese Wirkung ist das Erzeugniss mehrerer sehr verschiedener Factoren. Zunächst kommt hierbei der künstlerische Trieb und der geschulte Kunstverstand, welcher strenge Gliederung der Rede heischt, ins Spiel, wobei diese in eine Reihe zumeist an Umfang kleiner, scharf gesonderter, gelegentlich durch auffälligen Wechsel des Tones sich von einander abhebender Unterabtheilungen[1] zerfällt (vgl. in letzterem Betracht den Uebergang von 11 zu 12). Ihm gesellt sich ein anderes, mehr logisches als rhetorisches Motiv, welches die architektonischen Glieder des Baues feiner und feiner ausgestalten hilft. Der Verfasser zeigt ein oft bis ins Peinliche gehendes Streben nach Correctheit und Vollständigkeit des Ausdrucks. Daher die mehrfachen Unterscheidungen von Synonymen (wie gleich im ersten Paragraph von μωμᾶσθαι und διαβάλλειν), die oftmalige Verdeutlichung eines Begriffes durch die Hinzufügung seines negativen Gegensatzes, die mit jugendlichem Eifer ergriffene Verwerthung der grammatischen Formverschiedenheiten zum Behufe begrifflicher Unterscheidung (z. B. 11 οὐ λαμβανόμενοι γὰρ ἀλλ' εἰλημμένοι ὑπὸ τῶν νοσημάτων θέλουσι θεραπεύεσθαι), die mitunter ans Schulmeisterliche streifende Sorge, einem allgemeinen Satze eine einschränkende Klausel auf dem Fusse folgen zu lassen, z. B. sofort in 1 jenes: ‚wenn es anders erfunden besser ist als nicht erfunden,‘ und ebenso darf dort neben dem Erfinder der Vervollkommner der Erfindung keinen Augenblick fehlen. Wenn sich so in das Bild unseres Sophisten ein einigermassen pedantischer Zug einmischt, so liegt die Erklärung hiefür nahe genug. Der berufsmässige Lehrer ist es gewohnt, jedes seiner Worte auf die Wagschale zu legen; der streitbare Redner und Schriftsteller ist ängstlich darauf bedacht, den ihn umdrängenden Gegnern und Rivalen so wenig Blössen als möglich zu bieten. Dass logische und sprachliche Unterscheidungen für ihn und seine Zeitgenossen den Reiz der Neuheit besassen, dies werden wir gleichfalls ohne Vermessenheit voraussetzen dürfen. Ueber diesen, man möchte sagen felsigen Untergrund aber rauscht ein Strom der Beredsamkeit hinweg, der bald in ruhiger Klarheit erglänzend, bald in stürmischer Hast und Fülle dahinbrausend (vgl. 7 und 11), den Hörer unaufhaltsam mit sich fortreissen musste. Der Verein von Formschönheit und logischer Strenge und der eigenartige Wechsel von besonnenster Ruhe und leidenschaftlicher Bewegung, von äusserster polemischer Schärfe (ἄγνοιαι ἄγνοιαν ἁρμόζουσαν μανίῃ μᾶλλον ἢ ἀμαθίῃ 8) und weltmännischer Gewandtheit (man vergleiche den Schlussabschnitt) musste eine blendende und berauschende Wirkung üben.

Fragen wir nunmehr nach den Kunstmitteln, welche diese Beredsamkeit in ihren Dienst stellt, so dürfen wir vorerst an zweierlei negative Umstände erinnern, welche für die Zeitbestimmung der Schrift von erheblichem Belange sind. Sie zeigt keine Spur eines folgerichtigen Strebens nach Meidung des Hiats (vgl. Comment. zu 1), und nicht minder fremd ist ihr die Scheu einer späteren Epoche, ‚in bekannte Versarten, den Hexameter z. B., zu gerathen'.[1] Vielmehr steht unser Autor in letzterem Betracht ganz und gar auf dem Standpunkt eines Heraklit, eines Herodot oder Protagoras.[2] Genauer gesprochen, er meidet nicht nur nicht die Rhythmen der Poesie, er verwendet sie vielmehr, man darf wohl sagen absichtlich (vgl. in 1 ἀλλὰ κακαγγελίῃ, — ἐς τὸ τὰ τῶν πέλας ἔργα, — in 2 ὀφθαλμοῖσιν ἰδεῖν) und erinnert hierin einigermassen an Thrasymachos, der nach Cicero Orator 175 ‚nimis numerose' geschrieben hat, nicht minder als an die platonische Nachbildung der Sophistenberedsamkeit im Symposion — eine Nachahmung, an welche wir auch anderweitig mehrfach gemahnt werden. Sind dies insgesammt gemeinsame Züge der vor-isokratischen Beredsamkeit, so gilt es jetzt auch die Unterschiede ins Auge zu fassen, welche innerhalb dieser frühesten Entwicklungsphase griechischer Eloquenz verschiedene Gattungen und Richtungen von einander sondern. Die Kühnheit der Metaphern ist eine ungleich geringere als bei Gorgias und wohl auch bei Antiphon.[3] Die in Anwendung kommenden Bilder dienen zur Beleuchtung der Argumente und wachsen aus diesen wie ungesucht hervor. Sie sind niemals Selbstzweck; die Stärke der Darstellung liegt vielmehr in der kraftvollen Geschlossenheit der Beweisführung und in der von dieser erforderten Proprietät des Ausdrucks (κυριολεξία) weit mehr, als in dem allerdings nicht gänzlich fehlenden schmückenden Beiwerk. An Antithesen ist selbstverständlich kein Mangel. Denn wie anders als in Gegensätzen sollte sich die zugleich so energische und in Betreff der Ausdrucksmittel noch einigermassen arme und einförmige Gedankenarbeit unseres Autors bewegen? Allein sehr bezeichnend für ihn ist es, dass uns in der Regel und selbst dort, wo die Häufung von Gegensätzen die stärkste ist (7), fast durchweg mehr Real- als Verbalantithesen begegnen, bei welchen Gleichklang nur selten und strenges Gleichmass der Glieder nicht allzu geflissentlich erstrebt wird. Was sich von derartigem findet, entspringt zumeist absichtslos dem begrifflichen Gegensatz (wie jenes ἢ παρουσίῃ ἢ ἀπουσίῃ 9) oder ἀτυχίην und εὐτυχίην 4). Auch von sonstigen Assonanzen, welche die damalige Redekunst so sehr liebte, wird nur ein mässiger Gebrauch gemacht, und gehören die betreffenden Fälle wohl ohne Ausnahme zu den gangbarsten, allen Epochen und Gattungen der griechischen Literatur geläufigen Ziermitteln.[1] Ueber die ganze Darstellung ist endlich ein Hauch von ionischer Anmuth, man möchte fast sagen von ionischer Sangbarkeit gebreitet, wodurch sie sich von der Strenge und Herbheit der Diction eines Antiphon oder Thukydides aufs deutlichste abhebt.

Wenden wir uns von der Form zum Gehalt der Schrift, so lässt sich ihr Urheber mit einem Worte am besten als Aufklärer bezeichnen. Er hat, wie wir schon eingangs sahen, über viele der grossen Fragen, welche seine Zeit bewegten, nachgedacht, und von dem Umfang seines Nachdenkens müssen wir angesichts der beträchtlichen Zahl allgemeiner Gedanken, welche der Raum dieser wenigen Blätter und der Rahmen ihres engbegrenzten Gegenstandes umschliesst, eine hohe Meinung gewinnen. Dass er ein Mann von universellster Bildung, dass sein Gesichtskreis ein ungemein weiter war, ist selbstverständlich. Nicht minder, dass er zu der Vorhut der erleuchteten Geister seines Zeitalters gehörte. In hohem Grade überraschend ist der baconische Geist, der die ganze Schrift durchweht. Die sinnliche Wahrnehmung und die aus ihr gezogenen Schlüsse gelten dem Verfasser als die einzige Quelle des ärztlichen wie jedes anderen Wissens. Die Natur, die nicht freiwillig Rede steht, wird auf die Folter gespannt und zur Zeugenschaft genöthigt — jenes baconische Bild, welches der modernen Literatur so vertraut und dem Alterthum, so viel ich weiss, im Uebrigen vollständig fremd ist. Wo die Beobachtung, das Experiment und der auf sie gegründete Schluss nicht ausreicht, dort erheben sich die unübersteiglichen Schranken menschlicher Einsicht. Die allwaltende Causalität wird mit einer Schärfe und Strenge, wie sonst in jenem Zeitalter nur von Demokritos, als die ausnahmslose Norm alles Geschehens anerkannt und verkündet. Das Verhältniss von Ursache und Wirkung ist die Grundlage der Voraussicht, wie diese die Grundlage der rationellen Praxis ist. Die Dinge haben feste, sicher begrenzte Eigenschaften. Um verschiedene Wirkungen zu erzielen, müssen verschiedene Ursachen ins Spiel kommen; was in einem Falle nützt, muss in einem sehr verschiedenen oder entgegengesetzten schaden; was durch richtigen Gebrauch sich als heilsam erwies, muss sich durch unrichtigen Gebrauch als verderblich erweisen. Die Begrenztheit menschlichen Könnens wird aufs deutlichste erkannt und aufs allereindringlichste betont. Von jeder Masslosigkeit der Prätensionen in Betreff der dem Menschen erreichbaren Naturbeherrschung ist unser Autor eben so weit entfernt wie von aller fantastischen Willkür in Betreff der Natur-Erklärung und Erkenntniss. Dass eine Schrift, welche das Evangelium des inductiven Geistes mit so vollendeter Klarheit und mit so unübertroffenem Nachdruck predigt, von den Neueren ganz und gar vernachlässigt und in der Geschichte der Wissenschaft und der Philosophie bisher kaum einer Erwähnung werth gefunden ward, dies darf als eine der befremdlichsten Thatsachen gelten, welche die Literaturgeschichte verzeichnet. Doch ich habe Unrecht. Der Text unserer Sophistenrede liegt freilich noch gar sehr im Argen und zeugt von dem geringen Antheil, welchen sie den Philologen und den in ihren Spuren wandelnden Historikern eingeflösst hat. Allein jene Gleichgiltigkeit, die uns in Erstaunen setzt, war doch keine ausnahmslose. Ein glänzender Vertreter der letzten grossen Aufklärungsepoche, Pierre Jean George Cabanis, hat in seinem Buche ‚Du Degré de Certitude de la Médecine' der Schrift Περὶ τέχνης, die ihm natürlich als das Werk des grossen Hippokrates gilt, die volle ihr gebührende Ehre erwiesen. An allen Gipfelpunkten seiner Beweisführung berührt er sich nicht nur mit den darin dargelegten Lehren aufs engste, er wird auch nicht müde, grosse Stücke derselben theils in buchstäblicher Uebersetzung, theils in freier Wiedergabe anzuführen (man vergleiche p. 65—66, 104, 120, wohl auch 109 der Pariser Ausgabe vom Jahre 1803). Und am Schlusse seines Werkes, wo er die Hauptpunkte seiner

Argumentation zusammenfasst, thut er kaum etwas anderes, als dass er die Grundgedanken unserer ihm so wohlbekannten Schrift in wenig veränderter Fassung wiedergibt (p. 160, vgl. auch p. 112—113 und 124—125).[1]

Die These, welche unser Autor zu erhärten unternimmt, ist in Wahrheit eine zwiefache. Die Natur der Dinge überhaupt und die Beschaffenheit des menschlichen Körpers insbesondere bilden eine ausreichende Grundlage für den Bestand der Heilkunst —; und andererseits: diese Kunst besteht in Wirklichkeit, und ihre Adepten erzielen die erheblichsten Erfolge. Der erste Theil dieser Aufstellung wird, wie jeder einsichtige Leser zugestehen muss, wirklich und nicht bloss scheinbar erhärtet. Die Elemente des Beweises sind eben jene, welche der Arzt Mirabeau's am Schlusse seines Buches anführt. In einer Welt, in welcher alle Dinge feste Eigenschaften besitzen und alle Vorgänge nach unverrückbaren Ordnungen verlaufen, in welcher es ferner sehr zahlreiche dem menschlichen Machtbereich unterworfene Factoren gibt, welche unser gesundes und krankes Leben in der mannigfachsten Weise beeinflussen, ist an sich die Möglichkeit vorhanden, durch die angemessene Auswahl und Verwendung dieser Factoren auf die Krankheitsphänomene einzuwirken (5, 6), — vorausgesetzt, dass der menschlichen Wahrnehmung und Intelligenz das hierzu erforderliche Mass von Einsicht in den Verlauf der Krankheitsprocesse gegönnt ist. Das letztere sucht unser Redner durch die höchst überraschenden Ausführungen zu erweisen, welche den Schluss der Schrift ausmachen und in denen die damals bekannten diagnostischen Hilfsmittel zusammengefasst und in geistvollster Weise unter allgemeine, zum Theil rein physikalische Gesichtspunkte gerückt werden (13). Die Gesammtheit dieser Erörterungen bildet ein in sich wohlgeschlossenes Ganzes, welches dem Büchlein, das sie enthält, unseres Erachtens einen unvergänglichen Werth verleiht und es zu einem hochwichtigen Markstein in der Entwicklung des hellenischen Geistes macht. Dasselbe leistet insofern all das, was von dem Erzeugniss eines höchstgebildeten Denkers und Schriftstellers, der sich mit dem Fachwissen seiner Zeit genügend vertraut gemacht hat, um die leitenden Gedanken desselben zu durchdringen und zu beherrschen, irgend erwartet werden kann.

Anders steht es mit dem zweiten Theil der Aufgabe, die unser Autor sich gestellt hat. Wie der Beweis, dass die Aerzte eines bestimmten Landes oder Zeitalters in Wahrheit das leisten, was sie zu leisten vorgeben, überhaupt erbracht werden kann, dies ist nicht eben leicht zu sagen. Fehlt es doch auch heute, selbst in den Kreisen der Höchstgebildeten, nicht an Solchen, welche sich den Ansprüchen der Heilkunst gegenüber, nur etwa von den chirurgischen und den sonstigen ärztlichen Eingriffen abgesehen, welche eine unzweideutige augenblickliche Wirkung üben, durchaus ablehnend und skeptisch verhalten. Und auch an Logikern von höchstem und bestverdientem Rufe hat es in unserem Jahrhundert nicht gefehlt, welche angesichts der Unzahl der bei jedem einzelnen Krankheits- und Genesungsfalle zusammenwirkenden, zum grössten Theil uncontrolirbaren Factoren alle specifische Erfahrung auf diesem Gebiete für trügerisch und es für unmöglich erklärt haben, die Heilkraft irgend einer Arzenei auf anderem als auf deductivem Wege, d. h. auf Grund der durch das Experiment festgestellten physikalischen, chemischen oder physiologischen Eigenschaften derselben zu erkennen.[1] Liegen hier auch unzweifelhafte Uebertreibungen vor, so darf doch daran erinnert werden, dass eben die Forschungsmittel, welche diese Skepsis in erheblichem Masse einzudämmen gestattet haben, dem Zeitalter, dem unsere Schrift entstammt, völlig unbekannt waren. Ich spreche von den Fortschritten der Naturwissenschaft, welche die zuletzt genannte Forderung doch mindestens in einer kleinen Zahl von Fällen zu erfüllen erlaubt haben, von der das specifische Experiment bis zu einem gewissen Grade ersetzenden annähernd genauen Beobachtung von Massenerscheinungen (Morbilitäts- und Mortalitäts-Statistik)[2], schliesslich von der seither so unendlich weit vorgeschrittenen Diagnostik und der durch die pathologische Anatomie geschaffenen Controle ihrer Ergebnisse. Unter diesen Umständen blieb unserem Apologeten nur zweierlei übrig: der Hinweis auf die rohe, unzergliederte Erfahrung und die auf ihr beruhende nichts weniger als einmüthige allgemeine Meinung; ferner und hauptsächlich die Aufdeckung der mannigfachen Fehlerquellen, aus welchen so viele irrthümliche, der Werthschätzung der Heilkunst abträgliche Urtheile fliessen. Und dies sind in der

That die Wege, welche unser Schutzredner betreten hat und zumeist mit unleugbarem beträchtlichem Geschicke gewandelt ist. Aber freilich ist dies auch der Punkt, an welchem die Schwächen seiner Darstellungsweise am deutlichsten hervortreten. Es sind dies eben die Schwächen, welche jedem wie immer gearteten Plaidoyer, im weitesten Sinne dieses Wortes, anzuhaften pflegen. Wo vollgiltige Beweise fehlen, da stellt sich ja allenthalben gar leicht das Bestreben ein, nur halbzulängliche Argumente für völlig ausreichende auszugeben und die Lücken der Beweisführung durch blosse zuversichtliche Behauptungen zu verdecken. Dieser advocatenhafte Zug, welchem wir selbst in angeblich rein wissenschaftlichen, nur der systematischen Ergründung der Wahrheit gewidmeten, an einen erlesenen Kreis von Fachmännern gerichteten Darlegungen nur allzu oft begegnen, ist den Reden und Schriften, die eine bestimmte These zu erhärten unternehmen und sich an eine weit ausgedehnte, bunt zusammengesetzte Zuhörerschaft wenden, allezeit eigen, — den Erzeugnissen antiker und moderner Volks-, Parlaments- und Kanzelberedsamkeit nicht minder als jenen der heutigen Journalistik und der Popularphilosophie aller Epochen. Dem Werke unseres Anwalts kann dieser Zug umso weniger fremd sein, da die ungewöhnlich weit getriebene Sorge um Schönheit des Ausdrucks, um Wohlklang und rhythmischen Tonfall jene behutsamen Einschränkungen, jene ängstlich bemessenen Unterscheidungen zwischen Möglichkeit und Wahrscheinlichkeit, zwischen Wahrscheinlichkeit und Gewissheit, welche das innerste Wesen streng wissenschaftlicher Darstellung ausmachen, wie von selber zurückweist. Einige Beispiele mögen das Gesagte verdeutlichen helfen.

Nichts kann zugleich wahrer und bedeutsamer sein als die scharfe Grenzlinie, welche der Verfasser zwischen den an Zahl geringen Krankheiten zieht, die sich durch unverkennbare, an der Oberfläche des Leibes wahrnehmbare Veränderungen kundgeben, und der weitaus grösseren Anzahl derjenigen Leiden, bei denen nichts derartiges der Fall ist (9). Nichts ist berechtigter als der Hinweis auf den Umstand, dass uns bei der ersten Gruppe von Erkrankungen die Natur selbst ein belangreiches diagnostisches Hilfsmittel darbietet, welches uns bei der letzteren im Stich lässt. Dass aber jene darum auch dem Bemühen des Arztes durchweg geringere Schwierigkeiten in den Weg stellt als diese, das behaupten, hiesse schon einen gewagten, durch den thatsächlichen Sachverhalt keineswegs genügend gestützten Schluss ziehen. Man denke beispielsweise an die Beulenpest oder an jene oft todbringenden Ausschläge, deren die Heilkunst heute so wenig wie im Alterthum Herr geworden ist. Der Verfasser bleibt aber selbst hierbei nicht stehen; er versteigt sich zu dem vermessenen Ausspruch, die Heilung dieser Krankheiten müsse den tüchtigen Aerzten immerdar und ausnahmslos gelingen. Ebenso verfolgt er (11) den an sich zugleich tiefsinnigen und geistvollen Gedanken, dass zwischen Erkenntniss der Krankheitsursachen einerseits, Prophylaxis und Therapie andererseits der engste Zusammenhang bestehe, im Feuer der Rede bis zu einem unzulässigen Schlusse (εἰ γὰρ ἠπίσταντο — μεγαλύνεσθαι). Eine wahrscheinlich unabsichtliche Aequivocation liegt uns (6) in der bedeutsamen auf das αὐτόματον bezüglichen Stelle vor Augen. Der Satz, dass nichts ursachlos geschieht, ist nicht identisch mit dem andern, dass keine Wirkung und somit auch keine Heilwirkung ohne eine äussere Ursache erfolge. Doch ist diese Irrung in dem Zusammenhang, dem sie angehört, von vergleichsweise geringem Belang. Denn dort, wo eine Gesundheitsstörung ohne jedes äussere Zuthun durch das blosse Wirken der sogenannten Naturheilkraft überwunden wird, ist doch zum mindesten die Fernhaltung störender Einflüsse erforderlich: und unser Anonymus durfte insofern nicht mit Unrecht behaupten, dass keine Krankheitsheilung mit voller Sicherheit als eine völlig und ausschliesslich spontan erfolgende angesprochen werden könne. Nur die causale Verknüpfung der Sätze bleibt eine unrichtige, da die Leugnung des αὐτόματον im Sinne der Ursachlosigkeit nicht auch die Verneinung der Spontaneität der Heilungen in sich schliesst. Gleichwie in dieser Glanzpartie unserer Schrift, so laufen auch in einer anderen die Fäden der Wahrheit und des Irrthums gar seltsam durcheinander. Ich spreche vom § 5, wo unser Autor mit meisterhaftem taktischem Geschick und zugleich mit tiefster Einsicht in die Natur der Sache das Walten der Heilkunst über die Grenzen ihrer berufsmässigen Pflege ausdehnt und auch jene Laien, welche zufällig und absichtslos auf diätetisch oder therapeutisch heilsame positive oder negative Massnahmen verfallen (man beachte in letzterer Rücksicht die Worte: ὅτι ἢ δρῶντές τι ἢ μὴ δρῶντες), darunter auch solche, welche der Kunst der Aerzte skeptisch gegenüberstehen (οἱ μὴ νομίζοντες αὐτὴν εἶναι), als Zeugen für ihren Bestand anruft. Was er damit als thatsächlich vorhanden erweist, ist die Naturbasis der Heilkunst, nicht diese selbst, wie sie von ihren fachmännischen Vertretern geübt wird, und hundertmal Recht hat er ohne Zweifel, das Schwergewicht seiner Argumentation nicht auf diese, sondern auf jene zu legen. Allein der Begriff der ἰητρική geräth dadurch in ein gar bedenkliches Schwanken; er schillert zwischen den beiden Bedeutungen in einer Weise, die gleichsam nach einem eindringlich prüfenden, die Begriffe sichtenden und die Schlüsse wägenden Sokrates zu rufen scheint.

In anderen Fällen thut jedoch bei der Würdigung der in Anwendung gebrachten Beweisgründe grosse Vorsicht noth. Einzelargumente, die, so lange wir sie isolirt betrachten, den Eindruck des Trügerischen machen und zum mindesten blosse Möglichkeiten für Wirklichkeiten auszugeben scheinen, verlieren diesen Charakter, sobald wir andere Partien der Schrift zu ihrer Beleuchtung heranziehen. So jener Satz (11): ‚Denn wenn die Krankheit vom selben Punkte wie die Behandlung ausgeht, so ist sie nicht schneller, wohl aber, wenn sie einen Vorsprung gewonnen hat. Einen Vorsprung aber gewinnt sie durch die Dichtigkeit der Körper, vermöge welcher die Krankheiten nicht offen zu Tage liegen, und durch die Lässigkeit der Kranken.‘ Man thäte dem Verfasser das schwerste Unrecht, wenn man diese Behauptung in der vollen Allgemeinheit, mit welcher sie ausgesprochen wird, für seine wahre Meinung hielte und ihm demgemäss die ungereimte Ansicht zur Last legte, es sei lediglich der verspätete Beginn der ärztlichen Behandlung an ihren gelegentlichen Misserfolgen schuld, mit anderen Worten, es gebe keine an und für sich unheilbaren Krankheiten. Diese so naheliegende Auslegung ist darum grundfalsch, ‚weil unser Apologet keinen Gedanken so oft und so nachdrücklich ausspricht als den, dass es Leiden gibt, welche die ärztliche Kunst an und für sich zu bewältigen unvermögend ist, weil die ihr zu Gebote stehenden Mittel begrenzt und gar häufig schwächer sind als die Stärke der Krankheit (man vergleiche 3, 8, 11, 14). Mithin ist der obige Ausspruch nicht die willkürliche Verallgemeinerung, als welche er auf den ersten Blick erscheint, sondern er kann im Grunde nichts anderes besagen sollen als dies. An sich heilbare Leiden nehmen keinen so raschen ungünstigen Verlauf, dass die ärztliche Kunst sie nicht zu ereilen vermöchte; denn wie könnten sie sonst heilbar sein? Wohl aber findet dies dann statt, wenn sie einen Vorsprung gewonnen haben, welchen ihnen eben die zwei hier namhaft gemachten Ursachen häufig gewähren. Nicht viel anders steht es um die wenige Zeilen vorher begegnende Behauptung, dass, wo die Natur der Körper die Erkenntniss gestattet, sie auch die Heilung erlauben wird. Auch hier steht der anstössigen Allgemeinheit des Satzes die vorerwähnte weitreichende Einschränkung gegenüber. Dies sind, so weit wir zu urtheilen vermögen, die einzigen, nicht eben zahlreichen Fälle, in welchen sich der Verfasser der Schrift ‚von der Kunst' von seinem oratorischen und apologetischen Eifer zu ungebührlichen Aufstellungen oder doch zu Aeusserungen fortreissen lässt, welche mindestens in formaler Rücksicht nicht als völlig tadellos gelten können.

Auf ein anderes Kerbholz sind die groben Irrungen zu schreiben, die uns in dem so denkwürdigen metaphysischen Abschnitt (2) begegnen. Denn wollten wir in diesen nur gelegentliche und gleichsam zufällige logische Verstösse oder gar blosse rhetorische Fechterstreiche unseres Ungenannten erblicken, so würden wir in dem einen Falle von seiner Einsicht allzu gross, in dem andern von seiner Redlichkeit allzu gering denken. Dass hier vielmehr ernste, wenn auch noch so irrthümliche Ueberzeugungen zum Ausdruck kommen, daran können wir, so schwer uns dies auch fallen mag, vornehmlich aus zwei Gründen nicht zweifeln. Einmal deshalb, weil im Beginn des folgenden Abschnitts auf eine genauere und mehr systematische Ausführung des hier beiläufig verwendeten Argumentes verwiesen wird, nicht minder darum, weil die Begriffsverwirrung, die uns in so grosses Erstaunen setzt, nicht etwa nur an dieser Stelle auftaucht, sondern das gemeinschaftliche Eigenthum des Zeitalters ist, dem unsere Rede angehört. Die Heilkunst muss in Wahrheit existiren, da wir von dem Nichtexistirenden überhaupt keine Kunde haben — dies klingt unseren Ohren wie der Traum eines Fieberkranken. Allein die Lehre, dass einer vorhandenen Vorstellung eine Realität entsprechen müsse, weil wir von dem Unwirklichen keine Kenntniss besitzen könnten, ist selbst dem Denker nicht völlig fremd, den wir bereits als den metaphysischen Gegenfüssler unseres Sophisten kennen gelernt haben, nämlich dem Melissos[1], und lässt uns schon hierdurch die grosse Ausdehnung ihres Verbreitungsgebietes erkennen. Das hierauf bezügliche Problem, wie es denn möglich sei, etwas Unwirkliches für wirklich zu halten, Unwahres zu glauben oder selbst nur auszusprechen, erscheint auch bei Plato mehrfach als eine ernste Denkschwierigkeit, welche seine Vorgänger und Zeitgenossen in Athem gehalten[2] und die er selbst nicht ohne einen beträchtlichen Aufwand energischer Geistesarbeit überwunden hat. Die Wurzel dieses wunderlichen Irrthums aber ist in der noch unzulänglichen Unterscheidung zwischen Urtheil und Anschauung, in der noch fehlenden Analyse des Erkenntnissprocesses zu suchen[3]. Dieselbe prägt sich, wie wir schon eingangs bemerkt haben, auch in der philosophischen Sprache unseres Anonymus nicht minder als in jener des Sophisten Antiphon, des Kritias oder Melissos deutlich aus, ja sie hat auch auf Plato selbst nicht jeden Einfluss zu üben verfehlt und, wenn dies auszusprechen erlaubt ist, in seiner Ideenlehre ihren, man möchte sagen weltgeschichtlichen Ausdruck gefunden.

Doch ich habe vielleicht schon allzuviel behauptet. Die Lehre, dass jeder Vorstellung eine Wirklichkeit entspreche[4], scheint in 2 ziemlich unzweideutig ausgesprochen. Allein wie lässt sich damit die auf das αὐτόματον bezügliche Erörterung in 6 zusammenreimen, in welcher diesem Begriff jegliche Realität abgesprochen wird, so dass von ihm nichts als ein blosser Name übrig bleibt? Die den alten Denkern gegenüber so beliebte Auskunft, sie seien sich des widerspruchsvollen Charakters ihrer Lehren nicht bewusst geworden, dürfte diesmal schwerlich Stich halten. Denn der Widerspruch wäre ein zu augenfälliger und die Nachbarschaft der beiden Stellen eine zu nahe, als dass man derartiges auch bei einem schwächeren Geiste als dem unseres Autors für irgend möglich halten könnte. Man wird vielmehr nicht umhin können anzunehmen, dass jene zu so verkehrten Folgerungen führende Doctrin im Geiste ihres

Urhebers von Vorbehalten und Einschränkungen begleitet war, welche uns unbekannt sind, auf deren Vorhandensein aber er selbst durch die Anfangsworte des 3. Abschnitts, in welchem auf eine vollständigere und klarere Darlegung jener Lehren Bezug genommen wird (μὴ ἱκανῶς, σαφέστερον), hinzuweisen scheint[1].

Wir können uns der Aufgabe nicht entschlagen, nach dem Ursprung jener zu so ungereimten Consequenzen führenden Lehre zu forschen. Es ist nicht leicht, aber unerlässlich, sich einen Geisteszustand zu vergegenwärtigen, in welchem der Erkenntnissprocess noch ganz und gar keiner eindringenden Zergliederung unterzogen worden war und in welchem demgemäss so fundamentale Verrichtungen wie das Wahrnehmen, das Vorstellen und Urtheilen noch nicht scharf von einander gesondert waren, ja jeder festen Bezeichnung ermangelten. Da konnte es kaum anders geschehen, als dass der irreleitende Einfluss, welchen die Formen der Sprache allezeit zu üben geeignet sind, ein nahezu überwältigender war. Abstractionen tragen dasselbe sprachliche Gewand wie die Gegenstände sinnlicher Wahrnehmung. Die letztere erscheint dadurch nur allzu leicht als der Typus jeglicher Erkenntniss, und was von ihr mit Recht oder Unrecht gilt, wird unbedenklich auch auf diese übertragen. Ein Urtheil oder vielmehr eine lange und complicirte Reihe von solchen, welche in den Ausspruch mündet: Eine Kunst, eine Wissenschaft, eine Tugend u. s. w. existirt, — erscheint in demselben Lichte wie ein solches, welches die Existenz irgend eines Dinges der Sinnenwelt behauptet. Wie das letztere auf ein Schauen oder Wahrnehmen irgendwelcher Art gegründet ist, so scheint auch das erstere auf einen derartigen Vorgang zurückzugehen. Mit anderen Worten, ein naiver Realismus (im scholastischen Sinn des Wortes) steht ebenso naturgemäss an der Spitze alles metaphysischen Denkens, wie der Fetischismus oder der Polytheismus an der Spitze des theologischen Denkens stehen. Trachten wir von hier aus den individuellen Standpunkt unseres Ungenannten genauer zu umgrenzen, so müssen wir uns der folgenden Thatsachen erinnern.

Wir haben den Verfasser der Schrift ‚von der Kunst' bereits als einen Gegner der Eleaten, zumal des jüngsten Vertreters dieser Schule, des Melissos, kennen gelernt. Desgleichen haben wir den metaphysischen Haupttrumpf nicht vergessen, der augenscheinlich den Kern- und Centralpunkt seiner ontologischen Lehre bildet und welchen er Widersachern gegenüber auszuspielen so sehr gewohnt ist, dass er auch bei diesem speciellen Anlass seiner wenigstens vorübergehend zu gedenken nicht umhin kann und der also lautet: das Wirkliche wird allezeit geschaut und erkannt, das Unwirkliche aber wird weder geschaut noch erkannt. Dieser Satz bezieht sich, wie von vornherein zu vermuthen stand und der von uns hervorgehobene gegnerische Satz des samischen Denkers ausser Frage stellt, zunächst und ursprünglich auf die Realität der Sinnenwelt. Der summarischen Leugnung derselben gegenüber, welche die Eleaten verkündet und zumal Melissos auf eine Reihe der gröbsten Fehlschlüsse gestützt hatte, war die Selbstbesinnung am Platze, welche sich zu Aeusserungen gleich den folgenden gedrängt sehen mochte. Wir Menschen können die Schranken unserer Natur nicht durchbrechen. Die für uns überhaupt erreichbare Wahrheit muss innerhalb derselben gelegen sein. Wenn wir das Zeugniss unserer wahrnehmenden Fähigkeiten einfach verwerfen, mit welchem Recht können wir unseren sonstigen Fähigkeiten vertrauen, und vor Allem, wo bleibt uns dann noch ein Stoff der Erkenntniss übrig? Ja mehr als das, wo sollen wir ein Kriterium der Wahrheit suchen, und welchen Sinn können wir mit den Worten ‚wahr' und ‚unwahr' verknüpfen, sobald wir die uns allein zugängliche, die menschliche Wahrheit in Bausch und Bogen verworfen haben? Diese und ähnliche Erwägungen mussten, wie das Echo der Stimme folgt, als der natürliche und in nicht geringem Masse als der berechtigte Rückschlag des gesunden Sinnes und der vertieften Reflexion des Zeitalters gegen die eleatischen Paradoxien laut werden. Zugleich musste es mit Wunderdingen zugehen, wenn diese Reaction nicht über das Ziel geschossen hätte, wenn sie, die in erster Reihe der Rehabilitation des Sinnenzeugnisses galt, an eben dieser Stelle Halt gemacht und nicht die damals noch so schwankende Grenzlinie zwischen ‚Wahrnehmung und Urtheil, Wahrnehmungsurtheil und Urtheil überhaupt'[1] zum Mindesten gelegentlich überschritten hätte. Was wir wahrnehmen, ist wirklich; so lautete der wesentliche und gleichsam kernhafte Theil der dem melisseischen Satz gegenübertretenden These. Auch Urtheile, die den blossen Schein von

Wahrnehmungen besitzen, ruhen auf gleich sicherer Basis — diese Behauptung war gleichsam der Schweif, der sich an jenen leuchtenden Kern heftete und sein Licht zu einem trügerischen und vielfach verwirrenden machte. Wir täuschen uns wohl nicht, wenn wir den Standpunkt unseres ungenannten Denkers hiermit einigermassen enger umschrieben zu haben wähnen. Ihn in völlig klare und unzweideutige Worte zu fassen, wäre wahrscheinlich ein vergebliches Bemühen, schon darum, weil es geläutertere und festumgrenzte Gedanken einer reiferen Epoche an die Stelle der unsicheren und tastenden Versuche einer früheren Stufe der Geistesentwicklung setzen würde.

Der Fortgang unserer Untersuchung nöthigt uns, den Wortlaut des soeben erörterten Satzes zu wiederholen und ihm einen Ausspruch gegenüberzustellen, der ebenso allbekannt und vielberufen ist, wie sein in der ärztlichen Schriftensammlung verborgener Widerpart bisher wenig gekannt und gewürdigt war. Ich meine den so vielfach, ja bis zum Ueberdruss behandelten, auch in unserer Literatur typisch gewordenen Kernsatz des Sophisten Protagoras, welcher den Menschen zum Mass der Dinge erhoben hat:

Ἀλλὰ τὰ μὲν ἐόντα αἰεὶ ὁρᾶταί τε καὶ γινώσκεται, τὰ δὲ μὴ ἐόντα οὔτε ὁρᾶται οὔτε γινώσκεται.

[Hippocrat.] De arte 2.

Πάντων χρημάτων μέτρον ἄνθρωπος, τῶν μὲν ἐόντων, ὡς ἔστι, τῶν δὲ μὴ ἐόντων, ὡς οὐκ ἔστιν.

Protagoras, Frg. 1 Frei = Frg. 2 Vitringa.

Ich nehme keinen Anstand, es als meine seit Jahrzehnten feststehende und, wie ich glaube, sicher erweisliche Ueberzeugung auszusprechen, dass die zwei hier nebeneinander gestellten Sätze genau dasselbe besagen. Die rastlose gelehrte Arbeit der jüngsten Vergangenheit und der Vorgang trefflicher Forscher, unter welchen ich Peipers, Laas und Halbfass[1] nicht ungenannt lassen will, erlaubt es mir, diesen Erweis mit einem ungleich geringeren Aufwand von Worten und zugleich wohl auch mit grösserer Aussicht auf Erfolg zu führen, als dies in der Zeit, welcher jene Wahrnehmung entstammt, irgend möglich gewesen wäre. Die Identität der beiden Sätze wird in der That von Niemandem geleugnet werden, der die nachfolgende gegenwärtig nicht mehr völlig neue Aufstellung zugibt: der

Homo mensura-Satz hat ursprünglich und wesentlich generelle, nicht individuelle Bedeutung, und er gilt der Existenz, nicht der Beschaffenheit der Dinge. Um die Richtigkeit dieser Auslegung zu erkennen, thut nichts anderes noth, als dass man den Wortlaut des Bruchstücks von den in alter und neuer Zeit ihm aufgedrängten Deutungen befreie und es mit derselben unbefangenen Treue auszulegen sich bemühe, welche man anderen Ueberresten der Vergangenheit gegenüber in Anwendung zu bringen längst gewohnt ist. Dass diese Ermahnung den Auslegern unseres vielumstrittenen Bruchstücks gegenüber nicht völlig überflüssig ist, dies wird wohl die folgende Darlegung sattsam lehren. Wer nämlich die herkömmliche individualistische Deutung desselben aufrechterhält, der muss nothwendig, falls er nicht etwa von dem Wortlaut des Fragmentes überhaupt abzusehen und die von Plato beliebte Verwendung desselben an seine Stelle zu setzen vorzieht[1], einen von zwei Wegen betreten, welche ich gleichmässig als Irrwege bezeichnen zu dürfen glaube. Denn der eine von ihnen ist zwar sachlich möglich, aber sprachlich unmöglich, während von dem andern genau das Umgekehrte gilt. Wenn — so folgere ich — Protagoras mit jenem Satze das Individuum für das Mass aller Dinge erklären soll, so muss er hierbei entweder an die Beschaffenheit oder an die Existenz der Dinge denken. Die erstere Deutung wäre sachlich nicht unzulässig, da ja die individuellen Verschiedenheiten der sinnlichen Wahrnehmung in jenem Zeitalter bereits die Aufmerksamkeit der Philosophen auf sich zu lenken begonnen hatten. Allein sie scheitert unbedingt an dem Wörtchen ὡς, welches man dann, wie dies z. B. kein Geringerer als Zeller[2] thut, mit ‚wie' übersetzen muss — eine Uebertragung, gegen welche der Sprachgebrauch des Protagoras, wie er aus dem Götter-Bruchstück und der darin vorkommenden genau parallelen Wendung (περὶ μὲν θεῶν οὐκ ἔχω εἰδέναι οὔτε ὡς εἰσὶν οὔτε ὡς οὐκ εἰσὶν κτλ.) deutlichst erhellt, eine auf keine Weise zu beseitigende Einsprache erhebt. Nebenbei darf man daran erinnern, dass in jenem Falle das negative Satzglied (τῶν δὲ μὴ ὄντων, ὡς οὐκ ἔστιν, des Nicht-Seienden, wie es nicht ist) keinerlei verständlichen Sinn ergibt[3]. Was nun die zweite Auffassung anlangt, so unterliegt sie zunächst einem Einwand, der sie gemeinsam mit der ersten trifft. Denn meines Erachtens konnte Niemand, der nicht mit voreingenommenem Sinn an das Fragment herantrat, jemals auf eine Auslegung verfallen, welche unter dem ‚Menschen‘ schlechtweg, zumal dort, wo dieser der Gesammtheit der ‚Dinge‘ gegenübergestellt wird, nicht den Menschen als solchen, sondern ganz im Gegentheil den Einzelnen in seiner Besonderung und in seinem Gegensatze zu anderen Einzelnen versteht. Allein von diesem Argument abgesehen, welchem nicht alle eine gleich zwingende Gewalt zuerkennen werden, lässt sich diese Deutung nicht vom sprachlichen Gesichtspunkt aus als geradezu und unbedingt unmöglich in eben dem strengen Sinne bezeichnen, wie dies von ihrer Vorgängerin gilt. Was soll es aber heissen, wenn das Individuum als der Massstab für die Existenz aller Dinge erklärt wird? Dies könnte, wenn irgend etwas, so nur die vollständige Leugnung objectiver Realität der Dinge besagen, mit anderen Worten, es wäre ein — nebenbei über die Massen ungeschickter — Ausdruck für den erkenntnisstheoretischen Standpunkt der kyrenaischen Schule, auf welchem weder für ‚Dinge‘ noch für den Begriff des ‚Seins‘ oder der Existenz, sondern nur für individuelle ‚Affectionen‘ (πάθη) Raum vorhanden war. Das ganze Alterthum aber hat den Standpunkt der Kyrenaiker und jenen des abderitischen Sophisten unterschieden und auseinandergehalten. Und zwar mit vollstem Rechte: denn aus inneren wie aus äusseren Gründen steht das Eine unbedingt fest, dass die Lehre des Protagoras nicht einfach mit jener des Aristippos identisch war.

So wird es denn bei jener Deutung des Homo mensura-Satzes sein schliessliches Bewenden haben, welche ihn mit dem metaphysischen Hauptsatz unserer Schrift als völlig gleichwerthig erscheinen lässt[1]. Der Ausspruch: ‚Aller Dinge Mass ist der Mensch, derer, die sind, dass sie sind, und derer, die nicht sind, dass sie nicht sind‘, und jener andere: ‚Das Seiende wird immer geschaut und erkannt, das Nicht-Seiende aber wird weder geschaut noch erkannt‘ besagen ganz und gar dasselbe. Wie nahe übrigens die Gefahr lag, dem Satz eine überwiegend individualistische Deutung zu geben, dies erhellt auch aus der neuen Fassung, in welcher er uns hier vorliegt. Denn was liesse sich wohl demjenigen erwidern, der in dem Wort ἀεί (τὰ μὲν ἐόντα αἰεὶ ὁρᾶταί τε καὶ γινώσκεται) einen Hinweis auf die

Mannigfaltigkeit individueller Wahrnehmungen und Meinungen erblickte? Sicherlich nichts anderes, als dass der Zusammenhang, in welchem das Satzglied auftritt, dieser Auslegung widerstreitet. Und noch weniger ungünstig erscheint derselben ein vorhergehender Satz, so lange man ihn isolirt auffasst, nämlich die Worte: ἐπεὶ τῶν γε μὴ ἐόντων τίνα ἄν τις φύσιν θεησάμενος ἀπαγγείλειεν ὡς ἔστιν; Man verwandle die rhetorische Frage in die durch sie beabsichtigte Verneinung, und man gewinnt den Satz: τῶν γὰρ μὴ ἐόντων οὐδεὶς οὐδεμίαν ἂν φύσιν θεησάμενος ἀπαγγείλειεν ὡς ἔστιν. Man betone das individualisirende τις oder das ihm entsprechende οὐδείς, und vor uns steht die nur wieder durch den Zusammenhang ausgeschlossene Aufstellung, jeder individuellen Wahrnehmung, beziehungsweise jedem solchen Urtheil entspreche eine objective Realität. Genau genommen, widerstrebt die hier neugewonnene Fassung des Satzes einer individualistischen Deutung weniger als die altbekannte. Nur dass sein Urheber diese Verwendung desselben beabsichtigt habe, dies anzunehmen, verwehrt hier der Zusammenhang der Rede ebenso bestimmt wie dort der Wortlaut des Ausspruchs selbst. Man wird sich angesichts dieser Thatsachen den antiken Interpreten des λόγος Πρωταγόρου gegenüber zugleich zu schärferem Misstrauen und zu grösserer Nachsicht gestimmt finden, — zu ersterem umsomehr, wenn man bedenkt, dass schon Aristoteles in der Umgebung des vielberufenen Satzes eine Förderung seines Verständnisses nicht gesucht oder doch jedenfalls nicht gefunden hat[1], während es Plato um eine sorgfältige historisch-kritische Würdigung desselben augenscheinlich nicht zu thun war[2].

Bedarf das oben gewonnene Ergebniss noch einer Bestätigung, so liegt sie uns im Folgenden vor Augen. Wir haben in einer Stelle unseres metaphysischen Abschnitts eine gegen die ihr direct entgegengesetzte These des Melissos gerichtete polemische Spitze erkannt. Was aber in dem einen Falle die noch mögliche unmittelbare Vergleichung von These und Gegenthese, das lehrt uns im andern ein unverbrüchliches antikes Zeugniss. Porphyrios, der die metaphysische Schrift des Protagoras noch gelesen hat, sagt uns dort, wo er Stellen aus derselben anführt (die unser Berichterstatter, Eusebios, bedauerlicherweise fallen liess), dieselbe sei polemisch gegen die Eleaten gerichtet gewesen. Diesem Zeugniss zu misstrauen, ist nicht der allermindeste Grund vorhanden.[1] Was kann aber wahrscheinlicher sein, als dass Protagoras bei seiner Bestreitung eleatischer Lehren nicht etwa die einer früheren Generation angehörenden Vorkämpfer dieser Richtung, sondern seinen genauen Zeitgenossen,[2] der überdies sein ionischer Landsmann und zugleich (was ihn von Zeno unterscheidet) der einzige dogmatische Vertreter der Schule in jenem Zeitalter war, zur Zielscheibe seines Angriffs gemacht hat? Wie derselbe ausgeführt, durch welche Argumente er gestützt war, darüber sind uns nur vage und unsichere Vermuthungen gestattet, auf welche ich an dieser Stelle zum mindesten nicht einzugehen vorziehe. Weit gewisser ist ein Anderes, der Umstand, dass dieser Rehabilitation des Sinnenzeugnisses die warmen Sympathien eben derjenigen Kreise gesichert waren, deren Wissen und Können ganz und gar auf der sinnlichen Wahrnehmung als ihrer alleinigen Grundlage beruhte, und die sich somit zur Theilnahme an dem Flug in die transcendente Welt der Eleaten gar wenig aufgelegt fühlen konnten. Nichts natürlicher, als dass Aerzte und Naturforscher in dem Verächter der Sinnenwelt ihren gemeinsamen Gegner erkannten, und nichts begreiflicher, als dass ein geistvoller Vertreter des empirischen Standpunktes seinen in naturphilosophischen Phantasien befangenen Fachgenossen zurief: Indem ihr willkürlichen Hypothesen folgt und jeder von euch einen andern Theil dessen leugnet, was die Sinne bezeugen, widerlegt ihr euch wechselseitig und ebnet nur demjenigen den Weg, der folgerichtiger als ihr die Giltigkeit des Sinnenzeugnisses überhaupt bestreitet (ἀλλ' ἔμοιγε δοκέουσιν οἱ τοιοῦτοι ἄνθρωποι σφέας αὐτοὺς καταβάλλειν ἐν τοῖς ὀνόμασι τῶν λόγων ὑπ' ἀσυνεσίης, τὸν δὲ Μελίσσου λόγον ὀρθοῦν, Hippocr. de nat. hom. 1 fin., VI, 34 Littré).[3]

An dieser Stelle unserer Erörterung tritt uns ein neues Problem entgegen. Wir haben den metaphysischen Standpunkt des Verfassers der Schrift ‚von der Kunst' als jenen des abderitischen Sophisten kennen gelernt. Dadurch wird uns die Frage aufgedrängt: wie verhalten sich die beiden Männer in anderer Rücksicht zu einander? Welche Uebereinstimmungen und welche Unterschiede bestehen zwischen ihnen? Dürfen wir in unserem Autor etwa einen Schüler oder Anhänger des Protagoras vermuthen? Oder welches andere Band ist es, das die Beiden verknüpft?

Zunächst darf daran erinnert werden, dass es Söhne einer gemeinsamen, der ionischen Heimat sind, die vor uns stehen, wie die Mundart bezeugt, deren sie sich bedienen. Auch eine persönliche Beziehung zwischen ihnen ist keineswegs ausgeschlossen, da der Eine, wie seine Polemik zeigt, der Andere, wie die urkundliche Geschichte lehrt, ein Zeitgenosse des Melissos war. Ferner scheint der Apologet der Heilkunst auch in Stil und Sprache sich den Verfasser der ‚Antilogien' und der ‚Niederwerfenden Reden' mehr als einen andern der grossen Meister seiner Zunft zum Muster genommen zu haben. Zum mindesten wüsste ich keinen zu nennen, welchem so viele von den Zügen eignen, die uns bei unserem Autor begegnen: der feierliche Professorenton und die alterthümliche Würde des Auftretens im Bunde mit der äussersten Gelenkigkeit und streitbaren Beweglichkeit des Denkens, während von dem ruhigen Glanz und der Schwerflüssigkeit gorgianischer Rede keine Spur zu finden ist; ferner die Zuversichtlichkeit oder, wie ein wenig wohlwollender Beurtheiler statt dessen wohl sagen mag, die Dreistigkeit im Behaupten;[1] die durch Wiederholungen und das gelegentliche Auftreten der figura etymologica unterstützte dogmatische Emphase;[2] die im Grossen und Ganzen ungleich mehr gewählte als geschmückte Sprache; die mässige Anwendung der sogenannten gorgianischen Figuren; der den Ausdruck belebende, aber niemals überwuchernde oder die Stelle des Argumentirens vertretende Gebrauch von Metaphern;[3] der Verein des spitzfindigsten Raisonnement und des peinlich genauen Strebens nach Vollständigkeit und Correctheit der Darstellung[4] mit stürmisch hastender und die Beispiele häufender Fülle der Beredsamkeit;[5] die fast pedantische Freude an Unterscheidungen der Worte und Wortformen neben dem heissen Blut, welches dem Widersacher gegenüber die stärksten Töne anzuschlagen und die durch ihre Paradoxie überraschendsten Wendungen zu gebrauchen liebt.[6] Einzelnes von alle dem mag bei anderen Sophisten zu finden gewesen sein, ihre Vereinigung können wir wenigstens nur bei Protagoras nachweisen, von welchem doch Plato in seiner carrikirenden Darstellung sicherlich ein individuell charakteristisches Bild zu zeichnen beabsichtigt und vermöge seiner hohen dramatischen Begabung auch vermocht hat. Die Uebereinstimmung erstreckt sich bis auf kleine Einzelheiten, wie auf den prägnanten Gebrauch des Wortes ὀρθῶς[1] oder auf jenen Abschluss einer rastlos wogenden Redefluth durch ein winziges Satzglied, welches sich dem schliesslichen Stillestehen eines unruhig bewegten, allmälig in engeren und immer engeren Grenzen schwingenden Pendels vergleichen lässt.[2]

So erscheint uns denn der Verfasser der Rede ‚von der Kunst' als ein durchaus treuer und hingebender Jünger des Protagoras, der von ihm ebenso sehr die diesen kennzeichnenden philosophischen Lehren wie alle Aeusserlichkeiten der Darstellung und des Auftretens angenommen und entlehnt hat. Nur zwei Umstände machen uns stutzig und wecken einen Zweifel an der Richtigkeit dieses Ergebnisses. Der geschmeidige Schüler tritt mit einem Selbstgefühl auf, wie es sonst nur ihrer Ueberlegenheit sicheren und gefeierten Meistern eigen zu sein pflegt; er scheut sich nicht, wie wir schon einmal bemerkten, gleich im Eingang der Schrift auf seine ‚Weisheit' zu pochen; nichts ist ihm fremder als jeder Zug zurückhaltender Bescheidenheit. Und ferner: lässt sich der Verein stilistischer Eigenthümlichkeiten, die wir soeben aufgezählt haben, ganz und gar erlernen und erborgen? Beruht er nicht in beträchtlichem Masse auf der durch Temperament und Charakter bedingten individuellen Eigenart? Wir können diese Bedenken nicht vollständig unterdrücken, aber wir müssen ihnen wohl nothgedrungen Schweigen gebieten, es wäre denn, dass sich uns eine andere und bessere Erklärung für die lange Reihe weitreichender Uebereinstimmungen darböte, der wir übrigens noch ein letztes und nicht das mindest bedeutsame Glied hinzuzufügen haben.

Wir erwähnten bereits im Eingang dieser Einleitung der von unserem Autor (9) in Aussicht gestellten Schrift ‚über die anderen Künste'. Ist dieser Verheissung jemals die That gefolgt, so hat der Verfasser unseres Büchleins eine Schutzrede für die Gesammtheit der Künste veröffentlicht. Dass es eine Schrift war und nicht etwa bloss ein Agglomerat von Einzelreden, beweist die Einzahl λόγος. Denn wenn auch unser Apologet Einzelabschnitte seines Werkes gleich Herodot als λόγοι bezeichnet (vgl. den Schlussparagraph), so würde doch das umgekehrte Verfahren dem griechischen Sprachgebrauch durchaus zuwiderlaufen. Nun erinnere man sich jener Stelle des platonischen ‚Sophistes', an welcher neben der Schrift des Protagoras über die Ringkunst demselben Sophisten auch eine solche ‚über die anderen Künste' zugeschrieben wird. Eine genaue Interpretation der platonischen Aeusserung lässt keinen Zweifel darüber bestehen, dass Protagoras nicht nur Schutzschriften für Einzelkünste, wie die Ringkunst eine ist, sondern auch eine Gesammtapologie der Künste verfasst hat.[1] Hier wird es uns einigermassen schwer, die Züge des Schülers von jenen des Meisters streng zu sondern. Zu welcher Vermuthung sollen wir greifen, um auch diese neue und in so hohem Mass überraschende Uebereinstimmung zu erklären? Sollen wir annehmen, dass der ionische Landsmann und Zeitgenosse des Protagoras auch hier in den Spuren seines Lehrers und Vorgängers gewandelt ist? Dass er diesem seinen metaphysischen Hauptsatz, den λόγος Πρωταγόρου, abgeborgt und ebendenselben auch in einer besonderen Schrift dargestellt und erläutert, dass er ihm seine stilistische Eigenart bis in geringfügige Einzelzüge herab abgelauscht habe, — dies mochte uns zur Noth noch glaublich dünken. Dass er ihm auch auf den weiteren Wegen seiner schriftstellerischen Thätigkeit wie ein Höriger seinem Herrn willig und treulich gefolgt ist, dies durfte uns schon billig wundernehmen. Hier aber handelt es sich nicht mehr bloss um ein Mass der Coincidenz, welches aller Regeln der Wahrscheinlichkeit zu spotten scheint. Denn nicht von einem fügsamen Nachahmer und Nachtreter, sondern weit eher von einem Gegner oder dem Anhänger einer abweichenden Richtung liesse es sich erwarten, dass er mit einem Schriftsteller, von dem ihn sicherlich nicht mehr als wenige Jahrzehnte scheiden, in einen so seltsamen Wettbewerb einträte. Gewiss mochte Protagoras durch den Erfolg, den er auch auf diesem Gebiete errang, Andere zur Nacheiferung reizen. Seine — wie wir eben aus Platos Mittheilung ersehen, — in höchstem Grade populäre und weitverbreitete[1] Apologie der Ringkunst hat in Wahrheit jüngere Talente zur Behandlung verwandter Themen angeregt. Sollte aber der geistesstarke und sprachgewaltige Dialektiker diesmal seinen Gegenstand — die Darlegung der allgemeinsten Gesichtspunkte, von welchen aus die Werkmeister der verschiedenen Künste die gegen sie gerichteten Angriffe zurückzuschlagen vermögen — so wenig erschöpft haben, dass er eine Nachlese übrig liess, welche sogar einen ihm zeitlich ganz nahe stehenden Schriftsteller, der überdies sein warmer Bewunderer war, zu einer Neubehandlung desselben Themas zu bewegen vermochte? Fürwahr, dies darf uns mit Fug als völlig unglaublich gelten. Dem Doppelgänger des Protagoras, den wir schon bisher einige Mühe hatten von diesem selbst zu unterscheiden, müssen wir an dieser Stelle für immer Lebewohl sagen. Nicht Original und Abbild stehen vor uns, sondern die beiden Physiognomien, die einander so täuschend ähnlich sehen, dass wir sie kaum auseinanderzuhalten vermochten, sind in Wahrheit ein und dieselbe. Wenn nicht alles trügt, so ist die Apologie der Heilkunst aus ebendomselben Schreibrohr geflossen, welchem so viele andere, für uns leider verlorene Meisterstücke dialektischer Beredsamkeit entstammt sind.[1]

Mag das voranstehende Ergebniss, welches der Verfasser dieser Blätter im Lauf eines vollen Menschenalters immer wieder von neuem geprüft und als probehältig befunden hat, anderen ebenso gesichert und einleuchtend erscheinen oder nicht, ein Bedenken sollte sie jedenfalls nicht von seiner Annahme zurückhalten: die Frage nämlich, wie es denn möglich sei, dass die Schrift des abderitischen Sophisten unter die Werke des koischen Arztes gerathen sei. Das Schicksal antiker Schriftwerke, ihre Erhaltung sowohl wie die Bewahrung ihres Autornamens, hing oft an einem gar dünnen Faden.[2] In unserem Falle vereinigt sich alles, um das Zerreissen des Fadens erklärbar zu machen. Dass beim Entstehen der sogenannten hippokratischen Sammlung das blinde Ungefähr eine weit grössere Rolle gespielt hat als der kritische Scharfsinn, dies ist bekannt genug. Umschliesst diese Sammlung doch Schriften, deren Abfassungszeiten weit auseinanderliegen, Werke des verschiedensten Ursprungs und Inhalts, darunter auch solche, die feindlichen Schulen, wie die koische und knidische es waren, angehören. Ja, es fehlt in der Schriftenmasse, welche den Namen des Vaters der Heilkunst an der Stirne trägt, nicht an Stücken, deren Lehrgehalt einen diametralen

Gegensatz offenbart, und in einigen Fällen wenigstens lässt sich sogar der Nachweis erbringen, dass ein Bestandtheil der Sammlung in directer polemischer Absicht gegen einen andern gerichtet ist.[1] Wie sollte es uns da befremden, dass auch die meisterliche, allen Aesculap-Jüngern gleich werthe und willkommene Vertheidigung ihrer Zunft darin ein Plätzchen gefunden hat, nicht minder als das gleichfalls rhetorisch gefärbte ‚Gesetz'[2] oder die Formel des von den Aerzten beim Antritt ihres Berufes zu leistenden Eidschwurs? Nur unter einer Voraussetzung wäre dies nicht zu erwarten gewesen, — falls nämlich die Geisteserzeugnisse unseres Sophisten als solche sorgfältig gesammelt und getreulich behütet worden wären. Nichts spricht jedoch für eine solche Vermuthung, alles für ihr Gegentheil. Protagoras hat so wenig als etwa Gorgias oder Prodikos eine Schule gegründet. Keine Schar treuer Jünger wachte eifersüchtig über sein Andenken, keine Schulbibliothek umschloss seine Schriften, kein Grammatiker widmete der Ordnung und Reinigung seiner Bücher den Treufleiss und Scharfsinn gelehrter Arbeit. Die spärlichen Anführungen und der Mangel an eingehenden Beurtheilungen auch von Seiten der Kunstrichter beweist, dass der Ruhm des zu seiner Zeit hochgefeierten Mannes ein gar kurzlebiger war. Auch dem Sophisten flicht die Nachwelt keine Kränze. Laertius Diogenes übermittelt uns freilich ein Verzeichniss seiner Schriften, aber nicht der sämmtlichen, sondern nur der ‚erhaltenen' (τὰ σωζόμενα IX, 55), d. h. derjenigen, welche die Gewährsmänner dieses Scribenten gekannt und gelesen hatten; und wie sorglos auch diese Liste angefertigt ist, zeigt der Umstand, dass selbst die uns unter drei verschiedenen Namen bekannte und noch dem Porphyrios zugängliche metaphysische Hauptschrift des Sophisten darin fehlt.[3] Ebenso wenig kennt das Verzeichniss die auf die Künste bezüglichen Schriften, welche dem Plato vorlagen (τὰ Πρωταγόρεια ...... περί τε πάλης καὶ τῶν ἄλλων τεχνῶν, Sophist. 233e) mit alleiniger Ausnahme jener, welche die Ringkunst behandelte. An ihnen, oder doch an dem Bestandtheil derselben, der uns hier beschäftigt, scheint sich ein Wort, welches eben Plato auf sie anwendet, in gar seltsamer Weise erfüllt zu haben. Er nennt sie ‚ein Gemeingut des Lesepublicums' (δεδημοσιωμένα που καταβέβληται); das zugleich vielverbreitete und schlecht behütete Buch, das einst in aller

Händen war und dessen Autorschaft bald niemand kümmerte ist im eigentlichen Sinne publici iuris oder herrenlos geworden! Diejenigen, für welche sein Inhalt ein mächtiges Interesse zu besitzen fortfuhr, mochten es allein bewahren, ihrer Bücherei einverleiben und mit einem Autornamen versehen!

Doch auch Jene, welche sich unsere Ergebnisse nicht sofort oder nicht vollständig anzueignen vermögen — und es fällt ja Niemand leicht, eine Vorstellung, die er von früh auf in der Seele getragen hat, mit einem wesentlich anders gearteten Bilde desselben Gegenstandes zu vertauschen —, werden es hoffentlich nicht bereuen, sich mit dem vorliegenden, in seiner Art einzigen Literaturdenkmal etwas einlässlicher beschäftigt zu haben. Können wir aus demselben doch gar manches lernen, und vor allem Eines, worauf ich die Aufmerksamkeit meiner Leser zum Schlusse noch so nachdrücklich als möglich hinzulenken wünschte. Man nehme für einen Augenblick an, die Schrift von der Kunst sei verloren gegangen, und nur der metaphysische Paragraph sei uns erhalten. Und nun male man sich die Consequenzen dieses Vorkommnisses aus, welches sich so leicht hätte ereignen können. Welch' eine Vorstellung hätten wir dann von dem Verfasser des Büchleins gewonnen! Welch' ein, ich sage nicht unzulängliches, nicht schiefes und schielendes, sondern der Wahrheit schnurstracks widerstreitendes Bild desselben würde in diesem Falle vor uns stehen! Wie unabweislich würden dann Folgerungen erscheinen, deren vollständige Grundlosigkeit wir jetzt klärlich einzusehen vermögen. Die Unklarheit und Vieldeutigkeit jener metaphysischen Erörterungen würde einen tiefen Schatten auf die Gestalt ihres Urhebers werfen, unter welchem diese ganz und gar verschwinden müsste. Fast ohne Widerrede müssten wir die Behauptung hinnehmen, dass, wer das Dasein der Heilkunst durch so offenkundige Fehlschlüsse zu erweisen bemüht ist, giltige und triftige Beweise für seine These vorzubringen überhaupt nicht im Stande war. Denn warum hätte er sonst zu jenen Scheingründen gegriffen, und woher sollte ihm, der in dichtem metaphysischem Nebel tappt, die Erleuchtung kommen, die ihn zu einer halbwegs befriedigenden Vollbringung seiner Aufgabe befähigt? Ich will das Bild nicht weiter ausmalen und auch nicht fragen, wie viel dunklere Farben dasselbe aufweisen würde, wenn auch jener Abschnitt uns nicht in seinem Wortlaut vorläge, sondern durch den Bericht eines Geschichtschreibers oder gar eines Philosophen ersetzt wäre, der seinen Inhalt nicht etwa absichtlich entstellt, wohl aber in gutem Glauben verallgemeinert und in seine vermeintlichen letzten Consequenzen ausgesponnen hätte.

Die Nutzanwendung liegt nahe genug. Protagoras gilt einsichtsvollen und gewissenhaften Forschern als ein Vorkämpfer subjectiver Willkür, als ein Leugner jeder objectiven Wahrheit, als ein Feind der Wissenschaften: dies alles auf Grund eines Sätzchens, dem wir auch in der hier behandelten Schrift in nur wenig veränderter Fassung begegnen, gleichwie auf Grund von Berichten, die wieder auf nichts Anderem fussen, als auf eben diesem Sätzchen. Wie diese allgemeine Charakteristik sich mit den überlieferten Thatsachen zusammenreimen lässt, die man mehr oder weniger widerwillig anzuerkennen pflegt, — diese Frage hat niemals eine ausreichende Beantwortung gefunden. Der Kämpe subjectiver Willkür war zugleich ein Lehrer der Moral, an dessen persönlicher Ehrenhaftigkeit nicht der leiseste Makel haftet, und der das Lob des Hochsinns und der Mannhaftigkeit in ebenso edlen als markigen Worten verkündet hat. Der Verächter der Wissenschaften[1] hat auf den mannigfachsten Gebieten menschlicher Erkenntniss bahnbrechend und schöpferisch gewirkt. Er hat die Sprache, die er selbst so meisterhaft zu handhaben wusste, zum erstenmal zum Gegenstand eindringender Beobachtung und verständiger Zergliederung gemacht; er hat, wenn nicht alles täuscht, das Strafrecht zuerst aus seiner uranfänglichen Verquickung mit der Theologie gelöst, und ihm rationelle, das Heil der Gesellschaft fördernde Ziele gewiesen.[2] Er hat über die Fragen der Gesetzgebung überhaupt Gedanken entwickelt, welche gesund und bedeutend genug waren, um ihn, den Theoretiker, als einen verlässlichen Rathgeber in staatsmännischen Fragen erscheinen zu lassen, und die seinen Freund Perikles bewogen, ihn mit der schwierigen Aufgabe einer colonialen Gesetzgebung zu betrauen. Er ist an die höchsten Fragen menschlicher Erkenntniss mit einem Verein von ruhiger Gelassenheit und unerschrockenem Muthe herangetreten, wie er nur einem lauteren, in sich gefesteten Gemüthe zu entspringen pflegt. Er hat endlich über die Anfänge der menschlichen Gesellschaft,[1] wir wissen nicht, mit welchem Masse von historischer Einsicht, aber jedenfalls mit einer Grossartigkeit der Auffassung und mit einem Glanz der Sprache gehandelt, welche Plato überbieten zu müssen glaubte, ehe er den gefeierten Mann mit Erfolg anzugreifen und seine Gestalt durch eine verzerrende Darstellung herabziehen zu können hoffen durfte. Der Leugner objectiver Wahrheit und, wie man so gern hinzuzufügen pflegt, aller allgemeingiltigen Normen hat mehr als vier Jahrzehnte hindurch in allen Theilen Griechenlands als vielgesuchter und vielbewunderter Lehrer gewirkt, als solcher eine Fülle positiver Lehrsätze nicht nur vorgetragen, sondern (wie die platonische Darstellung und überdies der Titel einer seiner Schriften: ‚die gebietende Rede' zeigt) mit ganz ungewöhnlichem Nachdruck und in der allereindringlichsten Weise eingeschärft und gleich einem Mahnredner oder Prediger verkündet. Auf den verschiedensten Wissensgebieten, in der Tugendlehre wie in der Sprachkunde und in der Redekunst, ist er gesetzgeberisch zu wirken bemüht gewesen, und die Unterscheidung zwischen dem Richtigen und dem Unrichtigen, dem Regelrechten und dem Regelwidrigen hat in seinem Gedankenkreise sicherlich keinen allzu kleinen, weit eher einen über Gebühr ausgedehnten Raum eingenommen. Alle dem steht jener Ausspruch gegenüber, welcher der übereilten und allzu unterschiedslosen eleatischen Verneinung eine Bejahung gegenüberstellte, welche ihrem innersten Kern nach dem Fortschritt des Wissens ungleich förderlicher war, aber gleichfalls der nöthigen Einschränkungen und Unterscheidungen ermangelte. Fürwahr, auch in der Geschichte der Philosophie und der Wissenschaften scheint mitunter jenes unheimliche Wort zu gelten, vermöge dessen drei beliebige Zeilen von der Hand jedes Angeklagten genügen, um seine Verurtheilung zu bewirken.

Die Mahnung zur Vorsicht im Urtheilen und zur Enthaltsamkeit im Ableiten von Consequenzen, die aus diesem Sachverhalte allezeit zu uns sprach, schlägt jetzt mit doppelter und dreifacher Gewalt an unser Ohr. Der protagoreische ‚Satz' in seiner ganzen beirrenden und verwirrenden Vieldeutigkeit steht hier hart neben Einsichten, die durch ihre Tiefe und Klarheit schier unser Erstaunen erregen müssen.

Die Sonne selbst ringt noch mit dem Gewölk des Morgens, während ihre Strahlen bereits die Spitzen der Berge vergolden. Dass ein Geist, welcher sich in der obersten Erkenntnissregion noch nicht mit ausreichender Sicherheit bewegt, Problemen von nur wenig geringerer Allgemeinheit schon völlig gewachsen sein kann, und dass man ihm das schwerste Unrecht thut, wenn man dies verkennt und ihn an die Folgerungen festnagelt, die sich aus seiner noch unzulänglichen Behandlung jener Fragen zu ergeben scheinen, — diese Wahrheit lässt sich in unserem Falle gleichsam mit Händen greifen. Sie stellt, wenn ich nicht irre, in ihrer Anwendung auf die Werthschätzung des Protagoras, aber auch von dieser oder irgend einer anderen besonderen Anwendung abgesehen, den vornehmsten Gewinn dar, welchen die Lectüre unseres Büchleins gewährt. Allein auch sonst ist dieselbe an mannigfachem Ertrag nicht eben arm. In wie hohem Grade die Sophistenberedsamkeit dazu angethan war, die für die besten Ideen des Zeitalters empfängliche, für Formschönheit jeder Art begeisterte und in jeder dieser Richtungen durch vollendete Leistungen nicht wenig verwöhnte griechische Jugend zu bezaubern und mit sich fortzureissen, dies mussten wir vordem glauben, jetzt, da wir ein glänzendes Probestück dieser Gattung kennen gelernt haben, vermögen wir es erst nachempfindend zu begreifen. An mehr als einer Stelle glaubt man den rauschenden Beifallsjubel zu vernehmen, den die virtuose Leistung des Denk- und Redekünstlers zu entfesseln so geeignet war. Doch auch die Schranken dieser wie jeder anderen geschichtlichen Erscheinung werden uns in dem Masse deutlicher, als wir ihr näher treten. Die Kunstform der Darstellung legte der Entwicklung des wissenschaftlichen Geistes eine Fessel an, welche dieser früher oder später abzustreifen genöthigt war. Aber auch die in Anwendung gebrachten Kunstmittel konnten dem sich stetig läuternden und verfeinernden Geschmacke auf die Dauer nicht genügen. Die abgezirkelte Regelmässigkeit des Satzbaues musste bald als steif und starr erscheinen, die scharfe Sonderung der kleinen Abschnitte und das reliefartige Hervortreten der einzelnen Worte und Gedanken mussten einem ebenmässigeren und gefälligeren Fluss der Rede weichen. Der schmetternde Trompetenton, der durch diese Schrift geht, möchte bald das Ohr ermüden; das grelle, kalte Licht, das sie ausstrahlt, das Verlangen nach milderen und gedämpfteren Farben wecken. Das spät errungene Vermögen, grosse Redemassen künstlerisch zu bewältigen und gleichsam Sprachsymphonien zu schaffen, musste die bescheideneren Masse, den ängstlichen Gang und die allzu zierliche Ausführung jener ersten Versuche der griechischen Kunstprosa als kleinlich, wenn nicht als widrig erscheinen lassen. Das überstarke Selbstgefühl, welches unser Autor so unverholen, man möchte sagen mit plebejischem Trotze zur Schau trägt, ist zwar auch einem Plato keineswegs fremd, wie denn die Alten überhaupt ,das Ding nicht kannten, das wir' Bescheidenheit nennen, aber es tritt bei dem aristokratischen Schriftsteller in urbaneren und versteckteren, vielleicht eben darum nur um so gefährlicheren Formen auf. Die von diesem als ein so erlesenes Kunstmittel verwendete sokratische ‚Selbstverkleinerung' und Prätension des Nichtwissens endlich wirkt nach dem fast polternden Ungestüm, mit welchem der ‚Weisheitsmeister' sein Wissen verkündet und sich seine Geltung erstreitet, wie labender Schatten nach heissem Sonnenbrand.

So war denn vermöge des wunderbar raschen Wachsthums, welches das hellenische Geistesleben kennzeichnet, dem ebenso eigenartigen als folgenreichen Phänomen, das uns beschäftigt, nur eine kurze Stunde glanzvoller Entwicklung zugemessen. Neue Bedürfnisse kamen empor, neue Mittel ihrer Befriedigung wurden ersonnen. Die Reigenführer der aufsteigenden Richtungen aber blickten auf ihre Vorgänger, welche ihnen die Wege bereitet hatten, gar bald mit eben so grossem Hochmuth und eben so geringem Dankgefühl zurück, wie etwa Thukydides auf Herodot oder Herodot auf Hekataios.

A = Codex graecus Parisinus 2053
M = Codex graecus Marcianus 269
R = Codices recentiores vel omnes vel plerique
r = Codicum recentiorum pauci vel unus
Calvus = Hippocratis Opera per M. Fabium Calvum .... latinitate donata, Basileae 1526
Ald. = Hippocratis Opera, Venetiis 1526 (in aedibus Aldi)
Cornarius = Hippocratis libri, Basileae 1538 (Froben)
Sambucus = Joannis Sambuci variae lectiones (1561), in Steph. Mackii edit. Hippocr. (Vindob. 1743)
Zwing. = Hippocratis viginti duo commentarii, Theod. Zvingeri studio et conatu, Basileae 1579
Mercur. = Hippocratis Opera, ed. Hieron. Mercurialis, Venetiis 1588 (apud Juntas)
Foes. = Hippocratis Opera latina interpretatione et annotationibus illustrata, Anutio Foesio authore, Francofurti 1595 (Wechel)
Serv. et Fevr. = Variae lectiones ex duobus Servini et Fevrei exemplaribus desumptae, in Foesii edit. p. 48—46
Littré = Oeuvres complètes d' Hippocrate, par É. Littré, Tome VI, Paris 1849
Ermerins = Hippocratis et aliorum medicorum veterum reliquiae, ed. F. Z. Ermerins, Vol. II, Trajecti ad Rhenum 1862
Reinhold = Ἱπποκράτης κομιδῇ Car. H. Th. Reinhold, I, Ἀθήνησι 1864

Περὶ Τέχνης.

1. Εἰσίν τινες οἳ τέχνην πεποίηνται τὸ τὰς τέχνας αἰσχροεπεῖν, ὡς μὲν οἴονται οὐ τοῦτο διαπρησσόμενοι ὃ ἐγὼ λέγω, ἀλλ' ἱστορίης οἰκείης ἐπίδειξιν ποιεύμενοι. ἐμοὶ δὲ τὸ μέν τι τῶν μὴ εὑρημένων ἐξευρίσκειν, ὅ τι καὶ εὑρεθὲν κρέσσον ἢ ἀνεξεύρετον, συνέσιος δοκεῖ ἐπιθύμημά τε καὶ ἔργον εἶναι, καὶ τὸ τὰ ἡμίεργα ἐς τέλος ἐξεργάζεσθαι ὡσαύτως· τὸ δὲ λόγων οὐ καλῶν τέχνῃ τὰ τοῖς ἄλλοις εὑρημένα αἰσχύνειν προθυμεῖσθαι, ἐπανορθοῦντα μὲν μηδέν, διαβάλλοντα δὲ τὰ τῶν εἰδότων πρὸς τοὺς μὴ εἰδότας ἐξευρήματα, οὐκέτι συνέσιος δοκεῖ ἐπιθύμημά τε καὶ ἔργον εἶναι, ἀλλὰ κακαγγελίη μᾶλλον φύσιος ἢ ἀτεχνίη· μούνοισι γὰρ δὴ τοῖς ἀτέχνοισιν ἡ ἐργασίη αὕτη ἁρμόζει φιλοτιμεομένων μὲν οὐδαμὰ δὲ δυναμένων κακίῃ ὑπουργεῖν ἐς τὸ τὰ τῶν πέλας ἔργα ἢ ὀρθὰ ἐόντα διαβάλλειν ἢ οὐκ ὀρθὰ μωμεῖσθαι. τοὺς μὲν οὖν ἐς τὰς ἄλλας τέχνας τούτῳ τῷ τρόπῳ ἐμπίπτοντας οἷσι μέλει τε καὶ ὧν μέλει οἱ δυνάμενοι κωλυόντων· ὁ δὲ παρεὼν λόγος τοῖς ἐς ἰητρικὴν ἐμπορευομένοις ἐναντιώσεται, θρασυνόμενος μὲν διὰ τούτους οὓς ψέγει, εὐπορέων δὲ διὰ τὴν τέχνην ᾗ βοηθεῖ, δυνάμενος δὲ διὰ σοφίην ᾗ πεπαίδευται.

2. Δοκεῖ δή μοι τὸ μὲν σύμπαν τέχνη εἶναι οὐδεμία οὐκ ἐοῦσα. καὶ γὰρ ἄλογον τῶν ἐόντων τι ἡγεῖσθαι μὴ ἐόν· ἐπεὶ τῶν γε μὴ ἐόντων τίνα ἄν τις οὐσίην θεησάμενος ἀπαγγείλειεν ὡς ἔστιν; εἰ γὰρ δὴ ἔστι γ' ἰδεῖν τὰ μὴ ἐόντα ὥσπερ τὰ ἐόντα, οὐκ οἶδ' ὅπως ἄν τις αὐτὰ νομίσειε μὴ ἐόντα, ἅ γε εἴη καὶ ὀφθαλμοῖσιν ἰδεῖν καὶ γνώμῃ νοῆσαι ὡς ἔστιν. ἀλλ' ὅπως μὴ οὐκ ᾖ τοῦτο τοιοῦτον· ἀλλὰ τὰ μὲν ἐόντα αἰεὶ ὁρᾶταί τε

1 εἰσιν A, εἰσὶ MR αἰσχροεπεῖν A² (αἰσχροεπιεῖν ut videt. A¹), αἰσχροεπιεῖν MR 2 οἱ τοῦτο διαπρησσόμενοι οὐχ ὃ ἐγὼ λέγω Parisini nonnulli, alii sine οὐχ ἀλλ' ἱστορίης A¹ 3 ἐπίδειξιν libri (ἐπίδηξιν A¹) μέν τι MR, μέντοι (sic) A εὑρημένων AM, εὑρισκομένων R 4 εὑρεθὲν MR, ἐρευθὲν A (ἐκευθὲν A¹, ut videt.) συνέσιος A, ξυνέσιος M, ξυνέσιος R δοκέει libri 6 προθυμεῖσθαι A, προθυμέεσθαι MR 7 μὲν MR δὲ A 8 συνέσιος δοκέει AM, δοκέει ξυνέσιος R 9 κακαγγελίη A et Galenus in glossario, καταγγελίη MR γὰρ δὴ A, γὰρ διὰ (διὰ deletum) M, γὰρ διὰ Paris. 2140, δὴ om. R τοῖσι A², τοῖσιν A¹MR 10 φιλοτιμεομένων AM, φιλοτιμουμένων R κακίῃ A, κακίῃς MR 11 ὑπουργέειν libri εἰς τὸ AR, ἐς τὸ M 12 μωμέεσθαι libri 13 ὧν AM, Corn., Zwing. in marg., ἐν οἷσι R, ὧν καὶ ἐν οἷσι r 14 τοῖς MR, τοισι A¹, τοῖσιν A² ἐκπορευομένοις A, οὕτως ἐμπορευομένοις MR 15 τούτους οὓς ψέγει MR, τούτους τοὺς ψέγειν ἐθέλοντας A 17 δοκέει libri σύμπαν MR, συνπαν A 18 εουσαν A 19 θεησάμ. AM, θεασ R 19—20 ει γαρ δη εστι γε ιδειν (γε ειδ. A¹ ut vid.) τα εοντα ωσπερ τα μη εοντα A, εἰ γὰρ δὴ ἔστι γ' ἰδεῖν (εἰδεῖν M), τὰ μὴ ἐόντα (ὄντα Mr) ὥσπερ τὰ ἐόντα MR 20 νομίσειε A, νομίσειε (corr. m 2) M, νομίσαι R Post verba μὴ ἐόντα add. ὥσπερ τὰ ἐόντα MR 21 καὶ AMr, κἂν r ὀφθαλμοῖσιν MR, ὀφθαλμοῖς A νοῆσαι libri 22 η A, εἴη MR τὰ μὲν ἐόντα MR, το μεν εον A τε A, om. MR

1. Es gibt Leute, die ein Gewerbe daraus machen, die Gewerbe zu schmähen, wobei sie freilich nicht dies zu thun vermeinen, sondern denken, dass sie ihre eigene Gelahrtheit an den Tag legen. Mir aber scheint es allerdings ein Werk und ein Begehren der Vernunft, etwas von dem noch nicht Erfundenen zu erfinden (wenn es anders erfunden besser ist als nicht erfunden) und eben so das Halbvollendete zu Ende zu führen. Allein durch die Kunst unlauterer Reden, was Andere erfunden haben, schänden zu wollen, selbst nichts bessernd, wohl aber die Leistungen der Wissenden den Unwissenden gegenüber verlästernd, dies erscheint mir nicht mehr als ein Werk und ein Begehren der Vernunft, sondern als ein Merkzeichen übler Naturanlage oder als Unkunde. Denn nur die Sache der Unkundigen ist dieses Treiben, durch welches sie der Schlechtigkeit Ehrgeiziger, aber Unvermögender Vorschub leisten, indem sie die Werke ihrer Nächsten, wenn sie gut sind, verschwärzen und, wenn sie schlecht sind, tadeln. Die nun in dieser Weise in die anderen Künste hineintappen, mögen Jene, welche es vermögen, wenn es sie kümmert und wo es sie kümmert, daran hindern. Die gegenwärtige Rede aber soll denen entgegentreten, die in dieser Art in die Heilkunst eingreifen, — voll Muth durch die Niedrigkeit derer, die sie bekämpft, voll Zuversicht durch die Grösse der Kunst, der sie zu Hilfe kommt, vermögend aber durch die Weisheit, mit der sie gerüstet ist.

2. Es scheint mir aber überhaupt keine Kunst zu geben, die nicht wirklich ist. Ist es ja doch ungereimt, etwas von dem Seienden für nichtseiend zu halten. Denn wie käme Jemand dazu, etwas von dem Nichtseienden zu erschauen und zu verkünden als ein Seiendes? Denn wenn das Nichtseiende zu sehen ist wie das Seiende, so weiss ich nicht, wie man es für nichtseiend halten kann, was doch mit Augen zu schauen ist und mit dem Geist zu erkennen als ein Seiendes. Aber es wird dem wohl nicht so sein. Sondern das Seiende wird immer ge-

καὶ γινώσκεται, τὰ δὲ μὴ ἐόντα οὔτε ὁρᾶται οὔτε γινώσκεται. γινώσκεται τοίνυν δεδειγμένων ἤδη ⟨εἴδεα⟩ τῶν τεχνέων, καὶ οὐδεμία ἐστὶν ἥ γε ἔκ τινος εἴδεος οὐχ ὁρᾶται. οἶμαι δὲ ἔγωγε καὶ τὰ ὀνόματα αὐτὰς διὰ τὰ εἴδεα λαβεῖν· ἄλογον γὰρ ἀπὸ τῶν ὀνομάτων ἡγεῖσθαι τὰ εἴδεα βλαστάνειν καὶ ἀδύνατον. τὰ μὲν γὰρ ὀνόματα νομοθετήματά ἐστιν, τὰ δὲ εἴδεα οὐ νομοθετήματα, ἀλλὰ βλαστήματα φύσεος.

3. Περὶ μὲν οὖν τούτων εἴ γέ τις μὴ ἱκανῶς ἐκ τῶν εἰρημένων συνίησιν, ἐν ἄλλοισιν ἂν λόγοισιν σαφέστερον διδαχθείη· περὶ δὲ ἰητρικῆς, ἐς ταύτην γὰρ ὁ λόγος, ταύτης οὖν τὴν ἀπόδεξιν ποιήσομαι, καὶ πρῶτόν γε διοριεῦμαι ὃ νομίζω ἰητρικὴν εἶναι· τὸ δὴ πάμπαν ἀπαλλάσσειν τῶν νοσεόντων τοὺς καμάτους καὶ τῶν νοσημάτων τὰς σφοδρότητας ἀμβλύνειν, καὶ τὸ μὴ ἐγχειρεῖν τοῖσι κεκρατημένοις ὑπὸ τῶν νοσημάτων, εἰδότας ὅτι πάντα οὐ δύναται ἰητρική. ὡς οὖν ποιεῖ τε ταῦτα καὶ οἵη τέ ἐστιν διὰ παντὸς ποιεῖν, περὶ τούτου μοι ὁ λοιπὸς λόγος ἤδη ἔσται. ἐν δὲ τῇ τῆς τέχνης ἀποδέξει ἅμα καὶ τοὺς λόγους τῶν αἰσχύνειν αὐτὴν οἰομένων ἀναιρήσω, ᾗ ἂν ἕκαστος αὐτῶν πρήσσειν τι οἰόμενος τυγχάνῃ.

4. Ἔστι μὲν οὖν μοι ἀρχὴ τοῦ λόγου ἣ καὶ ὁμολογήσεται παρὰ πᾶσιν. ὅτι γὰρ ἔνιοι ἐξυγιαίνονται τῶν θεραπευομένων ὑπὸ ἰητρικῆς, ὁμολογεῖται, ὅτι δ' οὐ πάντες, ἐν τούτῳ ἤδη ψέγεται ἡ τέχνη, καί φασιν οἱ τὰ χείρω λέγοντες διὰ τοὺς ἁλισκομένους ὑπὸ τῶν νοσημάτων τοὺς ἀποφεύγοντας αὐτὰ τύχῃ ἀποφεύγειν καὶ οὐ διὰ τὴν τέχνην. ἐγὼ δὲ ἀποστερέω μὲν οὐδ' αὐτὸς τὴν τύχην ἔργου οὐδενός, ἡγεῦμαι δὲ τοῖσι μὲν κακῶς θεραπευομένοισι νοσήμασι τὰ πολλὰ τὴν ἀτυχίην ἕπεσθαι, τοῖσι δὲ εὖ τὴν

2 δεδειγμένων MR, δεδειλαγμένων A   ἴδη pro ἤδη Serv., Foes. in versione, Ermerins (εἴδεα), ἤδη ⟨εἴδεα⟩ scripsi   3 δὲ A, δ' MR   αυτας A, αὐτῆς MR, αὐτῶν r   4 ἄλογον MR, αλλογον A   ἡγεῖσθαι τὰ εἴδεα AM, τὰ εἴδεα ἡγεῖσθαι R   5 φύσιος (φύσεως A) νομοθετήματα libri, φύσιος transposui   ἐστὶν A, ἐστι MR   7 γέ MR, om. A   8 ξυνίησιν libri   ἄλλοισιν ἂν λόγοισιν A, ἄλλοις ἂν λόγοις MR (ἀναλόγοις M¹ r)   9 ἀπόδειξιν libri (ἀπόδηξιν A¹)   10 δὴ ὁριεῦμαι MR, διοριεῦμαι A   νομίζω MR, νομιζων A¹, νομιζων A²   ἀπαλλάσσειν A   12 ἐγχειρέειν libri   κεκρατημένους A, κεκρατημένοισιν R, κεκρατημένοισι M¹   13 πάντα δύναται A, ταῦτα οὐ δ. R, ταῦτα δ. Mr, πάντα ταῦτα οὐ δ. Galen., πάντα οὐ δ. scripsi (Calvus: ‚medicinam mala omnia tollere non posse')   ποιέει libri   ἐστὶν A, ἐστι MR   14 ποιέειν libri   περὶ τοῦτο (sic) μοι ὁ λοιπός (sic) λόγος ἤδη ἔσται A, περὶ τούτου μοι δὴ ὁ λοιπὸς ἔσται λόγος MR   15 ἀποδείξει libri   16 τυγχάνει A   17 ἔστι A, ἐστὶ R, ἐστὶν Mr   μὲν Ar, om. MR   ὁμολογήσεται A, ὁμολογηθήσεται MR   18 γὰρ AM², μὲν R, μὲν γὰρ M¹   ἐξυγιαίνονται τῶν MR, ἐξυγιανόντων A   18—19 ὁμολογέεται libri   19 δ' οὐ A, δὲ οὐ MR   ἤδη MR, οὐκ A¹   20 τοὺς ἀποφ. A, καὶ τοὺς ἀποφ. MR   21—22 οὐκ ἀποστερέω MR, οὐκ om. A   22 ἡγεῦμαι MR, ἡγοῦμαι A   μὲν om. A   23 νοσήμασι AM, νουσήμασι R   τὰ om. A

schaut und erkannt, das Nichtseiende aber wird weder geschaut noch erkannt. Erkannt aber werden Artbilder der schon entdeckten Künste, und keine gibt es, die nicht aus einem Artbilde erschaut würde. Und ich denke überdies, dass sie auch die Namen durch die Artbilder empfangen haben. Denn ungereimt ist es anzunehmen, dass die Artbilder aus den Namen entsprungen seien, und unmöglich; denn die Namen sind Dinge der Uebereinkunft, die Artbilder aber sind nicht Dinge der Uebereinkunft, sondern Erzeugnisse der Natur.

3. Wer aber hierüber aus dem Gesagten noch nicht völlig im Klaren ist, den können andere Reden eines Näheren belehren. Ueber die Heilkunst aber — denn auf diese zielt die Rede — will ich im Folgenden sprechen, indem ich zuvörderst bestimme, was ich für die Sache der Heilkunst halte: nämlich das völlige Beseitigen der Leiden der Kranken und das Mildern der Heftigkeit der Leiden; ferner aber das Sichgarnichtwagen an Jene, die von den Krankheiten schon bewältigt sind, in der Erkenntniss, dass die Heilkunst nicht alles vermag. Wie sie nun dieses vollbringt und durchweg zu vollbringen vermag, das soll das Folgende lehren, wobei ich in der Darstellung der Kunst zugleich auch die Reden derer beseitigen will, die sie zu schänden glauben, wo ein Jeglicher von ihnen etwas zu sagen vermeint.

4. Der Anfang meiner Rede ist nun von der Art, wie ihn alle billigen werden. Denn dass einige von denen, welche die Heilkunst behandelt, geheilt werden, dies wird anerkannt; dass aber nicht alle, darum wird die Kunst schon getadelt, und es sagen die, die das Schlechtere sagen, wegen derer, die den Krankheiten unterliegen, dass Jene, die davonkommen, durch Zufall davonkommen und nicht durch die Wirksamkeit der Kunst. Ich aber werde sicherlich auch meinerseits den Zufall keines seiner Werke berauben; ich denke aber, dass die schlecht behandelten Krankheiten in der Regel einen schlechten Aus-

εὐτυχίην. ἔπειτα δὲ καὶ πῶς οἷόν τ' ἐστὶ τοῖς ἐξυγιασθεῖσιν ἄλλο τι αἰτιήσασθαι ἢ τὴν τέχνην, εἴπερ χρώμενοι αὐτῇ καὶ ὑπουργέοντες ὑγιάσθησαν; τὸ μὲν γὰρ τῆς τύχης εἶδος ψιλὸν οὐκ ἐβουλήθησαν θεήσασθαι, ἐν ᾧ τῇ τέχνῃ ἐπέτρεψαν σφέας αὐτούς, ὥστε τῆς μὲν ἐς τὴν τύχην ἀναφορῆς ἀπηλλαγμένοι εἰσί, τῆς μέντοι ἐς τὴν τέχνην οὐκ ἀπηλλαγμένοι· ἐν ᾧ γὰρ ἐπέτρεψαν αὐτῇ σφέας καὶ ἐπίστευσαν, ἐν τούτῳ αὐτῆς καὶ τὸ εἶδος ἐσκέψαντο καὶ τὴν δύναμιν περανθέντος τοῦ ἔργου ἔγνωσαν.

5. Ἐρεῖ δὴ ὁ τἀναντία λέγων ὅτι πολλοὶ ἤδη καὶ οὐ χρησάμενοι ἰητρῷ νοσέοντες ὑγιάνθησαν, καὶ ἐγὼ τῷ λόγῳ οὐκ ἀπιστέω. δοκεῖ δέ μοι οἷόν τε εἶναι καὶ ἰητρῷ μὴ χρωμένους ἰητρικῇ περιτυχεῖν, οὐ μὴν ὥστε εἰδέναι ὅ τι ὀρθὸν ἐν αὐτῇ ἔνι ἢ ὅ τι μὴ ὀρθόν, ἀλλ' ὥστε ἐπιτύχοιεν τοιαῦτα θεραπεύσαντες ἑωυτοὺς ὁποῖά περ ἂν ἐθεραπεύθησαν, εἰ καὶ ἰητροῖσιν ἐχρῶντο. καὶ τοῦτό γε τεκμήριον μέγα τῇ οὐσίῃ τῆς τέχνης, ὅτι ἐοῦσά τέ ἐστι καὶ μεγάλη, ὅπου γε φαίνονται καὶ οἱ μὴ νομίζοντες αὐτὴν εἶναι σωζόμενοι δι' αὐτήν. πολλὴ γὰρ ἀνάγκη καὶ τοὺς μὴ χρωμένους ἰητροῖσι νοσήσαντας δὲ καὶ ὑγιασθέντας εἰδέναι ὅτι ἢ δρῶντές τι ἢ μὴ δρῶντες ὑγιάσθησαν. ἢ γὰρ ἀσιτίῃ ἢ πολυφαγίῃ, ἢ ποτῷ πλείονι ἢ δίψῃ, ἢ λουτροῖς ἢ ἀλουσίῃ, ἢ πόνοισιν ἢ ἡσυχίῃ, ἢ ὕπνοισιν ἢ ἀγρυπνίῃ, ἢ τῇ ἁπάντων τούτων ταραχῇ χρώμενοι ὑγιάσθησαν. καὶ τῷ ὠφελῆσθαι πολλὴ ἀνάγκη αὐτοῖς ἐστιν ἐγνωκέναι ὅτι ἦν (τι) τὸ ὠφελῆσαν, καὶ ὅτ' ἐβλάβησαν τῷ βλαβῆναι ὅτι ἦν τι τὸ βλάψαν. τὰ γὰρ τῷ ὠφελῆσθαι καὶ τὰ τῷ βεβλά-

---

1 τ' MA^1 (ut vid.), τι R ἐξυγιασθεῖσιν A, ἐξυγιανθ. R, ὑγιανθ. M 1—2 αἰτιήσασθαι AM, αἰτιασ. R 2 χρεόμενοι A, χρώμενοι MR αὐτοὶ A^2, αὐτῇ A^1 ut vid. ὑγιασθ. A, ὑγιάνθ. MR 3 ἐβουλήθησαν AM, ἠβουλ. R 4 σφᾶς libri 5 ἀπηλλαγμ. (bis) A 6 αὐτῇ (A^1 ut vid., αὐτοὶ A^2) σφᾶς καὶ ἐπίστευσαν ἐν τούτῳ A, ἐπέτρεψαν καὶ ἐπίστευσαν αὐτῇ σφᾶς αὐτούς, ἐν τούτῳ MR 7 περαθέντος A^1 (περανθέντος A^2), παραθέντος Corn. et Foes. 8 δὴ AM, δὴ ἐνταῦθα R 9 δοκέει libri δὲ MR, γὰρ A 10 ἰητρικῇ MR, ἰητρικὴν A 11 ἔνι ὅ τι A^1 (ἔνεστι A^2), ἔνι ὅτι M^1 (ἔνεστι M^2), ἐνέστι καὶ ὅ τι R, ἔνι ἢ ὅ τι scripsi ἄλλως τι ἐπιτ. MR (ἄλλως τι ἂν r), ἄλλως τι εἰ A, ἀλλ' ὥστ' ἂν Cornarius cet. 12 εἰ om. M, η A^1 (εἰ A^2) 13 γε τεκμήριον A, γε τὸ μήριον M, γε εἶναι τεκμήριον R 15 σωζόμενοι libri αὐτὴν A^1MR, αὐτῆς A^2 16 ὑγιασθέντας AMr, ὑγιανθέντας r ἱδρῶντες pro ἢ δρῶντές τι ἢ μὴ δρῶντες A, ἱδρῶντες (corr. ἢ δρῶντες) M 17 ὑγιάσθησαν Ar, ὑγιάνθησαν Mr ποτῷ libri πλέον A^1 (πλείονι A^2), πλείονι MR δίψει Mr λουτροῖσι A^1 (ν add. man. 4), λουτροῖσιν MR 18 ἢ τῇ MR, ἢ τι A 19 ὑγιάσθησαν A, ὑγιάνθ. MR ὠφελῆσθαι A^1M, ὠφελεῖσθαι A^2R 20 αὐτοὺς A, αὐτοῖς MR ὅ τι ἦν libri, ὅτι ἦν (τι) scripsi. ὅτι iam ‚vetus codex' Mercur. 20—21 καὶ ὅτ (in ras. m²; fuit, ut vid., (τοι)) ἐβλάβησαν τῷ βλαβῆναι ὅτι ἦν τι τὸ βλάψαν A, καὶ εἴ τι τ' ἐβλάβησαν καὶ τὸ (τῷ M) βλαβῆναι καὶ ὅ τι ἦν τὸ βλάψαν Mr, καὶ ὅ τι τὸ βλάψαν ἐν τῷ βλαβῆναι κτλ. r 21 ὠφελῆσθαι AM, ὠφελεῖσθαι R

gang nehmen, die gut behandelten aber einen guten. Und wie können auch die, die gesund wurden, dies etwas anderm zuschreiben als der Hilfe der Kunst, wenn sie diese benützend und ihre Gebote befolgend wieder gesund wurden? Denn das nackte Antlitz des Zufalls wollten sie nicht erschauen, da sie sich der Kunst übergaben, so dass sie der Herrschaft des Zufalls ledig sind; der der Kunst aber sind sie nicht ledig, denn indem sie sich ihr übergaben und anvertrauten, haben sie auch ihr Antlitz erschaut und ihre Macht nach vollbrachter Heilung erkannt.

5. Allein der Gegner wird sagen, dass schon viele, auch ohne einen Arzt zu gebrauchen, krank waren und wieder gesund wurden, und dem weigere ich nicht den Glauben. Es ist aber, so meine ich, möglich, dass man, auch ohne sich eines Arztes zu bedienen, doch in den Bereich der Arzneikunst geräth, nicht so freilich, dass man wüsste, was in ihr richtig und was in ihr unrichtig ist, wohl aber so, dass man durch Zufall eben das thut, was man auch gethan hätte, wenn man Aerzte befragt hätte. Und das ist ein gewaltiger Beweis für den Bestand der Kunst, dass sie besteht und dass sie mächtig ist, wenn es sich zeigt, dass auch Jene, die nicht an sie glauben, durch sie gerettet werden. Denn nothwendig müssen Jene, welche, ohne einen Arzt zu gebrauchen, krank waren und wieder gesund wurden, wissen, dass sie irgend etwas thuend oder unterlassend, gesund wurden. Denn entweder durch reichlichen Speisegenuss oder durch Enthaltung von Speisen, oder durch vieles Trinken oder durch Dürsten, oder durch Baden oder durch Nichtbaden, oder durch Ruhe oder durch Ermüdung, oder durch Schlaf oder durch Schlaflosigkeit, oder aber ein Gemenge von all dem gebrauchend, wurden sie wieder gesund. Und im Falle des Nutzens müssen sie nothwendig wissen, dass ihnen etwas nützte, im Falle des Schadens aber, dass ihnen etwas schadete. Was freilich durch Nutzen und durch

φθαι ὡρισμένα οὐ πᾶς ἱκανὸς γνῶναι· εἰ τοίνυν ἐπιστήσεται ἢ ἐπαινεῖν ἢ ψέγειν ὁ νοσήσας τῶν διαιτημάτων τι οἷσιν ὑγιάνθη, πάντα ταῦτα τῆς ἰητρικῆς ⟨εὑρήσει ὡς⟩ ἔστιν· καὶ ἔστιν οὐδὲν ἧσσον τὰ ἁμαρτηθέντα τῶν ὠφελησάντων μαρτύρια τῇ τέχνῃ ἐς τὸ εἶναι· τὰ μὲν γὰρ ὠφελήσαντα τῷ ὀρθῶς προσενεχθῆναι ὠφέλησαν, τὰ δὲ βλάψαντα τῷ μηκέτι ὀρθῶς προσενεχθῆναι ἔβλαψαν. καίτοι ὅπου τό τε ὀρθὸν καὶ τὸ μὴ ὀρθὸν ὅρον ἔχει ἑκάτερον, πῶς τοῦτο οὐκ ἂν τέχνη εἴη; τοῦτο γὰρ ἔγωγέ φημι ἀτεχνίην εἶναι ὅπου μήτε ὀρθὸν ἔνι μηδὲν μήτε οὐκ ὀρθόν· ὅπου δὲ τούτων ἔνεστιν ἑκάτερον, οὐκέτι ἂν τοῦτο ἔργον ἀτεχνίης εἴη.

6. Ἔτι τοίνυν εἰ μὲν ἀπὸ φαρμάκων τῶν τε καθαιρόντων καὶ τῶν ἱστάντων ἡ ἴησις τῇ τε ἰητρικῇ καὶ τοῖσιν ἰητρεῦσιν μοῦνον ἐγίνετο, ἀσθενὴς ἦν ἂν ὁ ἐμὸς λόγος· νῦν δὲ φαίνονται τῶν ἰητρῶν οἱ μάλιστα ἐπαινεόμενοι καὶ διαιτήμασιν ἰώμενοι καὶ ἄλλοισί γε εἴδεσιν, ἃ οὐκ ἄν τις φαίη, μὴ ὅτι ἰητρός, ἀλλ' οὐδὲ ἰδιώτης ἀνεπιστήμων ἀκούσας, μὴ οὐ τῆς τέχνης εἶναι. ὅπου οὖν οὐδὲν οὔτ' ἐν τοῖς ἀγαθοῖσι τῶν ἰητρῶν οὔτ' ἐν τῇ ἰητρικῇ αὐτῇ ἀχρεῖόν ἐστιν, ἀλλ' ἐν τοῖσι πλείστοισι τῶν τε φυομένων καὶ τῶν ποιευμένων ἔνεστιν τὰ εἴδεα τῶν θεραπειῶν καὶ τῶν φαρμάκων, οὐκ ἔστιν ἔτι οὐδενὶ τῶν ἄνευ ἰητροῦ ὑγιαζομένων τὸ αὐτόματον αἰτιήσασθαι ὀρθῷ λόγῳ. τὸ μὲν γὰρ αὐτόματον οὐδὲν φαίνεται ἐὸν ἐλεγχόμενον· πᾶν γὰρ τὸ γινόμενον διά τι εὑρίσκοιτ' ἂν γινόμενον, καὶ ἐν τῷ διά τι τὸ αὐτόματον οὐ φαίνεται οὐσίην ἔχον οὐδεμίαν ἀλλ' ἢ ὄνομα· ἡ δὲ ἰητρικὴ καὶ ἐν τοῖσι διά τι καὶ ἐν τοῖσι προνοουμένοισι φαίνεταί τε καὶ φανεῖται αἰεὶ οὐσίην ἔχουσα.

7. Τοῖσι μὲν οὖν τῇ τύχῃ τὴν ὑγιείην προστιθεῖσι τὴν δὲ τέχνην ἀφαιρέουσι τοιαῦτ' ἄν τις λέγοι. τοὺς δ' ἐν τῇσι τῶν ἀποθνησκόντων

---

1 ἐπαινεῖν libri 2 οἷσιν AM, οἷσπερ R ὑγιάσθη A[1] (sed σ in ν mut. man. 1), ὑγιάνθη MR 2—3 τῆς ἰητρικῆς ὄντα εὑρήσει καὶ ἔστιν οὐδὲν R, τῆς ἰητρικῆς ἔστιν οὐδὲν A, τῆς ἰητρικῆς ἔστι καὶ ἔστιν οὐδὲν M, hiatum indicavi et supplevi. 4 ἐστὸ A, εἰς τὸ MR 5—6 ὠφέλησεν et ἔβλαψεν M, ὠφέλησαν et ἔβλαψαν A[1] (sed ἔβλαψαν in ἔβλαψεν mut. man. 1) R 6 τι AM, om. R 8 ἔνι AM, εἴη R δὲ MR, τι A 9 οὐκέτι ἂν τοῦτο (τὸ M) ἔργον ἀτεχνίης εἴη AM, πῶς τοῦτο οὐκ ἂν τέχνης ἔργον ἀλλ' ἀτεχνίης εἴη; R 10 ἀπὸ Serv. et Foes., ὑπὸ AMR, ὑπὲ Par. 2143 11 ἡ om. A τοῖσιν A, τοῖς MR ἐγίνετο AM, ἐγένετο R 12 ἦν om. A νῦν δὲ AMr, νῦν δὲ δὴ r 13 διαιτήμασι A[1] (ν add. m[2]) γε Littré, τε libri 15 ὅπου libri, ὅκου Zwing. in margine 16 Pro ει in ἀχρεῖον η vel ι hab. vid. A[1], an ἀχρήιον? τοῖσι A, τοῖς MR 17 θεραπειῶν A[1] (ει A[4]) ἔτι om. A 18 αἰτιήσασθαι A, αἰτιάσασθαι MR 19—20 γενόμενον A[1] 20 εἰ τὸ αὐτόματον A, τὸ αὐτόμ. δὲ M, τι τὸ δὲ αὐτόμ. R 21 οὐδεμίην libri οὔνομα AM, οὔνομα μοῦνον R τοῖσι A, τοῖς MR 22 καὶ ἐν τοῖσι A, om. MR προνοουμένοις libri τε MR, γε A αἰεὶ A, ἔτι MR 24 δὲ ὑγιην A[1], [illegible] A[1], ὑγιείην MR προστιθῇσι A[1] et M[1] τὴν δὲ τέχνην A, τῆς δὲ τέχνης MR 25 λέγει A[1], corr. m. 4 ἀποθνησκ. libri.

Schaden von einander gesondert ist, vermag nicht ein Jeder zu erkennen. Versteht es aber der Kranke etwas von dem, bei dessen Gebrauch er gesund wurde, zu loben oder zu tadeln, so wird er finden, dass dies alles der Heilkunst angehört. Und das, was sich schädlich erwies, ist kein geringerer Beweis für das Dasein der Kunst als das, was sich als nützlich bewährte. Denn das, was nützte, nützte durch den richtigen Gebrauch; was aber schadete, schadete dadurch, dass es nicht mehr richtig gebraucht ward. Wo aber dem Richtigen und dem Unrichtigen jedem seine Grenze gesetzt ist, wie sollte das nicht eine Sache der Kunst sein? Denn für die Sache der Unkunst halte ich das, wobei es weder etwas Richtiges gibt, noch etwas Unrichtiges; wo aber jedes von beiden vorhanden ist, da kann nicht mehr die Rede sein von blosser Unkunst.

6. Wenn nun ferner die Heilung der Krankheiten den Aerzten und der Heilkunst nur durch die reinigenden und zurückhaltenden Mittel gelänge, so wäre die Kraft meiner Rede nur gering. Nun sehen wir aber, dass die besten unter den Aerzten auch durch Veränderung der Lebensweise heilen und durch andere Dinge, die nicht nur jeder Arzt, sondern auch jeder unkundige Laie, der davon gehört hat, für Behelfe der Kunst halten muss. Wenn es nun aber weder für die guten Aerzte, noch für die Arzneikunst selbst etwas Unnützes gibt, sondern in dem meisten von dem, was da wächst und was erzeugt wird, Weisen der Behandlung und der Heilung enthalten sind, so kann niemand mehr, der, ohne einen Arzt zu befragen, krank war und genas, dies mit gutem Rechte dem Ungefähr zuschreiben. Denn das Ungefähr erweist sich als gar nicht bestehend, wenn man ihm zu Leibe geht. Denn bei allem, was da geschieht, kann man finden, dass es durch etwas geschieht, in dem Durchetwas aber verliert das Ungefähr sein Bestehen und wird nichts als ein Name. Die Heilkunst aber hat in dem, was durch etwas geschieht und was sich vorhersehen lässt, ihr Bestehen und wird es darin allezeit haben.

7. Dies nun kann man denen erwidern, welche die Rettung der Kranken dem Zufall beilegen und der Kunst entziehen; was aber die betrifft, die in dem unglücklichen Ende der

συμφορῆσι τὴν τέχνην ἀραιίζοντες θαυμάζω ὅτεῳ ἐπαιρόμενοι ἀξιόχρεῳ λόγῳ τὴν μὲν τῶν ἀποθνησκόντων ἀψυχίην ἀναιτίην καθιστᾶσι, τὴν δὲ τῶν τὴν ἰητρικὴν μελετησάντων σύνεσιν αἰτίην· ὡς τοῖσι μὲν ἰητροῖς ἔνεστι τὰ μὴ δέοντα ἐπιτάξαι, τοῖσι δὲ νοσέουσιν οὐκ ἔνεστι τὰ προσταχθέντα παραβῆναι. καὶ μὴν πολύ γε εὐλογώτερον τοῖσι κάμνουσιν ἀδυνατεῖν τὰ προστασσόμενα ὑπουργεῖν ἢ τοῖς ἰητροῖσι τὰ μὴ δέοντα ἐπιτάσσειν. οἱ μὲν γὰρ ὑγιαινούσῃ γνώμῃ μεθ' ὑγιαίνοντος σώματος ἐγχειρέουσι, λογισάμενοι τά τε παρεόντα τῶν τε παροιχομένων τὰ ὁμοίως διατεθέντα τοῖσι παρεοῦσι, ὥστε ποτὲ θεραπευθέντα⟨ς⟩ εἰπεῖν ὡς ἀπήλλαξαν· οἱ δ' οὔτε ἃ κάμνουσιν οὔτε δι' ἃ κάμνουσιν εἰδότες, οὐδ' ὅ τι ἐκ τῶν παρεόντων ἔσται οὐδ' ὅ τι ἐκ τῶν τούτοισιν ὁμοίων γίνεται [εἰδότες], ἐπιτάσσονται, ἀλγέοντες μὲν ἐν τῷ παρεόντι φοβεύμενοι δὲ τὸ μέλλον, καὶ πλήρεις μὲν τῆς νούσου κενεοὶ δὲ σιτίων, θέλοντες δὲ τὰ πρὸς τὴν νοῦσον ἤδη μᾶλλον ἢ τὰ πρὸς τὴν ὑγιείην προσδέχεσθαι, οὐκ ἀποθανεῖν ἐρῶντες ἀλλὰ καρτερεῖν ἀδυνατεῦντες. οὕτως δὲ διακειμένους πότερον εἰκὸς τούτους τὰ ὑπὸ τῶν ἰητρῶν ἐπιτασσόμενα ποιεῖν ἢ ἄλλα ποιεῖν ἢ ἃ ἐπετάχθησαν, ἢ τοὺς ἰητροὺς τοὺς ἐκείνως διακειμένους ὡς ὁ πρόσθεν λόγος ἡρμήνευσεν ἐπιτάσσειν τὰ μὴ δέοντα; ἆρ' οὐ πολὺ μᾶλλον, τοὺς μὲν δεόντως ἐπιτάσσειν τοὺς δὲ εἰκότως ἀδυνατεῖν πείθεσθαι, μὴ πειθομένους δὲ περιπίπτειν τοῖσι θανάτοις, ὧν οἱ μὴ ὀρθῶς λογιζόμενοι τὰς αἰτίας τοῖς οὐδὲν αἰτίοις ἀνατιθεῖσι, τοὺς αἰτίους ἐλευθεροῦντες;

---

1 συμφ. R, ξυμφ. AM θαυμάζω libri ὅτεω A, ὅτεῳ MR ἐπαιρομενοι A¹, ἐπαιρομ. A², ἐπαιρόμενοι MR 2 ἀτυχιην A, ἀκρασίην R (ἀκρισίην r), ἀκρασίην M, ἀψυχίην scripsi αναιτίαν A, αἰτίην (ν add. m. 2) M, οὐκ αἰτίην R τὴν A, om. MR 3 σύνεσιν R, ξύν. AM ἰητροῖς AM, ἰητροῖσιν R τὰ μὴ iterat A 4 ἔνεστι A, ἔστι MR 5 κάμνουσιν MR (ου in ras. M), κάμνουσι A (ν add. man. 4) ἀδυνατέειν libri 6 ὑπουργέειν libri τοῖς Ar, τοῖσι M, τοῖσιν R ὑγιαινουσῃ A¹ τῇ post. ὑγ A, om. MR 8 διατεθέντα A, διαντεθέντα MR παρεοῦσι AM, παρεοῦσιν R 9 θεραπευθέντα libri, θεραπευθέντας scripsi ὡς AM, ὅτι R οὔτε δι' ἃ κάμνουσιν MR, om. A 10 εἰδότες A, om. MR οὐδ' ὅτι A, οὐδ' ὅτι οὖν posteriore loco MR 11 τούτοισιν MR, τουτέοισιν A γίνεται MR, γίνονται A ἐν A, om. MR 12 φοβεύμενοι Ar, φοβεόμενοι Mr πλήρεες A, πλήρης M¹, πλήρεις M²R νούσου AMr, νόσου r κενέοι A, κενοὶ MR 13 θέλοντες libri δὲ τὰ A, δὲ om. MR ἤδη A, ἤδεα MR τὴν AM, om. R 14 ὑγίειν A¹, ὑγιείην A²r, ὑγιείην Mr ἀδυνατεῦντες A, ἀδυνατέοντες MR 15 οὕτως A, οὕτω MR 16 ποιέειν (bis) libri ἢ α A, ἢ ἃ M, ἃ οὐκ R ἢ MR, om. A 18—19 ἀδυνατεῖν A, ἀδυνατέειν MR 19 πείθεσθαι οἱ πειθομένους MR, πείθεσθαι οἱ πειθομ. (ι in m mut. man. 4) A θανάτοις A (—τοισι m², ν add. m. 4), θανάτοισιν R, θανάτοισι M (ν add. m. 2) 20 ἀνατίθησι A, ἀνατιθέασι MR
21 ἐλευθεροῦντες MR, ἐλευθερουντες A

Kranken den Untergang der Kunst erblicken, so weiss ich nicht, mit welchem triftigen Grunde sie die Ohnmacht der Sterbenden für schuldlos halten, die Einsicht der Heilkundigen aber für schuldig, — als ob es zwar möglich wäre, dass die Aerzte das Unrichtige vorschreiben, nicht aber, dass die Kranken die Vorschriften übertreten. Und dennoch ist es viel wahrscheinlicher, dass die Kranken unvermögend sind, das Verordnete zu befolgen, als dass die Aerzte das Unrichtige verordnen. Denn diese gehen gesunden Geistes mit gesundem Körper daran, das Gegenwärtige erwägend und von dem Vergangenen das ähnlich Beschaffene, so dass sie von gar manchen Kranken, die behandelt wurden, sagen können, wie sie davonkamen. Jene aber wissen weder, woran sie leiden, noch wodurch sie leiden, noch was aus dem Gegenwärtigen hervorgehen wird, noch was aus dem, was diesem gleichartig ist, entspringt; und also empfangen sie die Verordnungen der Aerzte — Schmerz empfindend in der Gegenwart, Furcht vor der Zukunft, der Krankheit voll, der Nahrung aber baar, mehr nach dem verlangend, was der Krankheit, als nach dem, was der Gesundheit gemäss ist, nicht zu sterben verlangend, aber sich zu beherrschen nicht vermögend. Ist es nun wahrscheinlicher, dass die, die also beschaffen sind, das von den Aerzten Vorgeschriebene thun werden, oder dass sie anderes thun werden, was ihnen nicht vorgeschrieben ward, oder aber, dass die Aerzte denen, die so beschaffen sind, wie sie das Vorige zeigte, das Unrichtige verordnen? Nicht vielmehr, dass diese zwar richtig verordnen, jene aber nicht zu gehorchen vermögen, da sie aber nicht gehorchten, auch dem Tode anheimfallen, dessen Schuld die unrichtig Denkenden den Unschuldigen beilegen, die Schuldigen entlastend?

8. Εἰσὶ δέ τινες οἳ καὶ διὰ τοὺς μὴ θέλοντας ἐγχειρεῖν τοῖσι κεκρατημένοις ὑπὸ τῶν νοσημάτων μέμφονται τὴν ἰητρικήν, λέγοντες ὡς ταῦτα μὲν καὶ αὐτὰ ὑφ' ἑωυτῶν ἂν ἐξυγιάζοιτο ἃ ἐγχειρέουσιν ἰᾶσθαι, ἃ δ' ἐπικουρίης δεῖται μεγάλης οὐχ ἅπτονται. δεῖν δέ, εἴπερ ἦν ἡ τέχνη, πάνθ' ὁμοίως ἰᾶσθαι. οἱ μὲν οὖν ταῦτα λέγοντες εἰ ἐμέμφοντο τοῖς ἰητροῖς, ὅτι αὐτῶν τοιαῦτα λεγόντων οὐκ ἐπιμέλονται ὡς παραφρονεόντων, εἰκότως ἂν ἐμέμφοντο μᾶλλον ἢ κεῖνα μεμφόμενοι. εἰ γάρ τις ἢ τέχνην ἐς ἃ μὴ τέχνη ἢ φύσιν ἐς ἃ μὴ φύσις πέφυκεν ἀξιώσειε δύνασθαι, ἀγνοεῖ ἄγνοιαν ἁρμόζουσαν μανίῃ μᾶλλον ἢ ἀμαθίῃ. ὧν γάρ ἐστιν ἡμῖν τοῖσί τε τῶν φυσίων τοῖσί τε τῶν τεχνέων ὀργάνοις ἐπικρατεῖν, τούτων ἔστιν ἡμῖν δημιουργοῖς εἶναι, ἄλλων δὲ οὐκ ἔστιν. ὅταν οὖν τι πάθῃ ὥνθρωπος κακὸν ὃ κρέσσον ἐστὶ τῶν ἐν ἰητρικῇ ὀργάνων, οὐδὲ προσδοκᾶσθαι τοῦτό που δεῖ ὑπὸ ἰητρικῆς κρατηθῆναι ἄν. αὐτίκα γὰρ τῶν ἐν ἰητρικῇ καιόντων πῦρ ἐσχάτως καίει, τούτου δὲ ἡσσόνως ἄλλα πολλά· τῶν μὲν οὖν ἡσσόνων τὰ κρέσσω οὔπω δηλονότι ἀνίητα, τῶν δὲ κρατίστων τὰ κρέσσω πῶς οὐ δηλονότι ἀνίητα; ἃ γὰρ πῦρ δημιουργεῖ, πῶς οὐ τὰ τούτων μὴ ἁλισκόμενα δηλοῖ ὅτι ἄλλης τέχνης δεῖται καὶ οὐ ταύτης, ἐν ᾗ τὸ πῦρ ὄργανον; ωὑτὸς δέ μοι λόγος καὶ ὑπὲρ τῶν ἄλλων ὅσα τῇ ἰητρικῇ συνεργεῖ, ὧν ἁπάντων φημὶ δεῖν ἑκάστου (οὐ) κατατυχόντα τὸν ἰητρὸν τὴν δύναμιν αἰτιᾶσθαι τοῦ πάθεος, μὴ τὴν τέχνην. οἱ μὲν οὖν μεμφόμενοι τοὺς τοῖσι

1 θέλοντας A et Cod. med. gr. Vindob. 43, ἐθέλ. MR   ἐγχειρεῖν A, ἐγχειρέειν MR   τοῖσι MR, om. A   1—2 κεκρατημένοις A, κεκρατημένοισιν MR (ν add. M²)   3 ὑφ' Ar, ἀφ' Mr   ἑαυτῶν A, αὐτῶν MR   ἰᾶσθαι (bis) MR, ἰῆσθαι A   ἃ MR, ἂν A   4 μεγάλης A, om. MR   5 εἰ AR, ἢ M (corr. m. 2)   6 αὐτῶν A, αὐτέων MR   ἐπιμέλονται A, ἐπιμελοῦνται MR (ἐπιμελεῦνται M¹)   7 κεῖνα AM, ἐκεῖνα R   ἡ τέχνην A, τέχνην MR   8 φύσις A, om. MR   ἀγνοεῖ AR, ἀγνοῇ M (corr. m. 1)   9 μανίῃν ἁρμόζουσαν ἀγνοίῃ libri (μανίην in μᾶλλον mut. M², ἀγνοίᾳ A), ἄγνοιαν ἁρμόζουσαν μανίῃ Zwing.   10 ἐπικρατέειν libri   τούτων MR, τουτέων A   10—11 δημιουργοῖς εἶναι MR (οις M² in ras.), om. εἶναι A   11 ὥνθρωπος AM, ἄνθρωπος R   12—13 τοῦτό που δεῖ A, om. MR   13 πῦρ MR, τὸ πῦρ A   14 τούτου MR, τουτέου A   ἧσσον ὡς A, ἧσσον καὶ R, lacuna in ras. post ἧσσον (accent. add. m. 2) M, ἡσσόνως scripsi   ἡσσόνων A¹ (corr. m. 4)   15 κρέσσω AR, κρέσσω M   ἀνίητα AM¹, κ' ἀνίητα M²R   16 Post δῆλον ὅτι add. ἐστιν A   δημιουργίῃ A, οὐ δημιουργίη MR   τὰ τούτων A, τὰ τούτῳ MR   17 τέχνης δεῖται AM, δεῖται τέχνης R   ἐν M², ἐν ᾗ που ἐν ᾗ M¹, ἐν ᾗ A, ἧς ἐν R   18 τῶν ἄλλων Ar, τῆς τῶν ἄλλων Mr   ξυνεργεῖ libri, ξυνεργίῃ Zwing. in marg.   19 ἑκάστου κατατ. AMr, ἑκάστου μὴ κατατ. r, (οὐ) inserui   20 πάθους Ar, πάθεος Mr   μὴ MR, ἀλλὰ μὴ Ar   τοὺς τοῖσι κεκρατημένοισι μὴ ἐγχειρέοντας A, τούτοισι (mut. in τοὺς τοῖσι m. 1) κεκρ. μὴ ἐγχειρέοντας (mut. in ἐγχειρέουσι m. 2) M, τοῖσι (om. r) τοὺς κεκρ. μὴ ἐγχειρέουσι R

8. Es gibt aber Einige, welche die Heilkunst um der Aerzte willen tadeln, welche die von den Krankheiten schon ganz Bewältigten gar nicht zu behandeln unternehmen, indem sie sagen, dass, was sie zu heilen versuchen, auch ohne sie gut würde, was aber ausgiebiger Hilfe bedarf, das fassen sie gar nicht an; sie müssten aber, wenn die Kunst wahrhaft bestünde, alles gleichmässig heilen. Wenn nun die, welche dies sagen, die Aerzte darum tadelten, dass sie sie, wenn sie dies sagen, nicht als Wahnwitzige behandeln, so würden sie sie mit besserem Rechte tadeln, als indem sie jenes sagen. Denn wenn Jemand von der Kunst, was nicht die Kunst, oder von der Natur, was nicht die Natur vermag, verlangt, so irrt er einen Irrthum, der eher dem Wahnwitz eignet als der Unwissenheit. Denn was wir durch die Kräfte der Körper und durch die Hilfsmittel der Künste zu bewältigen vermögen, darin können wir etwas schaffen, sonst aber in nichts. Wenn nun der Mensch von einem Uebel befallen ist, das stärker ist als die Hilfsmittel der Kunst, so darf man gar nicht erwarten, dass es von der Heilkunst bewältigt werde. Denn sogleich von den Brennmitteln, welche die Aerzte gebrauchen, brennt das Feuer am stärksten, minder stark aber auch andere mehr. Was nun stärker ist als das minder Starke, das ist offenbar noch nicht unheilbar, was aber stärker ist als das Stärkste, wie sollte das nicht unheilbar sein? Denn wenn das Feuer Uebel behandelt, wie sollten jene von ihnen, die dabei nicht unterliegen, nicht den Beweis liefern, dass sie einer anderen Kunst bedürfen, und nicht der, in welcher das Feuer das Werkzeug ist? Und ebendasselbe gilt mir auch von allen anderen Hilfsmitteln der Heilkunst, von welchen ich insgesammt behaupte, dass der Arzt jedesmal, wenn er mit ihnen sein Ziel verfehlt, die Stärke des Leidens anzuklagen hat, nicht aber die Kunst.

κεκρατημένοισι μὴ ἐγχειρέοντας παρακελεύονται καὶ ὧν μὴ προσήκει ἅπτεσθαι οὐδὲν ἧσσον ἢ ὧν προσήκει· παρακελευόμενοι δὲ ταῦτα ὑπὸ μὲν τῶν ὀνόματι ἰητρῶν θωμάζονται, ὑπὸ δὲ τῶν καὶ τέχνῃ καταγελῶνται. οὐ μὴν οὕτως ἀφρόνων οἱ ταύτης τῆς δημιουργίης ἔμπειροι οὔτε μωμητέων οὔτ' αἰνετέων δέονται, ἀλλὰ λελογισμένων πρὸς ὅ τι αἱ ἐργασίαι τῶν δημιουργῶν τελευτώμεναι πλήρεις εἰσὶ καὶ ὅτευ ὑπολειπόμεναι ἐνδεεῖς, ἔτι τῶν ἐνδειῶν, ἅς τε τοῖς δημιουργεῦσιν ἀναθετέον ἅς τε τοῖς δημιουργεομένοισιν.

9. Τὰ μὲν οὖν κατὰ τὰς ἄλλας τέχνας ἄλλος χρόνος μετ' ἄλλου λόγου δείξει· τὰ δὲ κατὰ τὴν ἰητρικὴν οἷά τέ ἐστιν ὥς τε κριτέα, τὰ μὲν ὁ παρῳχημένος τὰ δὲ ὁ παρεὼν διδάξει λόγος. ἔστι γὰρ τοῖσι ταύτην τὴν τέχνην ἱκανῶς εἰδόσι τὰ μὲν τῶν νοσημάτων οὐκ ἐν δυσόπτῳ κείμενα καὶ οὐ πολλά, τὰ δὲ οὐκ ἐν εὐδήλῳ καὶ πολλά. ἔστιν δὲ τὰ μὲν ἐξανθεῦντα ἐς τὴν χροιὴν ἢ χροιῇ ἢ οἰδήμασιν ἐν εὐδήλῳ· παρέχει γὰρ ἑωυτῶν τῇ τε ὄψει τῷ τε ψαῦσαι τὴν στερεότητα καὶ τὴν ὑγρότητα αἰσθάνεσθαι, καὶ ἅ τε αὐτῶν θερμὰ ἅ τε ψυχρά, ὧν τε ἑκάστου ἢ παρουσίῃ ἢ ἀπουσίῃ τοιαῦτ' ἐστίν. τῶν μὲν οὖν τοιούτων πάντων ἐν πᾶσι τὰς ἀκέσιας ἀναμαρτήτους δεῖ εἶναι, οὐχ ὡς ῥηιδίας, ἀλλ' ὅτι ἐξεύρηνται· ἐξεύρηνταί γε μὴν οὐ τοῖσι βουληθεῖσιν, ἀλλὰ τούτων τοῖσι δυνηθεῖσιν· δύνανται δὲ οἷσι τά τε τῆς παιδείης μὴ ἐκποδὼν τά τε τῆς φύσιος μὴ ταλαίπωρα.

10. Πρὸς μὲν οὖν τὰ φανερὰ τῶν νοσημάτων οὕτω δεῖ εὐπορεῖν τὴν τέχνην· δεῖ γε μὴν αὐτὴν οὐδὲ πρὸς τὰ ἧσσον φανερὰ ἀπορεῖν·

1 προσήκει MR, προσήκει A 1—2 ἅπτεσθαι—προσήκει MR, om. A 2 τῶν A, τῶι M[1] (ι in ν mut. m. 2), τῶν τῷ R 3 ὀνόματι AR, οὐνόματι Mr 4 ἀφρόνων MR, ἄφρονες Ar δημιουργίης A[1] (corr. m. 4), δημιουργίας MR μωμητῶν libri οὔτε (in ras.; fuit, ut vid., οὔτοι) ἐπαινετῶν A, οὔτ' αἰνετῶν MR 5 λελογισμένων MR, λελογισμένος (?) A αἱ AMr, ἐν αἱ r 6 ὑπολειπόμεναι ἐνδεεῖς A (ἐνδεεῖς m. 2), ὑπολειπόμεναι ἐνδεεῖς MR ἔτι A, ἔτι τε MR 7 ἐνδειῶν MR, ἐνδεῶν Ar δημιουργεῦσιν AR, δημιουργοῖσιν M τοῖς δημιουργεομένοισιν (ν eras. m. 2) A, τοῖσι δημιουργουμένοισι MR 9 δείξει libri 10 παρεχόμενος AM, παρῳχημένος R παρεὼν A, παρὼν MR 12 δὲ A, δ' MR πολλά· ἔστιν δὲ τὰ μὲν ἐξανθεῦντα A, πολλά ἐστι, τὰ δ' ἐξανθεῦντα MR, post πολλά ἐστιν inseruit Cornarius τὰ μὲν γὰρ πρὸς τὰ ἐντὸς τετραμμένα ἐν δυσόπτῳ 13 ἢ χροιῇ A, om. MR οἰδήμασιν AMR, οἰδέουσιν r 13—14 ἑωυτὴν τήν τε ὄψει (ὄψιν in ras. m. 3 et 4) τό τε ψαῦσαι A, ἑωυτῶν τῇ τε ὄψει τῷ τε ψαῦσαι MR 14 τὴν στερεότητα καὶ τὴν ὑγρότητα AM, τῆς στερεότητος καὶ τῆς ὑγρότητος R 15 ἡ παρουσίη ἢ ἀπουσίη (ἢ ἀπουσ. A, ἢ ἀπουσ. M[1]) AM, ἢ παρουσίῃ ἢ ἀπουσίῃ R 16 τοιαῦτ' Mr, τοιαύτη Ar τῶν μὲν οὖν Ar, τῶν μὲν Mr, τῶν μὲν δὴ r πᾶσι A, ἅπασι MR 18 τούτων MR, τουτέων A δυνηθεῖσιν (et βουληθεῖσιν) A[1], δυνηθεῖσι MR 19 παιδείης A[1]M[1] ταλαίπωρα MR, ἀταλαίπωρα A 20 οὕτω AR, οὕτως M εὐπορέειν libri 21 οὐδὲ AM, μηδὲ R ἧσσονα (ν eras.) M, ἧσσονα r, ἧσσον Ar, ἡσσόνως scripsi ἀπορέειν libri

Jene nun, welche die Aerzte darum tadeln, dass sie die von unheilbaren Krankheiten Ergriffenen nicht behandeln, verlangen, dass sie das Ungehörige ebenso thun sollen wie das Gehörige, und indem sie dies verlangen, werden sie von den Aerzten, die es dem Namen nach sind, bewundert, von denen aber, die es in Wahrheit sind, verlacht. Denn nicht so thörichter — weder Lobredner noch Tadler bedürfen die Meister dieser Kunst, sondern solcher, die erwägen, wo die Arbeiten der Künstler ihr Ziel erreichen und voll sind, und wo sie hinter diesen zurückbleiben und mangelhaft sind; und ebenso in Betreff der Mängel, welche von ihnen den arbeitenden Künstlern zur Last fallen, und welche den Gegenständen der Arbeit.

9. Was nun die anderen Künste betrifft, so soll dies eine andere Zeit und eine andere Rede lehren. Was aber die Heilkunst angeht, wie sie beschaffen und wie sie zu beurtheilen ist, so hat dies zum Theil das Vorangegangene gezeigt, zum Theil wird es das Folgende zeigen. Es gibt nämlich für jene, welche die Kunst ausreichend verstehen, Krankheiten, die nicht im Dunkeln liegen — und deren sind nicht viele —, und andere, die nicht offen zu Tage liegen — und deren sind viele. Denn was an die Aussenseite mit Farben oder in Anschwellungen hervorbricht, das liegt zu Tage: denn es bietet sich dem Gesicht und dem Getaste dar und lässt so erkennen, was an ihm hart und was an ihm weich, und was warm und was kalt ist, und durch welcher Dinge Anwesenheit oder Abwesenheit es jedesmal eines von diesen ist. Von diesen allen, so behaupte ich, muss die Behandlung immer und überall unfehlbar sein, nicht dass sie leicht ist, sondern weil sie entdeckt ist; entdeckt ist sie aber nicht für die, welche sie ausüben wollen, sondern unter diesen für die, welche es können; es können es aber Jene, deren Natur nicht widerstrebt und denen es an Mitteln der Bildung nicht gefehlt hat.

10. Gegen die sichtbaren Krankheiten muss also die Kunst zu steter Hilfe gerüstet sein, sie darf aber auch den un-

ἔστιν δὲ ταῦτα ἃ πρός τε τὰ ὀστέα τέτραπται καὶ τὴν νηδύν· ἔχει δὲ τὸ σῶμα οὐ μίαν, ἀλλὰ πλείους· δύο μὲν γὰρ αἱ τὸ σιτίον δεχόμεναί τε καὶ ἀφιεῖσαι, ἄλλαι δὲ τούτων πλέους, ἃς ἴσασιν οἷσι τούτων ἐμέλησεν· ὅσα γὰρ τῶν μελέων ἔχει σάρκα περιφερέα ἣν μῦν καλέουσιν, πάντα νηδὺν ἔχει. πᾶν γὰρ τὸ ἀσύμφυτον, ἤν τε δέρματι ἤν τε σαρκὶ καλύπτηται, κοῖλόν ἐστι, πληροῦταί τε ὑγιαῖνον μὲν πνεύματος ἀσθενῆσαν δὲ ἰχῶρος. ἔχουσι μὲν τοίνυν οἱ βραχίονες σάρκα τοιαύτην, ἔχουσι δ' οἱ μηροί, ἔχουσι δ' αἱ κνῆμαι. ἔτι δὲ καὶ ἐν τοῖσιν ἀσάρκοισιν τοιαύτη ἔνεστιν οἵη καὶ ἐν τοῖσιν εὐσάρκοισιν ἐνεῖναι δέδεικται. ὅ τε γὰρ θώρηξ καλεόμενος ἐν ᾧ τὸ ἧπαρ στεγάζεται, ὅ τε τῆς κεφαλῆς κύκλος ἐν ᾧ ὁ ἐγκέφαλος, τό τε νῶτον πρὸς ᾧ ὁ πλεύμων — οὐδὲν ὅ τι τούτων οὐ κενεόν ἐστιν, πολλῶν διαφυσίων μεστός, ᾗσιν οὐδὲν ἀπέχει πολλῶν ἀγγεῖα εἶναι τῶν μέν τι βλαπτόντων τὸν κεκτημένον τῶν δὲ καὶ ὠφελεόντων. ἔτι δὲ καὶ πρὸς τούτοισι φλέβες πολλαὶ καὶ νεῦρα οὐκ ἐν τῇ σαρκὶ μετέωρα ἀλλὰ πρὸς τοῖς ὀστέοισι προστεταμένα, σύνδεσμος ἔς τι τῶν ἄρθρων καὶ αὐτὰ τὰ ἄρθρα, ἐν οἷσιν αἱ συμβολαὶ τῶν κινεομένων ὀστέων ἐγκυκλέονται· καὶ τούτων οὐδὲν ὅ τι οὐχ ὑπόφορόν ἐστι καὶ ἔχον περὶ ἑωυτὸ θαλάμας, ἃς καταγγέλλει ἰχώρ, ὃς ἐκ διοιγομένων αὐτέων πολλός τε καὶ πολλὰ λυπήσας ἐξέρχεται.

1 ἔστιν A, ἐστὶ MR   ταῦτα M¹, ταῦθ' ἃ M²   πρός τε τὰ MR, προς τὰ A   2 πλείους libri   το σιτιον A, τὸ (ν add. M²) σίτον Mr, τὸν σῖτον R   διχόμεναι αἵ τε καὶ A, δεχόμεναί (δεχόμεν αἱ M¹) τε καὶ MR   3 τουτέων libri   πλείους libri   πλείους—τουτέων om. A   τουτέων libri   ἐμέλησεν MR (ἐ add. M²), ἐν μελετῆν A²⁻⁴ (fuit, ut vid. ει sive ἐς μέλησιν)   ὁκόσα pro ὅσα Erotianus (p. 99, 15 Klein)   4 καλέουσιν A, καλέουσι MR   5 ξύμφυτον Erotian. l. l.   8 τοῖσιν ἀσάρκοισιν A, τοῖς ἀσάρκοισι MR   9 ἐν εἶναι A, εἶναι MR   δέδειται M¹ (δέδεικται M²), λέλεκται A, δέδεικται R   11 ᾧ M et Serv., ὃ A² (in ras.; fuit, ut vid., ω) R   πλεύμων AM¹, πνεύμων RM²   οὐδὲν ὅτι τούτων A, τούτων οὐδὲν ὅ τι οὐ (ἔστιν M, ἔτι οὐ r) Mr   καὶ ἐν ᾧ ἐστιν A, καὶ αὐτὸ κενὸν (κοινὸν M) ἐστι MR, κενεόν scripsi   11—12 διαφυσίων MR, διαφύσεων A   12 μεστόν ἐστιν libri, μεστός scripsi   οἷσιν libri, ᾗσιν Zwing. in marg. (ante οἷσιν littera erasa in M, fort. τ, in marg. τόν, supra script. σφάλμα, ut videtur)   πολλῶν AM, Zwing. in marg., Serv., πολλὸν R   μέν τι A (τοι m. 4) r, μέντοι MR   13 ὠφελεόντων A, ὠφελούντων MR   ἔτι δὲ πρὸς τούτοισι καὶ MR, ἔστι δὲ καὶ πρὸς τουτέοισι A   15 προστεταμένα AMR, προστετυγμένα r   ἐστὶ libri, ἔς τι Littré   16 συμβολαὶ MR, ξυμβολαὶ A   κινεομ. A   ἐγκυκλ. MR, ἐκκυκλ. A   17 ὕπαφρον libri, ὑπόφρον Erotian. (p. 123, 15 Klein), ὑπόφορον Zwing. in marg. (1579) et Foes. (1595) secundum ‚exemplaria quaedam'   περὶ ἑωυτὸ A, περὶ αὐτὸ MR Erot.   18 ὁ ἰχωρος A¹ (ut vid., ος in ὃς mut. m. 2), ἰχῶρος r, ἰχὼρ ὃς MR   διοιγομένων AMr, ἀνοιγομένων r, διαφθειρομένων r   πολλῆς A, πολὺς MR   πολλὰ A, πολλοὺς MR

sichtbaren gegenüber nicht hilflos sein. Es sind dies aber die, welche gegen die Knochen gekehrt sind und gegen die innere Höhlung. Es hat deren aber der Körper nicht eine, sondern mehrere; denn zwei sind es, welche die Speisen aufnehmen und wieder abgeben, und andere mehr, welche die kennen, die dies kümmert. Denn diejenigen unter den Gliedmassen, welche eine runde Fleischbedeckung haben, die man Muskel nennt, die haben auch alle eine Höhlung. Denn alles, was nicht ununterbrochen zusammengewachsen ist, es mag nun mit Haut oder mit Fleisch umhüllt sein, ist hohl und im gesunden Zustand mit Luft erfüllt, im kranken aber mit Saft. Ein solches Fleisch besitzen nun die Oberarme, ein solches auch die Oberschenkel, ein solches auch die Unterschenkel. Und auch in den fleischlosen Theilen findet sich eben das, was wir in den fleischigen gefunden haben. Denn die sogenannte Rippenhöhle, in der die Leber ruht, und das Rund des Hauptes, in dem das Gehirn wohnt, und der Rücken, gegen den die Lunge gekehrt ist, — von alledem ist nichts, was nicht selbst ein Hohlraum und von Zwischenräumen erfüllt wäre, denen nichts dazu fehlt, Gefässe zu bilden, deren reicher Inhalt dem Besitzer mitunter schadet, mitunter aber auch nützt. Und überdies gibt es auch noch viele Adern, desgleichen Sehnen, die nicht im Fleisch obenan liegen, sondern gegen die Knochen gespannt sind, ein Band der Gelenke bis zu einem gewissen Punkte, und eben die Gelenke selbst, in denen das Gefüge der bewegten Knochen sich umschwingt — und nichts von alledem gibt es, was nicht selber von Gängen durchzogen wäre und Kammern besässe, welche der Saft verräth, der, sobald sie geöffnet werden, in grosser Menge und zu grossem Schaden hervorströmt.

11. Οὐ γὰρ δὴ ὀφθαλμοῖσί γε ἰδόντι τούτων τῶν εἰρημένων οὐδενὶ οὐδέν ἐστιν εἰδέναι· διὸ καὶ ἄδηλα ἐμοί τε ὠνόμασται καὶ τῇ τέχνῃ κέκριται εἶναι. οὐ μὴν ὅτι ἄδηλα κεκράτηκεν, ἀλλ' ᾗ δυνατὸν κεκράτηται· δυνατὸν δ' ἕως αἵ τε τῶν νοσεόντων φύσιες [ἐς] τὸ σκεφθῆναι παρέχουσιν αἵ τε τῶν ἐρευνησόντων ἐς τὴν ἔρευναν πεφύκασιν. μετὰ πλέονος μὲν γὰρ πόνου καὶ οὐ μετ' ἐλάσσονος χρόνου ἢ εἰ τοῖς ὀφθαλμοῖσιν ἑωρᾶτο γινώσκεται· ὅσα γὰρ τὴν τῶν ὀμμάτων ὄψιν ἐκφεύγει, ταῦτα τῇ τῆς γνώμης ὄψει κεκράτηται· καὶ ὅσα δ' ἐν τῷ μὴ ταχὺ ὀφθῆναι οἱ νοσέοντες πάσχουσιν, οὐχ οἱ θεραπεύοντες αὐτοὺς αἴτιοι, ἀλλ' ἡ φύσις ἥ τε τοῦ νοσέοντος ἥ τε τοῦ νοσήματος. ὁ μὲν γάρ, ἐπεὶ οὐκ ἦν αὐτῷ ὄψει ἰδεῖν τὸ μοχθέον οὐδ' ἀκοῇ πυθέσθαι, λογισμῷ μετῄει. καὶ γὰρ δὴ καὶ ἃ πειρῶνται οἱ τὰ ἀφανέα νοσέοντες ἀπαγγέλλειν περὶ τῶν νοσημάτων τοῖσι θεραπεύουσι, δοξάζοντες μᾶλλον ἢ εἰδότες ἀπαγγέλλουσιν· εἰ γὰρ ἠπίσταντο, οὐκ ἂν περιέπιπτον αὐτοῖσι· τῆς γὰρ αὐτῆς συνέσιός ἐστιν ἥπερ τὸ εἰδέναι τῶν νούσων τὰ αἴτια καὶ τὸ θεραπεύειν αὐτὰς ἐπίστασθαι πάσῃσι τῇσι θεραπείῃσιν αἳ κωλύουσι τὰ νοσήματα μεγαλύνεσθαι. ὅτε οὖν οὐδ' ἐκ τῶν ἀπαγγελλομένων ἔστι τὴν ἀναμάρτητον σαφηνείην ἀκοῦσαι, προσοπτέον τι καὶ ἄλλο τῷ θεραπεύοντι. ταύτης οὖν τῆς βραδυτῆτος οὐχ ἡ τέχνη ἀλλ' ἡ φύσις αἰτίη τῶν σωμάτων· ἡ μὲν γὰρ αἰσθομένη ἀξιοῖ θεραπεύειν, σκοπεῦσα ὅπως μὴ τόλμῃ μᾶλλον ἢ γνώμῃ καὶ ῥηστώνῃ μᾶλλον ἢ βίῃ θεραπεύῃ. ἡ δ' ἢν μὲν δὴ ἐξαρκέσῃ ἐς τὸ ὀφθῆναι, ἐξαρκέσει καὶ ἐς τὸ ὑγιανθῆναι· ἣν δ' ἐν ᾧ τοῦτο ὁρᾶται κρατηθῇ διὰ τὸ βραδέως αὐτὴν ἐπὶ τὸν θεραπεύσοντα ἐλθεῖν ἢ διὰ τὸ τοῦ νοσήματος τάχος, οἰχήσεται. ἐξ ἴσου

---

1 ὀφθαλμοῖσί γε MR, ὀφθαλμοῖσιν A[1] (ν in γ' mut. m. 3) 2 ἐστιν MR, ἐστι A[1] (ν add. m. 3) διὸ AMr, διὸ δὴ r 3 ᾗ A, ‚vetus cod.' Mercur. (ᾗ ἴσως), Par. 2143, εἰ MR 4 δὲ ὅσα τε A[1] (ὅσον m. 4), δὲ ὅσα τε M[1] (ὡς αἵ τε m. 2) r, δὲ ὅσον αἵ τε r?, δ' ἕως αἵ τε scripsi ἐς seclusi 5 πεφύκασιν A, πεφύκασι MR πλέονος libri 6—7 χρόνου ἢ εἰ τοῖς ὀφθαλμοῖς συνεωρᾶτο γινώσκεται A, χρόνου εἰ τοῖσιν ὀφθαλμοῖσιν ἑωρᾶτο γινώσκεται MR, χρόνου τοῖσιν ὀφθαλμοῖσιν ὁρᾶταί τι καὶ γινώσκεται r 8 καὶ ὅσα δ' AM, καὶ ὅσα δὲ R 10 αὐτῷ MR, αὐτῶ A 12 ἀπαγγέλλειν A[1] 13 ἀπαγγέλλουσιν A 14 περιέπιπτον A[1] (π inser. m. 3) αὐτοῖσι A, αὐτοῖς MR ξυνέσιος libri ἥπερ MR, ὑπὲρ A 16 κωλύουσι MR, κωλύουσιν Ar οὐδ' ἐκ AM, οὐδὲ ἐκ R 17 ἀπαγγελλομ. A, ἀπαγγελλομ. M, ‚vet. cod.' Merc. (ἀπαγγελλ. ἴσως), ἐπαγγελλ. R ἔστι AR, ἐπὶ Mr σαφηνεῖαν A[1] (ι mut. in ει m. 4) r, σαφηνείην Mr, σαφηνίην R προσοπτέον (?) ντη (?) A[1], προσοπτέοντες A[2] 18 καὶ ἄλλο τ. θ. MR, om. A 19 ἡ τῶν MR, τῶν A αἰσθομένη A, αἰσθανομένη MR 19—20 σκοπεῦσα libri, καὶ σκοπ. A 20 ῥηστώνῃ libri (ρηστ. A, ει mut. in a) 21 θεραπεύῃ A[1] (η supra scrips. m. 4), θεραπεύειν Mr, θεραπεύῃ r ἂν δ' A[1] (ἢν δ' m. 2), ἢν δ' M[1], ἂν δ' M[2]R δ' ἐξαρκέσει A, ἀρκέσῃ MR, δὴ ἐξαρκέσῃ scripsi ἐς (bis) AM, πρὸς R 22 ὑγιανθῆναι AM, ἰαθῆναι R

11. Allerdings kann niemand nichts von alledem mit Augen erschauen und also erkennen, weshalb ich es denn dunkel nenne und es auch der Kunst dafür gilt. Aber weil es dunkel ist, darum hat es noch nicht den Sieg davongetragen; sondern es ist, soweit dies möglich ist, besiegt worden. Möglich aber ist es, insoweit die Natur der Leidenden die Prüfung gestattet und die der Forschenden der Forschung gewachsen ist. Denn freilich minder früh und nicht mit geringerer Müh', als wenn es mit Augen geschaut würde, wird es erkannt. Denn was dem Licht der Augen entflieht, das wird durch das Licht des Geistes bewältigt; und was die Kranken in der Zwischenzeit leiden, daran sind nicht die Behandelnden schuld, sondern die Natur der Leidenden sowohl als jene des Leidens. Denn da jener das Uebel nicht mit Augen schauen konnte und nicht mit den Ohren vernehmen, so verfolgt er es durch Schlüsse. Denn auch das, was die an unsichtbaren Uebeln Darniederliegenden über ihr Leiden auszusagen versuchen, sagen sie mehr der Meinung als dem Wissen gemäss aus. Denn wenn sie das Uebel verstünden, so wären sie ihm gar nicht anheimgefallen; denn die Sache derselben Erkenntniss ist es, die Ursachen der Krankheiten zu wissen und sie zu behandeln verstehen mit allen Mitteln der Behandlung, welche das Heranwachsen der Krankheiten verhindern. Wenn nun also auch nicht aus den Aussagen der Kranken die unfehlbare Gewissheit zu entnehmen ist, so muss sich der Arzt nach etwas anderm umsehen. Und an dieser Verzögerung ist nicht die Kunst schuld, sondern die Natur der Körper selbst. Denn jene will nur Hand anlegen, nachdem sie wahrgenommen hat, indem sie sich vorsieht, dass sie nicht mehr mit Verwegenheit als mit Weisheit und lieber mit Milde als mit Gewalt verfahre. Wenn aber die Natur die Erkenntniss gestattet, so wird sie auch die Heilung gestatten. Wenn jedoch der Kranke in der Zeit, bis alles erkannt ist, unterliegt, weil er zu spät zum Arzte kam oder wegen des schnellen

μὲν γὰρ ὁρμώμενον τῇ θεραπείῃ οὐκ ἔστι θᾶσσον, προλαβὸν δὲ θᾶσσον· προλαμβάνει δὲ διά τε τὴν τῶν σωμάτων στεγνότητα, ἐν ᾗ οὐκ ἐν εὐόπτῳ οἰκέουσιν αἱ νοῦσοι, διά τε τὴν τῶν καμνόντων ὀλιγωρίην· ἐπεὶ τί θῶμα; οὐ λαμβανόμενοι γὰρ ἀλλ' εἰλημμένοι ὑπὸ τῶν νοσημάτων θέλουσι θεραπεύεσθαι.

12. Ἔτι τῆς τέχνης τὴν δύναμιν ὁπόταν τινὰ τῶν τὰ ἄδηλα νοσεόντων ἀναστήσῃ θωμάζειν ἀξιώτερον ἢ ὁπόταν μὴ ἐγχειρήσῃ τοῖς ἀδυνάτοις ⟨ὑπερφρονέῃ⟩. οὔκουν ἐν ἄλλῃ γε δημιουργίῃ τῶν εὑρημένων οὐδεμιῇ ἔνεστιν οὐδὲν τοιοῦτον· ἀλλ' αὐτέων ὅσαι πυρὶ δημιουργέονται τούτου μὴ παρεόντος ἀργοί εἰσι, μετὰ ⟨δὲ⟩ τοῦ ἀρθῆναι ἐνεργοί. καὶ ὅσαι τοι ἐν εὐεπανορθώτοισι σώμασι δημιουργέονται, αἱ μὲν μετὰ ξύλων αἱ δὲ μετὰ σκυτέων, αἱ δὲ γραφῇ χαλκῷ τε καὶ σιδήρῳ καὶ τοῖσι τούτων . . . σχήμασιν ἐργασίαι πλεῖσται — ἔοντα [δὲ] τὰ ἐκ τούτων καὶ μετὰ τούτων δημιουργεόμενα εὐεπανόρθωτα, ὅμως οὐ τῷ τάχει μᾶλλον ἢ ὡς δεῖ δημιουργεῖται· οὐδ' ὑπερβατῶς· ἀλλ' ἢν ἀπῇ τι τῶν ὀργάνων ἐλινύει· καίτοι κἀκείνῃσι τὸ βραδὺ πρὸς τὸ λυσιτελὲς ἀσύμφορον· ἀλλ' ὅμως προτιμᾶται.

2 στεγνότητα M^1 (στεγανότητα M^2) r, στενότητα AR 3 ἐπιτίθεται A^1 (ἐπιτίθενται A^2), ἐπι τί θῶμα (sic) M, ἐπιτίθενται R, ἐπεὶ τί θῶμα; scripsi (ἐπεὶ ἴσασιν Littré) 4 οὐ λαμβανόμενοι γὰρ ἀλλ' εἰλημμένοι ὑπὸ A, οὐ λαμβανόμενοι ὑπὸ M, οὐ λαμβανόμενοι δὲ ὑπὸ R, γὰρ λαμβανόμενοι δὲ ὑπὸ r ἐθέλουσι libri 6 ἐπὶ τῆς A, ἐπὶ τῆς γε M, ἐπεὶ τῆς γε R, ἔτι scripsi ὁπότε AM, ὁπόταν R τὰ MR, τε A 7 ἀναστήσει M^1 (ἀναστήσῃ m. 2) θαυμάζειν libri ἀξιότερον A^1M^1 ὁπόταν μὴ M, ὁπότερον μὴ A, ὁπόταν R ἐγχειρήσῃ Ar, ἐγχειρήσει M, ἐγχειρίσῃ R 8 ὑπερφρονέῃ inserui, ⟨ὑπεροράν⟩ Reinhold γε A, om. MR προειμένων A, ἤδη εὑρημένων MR 9 δημιοεργ. M, δημιεργ. A (ε in ου mut. m. 2), δημιουργ. R 10 ἀεργοί M, ἄεργοι A^2r, ἄνεργοι R, ἔργοι A^1 τοῦ AM (verba μ. τ. ἀ. iterat M), τοῦ τούτου R ὀρθῆναι A, ὀφθῆναι MR, ἀρθῆναι Cornarius (operarum vitio, ut vid., pro ἀρθῆναι) ἔνεργοι A (εν in ras. m. 2), ἀεργοί MR, εὐεργοί Codd. reg. ap. Foes. vocabula καὶ ὅσαι in libris ante μετὰ collocata transposuit et δὲ inseruit Cornarius καίτοι ἐν A, καὶ τοῖσιν MR, τοι ἐν scripsi 11 σώμασι A, τοῖσι σώμασι MR δημιοεργ. M, δημιουργ. AR 12—13 μ χνμασιν πλεῖσται A^1, μ σχήμασι αἱ πλ. A^2, μ σχήμασι αἱ πλ. A^3, πλεῖσται A^4, ὁμοίως αἱ πλεῖσται MR, ... σχήμασιν ἐργασίαι πλεῖσται scripsi 13 ὄντα δὲ ἐκ A, τὰ δ' ἐκ MR, δὲ seclusi. ἐκ τούτων MR, ἐκ τουτέων A 14 δημιοεργεόμενα R, δημιουργεόμενα AM καὶ εὐεπ. AMR, καὶ om. r οὐ τοι A, οὐ τῷ MR τάχει A^2 (ταχεῖ A^1, ut vid.) ἢ ὡσπεύδεται A, ἢ ὡς δεῖ M, ἢ τῷ ὡς δεῖ R 15 ἀλλ' ἢν ἀπαιτῇ A^1 (ἀπῇ τι A^4), ἀλλ' ἢν ἀπῇ τι M (ι mut in ε m. 2) ἐλινύει r, ἐλλινύειν r, ἐλινύει M^1 (alterum ν add. m. 2), ἐλινύουσιν A, 16 καίτοι κἀκείνοις AMR, καίτοι εἰ κἀκ. r λυσιτελεῖν A (τὸ add. m. 2), λυσιτελέον Mr, λυσιτελέστερον R 16—17 προτιμᾶται AR, προτ. Mr

Verlaufes der Krankheit, so ist er verloren. Denn wenn diese vom selben Punkte wie die Behandlung ausgeht, so ist sie nicht schneller, wohl aber, wenn sie einen Vorsprung gewonnen hat; einen Vorsprung aber gewinnt sie durch die Dichtigkeit der Körper, vermöge welcher die Krankheiten nicht offen zu Tage liegen, und durch die Lässigkeit der Kranken. Denn wie sollte es anders sein? Nicht, wenn sie ergriffen werden, sondern, wenn sie schon ergriffen sind von den Krankheiten, wollen sie geheilt sein.

12. Die Macht der Kunst aber ziemt es sich mehr zu bewundern, wenn sie einem von den an unsichtbaren Krankheiten Darniederliegenden wieder aufhilft, als sie zu verachten, wenn sie sich nicht an das Unmögliche wagt. Denn wenigstens in keiner anderen von den bisher erfundenen Künsten gibt es etwas Aehnliches; sondern diejenigen, die mit Feuer arbeiten, sind, wo dies fehlt, unthätig, wo es aber entbrannt ist, sind sie thätig. Und auch jene Gewerbe, die an leicht wieder gut zu machenden Stoffen geübt werden, die einen an Holz, die anderen an Häuten, die wieder mit Farben, mit Eisen und mit Erz, und mit dergleichen Arbeitsmitteln mehr, wie die meisten Künste sie gebrauchen — obgleich das, was aus diesen und mit diesen geschaffen wird, leicht wieder gut zu machen ist, wird doch nicht mit grösserer Eile gearbeitet als mit der gehörigen. Auch wird nichts übersprungen, sondern wenn eines von den Werkzeugen fehlt, so wird gefeiert. Und doch ist auch bei diesen Gewerben der Aufschub ihrem Vortheil nicht förderlich; aber er erhält dennoch den Vorzug.

13 (12). Ἰητρικὴ δὲ τοῦτο μὲν τῶν ἐμπύων τοῦτο δὲ τῶν τὸ ἧπαρ ἢ τοὺς νεφροὺς τοῦτο δὲ τῶν σημπάντων τῶν ἐν τῇ νηδύϊ νοσεύντων ἀπεστερημένη τι ἰδεῖν ὄψει, ᾗ τὰ πάντα πάντες ἱκανωτάτως ὁρῶσι, ὅμως ἄλλας εὐπορίας συνεργοὺς εὗρε. φωνῆς τε γὰρ λαμπρότητι καὶ τρηχύτητι καὶ πνεύματος ταχύτητι καὶ βραδύτητι, καὶ ῥευμάτων ἃ διαρρεῖν εἴωθεν ἑκάστοισι δι' ὧν ἔξοδοι δέδονται — [ὧν] τὰ μὲν ὀδμῇσι τὰ δὲ χροιῇσι τὰ δὲ λεπτότητι καὶ παχύτητι διασταθμωμένη τεκμαίρεται, ὧν τε σημεῖα ταῦτα, ἅ τε πεπονθότων ἅ τε παθεῖν δυναμένων. ὅταν δὲ ταῦτα ⟨μὴ⟩ μηνύωνται μηδ' αὐτὴ ἡ φύσις ἑκοῦσα ἀφιῇ, ἀνάγκας εὕρηκεν, ᾗσιν ἡ φύσις ἀζήμιος βιασθεῖσα μεθίησιν· μεθεῖσα δὲ δηλοῖ τοῖσι τὰ τῆς τέχνης εἰδόσιν ἃ ποιητέα. βιάζεται δὲ τοῦτο μὲν πῦρ τὸ σύντροφον φλέγμα διαχεῖν σιτίων δριμύτητι καὶ πομάτων, ὅπως τεκμήρηταί τι ὀφθὲν περὶ ἐκείνων ὧν αὐτῇ ἐν ἀμηχάνῳ τὸ ὀφθῆναι ἦν· τοῦτο δ' αὖ πνεῦμα ὧν κατήγορον ὁδοῖσί τε προσάντεσι καὶ δρόμοις ἐκβιᾶται κατηγορεῖν, ἱδρῶτάς τε τούτοισι τοῖσι προειρημένοις ἄγουσα θερμῶν ὑδάτων ἀποπνοίῃσι πυρὶ ὅσα τεκμαί-

2 ξυμπάντων libri 3 ἀπεστερημένη AM, ἀποστερευμένη R τί αὖ ὄψεί ἢ τὰ A^1, τί αὖ ὄψει ἢ τὰ A^{2-4}, τῇ διανοίῃ (διανοίῃσι M) MR, correxit Littré, qui ἰδεῖν et ᾗ in codice A vidisse sibi visus est (ὄψει ἰδεῖν ἃ Zwing.) πάντες AMR, πάντως r 4 εὗρε AM, εὕρηκε R 4—6 λαμπρότητι καὶ τρηχύτητι (corr. m. 4) καὶ πνεύματος ταχυτητι καὶ βραδυτητι (corr. m. 3) καὶ ῥευμάτων A, λαμπρότητι καὶ βραδύτητι (βραδυτῆτι M) καὶ ῥευμάτων MR, λαμπρότητα καὶ βραδυτῆτα καὶ ῥεύματα r, λαμπρότητος καὶ βραδυτῆτα καὶ ῥευμάτων Monac.[1] (λαμπρότητα καὶ βραδυτῆτος Monac.[2]), λαμπρότητα καὶ βραδυτῆτα καὶ ῥεύματα Cornarius 5 διαρρ . . . . . θεν A^1 (lacuna duarum vel trium litter.), διαρρεῖν εἴωθεν A^4MR 6 ων A^1 (fuit fort. a), ὧν MR ἔξοδ (οι add. m. 2) A^1, ἔξοδοι MR ὧν libri, seclusit Ermerins ὀδμῇσι Mr, ὀσμῇσι r, ὀδμαῖς A χροι(?)σι A^1, χροιῆς A^2, χροιῇσι M, χροίῃσι r, χροιῇσι r 7 λεπτότητι καὶ παχύτητι AMR, λεπτότητος καὶ παχύτητος $A^?$ διασταθμωμένη MR, διασταθμώμενα A τεκμαίρεται AR, τε . . μαιρεται M 8—9 ταυτα μὴ μηνυοντα A, ταῦτα μηνύοντα M, μηνύονται r, μηνύωνται r (?), μὴ inser. Littré 9 εὕρηκεν ᾗσιν AR, εὕρηκεν ᾗσιν M, εὑρῆσα αἰνῇσιν r 10 ἀνεθῆσα A^1 (η in ει mut. m. 4), ἀνεθεῖσα MR, μεθεῖσα scripsi (praeivit Reinhold) δη . . . A (litterae quae sequebantur atramento superfluo oblitteratae sunt), δηλοῖ MR τοῖσι AR, τοι M 11 ποιητέα MR, ποιατα A^1 (corr. m. 2—4) πῦρ MR, πυου A^1 (πυουσιν A^{2-4}) διαχεῖν MR, διαχεῖν A 12 πομάτων A^2R, πωμάτων A^1M ὅπως A, ὅπως MR τεκμηρεται A^1 (ε in η mut. m. 2), τεκμαρεῖται Mr, τεκμαρῆται R ὀφθὲν MRA^2, οφθεν A^1 13 αὐτῆ ἐν ἀμηχανω το οφθῆναι ην A^1 (ὀφθ. m. 2), αὐτῇ ἐν ἀμηχάνῳ τὸ ὀφθῆναι M, αὐτὴ (αὐτῇ r) ἀμηχάνωτο (add. τὸ r) ὀφθῆναι R τοῦτο δ' αὖ Monac., τό τ' αὖ ceteri ὧν (sic semper) M, ὂν R, om. A (ὧν iam Littré invenerat) κατήγορον MR, κατηγορ (ον add. m. 2) A 14 ἐκβιᾶται MR, ἐκβιαται A^1 (ι in α mut. m. 2) κατηγορεῖν libri τουτοις (per compend. script.) A, τούτοισιν M, τούτοισι R 15 τοις προειρημένοις (per comp. script.) A, τοῖσι MR, προειρημένοισι M, προειρημένοισιν R θερμων υδατ (ος add. m. 3) ἀποπνοίῃσι πυρὶ οσα τεκμαιρονται (ε in αι mut. m. 2) A, ὑδάτων θερμῶν ἀποπνοίῃσι τεκμαίρεται MR, ὑδάτων θερμῶν πυρὶ ὅσα τεκμαίρονται, τεκμαίρεται Littré

13. Die Arzneikunst aber, die sowohl bei den Eiterbrüstigen als bei denen, die an Uebeln der Leber oder der Nieren oder überhaupt an Krankheiten der inneren Höhlungen darniederliegen, gehindert ist, etwas mit Augen zu sehen, durch welche Alle Alles am trefflichsten erschauen, hat sich dennoch andern hilfreichen Beistand geschaffen. Denn durch die Helligkeit und die Rauhigkeit der Stimme und durch die Schnelligkeit und Langsamkeit des Athems und durch die Durchflüsse, welche durchzufliessen pflegen, wo sich jedem von ihnen Ausgänge öffnen, die einen mit dem Geruch, die anderen nach ihrer Farbe, die wieder nach ihrer Dünne und Dichtigkeit prüfend, erkennt sie, wovon dies alles ein Zeichen ist, von welchen vergangenen und von welchen möglichen künftigen Leiden. Wenn aber all dies nichts von selber verräth und die Natur nichts freiwillig entsendet, so hat die Kunst einen Folterzwang ersonnen, durch welchen mit unschädlicher Gewalt genöthigt, die Natur etwas von sich gibt; indem sie es aber abgab, zeigt sie denen, die die Kunst verstehen, was zu thun ist. So wird denn das Feuer durch die Schärfe der Speisen und der Getränke gezwungen, den verdickten (?) Schleim zu zertheilen, um so etwas von dem ans Licht zu bringen, was sonst unmöglich zu erschauen war; und ebenso wird der Athem durch steile Wege und durch Laufen genöthigt, etwas von dem auszusagen, wovon er etwas auszusagen vermag; und durch die genannten Mittel führt sie auch noch Schweisse herbei, um das, was sich durch die Verdunstung warmen Wassers bei Feuer erkennen

ρονται, τεκμαίρεται. ἔστι καὶ ἃ διὰ τῆς κύστιος διελθόντα ἱκανώτερα δηλῶσαι τὴν νοῦσόν ἐστιν ἢ διὰ τῆς σαρκὸς ἐξιόντα. ἐξεύρηται οὖν καὶ τοιαῦτα πόματα καὶ βρώματα, ἃ τῶν θερμαινόντων θερμότερα γινόμενα τήκει τε ἐκεῖνα καὶ διαρρεῖν ποιεῖ ἃ οὐκ ἂν διερρύη μὴ τοῦτο παθόντα. ἕτερα μὲν οὖν πρὸς ἑτέρων καὶ ἄλλα δι' ἄλλων ἐστὶ τά τε διιόντα τά τ' ἐξαγγέλλοντα, ὥστε οὐ θαυμάσιον αὐτῶν τάς τ' ἀπιστίας χρονιωτέρας γίνεσθαι τάς τ' ἐγχειρήσιας βραχυτέρας, οὕτω δι' ἀλλοτρίων ἑρμηνειῶν πρὸς τὴν θεραπεύουσαν σύνεσιν ἑρμηνευομένων.

14 (13). Ὅτι μὲν οὖν καὶ λόγους ἐν ἑωυτῇ εὐπόρους ἐς τὰς ἐπικουρίας ἔχει ἰητρική, καὶ οὐκ εὐδιορθώτοισι δικαίως οὐκ ἂν ἐγχειροίη τῇσι νούσοισιν ἢ ἐγχειρεομένας ἀναμαρτήτους ἂν παρέχοι, οἵ τε νῦν λεγόμενοι λόγοι δηλοῦσιν αἵ τε τῶν εἰδότων τὴν τέχνην ἐπιδέξιες, ἃς ἐκ τῶν ἔργων ἐπιδεικνύουσιν, οὐ τὸ λέγειν καταμελήσαντες, ἀλλὰ τὴν πίστιν τῷ πλήθει ἐξ ὧν ἂν ἴδωσιν οἰκειοτέρην ἡγεύμενοι ἢ ἐξ ὧν ἂν ἀκούσωσιν.

---

1 ἔστι (per comp. scr.) καὶ ἃ A, ἔστι(ν) δὲ ἃ καὶ MR κύστιος MR, κύστιας A 1—2 δηλῶσαι τὴν νοῦσον AM, τὴν νοῦσον δηλῶσαι R 2 3 καὶ τὰ τοιαῦτα A, καὶ τοιαῦτα MR πόματα RA², πομ. sive πωμ. A¹, πώματα M γιν. AM, γιγν. R 4 τήκει τε MRA², τηκει τι A¹ ποιεῖ libri ἃ R, ἃ om. M, ἢ A διερρύη MR, διρρύη A¹ (ut vid.), διερύη A² μὴ τοῦτο AR, τοῦτο M 5 διιόντα libri, ἐξιόντα ‚vet. cod.' Mercur., an διεξιόντα? 6 ὥστε AM, ὥστ' R θαυμάσιον libri τε ἀπιστίας r, τε πίστιας (κ in ras., accent. mut. m. 2, α supra script., ni fallor, M) AMR χρονιωτέρας Mr, χρονιωτέρας Ar 6—7 γίνεσθαι — βραχυτέρας MR, om. A 7 ἐγχειρήσιας Mr, ἐγχειρήσιας r ἀλλοτρίων MR, αλοτριων A ἑρμηνειῶν MR, ερμηνειων A² (in ras.) 8 σύνεσιν AMR, ξυν. r 9 ἐς AM, εἰς R 10 ἡ ἰητρ. MR, ἡ om. A (in ras. sub qua η vix latere potest) εὐδιορθώτοισι MR, ευδιορθώτοις A (θο in θω mut. m. 4) ἐγχειροίη A, ἐγχειρέοι Mr, ἐγχειρέη r, ἐγχειρέοι r τῇσι MR, τοισι A (οι in η mut. m. 4) r 11 παρέχοι AM²r, παρέχει M¹, παρέχη r 12 ἐπιδέξιας libri post ἔργων add. MR ἥδιον ἢ ἐκ τῶν λόγων, om. A ει in ἐπιδεικνύουσιν A¹ (fuit ι) 13 καταμελήσαντες Sambucus et Foes., καταμελετήσαντες ceteri πίστιν MR, πίστην A 14 ἂν A, om. MR ἀκούσωσιν AR, ἀκούσωσι Mr

lässt, zu erkennen. Es gibt auch solches, was, wenn es durch die Blase hindurchgeht, geeigneter ist, die Krankheit kundzuthun, als wenn es durch das Fleisch hindurchläuft. So hat sie nun auch solche Speisen und Tränke erfunden, die wärmer sind als die innere Wärme, und also schmelzen und durchfliessen machen, was nicht durchflösse, wenn es dies nicht erführe. Da somit Verschiedenes auf Grund von Verschiedenem hervortritt, und Anderes durch Anderes hindurchgeht und etwas aussagt, so kann es nicht wundernehmen, dass die Behandlung der Krankheiten verkürzt, ihre Unklarheit aber verlängert wird, indem sie dergestalt durch fremde Botschaften ihren Bericht an die werkthätige Erkenntniss erstatten.

14. Dass nun die Arzneikunst über hilfreichen Beistand gewährende Einsichten gebietet und die nicht mehr zu heilenden Krankheiten mit Recht gar nicht anfasst oder, wenn sie sie anfasst, sie ohne Fehl wieder entlässt, das zeigt die jetzt gesprochene Rede gleichwie die Beweise derer, welche die Kunst verstehen, die es durch ihre Thaten beweisen — nicht das Reden verachtend, sondern in der Ueberzeugung, dass die Meisten mehr dem trauen, was sie mit Augen schauen, als was sie mit den Ohren vernehmen.

Commentar.

I. Vorbemerkungen.

1. Handschriftliches.

Die Textgestalt dieses gleichwie manches andern Bestandtheils der hippokratischen Sammlung liegt uns in drei Stadien fortschreitender Verschlechterung vor Augen. Die letzte dieser Stufen, welcher überaus zahlreiche Handschriften entstammt sind, bildet die Grundlage unserer Texte. Der, soweit die vorliegende Schrift in Betracht kommt, alleinige Vertreter der ersten Stufe ist durch Littré herbeigezogen, aber nicht in systematischer Weise verwerthet worden. Der Repräsentant des zweiten Stadiums aber, auf welchen vornehmlich Daremberg (Oeuvres choisies d'Hippocrate² p. CII) die Aufmerksamkeit der Forscher hingelenkt hat, ward bisher weder vollständig ausgebeutet, noch auch in seiner ganzen Bedeutung ausreichend gewürdigt.[1]

Den Werth der vornehmsten Pariser Hippokrateshandschrift — von einem Mönche, dem Kalligraphen Michael, im 11. Jahrhunderte geschrieben, ehemals der Sammlung Colbert's angehörig und gegenwärtig der Nationalbibliothek als Nr. 2253 einverleibt — hat bereits Littré in genügend helles Licht gestellt. Ich selbst habe im Herbst 1856 einen Theil dieses kostbaren Manuscriptes theils copirt, theils verglichen und verdanke der Sorgfalt Dr. Edmund Hauler's eine neuerliche im Winter 1886 angefertigte Copie der Blätter (75ᵃ—81ᵃ), welche die im Voranstehenden behandelte Schrift enthalten, wobei die Schreibungen der vier verschiedenen Hände mit grösster Genauigkeit angemerkt und auseinander gehalten worden sind. Ueber einzelne Lesarten, welche dieses Kleinod der Pariser Bibliothek darbietet, und den aus ihnen zu schöpfenden Gewinn habe ich in den Sitzungsberichten der k. Akademie der Wissenschaften B. LXXXIII (1876), S. 574, 588 ff. gehandelt. Littré's Collation ist eine annähernd getreue; nur die Unterscheidung dessen, was von erster und was von späteren Händen herrührt, erscheint nicht mit gebührender Sorgfalt durchgeführt. Doch hat der als Denker, Forscher und Schriftsteller gleich hervorragende Mann, welcher auf den verschiedensten Gebieten Unvergängliches geleistet hat, der aber trotzdem, oder vielmehr eben darum nicht ein philologischer Kritiker von Beruf war, die Lesarten der von ihm ans Licht gezogenen Handschrift nur zu gelegentlichen Verbesserungen benützt, nicht aber in streng methodischer Weise ausgebeutet. Er hat nicht die Folgerung gezogen, dass der Ueberlieferung, welche in so zahlreichen Fällen das allein Richtige darbietet, überhaupt der Vorrang vor den übrigen Textesquellen gebühre und sie überall dort, wo nicht gewichtige innere Gründe gegen sie sprechen, vor diesen den Vorzug verdiene. So hat er sich denn hier wie anderwärts damit begnügt, den Vulgat-Text, wie er durch Ianus Cornarius in der Basler Ausgabe vom Jahre 1538 (Frobeniana) festgestellt und seitdem ohne tiefgreifende Umgestaltung von dessen zahlreichen Nachfolgern beibehalten war, vielfach nachzubessern, statt, wie es die Grundsätze gesunder Kritik erheischen, den Text ganz und gar auf die Basis der zum Theil von ihm selbst aus dem Staub der Bibliotheken hervorgezogenen Vertreter der verlässlichsten Ueberlieferung zu stellen.

Der Repräsentant der zweiten Textesstufe ist der aus dem Nachlass des Cardinals Bessarion stammende, jetzt in der Venediger Marcus-Bibliothek — als Nr. 269 — befindliche Pergamentcodex des 11. Jahrhunderts, mit welchem Littré durch eine Mittheilung Daremberg's, jedoch zu spät bekannt wurde (s. Oeuvres d'Hippocrate X, LXIII—LXIV), um ihn bei der Behandlung der hippokratischen Schriften zu benützen. Dietz, über dessen der Königsberger Universitätsbibliothek einverleibte Papiere ich einstens durch Ludwig Friedländer's gütige Vermittlung erwünschte Mittheilungen empfing, hat denselben im Jahre 1828 vollständig collationirt, während Ermerins in seiner Hippokrates-Ausgabe von Cobet herrührende gelegentliche Angaben über Lesarten dieser Handschrift verwerthet hat. Ich habe den Text der Schrift Περὶ τέχνης im Herbst 1857 mit dem Marcianus collationirt und im October 1882 diese und andere hippokratische Schriften von neuem so sorgfältig als möglich mit der Handschrift verglichen.

Weitere Mittheilungen aus diesem Codex und über ihn haben jüngst Kühlewein und Ilberg gegeben, während Wattenbach und Velsen in ihren ‚Exempla Codicum Graecorum' Tafel XL und XLI, Ersterer auch in seinen ‚Schrifttafeln' T. XXXV Schriftproben desselben veröffentlicht haben. Die Stellung, welche der Marcianus im Kreise der Hippokrates-Handschriften einnimmt, ist eine überaus eigenartige. Er fördert die Kritik weit mehr auf indirectem als auf directem Wege. Selbst dort, wo er, wie in unserer Schrift, kaum eine einzige Textesbesserung darbietet, leistet er dem Kritiker wahrhaft unschätzbare Dienste. Denn er wirft das hellste Licht auf die Geschichte des Textes und gewährt uns die lehrreichsten, mitunter die überraschendsten Einblicke in die Schicksale der Ueberlieferung. Er ist auch in den Theilen, welche er mit den zwei vorzüglichsten Hippokrates-Handschriften (dem oben besprochenen Parisinus, A, und dem durch Augier Ghislen de Busbecq aus Constantinopel nach Wien gebrachten Pergamentcodex des 10. Jahrhunderts — Cod. med. graec. IV., von Littré als θ bezeichnet —) gemein hat, aus keinem der beiden abgeschrieben und stellt somit einen selbständigen Zeugen dar, dessen Aussage von grösstem Gewicht ist. Manche schwere Verderbnisse der jüngeren Handschriften erscheinen als Fortbildungen von vergleichsweise leichten Irrungen, denen wir im Marcianus begegnen. So lesen wir im voranstehenden Text 2, Z. 20 statt des allein sinngemässen νομίσαι des Parisinus im Marcianus von erster Hand νομῆσαι (die zweite Hand hat den Fehler berichtigt), in sämmtlichen jüngeren Handschriften aber νοῆσαι. Am Schluss von 11 lässt M nach οὐ λαμβανόμενοι die Worte γὰρ ἀλλ' εἰλημμένοι, natürlich in Folge des Homöoteleutons, einfach weg; die R(ecentiores) suchen den gestörten Zusammenhang durch die nach λαμβανόμενοι eingeflickte Partikel δὲ, zum Theil auch durch ein überdies dem Particip vorangestelltes γὰρ wiederherzustellen. Mit anderen Worten, der in M unverhüllt zu Tage liegende Schaden erscheint hier beschönigt und verkleistert. Doch dies sind Fälle, in welchen die Güte der durch A vertretenen Ueberlieferung jedem halbwegs Einsichtigen an sich einleuchtet und der durch M dargebotenen Unterstützung füglich entrathen könnte. Allein es gibt Stellen, insbesondere in solchen Schriften, welche M mit 0 gemein hat, an welchen eine schwere Interpolation nur durch das Zeugniss von M mit voller Sicherheit als solche erkannt wird. In dem ersten Buche des Werkes Περὶ διαίτης, 4 lautet der in 0 nur durch ganz leichte Buchstabenfehler getrübte Text wie folgt: καὶ οὔτε τὸ ἀείζωον (so zu lesen statt οὔτε εἰ ζῶον) ἀποθανεῖν οἷόν τε εἰ μὴ μετὰ πάντων· ποῦ γὰρ ἀποθανεῖται; οὔτε τὸ μὴ ἐὸν γενέσθαι· πόθεν γὰρ ἔσται; (Littré VI 476). Statt der letzten drei Worte bietet ein Theil der R(ecentiores): μὴ ἐόντος ὅθεν παραγενήσεται, ein anderer: καὶ (und τε καὶ) ὅθεν παραγενήσεται. Die erste dieser zwei Lesarten, welche Cornarius in seinen Text aufgenommen hat, könnte immerhin Vertheidiger finden, und die Behauptung, dass 0 einen epitomirten Text darbiete, würde zum mindesten nicht jeder Scheinbarkeit entbehren, wenn uns nicht in M die Veranlassung der Interpolation und ihr Hervorwachsen aus einer vergleichsweise harmlosen Irrung sonnenklar vor Augen läge. Im Archetypus von M und R hat das unmittelbar vorangehende γενέσθαι bewirkt, dass statt πόθεν (oder vielmehr, wie wir in M lesen, κόθεν) γὰρ ἔσται; geschrieben ward: κόθεν γὰρ γενήσεται; Da in der Uncialvorlage Γ und Π einander offenbar sehr ähnlich waren, so ergab sich hieraus die weitere irrige Schreibung: κόθεν παραγενήσεται, wobei M stehen blieb. Da nunmehr jedoch mit der Partikel γὰρ die Verbindung mit dem Vorangehenden geschwunden war, so erwuchs im Geiste minder naiver Schreiber und Correctoren der Wunsch, diesem Mangel abzuhelfen, welchem in einem Theile der Handschriften durch die vergleichsweise noch schüchterne Aenderung von κόθεν in καὶ und τε καὶ ὅθεν, in einem anderen durch die keeke Interpolation μὴ ἐόντος ὅθεν Genüge geschehen ist. Da nun die ganze Schrift neben einem volleren Texte vielfach einen knapperen darbietet, so hätte, wenn nicht der Einblick in die Genesis des ersteren jeden solchen Streit im Keime erstickte, gar leicht eine Meinungsverschiedenheit darüber entstehen können, ob in Wahrheit die vollere Textgestalt auf Interpolation und nicht vielmehr die knappere Fassung auf Epitomirung beruhe. Solch ein Zweifel entsteht ja gar oft dort, wo eine Interpolation durch eine Reihe feilender, glättender, abrundender Hände hindurchgegangen ist und uns nur in ihrer letzten abgeschliffenen Form vorliegt, während er sofort verstummen muss, sobald wir ihren Ausgangspunkt erkennen und die aufeinander folgenden Stadien ihrer Entwicklung verfolgen können. Ein anderes Beispiel. Im 20. Capitel der Schrift De prisca medicina schwankt Littré zwischen zwei total verschiedenen Lesarten, derjenigen von A und jener sämmtlicher jüngerer Handschriften und Ausgaben. Der Käse, so heisst es daselbst, schadet nicht Allen, die ihn geniessen, gleichmässig, Manchen ganz und gar nicht, ἀλλὰ καὶ ἰσχὺν οἷσιν ἂν ξυμφέρῃ (l. συμφέρῃ mit A und M) θαυμασίως παρέχεται. Dies die Lesung von A. Die Vulgata hingegen bietet: ἀλλὰ καὶ τοῖς ἰσχύουσιν ἂν ξυμφέρειν θαυμασίως παρέχεται. Littré erklärt die letztere Construction für ‚peu habituelle' und hat darum die Lesart in A vorgezogen. Doch findet er beide Schreibungen wohl verständlich und will sie daher dem Leser gleichsam zur Auswahl vorlegen: ‚Au reste, toutes deux sont fort intelligibles, et le lecteur a l'une et l'autre sous les yeux' (I 624). Er hätte über den Unsinn der Vulgata wohl minder glimpflich geurtheilt, wenn er die Schreibung des Marcianus und damit den harmlosen Buchstabenfehler gekannt hätte, welchem diese reiche interpolatorische Saat entkeimt ist. In M liest man nämlich: ἀλλὰ καὶ ἰσχύουσιν ἂν ξυμφέρει (dies schon von erster Hand zu ξυμφέρῃ corrigiert) θαυμασίως παρέχεται. Die Quelle des Unsals war daher nichts anderes als die Auslassung des einen Buchstabens ν in ἰσχὺν. Dieses Beispiel ist auch darum besonders lehrreich, weil die von erster Hand herrührende Correctur jeden Gedanken daran ausschliesst, dass die jüngeren Handschriften etwa aus M selbst abstammen könnten. Desgleichen zeigt uns M in Περὶ διαίτης I 35 (VI 520 L.) die Urgestalt der grossen durch unwillkürliche Wiederholung eines vorangehenden Stückes (ebend. S. 518) entstandenen Interpolation, indem ihm allein die Worte ὡς ἔφην fremd sind, welche die Wiederholung als eine vom Autor beabsichtigte erscheinen lassen sollen! Die voranstehenden Proben dürften genügen, um das Sinken der Ueberlieferung von A, beziehungsweise θ, zu M und von M zu R ersichtlich zu machen und zugleich Werth und Bedeutung des Marcianus ausreichend zu beleuchten. Er stellt augenscheinlich eine zweite Abzweigung vom Hauptstrome der Ueberlieferung dar, gleichwie der Parisinus und Vindobonensis einer ersten Abzweigung von demselben angehören. Bezeichnen wir die drei Stadien der Ueberlieferung mit den Buchstaben α, β, γ, so lässt sich die Filiation der Handschriften durch das folgende Stemma verdeutlichen:

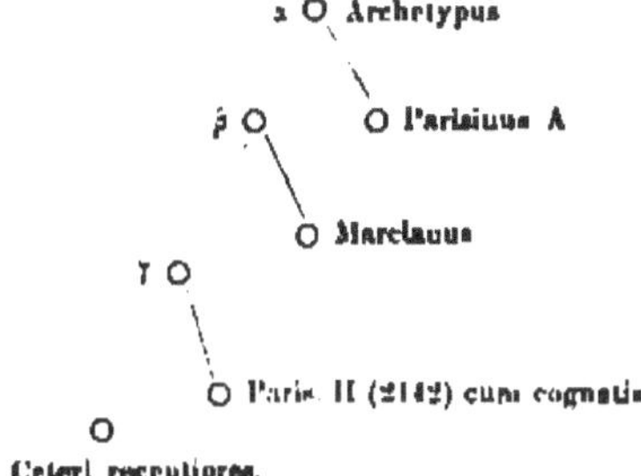

Die von A und M abweichenden Lesarten der Recentiores besitzen somit keinerlei urkundliche Gewähr. Denn wie sollte es geschehen, dass im unteren Stromlauf mit einem Male ein Stück der echten Ueberlieferung auftaucht, welches an zwei Punkten des Oberlaufes verborgen geblieben war? Oder will jemand an das umgekehrte Septuaginta-Wunder glauben, vermöge dessen die Schreiber von A und M zu wiederholten Malen in anderen als den allergewöhnlichsten Schreibfehlern spontan übereingestimmt und die Tradition an den gleichen Orten in gleicher Weise getrübt hätten? Die Möglichkeit freilich, dass eine gleichsam laterale Fortpflanzung des Ursprünglichen durch Marginalvarianten oder durch die sonstige gelegentliche Benützung eines älteren Originals stattgefunden habe, ist an sich niemals zu entkräften, lässt sich aber in unserem Falle nicht einmal zu der niedrigsten Stufe der Wahrscheinlichkeit erheben. Weisen doch die drei oder vier kleinen Besserungen, welche die Recentiores in der Schrift Περὶ τέχνης in Wahrheit darbieten, nichts auf, was uns nöthigen oder auch nur veranlassen könnte, sie für etwas anderes zu halten, als für conjecturale Berichtigungen und Ergänzungen von so naheliegender Art, dass ein halbwegs verständiger und sprachkundiger Corrector auf sie zu verfallen kaum umhin konnte (vgl. den Commentar zu 3, 9, 13 [12]).

Aus dem Gesagten ergeben sich die nachstehenden Folgerungen:

1. Die Lesarten von A vertreten die älteste uns erreichbare Ueberlieferung und haben nur dort zu weichen, wo entscheidende Gründe gegen sie sprechen.

2. Die Uebereinstimmung von A und M ist den Recentiores gegenüber durchaus autoritativ. Wir legen demgemäss

3. an die Varianten der jüngeren Handschriften, soweit sie nicht augenscheinliche Schreibfehler sind, genau denselben Masstab wie an die Conjecturen moderner Kritiker. Auch würden wir sie, nebenbei bemerkt, in Fällen, in welchen ihre Werthlosigkeit offen zu Tage liegt, gleich anderen schlechten Conjecturen ausnahmslos unerwähnt lassen, wenn nicht Zweckmässigkeitsgründe (vor allem der Wunsch, den Leser von der Richtigkeit des hier dargelegten Sachverhaltes zu überzeugen) diesen Vorgang zur Zeit noch als unthunlich erscheinen liessen.

Wie sehr es übrigens unserem Texte gefrommt hat, dass wir ihn so gut als ausschliesslich auf das Zeugniss von A und M aufgebaut haben, dies wird wohl er selbst und, wenn nöthig, der Commentar lehren. Ueberaus zahlreich sind die Fälle, in welchen eine Lesart, die zunächst nur um ihrer guten Beglaubigung willen Aufnahme fand, sich nachträglich als die allein berechtigte erwiesen hat und somit selbst zu einer neuen Bürgin für die Güte ihrer Quelle geworden ist. Daneben verschlägt es nichts, dass wir ein an sich angemessenes, aber entbehrliches Wort (μόνον nach ὄνομα 6 fin.), weil jeder urkundliches Gewähr entbehrend, aus dem Text verweisen, und dass wir aus demselben Grunde an drei Stellen die künstlichere oder mehr pointirte Wortstellung durch eine minder gewählte ersetzen mussten (vgl. 2, 8, 13).

Ganz dasselbe Verfahren, wie gegenüber den Recentiores, müssen wir, wenngleich aus einem verschiedenen Beweggrunde, in Ansehung einer anderen Gruppe von Hilfsmitteln einschlagen. Ich spreche von einer Reihe von Varianten-Sammlungen, deren wir noch in Kürze zu gedenken haben. Fehlte in Betreff der drei oder vier beachtenswerthen Lesarten der jüngeren Handschriften jeder Grund, sie für etwas anderes als für zutreffende Vermuthungen zu halten, so gebricht es uns hier an jedem Mittel sicherer Unterscheidung zwischen gelungenen Conjecturen und etwaigen versprengten Trümmern der echten Ueberlieferung. Was zunächst die Varianten betrifft, welche der gelehrte oberungarische Arzt, Philolog und kaiserliche Historiograph Johann Sambucky (Joannes Sambucus) im Jahre 1561 an den Rand eines vormals in der hiesigen Hofbibliothek verwahrten, seit mehreren Jahrzehnten jedoch in Verlust gerathenen Exemplars der Aldina verzeichnet hat und welche nach Peter Lambeck's[1] Angabe aus einer uralten Tarentiner, aus einer damals in Fontainebleau befindlichen Handschrift und aus einem gedruckten, aber zu Rom mit zahlreichen Correcturen versehenen Exemplare stammen sollen — so entbehren dieselben betreffs unserer Schrift zum mindesten nahezu jeden Werthes. Ob die zahlreichen Glosseme, wie ἐπιμάζειν statt αἰσχροεπεῖν, γνώσεως statt ἱστορίης, παρέστασις und κατηγορία statt καταγγελίη (sämmtlich in unserem I. Abschnitt) aus dem Vaticanus 277, in welchem ich sie wiedergefunden habe, geflossen sind (die ersteren zwei habe ich auch in der Handschrift angetroffen, welche einst dem Arzte Adolphus Occo Afan gehört hat und die jetzt als codex graecus 71 einen Bestandtheil der Münchner Staatsbibliothek bildet, während das zweite sich auch in dem alsbald zu erwähnenden Exemplar Albert Fevré's vorfand) — dies kann uns herzlich gleichgiltig sein. Mit dem letztgenannten Exemplar zeigen jene Varianten auch anderwärts einige weitere Berührungen, nicht minder mit den Pariser Handschriften Nr. 1868, 2142, 2143, 2255 (Littrés O, H, J, E), sowohl dort, wo jene Schlechteres, als wo sie Besseres bieten als die übrigen jüngeren Handschriften. Von Bedeutung ist einzig und allein die treffliche Emendation καταμελήσαντες statt καταμελετήσαντες in den Schlussworten der Schrift, die hier zum ersten Male auftaucht, die auch Fevré verzeichnet hat und deren Herkunft wir nicht kennen.

Theodor Zwinger, der gelehrte und menschenfreundliche Schweizer Arzt und Schüler Pierre de la Ramée's, meldet uns in dem Vorwort zu seiner Ausgabe von 22 Schriften des Hippokrates (Basel 1579), dass ihm durch die Vermittlung seines Lehrers, dessen jüngst in der Bartholomäusnacht erfolgte Ermordung er in pathetischen Worten beklagt, kurz vor dessen Ende werthvolle Mittheilungen des Pariser Professors Jacques Goupyl zugegangen seien, desgleichen von Joannes Sambucus und von dem damals auf der Höhe seines Ruhmes stehenden erfolgreichen und vielschreibenden Arzt und Paduaner (später Bologneser und Pisaner) Professor Girolamo Mercuriale, dessen

Textesverbesserungen aus römischen Codices geflossen seien; endlich habe ihm auch Adrien Turnèbe Weniges, aber Erlesenes beigesteuert; die Worte: ‚quaedam tamen tanto viro neutiquam indigna' scheinen auf Emendationen des ausgezeichneten Kritikers hinzuweisen. Der Ertrag all dieser Bemühungen ist jedoch ein vergleichsweise geringer: zwei wirkliche, treffliche Verbesserungen, die schlagend richtige Umstellung in 6 (ἐγγυτᾶ ἄγνοιαν) und die Wiederherstellung des schon im Alterthum (wie Erotian's und Galen's Erklärungen beweisen) verdorbenen ἀπόφορον am Ende des 10. Abschnitts. Kaum einer Erwähnung werth ist daneben die offenbar aus Mercuriale's Mittheilungen stammende kleine Besserung ὅτι statt ἔστι 5, die Berichtigung von οἷσιν zu ᾗσιν 10, desgleichen die Tilgung des in einen Theil der Recentiores eingedrungenen Glossems καὶ ἐν οἷσι 1, das in der Mehrzahl derselben die ursprüngliche Schreibung völlig verdrängt hat. Da neben diesen Besserungen, die durchweg auf richtiger Vermuthung beruhen können und zum Theil müssen, sich auch völlig verfehlte Conjecturen in ziemlich grosser Zahl vorfinden, so scheint auch hier kein ernster Grund vorhanden, an die indirecte Fortpflanzung der echten Ueberlieferung zu glauben.

In noch geringerem Masse ist dies in Betreff der Lesarten der Fall, welche Mercuriale selbst am Rande der von ihm veranstalteten Ausgabe, Venedig 1588 (Juntina), verzeichnet und als deren Quelle er eine von ihm schlechtweg ‚vetus codex' genannte Handschrift namhaft gemacht hat. Dieselben enthalten so viele schlechte Conjecturen und darunter auch eine ebenso unnütze als willkürliche (nämlich τὴν ἀληθῆ statt τῷ πλήθει in den Schlussworten der Schrift), dass die zutreffenden Berichtigungen — ἢ (11 mit A und J gegen εἰ in MR) und ἀπαγγελλομένων (ebendas. mit AM gegen ἐπαγγ. in R) — uns auch dann keine urkundliche Quelle erschliessen lassen könnten, wenn sie sich nicht durch den Zusatz ἴσως als blosse Conjecturen kennzeichnen würden.

Schliesslich muss hier noch der zwei von dem gelehrten Metzer Arzt Anuce Foës in seiner Ausgabe (Frankfurt 1595) benützten Exemplare der Aldina und der Frobeniana gedacht werden, deren ersterem der Pariser Arzt Albert Fevré, deren letzterem der dortige Polyhistor und Parlamentsanwalt

Louis Servin eine Reihe von angeblich aus nicht näher bezeichneten alten Pergamenthandschriften, aus griechischen Scholien und den damals in Fontainebleau, jetzt in Paris befindlichen Codices stammenden Lesarten beigeschrieben hatten Dieselben gewähren uns höchstens eine einzige wirkliche, wenn auch kleine Verbesserung des Textes (6 init. ἀπὸ statt ὑπὸ), die jedoch bei Servin, der manche seiner Lesarten mit der Bemerkung ‚ex manuscr.‘ begleitet, eben dieses Zusatzes entbehrt. Woher aber in diesem wie in anderen Fällen die Uebereinstimmung zwischen Beiden untereinander gleichwie mit Lesarten, die A oder M oder beide darbieten, oder auch mit den von Zwinger in margine verzeichneten herrührt (die Lesung καταμελήσαντες; des Sambucus mag wohl Fevré von Zwinger, der sie gleichfalls anführt, im Austausch erhalten haben); wie es endlich kommt, dass diese besseren Lesarten hier vielfach mit ganz schlechten und willkürlichen vermischt auftreten — diese Räthsel zu lösen, bin ich ausser Stande. Ebensowenig vermag ich den Umstand genügend aufzuklären, dass einige der Pariser Handschriften in ganz vereinzelten Fällen, zum Theil im Einklang mit jenen Variantensammlungen, die Lesarten A's theilen, mit anderen Worten, ich weiss nicht zu sagen, wo und wann diese Exemplare oder ein Stammvater derselben in sporadischer Weise corrigirt worden sind. Die Handschriftenfrage in diese ihre gleichsam capillaren Verästelungen zu verfolgen, dies mag füglich künftigen Herausgebern des Corpus hippocraticum überlassen bleiben. Es wird hierzu einer Nachvergleichung auch der geringeren Handschriften bedürfen, um Littré's Angaben, bei denen man allzu häufig auf die Schreibungen der einzelnen Codices ex silentio schliessen muss, und die auch sonst vielfach der äussersten Akribie ermangeln, in ausreichendem Masse zu vervollständigen. Ich verzichte darauf, die Fälle, welche ich im Auge habe, nebst dem vollständigen Inhalt jener Variantensammlungen hier mitzutheilen, hege aber die feste Ueberzeugung, dass die Gestaltung unseres Textes, mögen nun diese kleinen noch übrig bleibenden Räthsel welche Lösung immer finden, dadurch in keinem Punkte berührt werden wird.

Es erübrigt noch, den Leser über die äussere Einrichtung unserer Ausgabe zu unterrichten. Was im Texte steht, ruht überall dort, wo nicht ausdrücklich das Gegentheil bemerkt ist, auf dem vereinigten Zeugniss von A und M. Da ich von A, wie bemerkt, zwei Abschriften besitze, deren letzte auch die verschiedenen Hände der Schreiber aufs Genaueste unterscheidet, und da ich M zweimal mit Littré's Text sorgfältig verglichen habe, so darf ich wohl hoffen, dass meine Angaben einer nachträglichen Berichtigung nicht bedürfen werden. Sollten sie sich dennoch nicht als ausnahmslos richtig erweisen, so werden diese Ausnahmen jedenfalls nur sehr vereinzelt und sehr unerheblich sein. Für völlig ausgeschlossen kann ich diese Möglichkeit — von der Fehlbarkeit menschlicher Augen und menschlicher Aufmerksamkeit überhaupt abgesehen — darum nicht halten, weil ich M zu einer Zeit collationirt habe, in welcher mir die letzte und genaueste Copie von A noch nicht vorlag und ich daher mein Augenmerk nicht auf jene Minutien richten konnte, welche erst diese Abschrift ans Licht gebracht hat. Uebrigens habe ich in Betreff der ersten drei Paragraphe auch manche nichtssagende Schreibfehler in A verzeichnet, um den Leser über die Beschaffenheit der Handschrift aufzuklären, im weiteren Verlauf der Schrift hingegen dies vielfach unterlassen, damit die varia lectio nicht durch derartige Kleinigkeiten allzusehr beschwert und dadurch unübersichtlich werde. Die Interpunction, die Lesezeichen und die Worttabtheilung habe ich in der Regel nicht vermerkt, die letzteren zwei Dinge gewöhnlich nur dort, wo aus anderen Gründen eine Lesart mitgetheilt werden musste; doch auch dies, von den ersten drei Paragraphen abgesehen, mit der Beschränkung, dass bei der Angabe einer A und M gemeinsamen Schreibung die zumeist regelwidrigen Accente, beziehungsweise die Accentlosigkeit A's nicht besonders angemerkt wurden. Auch in Betreff der Elision sind die Divergenzen der zwei Haupthandschriften nicht jedesmal angegeben, sondern stellt der Text dort, wo jede ausdrückliche Angabe fehlt, die in A vorfindliche Schreibung dar.

2. Dialektologisches.

Die weitgehende Entstellung der Dialektformen in den Schriften der hippokratischen Sammlung ist das Werk sehr verschiedener Factoren. Ein gewaltthätiger Vorgang hat hierbei mit zwei gewissermassen spontan auftretenden, in entgegengesetzter Richtung sich bewegenden Strömungen zusammengewirkt. Der erste Factor ist die gewaltsame Ausmerzung ionischer Formen, die beiden einander widerstreitenden Strömungen wollen wir die generell- und die particulär-nivellierende nennen.

Dass solch eine massenhafte Austreibung specifischer Dialektformen und deren Ersetzung durch gemeingriechische stattgefunden hat, dies liess sich bei Schriften, die weit mehr um ihrer praktischen Nützlichkeit als um ihrer literarischen Bedeutung willen gelesen wurden, von vornherein erwarten; es wird uns zum mindesten in Betreff der im Alterthum cursirenden Ausgaben des Dioskorides und des Artemidorus Capito ausdrücklich bezeugt (Galen XVII 1, 798 Kühn; vgl. auch XIX 83 K.);[1] es lässt sich schliesslich und hauptsächlich noch mit den uns zu Gebote stehenden Mitteln thatsächlich erweisen. Oder wie sonst will man es erklären, dass sich von manchen Ionismen ‚nur unter dem Schutz gelegentlicher Corruptelen und Missverständnisse vereinzelte',[2] aber ganz unzweideutige Spuren erhalten haben? In der Schrift De aër., aq. et loc. 21 (II 74 Littré) bieten die Handschriften und darunter auch, wie ich aus Autopsie versichern kann, der für diesen Theil der hippokratischen Sammlung massgebende Vaticanus 276: ἀπὸ τῶν ἥπατα οἷος εἶναι ἄνδρα κτλ. Nur Zwinger verzeichnet in margine die augenscheinliche Conjectur: ἀφ' ὧν, während Kornës, der in seiner ersten Ausgabe (I 96) ἀπὸ τῶν schrieb, in seiner zweiten Ausgabe (wie Littré II 76 mittheilt) die Lesung ἀφ' ὅτων empfiehlt. Es ist offenbar ἀπ' ὅτεων zu schreiben. De natura hominis 2 (VI 34 Littré) begegnen wir in dem Satze: οὐδὲ γὰρ ἂν ἦν ἀφ' ὅτου ἀλγήσειεν ἓν ἐών (sc. ὁ ἄνθρωπος) der von M und jüngeren Handschriften dargebotenen merkwürdigen Lesart ὑπό του, die man, trotzdem A ἀφ' οὗ bietet, wegen der Stütze, die sie an Galen's Schreibung: ἀφ' ὅτου (XV 36 K.) findet, nicht für bedeutungslos halten kann. Dieselbe geht vielmehr sicherlich auf ὑπό τευ und mittelbar auf ἀπ' ὅτευ zurück. Im Anfang des siebenten Paragraphen der Schrift De flatibus (VI 98 Littré), welcher auf Grund der Schreibungen in A und M (von den Hauchzeichen abgesehen, die ich nicht ändere) wie folgt zu lesen ist: τὰ μὲν νῦν ῥήματα τῶν νούσων εἴρηται καὶ ὅτε καὶ ὅκως καὶ οἷσι καὶ ἀπ' ὅτευ γίνεται, bietet nur A ἀπό τευ, während der Marcianus bereits mit den geringeren Handschriften ἀφ' οὗ aufgenommen hat. Wer kann angesichts dieser drei Stellen daran zweifeln, dass nur ein Versehen oder ein Missverständniss der Correctoren uns hier unzweideutige Spuren der ionischen Psilosis erhalten hat, die im Uebrigen unbarmherzig wegcorrigirt wurde. Dieser Schluss wäre selbst dann unanfechtbar, wenn nicht ganz dieselbe falsche Schreibung ἀπό τευ statt ἀπ' ὅτευ, die uns an der letzten der hier behandelten Stellen in A begegnet ist, auch mehrfach in den Herodot-Handschriften sich vorfände, worüber man Struve Opusc. II 156 sqq. vergleichen mag. Im Uebrigen treffen wir, soviel ich weiss, nur in einer der genannten Schriften zwei vereinzelte Spuren der ionischen Psilosis an, nämlich in De flatibus 1 (VI 92 L.), wo bloss A und M die ionische Form αὖτις statt des αὖθις der übrigen Handschriften und Ausgaben erhalten haben und 14 (114 L.), wo nur M ein deutliches μετωπίσω (sic) zeigt (denn dass Zwinger in margine dieselbe Lesung aufweist, hat wenig zu bedeuten), während schon A das halbvulgarisirte μεθ' ὠπίσω und die übrigen Codices μετ' ὀπίσω darbieten. Dahin gehört auch die handschriftliche Schreibung ὠπτός in De carnibus VIII 588 L. Sonstige vereinzelte Spuren dieser sprachlichen Erscheinung kenne ich nur aus De sacro morbo 16 (VI 390 L.), wo ἀπικνέεται und ἀπικνέετο vom Marcianus und einigen anderen Handschriften, in Περὶ διαίτης A 32 (VI 508 L.), wo ἀπίδωσι statt des ἐφίδωσι der Wiener und mehrerer anderer Handschriften vom Marcianus dargeboten, von dem ihm sehr nahestehenden H wiederholt, aber schon zu ἐπιδῶσιν corrigirt wird und in einigen anderen Codices in der letzteren Form, vereinzelt auch als ἐπιδῇσιν, erscheint. Dass die zuletzt angeführten Fälle minder beweiskräftig sind als die zuerst erwähnten, wird der denkende Leser sich selbst sagen. Auch in De morbis 1 (VII 8 L.) zeigt uns H, der hier von alter Hand geschrieben ist (vgl. Littré I 513), ἀπίκηται, welches erst eine jüngere Hand in das ἀφίκηται der übrigen Codices verwandelt hat.

Eine andere Erscheinung, von der uns nur gelegentliche, aber völlig sichere Spuren erhalten sind, ist die Verwendung der Artikelformen statt jener des Relativs. In dem soeben angeführten I. Buch der Schrift De diaeta liest man 5 bei

Littré (VI 477): καὶ θ' ἃ μὲν πρήσσουσιν οὐκ οἴδασιν, ἃ δὲ οὐ πρήσσουσι δοκέουσιν εἰδέναι· καὶ θ' ἃ μὲν ὁρέουσιν οὐ γινώσκουσιν κτἑ. Statt des sprachwidrigen θ' ἃ, welches Littré vergebens durch die Berufung auf die ‚locution καὶ τε' zu rechtfertigen versucht, bieten der Vindobonensis und der Marcianus beide Male τὰ, was selbstverständlich in den Text zu setzen ist. Wir können es, nebenbei bemerkt, den Schreibern der Recentiores noch Dank wissen, dass sie das Ursprüngliche und von ihnen nicht Verstandene nur so leicht entstellt und nicht insgesammt durch die dreiste Interpolation καθ' ἃ für καὶ τὰ verdrängt haben, welche uns bei einem Glied ihrer Sippe — es ist der Parisinus 2141, ebenderselbe, bei dem wir oben ἐπῳδῇσιν fanden! — begegnet. Desgleichen erscheint τὰ statt des ἃ der Vulgata in dem Satze: τὰ μὲν τῶν ἀνθρώποισι ἴδεσθαι κτἑ. 11 (486 L.) im Marcianus und Vindobonensis. (An beiden Stellen ward τὰ bereits von Bernays in seiner bewunderungswürdigen Doctordissertation Heraclitea, partic. I., Bonn 1848, p. 10 und 22 hergestellt, obgleich er an der ersten Stelle die Lesarten des Vindobonensis und Marcianus, an der zweiten die Bekräftigung, welche der Schreibung der Recentiores durch diese zu Theil wird, noch nicht kannte. Wäre die letztere Usener bekannt gewesen, so hätte er in seinem Wiederabdruck jenes Schriftchens — Bernays' gesammelte Abhandlungen, herausgegeben von H. Usener, I 21, Z. 11 — gewiss nicht τὰ wieder durch ἃ ersetzt). Ferner bietet A in De prisca medicina 8 (I 586 L.) τῶν statt des ὧν der übrigen Handschriften in dem Sätzchen: ἢ ἄλλο τι ὧν οἱ ὑγιαίνοντες ἐσθίοντες ὠφελέονται. Darf man endlich nicht auch zu De flatibus 12 mit Wahrscheinlichkeit vermuthen, dass in dem Satze: ἔστι δὲ τῇσι φύσησιν ὑγρασίη, ἧς τὴν ὁδὸν ὁ ἀὴρ ἀπειργάσατο ursprünglich τῆς geschrieben war, da sich die merkwürdigen Varianten neben ἧς der Vulgathandschriften, nämlich τῇσι (mit ι nach η von jüngerer Hand) in A — so nach der von mir genommenen Abschrift, während Littré VI 108 τοῖσι als A's Lesart angibt, — ηης (sic) in M und ἧσις in H, kaum anders erklären lassen.

Die im Voranstehenden mitgetheilten Beispiele sind sicherlich einer weiteren Vermehrung fähig. Aber dass ihre Zahl keine beträchtliche sein kann, dies erhellt schon aus dem Umstande, dass es einem der genauesten Kenner der hippokratischen Sammlung, keinem Andern als Littré selbst, möglich war, eben das Fehlen dieser zwei Erscheinungen — der ionischen Psilosis und desgleichen der Verwendung der Artikel-Formen statt jener des Relativs — unter die charakteristischen Unterschiede der hippokratischen von der herodotischen Sprache einzureihen (I 499). Und weil es sich hier um Sprachphänomene handelt, von welchen jedes Blatt eines Schriftwerkes, dem sie eigen waren, laute Kunde geben musste, darum weiss ich die Thatsache, dass sie aus unseren Handschriften nahezu vollständig verschwunden, und jene andere, dass ihr einstiges Vorhandensein durch zweifellose Indicien bezeugt ist, eben nur durch die oben ausgesprochene Annahme zu vereinigen.

Nach dem Beweggrund dieser Razzia haben wir nicht weit zu suchen. Man wollte in Werken, die als Lehr- und Nachschlagebücher in den Händen aller griechischen Aerzte waren, jene verwirrenden Unklarheiten und Zweideutigkeiten vermieden wissen, welche sich als die Folgen eben dieser Ionismen, zumal im Verein mit der scriptura continua, welche z. B. zwischen ἐπ' ὧν und ἐπών, zwischen ἀπ' ὧν und ἀπών nicht unterschied, nothwendig einstellen mussten. Andere Dialekteigenthümlichkeiten wurden verwischt, ohne dass man eine gewaltsame Ausmerzung derselben vorauszusetzen brauchte. Der dem Menschen so natürliche Hang, das Ungewöhnliche durch das Gewohnte zu ersetzen, konnte genügen, um Spracherscheinungen, die vergleichsweise selten auftraten, fast spurlos hinwegzunivelliren. Im 10. Paragraphen unserer Schrift liest man die Worte: ἔτι δὲ καὶ ἐν τοῖσιν ἀνθρώποισι ποιέει, (sc. νηδὺς) ἴκελον, οἷς καὶ ἐν τοῖσιν ὑποζυγίοισιν ἐνεῖναι δέδεικται. Statt δέδεικται bietet der Parisinus λέλεκται. Da δέδεικται hier der gewähltere Ausdruck ist, so können wir die Lesart A's nicht einfach annehmen, sondern werden als das Ursprüngliche, das hier in zwei Brechungen erscheint, δέδεκται vermuthen, was uns der Marcianus, in welchem eine jüngere Hand ι über ε eingefügt hat, in Wahrheit darbietet. Es ist dies die in den Herodothandschriften vielfach begegnende Form, zu der uns die hippokratischen Texte bisher keine Parallele geboten haben, auch in ἐπίδεξις und ἀπόδεξις nicht. Doch verdient es Erwähnung, dass in der Schrift De flatibus 15 ει in ἀποδέδεικται im Marcianus auf einer Rasur steht. In 11 lesen wir zwischen den Worten διά τε τὴν τῶν χωρεόντων εὐρυχωρίην und dem nachfolgenden begründenden Satze: οὐ λαμβανόμενοι γὰρ ἀλλ' [illegible] ἐπὶ τῶν νοσημάτων θέλουσι θεραπεύεσθαι in den Recentiores das hier unverständliche Wort ἐπιθύνται, an dessen Erklärung ältere und jüngere Herausgeber viele vergebliche Mühe verschwendet haben. Littré und wohl auch Dübner, dessen Mittheilung Daremberg (Oeuvres choisies d'Hippocrate[2], S. 47) wahrscheinlich missverstanden hat, haben unzweifelhaft richtig erkannt, dass hier einzig und allein ein Zwischensätzchen des Inhalts: Denn wie sollte es anders sein? am Platze sei. Doch besitzt weder Littré's Vermuthung ἐπεὶ ἔοικε (,or, la chose naturelle'), noch Dübner's ἐπεὶ τί γίνεται; (denn dies und nicht ἐπεί τι γίνεται hat er wohl gemeint) ausreichende paläographische, Letzteres auch keinerlei innere Wahrscheinlichkeit. Man muss methodischerweise annehmen, dass ἐπιθύνται, was A und M darbieten — M merkwürdigerweise als ἐπι τι θεται (sic) —, eine frühere Stufe der Verderbniss darstellt, und fast gewiss ist aus der Hand des Autors ἐπεὶ τί θῶμα hervorgegangen, was als ἐπιθῶμαι gelesen und dann mit fortschreitender Anpassung an den Zusammenhang, in welchem der Conjunctiv und die erste Person des Verbums ganz und gar nicht und der Singular nicht viel mehr am Platze war, zu der Vulgat-Lesart corrumpirt worden ist. Dadurch gewinnen wir aber die ionische, dem in den hippokratischen Schriften regelmässig begegnenden τρῶμα = τραῦμα entsprechende Form θῶμα, welche Hesychius kennt und die in Herodot-Handschriften so sehr überwiegt, dass sie sich schliesslich auch die Anerkennung der Herausgeber ertrotzt hat. Eine andere Dialektform, die nur ganz vereinzelt, sei es der spontanen Nivellirung, sei es der gewaltsamen Ausmerzung widerstanden hat, ist das ionische ὦν statt οὖν, welches uns die massgebenden Handschriften im Νόμος 4 (IV 640 L.) gewähren in dem Satze: ταῦτα ὦν χρὴ ἐς τὴν ἰητρικὴν ἐνενεγκαμένους κτέ. Die minderwerthigen Codices haben die Partikel zu der Relativform ὧν verderbt, während nur Mercuriale's ,vetus codex' die vom Zusammenhang geforderte Partikel in ihrer attischen Form, klärlich als Conjectur (οὖν ἴσως), darbietet. Dass jene Form hippokratischen Schriften nicht durchaus fremd war, lehrt auch eine andere Stelle, an der uns dieselbe als Mittelglied zwischen ursprünglichem ὦν und der Corruptel οὖν entgegentritt. Dort (De diaeta I 35 — VI 518 L. —)

wurde σὺν eben seiner vollständigen Sinnlosigkeit wegen von der sonstigen Ueberlieferung fallen gelassen, während der naive Schreiber des Marcianus es allein bewahrt und uns dadurch die Herstellung des schon im Vindobonensis unverständlichen, in den Recentiores ganz willkürlich umgestalteten Satzes ermöglicht hat. Derselbe hat zu lauten: παιδεύονταί τε (die Irrsinnigen) ἐπεὶ οὐδὲν ὧν προσήκει τοὺς φρονέοντας.[1]

So fällt denn eine Schranke nach der anderen, welche den hippokratischen vom herodotischen Ionismus zu trennen gedient hatte. Von den acht Punkten, welche Littré (I 499) als charakteristische Merkmale des Dialekts der hippokratischen Schriften bezeichnen zu können glaubte, bleibt kein einziger — wenn nicht etwa δέχομαι statt δέκομαι — aufrecht. Denn auch ἱρός, theils so, theils ἱερός geschrieben, wird uns in der Schrift De sacro morbo von der besten (der Wiener) Handschrift mehrfach dargeboten, wie jüngst auch Johannes Ilberg, Rhein. Mus. 42, 439, Anm. 1, bemerkt hat; nicht minder in De flatibus 14 (VI 110 L.) von A und wieder vom Vind in De diaeta (passim). Ob die Endung ηος, ηι, ηων statt εος u. s. w. in unserem Corpus in Wahrheit seltener als bei Herodot erscheint, vermag ich nicht mit Sicherheit zu entscheiden. Jedenfalls handelt es sich hier nur um einen graduellen Unterschied, ebenso wie bei σύν und ξύν, von welchen auch das erstere in den Handschriften reichlich, in unserer Schrift z. B., soweit A in Betracht kömmt, ein wenig stärker als ξύν vertreten ist.

Sollen wir nun nicht nur die aus unzulänglicher Durchforschung der Handschriften geflossenen falschen Verallgemeinerungen unserer Vorgänger berichtigen, sondern unsererseits generalisirende Schlüsse ziehen? Sollen wir die aus ihren Schlupfwinkeln, in welchen sie allein vor theils absichtlicher, theils unwillkürlicher Nivellirung geborgen waren, hervorgezogenen Dialektformen nicht bloss in den Schriften, in welchen sie uns begegnet sind, wiederherstellen — wozu wir vollkommen befugt sind —, sondern sie in allen Theilen des hippokratischen Corpus durchwegs als die allein berechtigten anerkennen? Es wäre dies ein durchaus statthaftes Verfahren, — wenn das Corpus Hippocraticum das wäre, was es nicht ist, das Erzeugniss eines Autors oder auch nur eines Kreises örtlich und zeitlich engverbundener Schriftsteller. Vielleicht wird es sich schliesslich herausstellen, dass die sprachliche Form dieser bunten Schriftensammlung trotz der Mannigfaltigkeit ihres Ursprungs in Wahrheit eine vollständig oder nahezu vollständig einheitliche ist. Allein dies von vorneherein vorauszusetzen und die auf Kos, in Knidos und anderwärts verfassten Bücher in dialektologischer Beziehung zu uniformiren, davon halten uns mehrfache Erwägungen zurück. Vor allem die bekannten Nachrichten der Alten über Verschiedenheiten auch innerhalb der ionischen Prosa (man findet sie bei Littré I 500—501 zusammengestellt), deren Begründung oder Grundlosigkeit sich zur Zeit unserer Beurtheilung entzieht. Denn so plausibel auch die Annahme klingt, das ‚Milesische' sei das ‚Schriftionisch' (v. Wilamowitz, Zeitschr. für das Gymnasialw. 1877, S. 645), so können wir doch angesichts des so starken particularistischen Zuges, der das gesammte griechische Leben nach allen Richtungen durchdringt, nicht völlig sicher sein, dass keinerlei mehr oder minder erhebliche Verschiedenheiten auch innerhalb der ionischen Prosawerke bestanden, gleichwie dies in Ansehung der dichterischen Erzeugnisse dieses Stammes völlig ausgemacht ist und eben von dem genannten Forscher in helles Licht gesetzt ward (Homerische Untersuchungen S. 317—318). So möchte ich denn vor allzu radicalen Schlüssen aus den im Vorangehenden von mir selbst festgestellten Prämissen warnen und als leitende Grundsätze bei der dialektologischen Behandlung der einzelnen Bestandtheile der hippokratischen Sammlung die folgenden empfehlen:

1. Umsichtige Verallgemeinerung der handschriftlichen Ionismen.

2. Subsidiäre Verwendung der inschriftlichen Zeugnisse.

3. Gelegentliche Berücksichtigung auch der anderweitigen handschriftlichen Ueberlieferung.

4. Sorgfältige Abschätzung der Stärke, mit welcher die generell- und die particulär-nivellirende Strömung jedesmal auftritt, nicht ohne Rücksicht auf die innere ratio der betreffenden Phänomene.

Ich verbinde die Erläuterung dieser Normen mit Exemplificationen, die vorzugsweise der hier behandelten Schrift entnommen sind.

1. Die Umsicht muss sich zumeist in dem bekunden, was man kurzweg den Schutz der Minderheiten nennen könnte. Mit anderen Worten, wir müssen jederzeit darauf vorbereitet sein, Ausnahmen von bloss empirischen Regeln anzutreffen und anzuerkennen. Wie anders hätte Struve seine wundervollen, nur durch behutsame Anwendung der statistischen Methode gewonnenen Ergebnisse in Betreff des relativen Gebrauchs und Nichtgebrauchs der Artikelformen bei Herodot erzielen können? Wenn wir in den besten Hippokrateshandschriften so gut als ausnahmslos νοῦσος, daneben aber kaum minder ausnahmslos νοσέω mit seinen Derivaten antreffen, so müssen wir jede dieser Formen in ihrem Bereiche gelten lassen, selbst wenn zur Zeit keine sichere Erklärung dieser Verschiedenheit möglich ist. Geht νοῦσος unmittelbar auf *νόσσος, dieses (wie ich mit Kretschmer, Beiträge zur griech. Grammatik, Gütersloh 1889, Thesen am Schlusse, annehme) auf *νόσϝος zurück, so muss die Differenzirung aus der Zeit herstammen, in welcher νοσέω neben *νόσσος gesprochen wurde; das heisst, die Verdopplung des Lautes muss vor der betonten Silbe unterblieben sein, nach derselben stattgefunden haben. Verwandte, wenn auch nicht genau parallele Erscheinungen behandelt jetzt Johannes Schmidt, Die Pluralbildungen der indogermanischen Neutra, S. 47—48.

2. Dass es gegenwärtig mindestens völlig unmöglich ist, einen auch nur negativen Kanon des Ionismus auf den epigraphischen Bestand aufzubauen, bedarf keines Beweises. Die Kärglichkeit des Materials, die zeitlichen und örtlichen Verschiedenheiten der Herkunft müssen jeden derartigen Versuch als chimärisch erscheinen lassen. Bieten uns doch die Inschriften, wie schon von anderer Seite bemerkt ward, bislang kein einziges Beispiel von den Formen ὅκου, κῶς u. s. w. dar, welche sprachgeschichtlich so wohl erklärbar sind und die Niemand für Grammatiker-Erfindungen halten wird. Allein wenn zeitlich und örtlich weit auseinanderliegende Urkunden trotz sonstiger tiefgehender Unterschiede in einem Punkte übereinstimmen, so darf man darin eine nicht allzu schwache Präsumtion für die Gemeingiltigkeit der betreffenden Sprachregel erblicken. Geschieht es nun, dass zwei Formen, wie in unserer Schrift σύν und ξύν in den mit dieser Präposition zusam-

mengesetzten Worten, sich nahezu die Wage halten, und zwar so, dass keinerlei specifische Differenz erkennbar ist (wie denn A dreimal σύνεσις und daneben je zweimal ξύνεσις und einmal ξυνίησιν, ferner einmal σύμπαν und einmal ξυμπάντων darbietet), so glaube ich nicht eben vermessen zu handeln, wenn ich das einstimmige Zeugniss der ionischen Epigraphik zu Gunsten von σύν entscheiden lasse. Ein für die mit σ anlautenden Formen noch günstigeres Verhältniss weist die Schrift Περὶ φύσιος ἀνθρώπου auf (1—9), wo A dieselben 8mal, die mit ξ 3mal darbietet. Für die Tendenz der jüngeren Handschriften, die letzteren zu begünstigen, spricht der Umstand, dass A die σ-Form in 7 von jenen 8 Fällen entweder allein oder nur mit Galen und wenigen Codices bewahrt hat.

3. Dass dialektische Besonderheiten, die nur an wenigen nicht eben häufig vorkommenden Worten haften, in einer zur Nivellirung hinneigenden Ueberlieferung geringe Aussicht haben, sich zu behaupten, braucht kaum gesagt zu werden. Da wird denn die Irrthumschance leicht eine kleinere, wenn wir die anderweitig vollkommen gesicherte Form einführen, als wenn wir dem gerade hier vorliegenden handschriftlichen Zeugniss ausschliesslich vertrauen. Diese Rücksicht hat mich z. B. bestimmt, das in unserem Büchlein nur einmal vorkommende νοῦσος durch das bei Herodot, bei Theognis und überdies auch bei Demokrit, und zwar diesmal durch einen ganz ungewöhnlich alten Zeugen (Philodemus, De ira, p. 101 meiner Ausgabe: ὅσα τις ἐν νόσοις) beglaubigte νόσος zu ersetzen. Dass trotzdem βοηθεῖ (2), in welchem die beiden Vocale stammhaft sind, nicht angetastet zu werden braucht, lehrt zum Ueberfluss die gleiche auch in den Herodot-Handschriften überwiegende Schreibung des Wortes (vgl. Merzdorf, De dialecto Herodotea, in Curtius' Studien VIII 222).

4. Auch das Gehirn- und Nervenleben rollt in ausgefahrenen Geleisen leichter dahin als in selten oder gar nicht befahrenen. So geschieht es, dass unsere Vorstellungen nicht minder als unsere Bewegungen an jeder Wegscheide einer Associationsbahn in die ersteren hinübergleiten, insoweit nicht ein starker oder ein geschulter Wille sie in die letzteren zu zwingen weiss. Hier liegt die Wurzel des Verallgemeinerungstriebes, des Erzeugers aller Wissenschaft und, wo er ungezügelt waltet,

auch jedes Irrwahns. Auf dem Gebiete, das uns hier beschäftigt, wirkt er ausschliesslich als ein störender, die treue Wiedergabe und Fortpflanzung literarischer Denkmäler beirrender Factor. Und zwar übt er diesen schädigenden Einfluss in zwei einander entgegengesetzten Richtungen. Die eine der von ihm ausgehenden Strömungen strebt nämlich darnach, die Herrschaft des Gemeinüblichen, die andere jene des Sonderüblichen, aber in einem engeren Kreise Vorherrschenden über die demselben gebührenden Grenzen hinaus zu erweitern. Im ersteren Falle wird die Ausnahme zu Gunsten der Regel verwischt, im letzteren die Regel zu Gunsten der — in einem bestimmten Theilgebiete ihres Geltungsbereiches überwiegenden — Ausnahme. Mitunter ist es nicht leicht, zu unterscheiden, welche der beiden Strömungen (wir nennen sie die generell- und die particulär-nivellirende) einen uns eben vorliegenden Thatbestand erzeugt hat. So stehen wir denn manchmal vor einer Doppelfrage, die sich also zuspitzt: Ist ein gewisses vereinzeltes Vorkommniss nur darum vereinzelt, weil die generell-nivellirende Woge alle übrigen Vertreter desselben Sprachphänomens hinweggefegt hat? Oder steht es vielmehr umgekehrt? Hat die Flut der falschen Analogie oder der ungehörigen Reminiscenz nur gerade an dieser Stelle die schützenden Dämme durchbrochen und die betreffende Sondererscheinung an die Küste unserer Ueberlieferung gespült?

Ein Theil der ionischen Schriftdenkmale verwendet im Gegensatz zum gemeingriechischen ποῦ, πῶς, ποῖος u. s. w. die Formen κοῦ, κῶς, κοῖος u. dgl. m., einem andern sind dieselben fremd. Dass das Letztere von den dichterischen Erzeugnissen der Insel-Ionier gelte, hat v. Wilamowitz (Homerische Untersuchungen a. a. O.) ermittelt und ausgesprochen. Wie steht es nun in diesem Betracht mit der Sprache unserer Schrift? Wir finden hier an eilf Stellen die Formen mit π ohne Widerspruch eines handschriftlichen Zeugen; nur Theodor Zwinger hat am Rande seiner Ausgabe einmal ὅκου angemerkt, was nichts zu besagen braucht. Hingegen erscheint ὁκόταν zweimal in den jüngeren Handschriften, wo A und M ὁπόταν (einmal in A zu ὁπότερον verderbt) darbieten. Das Facit, dass nur die π enthaltenden Formen dem Verfasser angehören, wäre so einfach als sicher, wenn nicht gegen Ende der Schrift das Verhältniss sich mit einem Male umkehrte und unser bester Bürge dort ὅκως böte, wo M und R das gemeinübliche ὅπως aufweisen. Da im vorliegenden Falle jeder Gedanke an ein etwaiges Schwanken des Verfassers ausgeschlossen ist, so stehen wir vor der folgenden Alternative. Entweder unser Sophist hat sich in diesem Punkte der Sprache Herodot's, Heraklit's u. s. w. bedient, und diese seine Eigenart ist in der grossen Mehrzahl der Fälle durch die unzeitige Erinnerung an das Gemeingriechische hinwegnivellirt worden. Oder die Formen, welche man die asiatisch-ionischen nennen kann, sind Schreibern und Correctoren zur Unzeit in den Sinn gekommen und dadurch an jenen drei Stellen in unseren Text gedrungen. Gegen die erste Alternative spricht freilich schon der überaus wunderbare und mit dem, was wir über die Filiation der Handschriften ermittelt haben, schwer zu vereinbarende Umstand, dass dann die Recentiores zweimal ein Stück der echten Ueberlieferung gerettet haben müssten, welches die älteren und verlässlicheren Vertreter derselben nicht kennen. Allein die Annahme, dass eine alte Randvariante das Ursprüngliche bis auf den Stammvater der Recentiores fortgepflanzt habe, kann zwar keineswegs als eine wahrscheinliche, aber doch nicht als eine schlechthin undenkbare gelten. Eine sichere Entscheidung gewinnen wir einzig und allein durch eine Erweiterung unseres Umblicks. In der Schrift De flatibus bieten die Recentiores, denen sich ein und das andere Mal auch M anschliesst, die Formen ὅκου, ὅκως, ὁκόταν, ὁκόσοι an nicht weniger als zwölf Stellen, A nicht ein einziges Mal. Daraus folgt unwidersprechlich, dass von einer Neigung, die asiatisch-ionische Form hinwegzucorrigiren, bei den Schreibern der jüngeren Handschriften nicht im entferntesten die Rede sein kann; solch eine Idiosynkrasie aber bei dem Schreiber von A vorauszusetzen, der an so zahllosen Stellen allein das Ursprüngliche bewahrt hat, geht vollends nicht an, und würde diese Annahme auch zur Erklärung des Sachverhaltes nicht genügen. Damit ist der erste Theil der Alternative widerlegt und der zweite als wahr erwiesen. Ueberdies erscheint ὁκόταν auch an einer Stelle (De flat. 12, VI 108 L.), an welcher es unmöglich ein Stück der alten Ueberlieferung sein kann — aus dem einfachen Grunde, weil der betreffende Satz, wie der Zusammenhang sonnenklar lehrt und bereits

Littré erkannt hat, durchaus gefälscht ist. Statt ὁκόταν δὲ πλῆθος αἱμορραγῆσαν, was M und R bieten, zeigt A vielmehr: ὅσοι δὲ διὰ πόνων πλῆθος ἡμορράγησαν (das zweite η aus ει corrigirt), wozu allein der Nachsatz stimmt: καὶ τούτοις οἱ πόροι (so A, die Uebrigen πόνοι) πνεύματος ἐνέπλησαν τὰς φλέβας. Zu demselben Ergebniss führt die Durchmusterung von Περὶ φύσιος ἀνθρώπου, wo auf 10 Druckseiten der Littré'schen Ausgabe 21 Fällen, in welchen alle oder die meisten jüngeren Handschriften die κ-Formen bieten, nur einer gegenübersteht, in welchem eine solche auch (soweit man aus Littré's Schweigen schliessen darf) in A erscheint. So kann es denn als ausgemacht gelten, dass eine Tendenz zur Einschmuggelung jener Formen auch in solche Schriften, denen sie fremd sind, vorhanden war, und dass die schlechteren Träger der Ueberlieferung dieser Versuchung häufiger, aber auch die besten in seltenen Ausnahmefällen unterlegen sind.

Welche Verwüstungen die falsche Analogie in den hippokratischen Texten angerichtet hat, darauf genügt es im Vorübergehen hinzuweisen. Dem richtig gebildeten αἰτιέων (Gen. Plur. Fem.) zuliebe ward auch αἰτιέῳ, τουτέῳ u. s. w. geschrieben, in den ersten neun Paragraphen der Schrift Περὶ φύσιος ἀνθρώπου z. B. in den geringeren Handschriften nicht weniger als 35mal — eine Verderbniss, an welcher selbst A an fünf Stellen theilnimmt. Die Gewöhnung an den Ausgang έων im Genetiv der Mehrzahl hat in derselben Schrift sogar einmal das ungeheuerliche ἑνέων in der grossen Mehrheit der jüngeren Handschriften zu Tage gefördert. Solchen Erscheinungen gegenüber thut dort, wo die beste Handschrift contrahirte statt der aufgelösten Formen darbietet, grosse Vorsicht Noth; es gilt bei jeder Classe derartiger Fälle genau zu erwägen, ob die Contrahirung dem Einfluss des Gemeingriechischen, oder nicht vielmehr die Auflösung der falschen Analogie ihr Dasein verdankt. Nun beachte man den Umstand, dass die Lautverbindungen ε + ι und ε + ει in unserer Schrift, soweit A in Betracht kommt, fast genau gleich häufig in contrahirter und nicht contrahirter Gestalt erscheinen. Man vergleiche damit andere Lautverbindungen, wie z. B. jene von ε + ω, in welchen die uncontrahirten Formen ein erdrückendes Uebergewicht über die contrahirten besitzen. Sollen wir annehmen, dass die Tendenz zur Verwischung der specifischen Dialektformen gerade in diesem Punkte in A zu so übergrosser Stärke angewachsen ist? Oder müssen wir nicht vielmehr den entgegengesetzten Schluss ziehen, dass die pseudanalogistische Strömung mit ihrer Vorliebe für aufgelöste Formen, die in den geringeren Handschriften sogar bis zu Bildungen wie χρέεσθαι, δέεσθαι u. dgl. m. vorgeschritten ist (vgl. Littré VII 168, wo auf einer Seite χρέεσθαι, χρέεσθω zweimal, δέεσθαι, ἐκφορέεσθω erscheinen, insgesammt durch die Wiener Handschrift berichtigt, s. Littré X, LXVI), gelegentlich auch, wenngleich in geringerem Masse, einen so treuen Zeugen der Ueberlieferung, wie A es ist, ergriffen und den Werth seiner Aussagen vermindert hat? Der Schluss wäre wohl auch dann ein statthafter, wenn nicht das Zeugniss der Inschriften hinzuträte, an welchem bisher keine einzige dieser Formen eine Stütze gefunden hat (vgl. Bechtel's Sammlung und v. Wilamowitz Hermes, 21, 98).

Es erscheinen in A: προθυμεῖσθαι, ἡγεῖσθαι (bis), ὁρεῖ, φανεῖται, βοηθεῖ, ἀγνοεῖ, δεῖται (bis), ξυνεργεῖ, δημιουργεῖται, αἰσχροεπεῖν, καρτερεῖν, ἀδυνατεῖν, ἐγχειρεῖν, θαρρεῖν, δοκεῖν (bis) [18], wobei ich von den mehrfach vorkommenden δεῖ und δεῖν absehe, gleichwie von den Aorist-Infinitiven von der Art eines ἰδεῖν, bei denen die aufgelösten Formen jetzt endlich nahezu einstimmig verurtheilt sind. Diesen stehen gegenüber: μωμέεσθαι, δοκέει (quater), ποιέει (bis), ὁμολογέεται, δημιουργέει, ἐγχειρέειν, ἐπαινέειν, ποιέειν (ter), ἀδυνατέειν, ὑπουργέειν (bis), ἐπικρατέειν, εὐπορέειν, ἀπορέειν, κατηγορέειν [21]. Dass sich durch die Hinzurechnung von δεῖ und δεῖν, gleichwie der Aorist-Infinitive ἰδεῖν u. dgl. ein entschiedenes Uebergewicht auf Seite der contrahirten Formen ergibt, will ich nicht allzustark betonen. Ich benütze vielmehr diese Gelegenheit, um Sprachstatistikern einen bescheidenen Rath zu ertheilen. Sie würden, meines Erachtens, wohl daran thun, in derartigen Fällen nicht bloss eine Mehrheit von Instanzen für beweiskräftig zu halten. Auch eine starke Minderheit kann unter Umständen schwer ins Gewicht fallen. Ja, diese Stärke braucht nur eine relative zu sein. Denn als leitender Grundsatz derartiger Untersuchungen muss doch der folgende gelten. Eine Ursache A kann nicht oder nicht allein ein Phänomen a erzeugt haben, wenn dieses mit einer anderen (sei es grösseren, sei es geringeren) Häufigkeit als derjenigen auftritt, welche durch die anderweitig festgestellte Stärke jener Ursache ausreichend erklärt wird. Die statistische Methode, welche in linguistischen, literar-historischen und auch in textkritischen Fragen die Präcision und Sicherheit echter Wissenschaft an die Stelle vagen Meinens und polternden Behauptens zu setzen verheisst, muss, wenn sie diese Erwartung erfüllen soll, mit steter Rücksicht auf die jedesmal in Frage kommenden ursächlichen Momente geübt werden. Anderenfalls sinkt sie zur Zahlenspielerei herab, das heisst zu einem Spiel der schlimmsten Art, das zugleich müssig und pedantisch ist.

Wir haben noch der Frage zu gedenken, ob jene Dialekteigenthümlichkeiten, von denen wir annehmen mussten, dass sie in systematischer Weise aus dem hippokratischen Corpus ausgemerzt worden sind, auch in der Schrift Περὶ τέχνης zweifellose Spuren ihres einstigen Vorhandenseins zurückgelassen haben. Leider muss unsere Antwort unsicher und zögernd ausfallen. Wenn wir in den ersten Zeilen unserer Schrift dort, wo die übrigen Handschriften ὅ τι καὶ εὑρεθὲν bieten, in A statt dessen ὅ τι καὶ ἐρευθεν finden, wobei ρ von zweiter Hand auf einer Rasur geschrieben ist, die erste Hand aber ἐπευθεν geschrieben zu haben scheint, so müssen wir die Unsicherheit der letzteren Wahrnehmung lebhaft beklagen. Denn stünde jene Schreibung völlig sicher, so könnten wir nicht ohne Wahrscheinlichkeit vermuthen, dass sie einem ursprünglichen ἐπευρεθὲν = ἐφευρεθὲν entstammt ist. Eine andere Spur, die auf Psilosis hinzuweisen scheint, ist bedauerlicherweise um nichts sicherer. 10 init. erscheint statt ταῦτα ἃ der übrigen Handschriften (ταῦτα ἃ in A) im Marcianus von erster Hand: ταῦτᾶ — wieder ein zu schwaches Anzeichen, um daraus auf Psilosis in der Urhandschrift zu schliessen. Dass gleichwie hier an manchen sonstigen Stellen dieser und anderer Schriften A von erster Hand, doch ohne jede Consequenz, einen Spiritus lenis statt des asper zeigt, den zumeist eine spätere Hand in den letzteren verwandelt hat, sei hier vermerkt, ebenso wie der befremdende Umstand, dass die verneinende Partikel οὐ oder οὐκ sehr häufig mit dem Spiritus asper versehen ist, desgleichen auch ὀρθός und Formen des Verbums ὀφείλω. Dass die Psilosis, wenn sie anders in unserer Schrift herrschte und, was nicht völlig dasselbe ist (s. Bechtel, Die Inschr. des ionischen Dialekts S. 98), auch im Innern eines zusammengesetzten Wortes zum Ausdruck kam, jedenfalls schon sehr früh hinweg-corrigirt sein musste, dies beweist die allen Handschriften gemeinsame Corruptel ἀναθεῖσα 13 (12), die nicht entstehen konnte, wenn nicht das ihr zu Grunde liegende μεθεῖσα bereits also und nicht als μετεῖσα geschrieben gewesen war.[1] Was die relative Verwendung der Artikelformen betrifft, so ist es uns ebenso wenig vergönnt, einigermassen sichere Spuren derselben nachzuweisen. Für sie scheint die plumpe Interpolation διὰ τούτους τοὺς ψέγειν ἐθέλοντας zu sprechen, die uns in A begegnet (1), und die um Vieles erklärbarer wäre, wenn wir annehmen dürften, dass sie aus der ursprünglichen und eben in einem treueren Bewahrer des Echten länger erhaltenen Schreibung διὰ τούτους τοὺς ψέγει hervorgegangen ist. Allein auf diese Vermuthung weiterzubauen wage ich ebenso wenig wie auf jene andere, dass das die Construction störende und schon von Ermerins mit Recht beseitigte ὧν in dem Satze ὧν τὰ μὲν ἕδρῃσι κτλ. 13 (12) etwa aus einem missverstandenen ὦν (= οὖν) entsprungen und daselbst zu schreiben ist: τὰ μὲν ὦν ἕδρῃσι κτλ. (Uebrigens erscheint ὦν auch in dem ionisch geschriebenen Wiener Papyrus des 4. Jahrhunderts Z. 9 der Bearbeitung von Blass, Philol. 41, S. 748.) Ich verzichte daher in diesen Punkten auf die Einführung der in anderen ionischen Schriftwerken vorwaltenden Eigenthümlichkeiten — ein Verzicht, der mir fast sicherlich den Vorwurf eintragen wird, dass ich von meinen eigenen Wahrnehmungen einen allzu zaghaften Gebrauch gemacht habe. Ich vermag eben nicht die sichere Ueberzeugung zu gewinnen, dass die ionische Schriftsprache in der Epoche, welcher die vorliegende Rede angehört, ein durchaus einheitliches, von localen Verschiedenheiten völlig unberührtes Gepräge besessen hat. Dass zumal ein Sophist, das heisst ein Wanderlehrer, manche Ecken und Kanten seiner heimischen Mundart abgeschliffen und seine Sprache zu einer Art von κοινή umgebildet hat, dies muss wenigstens als eine Möglichkeit im Auge behalten werden. Einen gewissen Grad von Wahrscheinlichkeit verleiht ihr vielleicht die Wahrnehmung, dass wir in den Ueberresten des chalkidischen Sikelioten Gorgias keine sicheren Spuren seiner heimatlichen Eigenart zu erkennen vermögen. Mit dieser Muthmassung würde auch die

Thatsache übereinstimmen, dass der Wortschatz unseres Büchleins eine vergleichsweise geringe Zahl von specifischen Ionismen aufweist, und dass die Verwendung von μετὰ statt σὺν (7, 9, 11 ter) ganz und gar mit der Gebrauchsweise übereinstimmt, welche in attischer Prosa zuerst bei Antiphon, Thukydides, Andokides, und in ionischer[1] wohl nicht vor Demokritos begegnet.[2]

Ueber den Gebrauch des sogenannten paragogischen ν können wir uns kurz fassen. Dasselbe erscheint nicht selten vor Consonanten, freilich nicht so oft als auf altionischen Inschriften (vgl. Erman in Curtius' Studien V 279 und Gustav Meyer, Griech. Gramm.[2], S. 298), häufig am Schluss eines Satzes, vor Vocalen aber — diesmal in Uebereinstimmung mit den altionischen Inschriften — so regelmässig, dass die euphonische Rücksicht offen zu Tage liegt und wir wohl berechtigt sind, in den drei widerstrebenden Fällen das ν, welches A von erster Hand nicht bietet, dennoch mit MR und den späteren Händen A's beizufügen (διαπράσσουσιν ἰόμενοι 6, κάμνουσιν ἀδυνατεῖν 7 und ἔστιν εἰδέναι, wenn nicht etwa ἔστ' εἰδέναι zu schreiben ist, 11); hingegen können wir dem Zeugniss von AM gegen R in τοῖσι παρεοῦσι 7 folgen, da die Interpunctionspause nach diesen Worten eine Rücksichtnahme auf das folgende ὥστε entbehrlich macht.

Die volleren Dativformen überwiegen durchaus. Von den kürzeren Formen der A-Declination erscheint nur ein Beispiel: κακίαις 12 (11) fin., welches man wohl unbedenklich beseitigen darf. Anders steht es mit den kürzeren Formen der O-Declination. Diese begegnen in A nicht weniger als 21mal, jedoch — von einigen wenigen, sogleich zu besprechenden Ausnahmsfällen abgesehen — durchaus vor vocalischem Anlaut, der ohne stärkere Interpunctionspause nachfolgt. Man kann daher zweifeln, ob es nicht angemessener wäre, die volleren Formen apostrophirt in den Text zu setzen, gleichwie dies Buttmann und Ahrens bei ionischen Dichtern zu thun empfohlen und Nauck jetzt im Homertext durchgeführt hat. Ob in λογισμοῖσι 8, ἀκούσῃ 5, in τοῖσι ἀγνοεῦσι 1 und τοῖσι ἐς ἱστορίην ἄμα. 1 der Hiat in dieser oder in jener Weise zu beseitigen sei, mag zweifelhaft erscheinen. Ich folge der Autorität der besten Handschrift, indem ich nicht ν beifüge, sondern annehme, dass hier wie so häufig selbst in epigraphischen Urkunden der zu elidirende Vocal nichtsdestoweniger geschrieben ward. In Betreff der wenigen der oben namhaft gemachten Regel wirklich oder scheinbar widersprechenden Stellen ist Folgendes zu bemerken. τοῖς ἰδιώταις 12 init. tritt aus der Reihe dieser Ausnahmen heraus, sobald wir die in jenem Satz nothwendig anzunehmende Lücke eben nach ἰδιώταις ansetzen und, wie ich es gethan habe, durch ein Wort mit vocalischem Anlaut ausfüllen. Die Stelle in 13, wo drei auf einander folgende Dative in A mittelst Compendiums geschrieben sind, während die anderen Handschriften die vollen Formen zeigen, kann um so weniger in Betracht kommen, als der Schreiber von A sich in jener Schlusspartie mit Vorliebe der compendienhaften Schreibungen bedient. Dass der Autor 6 fin. τοῖσι προειρημένοις geschrieben habe, halte ich darum für unglaublich, weil es, falls er die schleppende Wiederholung vermeiden wollte, jedenfalls ungleich näher lag, die kürzere Artikelform zu wählen. Somit bleibt nur 8 fin. das zweimalige τοῖς vor δημιουργέουσιν und δημιουργεομένοισιν übrig, das ich nicht antaste, obgleich mir auch hier die Möglichkeit eines Schreibfehlers nicht als ausgeschlossen gilt.[1]

Die kürzere und die längere Form von ἐκεῖνος erscheinen beide ausreichend verbürgt. Auch das zweimalige ἐθέλω würde ich neben dem einmal erscheinenden θέλω dulden, wenn nicht eine entschiedene Tendenz zur Verdrängung des letzteren durch das erstere in den Handschriften erkennbar wäre. So ist auch an jener Stelle (8 init.) θέλοντας, desgleichen θέλοις in Περὶ φύσιος ἀνθρώπου 7 (VI 46 L.), dieselbe Form ebend. 7 (50 L.), endlich Περὶ ἀρχ. ἰητρ. 1, I 570 L. θέλωσιν neben ἐθέλωσιν von A, theils allein, theils nahezu allein, erhalten. Elidirt habe ich Vocale im Uebrigen nur dort, wo dies in A geschieht, — nicht als ob ich so thöricht wäre, in diesen Dingen der Autorität auch der besten Handschrift irgend ein Gewicht beizumessen, sondern einfach darum, weil wir kein Mittel besitzen, die bezüglichen Intentionen des Autors zu erschliessen und daher nichts Besseres thun können, als die überlieferten Schreibungen schlechtweg wiederzugeben. Ueber Anderes wird an den betreffenden Stellen gehandelt werden.

3. Gliederung der Rede.

- **Προοίμιον**
  1. Allgemeine Einleitung und Ankündigung des Themas (Πρόθεσις)
  2. Ontologischer Excurs
  3. Definition des Hauptbegriffs und Ankündigung des zugleich positiven und negativen Beweisverfahrens (ἀπόδειξις und λύσις)
- **Ἀπόδειξις καὶ Λύσις**
  - I. Kunst versus Zufall
    4. Allgemeines über das Verhältniss von τέχνη und τύχη (Einleitung dieses Hauptabschnitts)
    5. Die Wirksamkeit der Arzneikunst reicht weiter als die Thätigkeit der Aerzte
    6. Basirung dieser These auf die Natur der Dinge
  - II. Begrenzte Wirksamkeit der Arzneikunst
    7. Die ärztlichen Misserfolge beweisen nichts gegen das Dasein der Heilkunst
    8. Ebenso wenig die Nichtbehandlung verzweifelter Fälle
  - III. Ihre Stellung gegenüber den sichtbaren und den verborgenen Krankheiten
    - a) Anatomische Grundlegung
      9. Allgemeine Unterscheidung der zwei Krankheitsgattungen
      10. Detailausführung dieses Unterschiedes
    - b) Allgemeine Anwendung
      11. Allgemeines über Erkenntniss und Behandlung verborgener Krankheiten
      12. Illustrirung d. Gesagten durch die Verfahrungsweise anderer Künste
    - c) Besondere Anwendung
      13. Detaillirte Darlegung der diagnostischen Methoden und daraus gezogene Nutzanwendung
- **Ἐπίλογος**
  14. Recapitulation (ἀνακεφαλαίωσις) und Abschiedsgruss des Redners an die Aerzte.

Wir sind hierbei durchaus den vom Verfasser selbst ertheilten Winken gefolgt. So werden die drei ersten Abschnitte von ihm als Proömium gekennzeichnet durch den Eingang von 4: ἔστι μὲν οὖν μοι ἀρχὴ τοῦ λόγου κτλ., womit man vergleichen mag den Anfang der Rede des Eryximachos im platonischen Symposion (177ᵃ): ἡ μέν μοι ἀρχὴ τοῦ λόγου ἐστὶ κτλ. Dass er den beweisenden und den widerlegenden Theil seiner Darlegung im Folgenden nicht gesondert hat, sagt er ausdrücklich 3 fin.: ἐν δὲ τῇ τῆς τέχνης ἀποδείξει ἅμα καὶ τοὺς λόγους τῶν αἰσχύνειν αὐτὴν οἰομένων ἀναιρήσω κτλ. Desgleichen markirt er 7 init. einen neuen Hauptabschnitt als solchen, indem die von 4 bis 6 reichende Erörterung als nunmehr abgeschlossen bezeichnet wird mit den Worten: τοῖσι μὲν οὖν τῇ τύχῃ τὴν ὑγιείην προστιθεῖσι τὴν δὲ τέχνην ἀφαιρέουσι τοιαῦτ᾽ ἄν τις λέγοι. Und so wird jedesmal der Inhalt des Vorhergehenden zusammenfassend recapitulirt und das schon Bewiesene von dem erst noch zu Beweisenden streng geschieden. Man vergleiche damit die scharfe Abgrenzung der kleinen Abschnitte, die man für die Reden im Symposion so charakteristisch gefunden hat (Teuffel im Rhein. Mus. 29, 133), auch Plato, Protagoras 323ᶜ oder 324ᶜ (sammt Sauppe's Bemerkungen dazu). Die Paragrapheneintheilung ist jene älterer Herausgeber, genauer jene Littré's, von dem ich nur darin abweiche, dass ich seinen 11. Abschnitt in zwei Theile zerfälle.

II.

1. Sogleich in den ersten Worten tritt uns der Verfasser in seiner vollen Eigenart entgegen: als streitlustiger und streitgewohnter Kämpe, als weitschauender Kopf, der sein jedesmaliges Thema als Theilgebiet eines grossen, vielumfassenden Ganzen zu betrachten und zu behandeln pflegt, und nicht am mindesten als Meister der Rede, der die Aufmerksamkeit seiner Hörer sofort durch eine packende Wendung zu erzwingen und zu fesseln weiss. Dieses ‚Aufrütteln des Publicums' (vgl. Scherer, Poetik, S. 199) durch den paradox klingenden Satz:

‚Es gibt Leute, die aus der Lästerung der Gewerbe selbst ein Gewerbe machen‘ musste gleich einem Posaunenstoss wirken. Man glaubt es wahrzunehmen, wie das letzte leise Geflüster in der fernsten Ecke des Saales verstummt, wie alle Augen sich auf den Sprecher richten, alle Ohren seine Worte begierig einsaugen. Den also erregten Antheil wach zu erhalten, diesem Zwecke dient ein anderes Kunstmittel. Der Hörer wird zu ernster Mitarbeit gezwungen durch die Häufung ungewöhnlicher Worte und schwierigerer Constructionen, die den Geist beschäftigen, während der mit starkem Selbstgefühl gesättigte schneidig-polemische Ton die Erwartung des Publicums hoch spannt und sein Interesse nicht erkalten lässt.

Nicht wenig bezeichnend für den Autor ist der Gegensatz, in welchen er die eigene σοφίη und παιδείη zur ἱστορίη seiner Gegner stellt. Wer diese waren, ist uns zu wissen nicht vergönnt; aber es müssen wohl berufsmässige Gelehrte, wahrscheinlich Vertreter einer eigentlichen Philosophenschule gewesen sein, vielleicht solche, welche den Betrieb der τέχναι auf eine neue, wissenschaftliche Grundlage zu stellen beanspruchten und die bisherige Ausübung derselben als blosse handwerksmässige Routine (τριβή) bezeichnen mochten. In Betreff der Heilkunst geschieht etwas Derartiges durch den Verfasser der Schrift Περὶ διαίτης, wie das Anm. 1 zu S. 35 Mitgetheilte zeigen kann. Man wird an die schmähende Aeusserung Heraklit's über Pythagoras erinnert (Fgm. 17 Bywater, vgl. auch 16), in welcher die ἱστορίη so ziemlich mit unfruchtbarem Vielwissen identificirt wird. Das Wort bedeutet in jener Zeit so viel wie Wissenschaft und Erudition überhaupt im weitesten Sinne, vgl. z. B. Euripides Fgm. 910 N[2]. In pythagoreischen Kreisen ward die Geometrie so genannt, denn dies ist der Sinn der von Tannery (Archiv für Gesch. der Philos. I 29) meines Erachtens missverstandenen Worte des Jamblichus De vita Pythagorica p. 66, 11 Nauck: ἐκαλεῖτο δὲ ἡ γεωμετρία πρὸς Πυθαγόρου ἱστορία. Das heisst, sie galt als die Wissenschaft par excellence, genau so, wie das Wort μαθήματα seine Bedeutung verengt hat; in geringschätzigem Sinne gebraucht den Ausdruck ἱστορίη auch der Verfasser von De prisca medicina dort, wo er gegen die Phantastereien der Naturphilosophen vom Schlage des Empedokles ankämpft, 20 (I 622 L.). Der Anklang an das Wort des Ephesiers gewinnt dadurch an Bedeutung, dass dieser dem Pythagoras vorwirft, er habe πολυμαθίη und κακοτεχνίη zu seiner σοφίη gemacht, zumal wenn man die κακοτεχνίη mit mir (Zu Heraklit's Lehre u. s. w. S. 8—9) auf die Eloquenz des samischen Weisen bezieht, während auch hier neben die ἱστορίη sehr bald die λόγων οὐ καλῶν τέχνη tritt, was nur eine höflichere Umschreibung eben der κακοτεχνίη ist. Ich will nicht behaupten, dass dem Verfasser jener Satz aus der Schrift des ‚Dunkeln' vorgeschwebt haben muss, vielmehr kann die gleichartige Ausdrucksweise dem gleichartigen Gegensatz entsprungen sein, in welchem sich der gewitzte und von seiner geistigen Ueberlegenheit durchdrungene Autodidakt den schulmässigen Vertretern der damaligen Wissenschaft gegenüber befinden und empfinden mochte.

Wenden wir uns zur Form des Ausdrucks, so fällt es auf, dass die Eingangsworte dieselben sind, mit welchen auch Isokrates seine 9. und seine 10. Rede begonnen hat (εἰσί τινες οἳ δυσκόλως ἔχουσι κτλ., εἰσί τινες οἳ μέγα φρονοῦσιν κτλ.). Weniger stark ist der Anklang im Eingang der pseudhippokratischen Schrift De flatibus: εἰσί τινες τῶν τεχνέων αἳ κτλ.

τὸ τὰς τέχνας αἰσχροεπεῖν]. Die hier zum ersten Male erscheinende Substantivirung des Infinitivs ist unserem Autor sehr geläufig, noch weit mehr als Herodot (vgl. Heilmann, De infinitivi syntaxi herodotea, Giessen 1879, p. 62 sqq.). Er stimmt hierin mit Antiphon überein (vgl. Birklein, Die Entwicklungsgeschichte des substantivirten Infinitivs in Schanz' Beiträgen zur histor. Syntax, Heft 7, Würzburg 1888, S. 73), desgleichen mit Thukydides, der diese Constructionsweise, zumal in den Reden, ungemein häufig anwendet (vgl. Behrendt, Ueber den Gebrauch des Infinitivs mit Artikel bei Thukydides, Berliner Gymnasial-Programm 1886, insbesondere S. 22—23). Auch in zwei sehr alten Bestandtheilen der hippokratischen Sammlung, dem Buche De fractis und seiner Fortsetzung De articulis, welche letztere jedenfalls bereits Ktesias kannte (Littré I 70, 334, 338), begegnet diese Construction keineswegs selten, wie Uhoff, Quaestiones Hippocraticae p. 37, gezeigt hat.

Das nur durch A erhaltene, in den übrigen Handschriften durch Glosseme verdrängte αἰσχροεπεῖν erscheint in den auf uns gekommenen Ueberresten der griechischen Literatur —

von den Lexikographen abgesehen — nur noch einmal, in der Philyra des Komikers Ephippos (III 339 Meineke = II 263 Kock).

ὡς μὲν οἴονται οὐ τοῦτο διαπρησσόμενοι ὃ ἐγὼ λέγω, ἀλλὰ ἱστορίης οἰκείης ἐπίδειξιν ποιεύμενοι]. Die von Littré angenommene Lesart einiger Pariser Handschriften: ὡς μὲν οἴονται οἱ τοῦτο διαπρησσόμενοι οὐχ ὃ ἐγὼ λέγω ἀλλ' — ποιεύμενοι ist glatt und gefällig, für unseren Autor vielleicht in allzu hohem Masse, entbehrt aber jedenfalls aller urkundlichen Gewähr. Denn dass οὐχ ὃ auch vom Monacensis, von Zwinger in margine und vom Exemplum Fevréi dargeboten wird, will nichts besagen. Die Worte ὡς μὲν οἴονται muss man stark betonen, um, was ihnen ‚an äusserem Umfange abgeht, an Nachdruck und innerer Kraft‘ zu ‚ersetzen‘ (Otfr. Müller, Gr. Literaturg. II 394). Der paraphrastische Ausdruck ἐπίδειξιν ποιεύμενοι, womit man vergleiche 3: τὴν ἀπόδειξιν ποιήσομαι, erinnert an die zahllosen derartigen Umschreibungen bei Antiphon (vgl. darüber Ottsen, De Antiphontis verborum formarumque specie, Rendsburger Gymnasial-Programm 1854, p. 8), desgleichen bei Thukydides, — wo Bétant's Specialwörterbuch s. v. ποιεῖν massenhaftes Material darbietet — eine Eigenthümlichkeit, die schon die Alten frappirt hatte, wie Alexander De figuris (Rhet. Graeci, ed. Walz VIII 469 = III 32 Spengel) lehren kann. Hier wird die Umschreibung τὴν μάθησιν ἐποιεῖσθε statt ἐμανθάνετε (Thuc. I 68, 2) mit der Bemerkung angeführt: πολὺ δὲ τὸ σχῆμα παρὰ τῷ ἀνδρὶ τούτῳ (l. τοῦτο). Dasselbe Streben nach Fülle des Ausdrucks verrathen die zahlreichen Paraphrasen mit φαίνομαι (nicht weniger als vier in 6 — vgl. Antipho V 22: φαίνομαι τὸν πλοῦν ποιησάμενος —), δημιουργοῖς εἶναι statt δημιουργεῖν u. dgl. m. Diese Gebrauchsweise ging auch auf die jüngeren Redner über (vgl. Isokrates IV 17 und XV 147).

ἐμοὶ δὲ τὸ μέν τι τῶν μὴ εὑρημένων ἐξευρίσκειν ὅ τι καὶ εὑρεθὲν κρέσσον ἢ ἀνεξεύρετον, συνέσιος δοκεῖ ἐπιθύμημά τε καὶ ἔργον εἶναι, καὶ τὸ τὰ ἡμίεργα ἐς τέλος ἐξεργάζεσθαι ὡσαύτως]. Dass εὑρίσκειν und ἐξευρίσκειν zugleich ‚erfinden‘ und ‚entdecken‘ bedeutet, was die Uebersetzung nicht wiederzugeben vermochte, braucht kaum gesagt zu werden. Man darf vermuthen, dass der so selbstbewusste Verfasser auch sich selber manche Erfindungen und Entdeckungen zuschrieb und an diese Bethätigung seiner σοφίη im Gegensatz zu der mehr passiven ἱστορίη seiner Gegner beiläufig erinnern wollte. Doch dem sei, wie ihm wolle, jedenfalls war dies ein bei den Sophisten beliebter τόπος, an welchen Plato Protagoras 320b: διὰ τὸ ἡγεῖσθαί σε πολλῶν μὲν ἔμπειρον γεγονέναι, πολλὰ δὲ μεμαθηκέναι, τὰ δὲ αὐτὸν ἐξευρηκέναι und Isokrates XV 208 erinnert: καὶ πρεσβύτερον καὶ πολλῶν πραγμάτων ἔμπειρον, καὶ τὰ μὲν παρειληφότα, τὰ δ' αὐτὸν εὑρηκότα — zwei Stellen, auf deren auffällige Uebereinstimmung bereits Diels (Doxographi, p. 258) hingewiesen hat. Vielleicht gehen sie auf ein gemeinsames Original zurück, auf die ruhmredige Aeusserung eines Autors, den wir nicht weit von dem unsrigen zu suchen haben mögen. — Wie wenig es noththut, mit Littré ein ἢ nach κρέσσον einzuschieben (sprachrichtig wäre übrigens nur ἐστί), kann zu allem Ueberfluss der Hinweis auf die bei Homer und in Orakelversen so häufig begegnende Wendung ὡς γὰρ ἄμεινον u. dgl. oder auf Heraklit Fgm. 108—109 Bywater lehren, gleichviel ob wir κρύπτειν ἀμαθίην κρέσσον oder ἀμαθίην ἄμεινον κρύπτειν für die ursprüngliche Fassung jenes Ausspruchs halten. — ἐπιθύμημα ist ein ungemein selten vorkommendes Wort, von welchem Pollux XII 183 anzumerken nöthig fand, dass Antiphon — die Fragmentsammler denken hiebei an den Sophisten dieses Namens — es gebraucht habe.

σύνεσις ist ein Lieblingswort unseres Autors, welches er ebenso emphatisch zu gebrauchen pflegt wie Euripides, der Schutzfleh. 203 die ‚Vernunft' als die höchste Gottesgabe preist (πρῶτον μὲν ἐνθεὶς σύνεσιν), daher ihn auch Aristophanes Frösche 893 die Vernunft als Göttin anbeten lässt, oder wie Thukydides, der IV 81 von der Vernunft und Tugend des Brasidas spricht (ἡ τότε Βρασίδου ἀρετὴ καὶ ξύνεσις, dieselbe Verbindung VI 54) und, nebenbei bemerkt, das Wort, von dem häufigen συνετός und συνετόν abgesehen, nicht weniger als dreizehnmal (darunter sechsmal in den Reden) anwendet. In unserer Schrift erscheint es fünfmal, d. h. häufiger als im ganzen Plato! Denn wenn man von den eilf Stellen, welche Ast im Lexicon Platonicum namhaft macht, die zwei abzieht, welche den anerkannt unechten Ἐρασταί angehören, ferner die sechs (Cratyl. 411a bis, 412a, 412c, 437b, Sophist. 228d), an welchen das Wort eben nur als solches in etymologischen Erörterungen erscheint, desgleichen Phileb. 19d, wo die Ausdrücke für ‚Einsicht' u. s. w. aufgezählt werden, endlich Phädrus 232c, ‚wo der lysianische

'Ερωτικός es darbietet, so bleiben nur d r e i Stellen übrig. Eine von diesen, an welcher es heisst, dass der Mensch alle anderen ζῷα an σύνεσις übertreffe, gehört dem rhetorisch gefärbten Menexenos an (237[d]), an der zweiten wird das Wort von der Verständigkeit der Hunde gebraucht (Staat II 376[b]), und nur Politic. 259[c] wird ψυχῆς σύνεσις καὶ ῥώμη der Kraft der Hände und des Körpers überhaupt entgegengesetzt. Man könnte vorerst vermuthen, dass der Ausdruck als ein Schiboleth der Aufklärer Plato ebenso unsympathisch war wie etwa der ‚Verstand' unseren Romantikern. Und wenn die einzige Stelle, in welcher nichts von dieser Antipathie zu merken ist, Plato's letzter Stilperiode angehört, so stimmt dies aufs beste zu unserer Beobachtung, Anm. 1 zu S. 11, dass der Philosoph in den Erzeugnissen derselben Wendungen und Ausdrücke gebraucht, die er in früheren Werken gemieden oder verspottet hatte. Allein die Sache steht ein wenig anders. Das Wort scheint der attischen Umgangssprache fremd gewesen zu sein; mindestens fehlt es in der Komödie vor Menander (denn die zwei Stellen, wo Aristophanes es bei der Verspottung des Euripides gebraucht, Frösche 893 und 1483, sind eben die Ausnahme, welche die Regel bestätigt), und von den Rednern wenden nur Isokrates u. z. im Encom. Helen. (also in einem nicht zu wirklichem Vortrag bestimmten Stücke) 56 und Aeschines adv. Ctesiph. 260 es je einmal an, der Letztere in einer schwülstigen Anrufung, die den Spott des Demosthenes herausfordert, De cor. 127. Hingegen ist das für Plato so charakteristische ἐπιστήμη unserer Schrift völlig fremd. Seine Stelle nimmt eben σύνεσις und das oft gebrauchte alterthümliche γνώμη ein.

οὐκέτι ξυνέσιος δοκεῖ ἐπιθύμημά τε καὶ ἔργον εἶναι, ἀλλὰ κακαγγελίη, μᾶλλον φύσιος ἢ ἀτεχνίη]. Die Wortstellung in AM erzeugt den Hiat, welchen das δοκέει ξυνέσιος der Recentiores vermeidet. Allein unser Autor geht dem Hiat noch nicht consequent aus dem Wege, wie eben dieselbe Wortverbindung δοκεῖ ἐπιθύμημα einige Zeilen vorher und bald auch κακίῃ ὑπουργεῖν lehren kann. κακαγγελίη, was wieder nur A bewahrt hat und Galen im Glossar bestätigt, wenn er gleich das Wort falsch erklärt (XIX 107 Kühn: κακαγγελίη· κακορρημοσύνη, κακολογία), ist der Literatur im Uebrigen fremd (nur bei Manetho, Apotelesm. IV 556, wollte Lobeck zu Soph. Aias V. 704 es herstellen); doch erscheint das Adjectiv bei Aischylos, Agamemnon 614 Kirchhoff = 641 Wecklein: καταγγέλῳ γλώσσῃ, das Verbum καταγγέλλειν im Frg. trag. adesp. 122 N². Die Hypallage καταγγελίη φύσεως, wo wir eher ἀγγελίη κακῆς φύσεως erwarten, ist von einer Kühnheit, die in der Prosa kaum jemals, um so häufiger in der Poesie angetroffen wird; vgl. Soph. Antig. 794 νεῖκος ἀνδρῶν ξύναιμον, Trach. 817 μητρῷον ὄγκον ὀνόματος und Aias 8 (mit Lobeck's reichen Sammlungen), 53, 860, auch Bernhardy, Wissensch. Syntax 427. Von gleicher Kühnheit sind θνητὰ γένη und πτηνὸς φυγή in Plato's Nachbildung protagoreischer Diction (Protag. 320ᶜ⁻ᵉ).

Der Gegensatz von φύσις und τέχνη, von Naturanlage und geschulter Einsicht, der die Geister in jenem Zeitalter lebhaft beschäftigte, wird uns noch mehrfach begegnen. Das Substantiv ἀτεχνίη erscheint hier wohl zum ersten Male in der griechischen Literatur, wenn nicht etwa der pseudhippokratische Νόμος älter sein sollte. Beiläufig bemerkt, die jener Stelle: δειλίη ἀδυναμίην σημαίνει, θρασύτης δὲ ἀτεχνίην nachfolgenden Worte [IV 642 L.] sind, soviel ich weiss, noch nicht erklärt oder geheilt worden. Der Sinn kann nur dieser sein: es gibt zweierlei Arten von Muth; der eine ist die Frucht der Einsicht, der andere jene der Unwissenheit. Sicherlich sind die Worte ἐπιστήμη τε καὶ δόξα mit der besten Handschrift zu tilgen. Im Uebrigen weiss ich eine völlig sichere Besserung des Ueberlieferten: δύο γάρ, ὧν τὸ μὲν ἐπίστασθαι ποιεῖ, τὸ δὲ ἀγνοεῖν, nicht zu empfehlen, aber der Sinn muss derselbe sein, als ob geschrieben stünde: δόξαι γάρ, ὧν τὴν μὲν τὸ ἐπίστασθαι ἐμποιεῖ, τὴν δὲ τὸ ἀγνοεῖν. Vielleicht genügt es, mit engerem Anschluss an die Ueberlieferung zu schreiben: δύο γάρ (denn es gibt zweierlei Arten), ὧν τὸ μὲν τὸ ἐπίστασθαι ἐμποιεῖ, τὸ δ. τ. ἀ. Der zwiefache Muth, nämlich die der Unkunde entspringende Keckheit — vgl. Thucyd. II 40, 3 — und ihr Widerspiel, die berechtigte Kühnheit, erinnert an die zwiefache ἔρις des Hesiod ἔργ. 11 ff., die zweigetheilte Scham bei Euripides Hippol. 385 und gleichfalls schon bei Hesiod ἔργ. 316, die doppelte Liebe bei Euripides Fgm. 388 N², nicht minder an den doppelten Neid beim Sophisten Hippias, Fgm. Hist. Graec. II 62, 13. Dass das Wort in den Kreisen der Rhetoren und Sophisten aufkam, dazu stimmt auch seine früheste Verwendung bei Plato, Phaedr. 274ᵇ, wo Tisias apostrophirt wird, ausserdem begegnet es nur Phaedo 90ᵇ und Sophist. 253ᵇ.

ἐς τὸ τὰ τῶν πέλας ἔργα ἢ ὀρθὰ ἐόντα διαβάλλειν ἢ οὐκ ὀρθὰ μωμήσασθαι]. πέλας und zumal der substantivirte Gebrauch des Wortes kann kaum als attisch gelten. Es fehlt der attischen Komödie bis auf Alexis durchaus, und auch Plato verwendet dasselbe erst in seiner letzten Stilperiode (Gesetze und Philebos). Hingegen ist es der Tragödie von allem Anfang an geläufig, nicht minder dem Thukydides und Antiphon, welche in diesen und anderen Stücken nicht die eigentliche attische Umgangssprache vertreten, während die übrigen Redner (von Isokrat. XIV 47 abgesehen) es nicht kennen, hingegen gleich Plato πλησίον vielfach, substantivirt und nicht substantivirt, gebrauchen.* ‚Die Schärfe des Wortgebrauchs', die für unseren Autor so bezeichnend ist, zeigt sich hier darin, dass er das Verbum διαβάλλω, welches häufig auch in der alten Sprache im Sinne des Verhetzens, Verfeindens, Verhasstmachens angewendet wird, in seine mehr specifische Gebrauchssphäre des Verschwärzens und Verleumdens einzuschliessen sucht. Das Streben nach scharfer Abgrenzung synonymer Ausdrücke, welches für Prodikos so charakteristisch ist, konnte natürlich auch einem Schriftsteller nicht fremd sein, dessen Stärke in der Proprietät des Ausdruckes lag und der, wie unsere Schrift ausreichend darthut, für die Unterschiede der Wortformen eine so ungemein starke Empfindung besass; vgl. Einleitung.

οἷσι μέλει τε καὶ ὧν μέλει οἱ δυνάμενοι κωλυόντων]. Der Relativsatz οἷσι-μέλει vertritt einen Genetiv (vgl. Krüger, Gr. Gramm. 51, 13, 4). Aehnlich 8: ἃ δ' ἐπικουρίης δεῖται μεγάλης, (τούτων) οὐχ ἅπτονται oder 11: καὶ ὅσα .... πάσχουσιν, (τούτων) οὐχ οἱ θεραπεύοντες αὐτοὺς αἴτιοι. Zahlreiche analoge Fälle begegnen schon von Homer angefangen, vorzugsweise, wenn ich nicht irre, bei Thukydides; vgl. Krüger's grammatisches Register s. v. Demonstrativ. Man vergleiche auch Antiphon VI 47, Tetralog. Γα 6 (mit Mätzner's Bemerkungen p. 186—187 und 274). Das Phänomen scheint, insofern es sich um oblique Casus handelt und das Relativpronomen in einem andern als

* Auch Rutherford (The new Phrynichus p. 28) gedenkt im Allgemeinen der Thatsache, dass ‚πέλας had in the development of Attic been to a great extent superseded by πλησίον'.

dem vom Verbum des Hauptsatzes regirten Casus erscheint, im Grossen und Ganzen gleich sonstigen Merkmalen einer lockereren Syntax der älteren Sprache mehr zu eignen als der jüngeren.

ὁ δὲ παρεὼν λόγος τοῖς ἐς ἰητρικὴν ἐμπορευομένοις ἐναντιώσεται]. Das schon durch Cornarius' ‚qui... irruunt' richtig wiedergegebene ἐμπορευομένοις ist bereits im Alterthum, wie die in mehreren Handschriften, vor allem dem Vaticanus 277 und seinen Abkömmlingen aufbewahrte, auch von Sambucus seinem Exemplar beigeschriebene Erklärung zeigt, gröblich missverstanden worden. Man hat das Wort nämlich auf banausischen Handelsbetrieb und Handelsgewinn bezogen, etwa wie es in dem bekannten Spottvers: λέγουσιν Ἑρμόδωρος ἐμπορεύεται angewendet ward. Die verkehrte Glosse ist übrigens nicht einmal richtig überliefert worden, weshalb ich sie hieher setze: ἐμπορευομένοις· καθολοκοροῦσι κέρδους ἐλευθέρου (l. ἀνελευθέρου) χάριν· Ὅμηρος γάρ φησιν· ἔμπορος· οὐ γὰρ νηὸς ἐπήβολος οὐδ' ἐρετάων (β 319). Wenn die Glosse wirklich auf Erotian zurückgeht, wie dessen neuester Herausgeber annimmt (Erotianus ed. Klein p. 24), so macht sie seinem Scharfsinn blutwenig Ehre.

θρασυνόμενος μὲν διὰ τούτους οὓς ψέγει, εὐπορέων δὲ διὰ τὴν τέχνην ᾗ βοηθεῖ, δυνάμενος δὲ διὰ σοφίην ᾗ πεπαίδευται]. Das Isokolon, welches den ersten Abschnitt würdevoll abschliesst, erwächst hier, wie stets bei unserem Autor, aus der Architektonik des Gedankens. Es ist kein blosser Aufputz und Zierat, sondern die innere Gliederung der Rede gelangt auch äusserlich zu strengem Ausdruck. Es stehen coordinirt neben einander: der Muth, welchen dem Redner die Beschaffenheit der zu bekämpfenden Gegner einflösst; der Reichthum an Argumenten, den er aus der Natur seines Gegenstandes zu schöpfen vermag; endlich die eigene geistige Ueberlegenheit, welche jene Argumente zu erkennen und zu verwerthen versteht und die sich ihrerseits wieder aus beherrschender Einsicht (σοφία) und erworbener Kenntnis und Schulung (παιδεία) zusammensetzt. Dass der Sprecher keinen Anstand nimmt, sein starkes Selbstgefühl so unverhohlen zur Schau zu tragen, darf uns nicht allzusehr befremden. Der Sophist, der staatlicher Anerkennung und Unterstützung ermangelte, war im harten Kampfe um Geltung und Existenz ganz besonders auf rücksichtslose Verwerthung seiner Kraft angewiesen. Auch der Rhapsode

Xenophanes preist die eigene Weisheit: ἡμετέρη σοφίη (frg. 2 Bergk); selbst der aristokratische Heraklit tritt mit einem für unser Gefühl verletzenden Aplomb auf; das Schulhaupt Demokritos rühmt sich dreist der von ihm unternommenen weiten Reisen und seiner von Niemand übertroffenen Leistungen in der Geometrie (Clem. Strom. I 15); ja auch Plato ist nicht blöde, wenn es den Glanz seines Hauses zu verkünden gilt (παῖδες Ἀρίστωνος, κλεινοῦ θεῖον γένος ἀνδρός Staat II 368a).

2. Ueber den Gedankengehalt dieses Abschnittes habe ich bereits in der Einleitung gehandelt. Ehe ich hier weiter darauf eingehe, müssen zwei Textesänderungen, die ich vorgenommen habe, gerechtfertigt werden. In dem Satze: γνώσεται τοίνυν δεδεγμένων ἤδη ⟨εἴδεα⟩ τῶν τεχνέων habe ich mit einigen Vorgängern εἴδεα aufgenommen, ohne jedoch das vollkommen passende ἤδη zu beseitigen. Dass der Satz eines Subjectes bedarf, dass dieses kein anderes sein kann als eben εἴδεα, da sonst das folgende καὶ οὐδεμία ἐστὶν ἥ γε ἔκ τινος εἴδεος οὐχ ὁρᾶται jeder logischen Anknüpfung entbehrt, dass endlich der Textesfehler aus der Schreibung εἴδη entstanden ist, welches als Dittographie von ἤδη galt und demgemäss getilgt ward — dies alles braucht freilich bloss gesagt und nicht erst weitläufig bewiesen zu werden. Desgleichen muss die Verbindung φύσιος νομοθετήματα an sich und zumal mit Rücksicht auf den jenes ganze Zeitalter beherrschenden Gegensatz von φύσις und νόμος als unmöglich gelten. Ich habe demgemäss φύσιος, welches man überdies bei βλαστήματα nur schwer entbehrt, an den Schluss gesetzt. Das Wort war offenbar einmal ausgefallen, ist dann an den Rand geschrieben worden und schliesslich an eine unrechte Stelle gerathen. Dass der überlieferte Text unhaltbar sei, diese Einsicht war bereits Daremberg aufgedämmert (Oeuvres choisies d'Hippocrate[2] p. 39), ohne dass er sie jedoch festzuhalten oder zu einer befriedigenden Herstellung zu verwenden wusste.

Der Beweisgang des Abschnittes lässt sich wie folgt auf seinen einfachsten Ausdruck zurückführen: Was wahrgenommen wird, ist wirklich; die Künste werden wahrgenommen; also sind sie wirklich. Der Schwerpunkt dieser Argumentation und zugleich das allein Werthvolle und Interessante an ihr liegt im Obersatze, nicht in dem Unter- und in dem Schlusssatz. Die bereits so oft von uns berührte mangelhafte

Unterscheidung zwischen den Functionen der Wahrnehmung und des Schliessens hat es bewirkt, dass eine Theorie, die ursprünglich den Objecten der sinnlichen Wahrnehmung galt, durch gelegentlichen Missbrauch auch auf das Gebiet der Abstractionen ausgedehnt wurde. Ich wende mich zur Erklärung des Einzelnen.

Δοκεῖ δή μοι τὸ μὲν σύμπαν τέχνη εἶναι οὐδεμία οὐκ ἐοῦσα]. Man könnte zunächst versucht sein, hierin eine blosse Tautologie oder höchstens eine Einschärfung des Satzes des Widerspruches zu erblicken: ‚Eine Kunst kann nicht zugleich sein und nicht sein.' Allein der Ausdruck wäre in diesem Falle ungeschickt gewählt; die Negation stünde an unrichtiger Stelle, und ein ἅμα liesse sich kaum entbehren. Entscheidend aber gegen solch eine Deutung ist die ganze nachfolgende Begründung, von ἐπεὶ τῶν γε μὴ ἐόντων angefangen. Aus ihr folgt klärlich, dass εἶναι im ersten Satze im Sinne der Copula zu verstehen ist, und dass derselbe nichts anderes besagt als: Ich behaupte, dass die Künste überhaupt in Wahrheit existiren, dass sie keine Scheingebilde, sondern Realitäten sind. Zur Form des Ausdrucks vergleiche man Aristides Τεχνῶν ῥητορικῶν B 7 (Rhet. gr. ed. Spengel II 517), wo zur Eingangsphrase des xenophontischen Symposions: Ἀλλ' ἔμοιγε δοκεῖ (unsere Texte geben: ἀλλ' ἐμοὶ δοκεῖ) bemerkt wird: εἰ δὲ ἀπὸ ὀνόματος ἤρξατο αὐτῷ λόγος ἀποφαντικοῦ, οἷον δοκεῖ δ' ἔμοιγε, σκληρότερος ἂν ἐγένετο ὁ λόγος καὶ μᾶλλον Κριτίου ἔδοξεν ἂν εἶναι ἤ τινος τῶν τοιούτων. Man vergleiche hiermit eine andere Bemerkung desselben Aristides ebend. p. 530, wo wieder einem xenophontischen Satz (Symp. I 4) die Form gegenüber gestellt wird, welche derselbe bei Kritias oder bei einem der alten Sophisten gewonnen hätte: οἷον μᾶλλον ποιεῖ, ὡς εἰ στρατηγοῖς καὶ ἱππάρχοις καὶ σπουδάρχαις. εἰ δὲ οὐ τὸ ἐναντίον συλλαβὼν ἔλεγεν, ὥσπερ ὅσοι μὲν τοὺς τοιούτους εἶναι λέγονται (überliefert ist εἰ λέγονται, worin ich ΕΓΛΕΓΟΝΤΑΙ, d. h. ἐκλέγονται erkenne), οὓς ἂν ὁρῶσιν ἀρχαῖς τε καὶ τιμαῖς καὶ τοιαύταις δυνάμεσι πλέον τι τῶν ἄλλων ὑπεραίροντας, οὔ μοι δοκοῦσιν ὀρθῶς ποιεῖν, Κριτίου μᾶλλον ὁ τοιοῦτος τρόπος ἔδοξεν εἶναι ἤ τινος τῶν ἀρχαίων σοφιστῶν. Dieselbe Art der Anknüpfung, die gelegentlich freilich auch bei einem medicinischen Fachschriftsteller begegnet, wie es der Verfasser der Schrift Περὶ διαίτης ὀξέων ist (II 238 L.: δοκεῖ δέ μοι ἄξια γραφῆς εἶναι κτλ.), erscheint noch einmal in unserem Abschnitt: οἶμαι δ' ἔγωγε, desgleichen 5 (S. 46, 9). Wie nahe auch im Uebrigen die Manier des Kritias derjenigen unseres Sophisten stand, kann seine Charakteristik bei Philostratos, Vitae sophistarum I 16 (II 19 Kaiser) zeigen: τὴν δὲ ἰδέαν τοῦ λόγου δογματίας ὁ Κριτίας καὶ πολυγνώμων σεμνολογῆσαί τε ἱκανώτατος οὐ τὴν διθυραμβώδη σεμνολογίαν οὐδὲ καταφεύγουσαν ἐς τὰ ἐκ ποιητικῆς ὀνόματα ἀλλ' ἐκ τῶν κυριωτάτων συγκειμένην καὶ κατὰ φύσιν ἔχουσαν καὶ τὸ παραδόξως μὲν ἐνθυμηθῆναι, παραδόξως δ' ἀπαγγεῖλαι —. Alles in Allem scheint Kritias als Stilist unserem Autor und zugleich dem Protagoras, insoweit wir aus den Berichten der Alten und der carrikirenden Darstellung bei Plato ein Bild seiner Redeweise gewinnen können, ungemein nahegestanden zu sein, weit näher als dem Gorgias, von welchem ihn der mässige Gebrauch schmückenden und poetischen Beiwerks scharf unterschieden haben muss; vgl. auch Hermogenes, De figuris II 11 (II 415—416 Spengel). Wenn Philostratos (II 12 Kaiser) den Einfluss hervorhebt, welchen Gorgias bei seinem Auftreten in Athen auf ihn geübt haben soll, so mag die Nachricht gerade so authentisch sein wie die andere, dass der sicilische Sophist damals (427) auch den zwei Jahre früher verstorbenen Perikles entzückt habe.

εἰ γὰρ δὴ ἔστι γ' ἰδεῖν τὰ μὴ ἐόντα ὥσπερ τὰ ἐόντα, οὐκ οἶδ' ὅπως ἄν τις αὐτὰ νομίσειε μὴ ἐόντα, ἅ γε εἴη καὶ ὀφθαλμοῖσιν ἰδεῖν καὶ γνώμῃ νοῆσαι ὡς ἔστιν]. Stünde dieser Satz vereinzelt da, so könnte man glauben, der Standpunkt seines Urhebers sei der der Kyrenaiker; er sei Phänomenalist, und objectives Sein sei ihm nur ein anderer Name für subjectives Empfinden (μόνα τὰ πάθη καταληπτὰ εἶναι). Allein das nachfolgende Sätzchen: ἀλλ' ὅπως μὴ οὐκ ᾖ τοῦτο τοιοῦτον widerlegt diese Auffassung. Es zeigt, zumal durch seine nicht apodiktische Gestalt, dass der Autor die Voraussetzung, es gebe auch ein Schauen von Unwirklichem, zwar missbilligt, aber doch nicht für ungereimt und sinnlos hält. Er leugnet, dass dieses Verhältniss, aber nicht, dass irgend ein Verhältniss zwischen Wahrnehmung und Existenz bestehe. Beide gelten ihm nicht als identisch, er sucht vielmehr hinter der subjectiven Wahrnehmung ein objectives Sein. Der Kern jenes Satzes ist mithin dieser: wenn es ein Schauen von Unwirklichem gäbe, so würde uns jedes sichere Merkmal der Unterscheidung zwischen Wirklichem und Unwirklichem fehlen. Zur Form des Satzes sei nur bemerkt, dass ich die von MR dargebotene Schreibung ὀφθαλμοῖσιν ἰδεῖν derjenigen in A: ὀφθαλμοῖς ἰδεῖν vorgezogen habe, aus dem einfachen Grunde, weil unser Autor den Anklang an hexametrisches Maas weit mehr aufsucht als meidet, und die Annahme, es habe ihm hier die Erinnerung an das homerische ὀφθαλμοῖσιν ἴδω, ἴδωμαι, ἰδέσθαι vorgeschwebt, als wahrscheinlich gelten kann; auch die Verbindung von ἰδεῖν und νοῆσαι stammt übrigens schon von Homer her, vgl. E 475: τῶν νῦν οὔ τιν' ἐγὼ ἰδέειν δύναμ' οὐδὲ νοῆσαι.

γινώσκεται τοίνυν δεδειγμένων ἤδη (εἴδεα) τῶν τεχνέων, καὶ οὐδεμία ἐστὶν ἥ γε ἔκ τινος εἴδεος οὐχ ὁρᾶται]. Ich bemerke im Vorübergehen, dass δείκνυμι im Sinne des Erfindens oder Entdeckens hier ganz ebenso gebraucht ist wie bei Sophokles frg. 399, 7 N[2], wo es von den heilbringenden Erfindungen des Palamedes heisst: ἔδειξε κἀνέφηνεν οὐ δεδειγμένα, und wende mich zur Erklärung der εἴδεα. In Betreff derselben lässt sich vorerst mit Sicherheit sagen, was sie nicht bedeuten können. Es sind keine platonischen Ideen, wie gar Manche, welche unsere Schrift nur gelegentlich eingesehen haben, darunter befremdlicherweise auch Zeller II 1,[4] 630, Anm. 2, gemeint haben. Dies erweist sich als durchaus unmöglich, selbst dann, wenn man die sämmtlichen von uns für das höhere Alter der Schrift vorgebrachten Argumente für nichtig halten sollte. Vor allem, der Verfasser wendet sich an ein grosses Publicum, nicht an die Anhänger einer Schule. Der Schwerpunkt seines Beweises liegt in dem metaphysischen Hauptsatze: τὰ μὲν ἐόντα αἰεὶ ὁρᾶταί τε καὶ γινώσκεται. Mit γινώσκεται τοίνυν erfolgt die Anwendung des allgemeinen Satzes auf einen besonderen Fall; diese enthält augenscheinlich einen Appell an das unmittelbare Bewusstsein eines Jeden und kann nicht erst wieder eine Lehre in sich schliessen, die niemals allgemein anerkannt und den weiteren Kreisen der Gebildeten sicherlich nicht geläufig, ja kaum verständlich war. Auch wird der Beweisgang unter dieser Voraussetzung vollkommen unverständlich. Denn wenn das Dasein der Heilkunst aus dem Dasein ihres Urbildes gefolgert wird, wozu bedurfte es dann jenes Umweges durch die mit so grossem Nachdruck vorgetragene Lehre: Alles Wirkliche wird geschaut und erkannt, nichts Unwirkliches wird geschaut und erkannt? Ferner: die Erkenntnisslehre unseres Sophisten ist durch eine nicht zu überbrückende Kluft von derjenigen Plato's getrennt. Dieser verwirft die Realität der Sinnenwelt, jener erkennt sie im vollsten Masse an; bei diesem klafft ein gähnender Spalt zwischen Sinneswahrnehmung und geistiger Erkenntniss, jener vermag die beiden kaum zu trennen und stellt sie zum mindesten als völlig gleichberechtigt nebeneinander (ὀφθαλμοῖσιν ἰδεῖν καὶ γνώμῃ νῶσαι). Doch genug und mehr als genug. Nur die Hochachtung, die wir vor Zeller auch dort, wo er uns zu irren scheint, empfinden, hat uns genöthigt, das auszusprechen, was jeder, der die Schrift mit einiger Aufmerksamkeit liest, sich selbst sagen muss. Es thut nicht Noth, hier die Geschichte des Wortes εἶδος zu schreiben und zu zeigen, wie dasselbe von seiner Grundbedeutung Anblick oder Ansehen aus allmälig dazu gelangt ist, das Sondergepräge eines Dinges oder einer Gruppe von Dingen, einmal objectiv als Form oder Artung, ein andermal subjectiv als Begriff oder Gemeinvorstellung gefasst, dann die durch ein solches Gepräge gekennzeichnete Gruppe selbst, gelegentlich das zu ihr gehörige Einzel-Ding oder -Wesen als Vertreter derselben, schliesslich auch das vorausgesetzte Urbild der Gruppe zu bezeichnen. Nur das Eine sei bemerkt, dass der Sprachgebrauch unserer Schrift eine Mittelstufe dieser Entwicklungsreihe bezeichnet, ungefähr gleich weit entfernt von ihrem homerischen Ausgangs- wie von ihrem platonischen Endpunkte. Nicht nur ist dem Autor εἶδος kein platonisches Urbild, auch von der classificatorischen Verwendung des Wortes, von dem τέμνειν κατ' εἴδη und der Unterordnung des εἶδος unter das umfassendere γένος, ist hier keine Spur zu finden. Der letztere Umstand verhindert uns, εἴδη an zwei Stellen des sechsten Abschnittes durch ‚Arten‘ wiederzugeben, indem dieser Ausdruck seiner Abstammung gemäss gleich einem γένος oder genus, zumal in der Vielzahl gebraucht, weit mehr an Sippen oder Gruppen verwandter und gleichartiger Dinge denken lässt als an das, was diese Gleichartigkeit ausmacht. Wie nahe der Sprachgebrauch unseres Autors auch hier demjenigen der Schriftsteller steht, in denen wir seine Zeitgenossen erkennen, mag die folgende Parallele lehren. Wir lesen 4 fin.: ἐν τούτῳ αὐτῆς καὶ τὸ εἶδος ἐσκέψαντο καὶ τὴν δύναμιν παρανθέντος τοῦ ἔργου ἔγνωσαν. Melissos aber schreibt dort, wo er die Existenz der ‚vielen Dinge' bekämpft (in Simplicius' Commentar zu De caelo Γ init., 509ᵃ 36 Brandis): φαμένοις γὰρ εἶναι πολλὰ ἀΐδια (wofür, wie anderswo nachgewiesen werden soll, εἴδεα zu lesen ist) καὶ εἴδεα καὶ ἰσχὺν ἔχοντα πάντα ἑτεροιοῦσθαι ἡμῖν δοκεῖ κτλ. Nicht viel anders der Verfasser von De natura hom. 2 (VI 34 Littré): ἓν γάρ τι (τι fehlt, beiläufig, nicht in A, sondern ist von erster Hand über der Zeile nachgetragen) εἶναί φασιν ὅ τι ἕκαστος αὐτῶν βούλεται ὀνομάσας, καὶ τοῦτο ἓν ἐὸν (die zwei Worte fehlen in A, aber nicht in M) μεταλλάσσειν τὴν ἰδέην καὶ τὴν δύναμιν κτλ. Endlich kann man auch noch eine Aeusserung des Diogenes von Apollonia über seinen Urstoff und dessen mannigfache Veränderungen bei Simplicius in Phys. I 4 p. 153 Diels vergleichen. Mag von dem εἶδος der Einzeldinge wie bei Melissos oder von jenem der Künste, beziehungsweise einer Kunst die Rede sein, immer bedeutet εἶδος oder ἰδέα das Sondergepräge, die Eigenart oder Artung eines Objectes, insoferne dieselben der blossen Betrachtung erkennbar sind. Der blossen Betrachtung, sage ich, im Hinblick auf jene Erkenntniss der Eigenart, welche erst aus der Bethätigung oder Wirksamkeit des Objectes gewonnen wird.

Wenn wir von Künsten sprechen — so etwa können wir den Ideengang unseres Autors ergänzen —, sind es nicht blosse leere Klänge, die durch unseren Geist ziehen. Vielmehr stehen bestimmte, scharfumrissene Bilder vor unseren Augen, die wir uns nicht bewusst sind geschaffen zu haben und welchen somit nicht weniger als den sinnlichen Wahrnehmungsbildern etwas Gegenständliches zu Grunde liegen muss. Das εἶδος einer Kunst, d. h. der Inbegriff wahrnehmbarer Attribute, der zusammen mit dem Verein verborgener Eigenschaften, der δύναμις derselben, ihr Wesen ausmacht, muss ebensosehr etwas Objectives und Reales sein als etwa das εἶδος eines Thieres oder einer Pflanze. Diese Art zu schliessen gehört zu jener primitiven Weise des Philosophirens, die sich bereits in dem Bedeutungswandel von οἶδα (ich weiss nur, was ich gesehen habe) ankündigt. Will jemand diesen vagen oder urwüchsigen Realismus einen Platonismus vor Plato nennen, so wäre der Ausdruck mehr zugespitzt als zutreffend. Mit gleich gutem und gleich schlechtem Rechte könnte man denjenigen, der zuerst

‚ich habe gesehen' im Sinne von ‚ich weiss' von Unsichtbarem und Unsinnlichem gebraucht hat, als Vorläufer Plato's in Betreff der Lehre von der ἀνάμνησις betrachten.

Der Fehlschluss unseres Sophisten aber darf uns nicht allzusehr Wunder nehmen. Es beirrt ihn nicht, dass derselbe Appell an das unmittelbare Bewusstsein die Realität der Zauberei oder der Mantik ebenso gut beweisen könnte als jene der Heil- oder der Turnkunst. Mit einem Worte, er übersieht, dass die Wirklichkeit einer Kunst nichts anderes bedeutet als ihre Wirksamkeit und somit — von Seiten ihrer Naturbegründung angesehen, auf welche er ja mit Recht das Hauptgewicht legt — in letzter Auflösung eine Frage der Causalverknüpfung von Phänomenen ist. Wie Vielen aber auch unter uns, die wir doch eine lange Schule der Begriffsläuterung durchgemacht haben, gilt noch immer das Ding als der alleinige Typus der Wirklichkeit. Wir besitzen die schönen Worte ‚wirklich' und ‚Wirklichkeit', die durch ihren Zusammenhang mit ‚wirken' und ‚wirksam' wie dazu geschaffen sind, die Träger einer gesunden Philosophie zu sein. Und doch können wir kaum Vorgänge, Bewusstseinszustände, Causalverknüpfungen und Gesetze für wirklich erklären, ohne so verstanden zu werden, als ob wir dieselben auch für etwas Dingartiges oder Reales hielten. Angesichts der verderblichen Rolle, welche Jahrhunderte nach Locke und Berkeley der nichtige Substanz- und der verwirrende Seinsbegriff zu spielen nicht aufgehört haben, sollten wir uns den unvermeidlichen Irrungen der Frühzeit des menschlichen Denkens gegenüber zu weitgehender Nachsicht gestimmt finden.

Schliesslich bedarf noch unsere Uebertragung der εἴδη durch ‚Artbilder' eines Wortes der Entschuldigung. Auch dieser Ausdruck ist nicht frei von irreleitenden Associationen und entspricht nicht ganz dem objectiven Charakter des griechischen Wortes, wie dasselbe hier oder bei Melissos angewendet wird. Doch glaubte ich durch diese Neubildung dem Original näher zu kommen als durch irgend eine andere Bezeichnung, die mir zur Verfügung stand. Auch das soll nicht unbemerkt bleiben, dass bereits Daremberg, wie ich nachträglich sehe, in der Argumentation dieses Abschnittes einen Anklang an die Philosophie des Protagoras wahrzunehmen meinte, was ihn freilich nicht gehindert hat, auch eine Berücksichtigung der platonischen Ideenlehre darin zu finden und trotzdem wieder den Verfasser für einen Zeitgenossen des Hippokrates zu halten! (Oeuvres choisies d'Hippocrate² p. 27—28.)

οἶμαι δὲ ἔγωγε καὶ τὰ ὀνόματα αὐτὰς διὰ τὰ εἴδεα λαβεῖν· ἄλογον γὰρ ἀπὸ τῶν ὀνομάτων ἡγεῖσθαι τὰ εἴδεα βλαστάνειν καὶ ἀδύνατον. τὰ μὲν γὰρ ὀνόματα νομοθετήματά ἐστιν, τὰ δὲ εἴδεα οὐ νομοθετήματα, ἀλλὰ βλαστήματα φύσιος]. Die Abzweckung dieser Sätze ist nicht ganz leicht zu erkennen. Man würde dem Verfasser schweres Unrecht thun, wenn man ihm etwa die Lehre extremer Realisten von der Art jenes Fredegisus, des Schülers Alcuins, beilegen wollte: wo ein Name, dort ist auch ein existirendes Ding vorhanden, was folgerichtig zu der Behauptung führte, auch ‚das **Nichts**, aus welchem Gott die Welt geschaffen', sei ein solches gewesen, ‚und zwar aus dem höchst einfachen Grunde, weil jedes Wort sich auf eine Sache bezieht' (Lange, Gesch. d. Material. I³ 160). Aber auch die nur aus den eigenartigen Voraussetzungen seiner Erkenntnisslehre erklärbare Aeusserung Epikurs ist nicht hieher zu ziehen: οὐδ' ἂν ὠνομάσαμέν τι μὴ πρότερον αὐτοῦ κατὰ πρόληψιν τὸν τύπον μαθόντες (Laert. Diog. X 33). Das Dasein der εἴδεα der Künste gilt unserem Autor als ausgemacht, zweifellos, ja selbstverständlich. Aus ihrem Verhältnisse zu den Benennungen der Künste braucht er — selbst wenn ein Gegner die letzteren für blosse wesenlose Namen erklärt haben sollte — kein Argument für ihre Realität zu schöpfen; auch kann ihm dieses Verhältniss kein solches liefern, weil er ja das Vorhandensein von Benennungen auch des Irrealen anlässlich des αὐτόματον 6 fin. rückhaltlos einräumt. Somit kann wohl nur der Wunsch des Verfassers, bei diesem Anlass auch an seine Sprachtheorie zu erinnern, ihn zu der hier vorliegenden Abschweifung veranlasst haben.

Die Frage, ob Protagoras die νόμῳ- oder die φύσει-Theorie der Sprache verfochten habe, ist von den Fachgelehrten vielfach erörtert worden (die hierüber geäusserten verschiedenen Meinungen verzeichnet Cucuel in seiner Dissertation ‚Quid sibi in dialogo cui Cratylus inscribitur proposuerit Plato', Paris 1886, p. 41—42). Entscheidend scheint mir mit Grote (Plato II 516 und 522) die Art, wie Plato im Kratylos den λόγος

Πρωταγόρᾳ der φύσει-Theorie und den auf ihr beruhenden Etymologien entgegensetzt. Wenn Dümmler neuerlich aus dem, was er den ‚protagoreischen Prometheus-Mythos' nennt (Akademika 237), den entgegengesetzten Schluss zieht (S. 279 Anm.), so genügt es vielleicht, seine Schlussfolgerung wörtlich anzuführen, um ihre Unhaltbarkeit zu erkennen: ‚Die Sprache ist also keineswegs conventionell, sondern ein unmittelbarer Ausfluss des himmlischen Diebstahls, ebenso wie das Gottesbewusstsein.' Wäre das Letztere richtig, so müsste man wohl consequenterweise das berühmte Götterfragment des Protagoras für unecht erklären! Ich weiss nicht, ob Dümmler den Prometheus-Mythos mit Frei, Quaestiones Protagoreae p. 183, für eine wörtliche Entlehnung aus einer Schrift des Sophisten oder für eine getreue Wiedergabe protagoreischer Lehren hält. Ich könnte jedenfalls die eine dieser Meinungen so wenig theilen wie die andere; vielmehr erblicke ich in jenem Mythos nur den Versuch Plato's, die stilistische Manier des Protagoras zu zeichnen und zugleich sein Können zu überbieten. Er erinnert darum durch seine Stoffwahl an eine Darstellung, welche in des Protagoras Schrift ‚Ueber den Urzustand der Gesellschaft' (περὶ τῆς ἐν ἀρχῇ καταστάσεως) enthalten war, wobei es an gelegentlichen Anspielungen auf das, was dem Sophistenhasser in der protagoreischen Schrift missfällig war oder lächerlich erschien, nicht fehlen konnte. Doch selbst wenn man Dümmler's Meinung, die wir hier nicht von Grund aus widerlegen können, für richtig halten sollte, so müssten doch alle Folgerungen, die er aus ihr ableitet, als unstichhältig gelten. Auf einen und den nicht wenigst bedeutsamen Punkt haben wir bereits hingewiesen. Daraus ferner, dass αἰδώς und δίκη daselbst nicht als Erzeugnisse blosser Uebereinkunft erscheinen, könnte nimmermehr gefolgert werden, dass der Verkünder dieser Lehre ‚den Gegensatz von φύσει und νόμῳ (= δόξῃ) ὄντα nur erst für die Erkenntnisstheorie im Sinne von objectiv und subjectiv verwerthet' habe. Denn Eines ist es, dem Köhlerglauben zu entsagen, welchem alles Bestehende eben darum, weil es besteht, als natürlich und göttlich, als vollkommen und unwandelbar gilt, ein Anderes, jede Naturbasis des Rechtes und der Moral zu leugnen. Dass irgend ein griechischer Sophist das Letztere gethan hat, soll noch bewiesen werden. Denn Kallikles ist kein Sophist, und was Plato dem Thrasymachos in den Mund legt, kann unmöglich als authentische Darstellung etwaiger Lehren auch nur dieses Rhetors gelten. Wie wenig aber die beiden Theorien mit einander gemein haben, das kann das Beispiel des Hippias zeigen, der, wenn auch nicht, wie Dümmler annimmt, der Urheber, so doch jedenfalls ein eifriger Verfechter der νόμῳ-Lehre war und der nichtsdestoweniger oder vielleicht richtiger eben darum mit grösster Emphase den Satz von der natürlichen Verwandtschaft und dem Weltbürgerthum aller Menschen verkündet und dieses natürliche Recht der dasselbe vergewaltigenden tyrannischen Satzung mit schärfstem Nachdruck gegenüberstellt — bei Plato, Protag. 337^{c-d}, eine Stelle, die wir aus mehrfachen, von Dümmler ebenda S. 252 vortrefflich auseinandergesetzten Gründen allerdings befugt, ja genöthigt sind, für eine treue Wiedergabe dessen zu halten, was Hippias in Wahrheit lehrte. Was aber die zwei antagonistischen Theorien über den Sprachursprung betrifft, so muss vor Allem daran erinnert werden, dass die sogenannte φύσει-Theorie in jener Zeit ein wenig klarer Ausdruck für zwei sehr verschiedene Lehren war: die Sprachbildung entstammt nicht absichtsvollem Bemühen, sondern einem spontanen, instinctiven Drang, und (was etwas wesentlich Anderes ist): der ursprüngliche natürliche Zusammenhang zwischen Laut und Bedeutung ist noch in den Gebilden der griechischen Sprache erkennbar und nachweisbar. Die letztere Ueberzeugung konnte in Verbindung mit den damals so unzulänglichen Mitteln der Sprachzergliederung, zumal wenn dieselben auf einen so spröden Stoff angewendet wurden, wie es die von allem Uranfänglichen so weit entfernte griechische Sprache ist, zu nichts Anderm führen als zu einem wüsten und wilden Spiel mit haltlosen Etymologien. Eine deutliche Scheidung dieser zwei Momente und überdies auch eine Klärung der φύσει-Theorie selbst durch Anerkennung ethnischer und klimatischer Verschiedenheiten bei der Sprachentstehung, gleichwie der Mitwirkung eines secundären übereinkunftmässigen Factors begegnet uns erst bei Epikur, dem nach Allem, was wir wissen, das phantastische Etymologisiren, welches von Heraklit, wahrscheinlich nicht ohne die Vermittlung des Antisthenes, auf die Stoiker übergegangen ist, völlig fremd war, während er andererseits den instinctiven Ursprung der Sprache bestimmt erkannt und eindringlich gelehrt hat. Was Protagoras betrifft, so haben wir nicht den mindesten Grund, anzunehmen, dass seine ὀρθοέπεια etwas Anderes enthielt als den wohlbekannten Versuch, die grammatischen Unterscheidungen der Sprache zu erkennen, fest zu umschreiben und nach dem Lichte seiner Einsicht reformirend umzugestalten. Dass er die Etymologie irgendwie in den Kreis der Betrachtung gezogen, oder dass dieselbe gar seine ὀρθοέπεια ausgemacht habe, für diese Behauptung, die jüngst v. Wilamowitz in seinem Buche ‚Euripides' Herakles' II 62 ausgesprochen hat, kenne ich keinerlei Begründung. Ebenso wenig freilich für Dümmler's gleichartige, aber noch viel weiter gehende Annahme in Betreff des Prodikos, a. a. O. S. 158—159. Denn wenn der Letztere das *abgeleitete* Wort φλέγμα dieser seiner klar zu Tage liegenden *Ableitung* gemäss gebraucht und auf die Bezeichnung von Verbrennungsproducten beschränkt wissen wollte, so hat er nichts Anderes gethan, als was wir thun, wenn wir gegen die Sprachverderbung ankämpfen, die aus der fortwährend in Gang befindlichen Verallgemeinerung der Worte und der ihr entsprechenden Verflüchtigung ihres Gehaltes entspringt; wie wenn wir beispielsweise wünschen, dass das Wort ‚Limonade' nicht jeden beliebigen Fruchtaufguss bezeichne, oder das Wort ‚Anschauung' nur wirklich intuitive Erkenntnisse und nicht nebenbei auch Meinungen, Gedanken, Ueberzeugungen überhaupt bedeute (vgl. Mill's Logik II 57 ff. mit unseren Zusätzen). Dass jedes Wort eine scharf umschriebene Connotation besitze, dass kein Begriff einer festen Bezeichnung ermangle, und dass kein Ausdruck mehr als *einen* Begriff bezeichne — diesen Erfordernissen einer für wissenschaftliche Zwecke brauchbaren, zur Bildung und Mittheilung klarer Gedanken tauglichen Sprache hat die von Dümmler an jener Stelle erörterte Bemerkung des Prodikos über den Gebrauch des Wortes φλέγμα ebenso gedient wie seine nicht hoch genug zu preisenden Bemühungen um die scharfe Scheidung synonymer Ausdrücke. Derartige Bestrebungen haben mit den Versuchen der Zeitgenossen, die Urbedeutung der Worte zu ermitteln, nicht das Mindeste zu schaffen; sie liefern uns nicht den allergeringsten Anhalt, um ihrem Urheber Etymologien von der Art der im Kratylos verhandelten zuzuschreiben; sie sind mit jeder möglichen Ansicht über den Ursprung der Sprache gleich gut vereinbar und berechtigen uns nicht im Entferntesten, in ihrem Urheber einen Anhänger der φύσει-Theorie zu erkennen. Doch — um auf Protagoras zurückzukommen — wie unzulässig es ist, aus dem Wort ὀρθοέπεια, mit welchem sein Streben nach Sprachrichtigkeit und Sprachverbesserung bezeichnet ward, auf die Beschäftigung mit der φύσει ὀρθότης τῶν ὀνομάτων im Sinne des Kratylos zu schliessen, dafür liefert der folgende Umstand den entscheidenden Beweis. Unter den Werken des Demokritos befand sich eine Schrift, deren Titel also lautete: Περὶ Ὁμήρου ἢ ὀρθοεπείης καὶ γλωσσέων (Laert. Diog. IX 48). Und eben Demokritos ist es ja, von dem wir mit voller Bestimmtheit wissen, dass er die νόμῳ-Theorie vertreten und eingehend begründet hat. Schliesslich mag noch eine Vermuthung geäussert werden, die vielleicht nicht jeder Beachtung unwerth ist. Wenn irgend etwas in den auf die Sprachentstehung bezüglichen Worten des Prometheus-Mythos eine Beziehung auf die wirkliche Lehre des Protagoras enthält, so ist dies wohl das Wort τέχνῃ in dem Satze: ἔπειτα φωνὴν καὶ ὀνόματα ταχὺ διηρθρώσατο τῇ τέχνῃ (Plat. Prot. 322a). Man vergleiche wenige Zeilen später: πολιτικὴν γὰρ τέχνην οὔπω εἶχον ἧς μέρος πολεμική. Täusche ich mich nicht, so enthalten diese Worte, die inmitten der schwungvollen und gehobenen Rede gar hausbacken und banausisch klingen, einen satirischen Hieb Plato's, der in des Protagoras Ansicht von den Anfängen der Cultur eine allzu mechanische, rein verstandesmässige, Alles auf bewusste Absicht und Erfindung zurückführende Auffassung zu bemerken glaubte und zu geisseln bestrebt war.

3. Περὶ μὲν οὖν τούτων εἴ γέ τις μὴ ἱκανῶς ἐκ τῶν εἰρημένων συνίησιν, ἐν ἄλλοισιν ἂν λόγοισιν σαφέστερον διδαχθείη]. Die ἄλλοι λόγοι, auf welche der Leser verwiesen wird, sind augenscheinlich eine Schrift metaphysischen oder erkenntnisstheoretischen Inhalts. Der Plural ist ebenso angewendet wie am Schlusse οἵ τε νῦν λεγόμενοι λόγοι, desgleichen Herodot VI 137: Ἑκαταῖος ἐν τοῖσι λόγοισι oder I 106: ἐν ἑτέροισι λόγοισι δηλώσω, wenn man diese Worte, wie dies uns gleich vielen Anderen nöthig scheint, auf eine geplante selbständige Schrift, die Ἀσσύριοι λόγοι, bezieht. Auch Buchtitel, wie die καταβάλλοντες (sc. λόγοι) des Protagoras,

die ὑπερβάλλοντες des Thrasymachos oder die καταπυργίζοντες des Diagoras gehören hieher. Dass der Autor hierbei nicht an das Werk eines Andern (oder gar an die Werke mehrerer Anderer) denkt, erhellt aus einigen naheliegenden Erwägungen. Das stolze Selbstgefühl, welches er überall zur Schau trägt, macht es von vornherein höchst unwahrscheinlich, dass er sich, zumal bei Erörterungen nicht fachmässiger, sondern der allerallgemeinsten Art, in denen er ja augenscheinlich seine grösste Stärke erblickt, auf fremde Autoritäten berufen sollte. Die von uns schon hervorgehobene Neigung des Sophisten, aus dem Rahmen seines Specialthemas herauszutreten, sein Reichthum an umfassenden Gesichtspunkten und seine Herrschaft über die Mittel der Beweisführung and der Darstellung liesse es als ein wahres Wunder erscheinen, wenn die Schrift ‚Von der Kunst' das einzige Erzeugniss seines so fruchtbaren und mit so reichen Bildungselementen gesättigten Geistes wäre, davon nicht zu sprechen, dass sein so überaus selbstbewusstes Auftreten unter dieser Voraussetzung völlig unerklärlich wäre. Zu allem Ueberfluss aber kündigt er uns ja 9 init. eine andere Schrift, eine Schutzrede für die Künste, mit unzweideutigen Worten an. Dass er aber wie dort eine erst abzufassende, so hier eine schon veröffentlichte eigene Schrift im Auge hat, erscheint als völlig zweifellos, wenn man bedenkt, wie ganz und gar entbehrlich für den Fortgang seines Beweisverfahrens eben der vorangehende Abschnitt gewesen ist, und wie eben nur innige Vertrautheit mit ontologischen Erörterungen, eine ausgesprochene Vorliebe für dieselben und nicht am mindesten wohl auch der Wunsch, an seine hierher gehörigen Leistungen und Erfolge zu erinnern, diese Abschweifung erklärlich machen.

Die Definition der Heilkunst oder richtiger des Zieles derselben unterscheidet sich wesentlich von den mehrfachen anderen hieher gehörigen Begriffsbestimmungen, die sich in der hippokratischen Sammlung vorfinden oder sonst aus dem Alterthum auf uns gelangt sind (über dieselben vergleiche man Daremberg, Oeuvres choisies etc., p. 40). Der Versuch unseres Autors ist geistvoll und frappant, wenn auch ganz und gar nicht schulmässig und schulgerecht. In letzterer Rücksicht trifft ihn natürlich mit vollem Recht die Kritik Galen's oder vielmehr Pseudo-Galen's Introductio s. medicus c. 6 (XIV 687 K.), der sich gegen den dritten Punkt dieser Definition mit der Bemerkung wendet: οὐ γὰρ ἐξ ὧν μὴ δύνανται αἱ τέχναι, ἀλλ' ἐξ ὧν δύνανται οἱ ὅροι αὐτῶν εἰσίν. Doch hat unser Schutzredner, indem er der eigentlichen Begriffsbestimmung: Heilung der Krankheiten und Milderung der Leiden noch jenen dritten Punkt in lockerer Weise und wohl mit bewusster Paradoxie anreiht — man beachte das Fehlen des Artikels vor τῶν νοσημάτων κτλ., wodurch die zwei ersten Glieder enger verbunden sind — etwas gethan, was zwar dem seiner Zeit noch unbekannten Kanon der Definition widerspricht, was aber nicht nur für den von ihm verfolgten apologetischen Zweck, sondern auch an und für sich von hoher Bedeutung war. Der begründende Zusatz, der auf die Schranken menschlicher Naturbeherrschung hinweist, hängt aufs engste mit seiner Einsicht in die festen Eigenschaften der Dinge und in die ausnahmslose Gesetzmässigkeit des Weltlaufes zusammen. Ein Nachklang dieser und der parallelen Aeusserungen, 8 init., 12 init.: ἢ ὅσαν ἐγχειρήσῃ τοῖς ἀδυνάτοις, 14: καὶ οὐκ εὐδιορθώτοισιν οὐκ ἂν ἐγχειρέῃ τῇσι νούσοισιν begegnet uns wahrscheinlich bei Plato (Staat II 360ᵉ: οἷον κυβερνήτης ἄκρος ἢ ἰατρὸς τά τε ἀδύνατα ἐν τῇ τέχνῃ καὶ τὰ δυνατὰ διαισθάνεται, καὶ τοῖς μὲν ἐπιχειρεῖ τὰ δὲ ἐᾷ· ἔτι δὲ ἐὰν ἄρα πῃ σφαλῇ, ἱκανὸς ἐπανορθοῦσθαι, vgl. hier 12) und nach ihm bei einem der grössten ärztlichen Schriftsteller des Alterthums, bei keinem Geringeren als Herophilos, von welchem uns Johannes Stobäus Florileg. 102, 9 das Folgende berichtet: ἐρωτηθεὶς ὑπό τινος, τίς ἂν γένοιτο τέλειος ἰατρός, „ὁ τὰ δυνατά", ἔφη, „καὶ τὰ μὴ δυνατὰ δυνάμενος διαγινώσκειν". Aehnliches äussert auch sein Jünger Hegetor bei Apollonios von Kition: καὶ μὴ καταπολεμεῖν ἀδυνάτοις ἐπιβολαῖς (Schol. in Hippocr. et Galen ed. Dietz I 35; Rosenbaum's thörichter Einfall, Ἡγήτωρ sei von Dietz irrthümlich für eine Person gehalten worden, während es nur eine Bezeichnung des Herophilos selbst als Führers einer Schule sei, Kurt Sprengel, Geschichte der Medicin im Alterth. I³ 520, bedarf keiner Widerlegung, vgl. auch Marx, Herophilus, S. 101—102). Inwieweit der weise Praktiker sich auch mit unheilbaren Krankheiten zu befassen habe, darüber spricht sich der tiefdenkende Verfasser der Schrift Περὶ ἄρθρων 58 (IV 252 L.) in sehr bemerkenswerther Weise aus; anerkannt werden unheilbare Leiden als solche auch Προγνωστ. I (II 110—111 L.).

Meine Schreibung der letzten Worte, in welcher mir schon im Wesentlichen der älteste Uebersetzer, Fabius Calvus, gleichwie Daremberg vorangegangen sind, bedarf kaum einer Rechtfertigung. Die Vulgat-Lesart ὅτι ταῦτα οὐ δύναται ἰητρική, wobei οὐ auf blosser, aber richtiger Conjectur in R und auf der Schreibung Ps. Galen's XIX, 350 K. beruht, besagt zugleich etwas Unrichtiges und etwas Ueberflüssiges — etwas Unrichtiges, weil das ἐγχειρεῖν gegenüber den von Krankheiten Bewältigten zwar unwirksam, aber nicht unmöglich ist, etwas Ueberflüssiges, weil von den Krankheiten bewältigt (κεκρατημένοι) kaum Andere heissen können als die, deren Heilung eine unmögliche ist. Die Verderbniss der Vulgat-Handschriften ist wohl aus demselben Buchstabenfehler entsprungen, den ich einmal bei Herodot II 154 berichtigt habe (Herodot. Studien II 38—39 [556—557]), und der ein andermal III 48, wie dort bemerkt ward, im Codex Parisinus 2933 begangen wurde, der Verwechslung von πάντα und ταῦτα. Man beachte übrigens die erlesene, der nachdrücklichen Verneinung der Allmacht der Heilkunst dienende Stellung der Negation, während z. B. bei Philodem Περὶ θεῶν διαγωγῆς col. VIII dieselbe Wortverbindung einmal in der folgenden Gestalt auftritt: ὅτι οὐ πάντα δύναται (Vol. Herc., Coll. pr. VI 53). Aehnlich im vorangehenden Abschnitt: ἤ γε ἐκ τινος εἴδεος οὐχ ὁρᾶται.

4. Ἔστι μὲν οὖν μοι ἀρχὴ τοῦ λόγου ἣ καὶ ὁμολογήσεται παρὰ πᾶσιν. ὁμολογήσεται, das ich aus A aufgenommen habe, ist die einzig richtige Form, da, wie Veitch Irregular verbs s. v. zeigen kann, das bisher gelesene ὁμολογηθήσεται oben nur hier vorkommt, wo die beste Handschrift sie nicht bietet. Hingegen gebraucht auch Plato Theät. 171[a] die Medialform im passiven Sinne.

Καὶ φασὶν δὲ τὰ χείρω λέγοντες διὰ τοὺς ἁλισκομένους ὑπὸ τῶν νοσημάτων τοὺς ἀποφεύγοντας κατὰ τύχην ἀποφεύγειν καὶ οὐ διὰ τὴν τέχνην]. Dass dieser Vorwurf damals gar häufig gegen die Aerzte erhoben wurde, kann De loc. in hom. 46 (VI 342 L.) lehren. Die Gegenüberstellung von τύχη und τέχνη, zwei Worten, deren begrifflicher Gegensatz durch den Gleichklang zu erhöhter Geltung kommt, kehrt, von dem Zeitalter angefangen, dem unsere Rede angehört, in Schriftwerken jeder Art gar häufig wieder. Ich erinnere an Euripides Alcestis 785: τὸ τῆς τύχης γὰρ ἀφανὲς οἷ προβήσεται | κἄστ' οὐ διδακτὸν οὐδ' ἁλίσκεται τέχνῃ. Polos bei Plato Gorg. 448c: ἐμπειρία μὲν γὰρ ποιεῖ τὸν αἰῶνα ἡμῶν πορεύεσθαι κατὰ τέχνην, ἀπειρία δὲ κατὰ τύχην, darnach Aristot. Metaph. I 1, 981a 4: ἡ μὲν γὰρ ἐμπειρία τέχνην ἐποίησεν, ὥς φησι Πῶλος ὀρθῶς λέγων, ἡ δ' ἀπειρία τύχην, Agathon Fgm. 6: τέχνη τύχην ἔστερξε καὶ τύχη τέχνην, Fgm. 8: καὶ μὴν τὰ μέν γε τῇ τέχνῃ πράσσειν, τὰ δὲ | ἡμῖν γ' ἀνάγκῃ καὶ τύχῃ προσγίγνεται, Plato Ges. 10, 889a: φύσει πάντα εἶναι καὶ τύχῃ φασίν, τέχνῃ δὲ οὐδὲν τούτων, Aristot. Eth. Nic. VI 4, 1140a 17: καὶ τρόπον τινὰ περὶ τὰ αὐτά ἐστιν ἡ τύχη καὶ ἡ τέχνη, Poet. 14, 1454a 10: ζητοῦντες γὰρ οὐκ ἀπὸ τέχνης ἀλλ' ἀπὸ τύχης ηὗρον κτλ., Rhet. A 5, 1362a 2: αἰτία δ' ἐστὶν ἡ τύχη ἐνίων μὲν ὧν καὶ αἱ τέχναι, Menander Monost. 495: τύχη τέχνην ὤρθωσεν, οὐ τέχνη τύχην, Hipparch (Fgm. comicor. graec. IV 431 Meineke = III 273 Kock): τὰ μὲν γὰρ ἄλλα καὶ πόλεμος καὶ μεταβολὴ | τύχης ἀνήλωσ', ἡ τέχνη δὲ σῴζεται, Plutarch De fortuna, Moral. 99a: ὅτι γὰρ βραχεῖα ῥοπῇ τύχη παρεμπίπτει . . . . . ., τὰ δὲ πλεῖστα καὶ μέγιστα τῶν ἔργων αἱ τέχναι συντελοῦσι κτλ., 99c: θαυμαστὸν οὖν ἐστι, πῶς αἱ μὲν τέχναι τῆς τύχης οὐ δέονται κτλ., Aristides Περὶ ῥητορικῆς II 22 Dindorf: οὔτε πολλοὶ μετέγνωσαν τῶν πρὸ τῆς τέχνης τὴν παρὰ τοῦ θεοῦ τύχην ἑλομένων, or. XLVI (II 332 Dindorf): ἀλλ' ἤδη τινὰ καὶ σκηπτοῦ καὶ χειμῶνος ἡττηθέντα καὶ χρησάμενον τύχῃ τῆς τέχνης κρείττονι κτλ., Julian or. I 25d (I 31, Hertlein): ὅλως δὲ οὐδεμίαν ἄξιον τέχνην μετὰ τῆς τύχης ἐξετάζειν, or. VII 207d (I 269 H.): ἐὰν δὲ ἅμα τις οἰκέτης γένηται τὴν τύχην καὶ τὴν τέχνην ἰατρός, Anthol. VII 135, V. 4: δόξαν ἑλὼν πολλῶν οὐ τύχᾳ ἀλλὰ τέχνᾳ, Simplicius in Phys. II 4 (328, 1 Diels): πρός τε τούτοις ὁρῶμεν ἔνια τῶν ἀπὸ τέχνης γινομένων καὶ ἀπὸ τύχης γινόμενα· καὶ γὰρ ὑγίεια καὶ ἀπὸ τύχης δοκεῖ γίνεσθαι ὥσπερ ἀπὸ τέχνης. Die Sammlung liesse sich ohne Zweifel erheblich vermehren, doch genügt sie, um zu zeigen, dass nicht bloss gorgianisches Assonanzenspiel es war, welches die beiden Worte zu paaren liebte.

ἐγὼ δὲ ἀποστερέω μὲν οὐδ' αὐτὸς τὴν τύχην ἔργου οὐδενός]. Dass die Rede nachdrucksvoller wird, wenn wir mit A οὐκ vor ἀποστερέω tilgen, sei beiläufig bemerkt (vgl. Kühner, Griech. Gramm. II[2] 739—740). Wichtiger ist es, darauf hinzuweisen, dass die Anerkennung der ausgedehnten Wirksamkeit der τύχη im Munde unseres Autors keineswegs eine leere Phrase ist oder zu sein braucht. Ein Aufklärer oder Aufgeklärter hat gar häufig Gelegenheit, dort von Zufall zu sprechen, wo Gläubige oder Abergläubische die Gunst oder Ungunst übernatürlicher Wesen, die Erhörung einer Fürbitte, die Berücksichtigung eines Gelübdes oder sonstige absichtsvolle Schickungen und Fügungen voraussetzen. Willkürlich und oberflächlich wäre es, wollte man zwischen dieser nachdrücklichen Anerkennung der τύχη und der ebenso nachdrücklichen Leugnung des αὐτόματον 6 fin. einen Widerspruch erblicken. Irgend ein Vorkommniss dem αὐτόματον zuschreiben, heisst das Walten der Causalität in dem bestimmten Falle überhaupt leugnen; es der τύχη beilegen, heisst nur eine von Anderen vorausgesetzte besondere Causalverbindung, zumal die Annahme bewussten oder absichtlichen Wirkens leugnen. Ein Leugner der πρόνοια z. B., wie Demokritos es war, verfuhr, so oft dies auch verkannt wird, vollkommen folgerichtig, wenn er einerseits das Vorhandensein des αὐτόματον bestritt (οὐδὲν χρῆμα μάτην γίνεται, ἀλλὰ πάντα ἐκ λόγου τε καὶ ὑπ' ἀνάγκης) und andererseits die Weltentstehung der τύχη zuschrieb. Die Verwechslung dieser grundverschiedenen Begriffe hat bewirkt, dass man die Verbindung ἀνάγκη καὶ τύχη in dem oben angeführten Fgm. 8 des Agathon wegemendiren wollte (vgl. Wagner, Trag. graec. fragm. III 77), ohne zu bedenken, dass dieselbe sich ganz ähnlich bei Demosthenes vorfindet, or. XXI 186: τῇ φύσει τε καὶ τῇ τύχῃ oder wiederholt bei Plato Ges. 10, 889: φύσιν τε καὶ τύχην, — φύσει πάντα εἶναι καὶ τύχῃ φασίν, οὐδὲ διά τινα θεὸν οὐδὲ διὰ τέχνην, ἀλλά, ὃ λέγομεν, φύσει καὶ τύχῃ, an letzterer Stelle in sehr bezeichnendem Wechsel mit dem Ausdruck κατὰ τύχην ἐξ ἀνάγκης, ‚nach blinder Naturnothwendigkeit.'

εἴπερ χρώμενοι αὐτῇ καὶ ὑπουργέοντες ὑγιάσθησαν]. Ich schreibe χρώμενοι, obgleich A an dieser Stelle χρεόμενοι darbietet. 5 erscheint χρωμένους zweimal auch in A, ebenso daselbst χρώμενοι, nicht minder ἐχρῶντο im selben Paragraph. Eine principielle Entscheidung über die hier in Frage kommenden Formen ist zur Stunde kaum möglich. In Περὶ φύσιος ἀνθρώπου bietet A mit den übrigen Handschriften im 1. Abschnitt zweimal χρέονται, im 6. hingegen zweimal, darunter einmal nur von erster Hand, χρῶνται gegen das χρέονται der Recentiores, während M an beiden Stellen χρέωνται zeigt; ebendort zweimal ὁρῶντες gegen das ὁρέοντες der jüngeren. Da auch bei Herodot ‚die Zahl der in εω (εο) aufgelösten Formen der verbalen α-Stämme . . . auf Grund der reineren Ueberlieferung . . . erheblich vermindert' ward (H. Stein im Jahresber. f. Alterthumsw. Bd. 42, S. 132), so neigt sich, da die Inschriften keine sichere Entscheidung bieten, die Wage zu Gunsten der von Merzdorf, Studien VIII 190 empfohlenen Contrahirung dieser Formen.

Die Art, wie hier das Argument ausgeführt wird: ‚Wer überhaupt die Dienste der Heilkunst in Anspruch genommen hat, kann nicht mehr seine Genesung dem Zufall zuschreiben', mag man advocatenhaft nennen, sophistisch im üblen Sinne darf man sie nicht schelten. Wir würden uns heutzutage etwa wie folgt ausdrücken: Sobald ein Kranker sich in grösserem oder geringerem Masse ärztlicher Hilfe bedient hat, so lässt sich nicht, wenigstens nicht ohne eindringende Analyse des Falles, der directe empirische Beweis dafür erbringen, dass die Genesung auch ohne die ärztliche Behandlung erfolgt wäre. Ebenso wenig freilich kann das Gegentheil bewiesen werden. Eine Entscheidung liesse sich nur gewinnen, wenn der Zustand des Kranken vor Anwendung der Heilmittel in allen Einzelheiten festgestellt, jeder mit dieser Anwendung parallel gehende sonstige Einfluss thatsächlich ausgeschlossen oder sorgsam veranschlagt, die Wirksamkeit jener Heilmittel durch eine strenge Induction oder Deduction festgestellt und die Proportion der Fälle spontaner Heilung zur Gesammtzahl der fraglichen Erkrankungen genau ermittelt wäre. Man kann diese Erfordernisse nicht aufzählen, ohne sofort zu erkennen, dass sie sich auch gegenwärtig nur ganz ausnahmsweise vollständig erfüllen lassen. In weit höherem Masse gilt dies vom Alterthum. Unser Apologet durfte demgemäss nicht ohne Fug behaupten, dass in dem fraglichen Falle die etwaigen Factoren spontaner Heilung mit den Wirkungen ärztlicher Behandlung in unauflöslicher Weise verschlungen sind. Seine advocatenhafte Neigung gibt sich nur darin kund, dass er im Zweifelsfalle, wo in Wahrheit Suspension des Urtheils das logisch Richtige wäre, die unzergliederte Erfahrung, welche ihm zu Gunsten der Heilkunst zu sprechen scheint, für diese den Ausschlag geben lässt.

5. ἀλλ' ὅτι ἐπετύγχανον τοιαῦτα θεραπεύσαντες ἑωυτούς]. Ich wage nicht, mit einigen der geringeren Handschriften, mit Cornarius und seinen Nachfolgern, ἂν nach ὅτι einzusetzen. Unser Autor mag eben auch in diesem Betracht Antiphon und den Tragikern

nahestehen, welchen die Herausgeber die Partikel, in deren Anwendung die alte Sprache offenbar weniger streng war als jene einer späteren Zeit, an nicht wenigen Stellen aufzudrängen pflegen; vgl. Mätzner's Antiphontis orationes p. 144—145, auch unsere Bemerkungen, ‚Die Bruchstücke der griechischen Tragiker' u. s. w. S. 12 oder Krüger, Gr. Gramm. II[3] 2, 54, 3, 8, vor Allem aber Kühner, Gr. Gramm. II[2] S. 191, 221. Die Verbindung von ἐπιτυγχάνω mit dem Particip erscheint auch bei Herodot VIII 101 fin.: ἐπιτύχω εὖ βουλευσάμενος.

καὶ τοῦτό γε τεκμήριον μέγα τῇ οὐσίῃ τῆς τέχνης, ὅτι ἐοῦσά τέ ἐστι καὶ μεγάλη]. Unser Autor liebt es gleich Antiphon, ‚das verbum finitum in ein adjectivisches Participium mit dem Hilfszeitwort εἶναι' aufzulösen (vgl. Hoppe, Antiphonteorum specimen, p. 48—49 und v. Morawski, Bemerkungen zu den attischen Rednern, Zeitschr. für die österr. Gymn. 1879, 165), z. B. 13: ἕτερα . . . . . καὶ ἄλλα . . . . . ἐστὶ τά τε δεόντα τά τ' ἐξαγγέλλοντα. Vgl. auch Protagoras im Götterfragment: πολλὰ γὰρ τὰ κωλύοντα εἰδέναι. Ebendahin gehört die Wendung ταύτην ἔστιν ἡμῖν δημιουργοῖς εἶναι statt ταῦτα ἔστιν ἡμῖν δημιουργεῖν (8). — Gegnerische Zweifel an der Existenz der Heilkunst schimmern auch durch in der Phrase ὅτι ἀμφὶ τέχνης ἐούσης De prisca med. 1 (I 570 L.), sie werden ausgesprochen in De victu acut. 8: ὡς μηδὲ δοκεῖν ὅλως ἰητρικὴν εἶναι (II 240 Littré) und abgewehrt De prisca med. 12 (I 596 L.): οὔ φημι δὴ δεῖν διὰ τοῦτο τὴν τέχνην ὡς οὐκ ἐοῦσαν οὐδὲ καλῶς ζητεομένην τὴν ἀρχαίην ἀποβάλλεσθαι.

ἢ γὰρ ἀσιτίῃ ἢ πολυφαγίῃ, ἢ ποτῷ πλέονι ἢ δίψῃ, ἢ λουτροῖς ἢ ἀλουσίῃ, ἢ πόνοισιν ἢ ἡσυχίῃ, ἢ ὕπνοισιν ἢ ἀγρυπνίῃ, ἢ τῇ ἁπάντων τούτων ταραχῇ χρώμενοι ὑγιάσθησαν]. Ueber den stürmisch hastenden und häufenden Charakter der Stelle und ihre Verwandtschaft mit Plato's Protagoras 334[a—c] vergleiche die Einleitung S. 31. Die beiden Stellen haben auch ein Anderes gemeinsam, nämlich die tiefe und klare Einsicht in die relative Natur der Eigenschaften der Dinge und der uns zu Gebote stehenden Mittel der Beeinflussung. In frappanter Weise vertritt denselben Grundgedanken in weitestem Umfang auch der geistvolle Verfasser von De locis in homine 41 (VI 330—332 L.). — Ueber Einzelheiten sei Folgendes bemerkt. Ich habe ποτῷ geschrieben, nicht πότῳ, was die sämmtlichen Handschriften und Ausgaben bieten, da nur πόσις, ‚das Trinken, der Trunk‘, nicht ποτόν, ‚das Getränk‘, dem Zusammenhang entspricht; ferner πλέονι, weil die ionischen Inschriften, selbst jene, die schon attischen Einfluss zeigen, diese Form allein kennen, s. Bechtel S. 45 und 49, auch Merzdorf a. a. O. VIII 215. Auch erscheint die Form zwar selten, aber doch gelegentlich im Corpus Hippocr., so in De flatibus, wo die Formen πλέον, πλέονας, πλεόνων mehrmals, zum Theil in A allein, zum Theil in den Handschriften überhaupt begegnen, ferner in De nat. hom. 4, wo einmal A mit Galen im Commentar, einmal Galen allein πλέον statt πλεῖον darbietet. Dasselbe Schwanken zeigt sich bei Herodot, wo jedoch die Formen ohne ι weitaus überwiegen, s. Bredow De dial. Herodot. 154—155. — ταραχή im Sinne von ‚Gemenge‘ ist der Mehrzahl der Bearbeiter so unverständlich erschienen, dass es in der Vulgata durch das sinnlose vom Exempl. Sambuci dargebotene παροχή verdrängt ward, während Mercuriale's ‚vetus codex‘ die alte Conjectur ἀποχή darbot. Und doch ist es nicht schwer einzusehen, wie das Wort zu der hier vorkommenden ungewöhnlichen Bedeutung ‚Gemenge‘ gekommen ist. Man mengt eben Flüssigkeiten, indem man sie durcheinander schüttelt. Wie nahe ταράσσειν einem κυκᾶν steht, lehrt z. B. Aeschyl. Prometheus 993 Kirchhoff = 1026 Wecklein: κυκάτω πάντα καὶ ταρασσέτω, vgl. auch in den Schlussversen: ξυντετάρακται δ' αἰθὴρ πόντῳ. Ebenso lesen wir bei Homer Σ 229 ἐκυκήθησαν (τρὶς δ' ἐκυκήθησαν Τρῶες), wo ἐταράχθησαν ebenso gut am Platze wäre. Desgleichen beachte man die Verwendung des Wortes in der Kosmogonie der Schrift De carnibus 2 und 3 (VIII 584 L.), ὅτε ἐταράχθη πάντα, nicht minder die so häufig vorkommenden Verbindungen von ταράττειν und κυκᾶν gleichwie von φύρειν und ταράττειν.

τὰ γὰρ τῷ ὠφελῆσθαι καὶ τὰ τῷ βεβλάφθαι ὡρισμένα οὐ πᾶς ἱκανὸς γνῶναι· εἰ τοίνυν ἐπαινήσεται ἢ ψέξει ὁ νοσήσας τῶν διαιτημάτων τι οἷσιν ἐχρήσατο, πάντα ταῦτα τῆς ἰητρικῆς (εὑρήσει) ὡς ἔστιν καὶ ἔστιν οὐδὲν ἧσσον κτλ]. Die von den Recentiores dargebotenen Worte: πάντα ταῦτα τῆς ἰητρικῆς ὄντα εὑρήσει würden an sich kein Bedenken erregen. Aber die in hundert anderen Fällen bewährte Vorzüglichkeit von A und M lässt keinen Zweifel darüber, dass schon der Archetypus eine Lücke zeigte, dass M die Reste der alten Ueberlieferung am reinsten erhalten hat, dass diese in A durch das Ueberspringen des Schreiberauges vom ersten auf das zweite ἔστιν unabsichtlich getrübt ward, dass endlich im Stammvater der sämmtlichen Recentiores der lückenhafte Text sinngemäss, aber willkürlich umgestaltet worden ist. — Der Anstoss, welchen Ermerins an der Negation vor πᾶς ἱκανὸς γνῶναι nahm und durch die Tilgung von οὐ beseitigen wollte, schwindet, sobald man mit uns dem in A klärlich überlieferten ὅτι ἦν τι τὸ βλάψαν entsprechend auch im ersten Satzglied ὅτι ἦν ⟨τι⟩ τὸ ὠφελῆσαν schreibt. Der Autor will sagen: Der Patient muss nothwendig, wenn er durch die zufällige Anwendung jener diätetischen Mittel gefördert oder geschädigt wurde, wissen, dass ihn etwas gefördert, beziehungsweise geschädigt hat. Anders steht es mit dem W a s. Dies zu beurtheilen, sei freilich nicht jeder im Stande (wobei γὰρ geradeso wie 11 init. οὐ γὰρ δὴ ὀφθαλμοῖσί γε ἰδόντι κτλ. mit concessiver Nebenbedeutung, als ‚ja freilich', zu verstehen ist). Gelinge es dem Kranken nun, in einzelnen Fällen die heilsame oder die schädliche Wirkung jener Mittel zu erkennen, so werde er finden, dass sie insgesammt zur Domäne der Heilkunst gehören. Wenn man hingegen Ermerins' Vorschlag annimmt, so legt man dem Autor die verkehrte Behauptung in den Mund, dass die fundamentalen Wahrheiten der Arzneikunst jedermann geläufig sind; man lässt ihn jede Unterscheidung zwischen Laien und Fachmännern verwischen und sich selbst, der eben gesagt hatte: οὐ μὴν ὥστε εἰδέναι, ὅ τι ὀρθὸν ἐν αὐτῇ ἔνι ἢ ὅ τι μὴ ὀρθόν, in grellster Weise widersprechen.

τὰ μὲν γὰρ ὠφελήσαντα τῷ ὀρθῶς προσενεχθῆναι ὠφέλησαν, τὰ δὲ βλάψαντα τῷ μηκέτι ὀρθῶς προσενεχθῆναι [ἔβλαψαν]. Die grammatische Singularität, welche, wie unser Apparat zeigt, nahe daran war, schulmeisterlicher Uniformirungssucht zum Opfer zu fallen, begegnet uns wieder 13 in den Worten: ἔστιν δὲ ταῦτα μὴ μηνύονται und entbehrt auch bei den Zeitgenossen unseres Autors nicht aller Analogie. Am nächsten kommt unserem Fall Antiphon V 34: διαπειραθέντα δ' αὐτὸν τὰ ψευδῆ λέγειν ὕστερον δὲ τἀληθῆ λέγοντα οὐδέτερα ὠφέλησαν (es hat ihm das Eine so wenig wie das Andere genützt), wo freilich moderne Pedanterie die sehr wohl gerechtfertigte Ausnahme von der grammatischen Regel hinwegzunivelliren eifrig bemüht ist, doch vgl. Mätzner zur Stelle, desgleichen Kühner a. a. O. II^2 58—59. Auch in der hippokratischen Sammlung fehlt es nicht an recht auffälligen Beispielen, so in der Schrift De locis in hom. 8 (VI 290 L): ἐς τε τὴν κοιλίην καὶ τὰ ἐσθιόμενα καὶ τὰ πινόμενα χωρέουσιν, desgleichen 45 (VI 340 L.): πάντα φάρμακά εἰσι τὰ μετακινέοντα τὸ παρεόν· πάντα δὲ τὰ ἰσχυρότερα μετακινέουσιν.

Im Folgenden habe ich ὄρος so wenig angetastet als anderwärts seine Derivate, weil ich von den betreffenden Ionismen in unserer Schrift und, wenn mich mein Gedächtniss nicht täuscht, auch in den übrigen Theilen der hippokratischen Sammlung keine Spur angetroffen habe. Nebenbei könnte, selbst wenn man οὖρος als ausnahmslos ionische Form gelten lassen müsste, das Vorkommen von νοσέω neben νοῦσος zu einiger Vorsicht mahnen. οὐρίζω scheint bisher nur durch die Herodot-Handschriften bezeugt zu sein; denn dass die Glosse des Hesychius οὐρίσαι· ὁρίσαι, παρασκευάσαι auf uns erhaltene Stellen des Aischylos und Sophokles geht, an welchen das von οὖρος ‚Fahrwind' abgeleitete οὐρίζειν vorliegt, diese Meinung der Herausgeber kann zum mindesten als höchst wahrscheinlich gelten.

6. Ἔτι τοίνυν εἰ μὲν ἀπὸ φαρμάκων τῶν τε καθαιρόντων καὶ τῶν ἱστάντων ἡ ἴησις κτλ.] So gering im Allgemeinen die Autorität der Randglossen ist, welche Servin und Fevré in ihre Exemplare eingetragen haben, so habe ich diesmal doch (mit Reinhold) ihr ἀπὸ φαρμάκων statt des ὑπὸ φ. der Handschriften seiner vollkommenen Sinngemässheit wegen angenommen. Man vergleiche De nat. hom. 7 (VI 50 L.): ἀπὸ γὰρ τῆς αὐτῆς ἀνάγκης πάντα συνίσταταί τε καὶ τρέφεται oder ebend. p. 48: καὶ τὸ φλέγμα αὔξεται πάλιν ἀπό τε τῶν ὑετῶν τοῦ πλήθεος καὶ ἀπὸ τῶν νυκτῶν τοῦ μήκεος, wo ἀπό beide Male von Galen in seinem Commentar dargeboten wird. Vgl. auch De prisca med. 3 (I 578 L.): ἀπὸ τούτων . . . πόνους τε καὶ νούσους καὶ θανάτους ἔσεσθαι . . ., ἀπὸ τούτων τροφήν τε καὶ αὔξησιν καὶ ὑγιείην. Dieselbe Gebrauchsweise begegnet mehrfach bei Herodot, wo Cobet Mnemos. N. S. XI 73, 132, 200, XII 129 sie wiederholt wegemendiren wollte, so I 15: οὐδὲν μέγα ἀπ' αὐτοῦ ἄλλο ἔργον ἐγένετο, II 54: ἔφασαν ζήτησιν μεγάλην ἀπὸ σφέων γενέσθαι, III 78: οἱ δὲ μάγοι ἔτυχον τὰ ἀπὸ Πρηξάσπεος γενόμενα ἐν βουλῇ ἔχοντες, V 2: τὰ μὲν δὴ ἀπὸ Παιόνων πρότερα γενόμενα ὧδε ἐγένετο oder Thukyd. I 17: ἐπράχθη ἀπ' αὐτῶν οὐδὲν ἔργον ἀξιόλογον, wo Herwerden ἀπ' durch ὑπ' ersetzen will. Die

Präposition bezeichnet in solchen Fällen den Ausgangspunkt eines Geschehens, sei es dass dasselbe sich von ihm aus räumlich (ὄζειν δὲ ἀπ' αὐτῆς ὡς εἰ ἴων Herod. III 23), sei es dass es sich zeitlich ausbreitet (man denke an die Bezeichnungen der Abstammung oder der Namensübertragung, z. B. ἥ τις νῦν ἀπὸ τοῦ Θάσου — τοὔνομα ἔσχε Herodot VI 47, ἐὼν ἀπ' ἀμφοτέρων ἀδελφεός VII 97, ἀπ' ἧς καὶ ὁ κόλπος οὗτος τὴν ἐπωνυμίην ἔχει VII 121 — lauter Stellen, die Cobet angefochten hat, l. l. XII 186, 255, 256), sei es im Sinne eines causalen Zusammenhanges, bei welchem eine Kraftanstrengung entweder nicht stattfindet oder nicht beachtet oder endlich einem andern Agens als dem mit ἀπό bezeichneten zugeschrieben wird. In die erste dieser drei letztgenannten Kategorien gehört Diogen. Apollon. Fgm. 6 Mullach: ἀπὸ γάρ μοι τούτου (sc. τοῦ ἀέρος) ὁ νόος δοκεῖ εἶναι, wie ich die Worte einst, zum Theil mit Mullach übereinstimmend, geordnet habe (Beiträge zur Kritik etc. I 38 [270]), oder Antiphon or. V 81: τοῖς ἀπὸ τῶν θεῶν σημείοις γενομένοις. Der zweiten gehört die Mehrzahl der oben angeführten Fälle an, der dritten endlich die Stelle, von der wir ausgingen. Denn als die Handelnden werden hier die Aerzte und die Arzneikunst gedacht; als der Punkt, von welchem ihre Wirkung ausgeht, erscheinen die Heilmittel. Statt ἀπὸ φαρμάκων hätte es auch φαρμάκοις heissen können, gleich διαιτήμασι im Folgenden. — Unter den ‚reinigenden' und ‚stillenden' Mitteln sind natürlich nicht nur Purgantia im engeren Sinne und ihr Widerspiel, sondern Heilmittel jeder Art zu verstehen, welche sei es normale sei es abnorme Ausscheidungen fördern oder hemmen, also einerseits auch Emetica, Diuretica, Hidrotica, Mittel zur Beförderung der Katamenien und der Ausscheidung von Schleim oder Eiter, andererseits blutstillende Medicamente u. dgl. m. Gering wäre, so meint unser Anonymus, die Beweiskraft seiner Rede dann, wenn die Arzneikunst nur auf jene altbekannten, an Zahl vergleichsweise geringen, mehr die Symptome als die tieferliegenden Ursachen derselben beseitigenden Heilmittel angewiesen wäre. Anders stehe es, seitdem die gefeiertsten Aerzte auch durch diätetische Massregeln (über den weiten Umfang des Begriffes διαιτήματα vgl. Galen XV 117 K.) und durch andere Behandlungsweisen heilen, welchen selbst der Laie nicht die Anerkennung versagen könne, dass sie Sache der τέχνη, das heisst einer rationellen, auf wissenschaftlicher Einsicht beruhenden Praxis seien. An wen oder an was denkt unser Apologet, indem er die rohen und drastischen, gleichsam von der Noth selbst eingegebenen medicinischen Behelfe der Vorzeit den subtilen Neuerungen und verfeinerten Methoden seiner Zeitgenossen gegenüberstellt? Die Antwort auf diese Frage ertheilt uns Plato, der an verschiedenen Stellen seiner Schriften, zumal Staat III 406 ff., der von ihm allein hochgeschätzten alten Arzneikunst, die den Kranken rasch genesen oder rasch zu Grunde gehen liess, die von Ikkos von Tarent und zumal von Herodikos von Selymbria ausgeklügelten diätetischen und gymnastischen Behandlungsweisen gegenüberstellt, die er selber kurz und derb eine Aufzüchtung von Krankheiten nennt (νοσοτροφία a. a. O. 407[b]). Herodikos, der von Haus aus Gymnastiker und selbst kränklich war, habe es seiner ‚Weisheit' zu verdanken gehabt, dass sein Leben ein langer Tod gewesen sei (δυσθανατῶν δὲ ὑπὸ σοφίας εἰς γῆρας ἀφίκετο). Einen Tadel gegen des Herodikos Behandlung acuter Krankheiten äussert das sechste Buch der Epidemien, III 18 (V 302 Littré), wo trotz Galen's Schwanken, ob der Selymbrier oder der Leontiner, der Bruder des Gorgias, gemeint sei, sicherlich nur an den Ersten zu denken ist: Ἡρόδικος τοὺς πυρεταίνοντας ἔκτεινε δρόμοισι, πάλῃσι πολλῇσι (schwerlich richtig, vielleicht πάλῃσιν, ὀλίγῃσι), πυρίῃσι κτλ. Mit meiner Hypothese über den Autor unserer Schrift verträgt es sich jedenfalls aufs Beste, dass Plato dem Protagoras im gleichnamigen Dialog 316[e] ein warmes Lob des einer früheren Generation angehörigen Ikkos und seines eigenen Zeitgenossen Herodikos in den Mund legt: ἐνίους δέ τινας ᾔσθημαι καὶ γυμναστικήν (sc. πρόσχημα ποιουμένους τῆς σοφιστικῆς), οἷον Ἴκκος τε ὁ Ταραντῖνος καὶ ὁ νῦν ἔτι ὢν οὐδενὸς ἥττων σοφιστὴς Ἡρόδικος ὁ Σηλυμβριανός, τὸ δὲ ἀρχαῖον Μεγαρεύς. Solchen Gesinnungen mochte Protagoras in seiner Plato wohlbekannten Schrift περὶ πάλης Ausdruck gegeben haben. Ueber Herodikos und seine Empfehlung anstrengender Fusstouren vgl. man Plato Phaedr. 227[d], über Ikkos und dessen olympischen Sieg (472 v. Chr.) Steph. Byzant. s. v. Τάρας. Pausan. 6, 10, 2, über seine gleichwie des Herodikos weitgehende, ans Asketische grenzende Enthaltsamkeit endlich Plato Gesetze 8, 840[a] und Aristot. Rhet. I, 5 (1361[b] 5). Unsere

Stelle mag Porphyrios im Auge haben, wenn er De abstinentia I c. 34 (p. 112, 1 Nauck[2]) schreibt: φάρμακα γάρ, ὥς πού τις τῶν ἰατρῶν ἔφη, οὐ μόνα τὰ σκευαστὰ ὑπὸ τῆς ἰατρικῆς, ἀλλὰ καὶ τὰ καθ' ἡμέραν εἰς τροφὴν παραλαμβανόμενα σιτία τε καὶ ποτά, — Worte, deren Bezug Bernays (Theophrastos' Schrift über Frömmigkeit, S. 136) zu ermitteln sich ausser Stande erklärt hatte. Man könnte auch, jedoch mit geringerer Wahrscheinlichkeit, an De locis in homine 45 (VI 340 L.) denken, desgleichen an De flatib. 1 (VI 92 L.).

καὶ ἐν τῷ διά τι τὸ αὐτόματον οὐ φαίνεται οὐσίην ἔχον οὐδεμίαν ἀλλ' ἢ ὄνομα]. τὸ διά τι zur Bezeichnung des Causalitätsverhältnisses kehrt wohl erst bei Aristoteles wieder, der ebenso τὸ πρός τι zur Bezeichnung der Relativität zu verwenden liebt. Doch ist der substantivartige Gebrauch präpositionaler Ausdrücke schon von Herodot angefangen (τὰ κατὰ τὸν Τέλλον, vgl. hier 9 init. τὰ . . . κατὰ τὰς ἄλλας τέχνας, τὰ κατὰ τὴν ἰητρικήν) allen Gattungen der Prosa geläufig, am meisten der Sprache des Thukydides, vgl. ἐς τὸ πρὸς Σκιώνης oder ἀφεὶς τὸ ἐς τὴν Μίλ (4, 130 und 8, 41). Die Kühnheit der Substantivirung erscheint hier durch das vorangehende διά τι — γινόμενον wesentlich gemildert. — Das hier überlieferte οὔνομα habe ich angesichts des fortwährenden regellosen Schwankens der Handschriften zwischen οὔνομα und ὄνομα in den hippokratischen Schriften sowohl als bei Herodot und auch im Hinblick auf den von G. Meyer, Gr. Gramm.[2] S. 94 geäusserten Zweifel an der Berechtigung dieser Form durch ὄνομα ersetzt. Das darauffolgende μοῦνον der Recentiores tilgte ich, weil es, so sinngemäss der Zusatz auch ist und so häufig die Verbindung auch begegnet, doch jeder wahrhaft urkundlichen Gewähr entbehrt. Es verdient bemerkt zu werden, dass auch in der prächtigen kleinen Schrift Νόμος 4 (IV 460 L.) die geringeren Handschriften μὴ λόγῳ μοῦνον ἀλλὰ καὶ ἔργῳ darbieten, während die für jenes Stück massgebenden Codices die knappere Fassung zeigen: μὴ λόγῳ ἀλλ' ἔργῳ.

7. Τοῖσι μὲν οὖν τῇ τύχῃ τὴν ὑγιείην προστιθεῖσι τὴν δὲ τέχνην ἀφαιρέουσι τοιαῦτ' ἄν τις λέγοι]. Die Form ὑγιείη habe ich auf Grund der umfassenden von Fritsch a. a. O. S. 19 ff. angestellten Induction in den Text gesetzt. Durch A's Schreibung τὴν δὲ τέχνην erwächst der nur durch wenige Beispiele vertretenen

Construction ἀφαιρεῖν τινά τι eine neue erwünschte Bestätigung, vgl. Aesch. Eumen. 349 Kirchhoff = 360 Wecklein: ἀφελεῖν τινα τάσδε μερίμνας, Herodot I 80: παύσας πάσας ἄλλας καὶ ἀπελὼν τὰ ἄχθεα und Soph. Phil. 933: τὸν βίον με μὴ ἀφέλῃς, wo man jedoch jetzt mit Elmsley ἀφέλῃ vorzieht.

τοὺς δ' ἐν τῇσι τῶν ἀποθνησκόντων συμφορῇσι τὴν τέχνην ἀφανίζοντας θαυμάζω ὅτεῳ ἐπαιρόμενοι ἀξιόχρεῳ λόγῳ τὴν μὲν τῶν ἀποθνησκόντων ἀψυχίην ἀναιτίην καθιστᾶσι]. Die sinnlose Lesart ἐπαιρεόμενοι, welche M und R darbieten, legt den Gedanken nahe, es möchte ἐπαειρόμενοι das Ursprüngliche sein. Doch vergleiche man, was Bechtel S. 91 und Fritsch Zum Vocalismus des Herodot. Dial. S. 20 über αἴρω und ἀείρω bemerken. Nicht wenig beachtenswerth ist auch der Umstand, dass ein anderes Mal A allein αἴρεται gegen ἀείρεται der übrigen zeigt, De nat. hom. 7 (VI 48 L.). ἀψυχίην habe ich aus ἀτυχίην in A gewonnen. M's ἀκρασίην, in der Mehrzahl der Handschriften und Ausgaben zu ἀκρησίην verderbt, in einigen zu ἀκρισίην verbessert, würde an sich zunächst kein Bedenken erregen. Allein woher sollte A zu seinem ἀτυχίην kommen, welches weder ein Glossem noch aus einem Buchstabenfehler entsprungen sein kann? Da nun τ und ψ in den Handschriften oft kaum zu unterscheiden sind und insbesondere τύχη und ψυχή häufigen Verwechslungen unterliegen (statt vieler anderer Beispiele, von denen Cobet Novae lectiones p. 74 und Jacobs Philostr. imag. 712—713 eine grosse Zahl mittheilen, sei die eine glänzende Besserung Sauppe's in Plat. Alcib. II. 147ª angeführt), hege ich kein Bedenken, ἀψυχίην zu schreiben. Und diese Vermuthung wird, wie ich meine, je genauer man sie erwägt, um so mehr an Wahrscheinlichkeit gewinnen. Vor allem bedenke man die Verbindung mit τῶν ἀποθνησκόντων. Von diesen kann ἀκρασία kaum mehr passend gesagt werden. Setzt ja dieselbe zwar eine schwache Herrschaft des Willens, aber doch immer noch starke Begehrungen voraus. Wer dem Tode nahe ist, bei dem kann füglich nur von äusserster Schwäche oder Entkräftung die Rede sein. Nun bedeutet ἀψυχία nicht nur Muthlosigkeit, sondern einerseits vollständige Entseelung, andererseits (und so wird das Wort in den hippokratischen Schriften häufig gebraucht und von Galen im Glossar erklärt, XIX 87 K.) ist es gleich einem λειποψυχία; kurz es entspricht unserem ‚Ohnmacht' in seinen mannigfachen Sinnes-Nüancen, ein Bedeutungswechsel, der übrigens auch gelegentlich in λιποψυχῶ begegnet, da Herodot VII 229 λιποψυχέοντα, das man beileibe nicht mit Valckenaer in φιλοψυχέοντα ändern darf, so viel als ‚muthlos werdend' besagt. Ferner bedenke man, dass der Gegensatz von ἀκρασίαν zu σύνεσιν ein durchaus schiefer wäre; eine moralische Eigenschaft würde einer intellectuellen gegenüberstehen. Jetzt heisst es: der Arzt ist im Vollbesitz seiner Verstandeskräfte, während diese wie alle anderen Seelenkräfte dem an den Pforten des Todes Stehenden bereits abhanden gekommen sind. ἀκρασία an der Spitze der ganzen glänzenden Antithese wäre ein nicht genügend starker und ein allzu specieller Ausdruck. Der Schmerz (ἀλγέοντες), die Furcht (φοβεόμενοι), die durch die Krankheit bewirkte Verderbniss der natürlichen Begehrungen wäre nicht darin begriffen. In der ganzen nachfolgenden Schilderung würde nur das eine καρτερεῖν ἀδυνατέοντες der mit so grosser Emphase vorangestellten Gesammtbezeichnung entsprechen. Jetzt begreift man es schliesslich auch, warum der Autor, der hier seinen stärksten Trumpf ausspielen wollte, den behandelnden Heilkünstlern zuvörderst die Sterbenden und nicht blos die Kranken entgegengestellt hat.

Wenn im Folgenden die gegensätzlichen Satzglieder τὰ μὴ δέοντα ἐπιτάξαι und τὰ προσταχθέντα παραβῆναι jedesmal neun Silben zählen, so ist das Streben nach Gleichmässigkeit doch jedenfalls kein so ängstliches und kleinliches, wie es z. B. bei Isokrates encom. Hel. 16 begegnet: τοῦ μὲν ἐπίπονον καὶ φιλοκίνδυνον τὸν βίον κατέστησε, τῆς δὲ περίβλεπτον καὶ περιμάχητον τὴν φύσιν ἐποίησε, wo, wie Blass, Attische Beredsamkeit II 169 bemerkt, das Parison ‚Wort für Wort im Sinne parallel und gleich in Silbenzahl und Accent' verläuft. Eine gewisse rhetorische und insbesondere rhythmische Verwandtschaft mit unserer Antithesenreihe, von ἀλγέοντες μὲν ἐν τῷ παρεόντι angefangen, zeigt eine Stelle des lysianischen Erotikos in Plato's Phädrus 233c.

οἱ μὲν γὰρ ὑγιαινούσῃ γνώμῃ μεθ' ὑγιαίνοντος σώματος ἐγχειρίσουσι, λογισάμενοι τά τε παρεόντα τῶν τε παρερχομένων τὰ ὁμοίως διατεθέντα τοῖσι παρεοῦσι, ὥστε ποτὲ θεραπευθέντα(ς) εἰπεῖν ὡς ἀπήλλαξαν]. Den Artikel vor γνώμῃ, welchen A darbietet, habe ich trotzdem weggelassen, weil es mich wahrscheinlicher dünkt, dass der

Artikel, der in diesen wie in anderen Erzeugnissen der alten Sprache so häufig fehlt, wo ihn Spätere zu setzen liebten, hier von A's Schreiber hinzugefügt, als dass er in MR weggelassen worden sei. A bietet ihn 8 vor πῦρ, 10 fin. vor ἐγχώρ. Ebenso haben ihn MR 14 vor ἰητρικὴ eingeschoben; nicht anders steht es im Νόμος, wo die schlechtere Ueberlieferung ihn mehrmals bietet, die bessere ihn nicht kennt, desgleichen an mehreren Stellen der Schrift De flatibus. — Θεραπευθέντα habe ich durch Hinzufügung eines C, welches vor dem Є in εἰπεῖν gar leicht ausfallen konnte, in θεραπευθέντας verwandelt, weil die Worte ὡς ἀπήλλαξαν sich nur auf die behandelten Kranken, nicht auf die Krankheitsfälle beziehen können. Man vergleiche Herodot I 16: οὐκ ὡς ἤθελε ἀπήλλαξε, De prisca med. 10 (I 592 L.): εἰ οὖν ἂν δύναιντο — ῥηιδίως ἀπαλλάσσειν, ebend. 20 (I 624 L.): εἰσὶ δὲ οἳ χαλεπῶς ἀπαλλάσσουσι, Aphor. II 32 (IV 480 L.): ὕστερον δὲ ἀσιτεῦντες βέλτιον ἀπαλλάσσουσιν, ebend. II 53 (IV 484 L.): νέοι μὲν ἐόντες βέλτιον ἀπαλλάσσουσι. — Aehnlichen Gedanken wie hier und 13 (S. 62, 8) begegnet man im Προγνωστικόν 1 (II 110 L.), im ersten Buch der ‚Epidemien' c. 5 (II 634 L.) und endlich bei Plato, Laches 198 d —, eine Uebereinstimmung, auf welche schon Poschenrieder, Die platon. Dialoge in ihrem Verhältnisse zu den hippokr. Schriften, Landshut 1882, S. 51, aufmerksam gemacht hat.

καὶ πλήρεις μὲν τῆς νούσου κενεοὶ δὲ σιτίων, θέλοντες δὲ τὰ πρὸς τὴν νοῦσον ἤδη μᾶλλον ἢ τὰ πρὸς τὴν ὑγιείην προσδέχεσθαι, οὐκ ἀποθανεῖν ἐρῶντες ἀλλὰ καρτερεῖν ἀδυνατεῦντες). Hier habe ich aus ἤδη in A ἤδη entnommen, da mir die Phrase τὰ πρὸς τὴν νοῦσον ἡδέα jeder Erklärung zu spotten scheint. τὰ πρὸς τὴν νοῦσον aber ist ein präpositionaler Ausdruck von der Art, wie wir deren im vorigen Abschnitt einige kennen gelernt haben. Er bedeutet die der Krankheit gemässen, ihr förderlichen Nahrungsmittel, wie τὰ πρὸς τὴν ὑγιείην umgekehrt das der Gesundheit Gemässe und ihr Förderliche bezeichnet. Ueber πρὸς mit Accusativ in ähnlichen Bedeutungsnüancen vergleiche man, was ich Herodoteische Studien II 40 (588) angeführt habe. Die schlagendste Parallele zu unserer Stelle bietet Isokrat. I 14: ἄσκει τῶν περὶ τὸ σῶμα γυμνασίων μὴ τὰ πρὸς τὴν ῥώμην ἀλλὰ τὰ πρὸς τὴν ὑγίειαν (Ich halte die Rede mit O. Müller, Gr. Literaturg. II² 391 für eines der frühesten Werke des Isokrates, während Blass, Att.

Bereds. II 259 in ihr mit Pfund, De Isocr. vita et script. 20, das Erzeugniss eines Schülers erblickt). Dass es Speisen gibt, welche die Krankheit ernähren, dies ist ein Gedanke, der auch De prisca med. 6 (I 582 L.) auftaucht: εὖ δὲ χρὴ τοῦτο εἰδέναι ὅτι τοῖσι τὰ ῥοφήματα (l. ῥυφήματα mit M) ἐν τῇσι νούσοισιν οὐ συμφέρει, ἀλλ' ἄντικρυς ὅταν ταῦτα προσαίρωνται παροξύνονταί σφισιν οἵ τε πυρετοὶ καὶ τὰ ἀλγήματα· καὶ δῆλον τὸ προσενεχθὲν τῇ μὲν νούσῳ τροφή τε καὶ αὔξησις γινόμενον, τῷ δὲ σώματι φθίσις τε καὶ ἀρρωστίη. Damit verbindet sich die so geläufige und eines thatsächlichen Hintergrundes nicht entbehrende Vorstellung, dass abnorme Körperzustände auch krankhafte Gelüste und Begehrungen erzeugen, man denke z. B. an die κίσσα schwangerer Frauen. Schliesslich hat im Alterthum auch nicht die Meinung gefehlt, dass die in ihr Gegentheil verkehrten natürlichen Begehrungen die Krankheit ernähren helfen. Dies glaubte man zum mindesten in Betreff der Wassersucht und des vermeintlichen unstillbaren Verlangens der von dieser Krankheit Ergriffenen nach Wasser (vgl. Celsus III 21), was Moralisten ein unerschöpfliches Thema der Vergleichung mit der Geldgier der Geizigen abgab (siehe die betreffende Literatur jetzt bei O. Hense, Teletis Reliquiae p. 29, wo allenfalls noch auf Ovid Fast. I 215 zu verweisen war). Eine Verallgemeinerung aus diesen und etwaigen anderen angeblichen Thatsachen schwebt augenscheinlich auch unserem Autor vor. ἤδη ist hierbei kein müssiger Zusatz, sondern besagt, dass der Patient so weit unter der Herrschaft der Krankheit steht, dass seine Begehrungen bereits dieser und nicht mehr der Gesundheit unterthan sind. Mit οὐκ ἀποθανεῖν ἐρῶντες vergleiche man die analogen Verbindungen bei den Zeitgenossen unseres Anonymus, Sophocl. Antig. 220: οὐκ ἔστιν οὕτω μῶρος ὃς θανεῖν ἐρᾷ, Agathon Fgm. 7: φαῦλοι βροτῶν γὰρ τοῦ πονεῖν ἡσσώμενοι | θανεῖν ἐρῶσιν, Eurip. Helena 1639: κατθανεῖν ἐρᾷν ἔοικας. Daremberg, der zur Erklärung der Stelle nichts beiträgt, übersetzt dieselbe ähnlich wie wir: ‚désirent plutôt ce qui est propre à entretenir la maladie que ce qui peut amener la guérison', glaubt jedoch ‚en prenant ἤδια métaphoriquement' p. 43 dieses Wort beibehalten und der Stelle jenen Sinn abgewinnen zu können.

ὅπως δὲ διακειμένους πότερον εἰκὸς τούτους τὰ ὑπὸ τῶν ἰητρῶν ἐπιτασσόμενα ποιεῖν ἢ ἄλλα ποιεῖν ἢ ἃ ἐπετάχθησαν, ἢ τοὺς ἰητροὺς ἐκείνως διακειμένους ὡς ὁ πρόσθεν λόγος ἡρμήνευσεν ἐπιτάσσειν τι μὴ δέοντας]. Die von Littré und nach ihm von Ermerins und Reinbold durch Einschaltung eines μὴ vor dem ersten ποιεῖν nicht zu ihrem Vortheil veränderte Stelle bietet eine grammatische Singularität dar, die wohl denjenigen stutzig machen und beirren kann, der sich nicht rechtzeitig der wenig zahlreichen Analogien erinnert. Es erscheint nämlich dort ein dreigliedriger Disjunctivsatz, wo man zunächst nur die zwei Glieder einer Alternative zu finden erwartet. Doch vergleiche man Andokides I 105: ἡ δὲ ψῆφος ἡ ὑμετέρα δημοσίᾳ κρινεῖ, πότερον χρὴ τοῖς νόμοις τοῖς ὑμετέροις πιστεύειν ἢ τοὺς συκοφάντας παρασκευάζεσθαι ἢ φεύγειν αὐτοὺς ἐκ τῆς πόλεως καὶ ἀπιέναι ὡς τάχιστα. Hier ist das zweite Glied der Disjunction in zwei Hälften aufgelöst, ähnlich bei Herodot I 4: τὸ μὲν νυν ἁρπάζειν γυναῖκας ἀνδρῶν ἀδίκων νομίζειν ἔργον εἶναι, τὸ δὲ ἁρπασθεισέων σπουδὴν ποιήσασθαι τιμωρέειν ἀνοήτων, τὸ δὲ μηδεμίαν ὤρην ἔχειν [ἁρπασθεισέων] σωφρόνων. Etwas verschieden ist Herodot V 6, wo meines Erachtens bisher falsch interpungirt ward und die Partikel δὲ einzuschieben ist: ἀργὸν (ἀεργὸν?) εἶναι κάλλιστον, γῆς δὲ ἐργάτην ἀτιμότατον, τὸ (δὲ) ζῆν ἀπὸ πολέμου καὶ ληιστύος κάλλιστον. Hier folgt dem allgemeinen Gedanken: der Müssiggang gilt den Thrakern als die ehrenhafteste Lebensweise die nach zwei Seiten hin gewandte Ausführung: der friedliche, auf Landbau ruhende Erwerb gilt ihnen als schimpflich, der Gewinn von Beute durch Krieg und Raub als durchaus ehrenhaft. In unserem Falle bildet das zweite Glied die negative Kehrseite des ersten. Der Hauptgegensatz besteht zwischen dem ersten und dem dritten Glied: was ist das Wahrscheinlichere, dass die Kranken oder dass die Aerzte ihre Schuldigkeit zu thun versäumen werden? — Wenn ich statt ἃ οὐκ ἐπετάχθησαν mit AM ἢ ἃ ἐπετάχθησαν geschrieben habe, so geschah dies, weil mir diese Schreibung, von ihrer urkundlichen Beglaubigung abgesehen, auch als die einzig sinngemässe erschien. Denn nicht die Frage, ob die Kranken etwas, was ihnen die Aerzte nicht verordnet haben, sondern jene andere, ob sie etwas den ärztlichen Anordnungen Widersprechendes gethan haben, ist es, welche dem Gedankenzusammenhang allein entspricht. — Ich schrieb ἀπιθεῦσι gemäss der von Merzdorf a. a. O. VIII 189 und Fritsch in Fleckeisen's Jahrbüchern 1876, S. 109 ermittelten Norm, von welcher A's Schreibung ἀνατίθησι vielleicht eine Spur bewahrt hat.

8. ἃ δ' ἐπικουρίης δεῖται μεγάλης οὐχ ἅπτονται, δεῖν δέ, εἴπερ ἦν ἡ τέχνη, πάνθ' ὁμοίως ἰᾶσθαι]. In dem von A dargebotenen Zusatz μεγάλης erblicke ich keineswegs mit Ermerins ein ‚recens additamentum idque otiosum'. Konnte doch niemals jemand leugnen, dass die Aerzte sich in manchen Fällen hilfreich erweisen. Die Skeptiker sagten und sagen vielmehr: Gerade in den schweren und wichtigen Fällen, in welchen die Heilkunst sich zu bewähren und etwas Erkleckliches zu leisten hätte, lässt sie uns im Stich; ihre Hilfe erstreckt sich nur auf die Erkrankungen, die zur Noth auch ohne ihr Zuthun glücklich verlaufen würden.

οἱ μὲν οὖν ταῦτα λέγοντες εἰ ἀμέμφοντο τοῖς ἰητροῖς, ὅτι αὐτῶν τοιαῦτα λεγόντων οὐκ ἐπιμέλονται ὡς παραφρονεόντων]. Man las bisher ἐπιμελοῦνται, während ich ἐπιμέλονται aus A aufgenommen habe. Es ist dies die ältere und die ionische Form, welche die Handschriften bei Herodot I 98 einstimmig darbieten. Vgl. auch die ionische Inschrift bei Bechtel S. 56 (Nr. 71). Ueber die Wandlungen dieses Verbums und die allmälige Verdrängung der älteren durch die jüngere Form handelt eingehend O. Riemann im Bulletin de corresp. hellén. III 496—497.

ἀγνοεῖ ἄγνοιαν ἁρμόζουσαν μανίῃ μᾶλλον ἢ ἀμαθίῃ]. Mit der hier und 14 (dort zweimal) nachdrücklich gebrauchten figura etymologica vergleiche man Plato Protag. 324d: ἔτι δὴ λοιπὴ ἀπορία ἐστὶν ἣν ἀπορεῖς κτέ. und gleich darauf wieder: ἐν τούτῳ γὰρ αὕτη λύεται ἡ ἀπορία, ἣν σὺ ἀπορεῖς. Aehnlich 319a: αὐτὸ μὲν οὖν τοῦτό ἐστιν — τὸ ἐπάγγελμα ὃ ἐπαγγέλλομαι.

αἴτια γὰρ τῶν ἐν ἰητρικῇ καιόντων πῦρ ἐσχάτως καίει, τούτου δὲ ἡσσόνως ἄλλα πολλά]. Ueber meine Herstellung von ἡσσόνως hier und 10 habe ich bereits Wiener Studien II 10 gehandelt, wo ich auch auf die verwandten Bildungen κρεισσόνως und ἐλασσόνως bei Antiphon hingewiesen habe. Ich will nur noch die Bemerkung nachtragen, dass ἐλασσόνως auch in De diaeta I 35 (VI 520 L.) begegnet, wo dieser von den geringeren Handschriften dargebotenen, aber allein sinngemässen Lesart auch an der von mir in M gefundenen Schreibung ἐλάσσονι eine neue Stütze erwächst; ἡσσόνως erscheint erst bei Josephus wieder. Angesichts der durch diese Beispiele bekundeten Vorliebe der archaischen Sprache für derartige Adverbialbildungen, welche der classischen Epoche fremd sind, darf man natürlich auch ἀπορωτάτως 12 init. nicht etwa mit Buttmann, Ausf. gr. Sprachl. II 270 antasten wollen.

ᾧ γὰρ πῦρ δημιουργεῖ, πῶς οὐ τὰ τούτων μὴ ἁλισκόμενα δηλοῖ ὅτι ἄλλης τέχνης δεῖται καὶ οὐ ταύτης, ἐν ᾗ τὸ πῦρ ὄργανον;]. Hier mag man wohl zweifeln, ob die Lesart τούτων (A) oder τούτῳ (MR) den Vorzug verdient. Ich glaube nach reiflicher Ueberlegung die besser beglaubigte Schreibung auch diesmal für die sinngemässere erklären zu können. Man muss eben von der einigermassen künstlichen Wortstellung absehen und die Worte τὰ τούτων μὴ ἁλισκόμενα so auffassen, als stünde da: τὰ μὴ ἁλισκόμενα τούτων. Man vergleiche 11, wo A's Schreibung οὐδὲν ὅ τι τούτων gleich ist einem τούτων οὐδὲν ὅ τι, was in den geringeren Handschriften in der That erscheint und das Ursprüngliche verdrängt hat. Ein Attiker der classischen Epoche hätte wahrscheinlich den Satz wie folgt gefasst: ὧν γὰρ πῦρ δημιουργεῖ πῶς οὐ τὰ μὴ ἁλισκόμενα κτλ. Die losere Syntax unseres Autors, in welcher die einzelnen Satztheile ihre ursprüngliche Selbständigkeit bewahrt haben, kennt diese Art von Attraction nicht. Auch τούτων könnte bei ihm fehlen, wie Aehnliches uns schon mehrfach vorgekommen ist, und wie z. B. Herodot schreibt (VIII 80): τὰ γὰρ ἐδεόμην γενέσθαι, αὐτὸς αὐτόπτης γενόμενος ἥκεις oder II 106: τὰς δὲ στήλας τὰς ἵστα — αἱ μὲν πλεῦνες οὐκέτι φαίνονται περιεοῦσαι. Doch Alles in Allem ist τούτῳ noch leichter zu entbehren als τούτων, da ἁλίσκομαι von Homer angefangen, z. B. X 253: ἕλοιμί κεν ἤ κεν ἁλοίην oder M 172: ἠὲ κατακτάμεν — ἠὲ ἁλῶναι, einfach ‚unterliegen, besiegt werden' im absoluten Sinne bedeutet — eine Gebrauchsweise, deren Verkennung Littré zu 4 und Ermerins zu unserer Stelle in gar wundersame Irrungen verstrickt hat.

ὧν ἐκείνων φημὶ δεῖν ἑκάστου (οὐ) κατατυχόντα τὸν ἰητρὸν τὴν δύναμιν αἰτιᾶσθαι τοῦ πάθεος, μὴ τὴν τέχνην]. Dass vor κατατυχόντα eine Negation erforderlich ist, dies haben, wenigstens von Cornarius angefangen, die sämmtlichen Herausgeber und wohl auch schon einige Schreiber der geringeren Handschriften eingesehen; Fabius Calvus hat, nebenbei bemerkt, die Negation in seiner Vorlage nicht vorgefunden und κατατυχόντα als zwei Worte aufgefasst, die er durch ‚secundum accidentia' wiedergibt! Doch glaubte ich, statt des paläographisch so unwahrscheinlichen μή lieber οὐ, was nach ἑκάστου leicht ausfallen konnte, einschalten zu sollen. Da das Particip ebenso gut wenn nicht besser einen temporalen als einen Bedingungssatz vertreten kann, so ist οὐ ganz wohl an seinem Platze (οὐ κατατυχόντα = ἀποτυχόντα). ἑκάστοτ' οὐ zu schreiben, davon hat mich die Erwägung abgehalten, dass ἕκαστος so sehr häufig neben πάντα als Apposition des Theiles zum Ganzen erscheint.

οὐ μὴν οὕτως ἀφρόνων οἱ ταύτης τῆς δημιουργίης ἔμπειροι οὔτε μωμητέων οὔτ' αἰνετέων δέονται]. Das auf den ersten Blick nicht wenig befremdliche οὔτε μωμητέων — δέονται erklärt sich in folgender Weise. Der Verfasser denkt an die unverständigen Beurtheiler der Arzneikunst überhaupt. Da er jedoch unmittelbar vorher von denjenigen gesprochen hat, die von der Leistungsfähigkeit der Medicin die ausschweifendsten Vorstellungen hegen, so hat er von den zwei complementären Hälften des Gesammtbegriffs — Tadler und Lobredner — vorzugsweise die zweite ins Auge gefasst und das Verbum δεῖσθαι im Hinblick auf diese gewählt. Ueber zahlreiche mehr oder weniger verwandte Ausdrucksweisen handeln Lobeck Phrynichus 754, Haupt Opusc. I 264, Stein zu Herodot VI 67, Vahlen im Berliner Sommer-Programm 1879 p. 1 ff., Gölkel Beiträge zur Syntax u. s. w. bei Antiphon, Passau 1883, S. 35, zuletzt v. Wilamowitz Göttinger Winter-Programm 1889/90 p. 18, der zwar nicht unsere Stelle, aber die auffallend ähnliche aus Alkman Parthen. 43—44 (Bergk III[4] 38) beibringt, und wieder in seiner Ausgabe des Euripideischen Herakles II 246 und 298 Anm. Doch dehnt dieser Gelehrte meines Erachtens den Kreis jener Spracherscheinung allzu weit aus; mindestens werde ich mich auch in Zukunft denjenigen müssen beizählen lassen, denen frischweg ‚Unkenntniss der Sprache' vorgeworfen wird, weil sie in dem Verse des Xenophanes εἷς θεὸς ἔν τε θεοῖσι καὶ ἀνθρώποισι μέγιστος ‚einen Widerspruch zu seinem' angeblichen ‚Monotheismus' erblicken. Ein ernster Denker spricht eben dort, wo er seine persönlichsten Ueberzeugungen äussert, also sicherlich weit davon entfernt ist, sich gangbaren Vorstellungen anzubequemen, nicht von Göttern, wenn er nicht an solche glaubt. Und ebenso wenig sehe ich einen Grund, um von der Zu Heraklit's Lehre u. s. w. S. 12—13 (1006—1007) vorgebrachten Erklärung des 20. Bruchstücks abzugehen. — Das sonst unerhörte αἰνέτης durfte natürlich dem von A dargebotenen ἐπαινέτης nicht weichen. Ist doch αἰνέω das alterthümlichere und poetischere Wort (vgl. Rutherford a. a. O. p. 5) und auch αἴνη uns nur aus Herodot und seinen Nachahmern bekannt.

9. Τὰ μὲν οὖν κατὰ τὰς ἄλλας τέχνας ἄλλος χρόνος μετ' ἄλλου λόγου δείξει]. Ueber diese hochwichtige den nichtärztlichen Ursprung der Schrift geradezu beweisende, von sämmtlichen Herausgebern und Erklärern aber mit vollständigem Stillschweigen übergangene Stelle hat bereits die Einleitung ausreichend gehandelt. In minder gewählten, aber ebenso deutlichen Worten kündigt der Verfasser von De articulis eine Anzahl anderer Fachschriften an, so 30 (IV 124 L.): ἐν ἄλλῳ λόγῳ εἰρήσεται, 34 (ib. 154): ἀλλ' οὐ βούλομαι ἀποπλανᾶν τὸν λόγον, ἐν ἄλλοισι γὰρ εἴδεσι τῶν νοσημάτων περὶ τούτων λεκτέον, 40 (ib. 174): περὶ τούτων ἐν ἄλλῳ λόγῳ γεγράψεται, 41 (ib. 182): ἀλλὰ περὶ μὲν τούτων ἐν τοῖσι χρονίοισι κατὰ πλεύμονα νοσήμασιν εἰρήσεται, 45 (ib. 190): αἱ δὲ φλεβῶν καὶ ἀρτηριῶν κοινωνίαι ἐν ἑτέρῳ λόγῳ δεδηλώσονται, 57 (ib. 246): ἀλλὰ περὶ μὲν τούτων ἑτέρωθι λόγος ἔσται ἠδελφισμένος τοῖσι νῦν λεγομένοισιν. Jedermann kennt die ähnlichen Verweisungen Herodot's, die in der Regel auf einen andern Theil seines Hauptwerkes zielen, in zwei nicht unbestrittenen Fällen (I 106 und 184) über den Rahmen desselben hinausweisen. Dass hier von einer erst abzufassenden besonderen Schrift die Rede ist, ist selbstverständlich und wird dies auch durch den Zusatz ἄλλος χρόνος unzweideutig ausgesprochen.

ἔστι γὰρ τοῖσι ταύτην τὴν τέχνην ἱκανῶς εἰδόσι τὰ μὲν τῶν νοσημάτων οὐκ ἐν δυσόπτῳ κείμενα καὶ οὐ πολλά, τὰ δὲ οὐκ ἐν εὐδήλῳ καὶ πολλά. ἔστι δὲ τὰ μὲν ἐξανθεῦντα ἐς τὴν χροιὴν ἢ χρωὴν ἢ οἰδήμασιν ἐν εὐδήλῳ]. Hier ist der Vulgat-Text durch eine grobe Interpolation entstellt, zu welcher eine leichte Irrung der schlechteren Ueberlieferung, πολλά ἐστι. τὰ δ' ἐξανθεῦντα statt πολλά· ἔστι δὲ τὰ μὲν ἐξανθεῦντα, die Handhabe geboten hat. Die letztere Schreibung steht, von wenigen falschen Accenten abgesehen, unversehrt in A, und nicht wenig befremdet es, dass auch Littré, Ermerins und Reinhold, welche insgesammt den in A erhaltenen ursprünglichen und von lästiger Wiederholung freien Text vor Augen hatten, sich bei der willkürlich zurechtgemachten Vulgata beruhigt haben. Dass dem ἔστιν δὲ τὰ μὲν ἐξανθεῦντα erst am Anfang des nächsten Abschnittes sein Gegensatz nachfolgt, kann keinerlei Bedenken erregen. — Das Z. 11 begegnende δύσοπτος scheint der gesammten übrigen Literatur bis auf Polybios (XVIII 4, 2) fremd zu sein, während das 11 fin. ähnlich gebrauchte εὔοπτος (hier ἐν δυσόπτῳ, dort οὐκ ἐν εὐόπτῳ) in der κοινή zwar mehrfach, jedoch zumeist in veränderter Bedeutung = εὐπρόσωπος vorkommt. — Wenn neben den Geschwülsten, wie man zunächst οἰδήματα übersetzen möchte, nicht auch die Geschwüre erscheinen, so braucht man nicht etwa zu denken, dass der Autor die letzteren vergessen hätte. Er gebraucht vielmehr das Wort οἴδημα in jenem umfassenden Sinn, welchen Galen mehrfach als charakteristisch für die alte medicinische Sprache hervorhebt, so im ersten Buch seines Commentars zu den ‚Epidemien' (XVII 1, 801 K.): φαίνεται γὰρ ὁ Ἱπποκράτης . . . ἅπαντας τοὺς παρὰ φύσιν ὄγκους οὕτως ὀνομάζειν, mögen nun die Anschwellungen hart oder weich, schmerzhaft oder schmerzlos u. s. w. sein. Ebenso im vierten Buche seines Commentars zu De victu acut. (XV 770 K.): ἦν γὰρ καὶ τοῦτο (sc. οἴδημα) πάλαι κοινὸν ὄνομα πάντων τῶν παρὰ φύσιν ὄγκων, ἐν δὲ καὶ τῆς ἐμπνευματώσεως. — Ob im Folgenden -ει oder -ι zu schreiben ist, kann wohl zweifelhaft scheinen. Den Herodot-Handschriften, welche die ι-Formen darbieten, steht das Zeugniss der Inschriften gegenüber, denen diese fremd sind; auch erscheint δυνάμει schon auf einem aus dem ersten Viertel des 5. Jahrhunderts stammenden teischen Steine (I. G. A. 497[b], 31). In den Hippokrates-Handschriften überwiegt die Schreibung mit ει so sehr, dass Littré sie für ausnahmslos bezeugt halten konnte, I 497. Dies ist nun freilich nicht der Fall, wie denn A in De natura hominis 7 (VI 48 L.) einmal von erster Hand φύσι bietet. Doch glaubte ich, mindestens in unserer Schrift, wo die massgebenden Handschriften keine Spur jener Schreibung zeigen, auf dieselbe verzichten zu sollen.

ὧν τι ἑκάστου ἡ παρουσίη ἢ ἀπουσίη ταὐτό ἐστιν]. Da das ι adscriptum bei den beiden Substantiven nicht nur, wie immer, in A, sondern auch in M fehlt, so beruht die Schreibung derselben als Dative in R auf der selbstverständlich richtigen Auffassung eines alten Schreibers oder Correctors.

ἐξεύρηνταί γε μὴν οὐ τοῖσι βουληθεῖσιν, ἀλλὰ τούτων τοῖσι δυνηθεῖσιν· δύνανται δὲ οἷσι τά τε τῆς παιδείης μὴ ἐκποδὼν τά τε τῆς φύσιος μὴ ταλαίπωρα]. Die Antithese des Wollens und Könnens ist den Schriftstellern jenes Zeitalters geläufig, vgl. Gorgias Olymp.: τὸ γὰρ κήρυγμα καλεῖ μὲν τὸν βουλόμενον, στεφανοῖ δὲ τὸν δυνάμενον (ap. Clem. Strom. I 11), Antiphon or. V 73: κρεῖσσον δὲ χρὴ γενέσθαι ἀεὶ τὸ ὑμέτερον δυνάμενον ἐμὲ δικαίως σώζειν ἢ τὸ τῶν ἐχθρῶν βουλόμενον ἀδίκως με ἀπολλύναι. Von unserer Stelle möchte man fast vermuthen, dass Plato sie im Sinne hatte, als er Protag. 326[c] den Sophisten sagen liess: καὶ ταῦτα ποιοῦσιν οἱ μάλιστα δυνάμενοι· μάλιστα δὲ δύνανται οἱ πλουσιώτατοι. Mindestens ist es seiner persiflirenden Art vollkommen gemäss, das, was ein Sophist über die Nothwendigkeit der Bildungsmittel sagt, auf die Geldmittel umzudeuten, die zur Bezahlung des Sophistenunterrichtes erforderlich sind. Die Frage nach den verschiedenen Factoren intellectueller und sittlicher Bildung, nach ihrem Verhältniss und dem etwaigen Vorrang von Naturanlage oder äusserer Beeinflussung, und in letzterem Betracht wieder die Frage nach dem relativen Werth der theoretischen Unterweisung oder der praktischen Uebung und Gewöhnung hat eben von der Zeit der grossen Sophisten angefangen die Denker wie die Dichter aufs nachhaltigste beschäftigt. Man vergleiche Νόμος 2 (IV 638 L.): χρὴ γὰρ — τῶνδέ μοι ἐπήβολον γενέσθαι· φύσιος, διδασκαλίης, τόπου εὐφυέος, παιδομαθίης, φιλοπονίης, χρόνου κτλ. Ebenso Protagoras Fgm. 7 Frei: φύσεως καὶ ἀσκήσεως διδασκαλία δεῖται καὶ ἀπὸ νεότητος δὲ ἀρξαμένους δεῖ μανθάνειν, und Fgm. 8: μηδὲν εἶναι μήτε τέχνην ἄνευ μελέτης μήτε μελέτην ἄνευ τέχνης, Antiphon der Sophist, Orator. attici II 151[a] 14: πρῶτον οἶμαι τῶν ἐν ἀνθρώποις ἐστὶ παίδευσις (es folgt der Vergleich der παιδεύσεως mit dem Pflanzenwuchs, der im Νόμος so glänzend durchgeführt ist), Demokritos Fgm. 133 Mullach: ἡ φύσις καὶ ἡ διδαχὴ παραπλήσιόν ἐστι· καὶ γὰρ ἡ διδαχὴ μεταρρυσμοῖ τὸν ἄνθρωπον, μεταρρυσμοῦσα δὲ φυσιοποιεῖ (die Umgestaltung der letzten Worte bei Wachsmuth Stob. anthol. II 213 ist mir unverständlich. Zu φυσιοποιεῖ vergleiche man Νόμος l. l.: ὅκως ἡ μάθησις ἐμφυσιωθεῖσα — τοὺς καρποὺς ἐξενέγκηται, zu letzterer Stelle wieder Frg. trag. adesp. 516 N²: μελέτη χρονισθεῖσ' εἰς φύσιν καθίσταται), Thukyd. I 121: ὃ γὰρ ἡμεῖς ἔχομεν φύσει ἀγαθὸν ἐκείνοις οὐκ ἂν γένοιτο διδαχῇ· ὃ δ' ἐκεῖνοι ἐπιστήμῃ προὔχουσι καθαιρετέον ἡμῖν ἐστι μελέτῃ, Eurip. Fgm. 810 N²:

μέγιστον ἄρ' ἦν (ἦν ἄρ' Cobet) ἡ φύσις· τὸ γὰρ κακὸν | οὐδεὶς τρέφων εὖ χρηστὸν ἂν θείη κτλ. Auf eine spätere Generation, welcher Alkidamas, Isokrates, Plato, Xenophon angehören, gehe ich nicht ein. Doch kann schon diese Zusammenstellung lehren, wie wenig man aus dem Auftauchen der ererbten Schlagworte bei einem und dem andern dieser Schriftsteller oder aus der Anwendung derselben auf das Gebiet der Rhetorik berechtigt ist, auf wechselseitige Benützung oder Berücksichtigung zu schliessen, vgl. Spengel, Isokrates und Platon S. 17. — Die Phrase τά τε τῆς φύσιος μὴ ταλαίπωρα ist bereits von Littré durch die Verweisung auf Νόμος 2: φύσιος γὰρ ἀντιπρησσούσης κενεὰ πάντα aufs beste erläutert worden. Als ἀταλαίπωρα ergibt einen verständlichen, aber für den Zusammenhang viel zu engen Sinn; denn wo es sich um die Grundbedingungen des fachmännischen oder jedes andern Bildungserwerbes handelt, muss dem Besitz oder der Zugänglichkeit der äusseren Bildungsmittel die Naturanlage und nicht der blosse Fleiss, die Arbeitslust oder Ausdauer gegenüberstehen. Wie häufig übrigens ταλαίπωρος und ἀταλαίπωρος in den Handschriften verwechselt werden, dies lehrt Koraes, Hippocrate, Des airs, des eaux et des lieux II 210.

10. Der anatomische Excurs erscheint zunächst durch den Zusammenhang, in welchem er auftritt, nicht genügend gerechtfertigt. Der Hinweis auf die zahlreichen Krankheitsprocesse, die sich im Innern des Körpers abspielen, hätte dieser Ausführung nicht bedurft. Doch lässt sich nicht leugnen, dass er durch sie um vieles wirksamer geworden ist. Die Vielgestaltigkeit des Organismus, sein Reichthum an verborgenen Stoffen und Gebilden, die insgesammt Ursachen oder Sitze von Erkrankungen sein können, wird der Einbildungskraft des Lesers durch diese rasche Umschau nachhaltig eingeprägt, zum Theil auch seiner Kenntniss vermittelt. Vielleicht mochte überdies ein wenig ἰατρικῆς ἀπόδειξις mit im Spiele sein oder, anders aufgefasst, der Wunsch, sich als sachkundigen Anwalt zu bewähren. Endlich mag den Sprachkünstler auch die Sprödigkeit des Stoffes gereizt haben, die er in der That vollständig zu bemeistern verstanden hat. Irre ich nicht, so ist seine Darstellung in diesem Abschnitt sogar eine erlesenere als anderwärts, gleich als wäre ihm jener feine Wink des Aristoteles bekannt gewesen,

man müsse die schwunglosen Partien eines Schriftwerks durch Glanz der Darstellung zu heben trachten.

Z. 2 habe ich τὸ σιτίον von A angenommen, wenngleich dieser Singular sonst überwiegend nur die einzelne Speise, nicht die Speise im generellen Sinn (= τροφή) bezeichnet. Doch zeigt unsere Schrift und insbesondere dieser Abschnitt gar viel des Ungewöhnlichen; auch scheint die altionische Litoratur zum mindesten eine Parallele darzubieten, De loc. in hom. 45 (VI 340 L.) in dem geistvollen und tiefsinnigen Satze: πάντα φάρμακά εἰσι τὰ μετακινέοντα τὸ παρεόν· πάντα δὲ τὰ ἰσχυρότερα μετακινέουσιν· ἔξεστι δέ, ἢν μὲν βούλῃ, φαρμάκῳ μετακινεῖν, ἢν δὲ μὴ βούλῃ, σιτίῳ. Die kühne Verallgemeinerung, mit welcher das ionische und poetische νηδύς, die Bezeichnung der Bauchhöhle, auf die inneren Höhlungen des Körpers überhaupt ohne Rücksicht auf ihre Grösse oder Kleinheit übertragen wird, bedarf keines Commentars. — ἀσύμφυτος begegnet nur hier und an einer Stelle des Aretaios, p. 188, 11 Ermerins.

ἔχουσι μὲν τοίνυν οἱ βραχίονες σάρκα τοιαύτην, ἔχουσι δ' οἱ μηροί, ἔχουσι δ' αἱ κνῆμαι]. Zwischen der hier erscheinenden rhetorischen Figur, der Epanaphora, und dem Gegenstand, um welchen es sich handelt, besteht für unser Gefühl ein Gegensatz, der den gehobenen Ausdruck als affectirt, wenn nicht als lächerlich erscheinen lässt. Doch war das Stilgefühl der Griechen des fünften Jahrhunderts auch in diesem Betracht ein völlig verschiedenes. Was uns nahezu als Schwulst erscheint, war für sie nur eine geringe Steigerung der gewöhnlichen Lebhaftigkeit rednerischer oder erzählender Darstellung. So berichtet Herodot V 26 keineswegs mit besonders starkem Pathos von dem Perser Otanes: Βυζαντίους τε εἷλε καὶ Καλχηδονίους, εἷλε δὲ Ἄντανδρον τὴν ἐν τῇ Τρῳάδι γῇ, εἷλε δὲ Λαμπώνιον, λαβὼν δὲ παρὰ Λεσβίων νέας εἷλε Λῆμνόν τε καὶ Ἴμβρον.

ὅ τε γὰρ θώρηξ καλεόμενος ἐν ᾧ τὸ ἧπαρ στεγάζεται, ὅ τε τῆς κεφαλῆς κύκλος ἐν ᾧ ὁ ἐγκέφαλος, τό τε νῶτον πρὸς ᾧ ὁ πλεύμων — οὐδὲν ὅ τι τούτων οὐ κενεόν ἐστιν πολλῶν διαφυσίων μεστόν, ᾗσιν οὐδὲν ἀπέχει πολλῶν ἀγγεῖα εἶναι τῶν μέν τι βλαπτόντων τὸν κεκτημένον τῶν δὲ καὶ ὠφελεόντων]. Das Verbum στεγάζειν ist wieder ein wenig gewöhnliches und unerhört in der hier vorkommenden übertragenen Bedeutung (στεγάζεσθαι = εἶναι). — ὁ τῆς κεφαλῆς κύκλος, ‚das Rund des Hauptes', ist ein so gewählter Ausdruck, dass

Daremberg an seiner Echtheit eben darum zweifeln zu müssen glaubte und ihn durch das plumpe κύτος ersetzen wollte. Ferner beachte man die von A dargebotene zweifellos ursprüngliche anakoluthische Wendung: οὐδὲν ὅ τι τούτων. — Im Folgenden haben mich die Schreibungen in A und M καὶ ἐν ᾧ und κενεῶν eher als an κενὸν oder κενεὸν an κενεῶν denken lassen. Und dieses Wort, in eben der verallgemeinerten Bedeutung wie kurz vorher νηδὺς, aber in Anbetracht der durchsichtigen Etymologie mit weit geringerer Kühnheit gebraucht, scheint hier in der That gar wohl an seinem Platze zu sein. Denn während man bisher zu den freiesten Uebertragungen greifen musste, um den Widersinn zu verbergen, der in der Verbindung von κενὸν und μεστὸν lag, gleichwie in der Ertheilung des ersten Prädicates an den Schädel, den Brustkorb u. s. w., so werden diese Räume nunmehr bloss Hohlräume genannt, in gleicher Weise wie wir von der Brust-, Bauchhöhle u. s. w. sprechen. — ἀγγεῖα etwa in ἄγγεα zu verändern, wäre unstatthaft, da die Form, wie Fritsch a. a. O. 22 nachgewiesen hat, gut ionisch ist; nicht minder freilich ἄγγος, vgl. Rutherford in ‚The new Phrynichos' p. 23. Vielleicht werden Manche ἀγγεῖα durch ἀγγεῖον ersetzen wollen, um das Prädicatsubstantiv dem vorangehenden Relativ anzugleichen. Doch entspricht die Unterlassung dieser Assimilation, die auch bei den Attikern nichts weniger als selten ist, ganz und gar der syntaktischen Eigenart unseres Autors. — Littré's vortreffliche kleine Besserung ἔς τι statt des die Construction störenden ἐστί der Ueberlieferung gewinnt vielleicht noch ein wenig an Sicherheit, wenn wir auf denselben leichten Fehler in De prisca medicina 4 (I 578 L.) hinweisen, mit dessen Beseitigung mir schon Reinhold zuvorgekommen ist. Es ist nämlich dort zu lesen: ἐς γὰρ μηδείς ἐστιν ἰδιώτης, ἀλλὰ πάντες ἐπιστήμονες ἔς τι, womit man wieder vergleichen mag Herodot III 113: νῦν ὅπως τις τῶν ποιμένων ἐπίσταται ξυλουργεῖν ἐς τοσοῦτο. — Dem von Littré über das Wort ὑπόφορος Gesagten will ich nur das Eine hinzufügen, dass die Stelle, an welcher dieses Adjectiv bei Galen erscheint, Introductio sive Medicus 3 (XIV 681 K.), der unsrigen sehr nahe steht: ὁμοίως δὲ καὶ αἱ σύριγγες καὶ ὅσα ὑπόφορα καὶ κόλποι καὶ ἕλκη καὶ πάντα τὰ τοιαῦτα ὅσα κατ' ἔνδειαν τὸ ἀναπληρωθῆναι ζητεῖ. Und wenn im Uebrigen das Wort in der hier erforderten oder einer ihr nahekommenden Bedeutung nicht nachweisbar ist, so entschädigt dafür der so häufige Gebrauch von ἀποφορά in der Bedeutung ‚Höhlung'.

11. διὸ καὶ ἄδηλα ἐμοί τε ὠνόμασται καὶ τῇ τέχνῃ κέκριται εἶναι]. Der Nachdruck, mit welchem das Wort ἄδηλα wie ein technischer Ausdruck hervorgehoben wird, lässt fast vermuthen, dass es in philosophischen Erörterungen des Verfassers eine bedeutsame Rolle gespielt hat. In der Erkenntnisstheorie der Epikureer und der Skeptiker ist τὸ ἄδηλον der stehende Terminus für das der sinnlichen Wahrnehmung Entrückte. Vielleicht reicht dieser Gebrauch bis in die Zeit des Protagoras zurück, der jedenfalls in seinem Götter-Bruchstück unter der ἀδηλότης, welche als das vornehmste Hinderniss theologischer Erkenntniss genannt wird, kaum etwas anderes verstanden haben kann als eben das, dass die Gegenstände jener Erkenntniss der Sinnenwahrnehmung unzugänglich sind. Nur so reiht sich an dies erste Hinderniss passend das zweite: βραχὺς ὢν ὁ βίος τοῦ ἀνθρώπου. Wäre die menschliche Lebensdauer eine längere — so scheint er sagen zu wollen —, dann wäre es vielleicht möglich, das mangelnde Sinnenzeugniss durch Schlüsse zu ersetzen, zu denen es uns jetzt an ausreichendem Material gebricht.

δυνατὸν δ' ἴσως αἵ τε τῶν νοσεόντων φύσιες [ἐς] τὸ σκεφθῆναι παρέχουσιν αἵ τε τῶν ἐρευνησόντων ἐς τὴν ἔρευναν πεφύκασιν. μετὰ πλέονος μὲν γὰρ πόνου καὶ οὐ μετ' ἐλάσσονος χρόνου καὶ]. Die ersten Worte habe ich so in den Text gesetzt, wie sie, wenngleich mit verschiedener Wortabtheilung und Prosodie, in A von erster Hand geschrieben sind. Die Schreibung der meisten wenn nicht aller übrigen Handschriften δὲ ἔσαι τε ist sinnlos und erklärt sich aufs beste unter der Annahme, dass sie eine Trübung der in A vorliegenden echten Ueberlieferung ist. Ob übrigens ἴσων αἵ τε wirklich in irgend einer Handschrift geschrieben steht, vermag ich nicht mit voller Sicherheit zu sagen. Ich halte es jedoch hier und in anderen Fällen für äusserst gewagt, aus Littré's Stillschweigen über die Lesarten einiger geringerer Parisini — in diesem Falle wären es zwei unter zehn — irgend welche Schlüsse zu ziehen. Da diese Schreibung auch der Aldina fremd ist, so ist sie jedenfalls von Cornarius in den Text eingeführt worden und ist vielleicht ein seinem Kopfe entsprungener Versuch, die Ueberlieferung halbwegs verständlich zu machen. In der einzigen der drei von ihm benützten Handschriften, die nicht verschollen ist, im Monacensis, habe ich ebenfalls ἔσται τε gefunden. Mit der von uns ermittelten Lesung, bei welcher ἕως im Sinne einer nicht zeitlichen, sondern begrifflichen Einschränkung gebraucht wird, vergleiche man die von Aristoteles angefangen in Aufnahme kommende nicht-temporale Verwendung des Wortes. Aus früherer Zeit liesse sich anführen Plato Phaedo 74c–d: ἕως ἂν ἄλλο ἰδὼν ἀπὸ ταύτης τῆς ὄψεως ἄλλο ἐννοήσῃς, εἴτε ὅμοιον εἴτε ἀνόμοιον, ἀναγκαῖον, ἔφη, αὐτὸ ἀνάμνησιν γεγονέναι, Cratyl. 390a: οὐκοῦν οὕτως ἀξιώσεις καὶ τὸν νομοθέτην . . ., ἕως ἂν τὸ τοῦ ὀνόματος εἶδος ἀποδιδῷ τὸ προσῆκον ἑκάστῳ ἐν ὁποιαισοῦν συλλαβαῖς, οὐδὲν χείρω νομοθέτην εἶναι . . .; vgl. auch 393d und 393e. — Die Phrase τὸ σκεφθῆναι παρέχουσιν (das vorhergehende die Construction störende ἐς halte ich für eine Dittographie) entspricht dem Streben unseres Autors nach strengem, scharfgeprägtem Gedankenausdruck. Ein Attiker der classischen Zeit hätte wahrscheinlich σκέψασθαι παρέχουσιν geschrieben (doch vgl. Plato Charmid. 157b, trotz Cobet's Machtgebot Var. Lect. 296); ein Ionier durfte, selbst ohne den Artikel, eine Form mit Passivbedeutung setzen, welch letztere dem, von späten Byzantinern abgesehen, nur hier erscheinenden σκεφθῆναι in der That fast sicherlich zukommt. Haben doch ionische Schriftsteller wie Herodot weit häufiger als Attiker auch Adjective wie ἄξιος, εὐπετής, εὐπρεπής mit Passiv-Infinitiven verbunden — s. Krüger Gr. Gr. 55, 3, 8 und 9 (8) —; demselben stehen auch hierin Antiphon und Thrasymachos nahe (Tetral. I 1, 1: χαλεποὶ καὶ διαγνωσθῆναι καὶ ἐλεγχθῆναί εἰσιν, Thrasym. Fgm. 2 fin., in Orat. att. II 163a 34: πρῶτον μὲν ἡ πάτριος πολιτεία ταραχὴν αὐτοῖς παρέχει, ῥᾴστη γνωσθῆναι κτλ.). In anderem Zusammenhang schreibt auch unser Anonymus: παρέχει — αἰσθάνεσθαι (oben S. 54, 13—14). — ἔρευνα gehört zu den am seltensten gebrauchten Bestandtheilen des griechischen Wortschatzes. Es scheint, wie die aus den Fünfzigerjahren des 4. Jahrhunderts herrührende ionische Inschrift C. I. G. 2691 = Dittenberger's Sylloge 76 lehrt, ursprünglich der Sphäre der Gerichtssprache angehört zu haben, und zwar in der Verbindung ἔρευναν ποιεῖσθαι, die bei Pseudo-Aristoteles Oecon. II 1351b 34 wiederkehrt. Ungewiss bleibt es, ob unser Autor das Wort direct aus diesem Gebrauchskreise entlehnt hat, was zu seiner Neigung, den Process der wissenschaftlichen Forschung mit jenem einer gerichtlichen Untersuchung zu vergleichen, wohl stimmen würde (man denke an κατηγορίη, κατήγορος, ἀνάγκαι u. s. w.), oder ob die Sprache eines älteren Dichters hierbei die Vermittlerrolle gespielt hat. Sophokles und Euripides gebrauchen dasselbe je einmal, im Uebrigen wird es nur aus der späten pseudaristotelischen Schrift De plantis 815ᵃ 31 und 821ᵃ 32, desgleichen aus Dionysius De comp. verb. p. 91, 2 nachgewiesen. — Das Reimspiel von πόνος und χρόνος eignet von Archilochos angefangen (Fgm. 142, II⁴ 427 Bergk) den verschiedensten Gattungen der griechischen Rede. Man vergleiche Epidemien I 4: γενομένων δὲ χρόνων μακρῶν καὶ πόνων πολλῶν und 5: ἀκρισίας ἢ πόνους ἢ χρόνους ἢ θανάτους κτλ. (II 628 und 634 L.), Plato Staat 369ᵉ: καὶ τετραπλάσιον χρόνον τε καὶ πόνον ἀναλίσκειν κτλ., Epikur bei Laert. Diog. X 133: τὰ δὲ τῶν κακῶν ὡς ἢ χρόνους ἢ πόνους ἔχει βραχεῖς, Appian De bell. civil. II 31, 715, 21 Mendelssohn: καὶ ἰσχυρίζοντο τῷ Πομπηΐῳ τὴν στρατιὰν Καίσαρος τετρυμένην τε πόνῳ καὶ χρόνῳ κτλ. S. auch Lukian, Somn. I.

ὅσα γὰρ τὴν τῶν ὀμμάτων ὄψιν ἐξέφυγεν, ταῦτα τῇ τῆς γνώμης ὄψει κεκράτηται]. Die hier zum ersten Male auftauchende Metapher ist nicht nur den Griechen aller Zeiten (s. Einleitung S. 6—7), sondern ebenso den Römern vertraut geblieben, den heidnischen (vgl. Cicero De nat. deor. I 8, Orator 101, Columella De re rust. III 8, 1, Apuleius De dogm. Plat. I 6) wie den christlichen (Augustinus De quantit. animae IV 6, Claudianus Mamertus, s. Engelbrecht's Index s. v. oculus, Corp. script. eccl. XI 244b, und seine ‚Untersuchungen über die Sprache des Claud. Mam.' S. 21 [Wien. Sitzungsber. CX, 441]). Nicht minder den modernen Schriftstellern aller Nationen; man vgl. z. B. aus neuester Zeit Froude Oceana p. 157: If intellect is the eye of the mind etc. oder Tyndall On sound p. 5: Scientific education ought to teach us to see the invisible as well as the visible in nature, to picture with the eye of the mind those operations which entirely elude the eye of the body. Es gereicht einem Autor zu nicht geringer Ehre, ein Bild in die Literatur eingeführt zu haben, dem eine so wahrhaft unverwüstliche Lebenskraft innewohnt.

καὶ ὅσα δὲ ἐν τῷ μὴ ταχὺ ὀφθῆναι οἱ νοσέοντες πάσχουσιν, οὐχ οἱ θεραπεύοντες αὐτοὺς αἴτιοι κτλ.]. Ueber die in unserer Schrift so häufige lockere Verbindung des Vordersatzes mit dem Nachsatz ist bereits gesprochen worden. Mit ἐν τῷ μὴ ταχὺ ὀφθῆναι lässt sich in doppelter Rücksicht, wegen der, hier freilich nicht gleich scharf hervortretenden, causalen Bedeutungsnüance der Präposition und wegen ihrer nicht eben gewöhnlichen Verknüpfung mit dem substantivirten Infinitiv des Passivaoristes, Antiphon or. I, 8 vergleichen: ἐν δὲ τῷ μὴ βασανισθῆναι ἡγεῖτο τὴν σωτηρίαν εἶναι.

Aus dem Folgenden sei eine Anzahl ungewöhnlicher oder in ungewohnter Anwendung gebrauchter Worte angemerkt: τὸ μοχθέον, womit man wohl am besten Soph. Phil. 675 τὸ νοσοῦν und die bekannten Substantivirungen des Participe bei Thukydides und Antiphon vergleichen kann; ferner μεγαλύνεσθαι, ein Verbum, das überaus selten in anderem als in übertragenem Sinne gebraucht wird; προσοπτέον, ein Verbaladjectiv, das überhaupt nicht anderwärts nachgewiesen ist, während auch προσορᾶν selbst sonst niemals in der hier erforderten Bedeutung begegnet.

ἡ μὲν γὰρ πειθομένη ἀξιοῖ θεραπεύειν]. Hier beachte man die prägnante, den grammatischen Formenunterschied voll verwerthende Ausdrucksweise unseres Autors. Dass der von A dargebotene Aorist von Littré, Ermerins und Reinhold verschmäht worden ist, darf füglich Wunder nehmen; man vergleiche auch den Schluss des Abschnitts: οὐ λαμβανόμενοι γὰρ ἀλλ' εἰλημμένοι —.

ἐξ ἴσου μὲν γὰρ ὁρμώμενον τῇ θεραπείῃ, οὐκ ἔστι θᾶσσον, προλαβὸν δὲ θᾶσσον· προλαμβάνει δὲ διά τε τὴν τῶν σωμάτων στεγνότητα, ἐν ᾗ οὐκ ἐν εὐόπτῳ οἰκέουσιν αἱ νοῦσοι, διά τε τὴν τῶν καμνόντων ὀλιγωρίην· ἐπεὶ τί θῶμα; οὐ λαμβανόμενοι κτλ.]. Ueber εὔοπτος ist schon früher gehandelt worden. στεγνότης begegnet nur hier und in dem unechten Anhang zu De victu acut. II 484 L. Zu ἐπεὶ τί θῶμα; vergleiche man etwa Eurip. Hippol. 439: ἐρᾷς· τί τοῦτο θαῦμα; σὺν πολλοῖς βροτῶν. Zu dem Gedanken endlich, dass die Krankheit durch den verspäteten Beginn der Behandlung einen nicht wieder gutzumachenden Vorsprung gewinnt, kann ich nicht umhin, eine anziehende Parallele aus Fielding's Tom Jones I ch. 7 hieher zu setzen: ,What else is meant by that old adage, venienti occurrite morbo? .... Thus the doctor and the disease meet in fair and equal conflict; whereas by giving time to the latter we often suffer him to fortify and entrench himself like a French army. . . . Nay sometimes by gaining time the disease applies to the French military politics and corrupts nature over to his side, and then all the powers of physic must arrive too late.'

12. Ἔτι τῆς τέχνης τὴν δύναμιν ὁπόταν τινὰ τῶν τὰ ἄδηλα νοσεύντων ἀναστήσῃ θωμάζειν ἀξιώτερον ἢ ὁπόταν μὴ ἐγχειρήσῃ τοῖς ἀδυνάτοις (ὑπερφρονεῖν)]. Ich habe hier das von A und M dargebotene μὴ aufgenommen und demgemäss nach der von Littré mit Recht erhobenen eventuellen Forderung dem zweiten Satzglied ein Verbum im Sinne von μέμφεσθαι beigefügt. Littré selbst glaubte bei der Vulgat-Lesart stehen bleiben und jener Annahme einer kleinen Lücke entrathen zu können. Er übersetzte daher die Stelle wie folgt: ‚cela étant, la puissance de l'art me paraît plus admirable quand il rend la santé à quelque malade atteint d'une affection cachée, que quand il s'attaque à des choses impossibles'. Es genügt, wie ich meine, diese, von den falsch überlieferten und unübersetzbaren Eingangsworten abgesehen, getreue Wiedergabe des Vulgat-Textes ins Auge zu fassen, um seine Unhaltbarkeit zu erkennen. Denn nicht die τέχνη ist es, von der unser Autor, der τὸ μὴ ἐγχειρεῖν τοῖσι κεκρατημένοισιν in ihre Definition aufgenommen hat, füglich ein ἐγχειρεῖν τοῖς ἀδυνάτοις behaupten kann. Höchstens könnte er dies von einem ihrer minder fähigen Adepten sagen, dessen Gebahren sich nicht wohl mit jenem der Kunst selbst in Vergleichung setzen lässt (ἀξιώτερον). Allein auch wenn jemand dieses Argument für spitzfindig halten sollte, so wird er doch nicht leugnen können, dass der nachfolgende Satz: οὔκουν ἐν ἄλλῃ γε δημιουργίῃ — ἔνεστιν οὐδὲν τοιοῦτον die Rechtfertigung jener Unterlassung (ὁπόταν μὴ ἐγχειρήσῃ) enthält und sich nur an den von AM dargebotenen, nicht an den Vulgat-Text passend anschliesst.

καὶ ὅσαι τοι ἐν εὐκατανορθώτοισι σώμασι δημιουργεῦνται, αἱ μὲν μετὰ ξύλων αἱ δὲ μετὰ σκυτέων, αἱ δὲ γραφῇ χαλκῷ τε καὶ σιδήρῳ καὶ τοῖσι τούτων . . . μεμηχανήμασιν ἐργασίῃ κλεῖσται]. Mit ὅσαι τοι vgl. Aristoph. Thesmoph. 899 Mein.: ὁπόσα τοι βούλει. — εὐκατανόρθωτος ist ein bisher nur hier nachgewiesenes Wort, während sein Widerspiel δυσκατανόρθωτος ebenso wie das im Schlussabschnitt vorkommende εὐδιόρθωτος und das ihm entsprechende δυσδιόρθωτος doch nicht ganz und gar verschollen sind. Die Aneinanderreihung der γραφή und der zwei unedlen Haupt-Metalle kann einen Augenblick stutzig machen, doch liegt schwerlich ein Textesschaden vor. Denn γραφή ist hier, wo die Leichtigkeit, begangene Fehler wieder gut zu machen, beleuchtet werden soll, an sich gar sehr am Platze. Demgemäss liegt es wohl am nächsten, bei χαλκῷ und σιδήρῳ an Gegenstände zu denken, die aus diesen Metallen gefertigt und deren Form durch Guss- oder Hämmerarbeit leicht verändert werden kann. Grosse kritische Schwierigkeiten bereiten die nächstfolgenden Worte, deren genaue Lesung ich der zuvorkommenden Güte H. Weil's und H. Omont's verdanke. Klar ist nur soviel, dass hier eine paraphrastische Bezeichnung anderer Metalle vorlag, die in MR durch das Glossem ὁμοίοις verdrängt, in A aber, wenngleich in verstümmelter Gestalt, erhalten ist. μενοσχήμασι (was der Schreibung A's zu Grunde liegt) muss der Rest eines Compositums sein, welches ‚verwandt' oder ‚gleichartig' bedeutet, das aber in dem uns bekannten Wortvorrath der griechischen Sprache schwerlich aufzufinden ist, etwa ἠδελφισμενοσχήμασι, wie denn ἀδελφίζω und ἠδελφισμένος in den Schriften der hippokratischen Sammlung vergleichsweise häufig begegnen. Die metaplastische Endung -σχήμασι statt -σχήμοσι erscheint auch in ὁμοιοσχήματα, welches die Theophrast-Handschriften (De causis plantarum VI 2, 4) statt ὁμοιοσχήμονα darbieten. Eben das letztere Wort (ὁμοιοσχήμοσι) wollte Reinhold hier einsetzen. Die Paraphrase aber dient wohl vorzugsweise dazu, den Begriff ‚Metall' auszudrücken, da μέταλλον oder μεταλλεῖον — welch letzteres Wort einmal Plato in ähnlicher Verbindung verwendet: σίδηρός τε καὶ χαλκὸς καὶ πάντα τὰ μεταλλεῖα (Ges. III 678[d]) — dem Verfasser wohl zu hausbacken klang, wenn anders diese Worte zu seiner Zeit nicht mehr ausschliesslich die Bergwerke, sondern auch schon ihre Producte bezeichnen konnten. Uebrigens beabsichtigte er wohl auch nur die gemeinen Metalle, wie Blei, Zinn u. s. w., nicht aber Gold und Silber herbeizuziehen. Meine Herstellung ἐργασίαι bedarf schwerlich einer eingehenden Rechtfertigung. Das Auge des Schreibers ist eben von dem ersten σαι auf das zweite übergesprungen. Ein merkwürdiger Anklang an diese und die nachfolgenden Sätze begegnet uns in der vor wenigen

Jahren aus der syrischen Uebersetzung wiedergewonnenen Schrift des Themistios Περὶ ἀρετῆς, Rhein. Mus. 27, 448: ‚Denn wenn (zwar) für den Schuster nicht Felle vorhanden sind, muss er feiern, und der Weber, wenn er keine Wolle hat, und der Schmied, wenn er kein Eisen antrifft. . . .' Auch beachte man daselbst den zweitnächsten Satz, den man kaum anders zurückübersetzen kann als: ἐκ γὰρ μιᾶς ῥίζης βλαστάνει ἥ τε τέχνη καὶ τὰ πρὸς τὴν τέχνην (vgl. hier Einleitung S. 11). Die Vermuthungen, die sich hieran knüpfen, sind zugleich zu unsicher und zu naheliegend, als dass man sie weiter ausführen möchte.

ἐόντα [δὲ] τὰ ἐκ τούτων καὶ μετὰ τούτων δημιουργεύμενα ἀνεπανόρθωτα, ὅμως οὐ τῷ τάχει μᾶλλον ἢ ὡς δεῖ δημιουργεῖται· οὐδ' ὑπερβατῶς· ἀλλ' ἢν ἀπῇ τι τῶν ὀργάνων ἐλινύει· καίτοι κἀκείνῃσι τὸ βραδὺ πρὸς τὸ λυσιτελεῦν ἀσύμφορον· ἀλλ' ὅμως προτιμᾶται]. Die Stelle, welche von Ermerins mit äusserster Gewaltsamkeit behandelt und auch von Reinhold übel zugerichtet worden ist, leidet an zwei leichten Fehlern der Ueberlieferung. τὰ nach ἐόντα ist in A ausgefallen, in den geringeren Handschriften aber, welche ἐόντα fallen liessen, erhalten, und δέ ist schon im Archetypus, dessen Schreiber die Construction des Satzes nicht verstand, eingeschoben worden. Das in Wahrheit vorliegende Anakoluth beruht darauf, dass an die Stelle der erzeugenden Künste des Relativsatzes im Hauptsatze die Erzeugnisse derselben treten. Dieser Mangel an Concinnität, der durch die lange Reihe der dazwischentretenden Appositionen (αἱ μὲν — παλαίστρας) entschuldigt wird, hat seinen tieferen Grund darin, dass das Schwergewicht des Gedankens auch im Vordersatze auf den leicht wieder gutzumachenden Arbeitsstoffen ruht, die nun im Nachsatze auch zum grammatischen Subject erhoben werden. Dieser Wechsel ward durch den Umstand erheblich erleichtert, dass der Grieche das Verbum δημιουργεῖν ebenso gut im Sinne der Ausübung einer Kunst wie in jenem der Bearbeitung ihrer Rohstoffe und der Verfertigung ihrer Erzeugnisse gebrauchen kann. Zu τὰ ἐκ τούτων καὶ μετὰ τούτων δημιουργεύμενα mag man allenfalls Plato Politicus 288[d] vergleichen: σώματα . . . . ἐξ ὧν καὶ ἐν οἷς δημιουργοῦσιν ὁπόσαι τῶν τεχνῶν νῦν εἴρηνται. — Das Adverb ὑπερβατῶς kennen die Wörterbücher nur aus unserer Stelle. Auch die Bedeutung des Wortes ist hier eine andere als jene, in welcher uns das Adjectiv bei Aischylos Agam. 411 Kirchhoff = 436 Wecklein und bei Thukydides III 25 begegnet. Sie bildet augenscheinlich die Vorstufe des rhetorisch-grammatischen Gebrauches von ὑπερβατόν, welche zuerst bei Plato (Protag. 343e) auftaucht. Man könnte wohl daran denken, aus A's Schreibung den Plural ἐλινύοντα zu gewinnen, um diesen auf die τέχναι oder die δημιουργοί zu beziehen. Doch scheint es gerathener, beim Singular stehen zu bleiben, sei es nun, dass dem Autor hiebei der einzelne δημιουργός vorschwebt, sei es, dass er mit etwas grösserer Kühnheit den Ausdruck auf die brachliegenden Arbeitsstoffe selbst anwendet. Ueber die Schreibung des poetisch-dialektischen ἐλινύειν, welches, nebenbei bemerkt, in M durch eine lange Glosse erklärt wird, vergleiche man Gregor von Corinth p. 502 Schäfer. In Bezug auf τὸ βραδὺ und τὸ λυσιτελοῦν ist wieder an die Vorliebe der Zeitgenossen unseres Anonymus (Gorgias, Antiphon und insbesondere Thukydides) für die Verwendung neutraler Adjective und Participien im Sinne abstracter Substantive zu erinnern. ἀσύμφορον endlich, das ja sonst gewöhnlich ohne weiteren Zusatz das Unnütze oder Schädliche bedeutet, wird hier, was J. H. Schmidt in seiner ‚Synonymik' IV 162 nicht entgangen ist, in einer Weise gebraucht, welche die ursprüngliche Bedeutung von συμφέρειν = beitragen deutlich durchschimmern lässt. Eine nicht uninteressante Parallele zu dem hier ausgesprochenen Gedanken bietet Burke Reflections on the Revolution of France (Works II 430): ‚If circumspection and caution are a part of wisdom, when we work only upon inanimate matter, surely they become a part of duty too, when the subject of our demolition and construction is not brick and timber, but sentient beings.'

13. Auf das Verhältniss des Anfangs dieses Abschnittes zum Schluss des vorangehenden passen genau die Bemerkungen J. H. Schmidt's bei Rettig, Platon's Symposion II S. 185: ‚Unmöglich kann eine oratorische Periode rhythmisch wie die andere ablaufen; sie bilden gegenseitig rhythmische Antithesen.' Dem kurzen, fast zerhackten und wie hastig hervorgestossenen Satzgliedern stehen hier mehrere durch ihre Länge den Athem erschöpfende und zugleich durch die Schwere ihrer Rhythmen den Fortgang hemmende Sätze gegenüber.

ἀπεστερημένη τι ἰδεῖν ὄψει ἢ τὰ πάντα πάντες ἱκανωτάτως ὁρῶσι, ὅμως ἄλλας εὐπορίας συνεργοὺς εὗρε]. Zu ἀπεστερημένη — ἰδεῖν vergleiche Sophokles, Fgm. 609 N²: Λήθην τε τὴν (τὰ) πάντ' ἀπεστερημένην, | κωφὴν ἄναυδον. — Zu εὐπορίας συνεργοὺς im Sinne von Hilfsmitteln, die der Rathlosigkeit ein Ende machen, vergleiche man, was wir zu ἀπαγγελίη φύσιος 1 über derartige kühne und erlesene Wendungen unseres Autors und anderwärts über seine Vorliebe für Plurale von Abstracten bemerkt haben. Im Folgenden verdient διασταθμωμένη angemerkt zu werden. Das Verbum begegnet nur hier, wo es dem schon von Herodot vielgebrauchten σταθμᾶσθαι = ermessen, erwägen, schliessen entspricht — nur liegt in διά eine auf Unterscheidung bezügliche Begriffsnuance —, und ausserdem in ganz verschiedener Bedeutung bei Euripides Suppl. 201.

ὅταν δὲ ταῦτα (μὴ) μηνύωνται μηδ' αὐτὴ ἡ φύσις ἑκοῦσα ἀφίῃ, ἀνάγκας εὕρηκεν, ᾗσιν ἡ φύσις ἀζήμιος βιασθεῖσα μεθίησιν· μεθεῖσα δὲ δηλοῖ κτλ.]. Diese Stelle ist eines Ehrenplatzes in der Geschichte des inductiven Geistes würdig. Das Wesen aller experimentalen Forschung, die Naturbefragung und die künstlichen Veranstaltungen, durch welche die Aussenwelt gleichsam einem peinlichen Verhör unterzogen und dem forschenden Menschengeiste Rede zu stehen genöthigt wird, gelangt hier zu deutlichem und glänzendem Ausdruck. Das Bild, in welchem dieser Gedanke sich verkörpert, ist von Baco's Tagen an wie zu einem Schiboleth der inductiven Forschungsweise geworden. Wenn ich ἀνάγκας mit ‚Folterzwang' übersetze, so ist diese Uebertragung durch die Bedeutung des Wortes selbst, welches soviel als ‚Zwangsmittel' besagt (vgl. z. B. De articulis IV 142, 206, 210, 300, 302 Littré), nahegelegt; empfohlen wird sie durch den Zusammenhang, durch Ausdrücke wie κατηγορεῖν, κατήγορον, ἐξαγγέλλοντα, ἑρμηνευομένων im Folgenden, welche insgesammt Aussagen bezeichnen, die der Natur durch die hier geschilderten künstlichen Anstalten abgerungen werden, und es somit zweifellos machen, dass dem Verfasser in der That die Vergleichung des Forschungsprocesses mit einem Gerichtsverfahren vor Augen schwebt. Zu allem Ueberfluss verwendet schon Herodot den Ausdruck in der hier erforderten Bedeutung: ὁ δὲ ἀγόμενος ἐς τὰς ἀνάγκας οὕτω δὴ ἔφαινε τὸν ἐόντα λόγον (I 116). Wie weit der Verfasser unserer Schrift seiner Zeit vorangeeilt war, dies erhellt auch diesmal aus der unzerstörbaren Kraft, welche das von ihm geprägte Gleichniss bis auf den heutigen Tag nicht veralten liess. Vgl. Baco De augm. scient. II, 2 (Works ed. by Ellis-Spedding I 500): Quemadmodum autem ingenium alicujus haud bene noris aut probaris, nisi eum irritaveris; neque Proteus se in varias rerum facies vertere solitus est, nisi manicis arcte comprehensus; simililer etiam natura arte irritata et vexata se clarius prodit quam cum sibi libera permittitur. (Aehnlich Nov. org. XCVIII, Works I 203, und Prooem. Magn. Instaur., ib. 141). Desgleichen Proteus s. Materia in der Abhandlung De Veterum fabulis, Works VI 652: Nihilominus, si quis peritus Naturae Minister vim adhibeat materiae et materiam vexet atque urgeat etc. ‚Es ist nicht genug,' sagt Schopenhauer (Werke VI 120), ‚dass man verstehe, der Natur Daumschrauben anzulegen, man muss auch sie verstehen können, wenn sie aussagt.' ‚Wenn diese Batterie' (so bemerkt Coleridge an einer Stelle, welche Mill Logik III[2] 150 der Anführung werth erachtet hat) ‚für Davy bloss ein Zufall gewesen und nicht, wie es wirklich der Fall war, von ihm in der Absicht erstrebt und erlangt worden wäre, um seinen Denkergebnissen das Zeugniss der Erfahrung zu sichern, die materielle Natur dem Verhöre der Vernunft zu unterwerfen und ihr wie durch Folterzwang unzweideutige Antworten auf vorbereitete und vorbedachte Fragen zu entlocken: dann würde man' u. s. w. Noch vor wenigen Wochen hat Feldmarschall Graf Moltke dasselbe Bild zur Illustrirung des gleichen Gedankens verwendet (s. Neue Freie Presse vom 25. October 1889).

Schliesslich sei noch darauf hingewiesen, dass das sonst meines Wissens nicht bezeugte Medium μηνύεσθαι hier mit gutem Bedacht gewählt scheint, um die ‚Selbstthätigkeit' der Natur (vgl. Kühner, Gr. Gramm.[2] II 97) zu bezeichnen. Die Medialform präludirt aufs beste dem nachfolgenden μηδ' αὐτὴ .... ἑκοῦσα ἀφιῇ.

βιάζεται δὲ τοῦτο μὲν πῦρ τὸ σύντροφον φλέγμα διαχεῖν σιτίων δριμύτησι καὶ πομάτων, ὅπως τεκμήρηταί τι ὀφθὲν περὶ ἐκείνων ὧν αὐτῇ ἐν ἀμηχάνῳ τὸ ὀφθῆναι ἦν]. Hier sehe ich mich genöthigt, von der seit Cornarius herkömmlichen, auch durch Littré's und Daremberg's Uebersetzungen, welche τὸ σύντροφον mit πῦρ verbinden, vertretenen Auffassung abzugehen. Da die Verbindung von σύντροφος weder mit πῦρ zur Bezeichnung des ἔμφυτον θερμόν, noch auch mit φλέγμα nachgewiesen ist, so lasse ich mich bei der Entscheidung über diese Frage von den nachfolgenden zwei Erwägungen leiten. τὸ σύντροφον von φλέγμα zu trennen, erscheint mir als eine kaum erträgliche sprachliche Härte. Zweifelhaft kann man aber darüber sein, ob der Zusatz τὸ σύντροφον das φλέγμα nur als einen dem Organismus von Haus aus angehörigen Bestandtheil bezeichnen (so Fabius Calvus: ‚pituitam insitam et coaltam‘), oder ob derselbe auf einen Zustand des φλέγμα hinweisen soll, welcher seine Zertheilung nothwendig macht. Ohne mich für die letztere Alternative entscheiden zu wollen, möchte ich doch daran erinnern, dass nicht nur τρέφειν und περιτρέφειν schon von Homer angefangen ‚fest, dick machen‘ heisst (man vergleiche auch τρόφις, τροφόεις, τροφαλίς und ταρφέες), sondern auch συντρέφειν mindestens bei Plato Phädo 96b, Tim. 75a in gleicher Bedeutung begegnet. Zu ersterer Stelle vergleiche man auch die Lexikographen, Etymol. magn., Suidas, Photius s. v. τρέφεσθαι, die insgesammt das συντρέφεται der Phädostelle durch συνίσταται, πήγνυται wiedergeben, wobei Photius, der wohl aus Boethos schöpft, auch an das homerische τρέφε κῦμα (Λ 307) und an ι 246: αὐτίκα δ' ἥμισυ μὲν θρέψας λευκοῖο γάλακτος erinnert. — Es scheint im Uebrigen zweckmässig, den Satz, der mancherlei Schwierigkeiten bietet, durch eine wörtliche Uebersetzung zu verdeutlichen: ‚sie (die Kunst) zwingt aber einerseits das Feuer, den verdickten Schleim zu zertheilen durch Schärfe der Speisen und der Getränke, damit sie an etwas Geschautem einen Anhaltspunkt gewinne zur Erkenntniss von Solchem, dessen Erschauen für sie nicht im Bereiche der Möglichkeit lag.‘ Der Arzt — dies ist der Gedanke des Verfassers — veranlasst den Kranken, scharfe, erhitzende Speisen und Getränke zu sich zu nehmen, welche die Kraft des dem Körper innewohnenden Feuers steigern. Die erhöhte Körperwärme aber schmelzt den verdickten Schleim, macht ihn dünnflüssiger und ermöglicht es so, dass derselbe ausgeworfen werde und durch seine Beschaffenheit dem prüfenden Arzte die erwünschte Belehrung ertheile. Die Voraussetzungen dieser Argumentation entbehren durchaus thatsächlicher Wahrheit, entsprechen aber ganz und gar der kindlichen Physik jener Tage. — Die Phrase ὅκως τεκμήρηταί τι ὀρθόν erscheint auf den ersten Blick verdächtig, da τεκμαίρομαι so ungleich häufiger auch bei den Zeitgenossen des Verfassers mit einem instrumentalen Dativ oder mit einem von ἐκ oder ἀπὸ abhängigen Genetiv verbunden wird. Doch fehlt es nicht an einer zutreffenden Parallele. Sie findet sich in der Rede der Platäer bei Thukydides III 53: τεκμαιρόμενοι . . . . τό τε ἐπερώτημα βραχὺ ὄν, was Krüger ohne Zweifel richtig also erklärt: ,τό τε — ὄν kann nur von τεκμαιρόμενοι regierter Accusativ sein: die Frage so kurz gestellt deutend' (das noch weiter hinzugefügte ,erschliessend' ist von Uebel). An unserer Stelle ist der Sinn der, dass das Sichtbare zum τεκμήριον, d. h. zum Erkenntnissmittel, zum Ausgangspunkt von Schlüssen in Betreff des Unsichtbaren erhoben wird. Man vergleiche beispielsweise Eurip. frg. 574 und 811 N². Damit Niemand daran denke, den von A dargebotenen Conjunctiv des 1. Medial-Aorists auf Grund des sogenannten Canon Dawesianus mit dem in M erscheinenden Futur zu vertauschen, sei auf die reiche Stellensammlung bei Kühner, Gr. Gramm.² II 899 hingewiesen, aus welcher die Nichtigkeit jener Regel, zumal in Betreff der Sprache Herodot's und der Tragiker, sonnenklar hervorgeht.

τοῦτο δ' αὖ πνεῦμα ὧν κατήγορον ὁδοί τε προσάντεες καὶ δρόμοις ἐκβιάσμαι κατηγορεῖν]. Hier überrascht uns zunächst das anderweitig nicht nachgewiesene, aber dem Streben unseres Autors nach strenger Sprachrichtigkeit vollkommen gemässe Neutrum κατήγορον, desgleichen das wohl nur zufällig sonst nicht vorkommende ionische ἐκβιάσμαι. Auch dass κατηγορεῖν (und selbst κατήγορος) im Sinne des ,Aussagens' und nicht des ,Anklagens' verwendet wird, mag angemerkt werden, da die Nichtbeachtung dieser Gebrauchsweise willkürliche Aenderungen, z. B. bei Lysias XIII, 31 (s. Cobet, Variae lection. p. 371) zur Folge gehabt hat. Freilich hat schon der treffliche alte Mätzner zu Antipho I 10 völlig zutreffend bemerkt: ,Notandus . . . . usus verbi κατηγορεῖν pro κατειπεῖν.' — Als eine nicht erweisbare, aber nicht eben unwahrscheinliche Vermuthung mag es ausgesprochen sein, dass die hier erwähnten zur Erprobung des Athems dienenden anstrengenden Promenaden von Herodikos von Selymbria mögen in Anwendung gebracht worden sein, und dass eben hierauf der im sechsten Buch der ,Epidomien' gegen ihn geäusserte Tadel zielen mag, vgl. oben S. 127. Diese und andere künstliche Veranstaltungen zu diagnostischen Zwecken finden in der hippokratischen Sammlung nur zwei wenig erhebliche Parallelen, auf welche Daremberg, der in unserer Stelle ‚un très-grand progrès sur la véritable médecine de l'école de Cos' erkannte (p. 20), hingewiesen hat (p. 24), nämlich De locis in homine 34 (VI 326 L.) und De morbis II 61 (VII 94 L.). So häufig im Uebrigen einerseits z. B. von schweiss- oder urintreibenden Mitteln die Rede ist und in so reichem Masse andererseits der Urin der Kranken oder ihre Schweisse als diagnostische Hilfsmittel verwendet wurden, so werden die ersteren doch immer zu therapeutischen, nicht zu diagnostischen Zwecken verordnet. Wenn an unserer Stelle der Arzt als ein experimentirender Forscher erscheint, der mit Absicht und Bedacht Veränderungen in den Functionen des kranken Organismus hervorruft, nicht um die Krankheit zu heilen, sondern um vorerst ihre Erkenntniss zu ermöglichen, so bleiben wir im Unklaren darüber, inwieweit hierdurch das thatsächliche Verfahren einzelner besonders vorgeschrittener, subtilerer Praktiker, wie Herodikos einer gewesen zu sein scheint, geschildert und inwieweit nur den Anforderungen oder der Auffassung eines weit- und tiefblickenden geistvollen Laien, wie unser Apologet es war, Ausdruck gegeben wird.

ἱδρῶτάς τε τούτοισι τοῖσι προειρημένοις ἄγουσα θερμῶν ὑδάτων ἀποπνοίῃσι πυρὶ ὅσα τεκμαίρονται (τεκμαίρεται)]. Dieser Satz ist in sprachlicher Rücksicht durch die zwei nebeneinander gestellten instrumentalen Dative ἀποπνοίῃσι und πυρί bemerkenswerth, eine Erscheinung, die sonst wohl nur bei Dichtern begegnet, vgl. Lobeck zum Aias V. 310 und 400. Im Uebrigen würde ich denselben kaum einer Erklärung bedürftig glauben, wenn ihn nicht Daremberg aufs gröblichste missverstanden hätte.*

Die antike Physiologie hat zwei völlig verschiedene Erscheinungen, die Hautausdünstung und die Absonderung der Schweissdrüsen, unterschiedslos vermengt. Damit hängt es wohl

* ‚. . . car il paraît évident que dans ce singulier passage l'auteur a voulu dire que les maladies tiennent à l'eau (phlegme), à l'air et au feu et qu'on peut, par des moyens artificiels, reconnaître sous la dépendance duquel de ces éléments celles qui se manifestent sont placées.' (Oeuvres choisies d'Hippocrate² 47).

zusammen, dass die diesen Gegenstand betreffenden Theorien, je nachdem dieser oder jener Gesichtspunkt vorwaltet, ein sehr ungleiches Gepräge zeigen. Den Einen ist der Schweiss ein blosses Erzeugniss der Vaporisation und der ihr nachfolgenden Condensation, Anderen gilt er als ein Rückstand, welcher übrig bleibt, nachdem die Sonne die feineren Bestandtheile der Hautabsonderung verflüchtigt und entführt hat. Auf dem ersteren Standpunkt steht der Verfasser der Schrift De flatibus, der das Entstehen des Schweisses wie folgt schildert (c. 7; VI 102 L.): συνεργὸν δ' αὐτῷ (sc. τῷ ἀέρι) τὸ αἷμά ἐστιν· τήκεται γὰρ χλιαινόμενον, καὶ γίνεται ἐξ αὐτοῦ πνεῦμα· τοῦ δὲ πνεύματος προσπίπτοντος πρὸς τοὺς πόρους τοῦ σώματος ἱδρὼς γίνεται. τὸ γὰρ πνεῦμα συνιστάμενον ὕδωρ χεῖται, καὶ διὰ τῶν πόρων διελθὸν ἔξω περαιοῦται τὸν αὐτὸν τρόπον ὅνπερ ἀπὸ τῶν ἑψομένων ὑδάτων ἀτμὸς ἱκανῶν ἢν ἔχῃ στερέωμα πρὸς ὅ τι χρὴ προσπίπτειν παχύνεται καὶ πυκνοῦται, καὶ σταγόνας ἀποπίπτουσιν ἀπὸ τῶν σωμάτων οἷς ἂν ὁ ἀτμὸς προσπίπτῃ. (Ich habe die Stelle so geschrieben, wie sie in A erscheint, von σωμάτων abgesehen, was MR darbietet, während in A das hier sinnlose πωμάτων, zu πωμάτων corrigirt, zu lesen ist; dass πρὸς vor ὅ τι χρὴ zweimal geschrieben ward, verdient kaum angemerkt zu werden, ebenso wenig, dass περαιοῦται aus παραιοῦται corrigirt ist. Dass im vorhergehenden Satze das in A fehlende ἀθροισθὲν ein Glossem zu συναλισθῇ ist, und dass statt μύδρος trotz des Anklanges an das anaxagoreische μύδρος διάπυρος mit A und M ἀμυδρὸς zu schreiben ist, bemerke ich im Vorübergehen, weil weder Littré noch Ermerins oder Reinhold die Berichtigungen vorgenommen haben.) Den zweiten dieser Standpunkte vertritt der Verfasser des merkwürdigen Buches De aër., aqu. et loc. 8 (II 32—34 L.), der die Schweissbildung mit der Entstehung salziger Rückstände vergleicht. Ebendahin gehört der empedokleische Vergleich des salzigen Meerwassers mit dem Schweisse, der zwar, wie Aristoteles Meteorol. II 3, 357ᵃ 25 mit Recht klagt, bei Empedokles selbst und, wie wir hinzufügen können, wohl auch beim Sophisten Antiphon (Fgm. 105 Blass) in verworrener Weise ausgeführt war, aber an sich eine klare Durchführung gestattete, wie die folgende Nebeneinanderstellung lehrt:

Anaxagoras (Aetii Plac. III 16, Diels Doxogr. p. 381):

τοῦ κατ' ἀρχὴν λιμνάζοντος ὑγροῦ περικαέντος ὑπὸ τῆς ἡλιακῆς περιφορᾶς καὶ τοῦ † λιπαροῦ (l. λεπτοτάτου, Diels schlug λεπτοτέρου vor) ἐξατμισθέντος εἰς ἁλυκίδα καὶ πικρίαν τὸ λοιπὸν ὑποστῆναι.

De aër., aqu. et loc. I. l.:

τὰ μὲν οὖν ὄμβρια (sc. ὕδατα) κουφότατα καὶ γλυκύτατά ἐστι καὶ λεπτότατα καὶ λαμπρότατα· τήν τε γὰρ ἀρχὴν ὁ ἥλιος ἀνάγει καὶ ἀναρπάζει τοῦ ὕδατος τό τε λεπτότατον καὶ κουφότατον· δῆλον δὲ οἱ ἅλες ποιέουσιν· τὸ μὲν γὰρ ἁλμυρὸν λείπεται αὐτοῦ ὑπὸ παχέος καὶ βαρέος (l. πάχεος καὶ βάρεος)* καὶ γίγνεται ἅλες . . . . καὶ ἐξ αὐτῶν τῶν ἀνθρώπων ἄγει τὸ λεπτότατον τῆς ἰκμάδος καὶ κουφότατον κτέ.

Unser Autor will augenscheinlich sagen, dass, gleichwie man durch Verdampfung verschiedener Wässer Rückstände gewinnt, welche uns ein Urtheil über ihre Beschaffenheit gestatten, so auch die durch die angegebenen Mittel künstlich hervorgerufenen Schweisse derartige Rückstände sind oder enthalten, welche den Sinnen des prüfenden Arztes qualitative Verschiedenheiten zeigen und dadurch mannigfache Schlüsse auf die Zustände und Vorgänge des Organismus zu ziehen gestatten. Es bedarf schliesslich nur noch der Bemerkung, dass die antiken Aerzte, wie wir zwar nicht aus den Schriften der hippokratischen Sammlung, wohl aber aus zahlreichen Stellen Galen's ersehen, in den Schweissen der Kranken wie der Gesunden in der That eine reiche Mannigfaltigkeit qualitativer, nach Farbe, Geruch und Geschmack differenzirter Beschaffenheiten erkannten oder zu erkennen glaubten (IV 584, VI 250—251, VIII 374, X 583, XII 282—283, XVI 217 Kühn).

ἐξεύρηκεν οὖν καὶ τοιαῦτα πόματα καὶ βρώματα, ἃ — διαρρεῖν ποιεῖ ἃ οὐκ ἂν διερρύη μὴ ταῦτα παθόντα]. Dass die Verbindung von πόματα und βρώματα nicht etwa gorgianische Vorliebe für

* Die selbstverständliche Besserung ist schon von Koraes vorweggenommen; eine Berichtigung entgegengesetzter Art scheint erforderlich in der δόξα des Metrodoros über die Entstehung des Meeres: Μητρόδωρος διὰ τὸ διηθεῖσθαι διὰ τῆς γῆς μεταλαμβάνειν τοῦ περὶ αὐτὴν πάχους (l. παχέος) καθάπερ τὰ διὰ τῆς τέφρας ὑλιζόμενα (Doxogr. p. 382a).

Reimspiele beweise, werden auch diejenigen zugeben, die aus der Paarung von τέχνη und τύχη 7 und von πόνος und χρόνος 11 einen derartigen, wenngleich unberechtigten Schluss ziehen zu dürfen glaubten. Auch in Schriften, die jedes rhetorischen Schmuckes bar sind, begegnet diese durch die Verwandtschaft der zwei Begriffe und überdies durch das homerische βρῶσίν τε πόσιν τε jedem Griechen so überaus nahegelegte Verbindung; man vergleiche Epidem. II 2, 11 (V 88 L.): τὰ βρώματα καὶ τὰ πόματα πείρης δεῖ κτλ., De prisca med. 15 (I 604 L.): ἀλλ' οἶμαι ἔγωγε ταῦτα (l. ταὐτὰ mit Ermerins, der Marcianus bietet das Wort von erster Hand ohne Lesezeichen, von zweiter τ' αὐτὰ) πόματα καὶ βρώματα αὐτοῖσιν ὑπάρχειν οἷσι πάντες χρώμεθα, ib. 20 (I 622 L.): ἔστι γὰρ καὶ ἄλλα πολλὰ βρώματα καὶ πόματα [φύσει, om. AM] πονηρά, ἃ (so AM statt καὶ) διατίθησι τὸν ἄνθρωπον οὐ τὸν αὐτὸν τρόπον, Xen. Memor. IV 7, 9: — τί βρῶμα ἢ τί πῶμα ἢ ποῖος πόνος συμφέροι αὐτῷ κτλ., Plato Ges. VI 782ᵃ: — καὶ πωμάτων τε ἅμα καὶ βρωμάτων ἐπιθυμήματα παντοδαπὰ κτλ., Plato Critias 115ᵇ: πώματα καὶ βρώματα καὶ ἀλείμματα φέρων κτλ. — ἃ vor οὐκ ἂν war im Archetypus offenbar ausgefallen, und die kleine Lücke ist in M gar nicht, in A unrichtig und nur in dem Stammvater von R richtig ausgefüllt worden.

ἕτερα μὲν οὖν πρὸς ἑτέρων καὶ ἄλλα δι' ἄλλων ἐστὶ τά τε διιόντα τά τ' ἐξαγγέλλοντα, ὥστε οὐ θαυμάσιον αὐτῶν τάς τ' ἀπιστίας χρονιωτέρας γίνεσθαι τάς τ' ἐγχειρήσιας βραχυτέρας, οὕτω δι' ἀλλοτρίων ἑρμηνειῶν πρὸς τὴν θεραπεύουσαν σύνεσιν ἑρμηνευομένων]. Dieser Satz, der bisher nur von Cornarius annähernd richtig wiedergegeben, von den übrigen Uebersetzern aber mehrfach in fast grotesker Weise missverstanden worden ist, bedarf jedenfalls eines Wortes der Erklärung. Als der Hauptgedanke erscheint mir dieser. Die Unmöglichkeit, die Krankheitsprocesse direct wahrzunehmen, und die Nothwendigkeit, sie auf indirectem Wege zu erschliessen, bewirkt eine Verzögerung der ärztlichen Behandlung, welche viele ihrer Misserfolge entschuldigt. Der Verfasser denkt hierbei vorzugsweise, wenn nicht ausschliesslich, an die im Vorangehenden besprochenen Ausscheidungen, welche wieder in überwiegendem Masse durch künstliche Veranstaltungen dem Körper entlockt werden. Mit diesem Gedanken verschränkt sich ein zweiter, der nicht zu gleich unzweideutig klarem Ausdruck gelangt ist. Nicht nur von **indirecter** (dies liegt in πρός, διά und in ἀλλοτρίων), sondern auch von **mannigfaltiger** Art (ἕτερα — ἄλλα) ist die diagnostische Erkenntniss. Um zu verstehen, wie der Verfasser dazu gelangen konnte, hierin nicht, wie man zunächst denken sollte, eine Förderung der Differential-Diagnose, sondern ein Moment der Verzögerung zu erblicken, thut es Noth, sich einen concreten Fall auszumalen und denselben von seinem Standpunkt aus zu beurtheilen. Der Kranke — so mögen wir uns denken — wird von einem Schüttelfrost oder einem hitzigen Fieber befallen. Der Arzt erkennt, dass schwere innere Störungen vorliegen, ohne jedoch über die Natur oder den Sitz der Krankheit irgend eine Vermuthung hegen zu können. Er will daran gehen, den künstlichen diagnostischen Apparat, von welchem vorher die Rede war, in Bewegung zu setzen. Gäbe es nun blos **eine** oder sehr wenige Arten der Naturbefragung, gälte es beispielsweise nur Schweisse hervorzurufen, so wäre es — nach den Voraussetzungen unseres Autors — ein Leichtes, eine rasche Antwort auf die an die Natur gerichtete Frage zu erlangen. Da es aber in Wahrheit nicht so steht, da bei verschiedenen Krankheiten **verschiedene** Arten von Ausscheidungen den erwünschten Aufschluss ertheilen, so muss der Praktiker einen Theil seines diagnostischen Apparates nach dem andern spielen lassen, bis ihm schliesslich auf Grund des einen oder des andern der angewandten Mittel (πρὸς ἑτέρων) die durch dieses oder jenes Organ (δι' ἄλλων) erfolgende Ausscheidung die unerlässliche Aufklärung gewährt.

Was sprachliche Einzelheiten betrifft, so muss meines Erachtens unter αὐτῶν, welches den ἀπιστίας und ἐγχειρήσιας nicht vorangestellt sein könnte, wenn es nicht zu beiden Worten gehörte, ein Begriff wie νοσημάτων, παθῶν u. dgl. verstanden werden. Mit solch einem ‚objectiven Genetiv' kann aber ἀπιστίας ebenso gut verbunden sein, wie etwa Isaios IX 19 τῶν μὴ γενομένων πίστιν (was mit Recht durch περὶ τῶν μ. γ. πίστιν erklärt wird) oder — mit etwas veränderter Bedeutungsnüance — Thukydides I 10 πολλὴν ἂν οἶμαι ἀπιστίαν τῆς δυνάμεως τοῖς ἔπειτα εἶναι geschrieben haben; ἐγχειρήσιας αὐτῶν aber ist nicht anders gesagt als ἐπιχείρησιν τῶν Ἐπιπολῶν oder διὰ τὸ ταχεῖαν τὴν ἐπιχείρησιν ποιεῖσθαι ὧν ἂν γνῶσιν (Thukydides VII 53 und I 70). αὐτῶν endlich tritt nicht minder unvermittelt auf als z. B. 11 διὰ τὸ βραδέως αὐτὸν ἐπὶ τὸν θεραπεύσοντα ἐλθεῖν, wo der Kranke im Vorangehenden ebenso wenig ausdrücklich genannt ist als hier die Krankheiten. Schliesslich sei nur darum, weil meine Uebersetzung hier eine freiere sein musste, darauf hingewiesen, dass ἑρμηνευομένων, welches natürlich passivisch zu verstehen ist, eben zu αὐτῶν gehört (‚da die Krankheiten — verdolmetscht werden‘).

Wenn Littré's Wiedergabe des ersten Satzgliedes richtig wäre (‚On le voit, les excrétions n'ont pas un rapport constant avec les renseignements qu'elles fournissent, et varient suivant les voies qu'elles suivent‘), so würde der Autor, wie Daremberg mit Recht bemerkt, einen Zweifel an dem Werth der diagnostischen Anzeichen aussprechen, während er in Wahrheit im Folgenden nur von dem verspäteten Beginn der ärztlichen Behandlung spricht. Daremberg seinerseits versieht es darin, dass er die Worte ἕτερα . . . . πρὸς ἑτέρων . . . . ἐστί durch ‚les matières . . . . sont différentes suivant les maladies qu'elles revèlent‘ übersetzt, eine Wiedergabe, die ebenso sprachlich unmöglich ist wie jene Littré's. Als ein blosses Curiosum darf es schliesslich vermerkt werden, dass die Worte δι' ἀλλοτρίων ἑρμηνευομένων nicht nur von Fabius Calvus, sondern sogar noch von Ermerins auf mündliche oder schriftliche Ueberlieferung der ärztlichen Kunst bezogen worden sind (‚cum per aliorum scripta medica prudentia peritiaque paretur‘ F. Calvus, ‚cum per aliorum expositionem ad medici curantis cognitionem narratione devenerint‘ Ermerins).

14. Ὅτι μὲν οὖν | καὶ λόγους | ἐν ἑωυτῇ | εὐπόρους | ἐς τὰς ἐπικουρίας ἔχει ἰητρική, καὶ οὐκ εὐδιορθώτοισι δικαίως οὐκ ἂν ἐγχειροίη τῇσι νούσοισιν ἢ ἐγχειρεομένας ἀναμαρτήτους ἂν παρέχοι, | οἵ τε νῦν | λεγόμενοι | λόγοι δηλοῦσιν | αἵ τε τῶν | εἰδότων | τὴν τέχνην ἐπιδείξιες, ἃς ἐκ τῶν ἔργων ἐπιδεικνύουσιν, οὐ τὸ λέγειν καταμελήσαντες, ἀλλὰ τὴν πίστιν τῷ πλήθει ἐξ ὧν ἂν ἴδωσιν οἰκειοτέρην ἡγεύμενοι ἢ ἐξ ὧν ἂν ἀκούσωσιν]. Die rhythmische Composition des Epilogs wird zumal jetzt, nachdem er von einem lästigen Einschube der jüngeren Handschriften befreit ist, jedem Ohre fühlbar sein. Ich habe insbesondere die deutlich hervortretenden, theils aus je einem Wort, theils aus eng verbundenen Satztheilen bestehenden Cretici und Päonen hervorgehoben, die sich am Anfang des Neben- und des Hauptsatzes, also gerade dort

vorfinden, wo die Stimme des Redners naturgemäss ansteigt. Auch die chiastische Responsion beider Stellen ist der Beachtung werth, nicht minder der Wort-Creticus des von seinem Bezuge gesperrten εὐπόρους; desgleichen die Wiederholung der zwei den Nachsatz beginnenden Versfüsse, welche dem grösseren Nachdruck, mit dem der Hauptsatz zu recitiren ist, vollkommen entspricht. Man vergleiche die Bemerkungen des Aristoteles Rhetor. III 8 über die Verwendung des päonischen Rhythmus in der Kunstprosa von der Zeit des Thrasymachos angefangen nebst Spengel im Commentar II 389 ff. und Blass Attische Beredsamkeit I² 251 ff. Ob der rhythmische Anklang an der verwandten Stelle, Plato Protag. 324ᶜ (ὡς μὲν οὖν εἰκότως — ὥς γ' ἐμοὶ φαίνεται) oder 323ᶜ (ὅτι μὲν οὖν πάντ' ἄνδρα εἰκότως) zufällig ist oder nicht, muss dahingestellt bleiben.

Gewiss nicht absichtslos geschieht es, dass der Autor hier am Schlusse der Rede, wo er den Gesammtinhalt derselben zusammenfasst, gleichsam einen mittleren Curs einhält zwischen dem Zuviel und dem Zuwenig früherer Aeusserungen. Weder wird hier die Heilkunst mit ihrer blossen Naturbasis identificirt, noch auch versteigt sich der Verfasser zu so gewagten Behauptungen in Betreff der thatsächlichen Leistungen der Aerzte, wie sie uns im 9. und am Beginn des 10. Abschnittes begegnet sind. Nicht von unfehlbaren Rettungen und Heilungen, sondern nur von Hilfeleistungen (ἐπικουρίαι) und von der Vermeidung schwerer Missgriffe (ἀναμαρτήτους ἂν παρέχοι) ist nunmehr die Rede, und die Arzneikunst wird hier im letzten Grunde als gleichbedeutend mit dem Vorhandensein eines Inbegriffs von Einsichten (λόγοι) hingestellt, in ganz ähnlicher Weise wie etwa Aristoteles im 1. Capitel der Rhetorik (merkwürdigerweise mit einem deutlichen Seitenblick auf eben die Medicin) nicht das πεῖσαι für die Aufgabe dieser Kunst erklärt, sondern τὸ ἰδεῖν τὰ ὑπάρχοντα πιθανὰ περὶ ἕκαστον. Unser Apologet scheint die Hörer und Leser geradezu mit dem Eindruck entlassen zu wollen, dass der Bestand der Heilkunst als eines Systems von Lehrwahrheiten von dem durch die jedesmalige Stärke der Leiden sowohl als durch die Zulänglichkeit der einzelnen Praktiker bedingten Mass der erzielten Heilerfolge unabhängig und von diesem scharf zu unterscheiden ist.

Mit dem von A dargebotenen ἐγχειροίη vergleiche man die auf ionischen Inschriften (Bechtel, Nr. 156) und bei Herodot vereinzelt vorkommenden Formen des fälschlich so genannten attischen Optativs, welche Curtius, Das Verbum der griechischen Sprache II[2] 100 zusammengestellt hat. Dass diese Formen in der alten Atthis ungleich verbreiteter waren, als man bisher annahm, hat Rutherford, The new Phrynichus 442—448, endgiltig erwiesen. Aus den spärlichen inschriftlichen Zeugnissen zieht Meisterhans, Grammatik der att. Inschr.[2] 132 die Summe mit den Worten: ‚Der Optativ Praes. endigt auf -μι . . ., aber bei Contraction auf -ην.' — καταμελεῖν mit dem Accusativ, eine Construction, welche die Wörterbücher überhaupt nicht kennen, ist im Uebrigen nur aus dem Πολιτικός des Antiphon (mag dies nun der Sophist oder der Redner sein): — καὶ δοκεῖν τὰ πράγματα καταμελεῖν ὑπ' οἴνου ἡσσώμενον nachgewiesen, wozu Priscianus XVIII § 230 ausdrücklich bemerkt: καταμελεῖν τούτων καὶ ταῦτα (Sauppe, De Antiphonte sophista 16). Aus ionischer Prosa kenne ich sonst nur einen Beleg des Verbums: De articulis 14 (IV 120 L.), wo dasselbe ebenso wie sonst mehrfach, so bei Sophokles, Plato, Xenophon, absolut gebraucht wird. — Zum Gegensatze der πίστις des Gesichts und jener des Gehörs — ein in jener Zeit offenbar beliebter Gemeinplatz — vergleiche man Heraclit. Fgm. 15 Bywater: ὀφθαλμοὶ τῶν ὤτων ἀκριβέστεροι μάρτυρες, Herodot I 8: ὦτα γὰρ τυγχάνει ἀνθρώποισι ἐόντα ἀπιστότερα ὀφθαλμῶν und schliesslich allenfalls in Betreff des Ausdrucks Antiphon: οἱ γὰρ ἄνθρωποι ἅττα ἂν ὁρῶσι τῇ ὄψει πιστότερα ἡγοῦνται ἢ οἷς εἰς ἀφανὲς ἥκει ὁ ἔλεγχος τῆς ἀληθείας (Antiphontis orat. ed. Blass[2], p. 121) oder Thukydides, I 73, 2.

Anmerkungen und Excurse.

Seite

[1] Littré, von dem man aus vielen Gründen erwarten sollte, dass er die Bedeutung unserer Schrift erkannt und gewürdigt hätte, hat ihr augenscheinlich nur sehr geringe Aufmerksamkeit gewidmet. Er gab ihr kein Wort der sachlichen Erklärung mit, und von den zwei Sätzen, welche die Einleitung bilden, ist der zweite dazu bestimmt, der Schrift Περὶ τέχνης Leser nicht zu gewinnen, sondern zu entziehen: ‚On prendra une idée très-suffisante de l'enchaînement des idées et de la nature des arguments en parcourant les sommaires que j'ai placés en tête des chapitres' (VI 2). Vielleicht liefert das Sturmjahr 1848, in welches die Beschäftigung Littré's mit diesem Theil der hippokratischen Sammlung fällt, die Erklärung dieser Versäumniss. An einer späteren Stelle, VIII 2—3, kommt er mit einigen Worten auf die Schrift ‚von der Kunst' zurück, erkennt die von Spitzfindigkeit nicht freie Geschicklichkeit des Verfassers an (‚l'auteur, bien que subtil, argumente avec une certaine habileté'), reiht dieselbe sammt den Schriften De natura hominis, De morbo sacro und De flatibus in die Kategorie der ursprünglich zu mündlichem Vortrag bestimmten R e d e n ein und erinnert hierbei an die lysianische Liebesrede in Plato's Phädrus gleichwie an die Gewohnheit jenes Zeitalters, auch Fragen der Wissenschaft vor einem engeren oder weiteren Kreise von Zuhörern zu erörtern. Dass unsere Rede ein weitaus allgemeineres Thema in unvergleichlich kunstvollerer Weise behandelt als die übrigen dort genannten Schriften, wird nicht hervorgehoben, ebenso wenig erkannt, dass dieses Büchlein nicht aus der Feder eines Arztes geflossen ist. Der letztere Umstand ist dem Herausgeber des Hippokrates so vollständig entgangen, dass er dasselbe in seiner Einleitung (I 352 ff.) im Verein mit Büchern, wie es jene De morbis, De fistulis, De ulceribus u. s. w. sind, in die vierte seiner elf Classen, das heisst in diejenige versetzt, welcher die ‚écrits de l'école de Cos, de contemporains ou de disciples d'Hippocrate' angehören (I 435). Von der Schrift De arte wird überdies I 356 gesagt, dass sie von den frühesten Zeiten an einen Bestandtheil der hippokratischen Sammlung gebildet habe, woraus aber noch nicht in unwiderleglicher Weise, ‚d'une manière incontestable', hervorgehe, dass sie das Werk des Hippokrates selbst sei. Daremberg will das Schriftchen nicht der Schule des Hippokrates und noch weniger diesem selbst zuschreiben, doch entstamme es seiner Zeit, zugleich freilich auch der Zeit des Plato (‚puisque ces grands génies ont été un moment contemporains' p. 26). Im Uebrigen findet er darin eine Polemik gegen die Sophisten, zumal gegen diejenigen, deren Haupt Gorgias gewesen sei (über Anderes s. Commentar zu 2), und hat er die Schrift, die er zugleich für einen Bestandtheil einer dogmatischen oder dialektischen und einer rednerischen Gruppe der hippokratischen Sammlung erklärt, nicht minder aber offenbar für das Werk eines Arztes hält, 5

mit einem kleinen nicht ganz ausschliesslich textkritischen Commentar versehen (Oeuvres choisies d'Hippocrate, traduites etc. par Ch. Daremberg,[2] p. 18—28 und 38—48).

Dass die Schrift Περὶ τέχνης ‚das Werk eines Sophisten' sei, der im ‚perikleischen Zeitalter' gelebt hat, habe ich in meinem in den ‚Deutschen Jahrbüchern für Politik und Literatur' April 1863 veröffentlichten Aufsatz ‚Die griechischen Sophisten' ausgesprochen. Die Bezeichnung ‚Sophist' hatte einige Monate vorher auch Ermerins in den Prolegomena zum zweiten Bande seiner Ausgabe des Hippokrates (Utrecht 1862) auf den Verfasser unseres Schriftchens angewandt. Doch unterscheidet sich seine Auffassung von der meinigen in wesentlichen Punkten. Er lässt den Verfasser mit Plato's Schriften bekannt sein; ferner unternimmt er das ungeheuerliche Wagniss, den Νόμος, die Rede Περὶ τέχνης (die doch so deutlich wie nur jemals ein Schriftwerk Anfang, Mitte und Ende besitzt!) und die Schrift Περὶ ἀρχαίης ἰητρικῆς zu *einem* Buch zusammenzuschweissen, und er glaubt schliesslich, in der Sprache dieses Buches die Merkzeichen einer späteren Epoche zu erkennen, ohne jedoch für diese Behauptung irgend einen Beweis zu erbringen oder auch nur zu versuchen. Dem ersten Theil dieser Aufstellungen stimmt auch Johannes Ilberg in seiner Doctordissertation ‚Studia Pseudippocratea', Leipzig 1883, zu, der im Uebrigen Ermerins' verkehrten und keiner Widerlegung bedürftigen Einfall einer eingehenden Bestreitung werth erachtet hat. Derselbe hat über die Sprache und den angeblich gorgianischen Stil unseres Autors, den er ebenso wie den Verfasser des Νόμος ziemlich geringschätzig zu beurtheilen scheint, eine Anzahl von Bemerkungen vorgebracht, welche ich, insofern sie mir nicht wohl begründet scheinen, im Commentar stillschweigend zu berichtigen bemüht war.

Keines Beweises bedarf es, dass unser Büchlein die einzige uns erhaltene *Streitrede* eines Sophisten der besten Zeit ist. Aber auch sonst bildet sie ein literarisches Unicum. Die übrigen zu mündlichem Vortrag bestimmten Bestandtheile der hippokratischen Sammlung sind durchweg *Fachschriften*. Ihre Verfasser mögen von der philosophischen und rhetorischen Bildung ihrer Zeit mehr oder weniger berührt gewesen sein, nichts beweist oder macht es auch nur wahrscheinlich, dass sie selbst keine Aerzte waren oder sich an einen ausgedehnten, über das fachmännische Publicum hinausreichenden Kreis von Lesern oder Zuhörern gewendet haben. Dies gilt auch von der Schrift De flatibus, die man am ehesten hieher ziehen könnte, trotz des rhetorischen Flitters, mit welchem sie, zumal in den ersten Abschnitten, verbrämt ist. Das Νόμος genannte Blättchen, welches durch Tiefe der Gedanken und Glanz des Ausdrucks hervorragt, aber durch seinen geringen Umfang und durch den Mangel aller Merkmale einer Rede hier ausser Betracht bleiben muss, nimmt eine Sonderstellung ein sowohl neben den ärztlichen Fachschriften als neben unserer Sophistenrede. Ausserhalb der ärztlichen Schriftensammlung sind die im dorischen Dialekt geschriebenen Διαλέξεις ohne Zweifel und anerkanntermassen das Werk eines Sophisten; aber sie stammen aus nachplatonischer oder doch platonischer Zeit, und es fehlt ihnen alle und jede künstlerische Form.

An die Echtheit der zwei angeblich gorgianischen Declamationen zu glauben, dazu vermag ich mich auch nach Allem, was im Lauf der letzten Jahre zu Gunsten derselben gesagt ward, nicht zu entschliessen. Dass ein Schriftsteller, der in einer Zeit der höchsten und allseitigsten Kunstblüthe und des entwickeltsten Kunstgeschmackes den stärksten Einfluss geübt, zu welchem ein Antiphon, ein Thukydides u. s. w. aufgeblickt hat, und dessen glanzvolle Bilderpracht und Geistesfülle auch uns noch Bewunderung abnöthigt, zugleich der Verfasser zweier Schriften sein soll, die sich kaum an irgend einer Stelle über das Niveau der Mittelmässigkeit erheben, und die wir nicht ohne Gähnen zu Ende lesen können: dies wäre, so meine ich noch immer, einem Wunder gleich zu achten. Ein hochgeschätzter gelehrter Freund, auf dessen Urtheil nicht nur ich grosses Gewicht lege, hat auf diese und ähnliche Aeusserungen mit dem Bemerken geantwortet, auch in Goethe's Schriften fänden sich Stücke, die man auf Grund ihrer Inferiorität demselben abzusprechen geneigt sein könnte. Hierauf liesse sich mit der Frage erwidern, ob denn die allerschwächsten Erzeugnisse eines hervorragenden Geistes begründete Aussicht haben, sich im Kampf ums Dasein, den alle Schriftwerke zu bestehen haben, zu behaupten, auf dem Wege natürlicher Auslese erhalten zu bleiben und allein unter allen Werken desselben Verfassers unversehrt auf die Nachwelt zu gelangen. Mein Freund würde mir wahrscheinlich erwidern, dass auch der Kobold Zufall in diesen Dingen sein neckisches Spiel treibe, und dass jene Eventualität zwar nicht die von vornherein zu erwartende, aber doch immerhin keine unmögliche sei. Dies gestehe ich bereitwillig zu, wie ich denn überhaupt weit davon entfernt bin, den Geschmack in einer derartigen Frage als obersten Richter anzurufen. Allein das Problem, das uns hier beschäftigt, ist, mindestens so weit die Helena in Betracht kommt, m. E. bereits aus anderen Gründen endgiltig, und zwar im verneinenden Sinne entschieden. Denn was Leonhard Spengel Artium scriptores p. 73 sqq. vorgebracht hat, gestattet keine Widerrede und ist bisher zwar oft ignorirt, aber niemals widerlegt worden. Die Art, wie Isokrates im Proömium seiner Helena des Gorgias und in § 14 des Verfassers der angeblich gorgianischen Helena gedenkt, lässt die Annahme, dass hier und dort dieselbe Person gemeint sei, als eine ganz und gar unzulässige erkennen. Die erdrückende Gewalt dieses Beweisgrundes erhellt vielleicht aus nichts so deutlich als aus der Art, in welcher Blass sich ihr zu entziehen versucht hat. In der ersten Auflage seiner ‚Attischen Beredsamkeit' ist ihm ‚das ganze Argument nicht viel werth, weil die Identität' (nämlich des gorgianischen und des von Isokrates gemeinten Enkomions) ‚längst nicht genügend festgestellt ist' (S. 68). Jetzt, in der zweiten Auflage, hat Blass diesen Einwurf völlig fallen gelassen. Spengel, so heisst es daselbst S. 74, hat ‚unsere Rede als das von Isokrates gemeinte Gegenstück erkannt' — ein Urtheil, welches im Folgenden noch weitere Bekräftigung erfährt. Hat es aber damit seine Richtigkeit, dann genügt es nicht, jenen Widerspruch zwischen Proömium und § 14, wie dies Blass jetzt thut, ‚verwirrend' zu nennen; und gar wenig hilft die Ausflucht, es hänge ‚dies Proömium mit der Lobrede selbst nur ganz locker zusammen', oder ‚jener Gorgias' (nämlich der des Proömiums) gehöre ‚wirklich einer vergangenen Periode an' u. s. w. Derlei Argumente

Seite

beweisen allemal nichts Anderes als die Hinfälligkeit der Sache, die sie zu stützen bemüht sind. Allein ich gehe noch weiter. Selbst wenn Spengel mit jener Identificirung Unrecht und Blass mit seiner früheren Bestreitung derselben Recht haben sollte, so bliebe es noch immer unmöglich, dass Isokrates, falls Gorgias nur überhaupt ein ‚Lob der Helena' verfasst hat, bei seiner Behandlung des gleichen Themas seines Vorläufers zugleich gedenken und so ganz und gar nicht als seines Vorläufers gedenken sollte. Man verzeihe die Ausführlichkeit, mit welcher ich diese Frage hier behandle. Dieselbe ist unserem Gegenstand darum nicht fremd, weil das Bild, welches wir uns von der Sophisten-Beredsamkeit zu machen haben, ein verschiedenes ist, je nachdem wir diese Declamationen als giltige Beweisstücke heranziehen dürfen oder nicht.

[7] Niemand bezweifelt es, dass das Schriftchen der hippokratischen Sammlung seit alter Zeit angehört. Unser ältester directer Zeuge ist Herakleides von Tarent, der das Wort ὕπορρον, richtiger ὑπόφορον, welches sich am Ende des 10. Abschnitts, sonst aber in dieser Sammlung nicht vorfindet, mit einer Erklärung versehen hat, vgl. Erotiani vocum Hippocraticarum conlectio, ed. Klein, Leipzig 1865, p. 128, 14: ὕπορρον· πρωραῖον ὥς φησιν ὁ Ταραντῖνος. μαρτυρεῖ γὰρ ὁ Σοφοκλῆς ἐν Ἠριγόνῃ λέγων … (Fgm. 216 Nauck^2). μέμνηται ὁ αὐτὸς καὶ ἐν Ἰφιγενείᾳ· καὶ ὁ Ἱπποκράτης δὲ σαφῶς φησι λέγων· ‚οὐδὲν ὅ τι καὶ ὕπορρον καὶ ἔχον περὶ αὐτὸ θαλάμας'. εἰ οὖν αἱ καταδύσεις θαλάμαι λέγονται, εἰκότως πᾶν τὸ ὑποκείμενον πρωραῖόν ἐστι καὶ ὕπορρον. Wenn Klein hier und p. 32, 2 zu ὁ Ταραντῖνος, beziehungsweise τοῦ Ταραντίνου den Eigennamen Ἡρακλείδης, bzw. Ἡρακλείδου nicht nur hinzudenkt, sondern auch geradezu in den Text einfügt, so zeigt er sich mit dem Sprachgebrauch ärztlicher Schriftsteller wenig vertraut. Denn auch Galen bezeichnet den grossen Hippokrates-Exegeten als den Tarentiner schlechtweg, etwa wie Heraklit der Ephesier oder Bion der Borysthenite genannt ward. Die Zeit desselben hat bis vor kurzem in ziemlich weiten Grenzen geschwankt; erst jüngst hat es Wellmann (Zur Geschichte der Medicin im Alterthume, Hermes 23, 556 ff.) genauer dahin bestimmt, dass die Wirksamkeit des Herakleides zwischen 160 und 110 v. Chr. G. anzusetzen ist. Beiläufig bemerkt, die Aeusserung des Coelius Aurelianus, Acut. I 17, die dazu verführen kann, den Herakleides zeitlich über Gebühr herabzudrücken, ist augenscheinlich lückenhaft überliefert. Dies hat übrigens bereits Schulze in seinem Compendium historiae medicinae (Halle 1742) p. 234 erkannt, indem er mit vollstem Rechte vorschlug, vor ‚posterior' das Wort ‚nemine' einzuschalten. Die Worte haben wohl im griechischen Original des Soranos wie folgt gelautet: οὐδενὸς ἥττων (wenn nicht ὕστερος oder δεύτερος) καὶ πάντων πιθανώτατος (nämlich aller Empiriker). Nur so gewinnt die Stelle Sinn und Verstand.

6 [1] Die platonischen Stellen sind die folgenden: Gastmahl 219^{a}: ἥ τοι τῆς διανοίας ὄψις ἄρχεται ὀξὺ βλέπειν ὅταν ἡ τῶν ὀμμάτων τῆς ἀκμῆς λήγειν ἐπιχειρῇ. Staat VII 519^{b}: περὶ τὰ κάτω στρέφουσι τὴν τῆς ψυχῆς ὄψιν. Ebend. 533^{d}: καὶ τῷ ὄντι ἐν βορβόρῳ … τὸ τῆς ψυχῆς ὄμμα κατορωρυγμένον —. Sophist. 254^{a}: τὰ γὰρ τῆς τῶν πολλῶν ψυχῆς ὄμματα καρτερεῖν πρὸς τὸ θεῖον ἀφορῶντα ἀδύνατα. — Im Uebrigen vergleiche man: Anaximenes [Ps. Aristot.] Rhetorik c. 1 (1421^{a} 21): Χωρὶς δὲ τῶν εἰρημένων, εἰ τὸ τοῖς ὀφθαλμοῖς βλέπειν ἡδύ, τὸ τῇ

τῆς ψυχῆς ὄμμασιν ὀξυδορκεῖν ἐστι θαυμαστόν. Philo II 300 Mangey: τοῖς τῆς ψυχῆς ὄμμασιν und sogleich wieder τοῖς τῆς ψυχῆς ὀφθαλμοῖς, auch I 442: τὸ τῆς ψυχῆς διοίγνυσιν ὄμμα. Lukian, Βίων πρᾶσις (I 239 Jacobitz): τυφλὴ γὰρ εἶ τῆς ψυχῆς τὸν ὀφθαλμόν (Anklang an Plato's Wort bei Laert. Diog. VI 53). Marcus Anton. IV 29: τυφλὸς ὁ καταμύων τῷ νοερῷ ὄμματι. Synes. Epist. 154 (p. 292ᵃ): τὸ νοερὸν ὄμμα. Auf Anderes verweist Creuzer zu Plotini liber de pulchritudine p. 64: οὗτος γὰρ μόνος ὁ ὀφθαλμὸς (das geistige Auge nämlich) τὸ μέγα κάλλος βλέπει, indem er an die reichliche Verwendung von Ausdrücken wie ὄμμα ψυχῆς oder διανοίας, τὰ νοητὰ ὄμματα, οἱ τῆς διανοίας ὀφθαλμοί, οἱ ὀφθαλμοὶ τῆς ψυχῆς, οἱ ὀφθαλμοὶ οἱ νοεροὶ u. dgl. m. in der theologischen Literatur erinnert, p. 378.

[2] Den Bedeutungswandel des Wortes γνώμη erschöpfend zu erörtern, würde eine ziemlich umfangreiche Monographie erfordern. Der im Text gegebene Nachweis genügt, um für die Altersbestimmung der Schrift eine erste starke Präsumtion zu schaffen. Einen vollgiltigen Beweis würde auch ein weit reicheres Aufgebot an Belegen nicht herzustellen vermögen. Denn immer liesse sich von gegnerischer Seite der Einwand erheben, dass die ionische Prosa, von der wir kaum irgendwelche mit Sicherheit datirbare jüngere Erzeugnisse besitzen, jene ältere Gebrauchsweise länger festgehalten habe als die Sprache der Attiker. Auch ist die hier in Frage kommende Anwendung des Wortes niemals, selbst in byzantinischer Zeit nicht, vollständig erloschen, so dass es sich hierbei stets nur um graduelle Unterschiede handelt, die zwar von höchstem Belange, aber kaum geeignet sind, die Grundlage eines strengen Beweises zu bilden.

[1] Vgl. Aristot. de anima Γ 3 (427ᵃ 21): καὶ οἵ γε ἀρχαῖοι τὸ φρονεῖν καὶ 7
τὸ αἰσθάνεσθαι ταὐτὸν εἶναί φασιν. Desgleichen Theophrast. de sensu c. 3 (Opera ed. Wimmer III p. 8—9).

[1] Das Bruchstück des Melissos ist uns durch Aristokles bei Eusebius 8
Praepar. Evang. 14, 17 und durch Simplikios in seinem Commentar zu Aristoteles de caelo (Γ 1, 298ᵇ 14), in seinem Schlusstheil aber nur durch den Letzteren erhalten. Der Text hat in unmittelbarer Nähe des oben angeführten Satzes eine schlimme Beschädigung erfahren, welche Bergk (Opuscula 2, 106) und Mullach (Aristot. de Melisso etc., p. 89) durch eine, wie ich denke, unbedingt nothwendige Umstellung beseitigt haben. Ich glaube ihr Werk zu vollenden, indem ich, einer gebieterischen Forderung des Gedankens gehorchend, das zweite μήτε nach τὰ ἐόντα statt vor diese Worte stelle. Wird doch die einzige Ausflucht, mittelst welcher man die überlieferte Wortordnung (μήτε ὁρᾶν μήτε τὰ ἐόντα γινώσκειν) etwa zu schützen versuchen könnte, ὁρᾶν sei im Sinne von ὀρθῶς ὁρᾶν gebraucht — denn ein Sehen von Unwirklichem sei kein eigentliches oder wahrhaftes Sehen —, nicht nur durch den Parallelismus der beiden so eng verbundenen Infinitive, sondern auch durch den vorausgehenden Theil des Bruchstückes abgeschnitten, wo zu wiederholten Malen das ‚richtige' Sehen, Hören, Verstehen in völlig sach- und sprachgemässer Weise durch ὀρθῶς ὁρᾶν, ἀκούειν, συνιέναι u. s. w. ausgedrückt wird.

[1] Blass, Die attische Beredsamkeit II 121. 10

[2] K. O. Müller, Griech. Literaturg. II² 330 ff. Vgl. auch ebend. 394.

Seite

[3] Blass a. a. O. I[2] 128; Müller a. a. O. II 331.

[4] Vgl. Dionys. Halicarnass. de comp. verb. c. 22 init.: ἐρείδεσθαι βούλεται τὰ ὀνόματα ἀσφαλῶς καὶ στάσεις λαμβάνειν ἰσχυράς, ὥστ' ἐκ περιφανείας ἕκαστον ὄνομα ὁρᾶσθαι κτλ.

11 [1] Auch an sonstigen Pluralen rariores leidet unsere Schrift keinen Mangel. Dahin kann man rechnen: αἰτίας, ἀπατεῶν, ἐγχειρήσιας, ἰδέαι, ἐπικουρίαι, ἑρμηνεῖαι, εὐπορίαι, θάνατοι, θεραπεῖαι, φύσιες. Einiges davon ist aus Isokrates (vgl. Blass II 125 über ‚den bei ihm sehr beliebten Gebrauch des Pluralis von Abstracten'), aus Demosthenes (vgl. Rehdantz, Philipp. Reden, Index unter ‚Plurale von abstracten Substantiven' und Blass III 1, 85) oder Plato bekannt. Bei Herodot findet sich Derartiges, soweit ich sehe (τοὺς θανάτους VI 58 gehört nicht hieher, so wenig als μ 341), selten und fast nur in der gehobenen Darstellung, welche den Reden und den Gnomen eigen ist; vgl. III 40, 82, 126, VI 11, 100, VII 158. Freilich ist es nicht immer leicht zu entscheiden, inwieweit diesen Pluralen rhetorische Bedeutung beiwohnt, inwieweit nicht. So ist der Plural von φύσις bei Plato und in den hippokratischen Schriften recht gewöhnlich, desgleichen in den letzteren jener von θάνατος, auch an Stellen, denen jeder rednerische Nachdruck fremd ist. In De prisca medicina begegnen ausserdem: τιμωρίαι, καταστάσιες, δριμύτητες, κρήσιας und ἀκρησίαι, δυνάμιες und ἀδυναμίαι, λῦπαι, δήξιες, ἀναπαύσιες, συνταράξιες, ἀκρότητες, ὀξύτητες, ἰσχύες, πλατύτητες, στενότητες. Eine sehr grosse Zahl solcher Plurale enthält die umfangreiche Schrift Περὶ ἄρθρων. Bei alledem ist es unzweifelhaft, dass die Verwendung derselben auch ein in den Schriften der alten Sophisten beliebter Redeschmuck war. Nicht nur macht ὀμοργάς, σπουδάς und σκεδάσεις bei Gorgias diesen Eindruck (Fgg. 12 und 16 der Edit. Turic.), auch Plato bietet in seiner Nachbildung protagoreischer Reden vieles in diesem Betracht an sich oder doch durch die Häufung sehr Auffälliges dar, so: ἀλληλοφθοριῶν διαφυγαί, πάλιν τῶν κόσμων, φθόνοι τε καὶ ἄλλα θυμοειδῆ, θυμοί, τῶν εἰωθότων ἀνατροπαί. Davon kehrt φθόνοι mehrfach in den ‚Gesetzen', aber auch nur in diesen (und in den Briefen), darunter einmal mit θυμοί verbunden wieder: IX 131[b] (vgl. ebend. 682[d]: θανάτους τε καὶ σφαγὰς καὶ φυγάς) — woraus man wohl nichts Anderes folgern darf, als dass, was in Plato's Jugendjahren als stilistische Paradoxie empfunden ward, zur Zeit seines Greisenalters ein Gemeinplatz geworden war. Eben in den ‚Gesetzen', 733[b], findet sich auch σφοδρότητες, das ich anderweitig nicht belegen kann, dem aber das isokratische μετριότητες, Or. III 6, sehr nahe kommt.

[2] In Betreff des Gorgias bedarf es kaum der Berufung auf Cicero's Zeugniss, dort, wo dieser ihn mit Thrasymachus zusammen- und Beiden den jüngeren Isokrates gegenüberstellt: est enim ut in transferendis faciendisque verbis tranquillior e. q. s. (Orator 176). Mit Rücksicht auf Protagoras vergleiche man die zahlreichen ‚gewählten, sonst nur dichterischer Rede gewöhnlichen Worte und Wendungen' in dem der Diction dieses Sophisten künstlerisch nachgebildeten Mythos, wie sie zuletzt von Sauppe, Plato's Protagoras[4] 37 gesammelt wurden; desgleichen beachte man in dem einzigen grösseren Bruchstück, welches durch Plutarch, Consolatio ad Apollon. 33, auf uns gekommen ist, die zwei höchst ungewöhnlichen Sätzchen [illegible] γὰρ ἤγετο und [illegible] ἐκείνης. Für [illegible] in diesem übertragenen Sinne fehlt es

durchaus an anderen Belegen aus der älteren Prosa; weiss doch auch Wyttenbach nur zwei Parallelen aus Plutarch selbst, wahrscheinlich Nachbildungen jenes Citates, anzuführen. Das Adverb [illegible] scheint überhaupt nicht anderweitig vorzukommen. Desgleichen mögen εὐπορίη und ἀνωδυνίη geradezu von Protagoras geprägt sein. Erscheint doch das Erstere nicht vor der römischen Zeit, das Letztere überhaupt kaum wieder, so häufig auch εὔπορος und ἀνώδυνος, zumal von Dichtern, gebraucht werden. Und wie zahlreiche derartige Neubildungen müssten uns, selbst wenn unser Quellenmaterial ein ungleich vollständigeres wäre, schon darum verborgen bleiben, weil der Strom der Sprache doch sicherlich gar viele von ihnen aufgenommen und mit sich fortgeführt hat.

[1] Blass hat die Schrift Περὶ τέχνης in der neuen Ausgabe seines Werkes beiläufig erwähnt (I² 89) und von ihr sowohl wie von der Schrift De prisca medicina behauptet, dass sie ‚in ihren grossen wohlgebauten Perioden und in der Ermässigung jedes Schmuckes, auch des Figurenschmuckes, entschieden die Entwicklungsstufe des vierten Jahrhunderts' verrathen. Ich nehme Act von der Bemerkung über die Ermässigung des Figurenschmuckes und von dem darin enthaltenen Widerspruch gegen Johannes Ilberg's Versuch, die Schrift ‚von der Kunst' einem Schüler des Gorgias zuzuweisen. Im Uebrigen vermag ich mir jenes Urtheil ganz und gar nicht anzueignen. Die Periode bei Antiphon, Or. V 81 ist ungleich kunstvoller und verwickelter als irgend etwas, was in unserer Schrift begegnet, z. B. 4 init. und 8 init. Bei Andokides, dessen Reden zum Theil nur wenig jünger sind als jene des Antiphon, der aber einer späteren, weniger dem Archaismus zuneigenden Generation angehört, findet man die reichste Auswahl derartiger Beispiele. Was der Verfasser der ‚Attischen Beredsamkeit' über die Entwicklungsstufe des vierten Jahrhunderts auf Grund der grossen, wohlgebauten Perioden bemerkt, erscheint mir um so verwunderlicher, da er selbst bei Lysias — hinter welchem unser Autor nebenbei in diesem Betracht sicherlich weit zurücksteht — den ‚gewandten und gerundeten Periodenbau' rühmt (I² 129), während doch einige Reden desselben noch in das fünfte Jahrhundert fallen und so viele der Wende des Jahrhunderts angehören. Was aber die Ermässigung des Figurenschmuckes anbelangt, so scheint Blass von der wenig gerechtfertigten Voraussetzung auszugehen, dass ein Uebermass von rhetorischem Schmuck den sämmtlichen Erzeugnissen der ältesten griechischen Kunstprosa eigen gewesen sein müsse. Entschieden dagegen spricht selbst die carrikirende Nachahmung der protagoreischen Diction bei Plato, wobei man nicht vergessen darf, dass das Hauptstück derselben (der Prometheus-Mythos) epideiktischen Charakter besitzt und daher wohl auch sein Urbild noch ungleich geschmückter sein musste als die Streitreden von der Art der Antilogien. Zu allem Ueberflusse wird Thrasymachos geradezu als der rhetorische Begründer der mittleren Stilgattung und zugleich als ‚Erfinder der für praktische Rede passenden Periode' bezeichnet, und zwar auf Grund theophrastischer Zeugnisse (Blass a. a. O. 251). Und wenn eben dieser Lehrer der Redekunst (woran neuerlich v. Wilamowitz, Homer. Untersuch. 312, erinnert hat, und was auch Blass jetzt richtig verwerthet, I² 215) in den 427 zuerst aufgeführten Δαιταλῆς des Aristophanes zu Athen verspottet ward, so wird es völlig 12

Seite

unerfindlich, wie jene zwei Argumente beweisen können, dass unsere Schrift und das unbenkbar in stilistischer Beziehung sehr verschiedene Buch ‚von der alten Medicin' dem vierten Jahrhundert entstammt sind.

Sehr bezeichnend für die stilistische Entwicklungsstufe unseres Redekünstlers ist übrigens jener Rest alterthümlicher Unbeholfenheit, der in der häufigen Wiederholung derselben Partikeln zu Tage tritt. Im 11. Abschnitt kehrt γάρ nicht weniger als zehnmal wieder, in 10 dreimal in unmittelbarer Folge: δύο μὲν γὰρ . . . ὅσα γὰρ . . . πᾶν γὰρ τὸ ἀσύμφορον —. Damit kann man vergleichen das in der vorhergehenden Anmerkung erwähnte grössere Bruchstück des Protagoras, das ich hieher setze: τῶν γὰρ (οἱ?) υἱέων νεηνιέων ἐόντων καὶ καλῶν, ἐν ὀκτὼ δὲ τῇσι πάσῃσιν ἡμέρῃσιν ἀποθανόντων νηπενθέως ἀνέτλη· εὐδίης γὰρ εἴχετο, ἐξ ἧς πολλὸν ὤνητο κατὰ πᾶσαν ἡμέρην ἐς εὐποτμίην (τε) καὶ ἀνωδυνίην καὶ τὴν ἐν τοῖσι πολλοῖσι δόξαν· πᾶς γάρ τίς μιν ὁρῶν τὰ ἑωυτοῦ πένθεα ἐρρωμένως φέροντα μεγαλόφρονά τε καὶ ἀνδρεῖον ἐδόκει εἶναι καὶ ἑωυτοῦ κρέσσω, κάρτα εἰδὼς τὴν ἑωυτοῦ ἐν τοιοῖσδε πρήγμασιν ἀμηχανίην.

[1] Die alte Sprache meidet derlei Wiederholungen auch dort nicht, wo keinerlei besonderer Nachdruck erstrebt wird, wie dies z. B. bei Antiphon, Or. V 20 der Fall ist in dem Satze: ἐγὼ δὲ τὸν μὲν πλοῦν ἐποιησάμην ἐκ τῆς Μυτιλήνης, ὦ ἄνδρες, ἐν τῷ πλοίῳ πλέων ᾧ Ἡρῴδης οὗτος, ὅν φασιν ὑπ' ἐμοῦ ἀποθανεῖν· ἐπλέομεν δὲ κτλ. und zwei Zeilen darauf wieder συνέπλει. Dass Antiphon ‚dadurch seiner Auseinandersetzung das Gepräge der Schlichtheit verleihen' wolle — dieser Behauptung v. Morawski's (Ztsch. f. öst. Gymn. 1879, 164) zuzustimmen, hindert mich die Wiederkehr derselben Erscheinung bei den übrigen Vertretern der gleichen Stilphase. So scheut sich Anaxagoras (Fgm. 7 Mullach) nicht, innerhalb weniger Zeilen κινεῖν, κινουμένου, ἐκίνησε, κινουμένων und in denselben vier Zeilen ἀπεκρίνετο, διεκρίθη, διακρινομένων, διακρίνεσθαι zu gebrauchen. Nicht viel anders in Fgm. 6. Daher auch die Kritik dort gleichwie bei Diogenes von Apollonia Fgm. 2 (wo ich schreibe: εἰ τούτων τι ἦν ἕτερον, τὸ ἕτερον τοῦ ἑτέρου, ἕτερον ἐὸν τῇ ἰδίῃ φύσει καὶ μὴ ταὐτὸ ἐὸν — ἡτεροιοῦτο κτλ.) durch keine hierauf bezüglichen Skrupel gebunden ist. Zahlreiche Beispiele enthält die Schrift ‚vom Staate der Athener', die gleich in den ersten Zeilen εἵλοντο, ἑλόμενοι und wieder εἵλοντο, und οὐκ ἐπαινῶ διὰ τόδε und sogleich wieder: διὰ μὲν οὖν τοῦτο οὐκ ἐπαινῶ darbietet. Ebenso I 3 innerhalb acht Zeilen: ὁπόσαι . . . τῶν ἀρχῶν, τούτων μὲν τῶν ἀρχῶν, ἐν τῷ μὴ αὐτὸς ἄρχειν ταύτας τὰς ἀρχάς, τοὺς δυνατωτάτους ἄρχειν, ὁπόσαι δ' εἰσὶν ἀρχαὶ und ταύτας ζητεῖ ὁ δῆμος ἄρχειν. Das Verkennen dieser Neigung hat insbesondere den Text Herodot's vielfach geschädigt (vgl. unsere Bemerkungen in Ztsch. f. öst. Gymn. 1859, S. 416); auch die dort angeführte Stelle I 114: ἔπαιζε . . . ἔπαιζε δὲ . . . ist seither, Revue de philol. X 60, mit Unrecht angefochten worden, nicht minder II 1 στόλον ποιέεσθαι nach στόλον ἐποιήσατο, Mnemos. N. S. XI 122. Wie ganz anders es in diesem Betrachte Isokrates hielt, mag man bei Blass II 165 nachlesen.

15 [1] Die Abschnitte laufen jedesmal in eine scharf pointirte Wendung wie in eine Spitze aus. Wie es den einzelnen Sätzen an abrundendem Füllwerk gebricht (an προσθήκαις τισὶν ὀνομάτων, ἵνα ὁ κύκλος ἐκπληρωθῇ, um mit Dionys. de comp. verb. c. 22 zu sprechen), so fehlt es dem Ganzen an wohlgeglätteten Uebergängen und inniger Verschmelzung der Theile. Die

Seite

Kürze derselben und die überscharfe Markirung der Einschnitte entspringt, wenn ich nicht irre, einer gewissen Kurzathmigkeit der Gestaltungskraft im Verein mit starkem rhythmischem Gefühl, welches die Abschnitte fast wie Strophen behandelt, und zugleich auch dem Streben, die mühsam erarbeiteten Original-Gedanken möglichst plastisch hervortreten zu lassen. Es zeigt sich hierin eine frühe Phase des Prosastils, gleichwie uns Aehnliches noch heutzutage bisweilen in den Erstlingswerken talentvoller Schriftsteller und vor Allem in den Schriften geistreicher Frauen begegnet.

[1] Blass II 136 ff. 14

[2] Vgl. Heraklit Fgm. 21 Bywater: τὸ μὲν ἥμισυ γῆ, τὸ δὲ ἥμισυ πρηστήρ, Herodot I 32: προρρίζους ἀνέτρεψεν und kurz vorher: πολλὰ μὲν ἔστιν ἰδεῖν oder III 82 z. E.: οὐ γὰρ ἄμεινον (vgl. Hermogenes περὶ ἰδεῶν B 12 = Rhet. gr. II 421 Spengel). Ebenso Protagoras in dem bereits mehrfach angeführten Bruchstück: πᾶς γάρ τίς μιν ὁρῶν. — Den Hiat meidet unser Autor gleich den Dichtern mehrfach mittelst der Elision und durch Verwerthung des paragogischen ν, nicht aber durch die Wortstellung, selbst wo diese jenem Zweck gar leicht dienstbar gemacht werden konnte. Auch hierin berührt er sich mit Herodot, mit Protagoras und Gorgias.

[3] Unsere Schrift nimmt auch in diesem Betracht eine Mittelstellung ein zwischen dem genus grande und dem genus tenue. Jedoch steht sie dem ersteren wohl erheblich näher als dem letzteren. Die τέχνη, die τύχη, die Natur, die Rede, die Krankheiten, die Ausscheidungen werden mehrfach personificirt, und hierin gleicht der Autor dem Antiphon weit mehr als etwa dem Lysias oder dem Andokides (vgl. Ottsen, De Antiphontis verborum formarumque specie, Rendsburger Programm 1854, p. 14). Hingegen wird man bei ihm ein so gewagtes Bild wie jenes, worin der Giftbecher als Mörder erscheint (Antipho, I 20), vergebens suchen, um von den gorgianischen Ueberschwenglichkeiten, den ἔμψυχοι τάφοι, den χλωρὰ καὶ ἔναιμα πράγματα u. dgl. m. zu schweigen. Seine Kühnheit steht ungefähr auf derselben Höhe wie diejenige Herodot's (τίσις ἥξει I 13, ὁ πόλεμος . . . ἀπίκετο ἐς ὑμέας VII 158, ὄψις τε ἐμὴ καὶ γνώμη καὶ ἱστορίη ἡ ταῦτα λέγουσά ἐστι II 99) oder jene der protagoreischen Diction bei Plato (κλοπῆς δίκην μετελθεῖν Protag. 322a) oder des Bruchstücks οὐ βλαστάνει παιδεία κτλ. hier S. 11.

[1] Vgl. Commentar zu 7, 11 und 13. Dass keineswegs alles Derartige sich auf gorgianischen Einfluss zurückführen lässt, haben wir dort gezeigt. Nebenbei sei daran erinnert, dass auch Plato dem Protagoras die Worte in den Mund legt: ἀπολιπόντας τὰς τῶν ἄλλων συνουσίας, καὶ οἰκείων καὶ ὀθνείων, καὶ πρεσβυτέρων καὶ νεωτέρων (Protag. 316d). 15

Nicht viel anders steht es mit Isokolen und Parisen, die man sicherlich nicht durchweg als Erfindungen des Leontiners betrachten darf. Man vergleiche Cicero's Orator 175: „Nam, ut paulo ante dixi, paria paribus adiuncta et similiter definita itemque contrariis relata contraria, quae sua sponte, etiamsi id non agas, cadunt plerumque numerose, Gorgias primus invenit". Echt ciceronisch ist es, ein weitverbreitetes Stilphänomen unter dem Gesichtspunkt der dasselbe erzeugenden Denkgewohnheiten zu betrachten und es nichtsdestoweniger zugleich einem individuellen Urheber beizulegen. Allein wir alle stehen noch viel zu sehr im Banne jener unhistorischen antiken

Seite

Auffassung, die alles und jedes einem Erfinder zuweist. Und wie sehr insbesondere Gorgias in diesem Betracht noch immer überschätzt wird, dies lehrt, wie Olsen a. a. O. p. 8 treffend bemerkt hat, ein Blick auf die chronologischen Momente.* War doch Antiphon zur Zeit, da der sicilische Rhetor nach Athen kam, sicherlich schon fünfzig Jahre alt. Und auch Thukydides wird, als er beim Ausbruch des Krieges an seinem Werke zu schreiben begann, wohl doch schon einen nicht ganz und gar unfertigen Stil besessen haben. Das Alterthum liebte es eben, stilistische gleich sonstigen Eigenthümlichkeiten, die den Gemeinbesitz einer Epoche ausmachten, an den Namen desjenigen zu heften, bei dem sie besonders auffällig hervortraten. Und dies war zumeist derjenige, bei dem sie zur Manier geworden waren. Sehr bezeichnend ist in dieser Beziehung der Widerspruch, welchen die Urtheile der alten Kunstrichter in Betreff des Lysias verrathen (vgl. Blass I² 392). Auch daran mag bei diesem Anlass erinnert sein, dass gar manches, was Dionysios in der Charakteristik des αὐστηρὸν γένος vorbringt, augenscheinlich, wie eben unsere Schrift lehrt, zur Eigenart der archaischen Kunstprosa überhaupt gehört hat (vgl. die Anführungen aus De compos. verb. c. 22 in den vorangehenden Anmerkungen).

17 [1] Cabanis, Du Degré de Certitude de la Médecine, p. 160 Note: La question que nous venons d'examiner dans ses argumens principaux, pourroit se poser plus généralement et plus brièvement à-peu-près de la manière suivante.

1. Les phénomènes de la santé et de la maladie, les effets des alimens, des remèdes, ou de toute substance capable de modifier l'état du corps vivant, ont-ils lieu suivant un ordre régulier?

2. Cet ordre peut-il être soumis à l'observation?

3. Ou, ce qui est la même chose, peut-on établir certains principes fixes sur la manière dont ces phénomènes, ou dont ces effets sont produits?

4. Et, par une conséquence directe, peut-on établir d'autres principes correspondans, sur la manière de les produire par art, de les prévenir, ou de les faire cesser?

18 [1] Vgl. Mill's System der Logik, Buch III, Cap. 10, § 6 ff. (Band III, S. 160 ff. der Gesammelten Werke).

[2] Vgl. Alex. Bain, Logic II 362, desgleichen Fick, Medicinische Physik,³ Anhang (S. 416–433) über Anwendung der Wahrscheinlichkeitsrechnung auf medicinische Statistik.

23 [1] Melissi Fgm. 1 (Fragmenta philosophorum graecorum ed. Mullach I 261): εἰ μὲν μηδὲν ἔστι, περὶ τούτου τί ἂν λέγοιτο ὡς ἐόντος τινός;

[2] Vgl. Zeller, Philosophie der Griechen I⁴ 989, Anm. 3. Ebendahin gehört auch Plato Soph. 236–237 und Staat V 478ᵇ ᶜ (vgl. Hartenstein, Philosophisch-historische Abhandlungen S. 147 und Grote Plato II 548 ff.), desgleichen die Prämisse in einem Argument des Gorgias: δεῖ γὰρ τὰ φρονούμενα εἶναι καὶ τὸ μὴ ὂν εἴπερ μὴ ἔστι μηδὲ φρονεῖσθαι in der Schrift περὶ Ξενοφάνους κτλ. Ps.-Aristoteles 980ᵃ 9.

---

* Nieschke's hiehergehörige Schrift: De Thucydide Antiphontis discipulo et Homeri imitatore, Münden 1885, ist mir zur Zeit nicht zugänglich.

Seite

[3] Diesen Zusammenhang hat bereits Aristoteles klar durchschaut (Metaph. Γ 5) und sein bester Exeget Bonitz im Commentar (Aristot. Metaphys. II 201) aufs trefflichste beleuchtet.

[4] Statt, ‚dass jeder Vorstellung eine Wirklichkeit entspreche', sollten wir vielleicht sagen: ‚dass jedem Existentialurtheil eine Wirklichkeit entspreche'. Denn das Fundament jener Lehre bildet offenbar die Erwägung: wie können wir dazu, von einem Dinge zu wissen, wenn wir es nicht, sei es mit den Sinnen, sei es mit dem Geiste (dem inneren Sinn, der γνώμης), geschaut hätten? Der genauere Ausdruck wäre in mehrfacher Rücksicht der angemessenere; hauptsächlich darum, weil unser Anonymus ja sicherlich nicht geglaubt hat, dass jede Verbindung eines beliebigen Subjects mit einem beliebigen Prädicat, die irgend jemand in seinem Bewusstsein vorfindet — z. B. der Satz: die Menschen sind unsterblich —, auf Wahrheit beruhe. Allein die präcisere Fassung jener Doctrin würde vagen und verschwommenen Gedanken eine Bestimmtheit verleihen, deren sie unzweifelhaft entrathen haben. Wäre sich der Autor der Grenzen bewusst gewesen, welche die Functionen des Vorstellens und Urtheilens von einander und andrerseits die Existentialurtheile von sonstigen Urtheilen scheiden, so hätte seiner Lehre die Wurzel gefehlt, aus welcher sie erwachsen ist.

[1] Vermuthen darf man vielleicht, unser Autor habe mehr oder minder deutlich empfunden, dass das αὐτόματον ein Beziehungsbegriff ist, nicht etwas Substantielles oder Dingartiges, als welches ihm die τέχναι erschienen sind. Das auf die letzteren bezügliche Argument wird vielleicht ein oder der andere Leser für das Ergebniss einer blossen Aequivocation zu halten geneigt sein. Eine τέχνη kann in einem Sinne existirend heissen, wenn der Inbegriff von Hantirungen vorhanden ist, welche ihr Rüstzeug ausmachen, ferner berufsmässige Vertreter derselben und ein von diesen fortgepflanztes System von Lehrsätzen. In einem andern Sinne gilt eine τέχνη nur dann als eine wahrhaft existirende, wenn die von ihr geübten Verrichtungen das ihnen gesteckte Ziel erreichen, in unserem Falle also, wenn Heilung der Krankheiten oder Milderung der Leiden im Grossen und Ganzen die Frucht ärztlichen Bemühens ist. Man würde jedoch meines Erachtens dem Verfasser von Περὶ τέχνης Unrecht thun, wenn man ihn fähig glaubte, durch solch eine grobe Aequivocation, sei es sich, sei es Andere, zu täuschen. 24

[1] So drückt sich in Betreff des Protagoras Paul Natorp aus (Forschungen zur Geschichte des Erkenntnissproblems im Alterthum, Berlin 1884, S. 17). Gern wiederhole ich die thatsächlich vollkommen richtige Behauptung Natorp's, die auch für unseren Fall von weitreichendster Bedeutung ist: ‚und sodann darf auch wohl erinnert werden, dass überhaupt kein Philosoph vor Platon, so viel bekannt, zwischen αἴσθησις und δόξα genau unterschieden hat' (a. a. O. S. 18). 25

[1] D. Peipers, Die Erkenntnisstheorie Plato's, mit besonderer Rücksicht auf den Theätet, Leipzig 1874. S. 44 ff. E. Laas, Neuere Untersuchungen über Protagoras (in Vierteljahrsschrift für wissenschaftliche Philosophie VIII 479 ff.). W. Halbfass, Die Berichte des Platon und Aristoteles über Protagoras (mit besonderer Berücksichtigung seiner Erkenntnisstheorie) kritisch 26

Seite

untersucht, in Fleckeisen's Jahrbüchern Supplem. XIII, gesondert abgedruckt Strassburg 1882.

27 [1] Dies thun gar viele Darsteller der antiken Philosophie, darunter auch der jüngste und nicht mindest treffliche derselben, Wilhelm Windelband, Geschichte der alten Philosophie (in Iwan Müller's Handbuch der classischen Alterthumswissenschaft V 1), Nördlingen 1888, S. 186, Anm. 8: ‚Die Erläuterung Theaet. 152ᵃ erlaubt nicht, das ἄνθρωπος in dem bekannten Satze auf die Gattung zu deuten.' Ich antworte: die Erläuterung, die irgend Jemand, und sei es auch ein Plato, dem Satze eines Andern beifügt, kann uns nicht hindern, denselben so zu verstehen, wie sein Wortlaut es gebietet. Desgleichen gilt mir als das πρῶτον ψεῦδος in Natorp's im Einzelnen viel Werthvolles enthaltenden Auseinandersetzungen der Satz (a. a. O. S. 6): ‚von dem vorliegenden Berichte war auszugehen, nicht von selbstgemachten Voraussetzungen'. Weder von diesen — so erwidere ich —, noch von jenem, sondern einzig und allein von dem protagoreischen Bruchstück selbst, welches wir mit unbefangenster Treue auszulegen haben, mag nun das Ergebniss mit der von Plato beliebten Verwendung desselben übereinstimmen oder nicht. Einen ‚Bericht' an die Stelle der Urkunde zu setzen, über welche berichtet wird, dies ist nur dann statthaft, wenn der Verlust der primären Quelle uns keine andere Wahl übrig lässt. Und auch dann müssen wir die secundäre Quelle aufs schärfste darauf hin prüfen, ob sie denn in Wahrheit ein historischer ‚Bericht' ist, — eine Prüfung, welche im gegenwärtigen Falle unserer Ueberzeugung nach nur zu einem negativen Ergebniss führen kann.

[2] Zeller a. a. O. I⁴ 982, desgleichen in seinem Grundriss der Geschichte der griechischen Philosophie[3] (Leipzig 1889) S. 79. Vollkommen richtig übersetzt Bonitz Platonische Studien[3] S. 50 das Bruchstück, desgleichen F. A. Lange, Geschichte des Materialismus I[3] S. 29; nicht minder Grote Plato II[1] 180 und 323, doch fügt dieser an letzterer Stelle die herkömmliche, platonische Deutung der Worte seiner Uebertragung des Fragmentes in einer Weise (innerhalb der Anführungszeichen) bei, welche den Text und den ihm nachfolgenden Commentar keineswegs mit ausreichender Strenge auseinanderhält.

[3] Eine Interpretation des Bruchstücks ist aus dem Alterthum auf uns gekommen, welche seinem Wortlaut vollkommen gerecht wird. Es ist die auch von Diels in den Prolegomena zu den Doxographi Graeci p. 263 mit Recht gerühmte Paraphrase des Hermias, Irrisio gentilium philosophorum c. 9 (Doxogr. Gr. p. 653): Πρωταγόρας . . . φάσκων· ὅρος καὶ κρίσις τῶν πραγμάτων ὁ ἄνθρωπος, καὶ τὰ μὲν ὑποπίπτοντα ταῖς αἰσθήσεσιν ἔστι πράγματα, τὰ δὲ μὴ ὑποπίπτοντα οὐκ ἔστιν ἐν τοῖς εἴδεσι τῆς οὐσίας. Die Worte ταῖς αἰσθήσεσιν dürften dem Gedanken des Protagoras grössere Präcision verliehen, als er aller Wahrscheinlichkeit nach besessen hat; die Umkehrung des Urtheils — das Nicht-Wahrnehmbare ist unwirklich, wo wir eher erwarten: das Unwirkliche ist nicht wahrnehmbar — wird schwerlich richtig sein. Allein was will das neben dem einen entscheidenden Punkt besagen, dass hier klar und deutlich von der Existenz von Dingen die Rede und der ‚Mensch' augenscheinlich nicht individuell, sondern generisch verstanden ist? Es

Seite

überrascht, nebenbei bemerkt, in dieser offenbar aus einer ungewöhnlich guten Quelle geschöpften Darstellung zwei Ausdrücken zu begegnen, welche auch dem metaphysischen Abschnitt unserer Schrift nicht fremd sind: ἰδέα und οὐσία.

[1] Vielleicht glaubt Jemand, jenem Dilemma entrinnen zu können, 28
indem er die folgende vermittelnde Deutung vorschlägt: der Satz gilt der Existenz, aber der Existenz von so und so beschaffenen Dingen, also mittelbar ihrer Beschaffenheit, wodurch der individualistischen Auslegung die Bahn freigemacht wird. Concret gesprochen, der Eine behauptet (um bei unserem früheren Beispiel zu bleiben): Für mich existirt süsser Honig, ein Anderer: Für mich existirt bitterer Honig. Es genügt, wie ich meine, diesen allein noch übrig bleibenden Ausweg, dessen unsere Gegner sich bedienen können, streng zu formuliren, um ihn als das zu erkennen, was er ist, als eine leere Ausflucht. Denn nimmermehr hätte, wer solch einen Gedanken ausdrücken wollte, ihn in so wenig angemessene und zutreffende Worte gekleidet. Ein χρῆμα ist eben ein Ding und nicht die Verbindung eines Subjects mit einem Prädicat. ‚Ein Ding existirt' und: ‚ein Ding ist so oder so beschaffen', dies sind zwei grundverschiedene Aussagen, die nur derjenige mit denselben Worten bezeichnen könnte, der nicht verstanden werden oder der seine Hörer und Leser absichtlich irreleiten wollte.

[2] Vgl. Aristotel. Metaph. I 1, 1053a 35: Πρωταγόρας δ' ἄνθρωπόν φησι 29
πάντων εἶναι μέτρον, ὥσπερ ἂν εἰ τὸν ἐπιστάμενον εἰπὼν ἢ τὸν αἰσθανόμενον. mit Halbfass' Bemerkungen dazu S. 48—49, der unter Anderm vollkommen richtig darauf hinweist, dass Aristoteles den Satz hier ‚durchaus im generellen Sinne nimmt'. Vgl. auch Natorp a. a. O. 52.

[3] Hat Protagoras etwas von dem, was Plato irrthümlich in seinem Homo mensura-Satz zu finden glaubte, anderswo wirklich geäussert? Die Frage klingt absonderlich und müsste jedem Andern als eben Plato gegenüber von vornherein verneint werden. Allein der Dichter-Denker hat uns so sehr an Ueberraschungen gewöhnt, dass wir auf immer neue gefasst sein müssen. Er, der mit allem Stofflichen in genialer Freiheit zu schalten und zu spielen liebt, konnte es verschmähen, einer gegnerischen Lehre dort zu begegnen, wo sie für Jedermann zu finden war. Ihn mochte der gewagte Versuch reizen, sie dort aufzuspüren, wo noch Niemand sie vermuthet hatte, den Feind in seinem stärksten, anscheinend uneinnehmbaren Bollwerk anzugreifen und ein vielberufenes Wort, eben das Feldzeichen, welches den Urheber jener Doctrin zu Kampf und Sieg geführt hatte, durch eine kühne Auslegung und vernichtende Kritik seines altgewohnten Ansehens zu entkleiden. Mit dieser Möglichkeit ist zu rechnen, obgleich es schwerlich jemals gelingen wird, sie zur Gewissheit zu erheben. Man wird ihr mehr oder weniger Gewicht beilegen, je nachdem man die sonstigen mit der platonischen Darstellung übereinstimmenden antiken Berichte bewerthet, sie von dieser allein abhängig und aus ihr erklärbar erachtet oder nicht. Als möglich, ja als wahrscheinlich darf uns, so meine ich, die Annahme gelten, Protagoras habe an irgend einer Stelle seiner metaphysischen Schrift von den sinnlichen Eigenschaften der Dinge gehandelt und — was ihm, nebenbei bemerkt, zu hoher Ehre gereichen würde — die gleiche subjective

Wahrheit einander widerstreitender Empfindungen behauptet (z. B. der Honig schmeckt dem normal Beschaffenen süss, dem Gelbsüchtigen bitter, an sich ist er weder das Eine noch das Andere). Weiters kann man es, insbesondere auf Grund des Berichtes über die Polemik des Demokritos gegen den Sophisten bei Sext. adv. math. VII 389 (p. 275 Bk.), nicht für ganz unwahrscheinlich halten, dass jene Lehre von diesem nicht immer mit der Behutsamkeit ausgesprochen wurde, die sie in unverrückbar feste Grenzen bannte und jeden möglichen Missbrauch ausschlösse. Hier fühlt man sich jedoch schon zu äusserster Vorsicht gemahnt, wenn man darauf achtet, dass gleich verlässliche Gewährsmänner (s. die Zeugnisse bei Zeller I[4] 824—826) dem Demokritos selbst eine mit der wirklich oder angeblich protagoreischen identische Doctrin (das οὐ μᾶλλον τοῖον ἢ τοῖον εἶναι τῶν πραγμάτων ἕκαστον) theils beilegen und dann mit gröblichstem Missverständniss als σύγχυσις τοῦ βίου bezeichnen, theils von ihm (eben dem Protagoras gegenüber) bestreiten lassen! Nicht mehr auch nur möglich, sondern schlechterdings unmöglich ist es hingegen, dass Protagoras die sogenannte extrem-subjectivistische, in Wahrheit an Wahnwitz grenzende Doctrin von der gleichen Wahrheit aller Meinungen, welche ihm im Theätet beigelegt wird, irgendwie als Norm der menschlichen Erkenntniss ernstlich aufgestellt und festgehalten habe. Denn ihr widerspricht nicht nur der Ton der uns erhaltenen Fragmente aufs deutlichste, auch ihr Inhalt steht zu derselben im schroffsten Gegensatz. Das Götter-Bruchstück vor Allem ist völlig unvereinbar mit der Annahme, sein Verfasser habe das Dasein von Göttern für diejenigen als wahr erachtet, die an Götter glauben, und als unwahr für jene, die nicht an sie glauben! Vielmehr wird die Frage nach dem Sein oder Nicht-Sein der Götter als eine vollkommen verständliche und an sich lösbare hingestellt, deren thatsächliche Lösung nur an besonderen (daselbst namhaft gemachten) Umständen scheitere.

Allein auch von der soeben besprochenen Möglichkeit abgesehen konnte Plato sehr wohl zu seiner Missdeutung des protagoreischen Dictums gelangen, ohne sich irgend einer absichtlichen Entstellung bewusst zu werden. (Vgl. Peipers a. a. O. 45.) Der Sophist hatte den Menschen das Mass der Dinge genannt. ‚Es gibt — so mochte Plato im Geiste zu ihm sprechen — nicht einen Menschen, sondern viele. Nur auf diese kann dein Wort gemünzt sein, es wäre denn, dass du den Mustermenschen meiner Ideenlehre geahnt und auf diesen gezielt hättest. Du handelst von empfindenden und wahrnehmenden Menschen. Wahrnehmungen und Empfindungen variiren aber von einem Einzelnen zum andern. Wenn du somit hinter allen Wahrnehmungen eine Wirklichkeit erblickst, so musst du eine solche auch für jene individuellen Schwankungen annehmen.' Da nun ferner der Abderite zwischen Wahrnehmung und Meinung oder Urtheil, wie schon zuvor bemerkt ward, gewiss nicht stets mit zulänglicher und durchgreifender Strenge unterschied, so glaubte Plato, der alle in einer Lehre wie in ihrem Keim beschlossenen Folgerungen aus ihr abzuleiten und ans Licht zu bringen strebt, sich berechtigt, den weiteren Schluss auf die behauptete gleiche Wahrheit aller individuellen δόξαι zu ziehen. Denn dass es dem Philosophen im Theätet, wo der im ‚Protagoras' so scharf, wenn auch nicht ohne verzerrende Uebertreibung gezeichnete Charakterkopf des Abderiten ganz und gar zurücktritt, weit mehr um die Beurtheilung und Bestreitung von Doctrinen als um die geschichtliche Würdigung einer bestimmten Persönlichkeit zu thun ist, dies hätte niemals verkannt werden sollen. Der Widerspruch zwischen dem extremen Skeptiker, der im ‚Theätet' gegeisselt wird, und dem nicht an einem Mangel, sondern an einem Uebermass von Dogmatismus leidenden Namensträger des Dialogs Protagoras springt in die Augen und ist längst bemerkt worden. Und dass die uns erhaltenen Ueberreste protagoreischer Weisheit nur zu jenem Bilde und nicht zu diesem stimmen, wer möchte es bezweifeln? (Der Satz vom ἥττων λόγος hat nur rhetorische Bedeutung, und die Behauptung, dass es in jeder Sache δύο λόγοι ἀντικείμενοι ἀλλήλοισι gibt, enthält nur den für uns ziemlich trivialen, aber bedeutsamster Nutzanwendung fähigen Gedanken, dass in Betreff jeder Frage ein Pro und ein Contra vorhanden ist. Nur Seneca, Epist. moral. 88, 43, hat den Satz dahin missverstanden, als ob die zwei λόγοι einander gleichwerthig wären. Dies liegt, wie schon Bernays, Rh. Mus. 7, 467, einsah, keineswegs im Wortlaut jener durch Eurip., Frg. 189 N², vortrefflich illustrirten Aeusserung (vgl. Isokrat 10 in.) und widerlegt wird diese Auffassung dadurch, dass Arkesilaos dem ganzen Alterthum als der Urheber der von Seneca dem Protagoras beigelegten Lehre galt.) Welch eine wunderliche Vorstellung müssten wir übrigens von Plato's Verfahren gewinnen, wenn wir mit Natorp annehmen wollten, er sei in der einen Hälfte des Gespräches ängstlich bemüht gewesen, die wirkliche Erkenntnisslehre des Protagoras getreulich wiederzugeben und sorgfältig zu zergliedern, während er in der anderen, dort, wo er von der angeblichen ‚Geheimlehre' desselben spricht, seinem übermüthigen Humor rückhaltlos die Zügel schiessen lässt und den Abderiten mittelst einer völlig freien und durchsichtigen Fiction* zum Träger von Ansichten macht, die diesem — wie Plato selbst so unverhohlen als möglich andeutet — *nicht*, wohl aber, wie wir mit Schleiermacher hinzufügen dürfen, dem Aristipp angehörten. Dem von Schleiermacher, Platos Werke II 1², S. 127, von Dümmler, Antisthenica p. 57 und von Natorp a. a. O. S. 25 hierüber Gesagten sei im Vorübergehen noch Eines beigefügt. Theät. 157ᵇ ist in dem Satze: ᾧ δὴ ἀθροίσματι ἄνθρωπόν τε τίθενται καὶ λίθον καὶ ἕκαστον ζῷόν τε καὶ εἶδος — der rein *phänomenalistische* Standpunkt der Kyrenaiker so unverkennbar ausgesprochen wie kaum sonst irgendwo. Ein Ding oder Einzelwesen gilt ihnen und nur ihnen als eine Gruppe stets wiederkehrender Vorkommnisse oder Phänomene, ganz ähnlich wie *Mill* in seinem Buche über Hamilton von ‚groups of Permanent Possibilities of sensation' spricht, Examination of Sir William Hamilton's philosophy³ p. 222 ff. Dass Protagoras diesen Standpunkt einge-

* Dies ist hauptsächlich von Dümmler, Antisthenica p. 56 ff. in entscheidender Weise erwiesen worden. Die jetzt von Windelband (Geschichte der Philosophie, Freiburg 1890, S. 70 und 80) vertretene Ansicht in Betreff der vermeintlichen ‚*Wahrnehmungstheorie*' des Protagoras war auch lange, lange Jahre hindurch die meinige. Allein ich habe schliesslich erkannt, dass es durchaus nicht angeht, auch nur diesen Theil des Theätet als ernsthafte geschichtliche Quelle zu betrachten.

nommen habe, kann, wenn irgend etwas in der Geschichte der antiken Philosophie, als eine Unmöglichkeit gelten. Nicht nur ‚natura', auch philosophia ‚non facit saltus'. Auf die weitere Frage aber, wie denn Plato dazu gelangen konnte, in Protagoras einen Vorläufer der Kyrenaiker zu erblicken, vermag ich hier nicht näher einzugehen. Der Denker, welcher in erkenntnisstheoretischen Fragen den ‚Menschen', den subjectiven Erkenntniss-Factor, so bedeutsam in den Vordergrund gerückt hat, konnte in gewissem Sinne mit gutem Recht als einer der Ahnherren subjectivistischer und relativistischer Doctrinen gelten. Ja selbst mit den eigentlichen Skeptikern, zu welchen ich die Kyrenaiker nicht rechne, verknüpfte ihn, der so ganz und gar Dogmatiker war, insofern ein verwandtschaftliches Band.

Doch, um von dieser Abschweifung zurückzukehren — ungleich natürlicher ist die Annahme, dass für Plato in beiden Fällen die Sache weit mehr bedeutete als die Person, und dass es ihm dort, wo er selbst nach klarer Einsicht in die Natur des Erkenntnissprocesses und nach Ueberwindung der sie umgebenden Schwierigkeiten nicht ohne gewaltige Geistesanstrengung ringt, einzig und allein darum zu thun ist, die verschiedenen auf diesem Gebiete möglichen und grossentheils durch Zeitgenossen, die er — aus künstlerischen wie aus persönlichen Rücksichten — nicht nennen konnte und wollte, vertretenen Richtungen zu kennzeichnen, in ihre Consequenzen zu verfolgen und sich mit ihnen auseinanderzusetzen. Da bot sich dem Künstler, der stets nach plastischer Gestaltung strebt, der Name eines einflussreichen Denkers der Vergangenheit, in dessen Lehren er die Wurzel mancher zeitgenössischer Doctrinen zu erkennen glaubte, als ein willkommenes Merk- und Erkennungszeichen dar, von welchem er den ausgiebigsten, durch keinerlei historisch-kritische Bedenken eingeengten Gebrauch macht. Hier peinliche Genauigkeit oder philologische und geschichtliche Treue im Einzelnen von ihm verlangen, dies heisst an Plato einen Massstab legen, der seiner Eigenart wenig gerecht wird und den er selbst als der Erste zurückgewiesen hätte. Und an dieser Stelle ist es mir überaus erwünscht, an einen eifrigen Gegner der von uns vertretenen Ansicht das Wort abtreten zu können, ich meine Paul Natorp, der sich a. a. O. S. 17 wie folgt ausspricht: ‚Und in der That, wenn schon der Hauptsatz den „Menschen", ohne Unterscheidung, zum Masse des Seins oder Nicht-Seins „aller Dinge", ohne Unterscheidung macht, so ist die Deutung auf die beliebige Ansicht eines beliebigen Subjects mindestens nicht ferngehalten.'* Vollkommen richtig! Dass Protagoras es an sorgfältiger Verclausulirung seiner Aeusserungen fehlen liess, dass er Missdeutungen derselben nicht bestimmt genug ‚vorgebeugt' hatte (vgl. Natorp S. 17, 18, 19, 37), dass man ihm Verschwommenheit und ‚Unbestimmtheit des Ausdrucks' mit Recht vorwerfen konnte (vgl. Laas a. a. O. S. 165) — dies halten wir ja alle gegenwärtig für so gut als ausgemacht. Mehr aber bedarf es nicht, damit wir uns nicht vor die peinliche Alternative gestellt sehen, entweder Plato's unzulässige Deutung des Homo mensura-Satzes anzunehmen oder den grossen Denker bewusster Fälschung zu zeihen.

* Die drei letzten Worte habe ich im Drucke hervorgehoben.

Seite

[1] Warum die Meldung des Porphyrios bei Eusebios (Praep. evang. X 3), 30
die metaphysische Schrift des Protagoras sei πρὸς τοὺς ἓν τὸ ὂν εἰσάγοντας gerichtet gewesen, von Natorp a. a. O. S. 61 ‚ein wenig', von Laas a. a. O. 488, 4 ‚leider mehr als ein wenig' verdächtig genannt wird, dies ist uns völlig unerfindlich. Porphyrios hat Stellen aus der Schrift angeführt und somit diese Stellen und höchst wahrscheinlich die ganze Schrift gelesen. Auch haben wir nicht den mindesten Grund, dem Verfasser der Φιλόσοφος ἱστορία in diesem Punkte zu misstrauen, umsoweniger, da der Neuplatoniker jenen literarischen Kämpfen, die sich 700 Jahre vor seiner Zeit abgespielt hatten, völlig unbefangen und frei von jedem Schulvorurtheile gegenüberstand. Natorp's Bedenken ist um so befremdlicher, da er ja selbst gleich Bernays, Rhein. Mus. 7, 464 ff. = Ges. Abh. I 117 ff. (dem er auch in der Identification der Ἀλήθεια, der Καταβάλλοντες und der Schrift περὶ τοῦ ὄντος folgt) nicht daran zweifelt, dass die ‚Niederwerfenden Reden' gegen die Eleaten gerichtet waren (a. a. O. S. 61). Als bedeutungslos kann es übrigens, nebenbei bemerkt, nicht gelten, dass die antike, wenn auch anekdotenhafte Tradition von einem Wortgefechte zwischen Protagoras und dem Eleaten Zeno zu melden wusste, vgl. Simplikios zu Aristot. Phys. VII 5, 250ᵃ 20 (Schol. ed. Brandis, p. 423, 45).

[2] Diels fasst Melissos und Protagoras mit den Worten zusammen: ‚Die Epoche von Thurioi gilt auch für diese beiden Philosophen.' Die 84. Olympiade stellt die Blüthezeit des Einen wie des Andern dar, indem Melissos Olymp. 84, 4 als samischer Feldherr den bekannten Seesieg errungen, Protagoras in derselben Olympiade an der Coloniegründung von Thurioi als Gesetzgeber mitgewirkt hat (Diels, Chronologische Untersuchungen über Apollodor's Chronika, Rhein. Mus. 31, 40—41). Das Geburtsjahr des Melissos ist uns unbekannt, als jenes des Protagoras lässt sich mit hoher Wahrscheinlichkeit, wie ebendort Diels ausführt, Olymp. 74, 3 = 482/1 festsetzen.

[3] Der tiefe, aber bisher, soviel ich sehen kann, nicht gehörig verstandene Sinn jener Stelle ist dieser. Die Naturphilosophen, von denen der Eine die Luft, der Andere das Feuer u. s. w. für das einzige Reale, für das ἓν καὶ πᾶν erklärt, stehen, soweit ihre positive Aufstellung reicht, auf dem Boden des Sinnenzeugnisses — denn wie könnten sie sonst dazu, von Erde, Luft und Wasser u. s. w. zu sprechen? —, verlassen aber denselben, insoweit sie die Realität der übrigen Stoffe verneinen. Indem nun jeder von ihnen die Behauptungen der Anderen bestreitet, erschüttern sie vollends ihre gemeinsame Basis, jeder vernichtet den Rest von Autorität, welchen der Andere der Erfahrung noch zuerkannt hatte, und auf ihrer wechselseitigen Widerlegung fusst die Lehre, welche die Giltigkeit der Wahrnehmung überhaupt bestreitet und die Realität der Sinnenwelt durchaus und folgerichtig leugnet. Es ist dies mehr als eine witzige und scharfsinnige polemische Wendung. Sie zeugt meines Erachtens auch von richtiger Einsicht in die Genesis der eleatischen Doctrin. Auf die Discreditirung des Sinnenzeugnisses, welche in der Stofflehre der alten Physiologen gelegen ist, hat Lucrez mit treffenden Worten hingewiesen, welche nur eben Heraklit, gegen den sie unmittelbar gerichtet sind, am wenigsten treffen, I 690 ff.: Dicere porro ignem res omnis esse neque ullam | rem veram in numero rerum constare nisi ignem, | quod facit hic idem, perdelirum esse videtur. |

Seite

uam contra sensus ab sensibus ipse repugnat, | et labefactat eos, unde omnia credita pendent, | unde hic cognitus est ipsi quem nominat ignem: | credit enim sensus ignem cognoscere vere, | cetera non credit e. q. s. Verallgemeinert und auf die übrigen Naturphilosophen ausgedehnt wird dieser Gedanke V. 705 ff.

31 [1] Diese persiflirt Plato augenscheinlich durch eine Wendung, wie sie uns Protag. 337^{a} begegnet: εἰ γὰρ δή, ὃ λέγω οὕτως ἔχει — ἔχει δὲ μάλιστα πάντων οὕτως — κτλ. oder 324^{d}: ἀποδέδεικταί σοι, ὦ Σώκρατες, ἱκανῶς, ὥς γ' ἐμοὶ φαίνεται.

[2] Vgl. S. 134. Die Wiederholung derselben Worte und Wortstämme, die in unserer Schrift so auffällig ist, haben wir allerdings als eine Eigenthümlichkeit des alten Stiles kennen gelernt (vgl. Einleitung S. 12), doch hat Plato auch diese Besonderheit der protagoreischen Diction sicherlich mit Absicht verspottet, an vielen anderen Stellen und zumal 326^{d}: ἀλλ' ὥσπερ οἱ γραμματισταὶ τοῖς μήπω δεινοῖς γράφειν τῶν παίδων ὑπογράψαντες γραμμὰς τῇ γραφίδι οὕτω τὸ γραμματεῖον διδόασι καὶ ἀναγκάζουσι γράφειν κατὰ τὴν ὑφήγησιν τῶν γραμμῶν, ὣς δὲ καὶ ἡ πόλις νόμους ὑπογράψασα κτλ. — Hier ist auch der Alliteration zu gedenken, eines Kunstmittels, von welchem unser Anonymus einen zwar sehr mässigen, aber doch, wie ich meine, als bewusst und absichtlich erkennbaren Gebrauch macht. Vgl. 1: τοὺς μὲν οὖν ἐς τὰς ἄλλας τέχνας τούτῳ τῷ τρόπῳ ἐμπίπτοντας. 8: ἀγνοεῖ ἄγνοιαν ἁρμόζουσαν μανίῃ μᾶλλον ἢ ἀμαθίῃ. Auch Verbindungen wie δυνάμενος δὲ διὰ σαφέων (1), τὴν πίστιν τῷ πλήθει (11), ὁμολογήσεται παρὰ πᾶσιν (4), wo ὑπὸ πάντων so viel näher lag, oder διὰ παντὸς παύειν kurz nach [illegible] und unmittelbar vor περὶ τούτων (3) werden kaum zufällig sein. Und dies gilt auch von Protagoras in: — ἥ τε ἀδηλότης καὶ βραχὺς ὢν ὁ βίος τοῦ ἀνθρώπου oder in: Φύσιος καὶ ἀσκήσιος διδασκαλίη δεῖται, καὶ ἀπὸ νεότητος δὲ ἀρξαμένους δεῖ (nicht χρή) μανθάνειν. Wie wenig die Alliteration mit gorgianischem ‚Parisosen-Geklapper' zu thun hat, kann das Beispiel des Demosthenes lehren. Vgl. Volkmann, Die Rhetorik der Griechen und Römer[2] 516.

[3] Wie viel auf Hermias zum Phädrus p. 192 Ast zu geben ist, der die κυριολεξία des Protagoras hervorhebt (διὰ γὰρ τῶν κυρίων ὀνομάτων μετήρχετο ὁ Πρωταγόρας τὸν λόγον καὶ οὐ διὰ παραβολῶν καὶ ἐπιθέτων), steht dahin. Doch bedarf es dieses Zeugnisses nicht, da die Bruchstücke und die platonische Nachahmung vernehmlich genug sprechen.

[4] Vgl. Einleitung S. 13. Als besonders charakteristisch mag noch hervorgehoben werden 6 das Satzglied: καὶ ὅτι ἐβλάβησαν τῷ βλαφθῆναι ὅτι ἦν τι τὸ βλάψαν, und wieder bei Plato 317^{b}: καὶ εὐλάβειαν ταύτην οἶμαι βελτίω ἐκείνης εἶναι, τὸ ὁμολογεῖν μᾶλλον ἢ τὸ ἔξαρνον εἶναι. Man beachte, dass Protagoras hier noch keine eigentliche Rede hält, sondern sich mit dem eben eingetretenen Sokrates und dem jungen Hippokrates allein unterhält. Darum dürfen wir in dem Nachdruck, der Feierlichkeit und der übergrossen Deutlichkeit der Rede um so sicherer die persiflirende Absicht erkennen. Dies gilt ebenso sehr von 316^{d}: ἑαυτῷ συνεῖναι ὡς βελτίους ἐσομένους διὰ τὴν ἑαυτοῦ συνουσίαν, ferner von d–e: καὶ ὁ νῦν ἔτι ὢν οὐδενὸς ἥττων σοφιστής Ἡρόδικος ὁ Σηλυμβριανός, τὸ δὲ ἀρχαῖον Μεγαρεύς. Am unverkennbarsten tritt aber die Parodie protagoreischer Ueberdeutlichkeit 334^{c} zu Tage in

dem Satze: ὅσον μόνον τὴν δυσχέρειαν καταστῆσαι τὴν ἐπὶ ταῖς αἰσθήσεσι ταῖς διὰ τῶν ῥινῶν γιγνομένην ἐν τοῖς σιτίοις τε καὶ ὄψοις — eine Stelle, die von völlig grundlosen Aenderungsvorschlägen heimgesucht worden ist. Die persiflirende Tendenz erhellt ebenso sehr aus dem Contrast zwischen der gesuchten Redeweise und der Widrigkeit des Gegenstandes, dem üblen Geruch der Nahrungsmittel, welchen der Gebrauch des Oeles zu mildern bestimmt ist, als aus dem unmittelbar darauf losbrechenden Applaus der Hörer. Man gedenkt unwillkürlich Molière's, der die Redeweise der ‚Précieuses ridicules' verspottet, indem er seinen Mascarille statt: ‚Riechen Sie an diesen Handschuhen!' sagen lässt: ‚Heften Sie ein wenig auf diese Handschuhe die Reflexion Ihres Geruchsinnes!' Wenn übrigens Protagoras sich wirklich jemals so ausgedrückt hätte, wie ihn Plato hier sprechen lässt, so hätte er etwas gethan, was ihm sehr hoch angerechnet werden müsste. Er hätte es versucht, zwischen Sinnesempfindungen und ihren Objecten gleichwie zwischen den ersteren und den als begleitenden Lust- und Unlustgefühlen scharf zu unterscheiden — ein Streben nach Präcision des Gedankens und des Ausdrucks, von welchem jenes Zeitalter nicht zu viel, sondern, wie Plato's eigene Erörterungen, nicht zum mindesten auch in eben diesem Gespräche, zeigen, viel zu wenig besessen hat!

[4] Vgl. Plato Protag. 325[d]: ὅτι τὸ μὲν ἔλαιον, τὸ δὲ ἔλαιον κτλ. und noch mehr 334[a-c] — eine Stelle, an welcher Plato, wie Peipers a. a. O. S. 46 richtig bemerkt, den Sophisten ‚einige Kenntnisse in medicinischen Dingen verrathen lässt' — und in unserer Schrift 5: ἡ γὰρ ἀσιτίη ἡ πολυφαγίη κτλ.

[5] Paradoxe Wendungen begegnen im Dialog 326[e]: ἀλλ' οὐ χρὴ θαυμάζειν, ἀλλὰ πολὺ μᾶλλον εἰ μὴ διδακτόν, in Περὶ τέχνης 8: οἱ μὲν οὖν ταῦτα λέγοντες κτλ., in geringerem Grade 5: καὶ ἔστιν οὐδὲν ἧσσον κτλ. Hieher gehört auch das dritte Glied der Definition: καὶ τὸ μὴ ἐγχειρεῖν κτλ. in 3. Die heftige Polemik des historischen Protagoras bezeugt die Bezeichnung seiner metaphysischen Hauptschrift: Οἱ καταβάλλοντες. In unserer Schrift wird den Gegnern an Wahnwitz grenzende Unwissenheit vorgeworfen (8).

[1] Vgl. Halbfass a. a. O. S. 8 Anm. 25. Mit dem ὀρθότατος λόγος bei Plutarch Pericl. 36 vgl. 6: ὀρθῷ λόγῳ, im Uebrigen insbesondere 1 und 5 z. E. 32

[2] Vgl. Protag. 328[d], wo der die lange Rede abschliessende versiculus νίκα γάρ die carrikirende Absicht wieder deutlichst verräth durch den Ueberschwang ironischer Bewunderung, den unmittelbar darauf Sokrates äussert. In Περὶ τέχνης steht der Schluss von 11 dem nicht ferner, als das Original einer Carrikatur zu stehen pflegt.

[1] Die Stelle lautet also: ΞΕ. Τά γε μὴν περὶ πασῶν τε καὶ κατὰ μίαν ἑκάστην τέχνην, ἃ δεῖ πρὸς ἕκαστον αὐτὸν τὸν δημιουργὸν ἀντειπεῖν, δεδημοσιωμένα που καταβέβληται γεγραμμένα τῷ βουλομένῳ μαθεῖν. ΘΕΑΙ. Τὰ Πρωταγόρειά μοι φαίνει περί τε πάλης καὶ τῶν ἄλλων τεχνῶν εἰρηκέναι. ΞΕ. Καὶ πολλῶν γε, ὦ μακάριε, ἑτέρων. Richtig bis auf eine Kleinigkeit ist die Stelle übersetzt von Jowett, The Dialogues of Plato, London 1871, III 494: Str. In all and every art, what the craftsman ought to answer on each occasion (vielmehr: to everyone) is written down and popularised and he who likes may read. 33

Theaet. I suppose that you refer to the precepts of Protagoras about wrestling and the other arts?

Ebenso hat Campbell (The Sophistes and Politicus of Plato, Oxford 1867), von dem ich wieder nur darin abweiche, dass ich ἕκαστον als Masculinum, nicht als Neutrum (‚Probably neut.: sc. ἀμφισβήτημα') ansehen zu müssen glaube, die Stelle verstanden, was aus seiner Bemerkung erhellt: ‚αὐτὸν implies, They dictate even to the masters of each craft.' Dass irgend Jemand darauf verfallen konnte, Plato's Worte anders zu deuten, dies war mir (ich gestehe es) niemals in den Sinn gekommen. Allein Schleiermacher und Hieronymus Müller, Heindorf und Stallbaum übersetzen und erklären den ersten Satz in der That so, als ob ganz andere Worte vor uns stünden. (‚Wie man jedem Meister darin widersprechen muss,' ‚was man . . . jedem Werkmeister derselben zu entgegnen habe'). Die vereinigte Autorität dieser Männer müsste uns imponiren, wenn auch nur Einer von ihnen den leisesten Versuch gemacht hätte, seine Auslegung zu rechtfertigen. Allein nichts Derartiges ist geschehen. Der Sophistenhass hat hier den Interpreten gespielt, und die Grammatik hatte das Nachsehen! Dass ἃ δεῖ πρὸς ἕκαστον αὐτὸν τὸν δημιουργὸν ἀντειπεῖν so viel ist als ἃ δεῖ αὐτὸν τὸν δημιουργὸν ἀντειπεῖν πρὸς ἕκαστον, wem braucht man das zu sagen? αὐτὸν wird jedoch in jenen Uebersetzungen einfach als nicht vorhanden betrachtet, und die Erklärer zeigen zwar, wie sie die Stelle verstanden wissen wollen, verrathen aber mit keinem Worte ihre grammatische Auffassung derselben. Man dachte offenbar, dass von Protagoras eher Streitschriften, die gegen den Bestand der einzelnen τέχναι gerichtet waren, als ihr Gegentheil vorauszusetzen seien, und fand sich in dieser Präsumtion durch den gesammten Tenor der platonischen Erörterung gleichwie durch den Satz 233a bestärkt: πῶς οὖν ἄν ποτέ τις πρός γε τὸν ἐπιστάμενον αὐτὸς ἀνεπιστήμων ὢν δύναιτ' ἂν ὑγιές τι λέγων ἀντειπεῖν; Allein man übersah dabei, dass die letztere Stelle sich auf die ganze vorangehende Darstellung der Eristik sammt der in dieser enthaltenen Voraussetzung menschlicher Allwissenheit — εἰ πάντα ἐπίστασθαί τινα ἀνθρώπων ἐστὶ δυνατόν — bezieht. Auch hätte jene Präsumtion höchstens dazu veranlassen können, die obige Stelle für verderbt zu halten, nicht aber ihr einen dem klaren Wortlaut widersprechenden Sinn unterzulegen. In Wahrheit ist jedoch natürlich zu conjecturalen Aenderungen nicht der mindeste Grund vorhanden. Auch wenn Protagoras eine Gesammtapologie der Künste und Schutzschriften für eine Anzahl einzelner Künste verfasst hat, konnte Plato diese Thatsachen für den Zweck, den er hier im Auge hat, gar wohl verwerthen. Eine Prätension der Allwissenheit liess sich selbst in diesem Bemühen erkennen. Als anmasslich durfte es gelten, wenn der Sophist besser als die Vertreter des fachmässigen Wissens und Könnens ihre Leistungen Angreifern gegenüber darstellen und vertheidigen zu können glaubte. Endlich, der Verfasser der Antilogien, der Urheber des Wortes, dass es in jeder Sache ein Für und ein Wider gebe, hat es gewiss nicht unterlassen, die Vertheidigung mit dem Angriff derart zu verbinden, dass der Leser gleichzeitig mit den Argumenten bekannt wurde, die sich zu Gunsten und zu Ungunsten der aufgestellten These vorbringen liessen. Man vergleiche hier 5 init.: Ἐρεῖ δὴ ὁ τἀναντία λέγων und viele andere derartige Wendungen. Dass aber Plato, dem es um die Schilderung und um die Verkleinerung der ἀμφισβητικοί und ἀντιλογικοί zu thun ist, diese Seite

Seite

der Sache mit Vorliebe betont, wie sollte uns dies wundernehmen? Schliesslich sei noch auf einige Erwägungen zweiter Ordnung hingewiesen. Wie schlecht würde die vermeintliche Generalanklage aller Künste und Gewerbe zu der Vorsicht und Behutsamkeit stimmen, deren Plato den Abderiten sich berühmen lässt Protag. 317^{b-d}, welche auch Timon ihm nachrühmt (πᾶσαν ἔχων φυλακὴν ἐπιεικής, frg. 48 Wachsmuth[2]), und die für den überall und nirgends heimischen Wanderlehrer in der That ein Gebot unabweislicher Nothwendigkeit war! Wie schlecht auch zu seiner Neigung, die ganze Lebenspraxis auf τέχναι zurückzuführen, zu seiner von Plato behaupteten Gewohnheit, sich selbst zu den τεχνῖται zu zählen, gleichwie zu seinem Preis der Gymnastiker und Aerzte Ikkos und Herodikos! (Vgl. das S. 115 und 127 Angeführte nebst Prot. 317^{c}: καίτοι πολλά γε ἔτη ἤδη εἰμὶ ἐν τῇ τέχνῃ, eine Aeusserung, deren Form viel zu auffällig ist, um absichtslos zu sein, und schwerlich jeder thatsächlichen Grundlage entbehrt. Zum Mindesten wird der älteste Sophist und der Begründer des ganzen Berufszweigs diesen von den übrigen τέχναι und δημιουργίαι, wozu ja auch der ärztliche Beruf seit Homer gerechnet ward, nicht scharf unterschieden haben, wovon der die Banausen verachtende philosophirende Aristokrat mit schmunzelndem Behagen Kenntniss nimmt). Was wollen daneben die Sticheleien gegen Hippias besagen Protag. 318^{e}, die Plato ihm in den Mund legt, und durch welche man seine Gegnerschaft gegen die τέχναι erhärten zu können glaubt?

[1] Ueber die Worte δεδημοσιωμένα που καταβέβληται Sophist. 232^{d}, die Schleiermacher und H. Müller wenig zutreffend übersetzten, habe ich Herodot. Stud. I 38 (176) gehandelt und daselbst meine Auffassung auf den aristotelischen Sprachgebrauch gleichwie auf den Nachweis gestützt, wie καταβάλλω zu der Bedeutung des Ausstreuens und Verbreitens gelangt ist; auch Antipho Fgm. 57 (58) Blass[2] hätte erwähnt werden sollen. Längst vorher hatte Campbell, dessen Ausgabe ich damals nicht kannte, die Stelle ebenso verstanden und an Aristot. Eth. Nic. I 3 erinnert.

[2] Man könnte gegen den protagoreischen Ursprung der Schrift vielleicht die folgende Erwägung ins Feld führen. Ein Widerspruch, wie wir einen solchen zwischen der subjectivistischen Auffassung des Homo mensura-Satzes und dem Götterfragment nachgewiesen haben, besteht (so lässt sich nicht ohne Scheinbarkeit behaupten) auch zwischen diesem und der auf den Bestand der τέχναι bezüglichen Beweisführung (2). Ebenso weit, wenn nicht weiter verbreitet als der Glaube an die Existenz der τέχναι, war jener an das Dasein von Göttern; und wenn in jenem Falle die Frage zulässig erschien: woher sonst als aus dem wirklichen Bestand der τέχναι hätte der Glaube an ihr Dasein erwachsen können? — dann müsste, so mag jemand meinen, auch das Dasein von Göttern auf Grund der gleichen Beweisführung als zweifellos gelten. Hierauf erwidere ich, dass unser Anonymus jenes Argument eben nicht mit starrer Consequenz angewendet hat, wie die auf das αὐτόματον bezügliche Erörterung unzweideutig lehrt. Auch sind wir, da uns die ἐν ἄλλοισι λόγοισι (2 init.) gegebene vollere und deutlichere Ausführung des ontologischen Argumentes unbekannt ist, nicht im Stande zu beurtheilen, ob und inwieweit jene Einschränkungen seiner Anwendung gerechtfertigt oder erklärbar sind. Jedenfalls besteht zwischen den zwei Fällen ein tiefgreifender 34

Seite

Unterschied. An das Dasein von Göttern glaubte die ungeheure Mehrzahl der Menschen, aber die Vorstellungen in Betreff der Götterwelt waren bereits als von Volk zu Volk und von Zeitalter zu Zeitalter vielfach schwankend und veränderlich, ja auch (zumal durch Xenophanes) als in sich widerspruchsvolle erkannt worden. Von den τέχναι hingegen galt nichts Aehnliches. Man glaubte nicht bloss an ihre Existenz, sondern ihre εἴδη standen sicher und scharf umrissen vor dem geistigen Auge der Gebildeten.

[1] Ein Beispiel statt vieler liefern Galen's höchst merkwürdige Mittheilungen über die Schicksale, welche mehrere seiner eigenen Schriften noch bei seinen Lebzeiten erlitten hatten (De libris propriis XIX 8 sqq. K.).

35 [2] Zu dem, was Littré in diesem Betracht mehr oder minder sicher ermittelt hat (VI 88), möchte ich noch Eines hinzufügen. Die Schrift De prisca medicina verräth einen directen polemischen Bezug gegen das Buch De victu. Man vergleiche:

De prisca med. 20 init. (I 620 L.).	De victu I 2 (VI 468 L.)
Λέγουσι δέ τινες καὶ ἰητροὶ καὶ σοφισταὶ ὡς οὐκ ἔνι [δυνατὸν secl. Reinhold] ἰητρικὴν εἰδέναι ὅστις μὴ οἶδεν ὅ τι ἐστὶν ἄνθρωπος, ἀλλὰ τοῦτο δεῖ (l. δεῖν) καταμαθεῖν τὸν μέλλοντα ὀρθῶς θεραπεύσειν τοὺς ἀνθρώπους· τείνει δὲ αὐτοῖς ὁ λόγος ἐς φιλοσοφίην, καθάπερ Ἐμπεδοκλῆς ἢ ἄλλοι οἳ περὶ φύσιος γεγράφασιν ἐξ ἀρχῆς ὅ τι ἐστὶν ἄνθρωπος καὶ ὅπως ἐγένετο πρῶτον καὶ ὅθεν* συνεπάγη.	Φημὶ δὲ δεῖν τὸν μέλλοντα ὀρθῶς συγγράφειν περὶ διαίτης ἀνθρωπίνης πρῶτον μὲν παντὸς φύσιν ἀνθρώπου γνῶναι καὶ διαγνῶναι· γνῶναι μὲν ἀπὸ τίνων συνέστηκεν ἐξ ἀρχῆς, διαγνῶναι δὲ ὑπὸ τίνων μερέων κεκράτηται· εἴτε γὰρ τὴν ἐξ ἀρχῆς σύστασιν μὴ κτλ.

[3] Die Gründe, welche v. Wilamowitz neuestens bestimmt haben, den Νόμος dem Demokritos beizulegen (s. das Motto seines Herakles, Bd. I), sind mir unbekannt. Gelingt es ihm, diesen Nachweis zu führen, so wird man sich freuen dürfen, das schöne und gedankenreiche Blatt mit dem Namen eines Denkers und Schriftstellers ersten Ranges schmücken zu dürfen.

[4] Die von Bernays a. a. O. 466—467 geäusserte Vermuthung, dass die Ἀντιλογίαι des Protagoras wieder ein anderer Titel seiner dialektischen Hauptschrift seien, scheint mir so wenig als Schanz (Beiträge zur vorsokr. Philos. I 31) ausreichend begründet. Nebenbei bemerkt, sollte wirklich Aristoxenos die tolle Behauptung aufgestellt haben, ‚Plato's Politik habe fast ganz schon in den Ἀντιλογικὰ des Protagoras gestanden'? Ich vermag dies nicht zu glauben und möchte die Vermuthung wagen, dass bei Laert. Diog. III 37 das Wort Πολιτείαν auszuscheiden ist, so dass die Stelle zu lauten hat: Εὐφορίων δὲ καὶ Παναίτιος εἰρήκασι πολλάκις ἐστραμμένην εὑρῆσθαι τὴν ἀρχὴν τῆς Πολιτείας· ἣν [Πολιτείαν] Ἀριστόξενός φησι πᾶσαν σχεδὸν ἐν τοῖς Πρωταγόρου γεγράφθαι Ἀντιλογικοῖς. Dabei wäre natürlich nicht an die scenische Einkleidung des Dialogs, wohl aber an die argumentative Erörterung zu denken, welche mit 331a ihren Anfang nimmt und bis 336b reicht. Etwas diesen Versuchen,

* So M, A hat ὅκοθεν, die Uebrigen ὅπως

den Begriff der ὁσιότης zu umgrenzen und die gangbaren oberflächlichen Begriffsbestimmungen dialektisch zu widerlegen, Verwandtes oder Aehnliches kann mindestens sehr wohl in den ‚Antilogien' zu lesen gewesen sein. In ähnlicher Art, jedoch ohne den hier empfohlenen kritischen Eingriff, deutet die aristoxenische Meldung K. F. Hermann, Gesch. und System d. plat. Philos. S. 694, desgleichen Ern. Havet, Les origines du Christianisme I 101. Dass bereits Favorinus bei Laert. Diog. III 57 die Mittheilung des Aristoxenos missverstanden hat, braucht uns nicht zu beirren.

Weit weniger befremdet es, dass die Schrift Περὶ θεῶν in jenem Verzeichniss nicht genannt ist. Der Mangel jeder Erwähnung derselben und ihres Inhalts (mit alleiniger Ausnahme der vielberufenen Eingangsworte), selbst dort, wo wir eine solche am ehesten erwarten könnten, z. B. bei Philodem περὶ εὐσεβείας, macht es wahrscheinlich, dass dieselbe früh verloren ging, vielleicht auch gar nicht in den Buchhandel gelangt ist. Vgl. Laert. Diog. IX 52, wo die Worte καὶ τὰ βιβλία αὐτοῦ κατέκαυσαν ἐν τῇ ἀγορᾷ wahrscheinlich auf Missverstand dieses Scribenten beruhen, dessen Gewährsmann wohl nicht von den Schriften des Protagoras überhaupt, sondern von den Exemplaren eben dieser einen unmittelbar vorher genannten, gerichtlich verurtheilten Schrift gesprochen hat. (So versteht die Nachricht auch Bergk, Gr. Lit.-Gesch. IV 337.) Usener's Annahme, ‚ad eosdem Protagorae Καταβάλλοντας . . . illam quoque disputationem pertinuisse quae de deis erat' (Rhein. Mus. 23, 162), vermag ich mir nicht anzueignen. Dass Euripides Bakch. 195—196 vorzugsweise Protagoras im Auge gehabt habe, mag als nicht unwahrscheinlich gelten. Dass er, um diese Beziehung erkennen zu lassen, absichtlich das an diesen und sein Hauptwerk erinnernde Wort καταβαλεῖ gebraucht habe, ist immerhin möglich; aber dass er nur dann so sprechen konnte, wenn der Zweifel an dem Dasein der Götter eben in den Καταβάλλοντες ausgesprochen war, dies will mir nicht einleuchten. Zu dem von Bernays und neuerlich von Natorp a. a. O. S. 60 beigebrachten Belegen für den dialektischen Gebrauch von καταβάλλω füge ich hinzu Galen III 316: — ἀλλ' ἀντειπεῖν καὶ καταβαλεῖν ἰσχυραῖς ἀποδείξεσιν ἐξελέγξαντα, V 12: — μηδ' ἀγωνιστικῶς μηδὲ τὸ φιλονείκως ἐμφαίνων (so mit Iw. Müller, dessen τι φιλονείκως aber unnöthig ist) μηδὲ τὸ καταβάλλειν ἐθέλειν ἐκεῖνον, XVIII 1, 206: αὕτη μὲν ἡ ῥῆσίς ἐστι . . . οὐκ ἀναμένουσα τὸν ἔξωθεν ἔλεγχον, ἀλλ' ἑαυτὴν καταβάλλουσα. Ebenso Aristokles bei Euseb. Praep. ev. XIV 17: οἴονται (sc. die Eleaten) γὰρ δεῖν τὰς μὲν αἰσθήσεις καὶ τὰς φαντασίας καταβάλλειν, αὐτῷ δὲ μόνον τῷ λόγῳ πιστεύειν.

[1] Einen ‚Verächter der Wissenschaften, insbesondere der mathematischen' nennt Natorp (a. a. O. 9, vgl. auch 52) den Protagoras, weil dieser — nun weil dieser in genauer Uebereinstimmung mit dem, was in unseren Tagen Sir John Leslie, Sir John Herschel, John Stuart Mill, Alexander Bain und kein Geringerer als Helmholtz gelehrt haben, die geometrischen Erkenntnisse aus der Erfahrung ableiten zu dürfen glaubte, und demgemäss die Definitionen dieser Wissenschaft nicht für streng, sondern nur für annähernd wahr erklärt hat, — wobei nebenbei noch an die nichtssagenden Nergeleien erinnert wird, welche Plato ihn dem Rivalen Hippias gegenüber äussern lässt. Wie weit des Abderiten hiedurch veranlasste Polemik gegen die Vertreter der Geometrie gereicht hat (ἐλέγχων τοὺς γεωμέτρας, Aristot. 37

Metaph. B 2, 998a 4), dies ist uns völlig unbekannt. Nicht wenig gewagt scheint mir schon Zeller's Behauptung, er müsse in seinem Buche Περὶ μαθημάτων die ‚wissenschaftliche Sicherheit' der Mathematik bestritten ‚und nur ihre praktische Anwendung in engen Grenzen übrig' gelassen haben (I⁴ 991). Natorp's Ausspruch aber ist eine sich selbst richtende Ungerechtigkeit, welche wir selbst dann schwer begreifen, wenn wir uns des das Urtheil trübenden säculären Missverstandes des Homo mensura-Satzes erinnern.

¹ Ich denke hierbei an jenes Gespräch des Perikles und des Protagoras, welches durch seinen, der Umgebung des Ersteren nur halb verständlichen Inhalt und durch seine ungewöhnlich lange Dauer zu dem Gerede Anlass gab, der leitende Staatsmann Athens habe mit dem fremden Sophisten einen ganzen Tag hindurch eine müssige und spitzfindige ‚Doctorsfrage' verhandelt (Plut. Pericl. 36). Den Ausgangspunkt ihrer Unterhaltung mag sehr wohl das dort angeführte actuelle Vorkommniss und die Rechtsfrage gebildet haben, wer bei der unfreiwilligen Tödtung jenes Epitimos der eigentlich Schuldige sei: der Wurfspiess, derjenige, der ihn warf, oder endlich die Veranstalter des Kampfspiels. Die Frage erinnert, wie einst Blass, Att. Beredsamkeit I² 26 und kürzlich wieder v. Wilamowitz, Göttinger Winter-Programm 1889/90, S. 19—20 bemerkt haben, an den Gegenstand der zweiten Tetralogie des Antiphon. Allein dass die zwei grossen Männer bei dieser Detailfrage nicht stehen bleiben konnten, dies ist selbstverständlich und überdies längst von Hegel erkannt worden. ‚Es ist ein Streit,' sagt dieser (Gesch. der Phil. II 29), ‚über die grosse und wichtige Frage der Zurechnungsfähigkeit.' Vielleicht noch mehr — so dürfen wir hinzufügen — über jene des *Strafzwecks*. Protagoras war ganz der Mann dazu, an den extremen Fall greller Unvernunft, wie ihn derartige vor dem Gerichtshof beim Prytaneion verhandelte Streitsachen — die Verurtheilung lebloser Gegenstände nicht minder als vernunftloser Thiere — jedermann vor Augen stellten, eine schrittweise zu den höchsten Zielen vordringende dialektische Erörterung zu knüpfen, Werth und Wesen des geltenden Criminalrechts kritisch zu prüfen, seine vornehmsten Wurzeln — den animalischen Vergeltungstrieb und das religiöse Sühnebedürfniss — blosszulegen, hieran die Frage zu reihen, ob denn die Gesellschaft befugt sei, aus solchen Gründen schweres Leid über ihre Mitglieder zu verhängen und schliesslich nach einer haltbareren und vernunftgemässeren Grundlage des Strafrechtes zu suchen. Wie weit auch die Willensfrage in diese Erörterung hineinspielte, mag dahingestellt bleiben; wer unsere Ansicht über die Autorschaft der Schrift ‚von der Kunst' theilt, wird vielleicht geneigt sein, auch den Schluss des 6. Abschnitts hieherzuziehen. Doch dem sei, wie ihm wolle. Wenn Plato dem Protagoras im gleichnamigen Gespräche 324b einen nachdrücklichen Protest gegen die blosse brutale Vergeltung vergangenen Unrechts in den Mund legt und ihn zugleich mit Emphase die *Abschreckungstheorie* verkünden lässt (ἀποτροπῆς γοῦν ἕνεκα κολάζει), so glauben wir, in dem Gemache des Perikles zu stehen, der ernst und eifrig geführten Wechselrede, vielleicht neben der gespannt aufhorchenden geistvollen Milesierin, zu lauschen und ihren tiefen Sinn besser zu begreifen, als des weisen Staatsmanns entarteter Sohn Xanthippos und der klatschsüchtige Stesimbrotos dies wollten oder konnten. Ob die Schrift Περὶ πάλης, ob

Seite

jene Περὶ τῶν οὐκ ὀρθῶς τοῖς ἀνθρώποις πρασσομένων, ob der Προστακτικὸς λόγος, ob endlich die zwei Bücher der Antilogien der Ort waren, an welchem der Abderite seine strafrechtlichen Theorien entwickelt oder erhärtet hat, wer möchte dies noch auszumitteln versuchen?

[1] Dass dies der Sinn des überlieferten Buchtitels Περὶ τῆς ἐν ἀρχῇ 38
καταστάσιος ist, gilt mir gleich Johannes Frei, Quaestiones Protagoreae, p. 182, und Sauppe, De Antiphonte sophista, p. 15, als zweifellos. Die Worte sind an sich mehrdeutig und liessen sich ebenso gut auf die ursprüngliche Welt- wie auf die ursprüngliche Gesellschaftsordnung beziehen. Im ersteren Sinne erscheint fast genau dieselbe Wortverbindung in dem kürzlich von Ruelle herausgegebenen Madrider musikalischen Fragment (Oeuvres de Charles Graux II 644): Πυθαγόρας δὲ πρὸς τὴν ἐξ ἀρχῆς ἀφορῶν κατάστασιν κτλ. Zu Gunsten der letzteren Deutung spricht die doppelte Erwägung, dass uns über physikalische oder kosmogonische Lehren des Sophisten anderweitig nicht das Mindeste bekannt ist, und dass es der platonischen Darstellung, wie sie uns im Prometheus-Mythos vorliegt, doch nicht wohl an jedem Urbilde gefehlt haben kann. Für den Gebrauch von κατάστασις in dem hier erforderten Sinne vergleiche man vor Allem Moschion Fgm. 6 N.[2]: πρῶτον δ' ἄνειμι καὶ διαπτύξω λόγῳ ἀρχὴν βροτείου καὶ κατάστασιν βίου (worauf Sauppe a. a. O. hingewiesen hat), desgleichen Democrit. Fgm. Moral. 184 Mullach: ἀνθρώποισι τῶν ἀναγκαίων δοκεῖ εἶναι, παῖδας κτήσασθαι ἀπὸ φύσιος καὶ καταστάσιός τινος ἀρχαίης. Ferner Fgm. Moral. 205: οὐδεμία μηχανὴ τῷ νῦν καθεστεῶτι ῥυσμῷ μὴ οὐκ ἀδικεῖν τοὺς ἄρχοντας. Ebenso gebrauchen das Wort Herodot, Isokrates, Plato und viele Andere. Hieher gehört auch der Titel einer verlorenen Rede des Antiphon Περὶ τῆς μεταστάσεως, was durch ‚de mutato rerum publicarum statu' wiedergegeben wird (Orat. attici II 138). Die naheliegenden Gründe gegen Bernays' Vermuthung (Rhein. Mus. 7, 466), die Schrift sei rhetorischen Inhalts gewesen und habe über das Proömium gehandelt, brauche ich um so weniger auszuführen, da dieselbe bisher wohl keinen einzigen Anhänger gefunden hat.

[1] Annähernd richtig urtheilen hierüber die zwei jungen Gelehrten, 66
welche sich im Laufe der letzten Jahre um die Vorbereitung einer neuen Hippokrates-Ausgabe mit regem Eifer bemüht haben. Vgl. Kühlewein, Hermes 22, 181, und Johannes Ilberg, Studia Pseudippocratea (Leipzig 1883) p. 60, desgleichen Rhein. Mus. 42, 419.

[1] Petrus Lambecius, Commentarius bibliothecae Vindob. l. VI p. 154. 73

[1] Der Auffassung der galenischen Aeusserungen, welche v. Wila- 77
mowitz (Homerische Untersuchungen S. 316) vorbringt, vermag ich nicht beizupflichten. Der pergamenische Arzt hat den hippokratischen Schriften das eindringendste Studium gewidmet; er kennt aufs genaueste die Lesarten, welche den alten Commentatoren vorgelegen hatten (s. B. XVII 1, 1005 Kühn), darunter auch solche aus Handschriften, welche drei- bis vierhundert Jahre vor seiner Zeit geschrieben waren (XV 21—23 Kühn, XVIII 2, 630); er erörtert mehr als einmal die Schreibungen, welche ein Rufus (ἀνὴρ φυλάσσων .., ἀεὶ πειρώμενος τὰς παλαιὰς γραφάς) und ein Sabinus als die ältesten bezeichnet hatten (XVI 468, 474, 636), — und wenn er nun den zwei im Text genannten Herausgebern dreiste Neuerungssucht in dialektologischer

Seite

gleichwie in vielfacher anderer Rücksicht, zum Theil mit eingehendster Begründung, verwirft (so XIV 474, XV 22, XVIII 2, 631), so sollen wir ihm trotz alledem die schlimmste Ignoranz zutrauen und voraussetzen, ‚dass vielmehr Galen sich durch pseudionische Texte täuschen liess'? Ich will keineswegs behaupten, dass der vielbeschäftigte Arzt und unermüdliche Vielschreiber zugleich ein gediegener Textkritiker war, aber seine thatsächlichen Angaben über das, was in den Texten des Hippokrates alte Ueberlieferung war und was darin von seinen Zeitgenossen geneuert ward, werden wir für unbedingt glaubwürdig halten müssen.

[3] Vgl. ‚Beiträge zur Kritik und Erklärung griechischer Schriftsteller' III 33 (592).

82 [1] ἐπῇ ist Littré's schöne Besserung, die er aus ἦτῃ des Vind. gewonnen hat. Sie wird durch M's Schreibung αἰτῇ glänzend bestätigt. Genau in derselben Verhüllung tritt das Wort nicht weniger als dreimal nach einander bei Demokritos auf (ap. Sext. Emp. adv. math. VII 135—137), wo Estienne und Ménage gebessert haben. οὐδὲν entnehme ich gleichfalls M, während θ das an sich nicht minder mögliche οὐδενός darbietet.

91 [1] Wer unsere Vermuthung theilt, dass der Verfasser von Περὶ τέχνης ein Abderite gewesen sei, wird es vielleicht nicht für ganz irrelevant halten, dass der Name dieser Stadt in den attischen Tributlisten als Habdera erscheint. Die Bruchstücke Demokrit's sind zu schlecht überliefert, um bei Erörterung derartiger Fragen ernstlich in Betracht zu kommen. Doch lehrt uns das in einer Corruptel bei Clem. Al. Strom. I 357 Potter erhaltene κω, dass Demokritos jedenfalls in diesem und in verwandten Wörtern die κ-Formen gebraucht hat.

92 [1] Tycho Mommsen schreibt, Beiträge zu der Lehre v. d. griech. Präpos., Frankfurt 1887, S. 112, Anm. 50: ‚Denn in der ionischen (Prosa), abgesehen von dem höchst unsicheren Gebrauch des Hippokrates, wird dieser Genetiv' (nämlich in der ‚Verbindung des μετά mit sachlichen Begriffen, namentlich abstracter Art', die vor Euripides kaum nachweisbar ist) ‚im Singular ganz, im Plural beinahe ganz vermieden.' Mommsen übersieht hierbei, dass in dem Bruchstück des Demokritos bei Clemens a. a. O. μετ' ἀποδέξιος klar überliefert ist. Ausserdem vergleiche man De prisc. med. 10 (I 591 L.): μετὰ στρόφου τε καὶ ψόφου und 17 (I 612 L.): μετὰ δυναμίων. σὺν ist dieser Schrift völlig fremd. Auch Νόμος 2 (IV 640 L.) begegnet μετὰ φρονήσιος.

[2] Weniger hat es zu bedeuten, dass auch ἀτάρ diesem wie manchem andern Bestandtheil der hippokratischen Sammlung, darunter auch einem der ältesten, nämlich der Schrift über die Kopfwunden, fremd ist. Nichts will das Fehlen von πάγχυ und κάρτα besagen, da unsere Schrift überhaupt kein Beispiel einer Verstärkungspartikel aufweist; das Gleiche gilt von μίν, da αὐτό gar nicht, αὐτόν und αὐτήν zwar zusammen viermal — 5 (bis), 10 und 11 —, jedoch mit stärkerer Betonung auftreten, als dass wir füglich das enklitische μίν erwarten könnten. In Betreff des Partikel-Gebrauches unseres Autors sei noch bemerkt, dass er μήν nur in drei Verbindungen verwendet. Wir finden οὐ μὴν — οὔτε — οὔτι 5 fin. und οὐ μὴν schlechtweg 5 init. und 11 init., also hierin mit Thukydides (οὐ μὴν — οὐδὲ) übereinstimmend. Ferner καὶ μὴν — γε 7, wie Antiphon mehrmals in der 5. Rede.

Endlich γε μήν 9 fin. und 10 init., Letzteres in Uebereinstimmung mit Pindar, den Tragikern u. s. w. ἀλλὰ μήν und οὐδὲ μήν fehlen gänzlich wie bei Thukydides, in den drei Gerichtsreden des Antiphon und den drei zweifellos echten Reden des Andokides. Die Frequenz ist gemäss dem argumentativen Charakter der Schrift eine grössere als selbst in der 5. Rede des Antiphon. Die Schrift De prisca medicina, die, wie bemerkt, in Bezug auf μετά und σύν mit den Attikern übereinstimmt, kennt μήν überhaupt nicht, während die wohl sicherlich ältere De articulis, welche niemals μετά und sehr oft σύν, ferner ἀμφί mit dem Dativ, ποτί statt πρός, desgleichen χάριν und ἀτάρ verwendet, von μήν ziemlich reichen Gebrauch macht, darunter auch einmal in der Verbindung ἀλλὰ μήν, die den ältesten Phasen der attischen Prosa durchaus fremd ist. Das vergleichsweise häufige, zweimalige Vorkommen von τοῦτο μὲν — τοῦτο δέ (in 12) erinnert an den Sprachgebrauch des Antiphon ebenso wie das starke Ueberwiegen von σύν über ξύν (11 : 4) mit demselben übereinstimmt, vgl. Ernst Kalinka, De usu coniunctionum quarundam apud scriptores atticos antiquissimos, Wien 1890, p. 48—49.

[3] Dass übrigens die älteren Formen in der O-Declination früher als in der A-Declination zu weichen begannen, dafür bietet jetzt auch die grosse eleusinische Inschrift einen interessanten Beleg (C. I. A. IV B 27 b). Vgl. auch Fritsch, Zum Vocalismus des herodotischen Dialekts, Hamburg 1888, S. 34 und J. G. Renner in Curtius' Studien I 1, 212.

[4] Wenn Fritsch a. a. O. S. 35 nicht übel Lust zeigt, die bei Herodot 93
ausnahmslos überlieferte Artikelform τοῖσι durch τοῖς zu ersetzen, weil die gleichzeitige halikarnassische, die sogenannte Lygdamis-Inschrift (Bechtel's Nr. 32) einmal diese Form aufweist, so ist es nicht leicht, einen derartigen Einfall in ernstem Tone zu besprechen. Wie nun, wenn diese Inschrift ein paar Zeilen mehr enthielte und dann auch einmal τοῖσι darböte, etwa wie eine olynthische Inschrift aus dem Anfang des 4. Jahrhunderts (Bechtel's Nr. 8) ἀλλήλοισι neben ἀμφοτέροις — Letzteres vor einem Consonanten — zeigt? Nicht minder erscheint τοῖσι neben τοῖς C. I. A I 1 B. Sollten wir in solchem Falle etwa τοῖς und τοῖσι einmal um das andere in den herodoteischen Text setzen? Zum Allermindesten hätte Fritsch seiner Folgerung den Vorbehalt beifügen sollen, welchen Bechtel S. 141 ausspricht: ‚Hätte Herodot halikarnassisch geschrieben, so dürfte sein Text . . . kein τοῖσι mehr aufweisen.' In Wahrheit ist es völlig unzulässig, Texte, die aus Uebergangsepochen stammen, in welchen ältere und jüngere Formen um die Herrschaft rangen, auf Grund inschriftlicher Zeugnisse, selbst wenn diese ungleich zahlreicher wären und weit unzweideutiger lauteten, von Anfang bis zu Ende umzuschreiben. Die Gewalt der falschen Analogie und jene der ungehörigen Reminiscenz ist eine grosse, aber doch keine allmächtige. Und die Kunstprosa, wie sie von hervorragenden Stilisten vom Range eines Herodot oder auch unseres Autors geschaffen, festgehalten oder umgebildet wurde, kann zwar vielfach, aber muss sicherlich nicht in allen Einzelheiten mit der Sprache des täglichen Lebens übereinstimmen. v. Wilamowitz' gelegentlich geäusserte Vermuthung, ‚dass auch das Ionische so gut wie das Äolische zuerst die Formen des Artikels verkürzt hat' (Hom. Unters. 317, Anm. 26), spricht das aus, was von vornherein mit einiger Wahrscheinlichkeit zu erwarten stand. Allein solch eine allgemeine

Präsumtion ist doch gewiss nicht stark genug, um vollgiltige Zeugnisse aufzuwiegen. Wer hätte jemals aus Erwägungen von solcher Art die nunmehr urkundlich feststehende obenerwähnte Thatsache erschliessen können, dass die längeren Formen des Dativs der A-Stämme in Ionien wie in Attika ‚viel später' verschwunden sind als jene der O-Stämme (Fritsch a. a. O. 32—34 und Meisterhans, Gramm. der att. Inschr.² 94—95, 98—99)? Endlich, wenn der milesische Dialekt in Wahrheit zur ionischen Schriftsprache erhoben ward (was unter Anderen auch Fritsch, Fleckeisen's Jahrbücher 1876, S. 110 behauptet), warum soll in dieser nicht auch im 5. Jahrhundert jener Dativ τοῖσι gelautet haben, wie er in der milesischen Volkssprache des 6. Jahrhunderts unzweifelhaft gelautet hat (Fritsch a. a. O. S. 33)?

Nachträge.

Durch ein unliebsames Versehen, dessen Schuld den Verfasser trifft, ist eine Anmerkung ausgefallen, in welcher einige gelegentliche Erwähnungen unserer Schrift besprochen und erörtert werden sollten. Herakliteischen Einfluss glaubte Lassalle (Die Philosophie des Herakleitos II 394) in den auf Sprachphilosophie bezüglichen Sätzen des zweiten Abschnittes zu erkennen. Einer Widerlegung bedarf diese Meinung um so weniger, als sie einerseits auf der unseres Erachtens unmöglichen Schreibung φύσιος νομοθετήματα (2 fin.), andererseits auf der falschen Voraussetzung beruht, dass die Schrift ‚von der Kunst' das Werk des ‚Hippokrates' sei. Nicht besser steht es um Steinthal's Behauptung, die Schrift Περὶ τέχνης sei das Werk ‚eines späten Sophisten', dem ‚klägliche Wortzusammenklauberei' vorgeworfen wird. Derselben liegt gleichfalls jene widersinnige Schreibung und überdies die urkundlich falsche Vulgat-Lesart zu Grunde in dem also mitgetheilten Satze: οἶμαι δ' ἔγωγε καὶ τὰ ὀνόματα αὐτῆς (statt αὐτὰς) διὰ τὰ εἴδεα λαβεῖν, was angeblich besagen soll: ‚Ich glaube aber, dass auch die Namen einer Kunst durch die Begriffe zu erfassen seien' (Geschichte der Sprachwissenschaft bei den Griechen und Römern I 90). Zeller theilt Lassalle's Irrthum nicht, doch ist er durch Steinthal's Vorgang zu der gleich unrichtigen Auffassung jenes Satzes verführt worden, wie aus seiner Bemerkung hervorgeht: ‚der Verfasser .... legt der Kenntniss der Begriffe grösseren Werth bei, als der der Namen' (II³ 529).

S. 69 hätte auch der Möglichkeit gedacht werden sollen, dass die letzte Stufe der Verderbniss in der dort besprochenen Stelle der Schrift Περὶ διαίτης, die Schreibung μὴ ὄντως ἰδεῖν, von Cornarius herrühre. Im Monacensis wenigstens findet sie sich nicht, wie mir Wecklein freundlichst mittheilt; vielmehr bietet jene Handschrift den Satz wie folgt dar: καὶ γὰρ ἀποθανεῖται. οὔτε τὸ μὴ ὂν γενέσθαι τι (sic) καὶ ὅθεν παραγενήσεται. Es bleibt daher hier wie in anderen Fällen unentschieden, ob die Lesart einer der zwei verschollenen Handschriften des Cornarius entstammt ist oder nur einer Conjectur des Begründers der Vulgata ihr Dasein verdankt (vgl. S. 144).

Neue Beispiele der Verwechslung von τύχη und ψυχή (S. 129) s. jetzt bei Nauck, De scholiis in Sophoclis tragoedias a .. Papageorgio editis p. 32.

Register.

I. Namen- und Sachverzeichniss.

* Man vgl. auch das Grimm'sche Wörterbuch unter ‚Geistesauge', ‚Geistesblick', „Auge" (18) und ‚Geist' (18 d).

II. Sprachliches und Stilistisches.

III. Wortverzeichniss.*

---

* Die in runde Klammern eingeschlossenen Worte sind nicht der Schrift Περὶ τέχνης entnommen.

** Das Wort ist im Thesaurus nur aus Polybios und noch Späteren nachgewiesen. In Wahrheit begegnet es überdies je einmal in Plato's ‚Gesetzen' 8, 837 c und im Kleitophon 409 e. Es mag Sophistenerzeugniss sein wie wahrscheinlich auch ὄντως (vgl. v. Wilamowitz, Herakles II 164). Die Atthis hat die regelrechte Neubildung verschmäht, doch wohl nicht nur darum, weil ihr auch διόν fremd war; vgl. Usener über ‚[illegible] und [illegible]' in Fleckeisen's Jahrbüchern 1872, 741 ff.

IV. Kritisch behandelte Stellen.

Berichtigungen.

Seite 14, Zeile 17 von oben statt ἰδεῖν lies εἰδεῖν.
„ 36 „ 8 von unten st. τὰ l. τὸ.
„ 40 „ 7 von unten st. Entwicklung l. Entfaltung
„ 42 „ 7 von oben st. μηδὲν, l. μηδὲν,
„ 47 „ 9 von unten st nnterlassend, l. unterlassend
„ 77 „ 13 von oben st. Dioskorides l. Dioskurides
„ 92 „ 12 von unten st. O-Declluation. l. O-Declination[2].
„ 98 „ 14 von oben st. paraphrastische l. periphrastische
„ „ „ 15 von unten st. Paraphrasen l. Periphrasen
„ 136 „ 11 von oben st. δεόντα l. δέοντα
„ 149 „ 1 von unten st. nur l. vor Aristoteles nur
„ 150 „ 4 von unten st. Dem l. Den

Inhaltsübersicht.

Ausgegeben am 10. April 1890.

☞ Von allen grösseren, sowohl in den Sitzungsberichten als in den Denkschriften enthaltenen Aufsätzen befinden sich Separatabdrücke im Buchhandel.

WIEN, 18[illegible].

DRUCK VON ADOLF HOLZHAUSEN

K. UND K. HOF- UND UNIVERSITÄTS-BUCHDRUCKER

www.ingramcontent.com/pod-product-compliance
Lightning Source LLC
Chambersburg PA
CBHW021219300426
44111CB00007B/364
* 9 7 8 3 7 4 1 1 6 8 2 8 4 *